SERIE SC

THEORIE ET APPLICATIONS DES **CIRCUITS ELECTRIQUES**

JOSEPH A. EDMINISTER

University of Akron

McGraw-Hill International Book Company, New York, USA
McGraw-Hill Editeurs, Montréal, Canada
Ediscience S.A., Paris, France

Théorie et applications des CIRCUITS ELECTRIQUES est traduit de:
Schaum's outline series, Theory and problems of ELECTRIC CIRCUITS, by Joseph A. Edminister

Dans la même collection :

Ayres	EQUATIONS DIFFERENTIELLES	560 exercices
Ayres	CALCUL DIFFERENTIEL ET INTEGRAL	1 175 exercices
Spiegel	STATISTIQUE	875 exercices
Spiegel	MECANIQUE GENERALE	720 exercices
Edminister	CIRCUITS ELECTRIQUES	350 exercices
Schaum Rosenberg	CHIMIE GENERALE	385 exercices

Préface

Ce livre est destiné à être utilisé comme supplément aux ouvrages de cours usuels ou comme premier livre de cours sur l'étude des circuits. On a mis l'accent sur les lois de base, les théorèmes et les techniques communs aux divers exposés que l'on trouve dans les autres livres.

Chaque chapitre commence par des rappels de définitions, principes et théorèmes accompagnés d'illustrations ou de schémas. Viennent ensuite, par ordre de difficulté croissante, des problèmes résolus qui tendent à illustrer et à dépasser la théorie en présentant de nouvelles méthodes d'analyses; des exemples pratiques mettent en relief les points délicats, ce qui permet au lecteur d'appliquer correctement et en toute confiance les principes de base.

Un large éventail de problèmes non résolus permet de réviser complètement l'objet de chaque chapitre et de vérifier leur assimilation.

Les sujets traités comprennent les réponses des circuits, l'analyse des formes d'ondes, le système des nombres complexes, la notation vectorielle, les circuits séries et parallèles, la puissance et la correction du facteur de puissance, ainsi que les phénomènes de résonance. Les matrices et les déterminants sont très fréquemment utilisés pour l'analyse des réseaux par la loi des mailles ou par la loi des nœuds. Ils trouvent également leur application dans les transformations étoile-triangle, et les théorèmes relatifs aux réseaux, tels que le théorème de superposition et de réciprocité. Les circuits à couplage mutuel sont analysés de façon particulièrement détaillée. Tous les types de circuits polyphasés sont traités en insistant particulièrement sur le circuit équivalent à une seule phase qui a d'importantes applications. Les séries de Fourier exponentielles et trigonométriques sont traitées dans un même chapitre où on établit également les relations existant entre les coefficients de la série trigonométrique et ceux de la série exponentielle. Ceci permet, en effet, de voir la dépendance de ces deux types de coefficients. Les transitoires, aussi bien en courant continu qu'en courant alternatif, sont étudiés en employant la méthode classique des équations différentielles : les lecteurs dont les connaissances mathématiques sont suffisantes peuvent étudier avec profit ce chapitre avant d'aborder le chapitre 5.

La méthode des transformées de Laplace est introduite et appliquée à plusieurs problèmes traités dans le chapitre 16 par la méthode des équations différentielles. Cela permet une comparaison entre les deux méthodes et met l'accent sur les avantages de la méthode des transformées de Laplace.

Je remercie à cette occasion le personnel de la Schaum Publishing Company, en particulier M. Nicola Miracapillo, pour leurs suggestions et leur aide; je dois plus que des remerciements à ma femme Nina, pour ses encouragements et son assistance dans cette entreprise.

Joseph A. Edminister
University of Akron

*

TABLE DES MATIERES

TABLE DES MATIERES

Chapitre 1

Définitions et paramètres des circuits

UNITES MECANIQUES

Le système d'unités utilisé dans ce livre est le système MKSA rationalisé. Dans ce système, les unités mécaniques fondamentales sont le mètre (m) pour la longueur, le kilogramme (kg) pour la masse et la seconde (s) pour le temps. L'unité de force qui est le newton (N) accélère une masse de 1 kg de 1 m/s².

$$\text{Force (newton)} = \text{masse (kilogramme)} \times \text{accélération } (m/s^2)$$

Il s'ensuit que l'unité de travail et d'énergie est le newton.mètre appelé aussi joule et l'unité de puissance le joule/seconde ou watt (1 newton.mètre = 1 joule, 1 joule/s = 1 watt).

LOI DE COULOMB

La force F qui s'exerce sur deux charges ponctuelles q et q', varie de manière proportionnelle à la grandeur de chaque charge et inversement proportionnelle au carré de la distance r qui les sépare

$$F = k\frac{qq'}{r^2}$$

où k est une constante qui dépend des unités utilisées pour la charge, la distance et la force. F est donnée en newton si q et q' sont en coulomb, r en mètres et

$$k = 9 \times 10^9 \text{ N-m}^2/\text{coul}^2$$

si on pose d'autre part $k = \dfrac{1}{4\pi\epsilon_0}$, cela implique $F = \dfrac{1}{4\pi\epsilon_0}\dfrac{qq'}{r^2}$ avec $\epsilon_0 = \dfrac{1}{4\pi k} = 8{,}85 \times 10^{-12}\text{ coul}^2/\text{N-m}^2$.

Quand le milieu où se trouve les charges n'est pas le vide, les forces créées par les charges induites dans le milieu diminuent la force résultante s'exerçant sur les charges qui y sont plongées.

La force est alors donnée par la formule $F = \dfrac{1}{4\pi\epsilon}\dfrac{qq'}{r^2}$.

Pour l'air ϵ diffère très peu de ϵ_0 et dans beaucoup de cas on le prend égal à ϵ_0. Pour d'autres substances ϵ est donnée par

$$\epsilon = K\epsilon_0$$

où K est une constante sans dimension appelée *constante diélectrique* du milieu où baignent les charges, $\epsilon = K\epsilon_0$ est appelée la *permittivité* du milieu et ϵ_0 est la *permittivité du vide.*

L'unité de charge qui est le coulomb, peut-être définie comme étant la quantité d'électricité qui, placée dans le vide à 1 mètre d'une charge égale, la repousse avec une force de 9×10^9N. On utilise les sous-multiples suivant :

$$1\ \mu c = 1 \text{ microcoulomb} = 10^{-6} \text{ coulomb}$$
$$1 \text{ pc} = 1 \text{ picocoulomb} = 10^{-12} \text{ coulomb}$$

La charge d'un électron $(-e)$ ou d'un proton $(+e)$ est $e = 1{,}602 \times 10^{-19}$ coulomb.

DIFFERENCE DE POTENTIEL v

La différence de potentiel v entre deux points est mesurée par le travail nécessaire pour déplacer une charge unité d'un point à l'autre. On peut définir le *volt* comme étant la différence de potentiel (d.d.p.) entre deux points, lorsque le travail nécessaire pour déplacer une charge de 1 coulomb d'un point à l'autre est égal à un joule : 1 volt = 1 joule/coulomb.

S'il existe une différence de potentiel v entre deux points d'un circuit alors une charge q fournit un travail égal à qv quand elle se déplace du point de potentiel le plus haut au point de potentiel le plus bas.

Un appareil tel, qu'une batterie ou un générateur, possède une force électromotrice (f. é.m) s'il exerce un travail sur la charge qui le traverse : La charge reçoit de l'énergie électrique si elle se déplace du potentiel le plus bas vers le potentiel le plus haut. La f.é.m. est la d.d.p. mesurée entre les bornes du générateur lorsque celui-ci ne débite pas de courant.

COURANT i

Un matériau contenant des électrons libres capables de se déplacer d'un atome au suivant est appelé un conducteur. L'application d'une différence de potentiel entraîne le déplacement des électrons. Un courant électrique existe dans un conducteur chaque fois qu'une charge q se déplace d'un point à un autre dans ce conducteur. Si la charge se déplace d'une façon uniforme à raison de 1 coulomb/seconde, le courant qui circule dans le conducteur est de 1 ampère : 1 ampère = 1 coulomb/s . De façon générale, le courant instantané dans un conducteur est ;

$$i\ (\text{ampère}) = \frac{dq\,(\text{coulomb})}{dt\,(\text{seconde})}$$

Par convention la direction positive du courant est opposée au sens de déplacement des électrons.

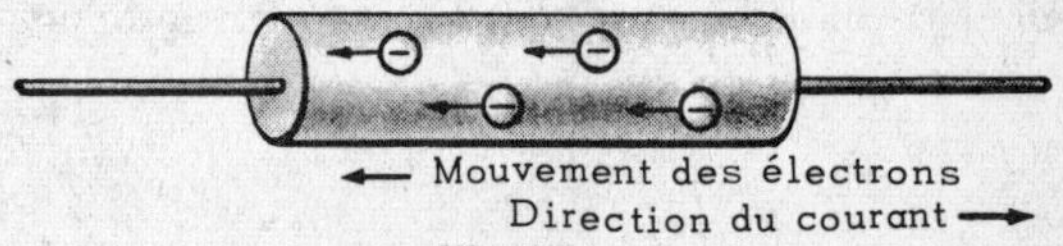

Fig. 1-1

PUISSANCE p

La puissance électrique p est le produit de la différence de potentiel appliquée v et du courant i qui en résulte :

$$p\ (\text{watt}) = v\ (\text{volt}) \times i\ (\text{ampère})$$

Par définition, le courant est positif lorsqu'il circule dans le même sens que celui de la flèche indiquée sur la source de tension; il quitte la source par le pôle + (voir Fig. 1-2), Si p a une valeur positive, la source transmet de l'énergie au circuit. Si la puissance p est une fonction périodique du temps t, de période T, alors la puissance moyenne est définie par :

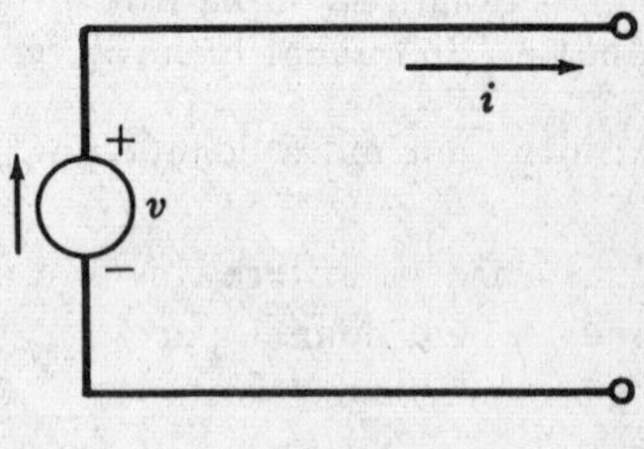

Fig. 1-2

$$\text{Puissance moyenne} \quad P = \frac{1}{T}\int_0^T p\,dt$$

ENERGIE w

Puisque p est la dérivée par rapport au temps de l'énergie w

$$p = \frac{dw}{dt} \qquad \text{on a} \qquad W = \int_{t_1}^{t_2} p\,dt$$

où W est l'énergie transmise pendant l'intervalle de temps (t_1 , t_2).

RESISTANCE, INDUCTANCE, CONDENSATEUR

Lorsqu'un élément de circuit reçoit de l'énergie électrique, il peut se comporter selon l'une au moins des trois façons suivantes: Si toute l'énergie est consommée, alors l'élément de circuit est une *résistance* pure. Si l'énergie est emmagasinée dans le champ magnétique, l'élément est une *inductance* pure. Enfin, si l'énergie est emmagasinée dans le champ électrique, l'élément est une *capacité* pure. En pratique les circuits possèdent plus d'une des caractéristiques précédentes et parfois les trois en même temps, avec prédominance de l'une d'entre elles. Une bobine par exemple peut présenter une inductance importante, mais le fil qui la constitue a une certaine résistance; par conséquent la bobine présente simultanément les deux caractéristiques.

RESISTANCE R

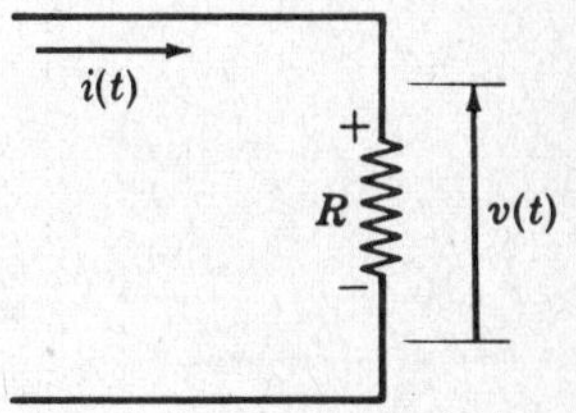

Fig. 1-3

La différence de potentiel $v(t)$ aux bornes d'une résistance pure est directement proportionnelle au courant $i(t)$ qui la traverse. La constante de proportionnalité R est appelée la résistance de l'élément et est exprimée en volt/ampère ou ohm

$$v(t) = R\,i(t) \qquad \text{et} \qquad i(t) = \frac{v(t)}{R}$$

Aucune condition n'est imposée à $v(t)$ et $i(t)$; ils peuvent être soit indépendants du temps, comme dans les circuits à courant continu, soit des fonctions sinusoïdales du temps, etc...

Les lettres minuscules (v, i, p) représentent généralement des fonctions du temps, les lettres majuscules (V, I, P) des quantités constantes. Les valeurs maximales sont désignées par des indices (V_m, I_m, P_m).

INDUCTANCE L

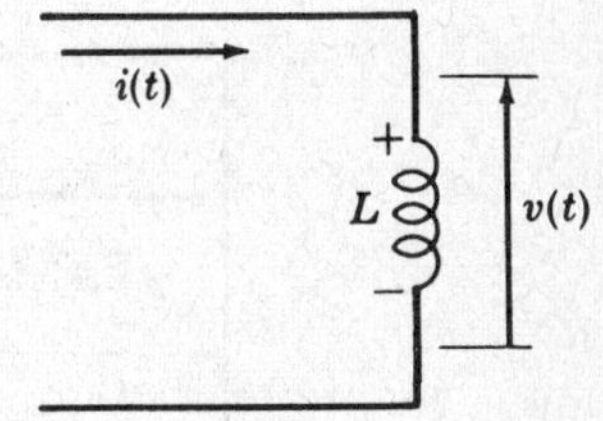

Fig. 1-4

Quand dans un circuit le courant est variable, le flux magnétique au sein même du circuit varie. Cette variation de flux produit une f.é.m induite v dans le circuit. La f.é.m induite est proportionnelle à la dérivée par rapport au temps de l'intensité i du courant, si la perméabilité du milieu est constante. La constante de proportionnalité est appelée *auto-inductance* ou *inductance* du circuit

$$v(t) = L\frac{di}{dt} \qquad \text{et} \qquad i(t) = \frac{1}{L}\int v\,dt$$

Quand v est en volt et $\frac{di}{dt}$ en ampère/seconde, L est en V.s/A ou henry. L'auto-inductance d'un circuit est de 1 henry (1H), si une f.é.m de 1 V y est induite quand $\frac{di}{dt}$ est égale à 1 A/s.

CAPACITE C

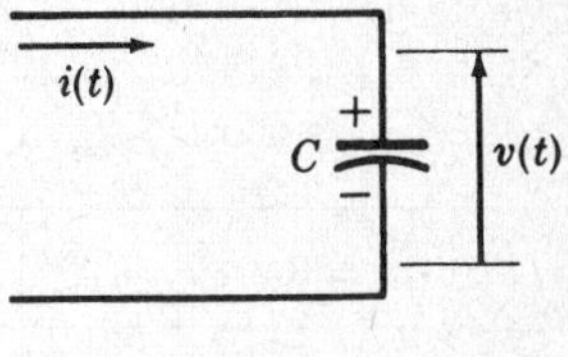

Fig. 1-5

La différence de potentiel v aux bornes d'un condensateur est proportionnelle à sa charge q. La constante de proportionnalité C est appelée *capacité* du condensateur

$$q(t) = C\,v(t), \qquad i = \frac{dq}{dt} = C\frac{dv}{dt}, \qquad v(t) = \frac{1}{C}\int i\,dt$$

Si q est en coulomb et v en V, C est en C/V ou *farad*. Un condensateur a une capacité de 1 farad (1F) s'il emmagasine une charge de 1 coulomb, lorsque la différence de potentiel appliquée à ses bornes est de 1 V. On utilise les sous-multiples suivants:

$$1\,\mu F = 1 \text{ microfarad} = 10^{-6} F \qquad \text{et} \qquad 1\,pF = 1 \text{ picofarad} = 10^{-12} F$$

LOIS DE KIRCHHOFF

1. La somme des courants qui arrivent à un noeud est égale à la somme des courants qui en repartent. Si les courants qui arrivent au noeuds sont affectés du signe + et ceux qui en repartent sont affectés du signe −, la somme algébrique de tous les courants considérés en ce noeud est nulle.

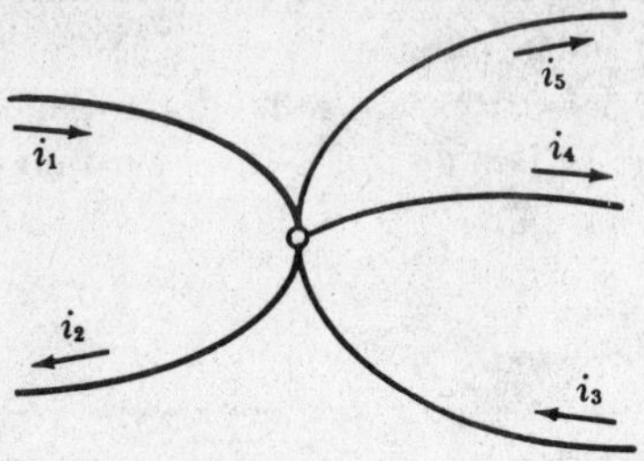

Σ courants qui arrivent = Σ courants qui repartent

$$i_1 + i_3 = i_2 + i_4 + i_5$$

ou $$i_1 + i_3 - i_2 - i_4 - i_5 = 0$$

Fig. 1-6

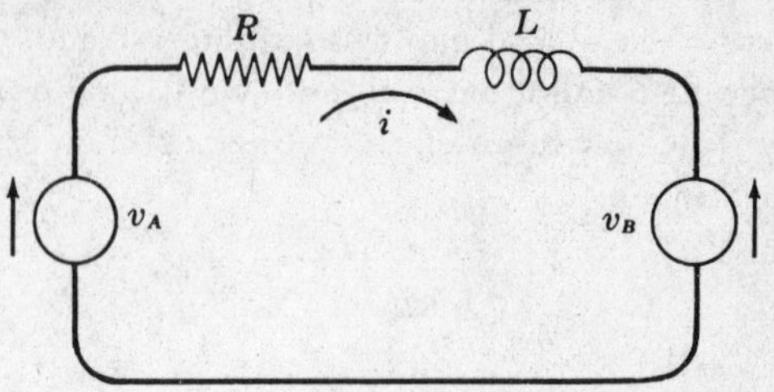

Σ tensions appliquées = Σ chutes de tension

$$v_A - v_B = Ri + L(di/dt)$$

ou $$v_A - v_B - Ri - L(di/dt) = 0$$

Fig. 1-7

2. La somme des tensions appliquées à un circuit fermé est égale à la somme des chutes de tension dans ce circuit. En d'autres termes, la somme algébrique des différences de potentiel dans un circuit fermé est nulle.

Dans le cas de plusieurs sources qui ne débitent pas dans le même sens, on comptera la tension comme positive si elle tend à faire circuler le courant dans le sens positif choisi pour les intensités.

TABLEAU RECAPITULATIF

Elément	Tension aux bornes	Courant
Resistance R	$v(t) = R\,i(t)$	$i(t) = \dfrac{v(t)}{R}$
Inductance L	$v(t) = L\dfrac{di}{dt}$	$i(t) = \dfrac{1}{L}\displaystyle\int v\,dt$
Capacité C	$v(t) = \dfrac{1}{C}\displaystyle\int i\,dt$	$i(t) = C\dfrac{dv}{dt}$

UNITES DANS LE SYSTEME M.K.S.A.

Grandeurs		Unités		Grandeurs		Unités	
Longueur	l	Mètre	m	Charge	Q, q	coulomb	C
Masse	m	kilogramme	kg	Potentiel	V, v	volt	V
Temps	t	seconde	s	Courant	I, i	ampère	A
Force	F, f	newton	N	Résistance	R	ohm	Ω
Energie	W, w	joule	J	Inductance	L	henry	H
Puissance	P, p	watt	W	Capacité	C	farad	F

Problèmes résolus

1.1. Dans le circuit de la Fig. 1-8, on applique une tension constante $V = 45$ V. Déterminer le courant dans le circuit, ainsi que la puissance dissipée dans chaque résistance.

La somme des tensions appliquées est égale à la somme des chutes de tensions dans le circuit fermé ; ainsi :

$$V = I(2) + I(6) + I(7), \qquad 45 = 15I, \qquad I = 3 \text{ A}$$

La chute de tension aux bornes de la résistance de 2Ω est $V_2 = IR_2 = 3(2) = 6$ V. De même $V_6 = 3(6) = 18$ V et $V_7 = 21$ V.

La puissance dissipée dans la résistance de 2Ω est $P_2 = V_2 I = 6(3) = 18$ W, ou $P_2 = I^2 R_2 = 3^2(2) = 18$ W. De même $P_6 = V_6 I = 54$ W et $P_7 = V_7 I = 63$ W.

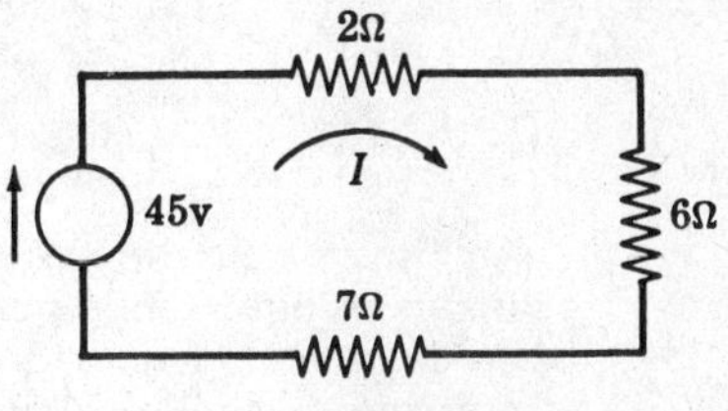

Fig. 1-8

1.2. Un courant I_T se répartit entre deux branches parallèles qui comportent les résistances R_1 et R_2 comme le montre la Fig. 1-9. Ecrire les expressions des courants respectifs I_1 et I_2 dans chaque branche.

La chute de tension dans chaque branche est la même, c'est-à-dire $V = I_1 R_1 = I_2 R_2$; alors

$$I_T = I_1 + I_2 = \frac{V}{R_1} + \frac{V}{R_2} = V\left(\frac{1}{R_1} + \frac{1}{R_2}\right)$$

$$= I_1 R_1 \left(\frac{R_2 + R_1}{R_1 R_2}\right) = I_1 \left(\frac{R_2 + R_1}{R_2}\right)$$

d'où l'on tire $I_1 = I_T\left(\frac{R_2}{R_1 + R_2}\right)$. et de même $I_2 = I_T\left(\frac{R_1}{R_1 + R_2}\right)$.

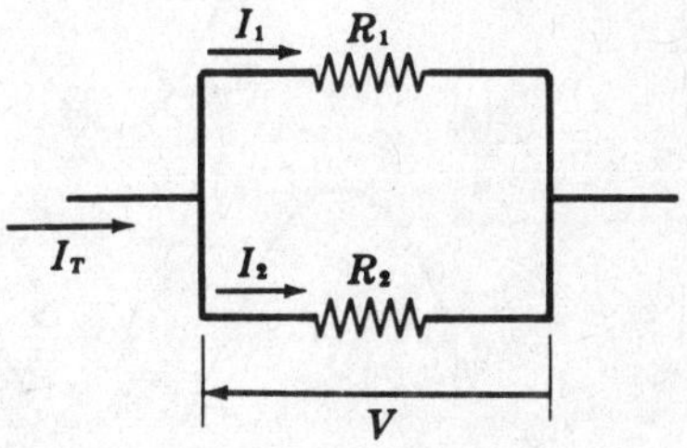

Fig. 1-9

1.3. Trois résistances R_1, R_2, R_3 sont montées en parallèle (voir Fig. 1-10). Ecrire l'expression donnant la résistance équivalente R_e du réseau.

Soit $v(t)$ la tension entre A et B et $i_1(t)$, $i_2(t)$, et $i_3(t)$ les courants respectifs qui traversent R_1, R_2 et R_3. Le courant dans R_e doit être le courant total $i_T(t)$.

Donc $v(t) = R_1 i_1(t) = R_2 i_2(t) = R_3 i_3(t) = R_e i_T(t)$

et $\quad i_T(t) = i_1(t) + i_2(t) + i_3(t)$ soit $\dfrac{v(t)}{R_e} = \dfrac{v(t)}{R_1} + \dfrac{v(t)}{R_2} + \dfrac{v(t)}{R_3}$

ou encore $\quad \dfrac{1}{R_e} = \dfrac{1}{R_1} + \dfrac{1}{R_2} + \dfrac{1}{R_3}$

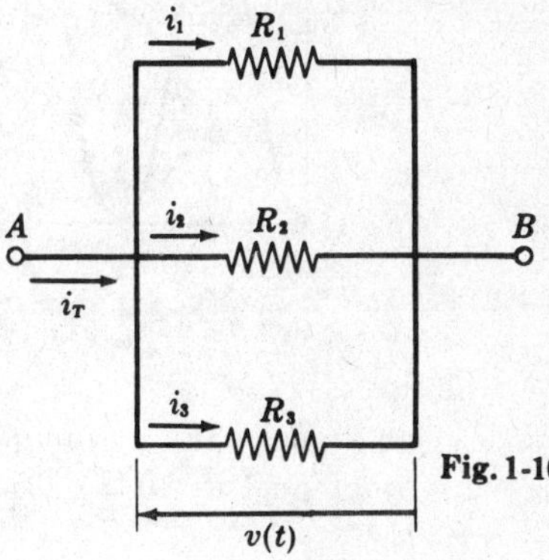

Fig. 1-10

Pour un circuit qui n'est constitué que de deux branches en parallèle, on aurait: $\dfrac{1}{R_e} = \dfrac{1}{R_1} + \dfrac{1}{R_2}$ soit $R_e = \dfrac{R_1 R_2}{R_1 + R_2}$.

1.4. Deux sources de tensions constantes V_A et V_B débitent dans un même circuit comme le montre la Fig. 1-11. Quelle est la puissance fournie par chacune d'elles ?

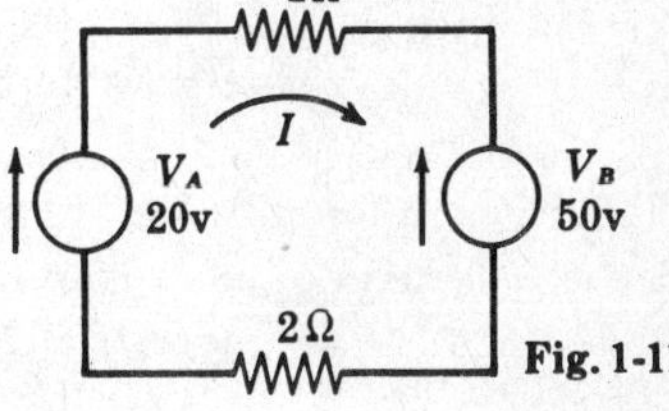

Fig. 1-11

Dans un circuit fermé, la somme des tensions appliquées est égale à la somme des chutes de tension. Il s'ensuit que: $20 - 50 = I(1) + I(2)$, $\quad I = -10$ A

Puissance fournie par la source de 20 V $\quad P_A = V_A I = 20(-10) = -200$ W

Puissance fournie par la source de 50 V $\quad P_B = V_B I = 50(10) = 500$ W

1.5. On applique aux bornes du circuit de la Fig. 1-12(*a*) une tension $v(t) = 150 \sin \omega t$. Calculer le courant $i(t)$, la puissance instantanée $p(t)$ et la puissance moyenne P.

$$i(t) = \frac{1}{R} v(t) = \frac{150}{25} \sin \omega t = 6 \sin \omega t \text{ A}$$

$$p(t) = v(t)\, i(t) = (150 \sin \omega t)(6 \sin \omega t) = 900 \sin^2 \omega t \text{ W}$$

$$P = \frac{1}{\pi} \int_0^{\pi} 900 \sin^2 \omega t \, d(\omega t) = \frac{900}{\pi} \int_0^{\pi} \tfrac{1}{2}(1 - \cos 2\omega t)\, d(\omega t)$$

$$= \frac{900}{2\pi} \Big[\omega t - \tfrac{1}{2} \sin 2\omega t \Big]_0^{\pi} = 450 \text{ W}$$

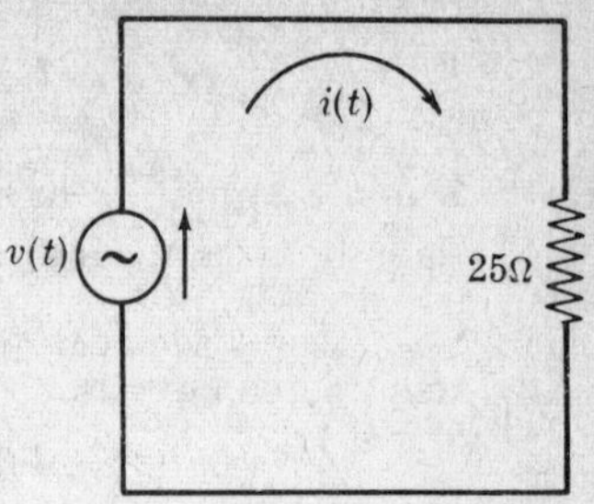

Fig. 1-12(*a*)

On voit que le courant $i(t)$ est relié à la tension $v(t)$ par la constante R. Le graphe de la puissance instantanée peut-être obtenu en effectuant un produit point par point à partir des graphes de v et i (Fig. 1-12(b)). Notons que v et i sont simultanément positifs ou négatifs à un instant donné; le produit doit donc toujours être positif. Ceci est en accord avec le fait que toutes les fois qu'un courant traverse une résistance, de l'énergie électrique est fournie par la source.

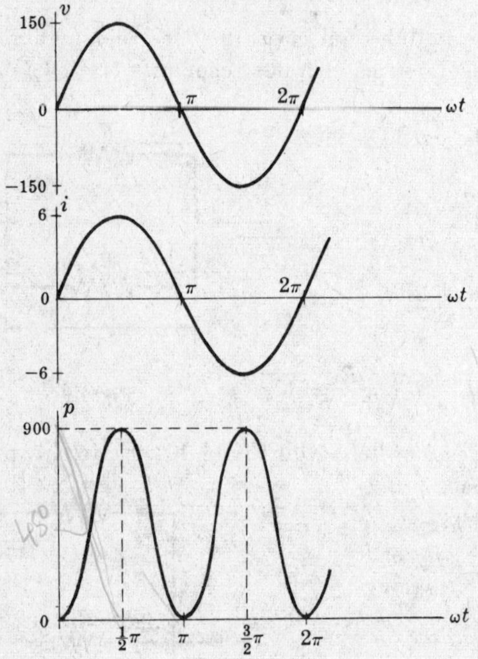

Fig. 1-12(*b*)

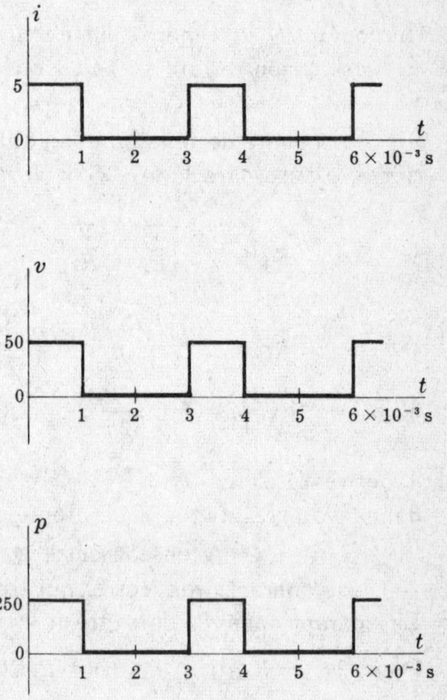

Fig. 1-13

1.6. Un signal carré périodique (Fig. 1-13 ci-dessus) représente le courant qui circule dans une résistance pure de 10 Ω. Exprimer la tension $v(t)$ aux bornes de cette résistance ainsi que la puissance $p(t)$.

Puisque $v(t) = Ri(t)$ la tension varie comme le courant. Sa valeur maximale est $R i_{max} = 5(10) = 50$ V
Puisque $p = vi$ le graphe de la puissance est obtenu en effectuant le produit point par point. La valeur maximale de la puissance est $i_{max} v_{max} = 50(5) = 250$ W

1.7. La fonction de la Fig. 1-14 est un signal périodique en dents de scie et représente le courant qui traverse une résistance pure de 5 Ω. Déterminer $v(t)$, $p(t)$ et la puissance moyenne P,

Puisque $v(t) = R\, i(t)$, $v_{max} = Ri_{max} = 5(10) = 50$ V

pour $0 < t < 2 \times 10^{-3}$ s, $i = \dfrac{10}{2 \times 10^{-3}} t = 5 \times 10^3 t$. Par suite

$$v = Ri = 25 \times 10^3 t, \quad p = vi = 125 \times 10^6 t^2, \quad P = \frac{1}{2 \times 10^{-3}} \int_0^{2 \times 10^{-3}} 125 \times 10^6 t^2 \, dt = 167 \text{ W}$$

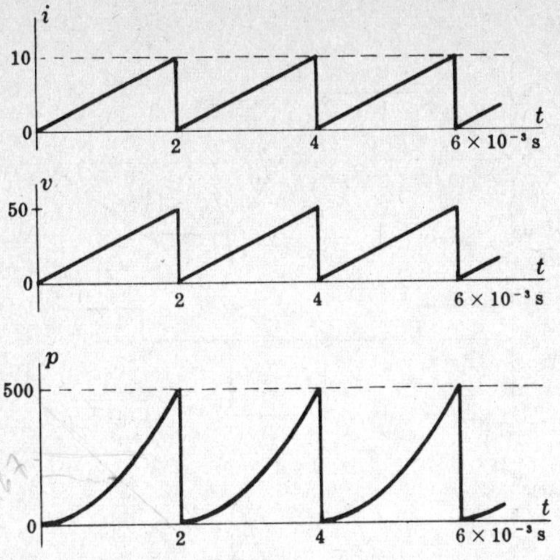

Fig. 1-14

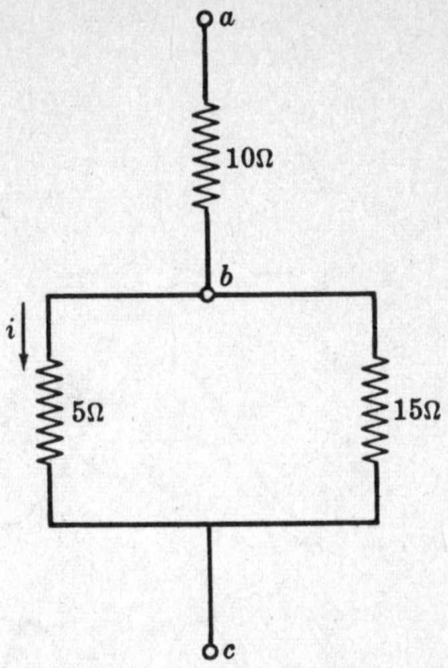

Fig. 1-15

1.8. Dans le circuit de la Fig. 1-15, le courant dans la résistance de 5 Ω est $i(t) = 6 \sin\omega t$ A. *(a)* Déterminer le courant dans la résistance de 15 ohms, celui dans la résistance de 10 Ω, ainsi que les tensions $v_a - v_b$ et $v_b - v_c$. *(b)* Déterminer les puissances instantanées et moyennes dissipées par chaque résistance.

(a) Aux bornes des résistances de 5 Ω et de 15 Ω, il existe la même tension v_{bc} :

$$v_{bc} = i_5 R_5 = (6 \sin \omega t)(5) = 30 \sin \omega t \qquad \text{et} \qquad i_{15} = v_{bc}/R_{15} = 2 \sin \omega t$$

D'autre part $i_{10} = i_{15} + i_5 = 8 \sin \omega t$ et $v_{ab} = i_{10} R_{10} = 80 \sin \omega t$

(b) Puissance instantanée $p = vi$, d'où $p_5 = (30 \sin \omega t)(6 \sin \omega t) = 180 \sin^2 \omega t$, de même

$p_{15} = 60 \sin^2 \omega t$ et $p_{10} = 640 \sin^2 \omega t$.

La puissance moyenne dissipée dans la résistance de 5Ω est:

$$P_5 = \frac{1}{\pi}\int_0^\pi 180 \sin^2 \omega t \, d(\omega t) = \frac{1}{\pi}\int_0^\pi 180[\tfrac{1}{2}(1 - \cos 2\omega t)] \, d(\omega t) = 90 \text{ W}$$

De même $P_{15} = 30$ W et $P_{10} = 320$ W

1.9. Une résistance pure de 2 Ω est soumise à une tension $v(t)$ donnée par:

$$v(t) = 50\left[1 - \frac{(\omega t)^2}{2!} + \frac{(\omega t)^4}{4!} - \frac{(\omega t)^6}{6!} + \cdots\right] \text{V}$$

Déterminer l'intensité du courant et la puissance pour cet élément de circuit.

Développons $\cos x$ en séries entières: $\cos x = 1 - \frac{x^2}{2!} + \frac{x^4}{4!} - \frac{x^6}{6!} + \cdots$.

il en résulte que $v(t) = 50 \cos \omega t$, $i(t) = 25 \cos \omega t$, $p(t) = 1250 \cos^2 \omega t$, et $P = 625$ W

1.10. Aux bornes d'une inductance pure $L = 0{,}02$ H est appliquée une tension $v(t) = 150 \sin 1\,000\, t$. Déterminer le courant $i(t)$, la puissance instantanée $p(t)$ et la puissance moyenne P.

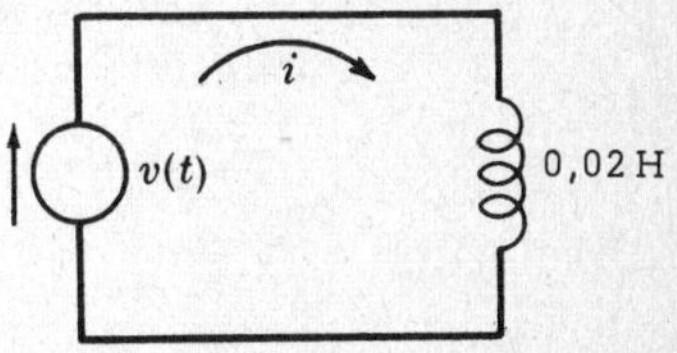

Fig. 1-16(*a*)

$$i(t) = \frac{1}{L}\int v(t)\,dt = \frac{1}{0{,}02}\int 150 \sin 1000t \, dt$$

$$= \frac{150}{0{,}02}\left(\frac{-\cos 1000t}{1000}\right) = -7{,}5 \cos 1000t \text{ A}$$

$$p = vi = -150(7{,}5)(\tfrac{1}{2} \sin 2000t) = -562{,}5 \sin 2000t \quad \text{W} . \quad [\sin x \cos x = \tfrac{1}{2} \sin 2x.]$$

La puissance moyenne est nulle, comme le montre la Fig. 1-16*(b)* ci-dessous.

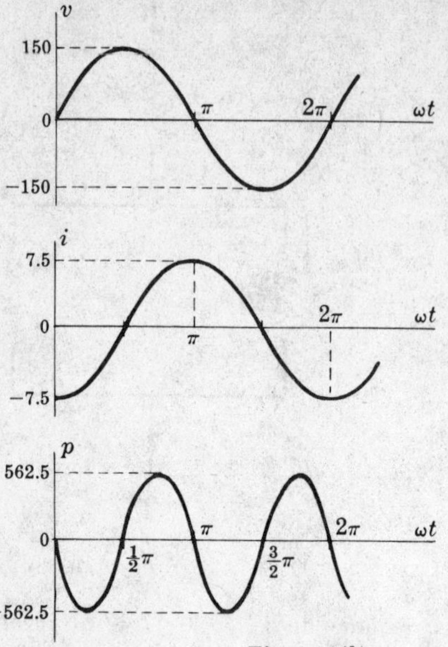

Fig. 1-16(*b*)

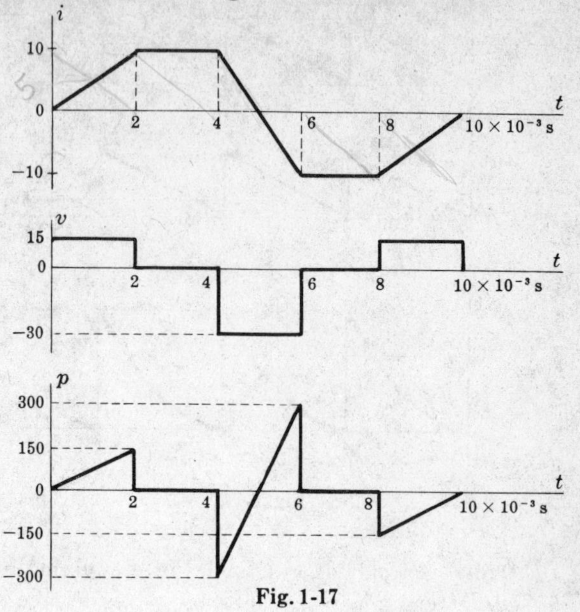

Fig. 1-17

1.11. Une inductance pure de 3 mH est le siège d'un courant dont le graphe est donné par la Fig. 1-17. Expliciter la tension $v(t)$ et la puissance instantanée $p(t)$. Quelle est la puissance moyenne P?

Le courant instantané $i(t)$ est donné par:

(1) $0 < t < 2$ ms $\quad i = 5 \times 10^3 t$
(2) $2 < t < 4$ ms $\quad i = 10$
(3) $4 < t < 6$ ms $\quad i = 10 - 10 \times 10^3(t - 4 \times 10^{-3}) = 50 - 10 \times 10^3 t$
(4) $6 < t < 8$ ms $\quad i = -10$
(5) $8 < t < 10$ ms $\quad i = -10 + 5 \times 10^3(t - 8 \times 10^{-3}) = -50 + 5 \times 10^3 t$

Les tensions correspondantes sont:

(1) $v_L = L\dfrac{di}{dt} = 3 \times 10^{-3}\dfrac{d}{dt}(5 \times 10^3 t) = 15$ V

(2) $v_L = L\dfrac{di}{dt} = 3 \times 10^{-3}\dfrac{d}{dt}(10) = 0$

(3) $v_L = L\dfrac{di}{dt} = 3 \times 10^{-3}\dfrac{d}{dt}(50 - 10 \times 10^3 t) = -30$ V, etc.

Les valeurs des puissances instantanées correspondantes sont:

(1) $p = vi = 15(5 \times 10^3 t) = 75 \times 10^3 t$ W
(2) $p = vi = 0(10) = 0$ W
(3) $p = vi = -30(50 - 10 \times 10^3 t) = -1500 + 300 \times 10^3 t$ W, etc.

La puissance moyenne P est nulle.

1.12. On applique une tension $v(t)$ à un circuit composé de deux inductances L_1 et L_2 en série. Déterminer l'inductance équivalente.

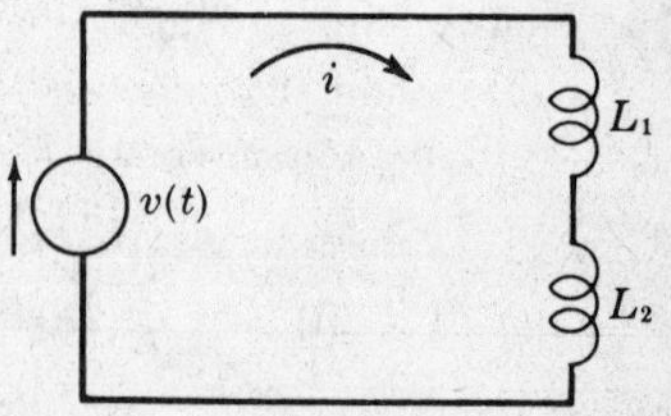

Fig. 1-18

Tension appliquée = chute de tension dans L_1 + chute de tension dans L_2

$$v(t) = L_e\frac{di}{dt} = L_1\frac{di}{dt} + L_2\frac{di}{dt}$$

d'où $L_e = L_1 + L_2$.

1.13. Trouver l'inductance L_e, équivalente à deux inductances L_1 et L_2 branchées en parallèle comme le montre la Fig. 1-19.

Admettons qu'il existe une tension $v(t)$ aux bornes du montage en parallèle; désignons par i_1 et i_2 les courants respectifs dans les inductances L_1 et L_2. Puisque le courant total i_T est la somme des courants de chaque branche :

$$i_T = i_1 + i_2 \quad \text{ou} \quad \frac{1}{L_e}\int v\,dt = \frac{1}{L_1}\int v\,dt + \frac{1}{L_2}\int v\,dt$$

Il en résulte que : $\dfrac{1}{L_e} = \dfrac{1}{L_1} + \dfrac{1}{L_2}$ ou $L_e = \dfrac{L_1 L_2}{L_1 + L_2}$

L'inverse de l'inductance équivalente à un certain nombre d'inductances montées en série est la somme des inverses de chacune des inductances.

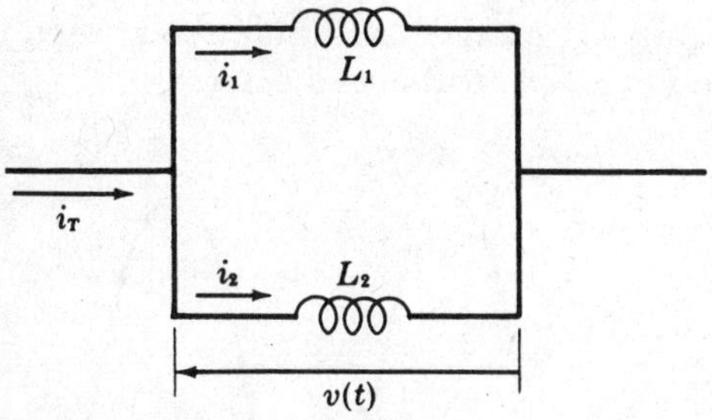

Fig. 1-19

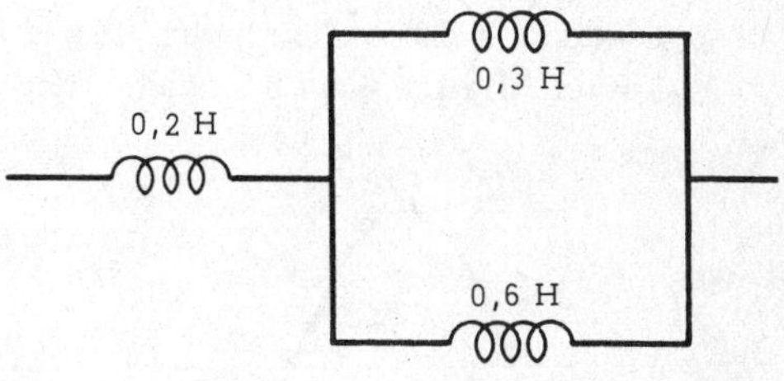

Fig. 1-20

1.14. Trois inductances pures sont montées comme l'indique la Fig. 1-20. Quelle est l'inductance équivalente L_e qui peut remplacer ce circuit ?

L'inductance équivalente d'un circuit monté en parallèle est : $L_p = \dfrac{L_1 L_2}{L_1 + L_2} = \dfrac{0,3(0,6)}{0,3 + 0,6} = 0,2$ H d'où l'inductance équivalente de ce circuit. $L_e = 0,2 + L_p = 0,4$ H

1.15. Une inductance pure est traversée par un courant $i(t) = I_m \sin \omega t$. En supposant qu'à l'instant $t = 0$, l'énergie emmagasinée dans le champ magnétique est nulle, expliciter la fonction énergie $w(t)$.

$$v(t) = L\frac{d}{dt}(I_m \sin \omega t) = \omega L I_m \cos \omega t$$

$$p(t) = vi = \omega L I_m^2 \sin \omega t \cos \omega t = \tfrac{1}{2}\omega L I_m^2 \sin 2\omega t$$

$$w(t) = \int_0^t \tfrac{1}{2}\omega L I_m^2 \sin 2\omega t\, dt = \tfrac{1}{4} L I_m^2 [-\cos 2\omega t + 1] = \tfrac{1}{2} L I_m^2 \sin^2 \omega t$$

A $\omega t = \pi/2, 3\pi/2, 5\pi/2$, etc, l'énergie emmagasinée est maximale et égale à $\frac{1}{2} L I_m^2$. A $\omega t = 0, \pi, 2\pi, 3\pi$, etc, l'énergie emmagasinée est nulle. Voir Fig. 1-21.

Quand $p(t)$ est positive, l'énergie emmagasinée dans l'auto-inductance augmente. Quand $p(t)$ est négative, l'énergie emmagasinée dans l'auto-inductance est restituée à la source. Aucune énergie n'est dissipée dans une inductance pure. La puissance moyenne est nulle et il n'y a pas de transfert d'énergie.

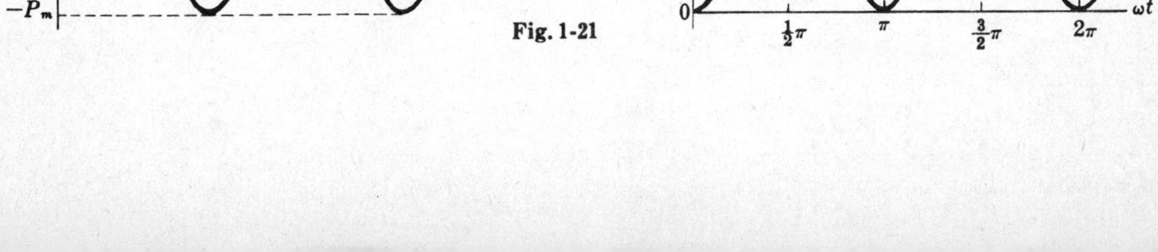

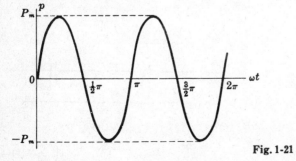

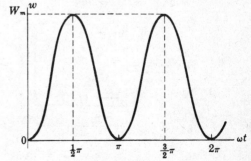

Fig. 1-21

1.16. On considère un condensateur auquel on applique une tension $v(t) = V_m \sin \omega t$. Déterminer l'intensité $i(t)$, la puissance $p(t)$, la charge $q(t)$, et l'énergie $w(t)$ emmagasinée dans le champ électrique sachant que $w(t) = 0$ à $t = 0$.

$$i(t) = C\,dv/dt = \omega C V_m \cos \omega t \text{ A}$$
$$p(t) = vi = \tfrac{1}{2}\omega C V_m^2 \sin 2\omega t \text{ W}$$
$$q(t) = Cv = CV_m \sin \omega t \text{ coulombs}$$
$$w(t) = \int_0^t p\,dt = \tfrac{1}{4}CV_m^2(1 - \cos 2\omega t) = \tfrac{1}{2}CV_m^2 \sin^2 \omega t$$

A $\omega t = \pi/2, 3\pi/2, 5\pi/2$, etc, l'énergie emmagasinée est maximale et égale à $\frac{1}{2}CV_m^2$.
A $\omega t = 0, \pi, 2\pi, 3\pi$, etc , l'énergie emmagasinée est nulle (Fig. 1-22).

Quand $p(t)$ est positive, la source délivre de l'énergie qui est emmagasinée dans le champ électrique du condensateur. Quand $p(t)$ est négative, l'énergie emmagasinée est restituée à la source. La puissance moyenne est nulle et il n'y a pas de transfert d'énergie.

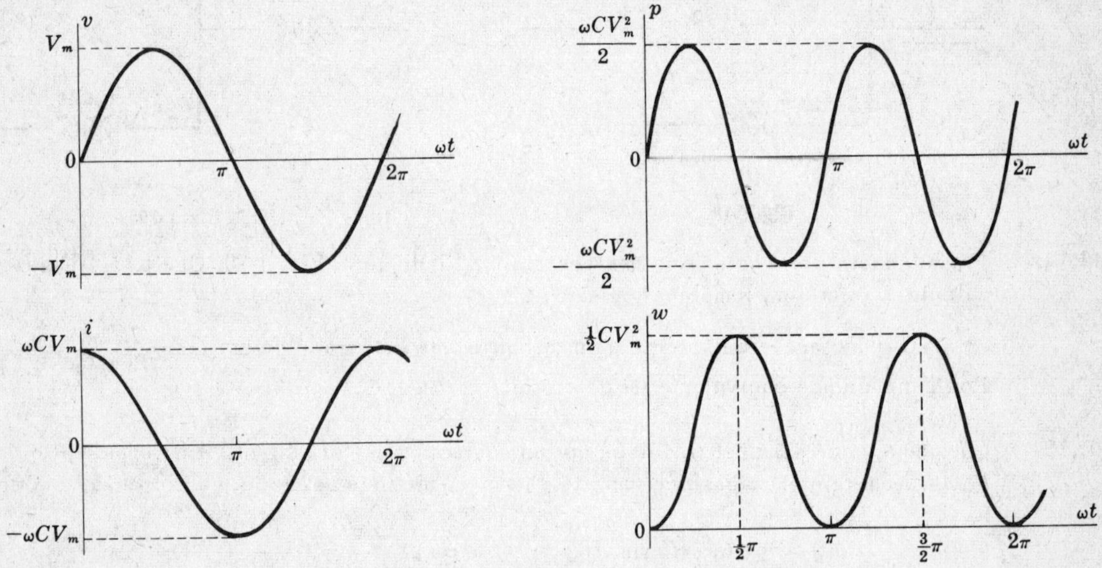

Fig. 1-22

1.17. Déterminer la capacité équivalente du circuit constitué de deux condensateurs C_1 et C_2 montés en parallèle (Fig. 1-23).

Supposons que l'on applique une tension $v(t)$ aux bornes du circuit. Soient i_1 et i_2 les courants respectifs dans C_1 et C_2. Si i_T est le courant total on a :

$$i_T = i_1 + i_2 \quad \text{ou} \quad C_e \frac{d}{dt}v(t) = C_1 \frac{d}{dt}v(t) + C_2 \frac{d}{dt}v(t) \quad \text{donc} \quad C_e = C_1 + C_2$$

La capacité équivalente à un certain nombre de condensateurs montés en parallèle est égale à la somme des capacités de chacun d'eux.

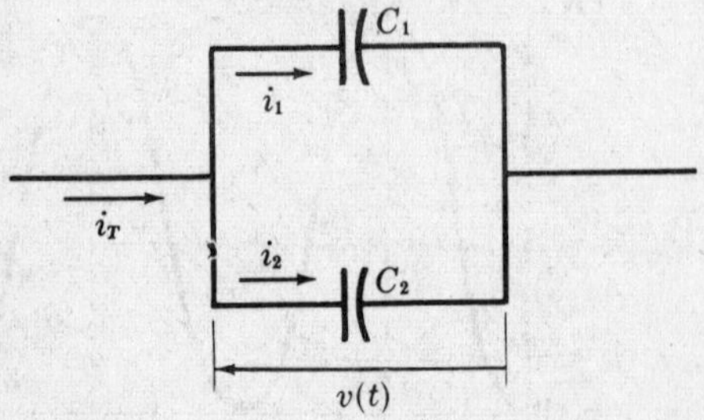

Fig. 1-23

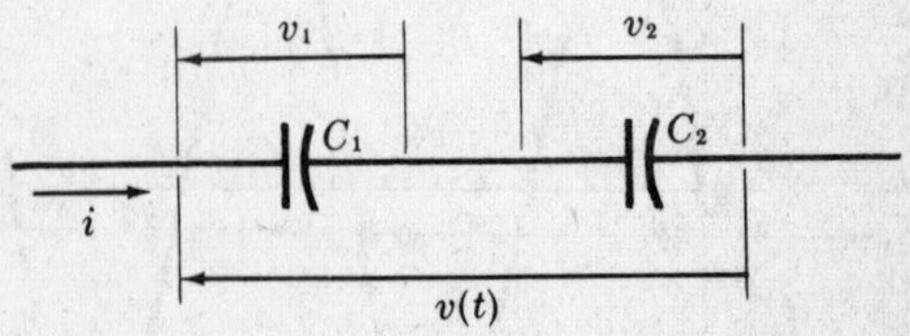

Fig. 1-24

1.18. Déterminer la capacité C_e équivalente à deux condensateurs C_1 et C_2 montés en série (Fig. 1-24).

Supposons que l'on applique une tension aux bornes du circuit.

Tension appliquée = chute de tension aux bornes de C_1 + chute de tension aux bornes de C_2

$$\frac{1}{C_e}\int i(t)\,dt \;=\; \frac{1}{C_1}\int i(t)\,dt + \frac{1}{C_2}\int i(t)\,dt$$

Ainsi
$$\frac{1}{C_e} = \frac{1}{C_1} + \frac{1}{C_2} \qquad \text{ou} \qquad C_e = \frac{C_1 C_2}{C_1 + C_2}$$

L'inverse de la capacité équivalente à un certain nombre de condensateurs montés en série est égale à la somme des inverses des capacités de chacun d'eux.

1.19. Déterminer les capacité équivalente C_e, de l'association de condensateurs de la Fig. 1-25.

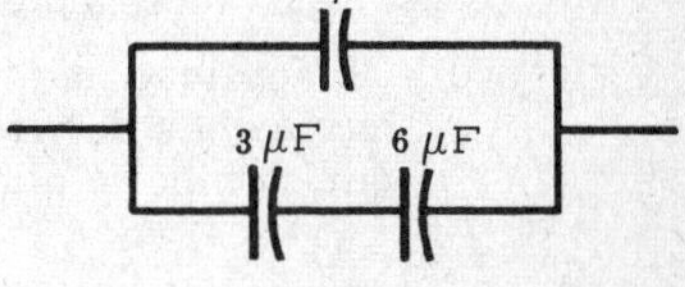

Fig. 1-25

La capacité équivalente de la branche série est :

$$C_s = \frac{C_1 C_2}{C_1 + C_2} = \frac{3(6)}{3+6} = 2\,\mu\text{F}$$

d'où $\qquad C_e = 4 + C_s = 6\,\mu\text{F} = 6 \times 10^{-6}\ \text{F}$

1.20. Le circuit série (Fig. 1-26) est parcouru par un courant $i(t)$ représenté par la Fig. 1-26. Déterminer la tension aux bornes de chaque élément et tracer le graphe de chacune de ces tensions en fonction du temps. Déterminer également la charge $q(t)$ du condensateur.

Aux bornes de la résistance : $v_R = Ri$

La représentation de v_R est affine de celle du courant avec une amplitude maximale de $2(10) = 20$ V.

Aux bornes de l'auto-inductance : $v_L = L\,di/dt$

(1) $0 < t < 1$ ms $\qquad i = 10 \times 10^3 t$

$\qquad v_L = (2 \times 10^{-3})(10 \times 10^3) = 20\,\text{V}$

(2) $1 < t < 2$ ms $\qquad i = 10$

$\qquad v_L = (2 \times 10^{-3})(0) = 0$

etc.

Aux bornes du condensateur : $v_C = \dfrac{1}{C}\displaystyle\int i\,dt$

(1) $0 < t < 1$ ms $\quad v_C = \dfrac{1}{500 \times 10^{-6}}\displaystyle\int_0^t (10 \times 10^3 t)\,dt$

$\qquad = 10 \times 10^6 t^2$

(2) $1 < t < 2$ ms $\quad v_C = 10 + \dfrac{1}{500 \times 10^{-6}}\displaystyle\int_{10^{-3}}^t (10)\,dt$

$\qquad = 10 + 20 \times 10^3(t - 10^{-3})$

etc.

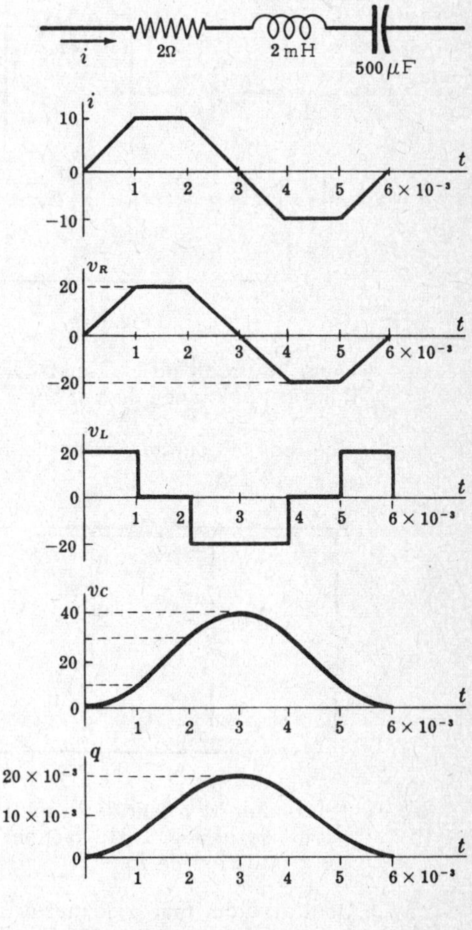

Fig. 1-26

La représentation de q en fonction du temps se détermine simplement à partir de la relation $q = Cv_C$. Notons que si i est positif, q et v_C augmentent tous deux, c'est-à-dire que la charge et la tension aux bornes du condensateur augmentent simultanément; quand i est négatif toutes deux décroissent.

Problèmes supplémentaires

1.21. Trois résistances R_1 R_2, R_3 en série sont soumises à une tension constante V. La tension aux bornes de R_1 est de 20 V, la puissance dissipée dans R_2 est de 25 W, et R_3 a une résistance de 2 Ω. Déterminer la tension V si le courant est de 5 A. *Rép.* 35 V.

1.22. Deux résistances R_1 et R_2 montées en parallèle ont une résistance équivalente $R_e = \frac{10}{3}\ \Omega$. Quand un courant circule dans le circuit, il se partage entre les deux résistances dans le rapport de 2 à 1. Déterminer R_1 et R_2. *Rép.* $R_1 = 5\ \Omega$, $R_2 = 10\ \Omega$.

1.23. *(a)* Déterminer la résistance équivalente R_e pour le circuit représenté sur la Fig. 1-27.

(b) On applique une tension constante $V = 100$ V aux bornes du circuit. Quelle est la résistance qui dissipe le plus de puissance ?

Rép. *(a)* $R_e = 5\ \Omega$

(b) La résistance de 5 Ω avec $P = 957$ W.

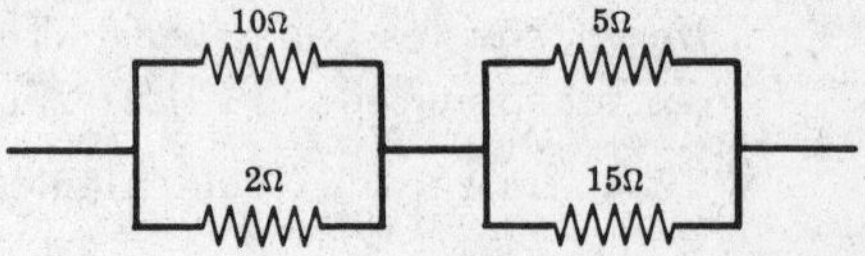

Fig. 1-27

1.24. Deux sources de tension constante débitent dans le circuit de la Fig. 1-28. Déterminer la puissance P fournie par chaque source du circuit.
Rép. $P_{25} = 75$ W $P_5 = 15$ W

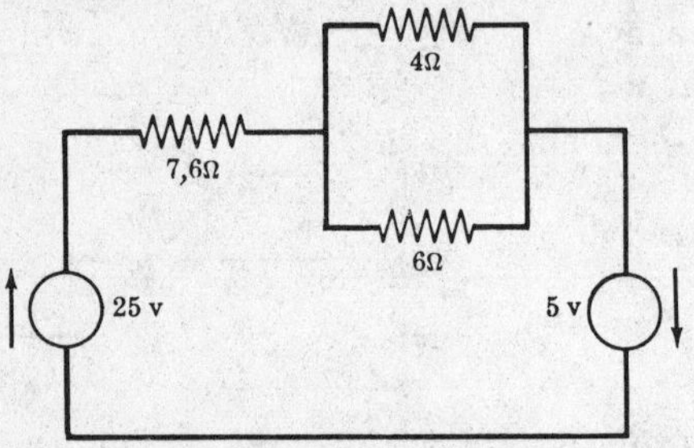

Fig. 1-28

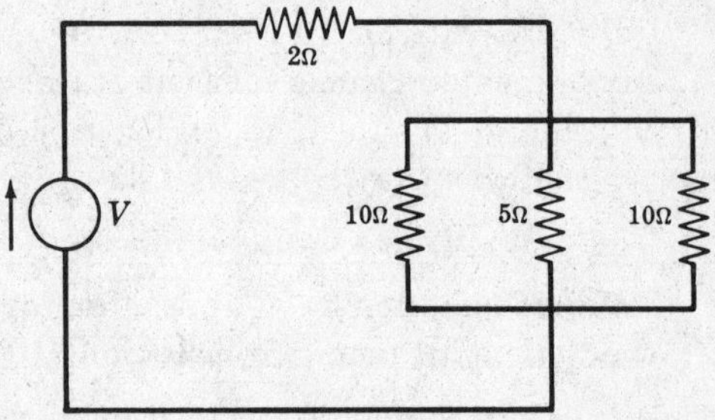

Fig. 1-29

1.25. Dans le circuit de la Fig. 1-29, déterminer la tension constante V entraînant un courant de 14 A dans la résistance de 5 Ω. *Rép.* $V = 126$ V.

1.26. Quel est le courant débité par la source de 50 V insérée dans le réseau de la Fig. 1-30 ?
Rép. 13,7 A

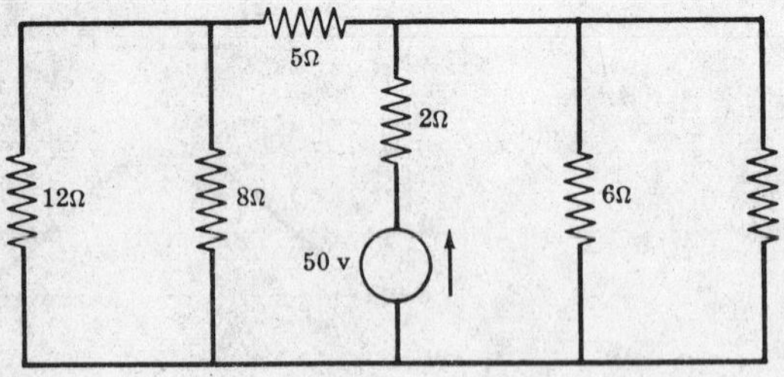

Fig. 1-30

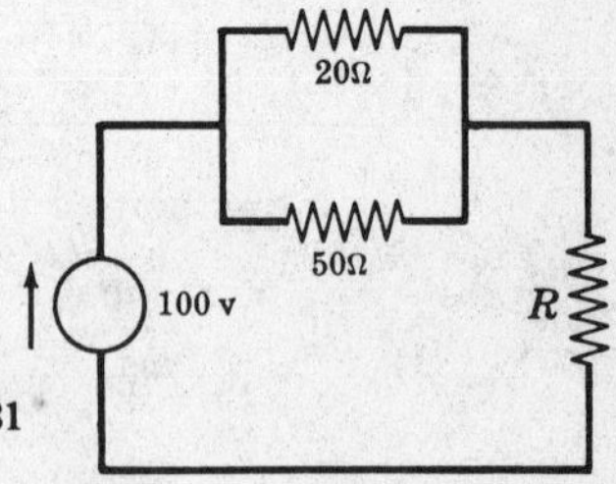

Fig. 1-31

1.27. Déterminer la valeur de la résistance R insérée dans le circuit de la Fig. 1-31, sachant que la chute de tension à ses bornes est de 25 V. *Rép.* 4,75 Ω

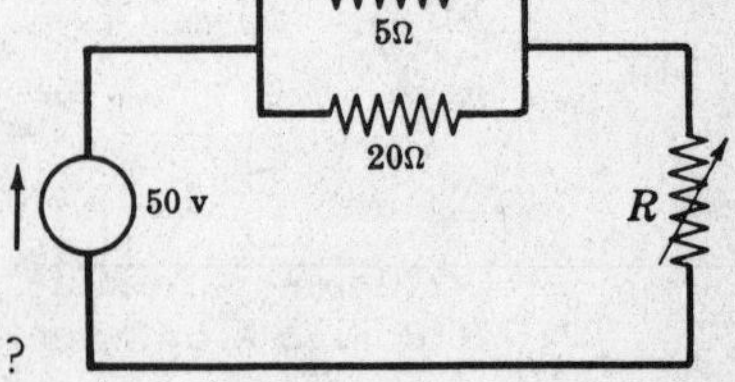

Fig. 1-32

1.28. Quelle valeur faut-il donner à la résistance ajustable R pour que la puissance dissipée dans la résistance de 5 Ω soit de 20 W ?
Rép. $R = 16\ \Omega$.

1.29. Une résistance de 10 Ω est montée en série avec l'association en parallèle de deux résistances de 15 Ω et de 5 Ω. Sachant que le courant constant dans la résistance de 5 Ω est de 6 A, quelle est la puissance totale dissipée dans les trois résistances ? *Rép.* 880 W.

1.30. Les valeurs des auto-inductances L_1 et L_2 du circuit de la Fig. 1-33 sont dans un rapport de 2 à 1. Si l'inductance équivalente L_e des trois bobines est de 0,7 H, quelles sont les valeurs de L_1 et L_2 ? *Rép.* L_1 = 0,6 H, L_2 = 0,3 H.

1.31. Les trois auto-inductances du montage en parallèle de la Fig. 1-34 ont une inductance équivalente L_e égale à 0,0755 H. *(a)* Déterminer la valeur de l'auto-inductance inconnue L. *(b)* Existe-t-il une valeur de L telle que L_e = 0,5 H ? *(c)* Quelle est la valeur maximale de L_e, si L peut prendre n'importe quelle valeur ? *Rép.* *(a)* L = 0,1 H, *(b)* Non, *(c)* 0,308 H,

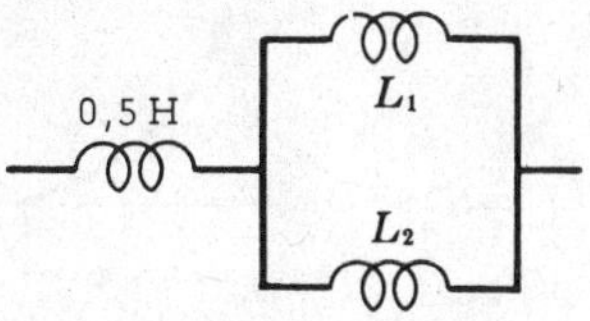

Fig. 1-33

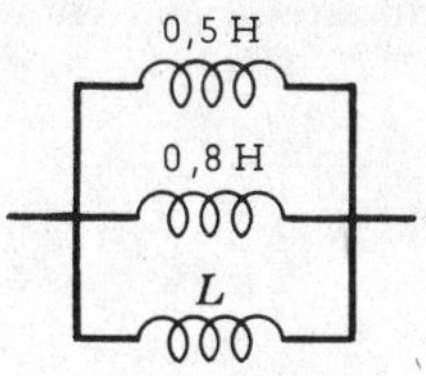

Fig. 1-34

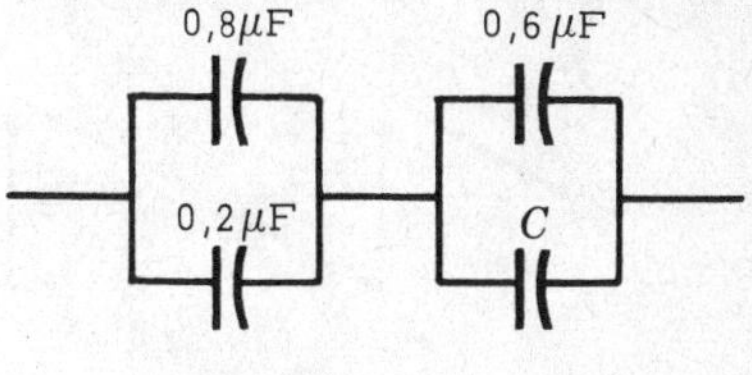

Fig. 1-35

1.32. Quelle doit être la capacité C pour que le circuit de la Fig. 1-35 ait une capacité équivalente C_e = 0,5 μF. *Rép.* C = 0,4 μF.

1.33. Une tension de 100 V est appliquée au circuit de la Fig. 1-36. Déterminer en coulomb la charge de chaque condensateur.
Rép. $q_{0,8}$ = 40 μC, $q_{0,2}$ = 10 μC
$q_{0,3}$ = 15 μC, $q_{0,7}$ = 35 μC

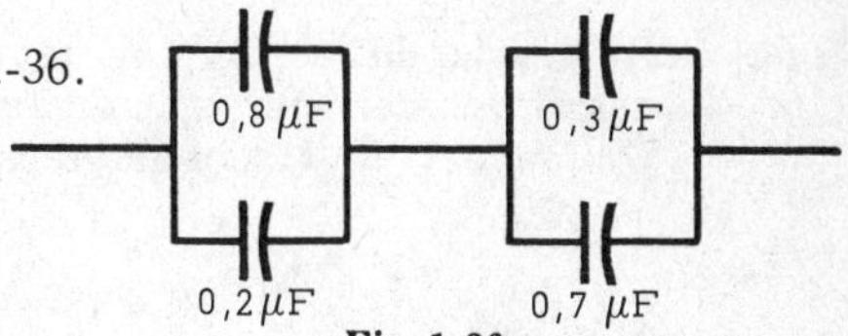

Fig. 1-36

1.34. Les condensateurs du circuit 1-37 sont chargés sous une tension constante de 50 V entre les bornes A et B. Déterminer la charge finale de chaque condensateur lorsque l'on débranche la source.
Rép. $q_{20} = 444\frac{1}{3}$ μC, $q_{40} = 888\frac{2}{3}$ μC

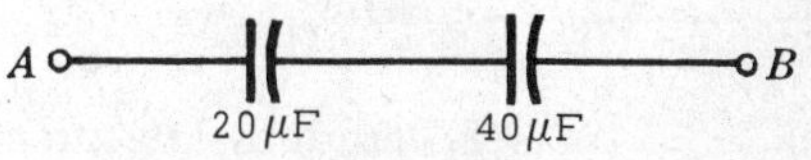

Fig. 1-37

1.35. Montrer que l'énergie dissipée dans une résistance pure R alimentée par la tension $v = V_m \sin \omega t$, est donnée par :

$$w = \frac{V_m^2}{2R}\left(t - \frac{\sin 2\omega t}{2\omega}\right).$$

1.36. Une auto-inductance L est le siège d'un courant $i = I_m[1 - e^{-\frac{R}{L}t}]$. Montrer que l'énergie maximale W_m emmagasinée dans le champ magnétique est donnée par $W_m = \frac{1}{2}L I_m^2$. ($i = 0$ pour $t < 0$)

1.37. Si le courant dans un condensateur est $i = \frac{V_m}{R}e^{-\frac{t}{RC}}$, montrer que l'énergie maximale emmagasinée est $W_m = \frac{1}{2}C V_m^2$. ($i = 0$ pour $t < 0$)

1.38. Dans le circuit RC de la Fig. 1-38 une énergie totale de $3{,}6 \times 10^{-3}$ J est dissipée dans la résistance de 10 Ω après la fermeture de l'interrupteur. Quelle était la charge initiale q_0 du condensateur ? *Rép.* q_0 = 120 μC

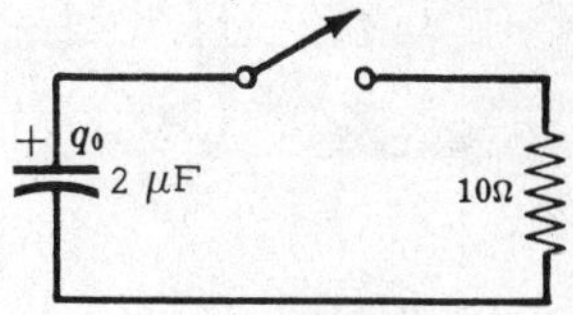

Fig. 1-38

1.39. Montrer que $\frac{1}{2}CV^2$ et $\frac{1}{2}LI^2$ s'exprime à l'aide des mêmes unités que l'énergie w.

1.40. La tension représentée sur la Fig. 1-39 est appliquée aux bornes d'un condensateur de 40 μF. Tracer les graphes de $i(t)$, $p(t)$ et déterminer I_m et P_m.
Rép. I_m = 1,5 A P_m = 75 W.

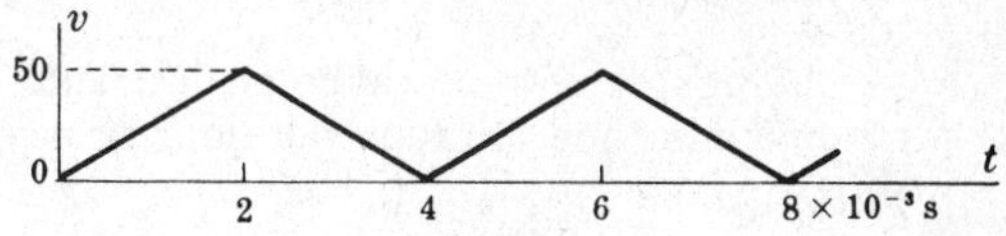

Fig. 1-39

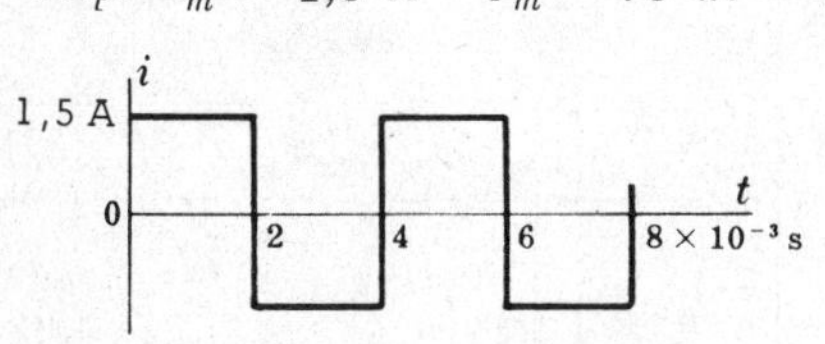

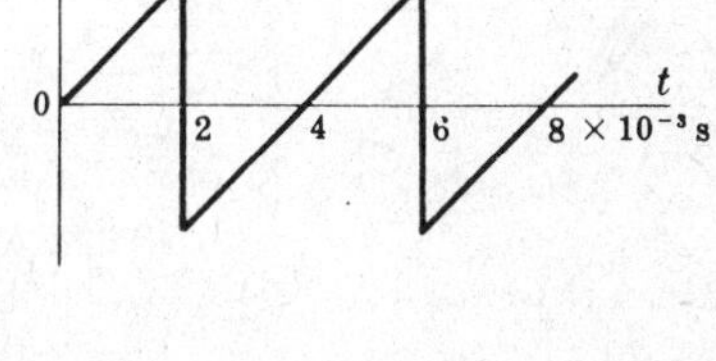

1.41. Déterminer l'expression du courant dans un condensateur, si la tension à ses bornes est donné par

$$v = V_m\left[\omega t - \frac{(\omega t)^3}{3!} + \frac{(\omega t)^5}{5!} - \frac{(\omega t)^7}{7!} + \cdots\right].$$

Rép. $i = \omega C V_m\left[1 - \frac{(\omega t)^2}{2!} + \frac{(\omega t)^4}{4!} - \frac{(\omega t)^6}{6!} + \cdots\right]$ soit $i = \omega C V_m \cos \omega t$

1.42. Un condensateur de capacité égale à 25 μF est le siège d'un courant dont le graphe est donné par la Fig. 1-40. Tracer le graphe de la tension à ses bornes et déterminer V_m et Q_m.

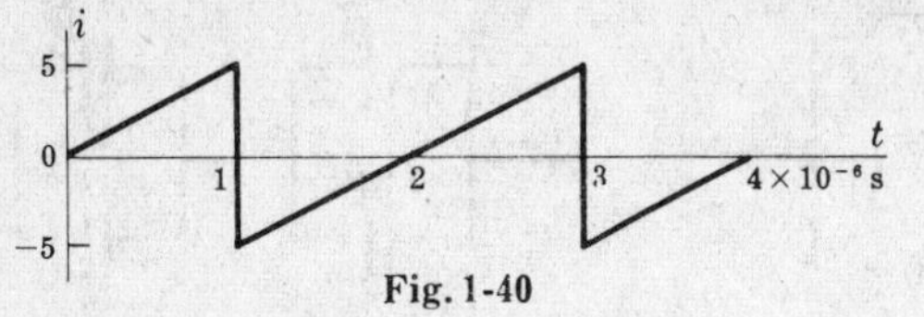

Fig. 1-40

Rép.

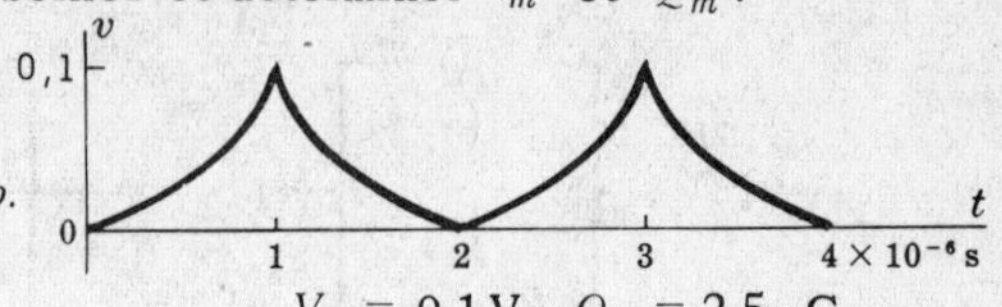

$V_m = 0{,}1$ V, $Q_m = 2{,}5\ \mu$C

1.43. Un condensateur de 2 μF se charge selon la loi $q = 100[1 + e^{-5 \times 10^4 t}]$ μC. Déterminer les expressions de la tension et de l'intensité en fonction du temps.

Rép. $v = 50[1 + e^{-5 \times 10^4 t}]$ V, $i = -5e^{-5 \times 10^4 t}$ A.

1.44. Le graphe de la Fig. 1-41 représente le courant qui circule dans une auto-inductance L. Sachant que la tension correspondante a une amplitude maximale de 100 V, déterminer la valeur de l'inductance L ? Tracer le graphe de la tension. *Rép.* $L = 0{,}5$ H.

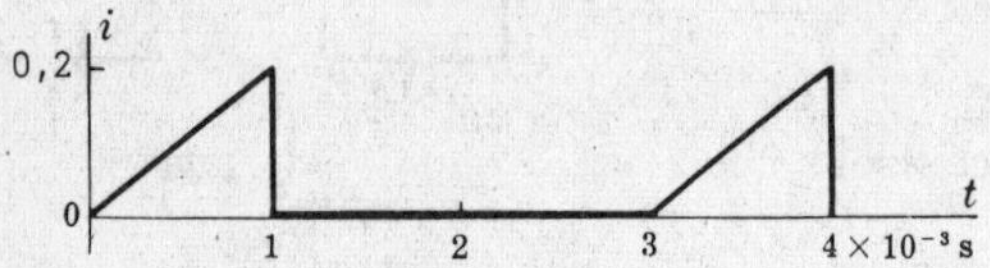

Fig. 1-41

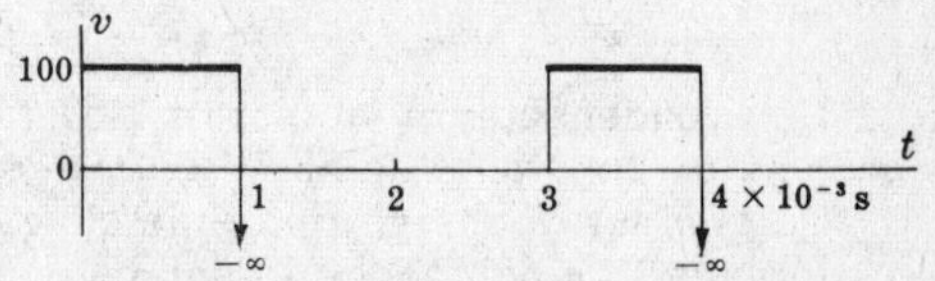

Note: En pratique le courant dans une auto-inductance ne peut-être une fonction discontinue comme le montre la figure pour $t = 1$ ms et $t = 4$ ms. Puisque la tension est égale au produit par L de la dérivée de l'intensité par rapport au temps et que cette dérivée a une valeur négative infinie aux points de discontinuité, le graphe de la tension présentera des points à l'infini (négatif).

1.45. Aux bornes d'une auto-inductance de 0,05 H on applique une tension dont le graphe est donné par la Fig. 1-42. Tracer le graphe du courant correspondant et déterminer l'expression de i pour $0 < t < 2$ ms.

Rép. $i = 5 \times 10^5 t^2$

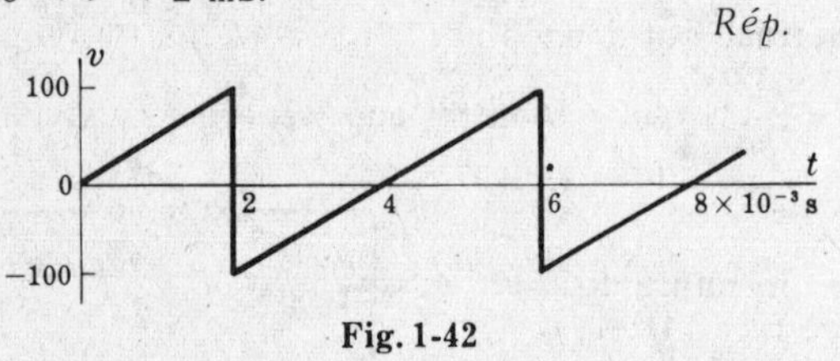

Fig. 1-42

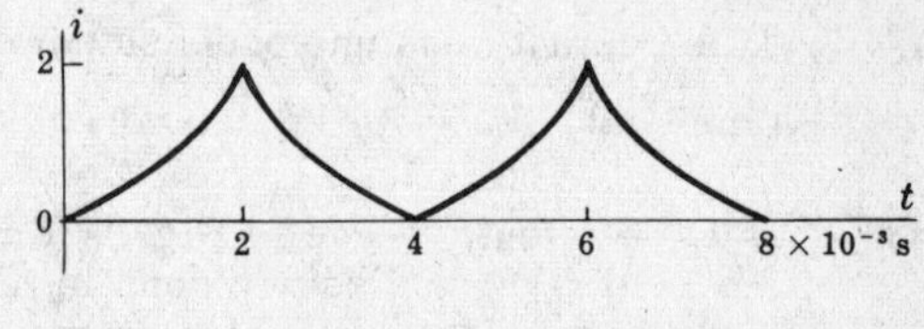

1.46. On fait passer un courant $i(t)$ dont le graphe est donné par la Fig. 1-43 dans un circuit RL série où $R = 20\ \Omega$ et $L = 0{,}1$ H. Déterminer les graphes des tensions respectives v_R et v_L aux bornes de la résistance et de l'auto-inductance, ainsi que le graphe de leur somme.

Rép. Quand $0 < t < 0{,}1$ s

$$v_R = 200e^{-200t}, \quad v_L = -200e^{-200t}, \quad v_T = 0$$

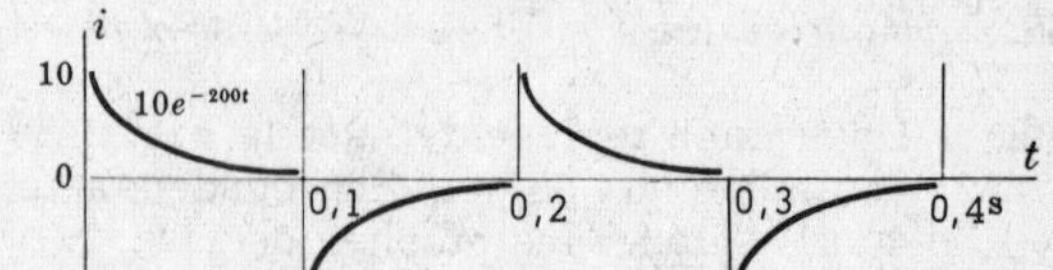

Fig. 1-43

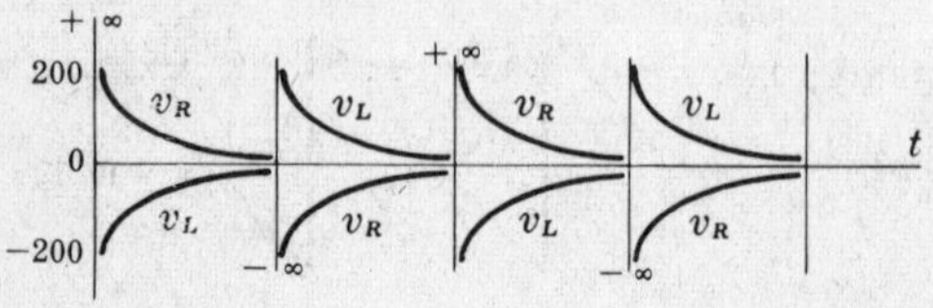

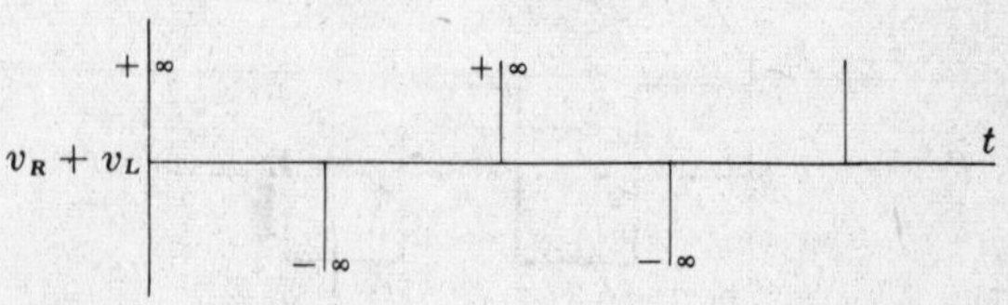

1.47. Un circuit RL série où $R = 5\ \Omega$ et $L = 0{,}004$ H est traversé par un courant dont le graphe est représenté sur la Fig. 1-44. Tracer les graphes de v_R et v_L.

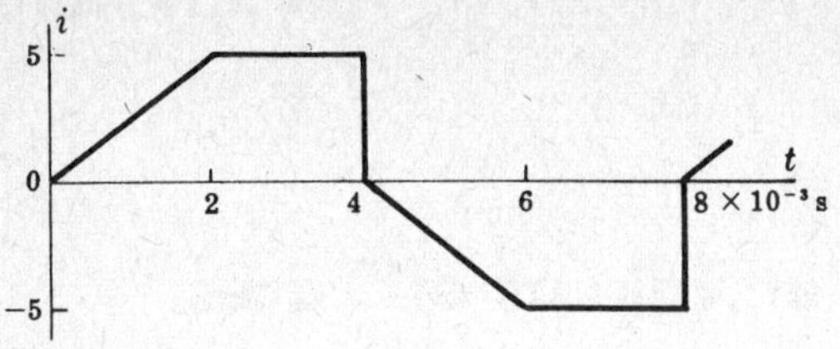

Fig. 1-44

Rép.

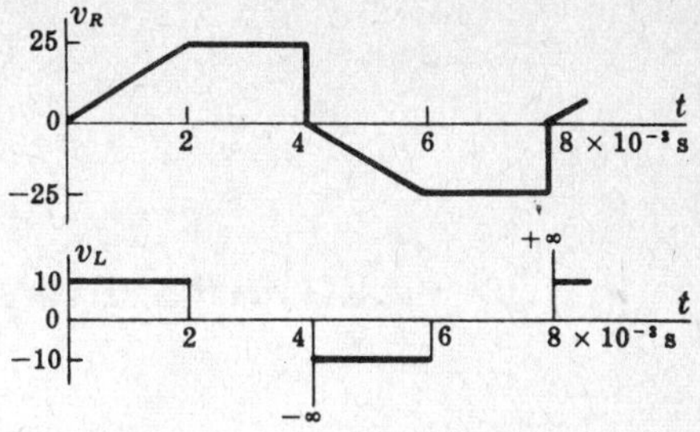

1.48. On applique une tension sinusoïdale aux bornes d'un circuit RL série où $R = 10\ \Omega$ et $L = 0{,}5$ H. Le courant qui en résulte est $i = 0{,}822\,e^{-20t} + 0{,}822 \sin(377\,t - 86{,}96°)$. Déterminer les tensions correspondantes v_L, v_R, v_T.

Rép. $v_R = 8{,}22\,e^{-20t} + 8{,}22 \sin(377t - 86{,}96°)$

$v_L = -8{,}22\,e^{-20t} + 155 \cos(377t - 86{,}96°)$

$v_T = 155 \sin 377t$

1.49. Un circuit RL série où $R = 100\ \Omega$ et $L = 0{,}05$ H, est le siège du courant exprimé ci-dessous. Déterminer v_R et v_L pour chaque intervalle de temps.

(1) $0 < t < 10 \times 10^{-3}$ s , $i = 5[1 - e^{-2000t}]$

(2) $10 \times 10^{-3} < t$, $i = 5\,e^{-2000(t - 10 \times 10^{-3})}$

Rép. (1) $v_R = 500[1 - e^{-2000t}]$, $v_L = 500\,e^{-2000t}$

(2) $v_R = 500\,e^{-2000(t - 10 \times 10^{-3})}$, $v_L = -500\,e^{-2000(t - 10\times 10^{-3})}$

1.50. Le courant dans un circuit RC série est $i = 10\,e^{-500t}$. Initialement le condensateur n'est pas chargé. Après passage du courant, le condensateur possède une charge de 0,02 C. Si la tension appliquée est $V = 100$ V et si $v_c = 100[1 - e^{-500t}]$, déterminer C et v_R.

Rép. $C = 200\ \mu$F, $v_R = 100\,e^{-500\,t}$.

1.51. Un circuit LC série où $L = 0{,}02$ H et $C = 30\ \mu$F est le siège d'un courant $i = 1{,}5 \cos 1\,000\,t$. Déterminer la tension totale v_T. *Rép.* $v_T = 20 \sin 1\,000\,t$.

1.52. Un circuit RL parallèle est soumis à la tension représentée sur la Fig. 1-45. Déterminer le courant total.

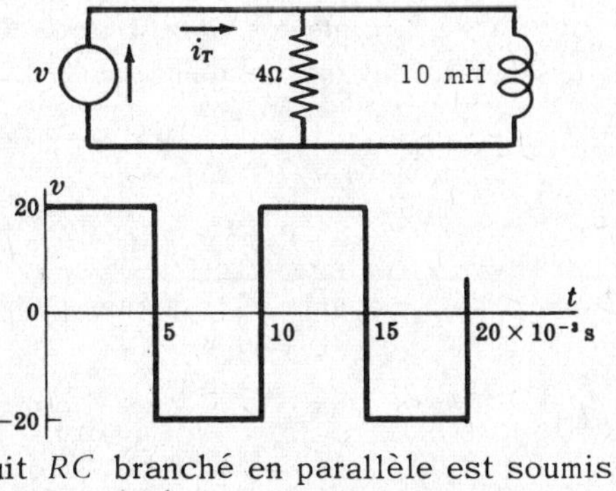

Fig. 1-45

Ans.

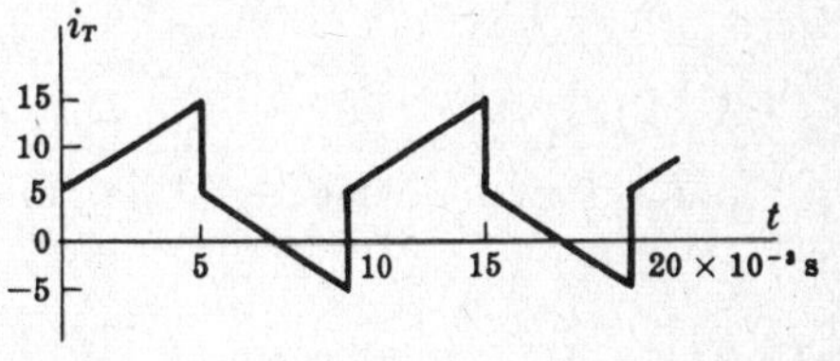

1.53. Un circuit RC branché en parallèle est soumis à la tension reproduite sur la Fig. 1-46. Déterminer le courant total i_T.

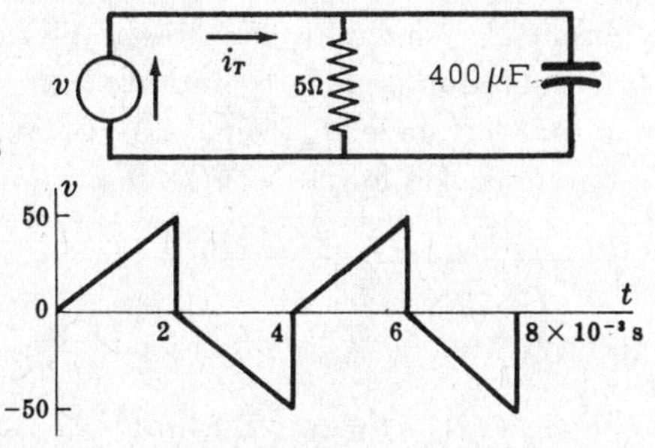

Fig. 1-46

Rép.

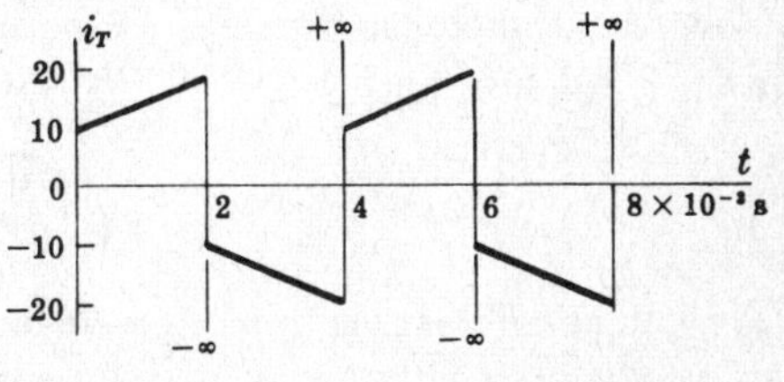

Chapitre 2

Valeurs moyennes et valeurs efficaces

GRAPHES

Les représentations graphiques ou graphes de $v(t)$, $i(t)$ et $p(t)$ sont les courbes de tensions, de courant et de puissance. Dans un stade élémentaire, l'analyse des circuits ne fait intervenir que des fonctions périodiques, c'est-à-dire celles pour lesquelles $f(t) = f(t+nT)$, où n est un nombre entier et T la période, comme le montre la Fig. 2-1. Pour caractériser une fonction périodique il faut que son graphe sur une période entière soit déterminé.

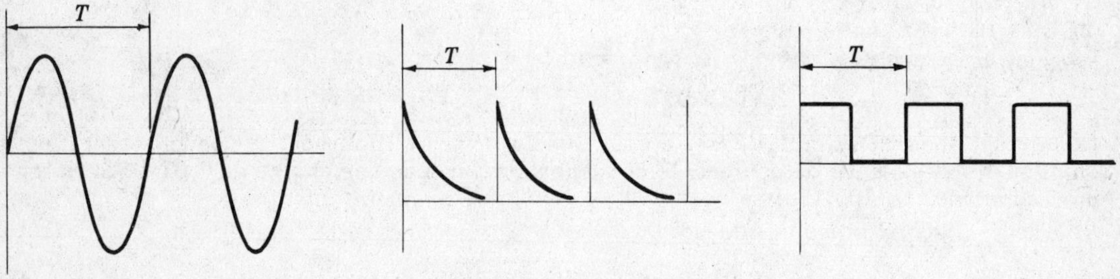

Fig. 2-1. Fonctions périodiques

Les fonctions tension et courant, $v(t)$ et $i(t)$ sont des expressions mathématiques qui peuvent être données sous plusieurs formes. Par exemple les fonctions sinus et cosinus peuvent être exprimées sous la forme de développements en série. On doit insister sur le fait que les équations de base reliant tension et courant pour les trois types d'éléments de circuit, s'appliquent indépendamment de la forme mathématique du courant ou de la tension.

VALEUR MOYENNE

Une fonction périodique $y(t)$ de période T a une valeur moyenne $\overline{Y}$ donnée par:

$$\overline{Y} = \frac{1}{T}\int_0^T y(t)\,dt$$

VALEUR EFFICACE

Un courant $i(t)$ circulant dans une résistance pure R, y engendre une dissipation d'énergie $p(t)$ correspondant à une puissance moyenne P. La même dissipation peut être produite par un courant constant I circulant dans R. On peut dire que $i(t)$ a une valeur efficace I_{eff} égale à ce courant constant I. Un raisonnement analogue peut être élaboré pour les tensions. La fonction $y(t)$ de période T a une valeur efficace Y_{eff} donnée par:

$$\overline{Y}_{\text{eff}} = \sqrt{\frac{1}{T}\int_0^T \overline{y(t)}^2\,dt}$$

La valeur efficace des fonctions $a\sin\omega t$, et $a\cos\omega t$ est $a/\sqrt{2}$. Voir problème 2-2.

VALEUR EFFICACE D'UNE SOMME DE SINUS ET DE COSINUS

La fonction $y(t) = a_0 + (a_1 \cos \omega t + a_2 \cos 2\omega t + \cdots) + (b_1 \sin \omega t + b_2 \sin 2\omega t + \cdots)$ a une valeur efficace:

$$Y_{\text{eff}} = \sqrt{a_0^2 + \tfrac{1}{2}(a_1^2 + a_2^2 + \cdots) + \tfrac{1}{2}(b_1^2 + b_2^2 + \cdots)}$$

Si A_1 est la valeur efficace de $a_1 \cos \omega t$, alors $A_1 = \dfrac{a_1}{\sqrt{2}}$, $A_1^2 = \dfrac{a_1^2}{2}$, et

$$Y_{\text{eff}} = \sqrt{a_0^2 + (A_1^2 + A_2^2 + \cdots) + (B_1^2 + B_2^2 + \cdots)}$$

FACTEUR DE FORME

Le rapport de la valeur efficace à la valeur moyenne est le facteur de forme F de la fonction

$$\text{Facteur de forme} = \frac{Y_{\text{eff}}}{\overline{Y}} = \frac{\sqrt{\dfrac{1}{T}\displaystyle\int_0^T \overline{y(t)}^2\, dt}}{\dfrac{1}{T}\displaystyle\int_0^T y(t)\, dt}$$

Les fonctions pour lesquelles $f(t) = -f(t + \tfrac{1}{2}T)$ sont dites à symétrie demi-onde; elles ont une valeur moyenne nulle (Fig. 2-2). Pour ces fonctions dont la fonction sinusoïdale est un exemple, $\overline{Y}$ est calculée sur la moitié positive de la période.

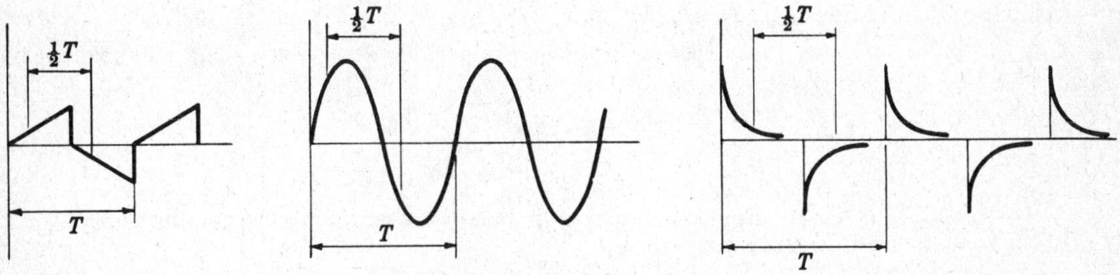

Fig. 2-2. Symétrie demi-onde

D'autres fonctions possèdent une valeur moyenne nulle, mais ne présentent pas de symétrie demi-onde, comme le montre la Fig. 2-3 ci-dessous. Dans la détermination de $\overline{Y}$ en vue de son report dans le facteur de forme, on choisit une demi-période comme pour les fonctions à symétrie demi-onde.

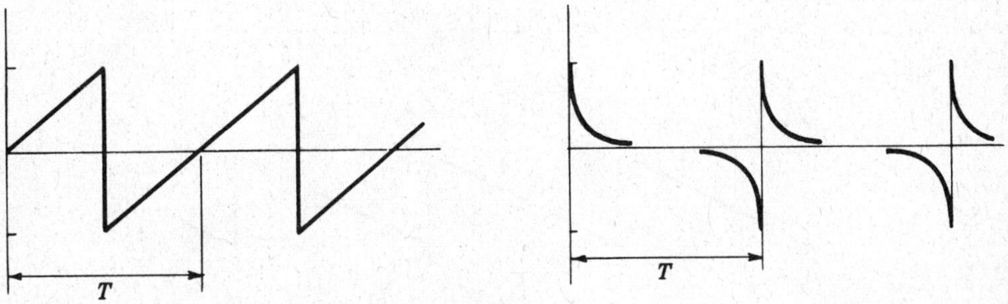

Fig. 2-3

Problèmes résolus

2.1. Une résistance (Fig. 2-4) est parcourue par *(a)* un courant I *(b)* un courant périodique $i(t)$ de période T. Montrer que la puissance moyenne P est la même dans chaque cas si $I_{eff} = I$.

Pour le courant constant I : $P = VI = I^2R$

Pour le courant $i(t)$: $p = vi = i^2R$ et $P = \left(\dfrac{1}{T}\displaystyle\int_0^T i^2\,dt\right)R = I_{eff}^2 R$

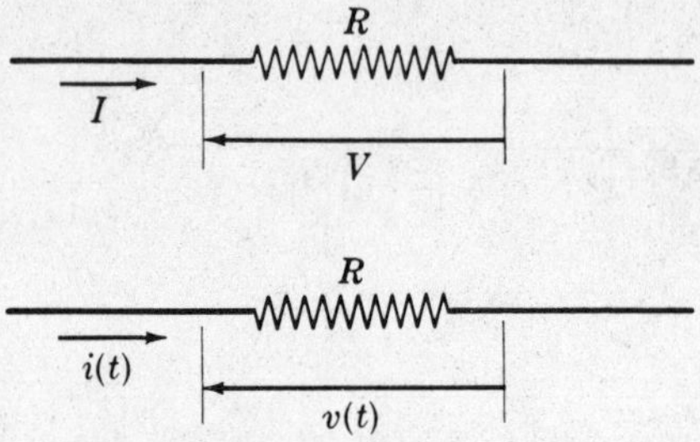

Fig. 2-4

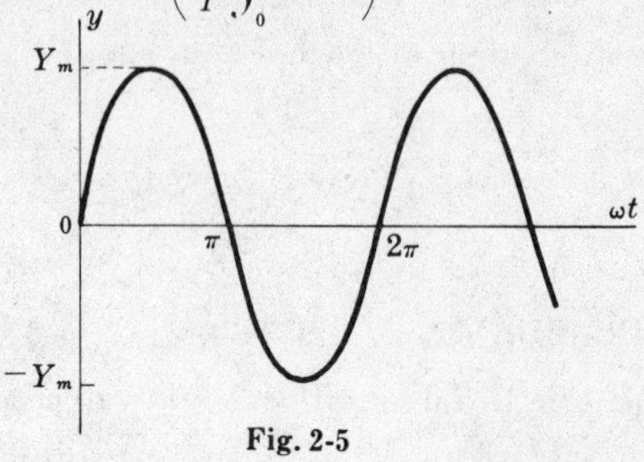

Fig. 2-5

2.2. Déterminer la valeur efficace et la valeur moyenne de la fonction $y(t) = Y_m \sin \omega t$.

La période est $\dfrac{2\pi}{\omega}$. Le graphe de la fonction $y(t)$ est donné par la Fig. 2-5 ci-dessus.

$$\overline{Y} = \frac{1}{T}\int_0^T y(t)\,dt = \frac{1}{2\pi}\int_0^{2\pi} Y_m \sin \omega t\; d(\omega t) = \frac{1}{2\pi} Y_m \Big[-\cos \omega t\Big]_0^{2\pi} = 0$$

$$Y_{eff} = \sqrt{\frac{1}{T}\int_0^T y^2\,dt} = \sqrt{\frac{1}{2\pi}\int_0^{2\pi} (Y_m \sin \omega t)^2\, d(\omega t)} = \frac{Y_m}{\sqrt{2}} = 0{,}707\, Y_m$$

La valeur efficace d'une fonction sinusoïdale est $1/\sqrt{2}$ ou 0,707 fois la valeur maximale.

2.3. Quelle est la puissance moyenne P dissipée dans une résistance pure de $10\,\Omega$ traversée par un courant $i(t) = 14{,}14 \cos \omega t$ A.

Puisque $p = vi = Ri^2 = 2000 \cos^2 \omega t$ et que la période de p est $\dfrac{\pi}{\omega}$ la puissance moyenne est :

$$P = \frac{1}{\pi}\int_0^{\pi} 2000 \cos^2 \omega t\; d(\omega t) = 1000 \text{ W}$$

Deuxième méthode : Pour une résistance pure R traversée par un courant périodique $i(t)$, la puissance moyenne est :

$$P = I_{eff}^2 R = \left\{\frac{1}{2\pi}\int_0^{2\pi} (14{,}14 \cos \omega t)^2\, d(\omega t)\right\} 10 = (14{,}14/\sqrt{2})^2 (10) = 1000 \text{ W}$$

2.4. Trouver la valeur moyenne et la valeur efficace de la fonction en dents de scie de la Fig. 2-6.

Nous voyons que $\overline{Y} = 25$. Dans l'intervalle $0 < t < 2$, $y = 25t$;

alors $Y_{eff}^2 = \dfrac{1}{T}\displaystyle\int_0^T y^2\,dt = \dfrac{1}{2}\displaystyle\int_0^2 625t^2\,dt = 834$, et $Y_{eff} = 28{,}9$.

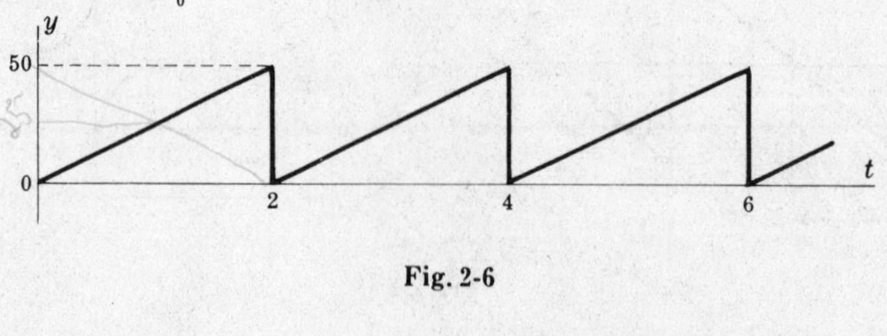

Fig. 2-6

2.5. Déterminer la valeur moyenne et la valeur efficace de la fonction de la Fig. 2-7 ci-dessous, pour laquelle $y = 10e^{-200t}$ dans le premier intervalle.

$$\overline{Y} = \frac{1}{T}\int_0^T y\,dt = \frac{1}{0{,}05}\int_0^{0{,}05} 10\,e^{-200t}\,dt = \frac{10}{0{,}05\,(-200)}\Big[e^{-200t}\Big]_0^{0{,}05}$$

$$= -1[e^{-10} - e^0] = 1{,}00$$

$$Y_{\text{eff}}^2 = \frac{1}{T}\int_0^T y^2\,dt = \frac{1}{0{,}05}\int_0^{0{,}05} 100\,e^{-400t}\,dt = 5{,}00, \qquad \text{et} \qquad Y_{\text{eff}} = 2{,}24$$

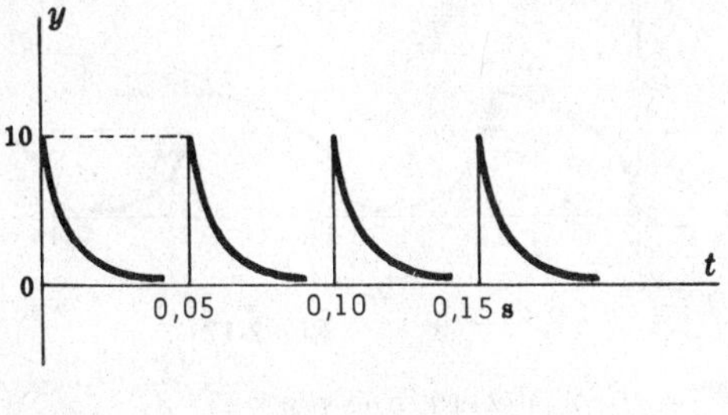

Fig. 2-7

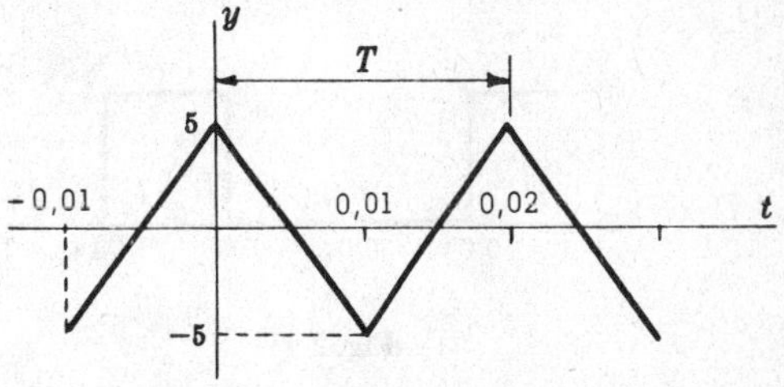

Fig. 2-8

2.6. Déterminer le facteur de forme de la fonction triangulaire de la Fig. 2-8.

$$-0{,}01 < t < 0: \quad y(t) = 1000t + 5; \quad \overline{y(t)}^2 = 10^6t^2 + 10^4t + 25$$

$$0 < t < 0{,}01 \quad y(t) = -1000t + 5; \quad \overline{y(t)}^2 = 10^6t^2 - 10^4t + 25$$

$$Y_{\text{eff}}^2 = \frac{1}{0{,}02}\left\{\int_{-0{,}01}^{0} (10^6t^2 + 10^4t + 25)\,dt + \int_0^{0{,}01} (10^6t^2 - 10^4t + 25)\,dt\right\} = 8{,}33, \qquad Y_{\text{eff}} = 2{,}89$$

Puisque la fonction est à symétrie demi-onde, la valeur moyenne est prise sur l'ensemble des valeurs positives; ainsi :

$$\overline{Y} = \frac{1}{0{,}01}\left\{\int_{-0{,}005}^{0} (1000t + 5)\,dt + \int_0^{0{,}005} (-1000t + 5)\,dt\right\} = 2{,}5$$

$$\frac{Y_{\text{eff}}}{\overline{Y}} = \frac{2{,}89}{2{,}5} = 1{,}16$$

2.7. Déterminer la valeur moyenne et la valeur efficace de la fonction de la Fig. 2-9 (arcs de sinusoïde)

Pour $0 < \omega t < \pi,\ y = Y_m \sin\omega t$; pour $\pi < \omega t < 2\pi,\ y = 0$ la période est $\dfrac{2\pi}{\omega}$.

$$\overline{Y} = \frac{1}{2\pi}\left\{\int_0^{\pi} Y_m \sin\omega t\,d(\omega t) + \int_{\pi}^{2\pi} 0\,d(\omega t)\right\} = 0{,}318\,Y_m$$

$$Y_{\text{eff}}^2 = \frac{1}{2\pi}\int_0^{\pi} (Y_m \sin\omega t)^2\,d(\omega t) = \tfrac{1}{4}Y_m^2, \qquad Y_{\text{eff}} = \tfrac{1}{2}Y_m$$

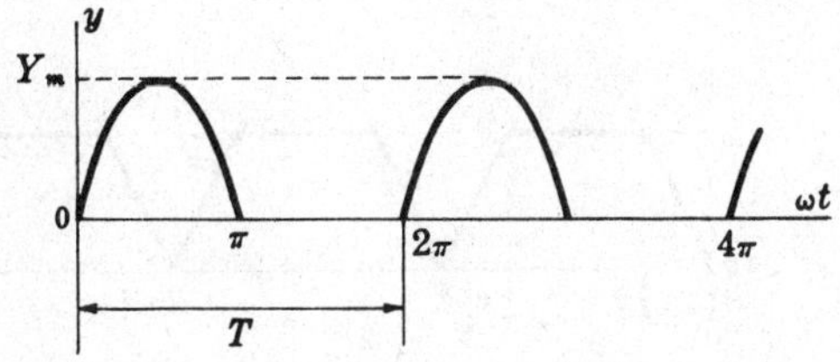

Fig. 2-9

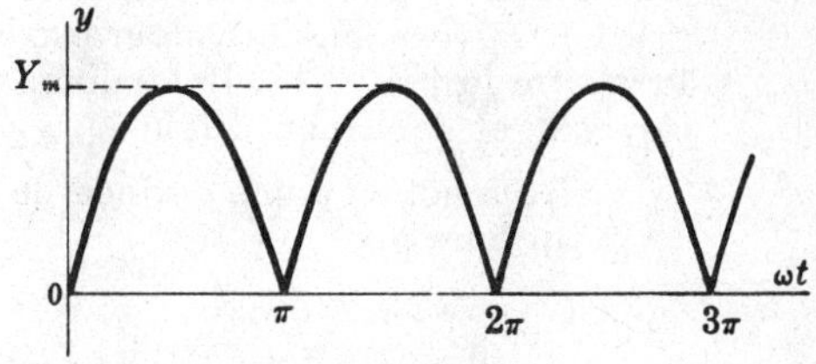

Fig. 2-10

2.8. Déterminer la valeur moyenne et la valeur efficace de la fonction sinusoïdale redressée de la Fig. 2-10. La période est de $\dfrac{\pi}{\omega}$.

$$\overline{Y} = \frac{1}{\pi}\int_0^{\pi} Y_m \sin\omega t\,d(\omega t) = 0{,}637\,Y_m$$

$$Y_{\text{eff}}^2 = \frac{1}{\pi}\int_0^{\pi} (Y_m \sin\omega t)^2\,d(\omega t) = \frac{Y_m^2}{2}, \qquad Y_{\text{eff}} = 0{,}707\,Y_m$$

2.9. Déterminer la valeur moyenne et la valeur efficace de la fonction de la Fig. 2-11.

Pour $0 < t < 0{,}01$, $y = 10$; pour $0{,}01 < t < 0{,}03$, $y = 0$. La période est de 0,03 s.

$$\overline{Y} = \frac{1}{0{,}03}\int_0^{0{,}01} 10\,dt = \frac{10(0{,}01)}{0{,}03} = 3{,}33$$

$$Y_{\text{eff}}^2 = \frac{1}{0{,}03}\int_0^{0{,}01} 10^2\,dt = 33{,}3, \qquad Y_{\text{eff}} = 5{,}77$$

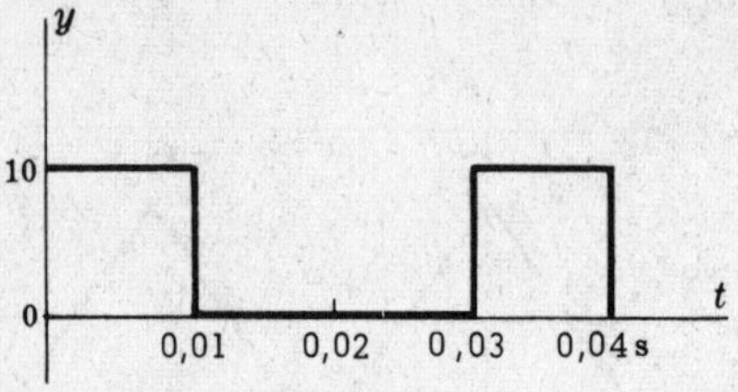

Fig. 2-11

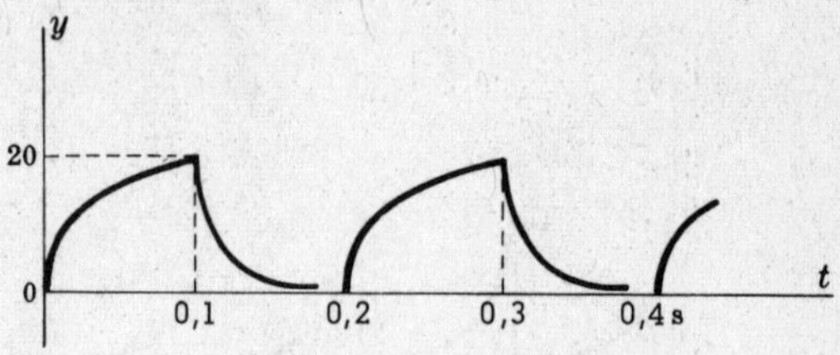

Fig. 2-12

2.10. Calculer la valeur efficace de la fonction de la Fig. 2-12, déterminée par :

$$0 < t < 0{,}1 \quad y = 20(1 - e^{-100t}); \qquad 0{,}1 < t < 0{,}2 \quad y = 20\,e^{-50(t-0{,}1)}$$

$$Y_{\text{eff}}^2 = \frac{1}{0{,}2}\left\{\int_0^{0{,}1} 400(1 - 2\,e^{-100t} + e^{-200t})\,dt + \int_{0{,}1}^{0{,}2} 400\,e^{-100(t-0{,}1)}dt\right\}$$

$$= 2000\left\{\Big[t + 0{,}02e^{-100t} - 0{,}005e^{-200t}\Big]_0^{0{,}1} + \Big[-0{,}01e^{-100(t-0{,}1)}\Big]_{0{,}1}^{0{,}2}\right\}$$

$= 190$, et $Y_{\text{eff}} = 13{,}78$. (les termes en e^{-10} et e^{-20} sont négligeables).

2.11. Déterminer la valeur efficace de la fonction $y = 50 + 30\sin\omega t$.

$$Y_{\text{eff}}^2 = \frac{1}{2\pi}\int_0^{2\pi}(2500 + 3000\sin\omega t + 900\sin^2\omega t)\,d(\omega t)$$

$$= \frac{1}{2\pi}[2500(2\pi) + 0 + 900\pi] = 2950, \qquad Y_{\text{eff}} = 54{,}3$$

Autre méthode: $Y_{\text{eff}} = \sqrt{(50)^2 + \frac{1}{2}(30^2)} = \sqrt{2950} = 54{,}3$

2.12. Déterminer la valeur efficace de la tension $v = 50 + 141{,}4\sin\omega t + 35{,}5\sin 3\omega t$.

$$V_{\text{eff}} = \sqrt{(50)^2 + \tfrac{1}{2}(141{,}4)^2 + \tfrac{1}{2}(35{,}5)^2} = 114{,}6 \text{ V}$$

2.13. Une fonction sinusoïdale redressée, est écrêtée à 0,707 fois sa valeur maximale comme le montre la Fig. 2-13. Déterminer sa valeur moyenne et sa valeur efficace.

La fonction a une période de $\dfrac{\pi}{\omega}$ et est définie par:

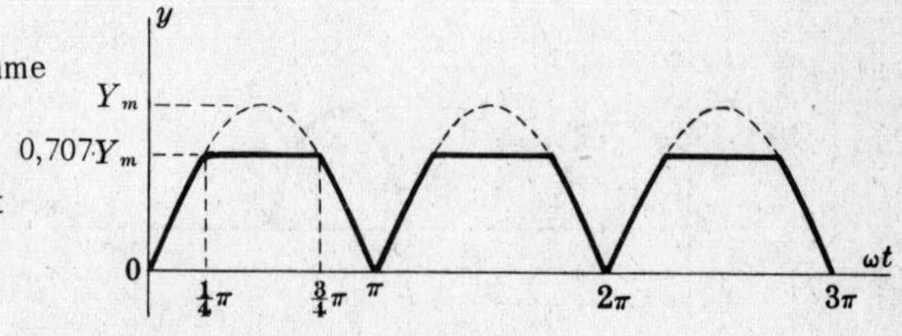

Fig. 2-13

$$0 < \omega t < \pi/4 \qquad y = Y_m \sin\omega t$$
$$\pi/4 < \omega t < 3\pi/4 \qquad y = 0{,}707\,Y_m$$
$$3\pi/4 < \omega t < \pi \qquad y = Y_m \sin\omega t$$

$$\overline{Y} = \frac{1}{\pi}\left\{\int_0^{\pi/4} Y_m\sin\omega t\,d(\omega t) + \int_{\pi/4}^{3\pi/4} 0{,}707\,Y_m\,d(\omega t) + \int_{3\pi/4}^{\pi} Y_m\sin\omega t\,d(\omega t)\right\} = 0{,}54\,Y_m$$

$$Y_{\text{eff}}^2 = \frac{1}{\pi}\left\{\int_0^{\pi/4}(Y_m\sin\omega t)^2\,d(\omega t) + \int_{\pi/4}^{3\pi/4}(0{,}707\,Y_m)^2\,d(\omega t) + \int_{3\pi/4}^{\pi}(Y_m\sin\omega t)^2\,d(\omega t)\right.$$

$$= 0{,}341\,Y_m^2, \qquad Y_{\text{eff}} = 0{,}584\,Y_m$$

2.14. Le signal de la Fig. 2-14 a une valeur moyenne égale à $Y_m/2$. Calculer la valeur de l'angle θ, sachant que ce signal résulte du redressement d'une onde sinusoïdale.

On a $$\overline{Y} = \frac{1}{\pi}\int_{\theta}^{\pi} Y_m \sin \omega t \, d(\omega t) = \frac{Y_m}{\pi}(-\cos \pi + \cos \theta)$$

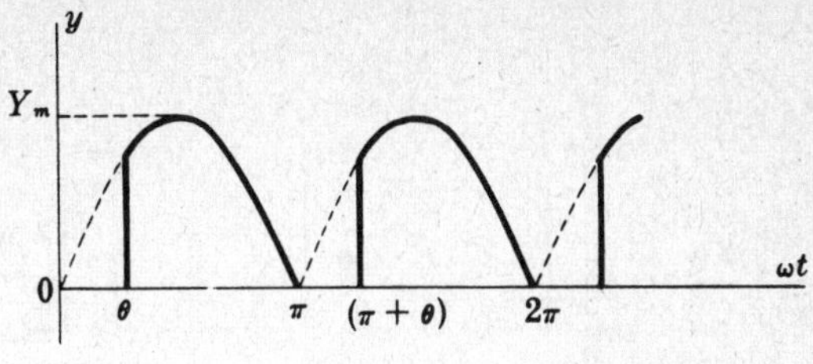

Fig. 2-14

d'où l'on tire $0{,}5\, Y_m = (Y_m/\pi)(1 + \cos\theta)$, $\cos\theta = 0{,}57$
$\theta = 55{,}25°$.

2.15. Le courant circulant dans une résistance de 2 Ω a la même forme que le signal de la Fig. 2-14; l'amplitude maximale de ce courant est de 5 A, et la puissance moyenne dissipée dans la résistance est de 20 W. Calculer l'angle θ .

On a
$$P = I_{\text{eff}}^2 R,\quad 20 = I_{\text{eff}}^2 (2),\quad I_{\text{eff}}^2 = 10.$$

$$I_{\text{eff}}^2 = 10 = \frac{1}{\pi}\int_{\theta}^{\pi} (5 \sin \omega t)^2 \, d(\omega t) = \frac{25}{\pi}\left[\frac{\omega t}{2} - \frac{\sin 2\omega t}{4}\right]_{\theta}^{\pi} = \frac{25}{\pi}\left(\frac{\pi}{2} - \frac{\sin 2\pi}{4} - \frac{\theta}{2} + \frac{\sin 2\theta}{4}\right)$$

d' où $\sin 2\theta = 2\theta - 10\pi/25$ et $\theta = 60{,}5°$ (solution graphique).

Problèmes supplémentaires

2.16. Une résistance de 25Ω dissipe une puissance moyenne de 400 W. Déterminer la valeur maximale de ce courant *(a)* si ce dernier est sinusoïdal *(b)* s'il est de forme triangulaire.
Rép. *(a)* 5,66 A, *(b)* 6,93 A.

2.17. Déterminer la valeur efficace V_{eff} de la tension donnée par la fonction $v(t) - 100 + 25 \sin 3\omega t + 10 \sin 5\omega t$. *Rép.* 101,8 V

2.18. Quelle est la valeur moyenne de la puissance dissipée dans une résistance de 25Ω où circule un courant donné par $i(t) = 2 + 3 \sin \omega t + 2 \sin 2\omega t + 1 \sin 3\omega t$. *Rép.* 275 W.

2.19. Calculer la valeur moyenne $\overline{Y}$ de la fonction $y(t) = 50 + 40 \sin \omega t$. *Rép.* 57,4

2.20. Calculer la valeur moyenne $\overline{Y}$ de la fonction $y(t) = 150 + 50 \sin \omega t + 25 \sin 2\omega t$. *Rép.* 155,3

2.21. Sachant que la valeur moyenne de la fonction $y(t) = 100 + A \sin \omega t$ est égale à 103,1, déterminer l'amplitude A du terme en sinus. *Rép.* 35,5.

2.22. Une fonction donnée comporte un terme constant, un terme représentant la fréquence fondamentale ainsi qu'un terme représentant l'harmonique 3. L'amplitude du terme fondamental a une valeur maximale égale à 80 % de celle du terme constant, et l'amplitude maximale de l'harmonique 3 est égale à 50 % de celle du terme constant. Calculer les amplitudes des trois termes, sachant que la valeur moyenne de la fonction est de 180,3. *Rép.* 150 (terme constant), 120 (fondamentale) 75 (harmonique 3)

2.23. Quelle est la valeur moyenne d'une onde sinusoïdale redressée (une alternance) dont la valeur efficace est égale à 20.
Rép. 12,7

2.24. Calculer la valeur moyenne $\overline{Y}$ ainsi que la valeur efficace Y_{eff} du signal représenté sur la Fig. 2-15.
Rép. $\overline{Y} = 40$, $Y_{\text{eff}} = 72{,}1$.

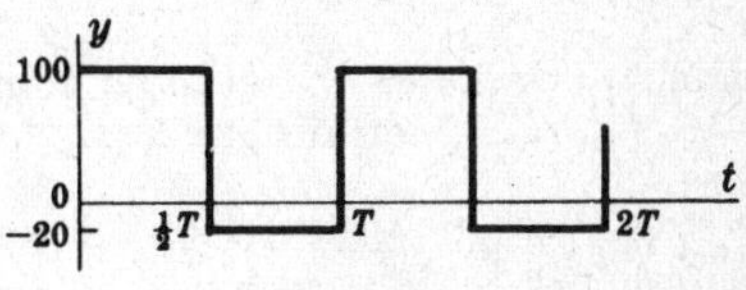

Fig. 2-15

2.25. Calculer la valeur moyenne $\overline{Y}$ et la valeur efficace Y_{eff} de l'onde représentée sur la Fig. 2-16 ci-dessous. *Rép.* $\overline{Y} = 10$, $Y_{eff} = 52{,}9$

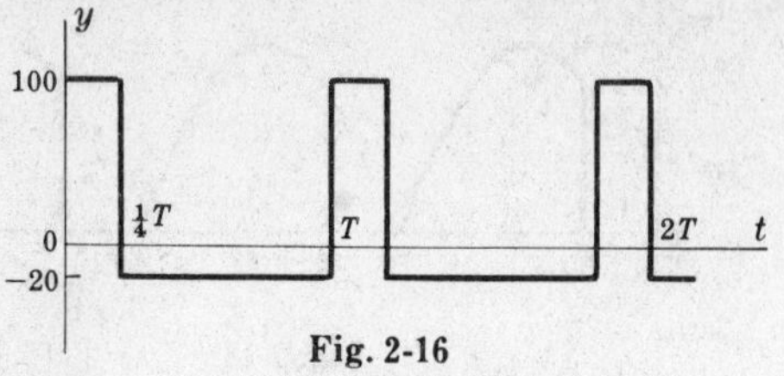

Fig. 2-16

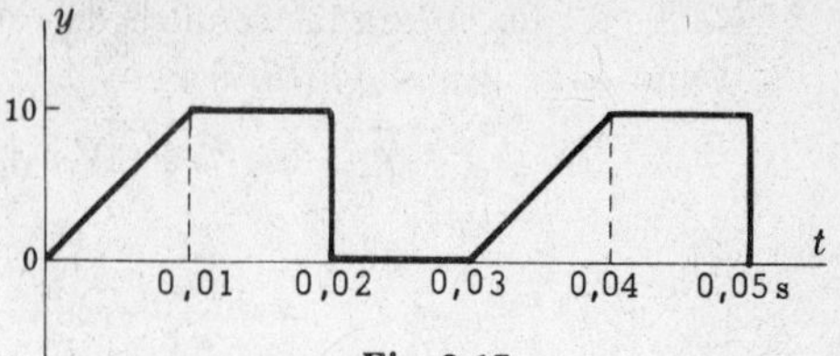

Fig. 2-17

2.26. Déterminer la valeur efficace Y_{eff} du signal de la Fig. 2-17 ci-dessus. *Rép.* $Y_{eff} = 6{,}67$

2.27. Déterminer la valeur efficace Y_{eff} de l'onde de la Fig. 2-18 ci-dessous. *Rép.* $Y_{eff} = Y_m/\sqrt{3} = 0{,}577\ Y_m$

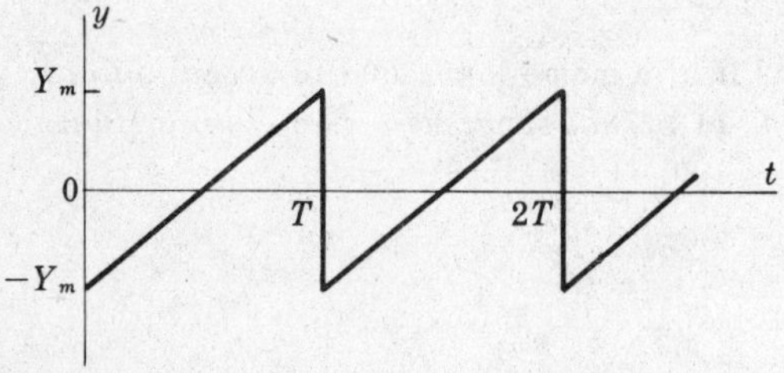

Fig. 2-18

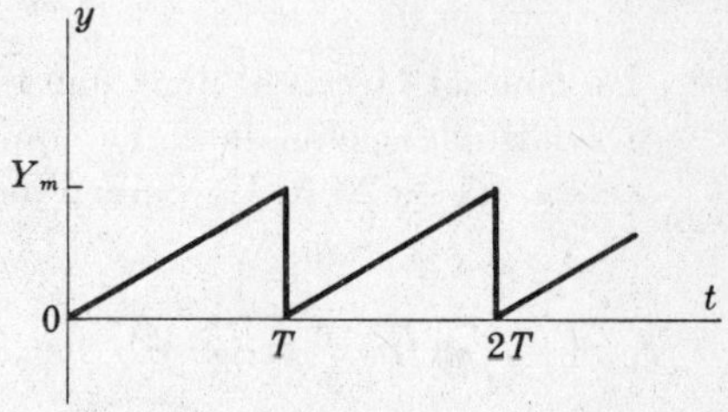

Fig. 2-19

2.28. Calculer la valeur efficace de l'onde de la Fig. 2-19 ci-dessus et comparer le résultat à celui du problème 2.27.

2.29. Calculer la valeur efficace de l'onde triangulaire de la Fig. 2-20 ci-dessous et comparer le résultat à celui du problème 2.27.

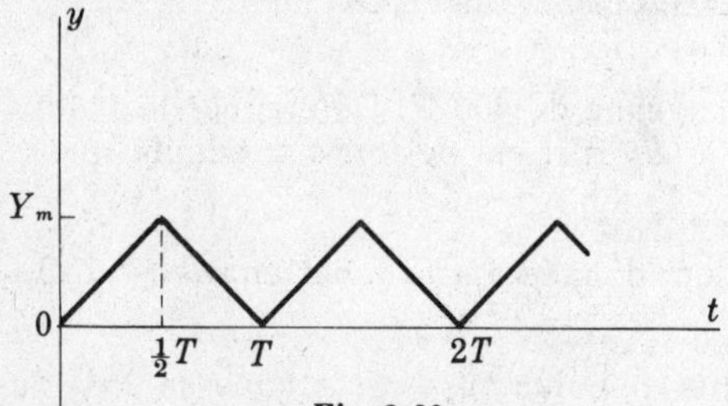

Fig. 2-20

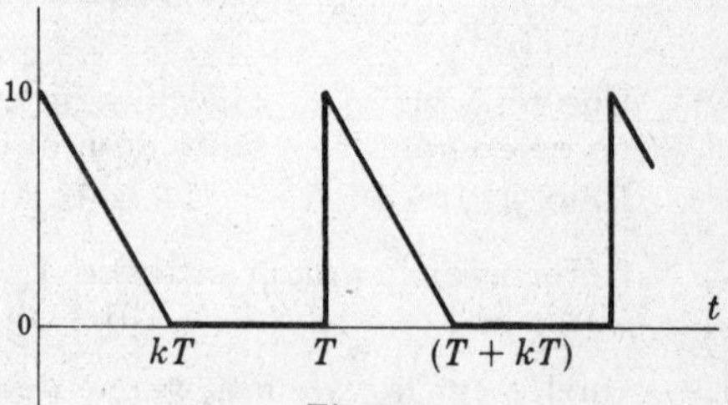

Fig. 2-21

2.30. Déterminer la valeur k pour le signal de la Fig. 2-21 (a) dans le cas où la valeur efficace du signal est de 2 (b) dans le cas où cette valeur est de 5 (k représente une fraction quelconque de la période T). Quelle est la valeur efficace maximale de ce signal en supposant que k peut prendre n'importe quelle valeur ? *Rép.* *a)* 0,12 *b)* 0,75, 5,77 pour $k = 1$.

2.31. Déterminer $\overline{V}$ et V_{eff} pour l'onde de la Fig. 2-22. *Rép.* $\overline{V} = 21{,}6$ $V_{eff} = 24{,}75$

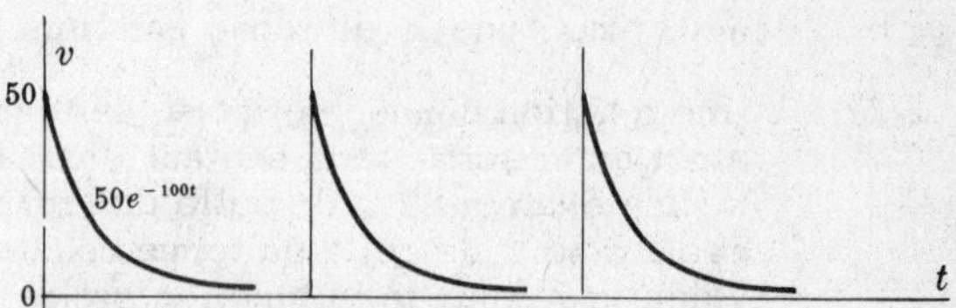

Fig. 2-22

2.32. En se référant au Problème 2.31, calculer $\overline{V}$ et V_{eff}, sachant que dans le premier intervalle la fonction est décrite par : (a) $50\,e^{-200t}$, (b) $50\,e^{-500t}$.
Rép. (a) $\overline{V} = 12{,}25$ $V_{eff} = 17{,}67$
(b) $\overline{V} = 5{,}0$ $V_{eff} = 11{,}18$

2.33. Calculer $\overline{Y}$ et Y_{eff} pour l'onde de la Fig. 2-23, définie par $y(t) = 400\,t$ dans l'intervalle $0 < t < 0{,}025$ s et par $y(t) = 10\,e^{-1000(t-0{,}025)}$ dans l'intervalle $0{,}025$ s $< t < 0{,}050$ s. *Rép.* $\overline{Y} = 2{,}7$ $Y_{eff} = 4{,}2$

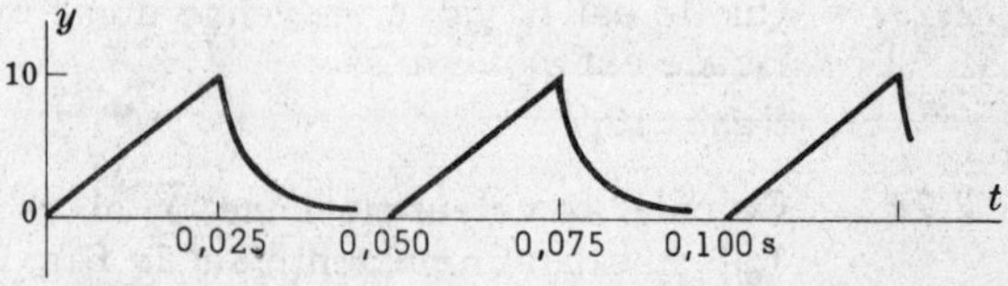

Fig. 2-23

2.34. L'onde de la Fig. 2-24 est semblable à celle du Problème 2.33., mais son temps de montée est plus court. Calculer $\overline{Y}$ et Y_{eff} pour cette onde sachant que l'on a $y(t) = 1000\,t$ pour $0\,\text{s} < t < 0{,}01\,\text{s}$ et $y(t) = 10\,e^{-1000(t-0{,}01)}$ pour $0{,}01\,\text{s} < t < 0{,}05\,\text{s}$.
Rép. $\overline{Y} = 1{,}2$ $Y_{\text{eff}} = 2{,}77$

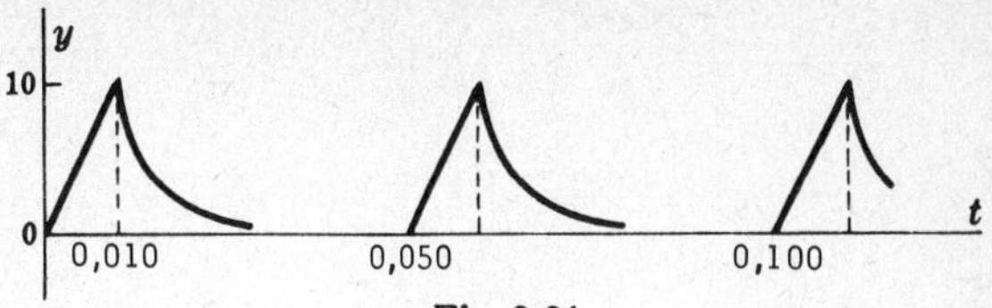

Fig. 2-24

2.35. Calculer $\overline{V}$ et V_{eff} pour l'onde sinusoïdale redressée de la Fig. 2-25, sachant que l'angle θ est égal à 45°.
Rép. $\overline{V} = 27{,}2$ V, $V_{\text{eff}} = 47{,}7$ V

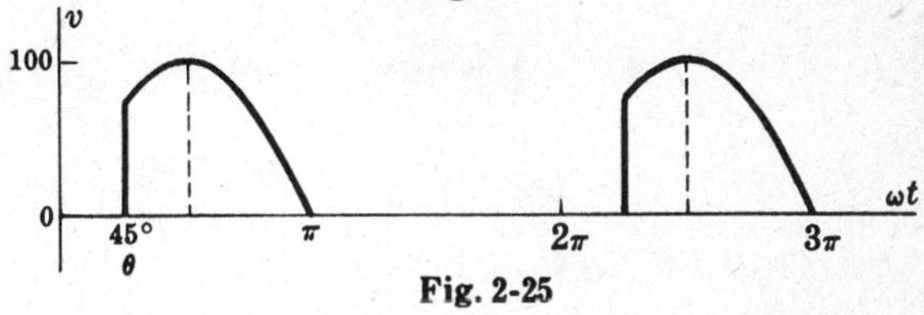

Fig. 2-25

2.36. En se référant à l'onde du Problème 2.35. Déterminer $\overline{V}$ et V_{eff} pour (*a*) $\theta = 90°$ (*b*) $\theta = 135°$
Rép. (*a*) $\overline{V} = 15{,}95$ V $V_{\text{eff}} = 35{,}4$ V (*b*) $\overline{V} = 4{,}66$ V $V_{\text{eff}} = 15{,}06$ V

2.37. Pour le signal sinusoïdal redressé de la Fig. 2-26 ci-dessous, l'angle θ est égal à 60°. Calculer $\overline{V}$ et V_{eff} en fonction de V_m. *Rép.* $\overline{V} = 0{,}478\ V_m$ $V_{\text{eff}} = 0{,}633\ V_m$

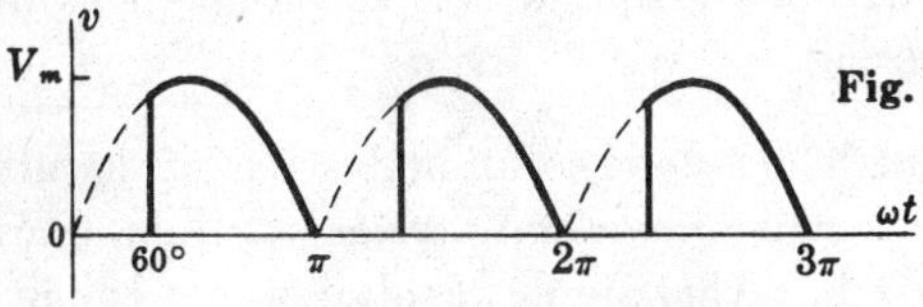

Fig. 2-26

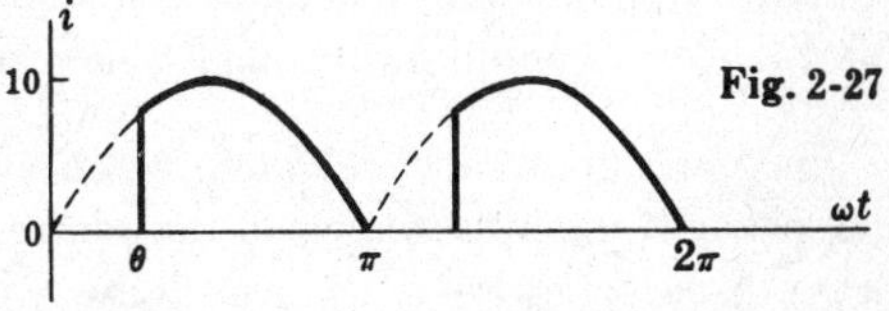

Fig. 2-27

2.38. Grâce à un dispositif de contrôle particulier, l'angle θ du signal de la Fig. 2-27 ci-dessus, peut être ajusté de telle sorte que la limite supérieure de sa valeur efficace soit de 7,01 A et sa limite inférieure de 2,13 A. Trouver les angles θ_1 et θ_2 respectifs correspondant à ces valeurs limites.
Rép. $\theta_1 = 135°$ $\theta_2 = 25°$

2.39. Calculer la valeur efficace du signal de la Fig. 2-28 ci-dessous. *Rép.* $Y_{\text{eff}} = 0{,}442\ Y_m$

2.40. Calculer, en se référant au Problème 2.39. la valeur efficace de l'onde (Fig. 2-28) pour un angle $\theta = 60°$. *Rép.* $Y_{\text{eff}} = 0{,}668\ Y_m$

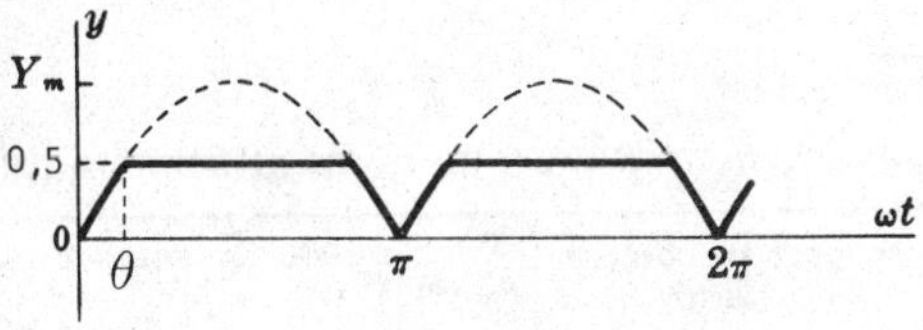

Fig. 2-28

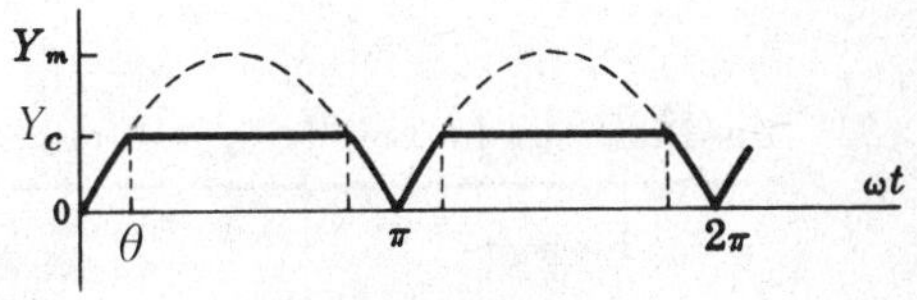

Fig. 2-29

2.41. La valeur efficace de l'onde de la Fig. 2-29 ci-dessus est égale à $0{,}5\ Y_m$. Déterminer Y_C pour cette onde. *Rép.* $Y_c = 0{,}581\ Y_m$ ($\theta = 35{,}5°$).

2.42. Déterminer la valeur moyenne $\overline{V}$ et la valeur efficace V_{eff} de l'onde de la Fig. 2-30 ci-dessous, résultant du redressement d'un signal triphasé sinusoïdal.
Rép. $\overline{V} = 0{,}827\ V_m$ $V_{\text{eff}} = 0{,}840\ V_m$

2.43. La Fig. 2-31 ci-dessous représente une onde résultant d'un redressement hexaphasé; calculer sa valeur moyenne $\overline{V}$ ainsi que sa valeur efficace V_{eff}. *Rép.* $\overline{V} = 0{,}955\ V_m$ $V_{\text{eff}} = 0{,}956\ V_m$

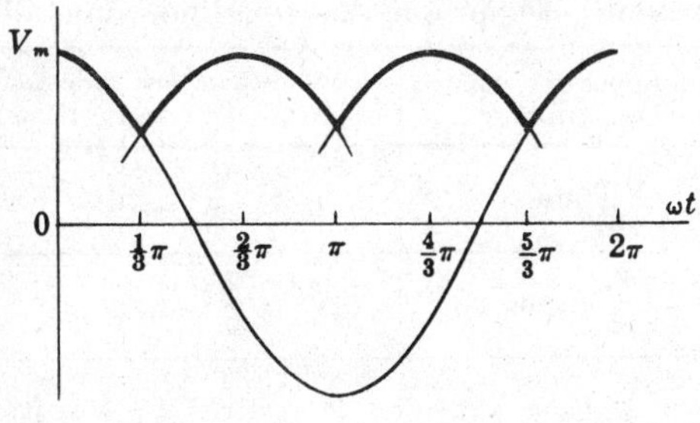

Fig. 2-30

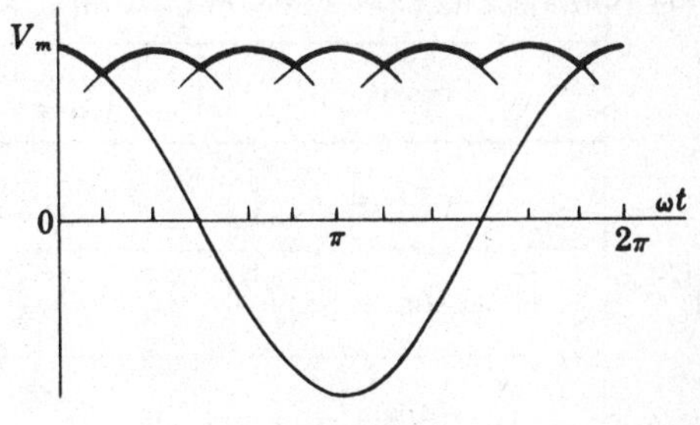

Fig. 2-31

Chapitre 3

Les courants et les tensions sinusoidales

INTRODUCTION

L'application des lois de Kirchhoff à un circuit, nous donne habituellement une équation intégro- différentielle qui peut-être résolue par des méthodes classiques. En utilisant ces méthodes pour calculer le courant qui résulte de l'application d'une tension donnée à un circuit, nous obtenons un courant qui peut se décomposer en deux parties: une partie transitoire qui souvent ne dure qu'une fraction de seconde et une partie correspondant au régime sinusoïdal permanent qui dure jusqu'au moment où une nouvelle perturbation (saut de tension par exemple) se produit dans le circuit.

Souvent l'étudiant n'est pas encore au courant des méthodes de résolution des équations différentielles; le présent chapitre essaie d'introduire la solution en régime sinusoïdal permanent, sans tenir compte de la solution transitoire. Pour un lecteur connaissant déjà la technique de résolution des équations différentielles, une étude des circuits à la lumière de ces techniques serait à présent profitable. Le chapitre 16 traite les équations différentielles classiques et donne un certain nombre d'exemples mettant en évidence la partie transitoire et la partie correspondant au régime permanent des solutions.

LES COURANTS SINUSOIDAUX

Les tensions aux bornes des éléments simples R, L et C traversés par des courants sinusoïdaux sont données dans le Tableau 3-1.

Tableau 3-1

Tensions aux bornes des éléments simples R, L et C traversés par un courant sinusoïdal

Elément	Tension pour un courant i quelconque	Tension pour un courant $v = V_m \sin\omega t$	Tension pour un courant $v = V_m \cos\omega t$
Résistance R	$v_R = Ri$	$v_R = RI_m \sin\omega t$	$v_R = RI_m \cos\omega t$
Inductance L	$v_L = L\dfrac{di}{dt}$	$v_L = \omega LI_m \cos\omega t$	$v_L = \omega LI_m(-\sin\omega t)$
Capacité C	$v_C = \dfrac{1}{C}\int i\,dt$	$v_C = \dfrac{I_m}{\omega C}(-\cos\omega t)$	$v_C = \dfrac{I_m}{\omega C}\sin\omega t$

Tableau 3-2

Courants dans les éléments simples R, L et C auxquels on applique des tensions sinusoïdales

Elément	Courant pour une tension v quelconque	Courant pour une tension $i = I_m \sin\omega t$	Courant pour une tension $i = I_m \cos\omega t$
Résistance R	$i_R = \dfrac{v}{R}$	$i_R = \dfrac{V_m}{R}\sin\omega t$	$i_R = \dfrac{V_m}{R}\cos\omega t$
Inductance L	$i_L = \dfrac{1}{L}\int v\,dt$	$i_L = \dfrac{V_m}{\omega L}(-\cos\omega t)$	$i_L = \dfrac{V_m}{\omega L}\sin\omega t$
Capacité C	$i_C = C\dfrac{dv}{dt}$	$i_C = \omega CV_m \cos\omega t$	$i_C = \omega CV_m(-\sin\omega t)$

LES TENSIONS SINUSOIDALES

L'application de tensions sinusoïdales aux bornes des éléments de circuit R, L et C fait circuler dans ces éléments des courants donnés par le tableau 3-2 ci-dessus.

LA NOTION D'IMPÉDANCE

L'impédance d'un élément, d'une branche de circuit ou d'un circuit complet correspond au rapport de la tension aux bornes de l'élément au courant dans l'élément.

$$V_m = |Z| I_m$$

$$\text{Impédance} = \frac{\text{Fonction représentant la tension}}{\text{Fonction représentant le courant}}$$

$$Z = \frac{V}{I} \quad \text{pour un circuit}$$

Pour des tensions et des courants sinusoïdaux ce rapport appelé «impédance complexe» a un module donné et un argument donné. Les notions d'impédance et d'argument seront traitées en détail dans le chapitre 5. Pour le moment nous ne considérons que le module de l'impédance ou simplement l'impédance. L'angle de déphasage entre v et i est l'objet du prochain paragraphe.

LA NOTION DE DÉPHASAGE

Lorsque pour un circuit donné, le courant et la tension sont de forme sinusoïdale, on peut constater sur une représentation graphique qu'il existe toujours un déplacement (sur l'échelle des temps) de la tension par rapport au courant sauf si le circuit est constitué par une résistance pure. Ce déplacement correspond à l'angle de déphasage et ne dépasse jamais $\pm 90°$ ou $\pm \pi/2$ radian . Par définition, nous admettons que ce déphasage est donné par l'angle de phase du courant i en prenant l'angle de phase de la tension v comme référence; dans une capacité pure par exemple le courant i est en «avance» de $90°$ sur la tension v; dans un circuit RL série ou $R = L\omega$ le courant i est en «retard» de $45°$ sur la tension v, enfin dans une résistance pure, i est en «phase» avec v etc....

Les représentations ci-dessous devraient clarifier à la fois la notion d'impédance et celle de déphasage.

Résistance pure R

Dans une résistance pure le courant et la tension sont en phase (voir Fig. 3-1 ci-dessous). L'impédance est égale à R.

$$Z = R$$

$$R = L\omega \text{ ou résistance de la bobine}$$

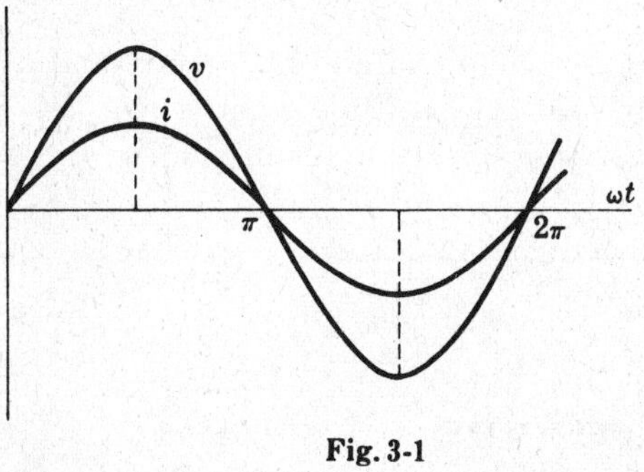

Fig. 3-1

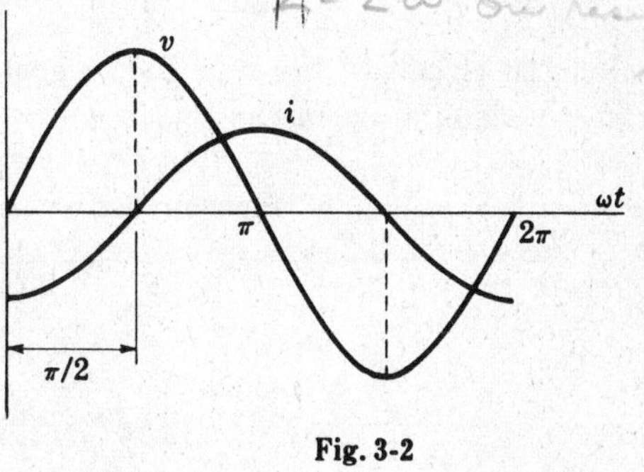

Fig. 3-2

Impédance pure L

Dans une inductance pure L, le courant est en retard de phase sur la tension de $90°$ ($\pi/2$ rd) (voir Fig. 3-2 ci-dessus). L'impédance est égale à $L\omega$.

Capacité pure C

Le courant est en avance de phase de $90°$ sur la tension dans une capacité pure (voir Fig. 3-3 ci-contre).

L'impédance est égale à :

$$|Z| = \frac{1}{\omega C}$$

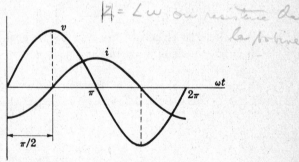

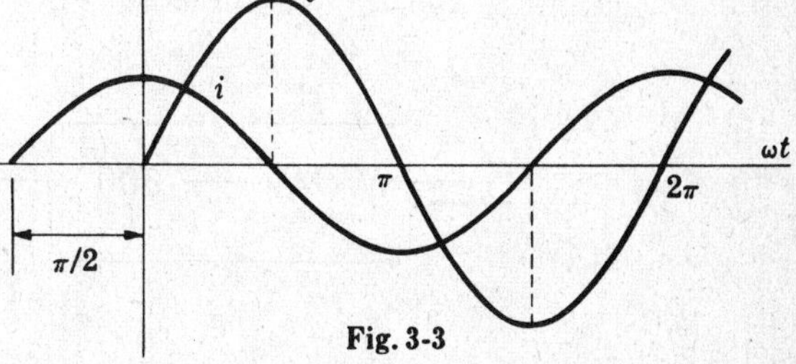

Fig. 3-3

Circuit RL **série**

Le courant est en retard sur la tension d'un angle $tg^{-1}(\omega L/R)$ dans un circuit RL série (voir Fig. 3-4 ci-dessous).

L'impédance est égale à $\sqrt{R^2 + (\omega L)^2}$. = |Z|

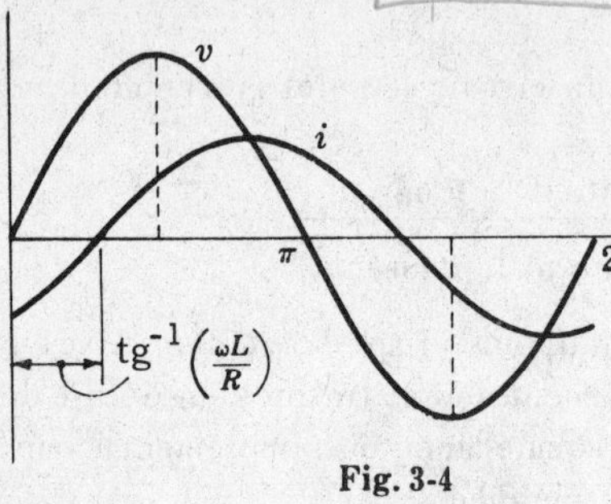

Fig. 3-4

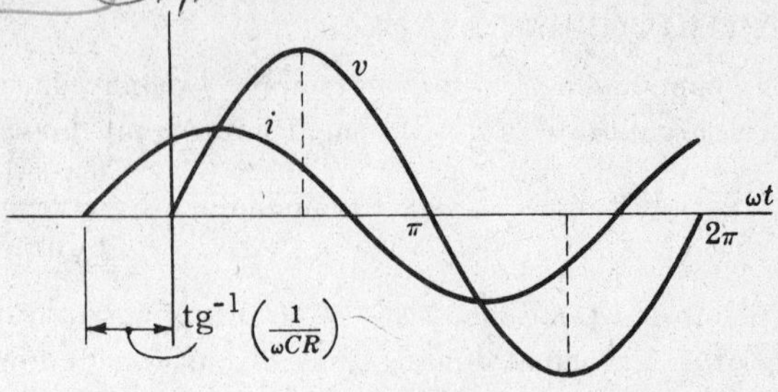

Fig. 3-5

Circuit RC **série**

Dans un circuit RC série, le courant est en avance de $tg^{-1}\left(\frac{1}{\omega CR}\right)$ sur la tension (voir Fig. 3-5 ci-dessus).

L'impédance est égale à $\sqrt{R^2 + (1/\omega C)^2}$. = Z

LES CIRCUITS SERIE ET LES CIRCUITS PARALLELES

La tension totale existant aux bornes d'un circuit série est égale à la somme des tensions partielles aux bornes des éléments constituant le circuit. Nous avons ainsi dans le cas de la Fig. 3-6 *(a)* ci-dessous: $v_T = v_1 + v_2 + v_3$.

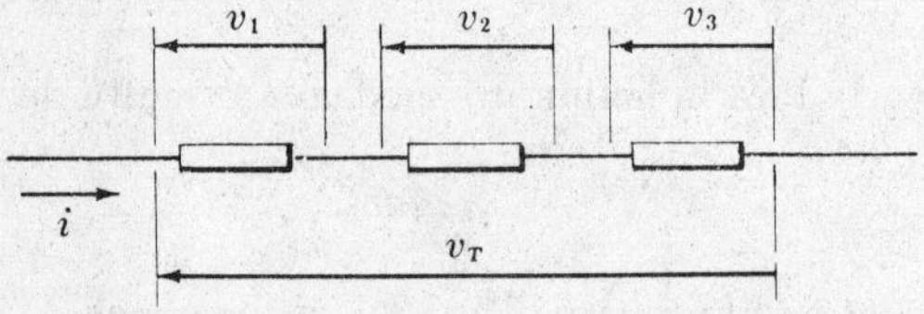

(a)

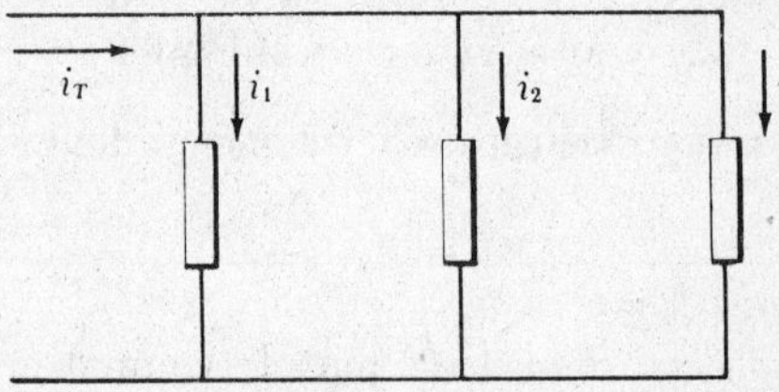

(b)

Fig. 3-6

Dans un circuit où les impédances sont toutes connectées en parallèle, le courant total correspond à la somme des courants dans chacune des branches du circuit. Ceci est illustré par la Fig. 3-6 *b)* ci-dessus, où $i_T = i_1 + i_2 + i_3$. Nous constatons que cette dernière relation résulte de l'application de la loi de Kirchhoff, au noeud commun aux courants i_T, i_1, i_2, i_3.

Problèmes résolus

3.1. La Fig. 3-7 *(a)* ci-dessous représente un circuit série comportant les éléments R et L. Sachant qu'il y circule un courant $i = I_m \sin \omega t$, calculer la tension totale v_T appliquée au circuit; présenter le résultat sous la forme $v_T = A \sin(\omega t + \phi)$.

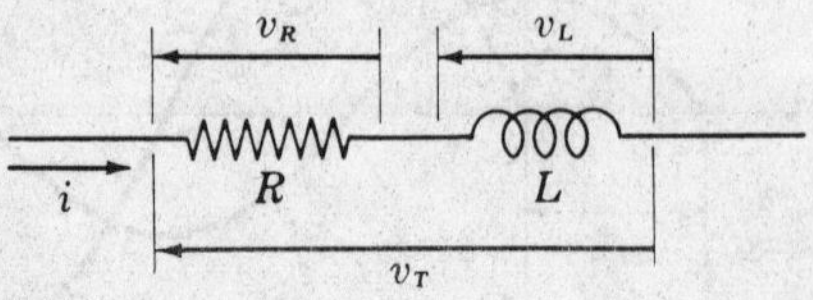

(a)

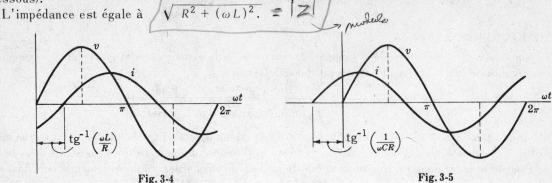

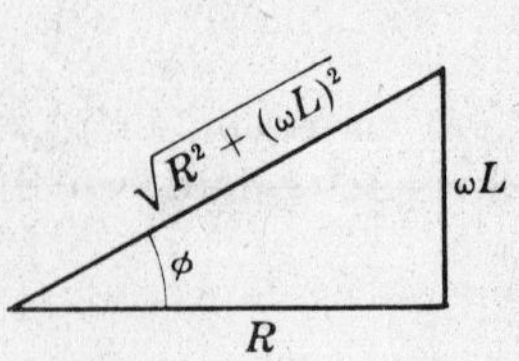

(b)

Fig. 3-7

Nous pouvons écrire $v_T \;=\; v_R + v_L \;=\; RI_m \sin \omega t \;+\; \omega LI_m \cos \omega t$ *(1)*

La somme d'un nombre quelconque de termes en sinus et de termes en cosinus de même fréquence, peut se représenter par un terme unique en sinus ou cosinus d'amplitude A et d'angle de phase ϕ pour $t = 0$; nous avons ainsi

$$v_T \;=\; A \sin(\omega t + \phi) \;=\; A \sin \omega t \cos \phi \;+\; A \cos \omega t \sin \phi \qquad (2)$$

En identifiant les coefficients de $\sin\omega t$ et de $\cos\omega t$ dans les relations *(1)* et *(2)* nous obtenons: $RI_m = A \cos\phi, \qquad \omega LI_m = A \sin\phi$

En se reportant à la Fig. 3-7 *(b)*, nous avons :

$$\operatorname{tg}\phi = \frac{\sin\phi}{\cos\phi} = \frac{\omega L}{R}, \qquad \cos\phi = \frac{R}{\sqrt{R^2 + (\omega L)^2}}, \qquad A = \frac{RI_m}{\cos\phi} = \sqrt{R^2 + (\omega L)^2}\, I_m,$$

et nous en déduisons: $v_T \;=\; A \sin(\omega t + \phi) \;=\; \sqrt{R^2 + (\omega L)^2}\, I_m \sin(\omega t + \operatorname{tg}^{-1} \omega L/R)$

qui nous indique que le courant est en retard sur la tension d'un angle $\phi = \operatorname{tg}^{-1}(L\omega/R)$.

L'impédance est égale à $\sqrt{R^2 + (L\omega)^2}$.

Si $R >> L\omega$, $L\omega/R \to 0$ et $\phi \to 0$, ceci correspond au résultat obtenu avec une résistance pure. Si $L\omega >> R$, $L\omega/R \to \infty$ et $\phi \to \pi/2$, ceci correspond au cas d'une inductance pure.

En conclusion, dans un circuit RL série, le courant est en retard de phase sur la tension d'un angle ϕ compris entre 0° et 90° ; cet angle ϕ dépendant des valeurs relatives de R et L.

3.2. Un courant $i = 2 \sin 500\,t$ circule dans le circuit de la Fig. 3-8 ci-dessous, calculer la tension totale v_T appliquée.

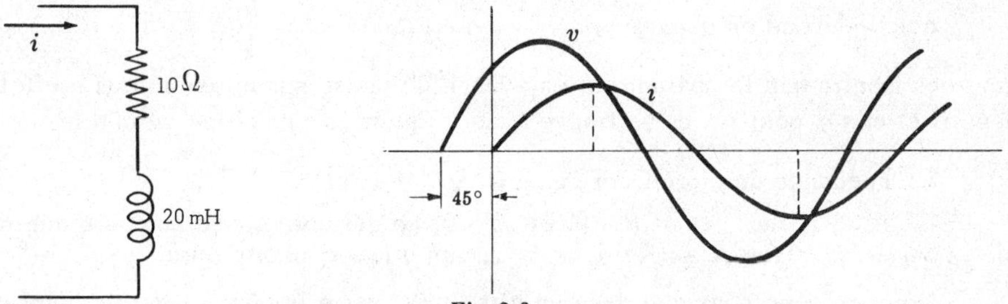

Fig. 3-8

Nous pouvons écrire $v_T \;=\; \sqrt{R^2 + (\omega L)^2}\, I_m \sin(\omega t + \operatorname{tg}^{-1} \omega L/R) \;=\; 28{,}28 \sin(500t + 45°)$

où $R = 10\,\Omega$, $\omega L = 500(0{,}02) = 10\,\Omega$, $\operatorname{tg}^{-1} \omega L/R = 45°$, $I_m = 2$.

Comme $R = L\omega$, le courant est «déphasé en arrière» de 45° sur la tension.

3.3. Dans un circuit série comportant les éléments $R = 20\,\Omega$ et $L = 0{,}06$ H, le courant est en retard de 80° sur la tension. Déterminer la pulsation ω.

Nous avons: $\operatorname{tg}\phi = \omega L/R$, $\quad \operatorname{tg} 80° = 5{,}68 = \omega(0{,}06)/20$, $\omega = 1893$ rd/s

3.4. Un circuit RL série comporte une inductance $L = 0{,}02$ H et a une impédance de 17,85 Ω. Lorsqu'on lui applique une tension sinusoïdale, le courant est en retard de 63,4° sur la tension. Calculer ω et R.

On a $\quad \operatorname{tg}\phi = \omega L/R, \quad \operatorname{tg} 63{,}4° = 2 = 0{,}02\omega/R,\; R = 0{,}01\omega$

d'où $\quad 17{,}85 = \sqrt{R^2 + (\omega L)^2} = \sqrt{(0{,}01\omega)^2 + (0{,}02\omega)^2}$

On en déduit: $\omega = 800$ rd/s $\quad$ et $\quad R = 0{,}01\omega = 8\,\Omega$

3.5. Un circuit série traversé par un courant $i = I_m \cos \omega t$ comporte les éléments R et C comme le montre la Fig. 3-9 ci-dessous. Calculer la tension v_T appliquée et la mettre sous la forme $v_T = A\cos(\omega t + \phi)$.

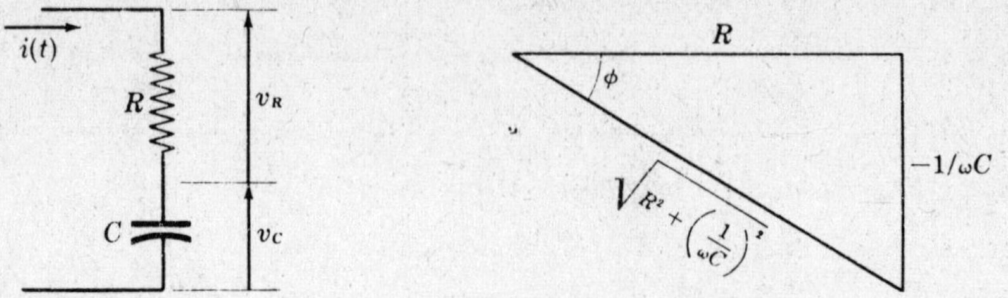

Fig. 3-9

Nous pouvons écrire $v_T = v_R + v_C = RI_m \cos \omega t + (1/\omega C) I_m \sin \omega t$ (1)

En exprimant v_T sous forme d'un terme unique en cosinus d'amplitude A et déphasé d'un angle ϕ, nous obtenons

$$v_T = A\cos(\omega t + \phi) = A\cos\omega t\cos\phi - A\sin\omega t\sin\phi \qquad (2)$$

Par identification des coefficients des termes en $\sin\omega t$ et $\cos\omega t$ des relations (1) et (2), nous tirons;

$$RI_m = A\cos\phi, \qquad (1/\omega C)I_m = -A\sin\phi$$

Comme $\operatorname{tg}\phi = \dfrac{\sin\phi}{\cos\phi} = -\dfrac{1}{\omega CR}$, $\cos\phi = \dfrac{R}{\sqrt{R^2 + (1/\omega C)^2}}$, $A = \sqrt{R^2 + (1/\omega C)^2}\, I_m$,

nous pouvons en déduire $v_T = A\cos(\omega t + \phi) = \sqrt{R^2 + (1/\omega C)^2}\, I_m \cos(\omega t - \operatorname{tg}^{-1} 1/\omega CR)$

qui nous montre que le courant est en avance de phase sur la tension. (En effet, comme $\sin\phi$ est négatif et $\cos\phi$ positif, ϕ se trouve dans le quatrième quadrant du cercle trigonométrique).

L'impédance du circuit est égale à $\sqrt{R^2 + (1/\omega C)^2}$.

Si $R >> 1/C\omega$, $1/\omega CR \to 0$ et $\phi \to 0$, ce qui correspond au cas d'une résistance pure. Si $1/C\omega >> R$, $1/\omega CR \to \infty$ et $\phi \to \pi/2$, cas d'une capacité pure.

Nous en concluons que dans un circuit RC série le courant est toujours en avance sur la tension d'un angle compris entre 0° et 90°, cet angle dépend des valeurs relatives de R et de $1/C\omega$.

3.6. Un courant $i = 2\cos 5000\,t$ circule dans le circuit série de la Fig. 3-10 ci-dessous. Calculer la tension totale v_T appliquée.

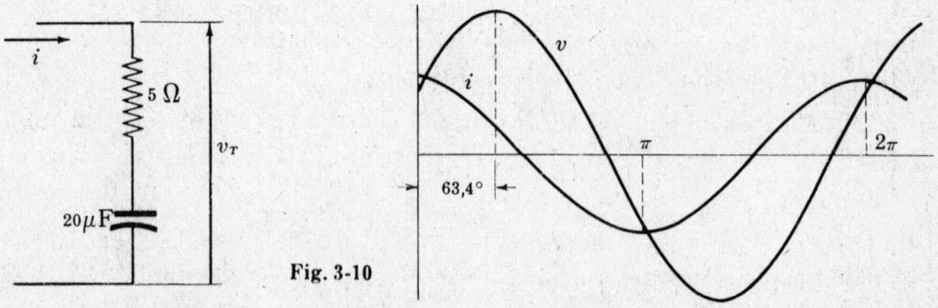

Fig. 3-10

Nous avons $v_T = \sqrt{R^2 + (1/\omega C)^2}\, I_m \cos(\omega t - \operatorname{tg}^{-1} 1/\omega CR) = 22{,}4\cos(5000t - 63{,}4°)$

où $R = 5\,\Omega$, $1/\omega C = 1/(5000 \times 20 \times 10^{-6}) = 10\,\Omega$, $\operatorname{tg}^{-1} 1/\omega CR = \operatorname{tg}^{-1} 10/5 = 63{,}4°$, $I_m = 2$ A

Le courant est en avance sur la tension d'un angle de 63,4°.

L'impédance est égale à 11,18 Ω.

3.7. Un circuit série où circule un courant $i = I_m \sin \omega t$ comporte les éléments R, L et C (voir Fig. 3-11). Calculer la tension aux bornes de chacun des éléments. (Se référer à la Fig. 3-12).

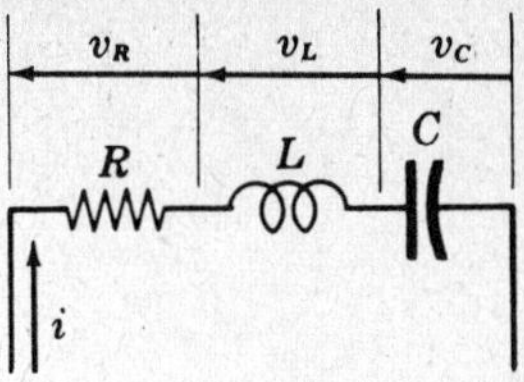

Fig. 3-11

Les tensions aux bornes des éléments sont données par les trois relations suivantes :

$$v_R = Ri = RI_m \sin \omega t$$

$$v_L = L\frac{d}{dt}(I_m \sin \omega t) = \omega L I_m \cos \omega t$$

$$v_C = \frac{1}{C}\int I_m \sin \omega t \, dt = \frac{1}{\omega C} I_m(-\cos \omega t)$$

La représentation graphique de ces tensions ainsi que du courant i est donnée ci-dessous :

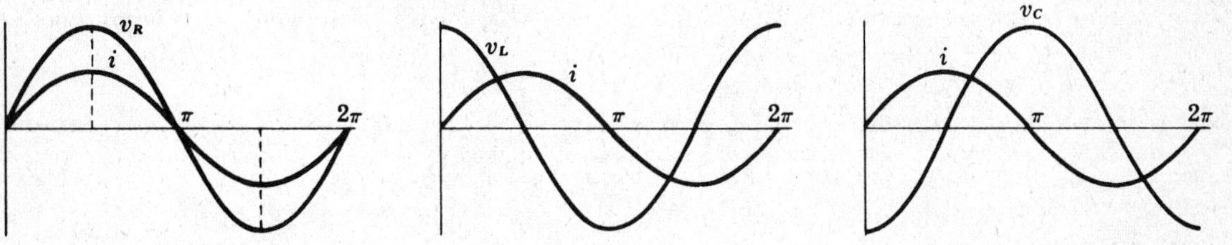

v_R et i (i est en phase avec v_R)

v_L et i (i est en retard de phase de 90° sur v_L)

v_C et i (i est en avance de phase de 90° sur v_C)

3.8. En se référant au Problème 3.7, donner la tension totale v_T aux bornes du circuit et la mettre sous la forme $v_T = A \sin(\omega t + \phi)$.

Nous pouvons écrire : $v_T = v_R + v_L + v_C = RI_m \sin \omega t + (\omega L - 1/\omega C) I_m \cos \omega t$ *(1)*

La tension v_T peut se représenter par un terme unique en sinus d'amplitude A et déphasé d'un angle ϕ :

$$v_T = A \sin(\omega t + \phi)$$
$$= A \sin \omega t \cos \phi + A \cos \omega t \sin \phi \qquad (2)$$

En égalant les coefficients des termes en $\sin \omega t$ et ceux des termes en $\cos \omega t$ dans les relations *(1)* et *(2)* nous obtenons

$$RI_m = A \cos \phi, \qquad I_m(\omega L - 1/\omega C) = A \sin \phi$$

d'où $\operatorname{tg} \phi = \dfrac{\omega L - 1/\omega C}{R}$, $\cos \phi = \dfrac{R}{\sqrt{R^2 + (\omega L - 1/\omega C)^2}}$, $A = \dfrac{RI_m}{\cos \phi} = \sqrt{R^2 + (\omega L - 1/\omega C)^2}\, I_m$,

et

$$v_T = A \sin(\omega t + \phi) = \sqrt{R^2 + (\omega L - 1/\omega C)^2}\, I_m \sin[\omega t + \operatorname{tg}^{-1}\,(\omega L - 1/\omega C)/R]$$

où $\sqrt{R^2 + (\omega L - 1/\omega C)^2}$ est l'impédance et $\operatorname{tg}^{-1}\left(\dfrac{L\omega - 1/C\omega}{R}\right)$ est l'angle de déphasage.

Si $L\omega > 1/C\omega$, l'angle de déphasage ϕ est positif; le courant est en retard de phase sur la tension et le circuit a un comportement inductif.

Si $1/C\omega > L\omega$, l'angle de déphasage ϕ est négatif; le courant est en avance de phase sur la tension et le circuit présente un comportement capacitif.

Si $L\omega = 1/C\omega$, l'angle de déphasage ϕ est nul; le courant est en phase avec la tension et l'impédance du circuit est égale à R : cette condition correspond à la résonance série.

3.9: Montrer que $L\omega$ et $1/C\omega$ s'expriment en ohms, si ω est donné en rd/s, L en henrys et C en farads.

$$L\omega = \frac{\text{rd}}{\text{s}}.\text{H} = \frac{1}{\text{s}}.\frac{\text{V}.\text{s}}{\text{A}} = \frac{\text{V}}{\text{A}} = \Omega$$

$$\frac{1}{C\omega} = \frac{\text{s}}{\text{rd}}.\frac{1}{\text{F}} = \text{s}.\frac{\text{V}}{\text{A}.\text{s}} = \frac{\text{V}}{\text{A}} = \Omega$$

Il faut noter que la mesure d'un angle en radians est une grandeur sans dimension.

3.10. Une tension sinusoïdale de pulsation 500 rd/s, est appliquée à un circuit série comportant les éléments $R = 15\,\Omega$, $L = 0{,}08$ H et $C = 30\,\mu$F. Déterminer l'angle de déphasage entre le courant et la tension, ainsi que le sens de ce déphasage.

On a $\omega L = 500(0{,}08) = 40\,\Omega$, $\dfrac{1}{\omega C} = \dfrac{1}{500(30 \times 10^{-6})} = 66{,}7\,\Omega$

d'où $\text{tg}^{-1}\dfrac{\omega L - 1/\omega C}{R} = \text{tg}^{-1}\dfrac{-26{,}7}{15} = -60{,}65°$

La réactance $1/C\omega$ de la capacité est supérieure à celle $L\omega$ de l'inductance. Le courant est en avance sur la tension de 60, 65° et le circuit a un comportement capacitif.

L'impédance est égale à $\sqrt{R^2 + (\omega L - 1/\omega C)^2} = 30{,}6\ \Omega$

3.11. Une différence de potentiel $v = V_m \cos\omega t$ est appliquée au circuit formé par la combinaison en parallèle d'un élément R et d'un élément L (Fig. 3-13). Déterminer le courant dans chaque élément et mettre le courant total sous la forme $i_T = I_m \cos(\omega t + \phi)$.

On peut écrire $i_T = i_R + i_L = \dfrac{1}{R}v + \dfrac{1}{L}\displaystyle\int v\,dt = \dfrac{V_m}{R}\cos\omega t + \dfrac{V_m}{\omega L}\sin\omega t$

d'où $i_T = \sqrt{(1/R)^2 + (1/\omega L)^2}\,V_m \cos(\omega t - \text{tg}^{-1} R/\omega L)$

Le courant est en retard sur la tension d'un angle $\phi = \text{tg}^{-1}(R/L\omega)$

Si $R \gg L\omega$, $\phi \to 90°$ et $i_T \approx (V_m/\omega L)\cos(\omega t - 90°)$.

Pour cette valeur de la résistance relativement élevée (si on le compare à l'impédance $L\omega$) un courant très faible circule dans la résistance. Il en résulte que le courant i_L dans l'inductance contribue essentiellement au courant total i_T.

Si $L\omega \gg R$, $\phi \to 0°$ et $i_T \approx (V_m/R)\cos\omega t$. Dans ce cas, la réactance $L\omega$ de l'inductance est grande et il y circule un courant très faible comparé à celui qui circule dans la résistance; par conséquent ce dernier détermine le courant total i_T.

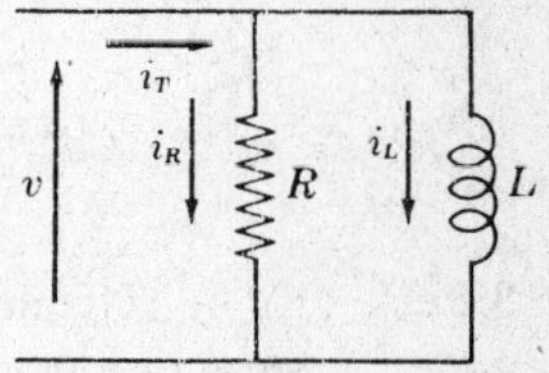

Fig. 3-13

3.12. Une tension $v = V_m \sin\omega t$ est appliquée au circuit RC parallèle de la Fig. 3-14. Déterminer le courant dans chaque branche de ce circuit et mettre le courant total i_T sous la forme $i_T = I_m \sin(\omega t + \phi)$.

Nous pouvons écrire $i_T = i_R + i_C = \dfrac{v}{R} + C\dfrac{dv}{dt} = \dfrac{V_m}{R}\sin\omega t + \omega C V_m \cos\omega t$

d'où il résulte après transformation, $i_T = \sqrt{(1/R)^2 + (\omega C)^2}\,V_m \sin(\omega t + \text{tg}^{-1}\,\omega CR)$

Le courant est en avance sur la tension d'un angle $\phi = \text{tg}^{-1}(\omega CR)$.

Si $R \gg 1/C\omega$, $\phi \to 90°$ et $i_T \approx i_C = \omega C V_m \sin(\omega t + 90°)$, c'est-à-dire que le courant total est essentiellement déterminé par la capacité.

Si $1/C\omega \gg R$, $\phi \to 0°$ et $i_T \approx i_R = (V_m/R)\sin\omega t$, dans ce cas le courant total correspond au courant dans la résistance.

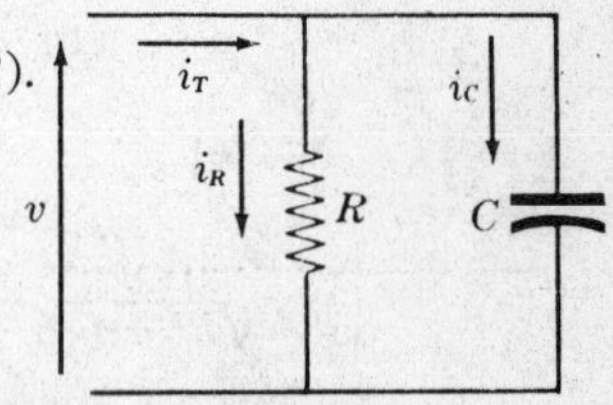

Fig. 3-14

3.13. Le circuit de la Fig. 3-15, résultant de la combinaison en parallèle des éléments R, L et C est alimenté par une tension $v = V_m \sin\omega t$. Calculer le courant dans chaque branche du circuit et mettre le courant total sous la forme $i_T = I_m \sin(\omega t + \phi)$.

On a

$$i_T = i_R + i_L + i_C = \frac{v}{R} + \frac{1}{L}\int v\,dt + C\frac{dv}{dt}$$

$$= \frac{V_m}{R}\sin\omega t - \frac{V_m}{\omega L}\cos\omega t + \omega C V_m \cos\omega t \qquad (1)$$

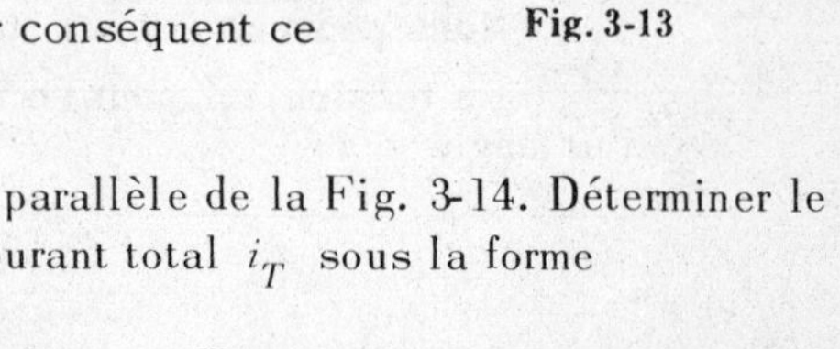

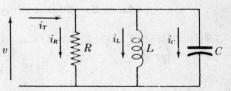

Fig. 3-15

Le courant i_T peut encore s'écrire

$$i_T = A\sin(\omega t + \phi)$$

$$= A\sin\omega t\cos\phi + A\cos\omega t\sin\phi \qquad (2)$$

En identifiant les coefficients de $\sin\omega t$ et ceux de $\cos\omega t$ dans les relations *(1)* et *(2)*, nous obtenons: $V_m/R = A\cos\phi$, $(\omega C - 1/\omega L)V_m = A\sin\phi$

On en tire $\operatorname{tg}\phi = \dfrac{\omega C - 1/\omega L}{1/R}$, $\cos\phi = \dfrac{1/R}{\sqrt{(1/R)^2 + (\omega C - 1/\omega L)^2}}$, $A = \sqrt{(1/R)^2 + (\omega C - 1/\omega L)^2}\, V_m$,

et $i_T = \sqrt{(1/R)^2 + (\omega C - 1/\omega L)^2}\, V_m \sin[\omega t + \tan^{-1}(\omega C - 1/\omega L)R]$

Le signe de l'angle de déphasage dépend des grandeurs relatives de $C\omega$ et $1/L\omega$.

Le courant qui circule dans la branche inductive est en retard de 90° sur la tension appliquée, alors que celui qui circule dans la branche capacitive est en avance de 90° sur cette tension. La somme de ces deux courants s'annule dans le cas où leurs amplitudes sont égales. Lorsque le courant dans la branche inductive est supérieur à celui de la branche capacitive, le courant total est en retard de phase sur la tension appliquée; inversement lorsque c'est le courant dans la branche capacitive qui l'emporte, le courant total est en avance de phase sur la tension appliquée.

3.14. Un circuit est constitué de deux éléments purs montés en série. Sachant qu'il y circule un courant $i = 13{,}42\sin(500t - 53{,}4°)$ A lorsqu'on lui applique une tension, $v = 150\sin(500t + 10°)$ V, déterminer la nature et la valeur des éléments qui le constituent.

On peut constater que le courant est en retard sur la tension d'un angle égal à 53,4° + 10° = 63,4°; on en déduit que le circuit comporte une résistance R et une inductance L.

Par ailleurs on a $\operatorname{tg} 63{,}4° = 2 = \omega L/R$, $\omega L = 2R$

d'où $V_m/I_m = \sqrt{R^2 + (\omega L)^2}$, $150/13{,}42 = \sqrt{R^2 + (2R)^2}$, $R = 5\ \Omega$

et $L = 2R/\omega = 0{,}02$ H.

Le circuit est par conséquent constitué d'une résistance de 5 Ω et d'une inductance de 0,02 H.

3.15. Un circuit comporte deux éléments purs montés en série. Lorsqu'on lui applique une tension $v = 200\sin(2000t + 50°)$ V il y circule un courant $i = 4\cos(2000t + 13{,}2°)$. Préciser la nature ainsi que la valeur de chacun des deux éléments.

Etant donné que $\cos x = \sin(x + 90°)$, nous pouvons écrire $i = 4\sin(2000t + 103{,}2°)$. On en déduit que le courant est en avance sur la tension d'un angle égal à 103,2° − 50° = 53,2° et par conséquent les éléments du circuit ne peuvent être qu'une résistance R et une capacité C.

Par ailleurs

$$\operatorname{tg} 53{,}2° = 1{,}33 = 1/\omega CR, \qquad 1/\omega C = 1{,}33R$$

d'où $V_m/I_m = \sqrt{R^2 + (1/\omega C)^2}$, $200/4 = \sqrt{R^2 + (1{,}33R)^2}$, $R = 33\ \Omega$

et $C = 1/(1{,}33\omega R) = 1{,}25 \times 10^{-5}$ F = 12,5 μF

3.16. Le circuit série de la Fig. 3-16, comporte une résistance R, une capacité C et une inductance L de 0,01 H. Sachant que lorsqu'on lui applique une tension

$$v = 353{,}5\cos(3000t - 10°)\ \text{V}$$

il y circule un courant $i = 12{,}5\cos(3000t - 55°)$ A, calculer la valeur de R et de C.

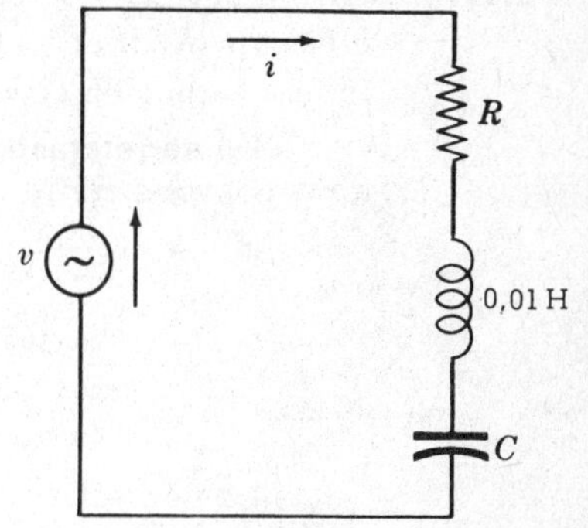

Fig. 3-16

Le courant est en retard sur la tension d'un angle 55° − 10° = 45°. Par conséquent la réactance $L\omega$ de l'inductance est supérieure à celle $1/C\omega$ de la capacité.

On a $\operatorname{tg} 45° = 1 = (\omega L - 1/\omega C)/R$, $(\omega L - 1/\omega C) = R$

d'où $V_m/I_m = \sqrt{R^2 + (\omega L - 1/\omega C)^2}$, $353{,}5/12{,}5 = \sqrt{2R^2}$

$$R = 20\ \Omega$$

Par ailleurs on a $(\omega L - 1/\omega C) = R$, on en déduit

$$C = 3{,}33 \times 10^{-5}\ \text{F} = 33{,}3\ \mu\text{F}$$

3.17. La tension appliquée au circuit de la Fig. 3-17 ci-dessous est $v = 100 \sin(1000t + 50°)$. Déterminer le courant total dans le circuit et le mettre sous la forme $i_T = I_m \sin(\omega t + \phi)$.

On peut écrire les relations suivantes:

$$i_T = i_R + i_L = \frac{v}{R} + \frac{1}{L}\int v\,dt$$
$$= 20 \sin(1000t + 50°) - 5 \cos(1000t + 50°)$$
$$= A \sin(1000t + 50°) \cos\phi + A \cos(1000t + 50°) \sin\phi$$

On en déduit $A\cos\phi = 20$ et $A\sin\phi = -5$. Par conséquent $\text{tg}\phi = -5/20$ et $\phi = -14{,}05°$, et $A = 20/(\cos\phi) = 20{,}6$. Il en résulte: $i_T = 20{,}6 \sin(1000t + 50° - 14{,}05°) = 20{,}6 \sin(1000t + 35{,}95°)$

Le courant total est en retard sur la tension appliquée d'un angle de 14,05°.

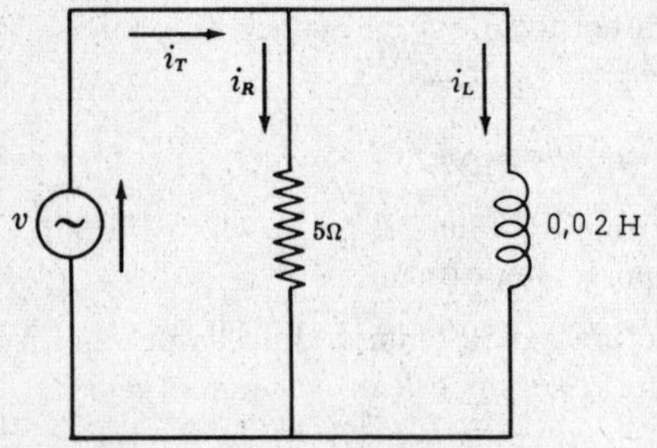

Fig. 3-17

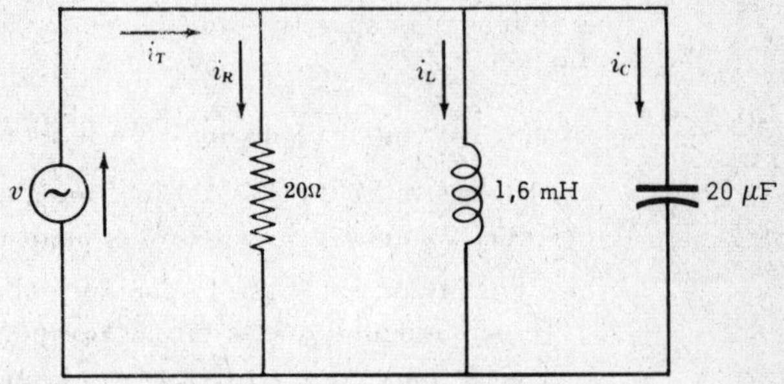

Fig. 3-18

3.18. On applique une tension $v = 50 \sin(5000t + 45°)$ au circuit de la Fig. 3-18. Déterminer le courant dans chacune des branches ainsi que le courant total.

En utilisant les méthodes élaborées dans le présent chapitre nous obtenons:

$$i_T = i_R + i_L + i_C = \frac{v}{R} + \frac{1}{L}\int v\,dt + C\frac{dv}{dt}$$
$$= 2{,}5 \sin(5000t + 45°) - 6{,}25 \cos(5000t + 45°) + 5 \cos(5000t + 45°)$$
$$= 2{,}5 \sin(5000t + 45°) - 1{,}25 \cos(5000t + 45°)$$
$$= 2.8 \sin(5000t + 18{,}4°),$$

Le courant est en retard sur la tension appliquée d'un angle de 45° - 18,4° = 26,6°.

Nous remarquons également que la valeur maximale du courant total est de 2,8 A. Cette valeur est inférieure à l'une et l'autre des valeurs maximales des courants dans la branche inductive et dans la branche capacitive, qui sont respectivement de 6,25 A et de 5 A. L'explication de ce phénomène apparaît immédiatement, lorsque l'on représente les trois courants sur un même diagramme (les échelles pour les trois courants doivent être identiques).

3.19. Un courant $i = 3 \cos(5000t - 60°)$ circule dans le circuit série de la Fig. 3-19 comportant les éléments R, L et C. Calculer la tension aux bornes de chaque élément ainsi que la tension totale aux bornes du circuit.

En se référant aux méthodes préconisées dans ce chapitre, nous pouvons écrire,

$$v_T = v_R + v_L + v_C = Ri + L\frac{di}{dt} + \frac{1}{C}\int i\,dt$$
$$= 6 \cos(5000t - 60°) - 24 \sin(5000t - 60°) + 30 \sin(5000t - 60°)$$
$$= 6 \cos(5000t - 60°) + 6 \sin(5000t - 60°)$$
$$= 8{,}49 \cos(5000t - 105°),$$

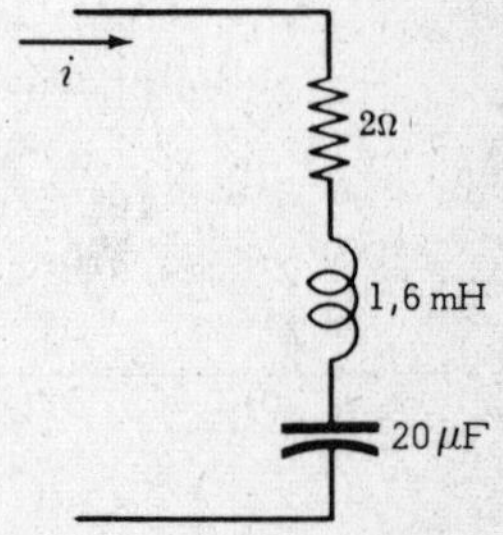

Fig. 3-19

Le courant est en avance de phase sur la tension totale d'un angle de 105° - 60° = 45°. Nous remarquons que la valeur maximale de la tension appliquée est de 8,49 V. La tension aux bornes de l'inductance d'une part et celle aux bornes de la capacité d'autre part ont des valeurs maximales supérieures à celles de la tension totale. Une représentation graphique (à la même échelle pour chacune des tensions) montrera ce qui se passe dans le circuit.

Problèmes supplémentaires

3.20. Une inductance pure $L = 0{,}01$ H est traversée par un courant $i = 5\cos 2000t$. Calculer la tension aux bornes de l'inductance. *Rép.* $100\cos(2000t + 90°)$

3.21. Un courant $i = 12\sin 200t$ circule dans une capacité pure $C = 30\ \mu F$. Quelle est la tension aux bornes de la capacité ? Rép. $200\sin(2000t - 90°)$

3.22. Un circuit série comporte une résistance $R = 5\ \Omega$ et une inductance $L = 0{,}06$ H; la tension aux bornes de cette dernière est $v_L = 15\sin 200t$. Calculer la tension totale, le courant, l'angle de déphasage entre i et v_T et le module de l'impédance du circuit.

Rép. $i = 1{,}25\sin(200t - 90°)$, $v_T = 16{,}25\sin(200t - 22{,}65°)$, $67{,}35°$, $V_m/I_m = 13\ \Omega$

3.23. On considère le même circuit que celui du Problème 3.22.; la tension aux bornes de la résistance est $v_R = 15\sin 200t$. Calculer la tension totale, le courant, l'angle dont i est déphasé par rapport à v_T et le module de l'impédance du circuit.

Rép. $i = 3\sin 200t$, $v_T = 39\sin(200t + 67{,}35°)$, $67{,}35°$, $V_m/I_m = 13\ \Omega$

3.24. Un circuit série comporte deux éléments purs
Lorsqu'on lui applique une tension $v_T = 255\sin(300t + 45°)$, il y circule un courant $i = 8{,}5\sin(300t + 15°)$. Préciser la nature et la valeur des éléments du circuit.

Rép. $R = 26\ \Omega$, $L = 0{,}05$ H

3.25. Un circuit série constitué de deux éléments purs est traversé par un courant $i = 4{,}48\cos(200t - 56{,}6°)$ lorsqu'on lui applique une tension $v_T = 150\cos(200t - 30°)$. Préciser la nature des éléments du circuit et calculer leurs valeurs.

Rép. $R = 30\ \Omega$, $L = 0{,}075$ H

3.26. Deux éléments purs, $R = 12\ \Omega$ et $C = 31{,}3\mu F$ sont montés en série et alimentés par une tension $v = 100\cos(2000t - 20°)$. On monte ensuite ces deux éléments en parallèle et on leur applique la même tension. Calculer le courant total pour chacun des montages.

Rép. Montage série : $i = 5\cos(2000t + 33{,}2°)$, Montage parallèle : $i = 10{,}4\cos(2000t + 16{,}8°)$

3.27. Une résistance R de $27{,}5\ \Omega$ et une capacité C de $66{,}7\ \mu F$ sont montées en série. La tension aux bornes de la capacité est $v_C = 50\cos 1500t$. Calculer la tension totale v_T, l'angle dont le courant est en avance sur la tension et le module de l'impédance.

Rép. $v_T = 146{,}3\cos(1500t + 70°)$, $20°$, $V_m/I_m = 29{,}3$ ohms

3.28. On monte en série une résistance R de $5\ \Omega$ et une capacité C de valeur inconnue. La tension aux bornes de la résistance est $v_R = 25\sin(2000t + 30°)$. Sachant que le courant est en avance sur la tension d'un angle de 60°, déterminer la valeur de la capacité C. *Rép.* $C = 57{,}7\ \mu F$

3.29. Un circuit série comporte une inductance L de 0,05 H et une capacité C inconnue. Il y circule un courant $i = 2\sin(5000t + 90°)$ lorsqu'on lui applique une tension $v_T = 100\sin 5000t$.
Calculer la valeur de la capacité C. *Rép.* $C = 0{,}667\ \mu F$.

3.30. Un circuit RLC série est parcouru par un courant qui est en retard sur la tension appliquée de 30°. La valeur maximale de la tension aux bornes de l'inductance est égale au double de la valeur maximale de la tension aux bornes de la capacité. Sachant que v_L (tension aux bornes de l'inductance) $= 10\sin 100t$ et que $R = 20\ \Omega$, calculer les valeurs de L et C.

Rép. $L = 23{,}1$ mH, $C = 86{,}5\mu F$.

3.31. On applique une tension sinusoïdale de fréquence variable à un circuit série comportant les éléments $R = 5\ \Omega$, $L = 0{,}02$ H et $C = 80\ \mu F$. Trouver les valeurs de ω pour lesquelles le courant *(a)* est en avance sur la tension de 45°, *(b)* est en phase avec la tension, *(c)* est en retard sur la tension de 45°. *Rép.* *(a)* 675, *(b)* 790, *(c)* 925

3.32. Un circuit parallèle a deux branches : l'une est constituée par une résistance $R = 50\ \Omega$ et l'autre par un élément pur inconnu. On lui applique une tension $v = 100\cos(1500t + 45°)$, il en résulte un courant $i_T = 12\sin(1500t + 135°)$ dans le circuit. Déterminer la nature et la valeur de l'élément inconnu. *Rép.* $R = 10\ \Omega$.

3.33. Déterminer le courant total circulant dans un circuit parallèle formé d'une inductance $L = 0{,}05$ H et d'une capacité $C = 0{,}667\ \mu F$ sachant qu'on lui applique une tension $v = 100\sin 5000t$.

Rép. $i_T = 0{,}067\sin(5000t - 90°)$.

3.34. Une résistance R de 10 Ω et une inductance L de 0,005 H sont montées en parallèle. Un courant $i_L = 5 \sin(2000t - 45°)$ circule dans la branche inductive. Calculer le courant total ainsi que l'angle de déphasage entre i_T et la tension appliquée.
Rép. $i_T = 7{,}07 \sin(2000t + 0°)$, 45° ($i_T$ en retard sur v).

3.35. Un circuit parallèle comporte deux branches : la première est constituée par une résistance R de 5 Ω et la seconde par un élément inconnu. Lorsqu'on lui applique une tension, $v = 10 \cos(50t + 60°)$, le courant total dans le circuit est $i = 5{,}38 \cos(50t - 8{,}23°)$. Préciser la nature de l'élément inconnu et calculer sa valeur. *Rép.* $L = 0{,}04$ H.

3.36. On applique une tension $v = 150 \cos(5000t - 30°)$ à un circuit parallèle comportant une résistance $R = 10$ Ω et une capacité $C = 100$ µF. Calculer le courant total.
Rép. $i_T = 76{,}5 \cos(5000t + 48{,}7°)$

3.37. Une capacité pure C de 35 µF est branchée en parallèle sur un autre élément simple. Déterminer la nature et la valeur de l'élément inconnu, sachant que la tension appliquée au circuit est $v = 150 \sin 3000t$ et que le courant total résultant est $i_T = 16{,}5 \sin(3000t + 72{,}4°)$.
Rép. $R = 30$ Ω.

3.38. On applique une tension $v = 50 \cos(3000t + 45°)$ à un circuit LC parallèle, le courant total est alors $i_T = 2 \cos(3000t - 45°)$. On sait également que le courant dans l'inductance est cinq fois plus grand que celui dans la capacité. Calculer les valeurs de L et de C.
Rép. $L = 6{,}67$ mH, $C = 3{,}33$ µF.

3.39. Une tension $v = 200 \sin 1000t$ alimente un circuit parallèle constitué de trois branches contenant chacune un élément pur : une résistance R de 300 Ω, une inductance L de 0,5 H et une capacité C de 10 µF. Calculer le courant total, l'angle de déphasage entre i_T et la tension appliquée et l'impédance du circuit.
Rép. $i_T = 1{,}74 \sin(1000t + 67{,}4°)$, i_T est en avance de 67,5° sur v, $V_m / I_m = 115$ Ω.

3.40. En se référant au circuit de la Fig. 3-20 ci-dessous, calculer la valeur de L sachant que pour une tension appliquée $v = 100 \sin 500t$, le courant total est $i_T = 2{,}5 \sin 500t$.
Rép. $L = 0{,}08$ H

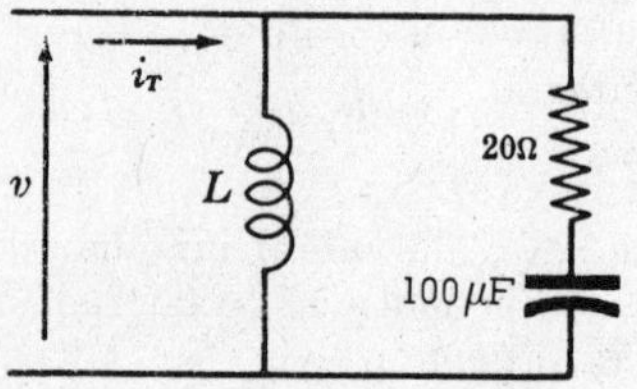

Fig. 3-20

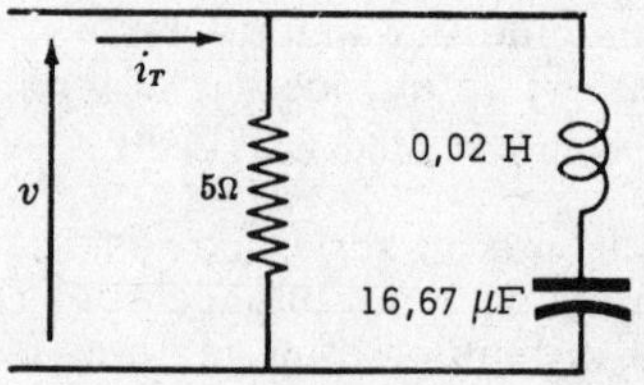

Fig. 3-21

3.41. Calculer le courant total résultant de l'application d'une tension $v = 50 \sin(2000t - 90°)$ au circuit de la Fig. 3-21 ci-dessus. *Rép.* $i_T = 11{,}2 \sin(2000t - 116{,}6°)$

3.42. Le circuit parallèle représenté sur la Fig. 3-22 ci-dessous est alimenté par la tension $v = 100 \sin 5000t$. Calculer les courants i_1, i_2, i_T.
Rép. $i_1 = 7{,}07 \sin(5000t - 45°)$, $i_2 = 7{,}07 \sin(5000t + 45°)$, $i_T = 10 \sin 5000t$

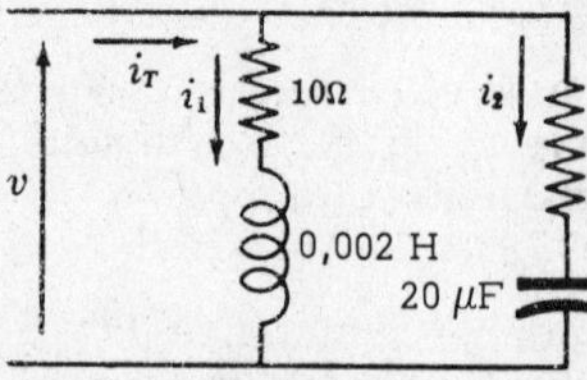

Fig. 3-22

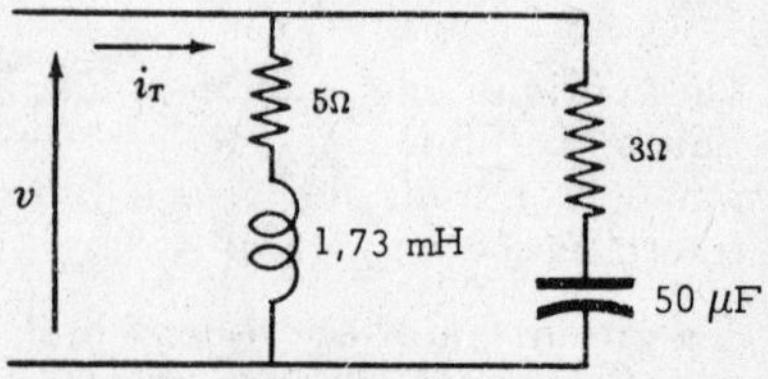

Fig. 3-23

3.43. Une tension $v = 100 \cos(5000t + 45°)$ est appliquée au circuit parallèle de la Fig. 3-23 *(a)* Calculer le courant total. *(b)* Quels sont les deux éléments qui montés en série donneraient le même courant et constitueraient par conséquent un circuit équivalent au circuit parallèle (pour une tension appliquée de même fréquence) ? *Rép.* *(a)* $i_T = 18{,}5 \cos(5000t + 68{,}4°)$ *(b)* un circuit série comportant les éléments $R = 4{,}96$ Ω et $C = 93$ µF.

Chapitre 4

Les nombres complexes

LES NOMBRES REELS

L'ensemble des nombres réels comprend les nombres rationnels et les nombres irrationnels. A l'ensemble de tous les nombres réels correspond sur un axe appelé *axe réel*, un ensemble de points. Chaque point représente un nombre réel unique et réciproquement (voir Fig. 4-1). Les opérations d'addition, de soustraction, de multiplication et de division peuvent être effectuées avec n'importe lesquels des nombres de cet ensemble. Les racines carrées des nombres réels positifs peuvent être représentées sur l'axe réel, alors que cela n'est pas possible pour les racines carrées des nombres réels négatifs, étant donné que ces dernières ne font pas partie de l'ensemble des nombres réels.

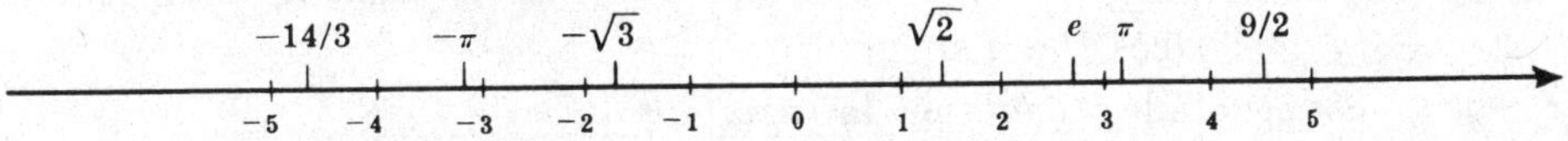

Fig. 4-1. L'axe réel

LES NOMBRES IMAGINAIRES

La racine carrée d'un nombre négatif est un *nombre imaginaire pur*, par exemple : $\sqrt{-1}, \sqrt{-2}, \sqrt{-5}, \sqrt{-16}$.

Si nous posons $j = \sqrt{-1}$, nous avons $\sqrt{-2} = j\sqrt{2}$, $\sqrt{-4} = j2$, $\sqrt{-5} = j\sqrt{5}$, etc.

Nous en déduisons $j^2 = -1$, $j^3 = j^2 \cdot j = (-1)j = -j$, $j^4 = (j^2)^2 = 1$, $j^5 = j$, ...

Tous les nombres imaginaires purs peuvent être représentés par des points sur un axe appelé *axe imaginaire* (Fig. 4-2).

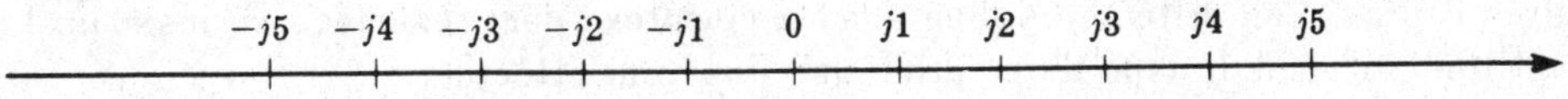

Fig. 4-2. L'axe imaginaire

Le choix du mot « imaginaire » pour désigner de tels nombres est inopportun étant donné que ces nombres existent aussi bien que les nombres réels. Le terme imaginaire signifie simplement que ces nombres doivent être représentés sur un axe différent de l'axe réel.

LES NOMBRES COMPLEXES

Un nombre complexe z est un nombre de la forme $x + jy$, où x et y sont des nombres réels et $j = \sqrt{-1}$. Le premier terme x d'un nombre complexe est appelé sa partie réelle et le second terme jy sa partie imaginaire. Lorsque $x = 0$, le nombre complexe est imaginaire pur et correspond à un point de l'axe imaginaire ou encore *axe j*. De même, si $y = 0$, le nombre complexe est un nombre réel pur et correspond à un point de l'axe réel. Ainsi l'ensemble des nombres complexes comprend l'ensemble des nombres réels et l'ensemble des nombres imaginaires.

Deux nombres complexes, $a + jb$ et $c + jd$ sont égaux si $a = c$ et $b = d$.

Lorsque, comme le montre la Fig. 4-3, l'axe réel, est disposé perpendiculairement à l'axe imaginaire (ou axe j) avec un point commun 0, chaque point du plan complexe ainsi formé représente un nombre complexe unique et réciproquement. La fig. 4-3 représente six nombres complexes (z_1 ... z_6).

$$\mathbf{z}_1 = 6$$
$$\mathbf{z}_2 = 2 - j3$$
$$\mathbf{z}_3 = j4$$
$$\mathbf{z}_4 = -3 + j2$$
$$\mathbf{z}_5 = -4 - j4$$
$$\mathbf{z}_6 = 3 + j3$$

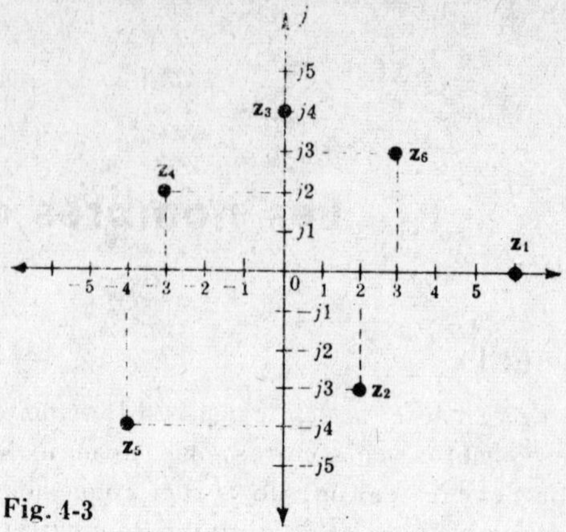

Fig. 4-3

AUTRES REPRESENTATIONS POSSIBLES POUR UN NOMBRE COMPLEXE

Sur la Fig. 4-4 nous avons $x = r\cos\theta$, $y = r\sin\theta$ le nombre complexe z devient alors

$$\mathbf{z} = x + jy = r(\cos\theta + j\sin\theta)$$

où $r = \sqrt{x^2 + y^2}$ est appelé le *module* ou la *valeur absolue* de z et $\theta = \text{tg}^{-1} y/x$ *l'argument* de z.

La formule d'Euler, $e^{j\theta} = (\cos\theta + j\sin\theta)$ permet de mettre un nombre complexe sous *forme exponentielle* (voir Problème 4.1) :

$$\mathbf{z} = r\cos\theta + jr\sin\theta = re^{j\theta}$$

La forme polaire (encore appelée forme de Steinmetz) d'un nombre complexe z est souvent utilisée dans l'analyse des circuits électriques; elle s'écrit

$$r\underline{/\theta}$$

où θ est habituellement exprimé en degrés.

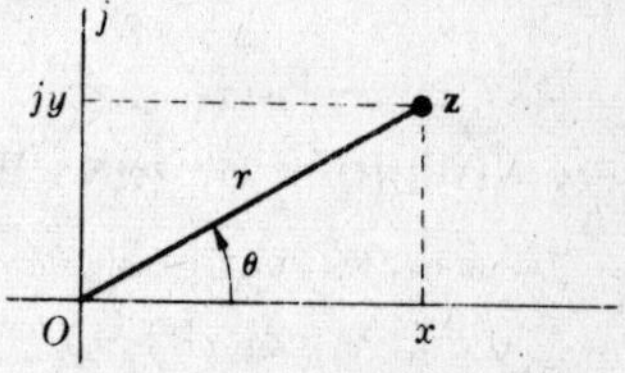

Représentation polaire d'un nombre complexe z

Fig. 4-4

Ces quatres expressions différentes d'un nombre complexe sont résumées ci-dessous. L'expression effectivement utilisée dépend du type d'opération que l'on veut effectuer.

Expression complexe rectangulaire	$\mathbf{z} = x + jy$
Expression complexe polaire ou de Steinmetz	$\mathbf{z} = r\underline{/\theta}$
Expression complexe exponentielle	$\mathbf{z} = re^{j\theta}$
Expression trigonométrique	$\mathbf{z} = r(\cos\theta + j\sin\theta)$

LE NOMBRE COMPLEXE CONJUGUE

Le nombre $z^* = x - jy$ est le nombre complexe conjugué de $z = x + jy$.

Par exemple, *(1)* $3 - j2$ et $3 + j2$, *(2)* $-5 + j4$ et $-5 - j4$ sont deux paires de nombres complexes conjugués.

$z \cdot z^* = |z|^2 = x^2 + y^2$

En coordonnées polaires, le nombre $z^* = r\,\underline{/-\theta}$ est le nombre complexe conjugué de $z = r\underline{/\theta}$. Comme $\cos(-\theta) = \cos\theta$ et $\sin(-\theta) = -\sin\theta$, le conjugué de $\mathbf{z} = r(\cos\theta + j\sin\theta)$ est $\mathbf{z}^* = r(\cos\theta - j\sin\theta)$. Par exemple, le conjugué de $z = 7\underline{/30^\circ}$ est $z^* = 7\underline{/-30^\circ}$.

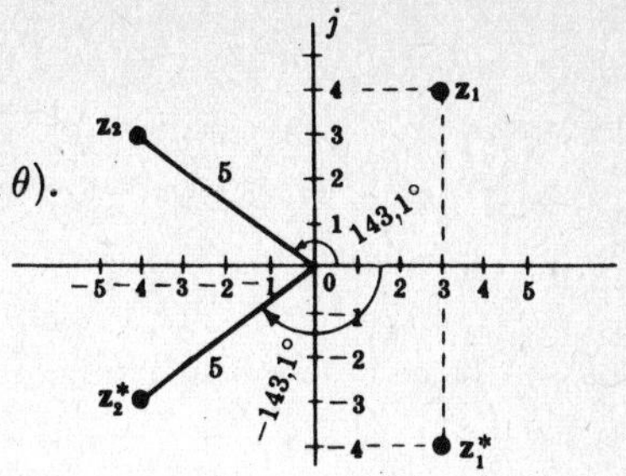

$z_1 = 3 + j4, \quad z_1^* = 3 - j4$

$z_2 = 5\underline{/143{,}1^\circ}, \quad z_2^* = 5\underline{/-143{,}1^\circ}$

Fig. 4-5. Les nombres complexes et leurs conjugués

Les affixes de deux nombres complexes conjugués z et z^* sont toujours symétriques par rapport à l'axe réel, comme le montre la Fig. 4-5.

En conclusion, les quatre expressions possibles pour un nombre complexe z et son conjugué sont:

$$\mathbf{z} = x + jy \qquad \mathbf{z} = r\underline{/\theta} \qquad \mathbf{z} = r\,e^{j\theta} \qquad \mathbf{z} = r(\cos\theta + j\sin\theta)$$
$$\mathbf{z}^* = x - jy \qquad \mathbf{z}^* = r\underline{/-\theta} \qquad \mathbf{z}^* = r\,e^{-j\theta} \qquad \mathbf{z}^* = r(\cos\theta - j\sin\theta)$$

LA SOMME ET LA DIFFERENCE DE NOMBRE COMPLEXES

Pour additionner deux nombres complexes, on additionne séparément leurs parties réelles et leurs parties imaginaires. De même pour soustraire deux nombres complexes on soustrait séparément leurs parties réelles et leurs parties imaginaires. En pratique, on ne peut faire la somme ou la différence de nombres complexes que lorsque ces derniers sont exprimés en coordonnées rectangulaires.

Exemple 1. Soient $\mathbf{z}_1 = 5 - j2$ et $\mathbf{z}_2 = -3 - j8$.

Nous avons alors

$$\mathbf{z}_1 + \mathbf{z}_2 = (5-3) + j(-2-8) = 2 - j10$$
$$\mathbf{z}_2 - \mathbf{z}_1 = (-3-5) + j(-8+2) = -8 - j6$$

LA MULTIPLICATION DES NOMBRES COMPLEXES

Le produit de deux nombres complexes exprimés sous forme exponentielle résulte directement des lois relatives aux exposants:

$$\mathbf{z}_1\mathbf{z}_2 = (r_1 e^{j\theta_1})(r_2 e^{j\theta_2}) = r_1 r_2 e^{j(\theta_1+\theta_2)}$$

On peut déduire le produit de deux nombres exprimés en coordonnées polaires du produit sous forme exponentielle.

$$\mathbf{z}_1\mathbf{z}_2 = (r_1\underline{/\theta_1})(r_2\underline{/\theta_2}) = r_1 r_2\underline{/\theta_1 + \theta_2}$$

Le produit de deux nombres complexes exprimés en coordonnées rectangulaires peut s'obtenir en considérant ces nombres comme des binômes.

$$\mathbf{z}_1\mathbf{z}_2 = (x_1 + jy_1)(x_2 + jy_2) = x_1x_2 + jx_1y_2 + jy_1x_2 + j^2y_1y_2$$
$$= (x_1x_2 - y_1y_2) + j(x_1y_2 + y_1x_2)$$

Exemple 1. Si $\mathbf{z}_1 = 5e^{j\pi/3}$ et $\mathbf{z}_2 = 2e^{-j\pi/6}$, on a $\mathbf{z}_1\mathbf{z}_2 = (5e^{j\pi/3})(2e^{-j\pi/6}) = 10e^{j\pi/6}$.

Exemple 2. Si $\mathbf{z}_1 = 2\underline{/30^\circ}$ et $\mathbf{z}_2 = 5\underline{/-45^\circ}$, on a $\mathbf{z}_1\mathbf{z}_2 = (2\underline{/30^\circ})(5\underline{/-45^\circ}) = 10\underline{/-15^\circ}$.

Exemple 3. Si $\mathbf{z}_1 = 2 + j3$ et $\mathbf{z}_2 = -1 - j3$, on a $\mathbf{z}_1\mathbf{z}_2 = (2+j3)(-1-j3) = 7 - j9$.

LA DIVISION DES NOMBRES COMPLEXES

La division de deux nombres complexes sous forme exponentielle résulte directement des lois relatives aux exposants.

$$\frac{\mathbf{z}_1}{\mathbf{z}_2} = \frac{r_1 e^{j\theta_1}}{r_2 e^{j\theta_2}} = \frac{r_1}{r_2}\,e^{j(\theta_1-\theta_2)}$$

Comme pour la multiplication, nous pouvons déduire la division sous forme polaire de la division sous forme exponentielle :

$$\frac{\mathbf{z}_1}{\mathbf{z}_2} = \frac{r_1\underline{/\theta_1}}{r_2\underline{/\theta_2}} = \frac{r_1}{r_2}\underline{/\theta_1-\theta_2}$$

La division de deux nombres complexes exprimés en coordonnées rectangulaires s'effectue en multipliant le numérateur et le dénominateur par la quantité complexe conjuguée du dénominateur :

$$\frac{\mathbf{z}_1}{\mathbf{z}_2} = \frac{x_1+jy_1}{x_2+jy_2}\left(\frac{x_2-jy_2}{x_2-jy_2}\right) = \frac{(x_1x_2+y_1y_2)+j(y_1x_2-y_2x_1)}{x_2^2+y_2^2}$$

Exemple 5. On a $\mathbf{z}_1 = 4e^{j\pi/3}$ et $\mathbf{z}_2 = 2e^{j\pi/6}$; d'où $\dfrac{\mathbf{z}_1}{\mathbf{z}_2} = \dfrac{4e^{j\pi/3}}{2e^{j\pi/6}} = 2e^{j\pi/6}$.

Exemple 6. On a $\mathbf{z}_1 = 8\underline{/-30^\circ}$ et $\mathbf{z}_2 = 2\underline{/-60^\circ}$; d'où $\dfrac{\mathbf{z}_1}{\mathbf{z}_2} = \dfrac{8\underline{/-30^\circ}}{2\underline{/-60^\circ}} = 4\underline{/30^\circ}$.

Exemple 7. On $\mathbf{z}_1 = 4-j5$ et $\mathbf{z}_2 = 1+j2$; d'où $\dfrac{\mathbf{z}_1}{\mathbf{z}_2} = \dfrac{4-j5}{1+j2}\left(\dfrac{1-j2}{1-j2}\right) = \dfrac{-6-j13}{5}$.

LES RACINES CARREES DES NOMBRES COMPLEXES

Tout nombre complexe $\mathbf{z} = r\,e^{j\theta}$ peut s'écrire $\mathbf{z} = r\,e^{j(\theta+2\pi n)}$ où $n = 0, \pm1, \pm2, \ldots$. De même $\mathbf{z} = r\underline{/\theta}$ peut s'écrire $\mathbf{z} = r\underline{/(\theta+n360^\circ)}$ Nous avons ainsi :

$$\mathbf{z} = r\,e^{j\theta} = r\,e^{j(\theta+2\pi n)} \quad \text{et} \quad \sqrt[k]{\mathbf{z}} = \sqrt[k]{r}\,e^{j(\theta+2\pi n)/k}$$

$$\mathbf{z} = r\underline{/\theta} = r\underline{/(\theta+n360^\circ)} \quad \text{et} \quad \sqrt[k]{\mathbf{z}} = \sqrt[k]{r}\underline{/(\theta+n360^\circ)/k}$$

Les k racines k ième d'un nombre complexe peuvent par conséquent s'obtenir en assignant successivement à n les valeurs 0, 1, 2, 3, ..., k - 1.

Exemple 8. Les racines cubiques du nombre complexe $\mathbf{z} = 8\underline{/60^\circ}$ sont

$$\sqrt[3]{\mathbf{z}} = \sqrt[3]{8}\underline{/(60^\circ+n360^\circ)/3} = 2\underline{/(20^\circ+n120^\circ)}$$

Les valeurs de ces racines, qui s'obtiennent en remplaçant successivement n par 0, 1 et 2 sont $2\underline{/20^\circ}$, $2\underline{/140^\circ}$, $2\underline{/260^\circ}$.

Exemple 9. Trouver les cinq racines cinquième de 1.
Comme $1 = 1e^{j2\pi n}$, nous avons $\sqrt[5]{1} = \sqrt[5]{1}\,e^{j2\pi n/5} = 1\,e^{j2\pi n/5}$. En donnant à n les valeurs 0, 1, 2, 3 et 4, nous obtenons les cinq racines

$1\underline{/0^\circ}$ ou 1, $1\underline{/72^\circ}$, $1\underline{/144^\circ}$, $1\underline{/216^\circ}$ et $1\underline{/288^\circ}$.

LE LOGARITHME D'UN NOMBRE COMPLEXE

Le logarithme népérien d'un nombre complexe peut facilement se calculer à partir de l'expression exponentielle de ce nombre.

$$\ln \mathbf{z} = \ln r\,e^{j(\theta+2\pi n)} = \ln r + \ln e^{j(\theta+2\pi n)} = \ln r + j(\theta+2\pi n)$$

La valeur de ce logarithme n'est pas unique et souvent on n'utilise que la détermination principale correspondant à $n = 0$.

Exemple 10. Soit le nombre complexe $\mathbf{z} = 3e^{j\pi/6}$, son logarithme est

$$\ln \mathbf{z} = \ln z\,e^{j\pi/6} = \ln 3 + j\pi/6 = 1{,}099 + j{,}523.$$

L'UTILISATION DE LA REGLE A CALCUL POUR LA CONVERSION DES NOMBRES COMPLEXES D'UNE FORME A L'AUTRE

Introduction

Dans le chapitre 5, la tension, le courant et l'impédance sont représentés par des expressions complexes qui peuvent être exprimées soit en coordonnées polaires, soit en coordonnées rectangulaires. L'expression polaire permet d'effectuer simplement les multiplications et les divisions, alors que l'expression rectangulaire est utilisée pour faire les additions et les soustractions : il faut par conséquent un moyen rapide qui permette de passer d'une expression à l'autre.

Toute règle à calcul comportant des échelles décimales et trigonométrique permet de faire ces conversions. Sur la plupart des règles, l'échelle des tangentes est disposée de telle sorte que les tangentes des angles supérieurs à 45° puissent se lire sur l'échelle réciproque *CI*. Les instructions que nous allons donner ne s'appliquent qu'à de telles règles. Le lecteur qui dispose d'une règle à calcul de type différent devra se référer à la notice explicative jointe à la règle.

Dans ce qui suit, notre unique but est d'opérer une conversion rapide d'une expression complexe à l'autre et par conséquent nous limiterons au minimum les justifications trigonométriques.

CONVERSION D'UNE EXPRESSION COMPLEXE POLAIRE EN EXPRESSION COMPLEXE RECTANGULAIRE

Exemple 11. Exprimer $50\underline{/53{,}1^\circ}$ sous la forme rectangulaire, $x + jy$.

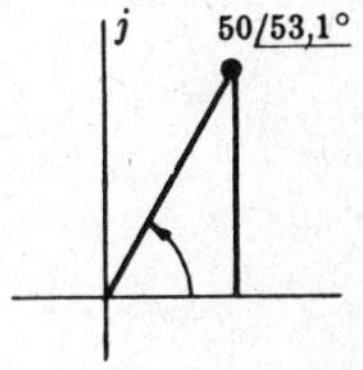

1. Représenter le nombre complexe en exagérant le fait que son argument est supérieur à 45°.
2. Faire correspondre l'index de l'échelle *C* et le nombre 50 de l'échelle *D*.
3. Amener le curseur à 53,1° sur l'échelle *S* donnant les sinus et les cosinus. Noter les deux valeurs lues sur l'échelle *D* : 40 et 30.
4. En se référant au diagramme, noter que la partie imaginaire est supérieure à la partie réelle et que les deux sont positives.
5. $50\underline{/53{,}1^\circ} = 30 + j40$.

Exemple 12. Mettre l'expression $100\underline{/-120^\circ}$ sous la forme rectangulaire, $x + jy$.

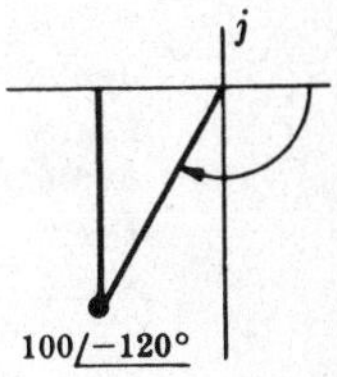

1. Faire une représentation. L'angle de référence est de 60°.
2. Faire coincider l'index de l'échelle *C* avec l'indication 100 de l'échelle *D*.
3. Amener le repère du curseur à 60° sur l'échelle des cosinus et des sinus. Noter les indications 86,6 et 50,0 de l'échelle *D*.
4. En se référant au diagramme, remarquer que la partie imaginaire est supérieure à la partie réelle et que les deux parties sont négatives.
5. $100\underline{/-120^\circ} = -50{,}0 - j86{,}6$

CONVERSION DE LA FORME RECTANGULAIRE A LA FORME POLAIRE

Exemple 13. Mettre le nombre $4 + j3$ sous la forme polaire, $r\underline{/\theta}$.

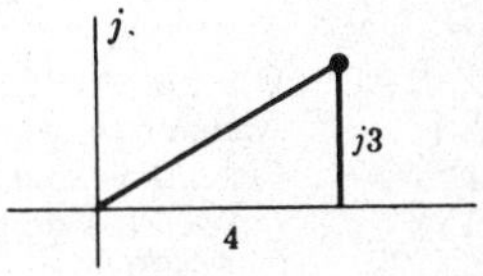

1. Faire un diagramme dans le plan complexe en exagérant le fait que la partie réelle est supérieure à la partie imaginaire.
2. Placer le repère du curseur sur *le plus petit* des deux nombres (3) sur l'échelle *D*.
3. Amener l'index de l'échelle *C* sur le *plus grand* des nombres (4) sur l'échelle *D*
4. Sur l'échelle des tangentes on peut lire en regard du repère du curseur les deux angles : 53,1° et 36,9°. En consultant le diagramme, on note que le plus faible des angles lus s'applique à ce problème. On peut alors écrire : $4 + j3 = \ldots\underline{/36{,}9^\circ}$.
5. En maintenant le curseur fixe, déplacer la réglette de façon à faire coïncider l'indication 36,9° de l'échelle sinus-cosinus avec le repère du curseur. L'indication 36,9° apparaît deux fois sur cette échelle. Pour obtenir l'indication correcte, on remarquera que sur l'échelle des tangentes l'angle 36,9° était à *droite* des repères. Pour cette raison on utilisera l'indication 36,9° qui se trouve à *droite* du repère sur l'échelle sinus-cosinus. On lit alors en regard de l'index de l'échelle *C* la valeur de *r* qui est égale à 5. (Toujours utiliser le nombre le plus à gauche. Ceci a pour conséquence de déplacer l'index vers la droite).
6. $4 + j3 \quad 5\underline{/36{,}9^\circ}$.

Exemple 14. Mettre le nombre $-10 + j20$ sous la forme polaire, $r\underline{/\theta}$.

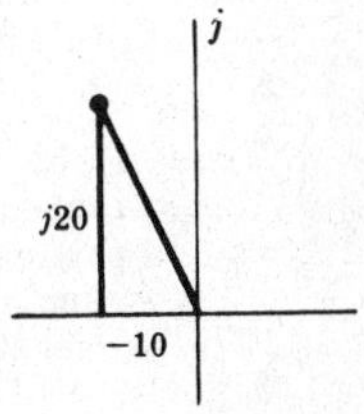

1. Faire une représentation dans le plan complexe.
2. Placer le repère du curseur en regard du *plus petit* des deux nombres (10) sur l'échelle *D*.
3. Amener l'index de l'échelle *C* au niveau du *plus grand* des deux nombres (20) sur l'échelle *D*.
4. La représentation faite en (1) montre que l'angle de référence est supérieur à 45°. Sur l'échelle des tangentes on peut lire 63,4°. Cet angle est l'angle de référence et non pas l'angle θ. Noter cet angle afin de pouvoir l'utiliser ultérieurement. L'angle θ est donné par $\theta = 180^\circ - 63{,}4^\circ = 116{,}6^\circ$; d'où $-10 + j20 = \ldots\underline{/116{,}6^\circ}$

5. En maintenant le repère du curseur fixe, déplacer la partie mobile jusqu'à ce que l'indication 63,4° apparaisse sous le repère et à gauche des repères de l'échelle sinus-cosinus. En regard de l'index de l'échelle C on peut lire sur l'échelle D le nombre 22,4.
6. $-10 + j20 = 22{,}4\underline{/116{,}6^\circ}$.

LES OPERATIONS AVEC UNE ECHELLE SINUS-TANGENTE POUR DE FAIBLES ANGLES

Lorsque la valeur numérique de l'angle θ devient très petite, la grandeur r et la valeur numérique de la partie réelle du nombre complexe sous forme rectangulaire sont sensiblement égales. Pour $|\theta| < 5{,}73^\circ$, on peut supposer que r et x sont égaux. La partie imaginaire jy, égale à $jr\sin\theta$, peut dans ce cas s'obtenir en utilisant l'échelle sinus-tangente expandée. Ceci est également valable pour les valeurs de θ voisines de 180°, où l'angle de référence est égal ou inférieur à 5,73°.

Lorsque la valeur numérique de θ est voisine de 90°, r et y ont des valeurs très voisines. Pour $84{,}27^\circ < \theta < 95{,}73^\circ$, on peut admettre que les valeurs de r et y sont égales. On détermine alors la partie réelle $x = r\cos\theta$ en utilisant l'échelle sinus-tangente expandée et en tenant compte du fait que $\cos\theta = \sin(90^\circ - \theta)$. Le même raisonnement peut se tenir pour des valeurs de θ voisines de 270°, où l'angle de référence est égal ou supérieur à 84.27°.

Exemple 15. Mettre le nombre $10\underline{/3{,}5^\circ}$ sous la forme rectangulaire, $x + jy$.

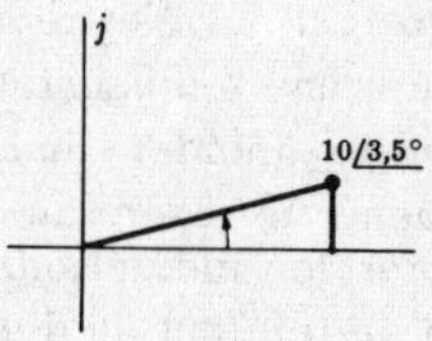

1. Représenter le nombre dans le plan complexe.
2. Comme l'argument est inférieur à 5,73°, la partie réelle x est sensiblement égale à 10.
3. Faire correspondre l'index de l'échelle C et l'indication 10 de l'échelle D. Amener le repère du curseur en regard de l'indication 3,5° sur l'échelle des sinus expandée. On peut alors lire 0,61 sur l'échelle D.
4. $10\underline{/3{,}5^\circ} = 10 + j0{,}61$. L'emplacement de la virgule se détermine en notant que pour les angles de faible valeur, les parties réelles et les parties imaginaires sont dans un rapport de 10 à 1.

Exemple 16. Mettre le nombre $450\underline{/94^\circ}$ sous la forme rectangulaire, $x + jy$

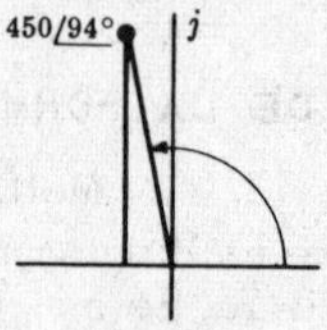

1. Représenter le nombre dans le plan complexe. L'angle de référence est de 86°.
2. La partie imaginaire est égale à r ou 450, vu que l'angle de référence est supérieur à 84,27°.
3. Faire coincider l'index de l'échelle C et l'indication 450 de l'échelle D. Amener le repère du curseur en regard de l'indication 86° sur l'échelle des sinus expandée. Lire l'indication 31,4 sur l'échelle D. Pour les règles ne comportant pas les angles complémentaires sur l'échelle expandée, amener le repère du curseur sur l'indication (90° - 86°) ou 4° et lire 31,4 sur l'échelle D.
4. $450\underline{/94^\circ} = -31{,}4 + j450$. Comme dans le cas des angles ordinaires la représentation permet de déterminer le signe des composantes. Le rapport de la partie imaginaire à la partie réelle est supérieur à 10 pour des angles de référence supérieurs à 84,27° et par conséquent l'emplacement de la virgule est déterminé.

Exemple 17. Mettre le nombre $20 + j\,500$ sous la forme polaire, $r\underline{/\theta}$.

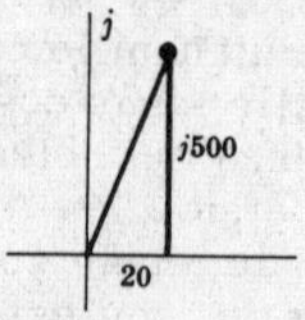

1. Représenter le nombre dans le plan complexe. Le rapport de la partie imaginaire à la partie réelle est supérieur à 10 et indique par conséquent que $\theta > 84{,}27^\circ$; d'où $r = 500$.
2. Placer le repère du curseur en regard de *la plus petite* des parties (20) sur l'échelle D.
3. Amener en coincidence l'index de l'échelle C et le nombre *le plus grand* (500) sur l'échelle D.
4. Lire l'angle 87,7° sur l'échelle des tangentes.
5. $20 + j500 = 500\underline{/87{,}7^\circ}$

Exemple 18. Mettre le nombre $-4 - j85$ sous la forme polaire, $r\underline{/\theta}$.

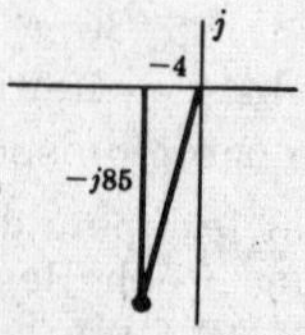

1. Représenter le nombre dans le plan complexe. Le rapport de 10 à 1 de la partie imaginaire à la partie réelle indique que l'angle de référence est supérieur à 84,27°, d'où $r = 85$.
2. Amener le repère du curseur en regard de *la plus petite* des parties (4) sur l'échelle D.
3. Placer l'index de l'échelle C en face de l'indication (85) de l'échelle D correspondant à la partie *la plus grande.*
4. Sur l'échelle expandée, lire l'angle 87,3°, qui correspond à l'angle de rérérence d'où $-4 - j85 = 85\underline{/(87{,}3^\circ)}$
5. L'angle θ est alors donné par $87{,}3^\circ \pm 180^\circ = 267{,}3^\circ$ ou $-92{,}7^\circ$
6. $-4 - j85 = 85\underline{/267{,}3^\circ}$ ou $85\underline{/-92{,}7^\circ}$

Problèmes

4.1. Démontrer la formule d'Euler.

Une fonction $f(x)$ peut être représentée sous forme d'une série de Mac Laurin;

$$f(x) = f(0) + xf'(0) + \frac{x^2}{2!}f''(0) + \frac{x^3}{3!}f'''(0) + \cdots + \frac{x^{(n-1)}}{(n-1)!}f^{(n-1)}(0) + \cdots$$

où la fonction ainsi que toutes ses dérivées existent pour $x = 0$. Les développements en série de Mac Laurin de $\cos\theta$, $\sin\theta$ et $e^{j\theta}$ sont

$$\cos\theta = 1 - \frac{\theta^2}{2!} + \frac{\theta^4}{4!} - \frac{\theta^6}{6!} + \cdots \qquad \sin\theta = \theta - \frac{\theta^3}{3!} + \frac{\theta^5}{5!} - \frac{\theta^7}{7!} + \cdots$$

$$e^{j\theta} = 1 + j\theta - \frac{\theta^2}{2!} - j\frac{\theta^3}{3!} + \frac{\theta^4}{4!} + j\frac{\theta^5}{5!} - \frac{\theta^6}{6!} - j\frac{\theta^7}{7!} + \cdots$$

En réarrangeant les termes de la série de Mac Laurin pour e^{j0} nous obtenons

$$e^{j\theta} = \left(1 - \frac{\theta^2}{2!} + \frac{\theta^4}{4!} - \frac{\theta^6}{6!} + \cdots\right) + j\left(\theta - \frac{\theta^3}{3!} + \frac{\theta^5}{5!} - \frac{\theta^7}{7!} + \cdots\right) = \cos\theta + j\sin\theta$$

4.2. Représenter les différents nombres ci-dessous dans le plan complexe. Mettre chacun de ces nombres sous forme polaire et les représenter également. Une comparaison entre les deux représentations montrera si la conversion a été effectuée correctement ou non.

(*a*) $2 - j2$ (*b*) $3 + j8$ (*c*) $-5 + j3$ (*d*) $-4 - j4$ (*e*) $5 + j0$ (*f*) $j6$ (*g*) -4 (*h*) $-j5$

4.3. Mettre chacun des nombres complexes ci-dessous sous forme polaire.

(*a*) $15e^{j\pi/4}$ (*b*) $5e^{-j2\pi/3}$ (*c*) $-4e^{j5\pi/6}$ (*d*) $-2e^{-j\pi/2}$ (*e*) $10e^{-j7\pi/6}$ (*f*) $-18e^{-j3\pi/2}$

Rép. (*a*) $15\underline{/45°}$, (*b*) $5\underline{/-120°}$, (*c*) $4\underline{/-30°}$, (*d*) $2\underline{/90°}$, (*e*) $10\underline{/-210°}$ or $10\underline{/150°}$, (*f*) $18\underline{/-90°}$

4.4. Effectuer les racines des différents nombres complexes.

(*a*) $z = 3 - j4$. Calculer zz^*. (*d*) $z = 2{,}5e^{-j\pi/3}$. Calculer zz^*. (*g*) $z = 95\underline{/25°}$. Calculer $z - z^*$.
(*b*) $z = 10\underline{/-40°}$. Calculer zz^*. (*e*) $z = 2 + j8$. Calculer $z - z^*$. (*h*) $z = r\underline{/\theta}$. Calculer z/z^*.
(*c*) $z = 20\underline{/53{,}1°}$. Calculer $z + z^*$. (*f*) $z = 10 - j4$. Calculer $z + z^*$.

Rép. (*a*) 25, (*b*) 100, (*c*) 24, (*d*) 6,25, (*e*) $j16$, (*f*) 20, (*g*) $j80{,}2$, (*h*) $1\underline{/2\theta}$.

4.5. Calculer les racines des différents nombres complexes.

(*a*) $\sqrt{5 + j8}$ (*b*) $\sqrt{150\underline{/-60°}}$ (*c*) $\sqrt[3]{6{,}93 - j4}$ (*d*) $\sqrt[3]{27e^{j3\pi/2}}$ (*e*) $\sqrt[4]{1}$ (*f*) $\sqrt{4}$

Rép. (*a*) $3{,}07\underline{/29°}$, $3{,}07\underline{/209°}$, (*b*) $12{,}25\underline{/-30°}$, $12{,}25\underline{/150°}$, (*c*) $2\underline{/-10°}$, $2\underline{/110°}$, $2\underline{/230°}$, (*d*) $3e^{j\pi/2}$, $3e^{j7\pi/6}$, $3e^{j11\pi/6}$, (*e*) $1\underline{/0}$, $1\underline{/90°}$, $1\underline{/180°}$, $1\underline{/270°}$, (*f*) $2\underline{/0}$, $2\underline{/180°}$, c-à-d. ± 2.

4.6. Calculer le logarithme népérien des nombres (*a*) à (*d*). Dans le cas de (*e*), utiliser les logarithmes pour faire le produit des deux nombres.

(*a*) $20\underline{/45°}$ (*b*) $6\underline{/-60°}$ (*c*) $0{,}5\underline{/120°}$ (*d*) $0{,}3\underline{/180°}$ (*e*) $(0{,}3\underline{/180°})(20\underline{/45°})$

Rép. (*a*) $3 + j\pi/4$, (*b*) $1{,}79 - j\pi/3$, (*c*) $-0{,}693 + j2\pi/3$, (*d*) $-1{,}2 + j\pi$, (*e*) $6\underline{/225°}$

4.7. Utiliser la règle à calculer pour convertir les différents nombres complexes ci-dessous, de la forme polaire à la forme rectangulaire.

(*a*) $12{,}3\underline{/30°}$	*Rép.* $10{,}63 + j6{,}15$	(*e*) $0{,}05\underline{/-20°}$	*Rép.* $0{,}047 - j\,0{,}0171$
(*b*) $53\underline{/160°}$	$-49{,}8 + j18{,}1$	(*f*) $0{,}003\underline{/80°}$	$0{,}00052 + j\,0{,}00295$
(*c*) $25\underline{/-45°}$	$17{,}7 - j17{,}7$	(*g*) $0{,}013\underline{/260°}$	$-0{,}00226 - j\,0{,}0128$
(*d*) $86\underline{/-115°}$	$-36{,}3 - j78$	(*h*) $0{,}156\underline{/-190°}$	$-0{,}1535 + j\,0{,}0271$

4.8. Convertir les différents nombres complexes ci-dessous de la forme rectangulaire à la forme polaire en se servant de la règle à calculer.

(*a*) $-12 + j16$	*Rép.* $20\underline{/126{,}8°}$	(*e*) $0{,}048 - j\,0{,}153$	*Rép.* $0{,}160\underline{/-72{,}55°}$
(*b*) $2 - j4$	$4{,}47\underline{/-63{,}4°}$	(*f*) $0{,}0171 + j\,0{,}047$	$0{,}05\underline{/70°}$
(*c*) $-59 - j25$	$64\underline{/203°}$	(*g*) $-69{,}4 - j40$	$80\underline{/210°}$
(*d*) $700 + j200$	$727\underline{/16°}$	(*h*) $-2 + j2$	$28{,}3\underline{/135°}$

4.9. En utilisant la règle à calculer, mettre les nombres complexes ci-dessous sous forme rectangulaire.

(*a*) $10\angle 3^\circ$	*Rép.* $10 + j\,0{,}523$	(*e*) $0{,}02\angle 94^\circ$	*Rép.* $-0{,}00139 + j\,0{,}02$
(*b*) $25\angle 88^\circ$	$0{,}871 + j25$	(*f*) $0{,}70\angle 266^\circ$	$-0{,}0488 - j\,0{,}70$
(*c*) $50\angle -93^\circ$	$-2{,}62 - j50$	(*g*) $0{,}80\angle -5^\circ$	$0{,}8 - j\,0{,}0696$
(*d*) $45\angle 179^\circ$	$-45 + j\,0{,}785$	(*h*) $200\angle 181^\circ$	$-200 - j3{,}49$

4.10. Transformer les expressions complexes ci-dessous en expressions complexes polaires en utilisant la règle à calculer.

(*a*) $540 + j40$	*Rép.* $540\angle 4{,}25^\circ$	(*e*) $0{,}8 - j\,0{,}0696$	*Rép.* $0{,}8\angle -5^\circ$
(*b*) $-10 - j250$	$250\angle -92{,}29^\circ$	(*f*) $10 + j\,.523$	$10\angle 3^\circ$
(*c*) $8 - j\,0{,}5$	$8\angle -3{,}58^\circ$	(*g*) $-200 - j3{,}49$	$200\angle 181^\circ$
(*d*) $25 + j717$	$717\angle 88^\circ$	(*h*) $0{,}02 - j\,0{,}001$	$0{,}02\angle -2{,}87^\circ$

4.11. Cet exercice est destiné à se familiariser avec la règle à calculer. On convertira les nombres complexes donnés sous forme polaire en nombres exprimés sous forme rectangulaire et inversement. Une fois ces opérations effectuées, on remettra les nombres qu'on vient de transformer sous leur forme originale.

(*a*) $40\angle 10^\circ$	(*e*) $5{,}0 + j\,0{,}3$	(*i*) $-0{,}05 - j\,0{,}80$	(*m*) $80\angle -98^\circ$	(*q*) $0{,}85\angle 1^\circ$
(*b*) $18 - j9$	(*f*) $0{,}50\angle 174^\circ$	(*j*) $150\angle -5^\circ$	(*n*) $-15 - j30$	(*r*) $3 + j4$
(*c*) $0{,}03 + j\,0{,}80$	(*g*) $180 + j55$	(*k*) $0{,}002\angle -178^\circ$	(*o*) $5\angle 233{,}1^\circ$	(*s*) $20\angle -143{,}1^\circ$
(*d*) $0{,}06\angle -100^\circ$	(*h*) $25\angle 88^\circ$	(*l*) $-1080 + j250$	(*p*) $-26 + j15$	(*t*) $-5 - j8{,}66$

4.12. Calculer les sommes et les différences données ci-dessous

(*a*) $(10\angle 53{,}1^\circ) + (4 + j2)$	*Rép.* $10 + j10$	(*e*) $(-5 + j5) - (7{,}07\angle 135^\circ)$	*Rép.* 0
(*b*) $(10\angle 90^\circ) + (8 - j2)$	$8 + j8$	(*f*) $(2 - j10) - (1 - j10)$	1
(*c*) $(-4 - j6) + (2 + j4)$	$-2 - j2$	(*g*) $(10 + j1) + 6 - (13{,}45\angle -42^\circ)$	$6 + j10$
(*d*) $(2{,}83\angle 45^\circ) - (2 - j8)$	$j10$	(*h*) $-(5\angle 53{,}1^\circ) - (1 - j6)$	$-4 + j2$

4.13. Calculer le produit des nombres complexes ci-dessous. On pourra également mettre ces nombres sous forme polaire, en faire le produit et comparer les résultats.

(*a*) $(3 - j2)(1 - j4)$	*Rép.* $-5 - j14$	(*e*) $(j2)(j5)$	*Rép.* -10
(*b*) $(2 + j0)(3 - j3)$	$6 - j6$	(*f*) $(-j1)(j6)$	6
(*c*) $(-1 - j1)(1 + j1)$	$-j2$	(*g*) $(2 + j2)(2 - j2)$	8
(*d*) $(j2)(4 - j3)$	$6 + j8$	(*h*) $(x + jy)(x - jy)$	$x^2 + y^2$

4.14. Calculer le quotient des nombres complexes donnés ci-dessous en multipliant le numérateur et le dénominateur par le nombre complexe conjugué du dénominateur. Convertir ces nombres en coordonnées polaires et calculer le quotient en partant de cette forme.

(*a*) $(5 + j5)/(1 - j1)$	*Rép.* $j5$	(*e*) $(3 + j3)/(2 + j2)$	*Rép.* 1,5
(*b*) $(4 - j8)/(2 + j2)$	$-1 - j3$	(*f*) $(-5 - j10)/(2 + j4)$	$-2{,}5$
(*c*) $(5 - j10)/(3 + j4)$	$-1 - j2$	(*g*) $10/(6 + j8)$	$0{,}6 - j\,0{,}8$
(*d*) $(8 + j12)/(j2)$	$6 - j4$	(*h*) $j5/(2 - j2)$	$-1{,}25 + j1{,}25$

4.15. Calculer les différents produits ci-dessous.

(*a*) $(2{,}5 + j10)(-0{,}85 + j4{,}3)$	*Rép.* $45\angle 177{,}1^\circ$	(*e*) $(2 + j6)(18\angle 21^\circ)$	*Rép.* $113{,}5\angle 92{,}5^\circ$
(*b*) $(3{,}8 - j1{,}5)(6 - j2{,}3)$	$26{,}2\angle -42{,}6^\circ$	(*f*) $1\angle 80^\circ\,(25\angle -45^\circ)(0{,}2\angle -15^\circ)$	$5\angle 20^\circ$
(*c*) $(72 - j72)(1{,}3 + j4{,}8)$	$506\angle 29{,}8^\circ$	(*g*) $(12 - j16)\,(0{,}23 + j\,0{,}75)$	$15{,}66\angle 19{,}7^\circ$
(*d*) $(3\angle 20^\circ)(2\angle -45^\circ)$	$6\angle -25^\circ$	(*h*) $(j1{,}63)(2{,}6 + j1)$	$4{,}53\angle 111{,}1^\circ$

4.16. Mettre chacun des rapports ci-dessous sous forme d'un nombre complexe simple.

(*a*) $(23{,}5 + j8{,}55)/(4{,}53 - j2{,}11)$	*Rép.* $5\angle 45^\circ$	(*e*) $(6{,}88\angle 12^\circ)/(2 + j1)$	*Rép.* $3{,}08\angle -14{,}6^\circ$
(*b*) $(21{,}2 - j21{,}2)/(3{,}54 - j3{,}54)$	$6\angle 0^\circ$	(*f*) $(5 + j5)/5\angle 80^\circ$	$1{,}414\angle -35^\circ$
(*c*) $(-7{,}07 + j7{,}07)/(4{,}92 + j\,{,}868)$	$2\angle 125^\circ$	(*g*) $1/(6 + j8)$	$0{,}1\angle -53{,}1^\circ$
(*d*) $(-j45)/(6{,}36 - j6{,}36)$	$5\angle -45^\circ$	(*h*) $(-10 + j20)/(2 - j1)$	$10\angle 143{,}2^\circ$

4.17. Pour chacun des cas ci-dessous, évaluer l'expression $z_1 z_2/(z_1 + z_2)$.

(*a*) $z_1 = 10 + j5,\ z_2 = 20\angle 30^\circ$	*Rép.* $7{,}18\angle 27{,}8^\circ$	(*c*) $z_1 = 6 - j2,\ z_2 = 1 + j8$	*Rép.* $5{,}52\angle 23{,}81^\circ$
(*b*) $z_1 = 5\angle 45^\circ,\ z_2 = 10\angle -70^\circ$	$5{,}5\angle 15{,}2^\circ$	(*d*) $z_1 = 20,\ z_2 = j40$	$17{,}9\angle 26{,}6^\circ$

Chapitre 5

Impédance complexe et expression complexe des tensions et des courants

INTRODUCTION

L'analyse des circuits en régime sinusoïdal est très importante; d'une part parce que les courants délivrés par les alternateurs sont pratiquement tous sinusoïdaux et d'autre part parce que toute tension périodique peut être représentée par la somme d'un terme constant, d'une série de termes en sinus et d'une série de termes en cosinus. Dans ce dernier cas, on a recours à *l'analyse des signaux par développement en série de Fourier;* cette analyse fait l'objet d'un chapitre ultérieur.

Dans le chapitre 3 nous avons étudié plusieurs circuits simples où les courants et les tensions étaient des fonctions sinusoïdales du temps. Nous avons cependant pu nous rendre compte que l'analyse de ces circuits bien que simple était fastidieuse. En utilisant une «*expression complexe*» pour les tensions et les courants et *l'impédance complexe* pour les éléments de circuit, cette analyse peut être simplifiée dans une très large mesure.

LA NOTION D'IMPEDANCE COMPLEXE

Considérons le circuit RL série de la Fig. 5-1 auquel on applique une tension $v(t) = V_m e^{j\omega t}$. En utilisant la formule d'Euler, nous constatons que cette tension peut s'écrire sous la forme $V_m \cos \omega t + jV_m \sin \omega t$ et comprend un terme en sinus et un terme en cosinus. Pour ce circuit, la loi de Kirchhoff nous donne l'équation différentielle

$$Ri(t) + L\frac{di(t)}{dt} = V_m e^{j\omega t}$$

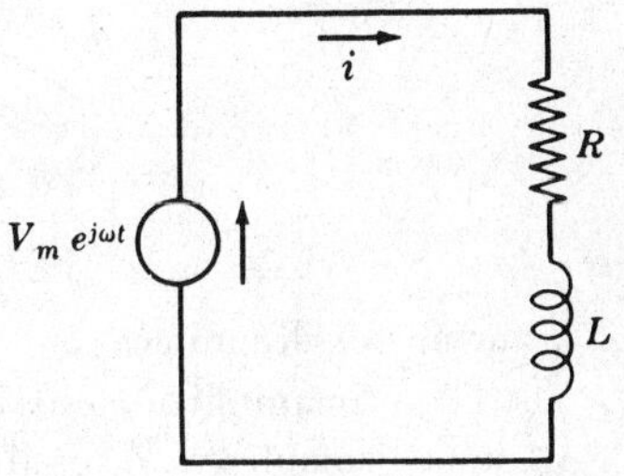

Fig. 5-1

Une solution particulière de cette équation différentielle est $i(t) = Ke^{j\omega t}$ Par substitution nous obtenons:

$$RKe^{j\omega t} + j\omega LKe^{j\omega t} = V_m e^{j\omega t}$$

d'où $K = \dfrac{V_m}{R + j\omega L}$ et $i(t) = \dfrac{V_m}{R + j\omega L} e^{j\omega t}$. Le rapport de la tension au courant nous montre que l'impédance est un nombre complexe qui a une partie réelle R et une partie imaginaire $L\omega$:

$$\mathbf{Z} = \frac{v(t)}{i(t)} = \frac{V_m e^{j\omega t}}{\dfrac{V_m}{R + j\omega L} e^{j\omega t}} = R + j\omega L$$

Considérons à présent un circuit RC série auquel on applique la même tension $V_m e^{j\omega t}$ comme le montre la Fig. 5-2. L'équation différentielle pour ce circuit est

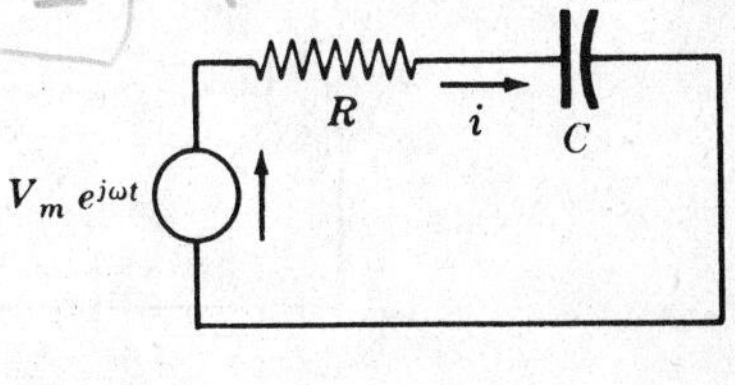

Fig. 5-2

$$Ri(t) + \frac{1}{C}\int i(t)\,dt = V_m e^{j\omega t} \qquad (1)$$

En posant $i(t) = Ke^{j\omega t}$ et en substituant dans la relation *(1)* nous obtenons:

$$RKe^{j\omega t} + \frac{1}{j\omega C} Ke^{j\omega t} = V_m e^{j\omega t}$$

d'où nous tirons $K = \dfrac{V_m}{R + 1/j\omega C} = \dfrac{V_m}{R - j(1/\omega C)}$ et $i(t) = \dfrac{V_m}{R - j(1/\omega C)}\, e^{j\omega t}$. En faisant le rapport de la tension au courant, nous obtenons l'impédance

$$\mathbf{Z} = \frac{V_m\, e^{j\omega t}}{\dfrac{V_m}{R - j(1/\omega C)}\, e^{j\omega t}} = R - j(1/\omega C)$$

Cette impédance s'exprime également par un nombre complexe à partie réelle R et à partie imaginaire $-1/C\omega$.

Les résultats obtenus ci-dessus nous permettent de définir les éléments de circuit par leur impédance complexe **Z**. Ces impédances complexes peuvent directement figurer sur le diagramme du circuit, comme le montre la Fig. 5-3.

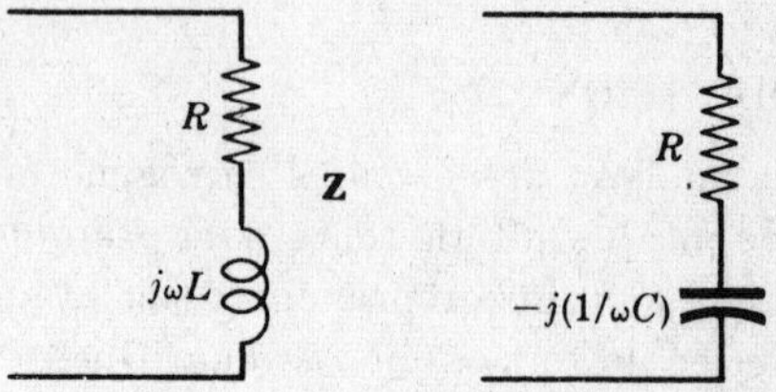

Fig. 5-3

Etant donné que l'impédance est un nombre complexe, elle peut être représentée dans le plan complexe. Comme la résistance ne peut jamais être négative (sauf dans des cas particuliers qui dépassent le cadre de ce livre), le premier et le quatrième quadrant du plan complexe suffisent à cette représentation appelée *diagramme d'impédance* (voir Fig. 5-4 ci-dessous).

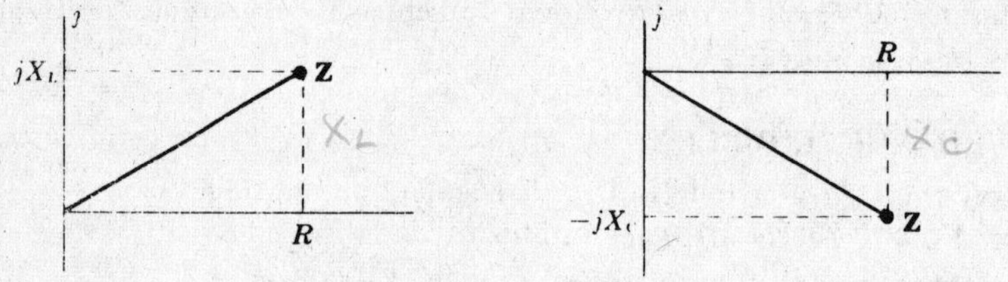

Fig. 5-4. Diagrammes d'impédance

Sur un tel diagramme une résistance R se représente sur l'axe réel positif, une réactance inductive X_L sur l'axe imaginaire positif et une réactance capacitive X_C sur l'axe imaginaire négatif. En général l'impédance complexe **Z** résultante se trouve dans le premier ou le quatrième quadrant, selon la valeur des éléments qui constituent le circuit. Dans l'expression polaire, l'argument de **Z** est compris entre $+\pi/2$ et $-\pi/2$.

Exemple 1. Un circuit RL série constitué par une résistance R de 5 Ω et une inductance L de 2 mH est alimenté par une tension $v = 150 \sin 5000t$ (voir Fig. 5-5 ci-dessous). Déterminer l'impédance complexe **Z** du circuit.

La réactance de l'inductance est $X_L = \omega L = 5000(2 \times 10^{-3}) = 10\ \Omega$; d'où $\mathbf{Z} = (5 + j10)\,\Omega$, ou encore sous forme polaire $\mathbf{Z} = 11{,}16\underline{/63{,}4^\circ}\ \Omega$.

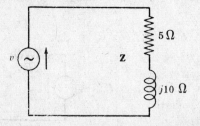

Fig. 5-5

Exemple 2. Un circuit RC série comporte les éléments $R = 20\ \Omega$ et $C = 5\ \mu F$; on lui applique une tension $v = 150 \cos 10\,000\, t$ (voir Fig. 5-6 ci-après). Calculer la valeur de l'impédance complexe **Z** de ce circuit.

La réactance de la capacité est donnée par $X_C = \dfrac{1}{\omega C} = \dfrac{1}{10\,000(5 \times 10^{-6})} = 20\ \Omega$; on en tire $\mathbf{Z} = (20 - j20)\,\Omega$, ou encore sous forme polaire $\mathbf{Z} = 28{,}3\ \underline{/-45^\circ}\ \Omega$.

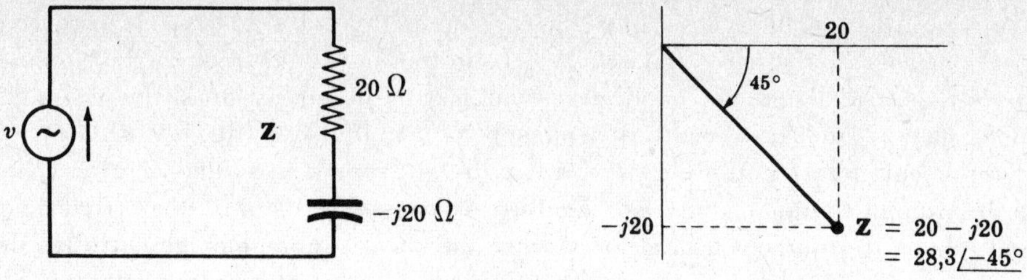

Fig. 5-6

Dans tous les circuits comportant des éléments autres que des résistances, l'impédance est une fonction de ω vu que X_L et X_C dépendent de ω. De ce fait une impédance complexe n'est valable qu'à la fréquence pour laquelle elle a été calculée.

L'EXPRESSION COMPLEXE DES TENSIONS ET DES COURANTS

Considérons la fonction $f(t) = r\,e^{j\omega t}$, qui est une expression complexe dépendant du temps t. Le module de la fonction est r. Des représentations de cette fonction faites par exemple aux instants $t = 0$, $\pi/4\omega$ et $\pi/2\omega$ mettent en évidence sa nature (voir Fig. 5-7).

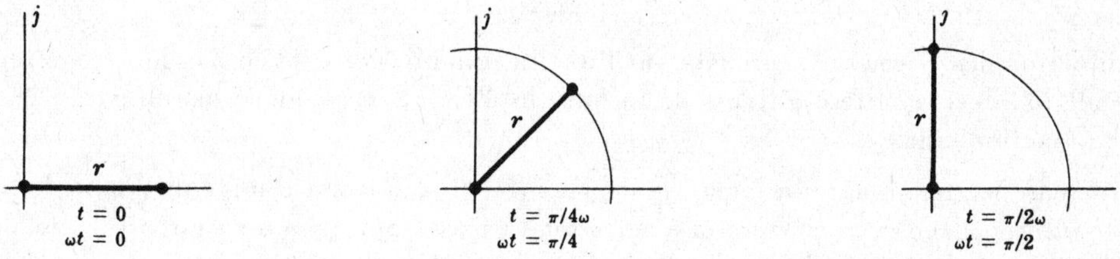

Fig. 5-7. La fonction $r\,e^{j\omega t}$

Pour une valeur de ω constante, le segment rectiligne de longueur r tourne à vitesse constante dans le sens trigonométrique. Les projections du segment tournant sur l'axe réel et l'axe imaginaire, correspondent aux termes en sinus et en cosinus donnés par la formule d'Euler:

$$r\,e^{j\omega t} = r\cos\omega t + j\,r\sin\omega t.$$

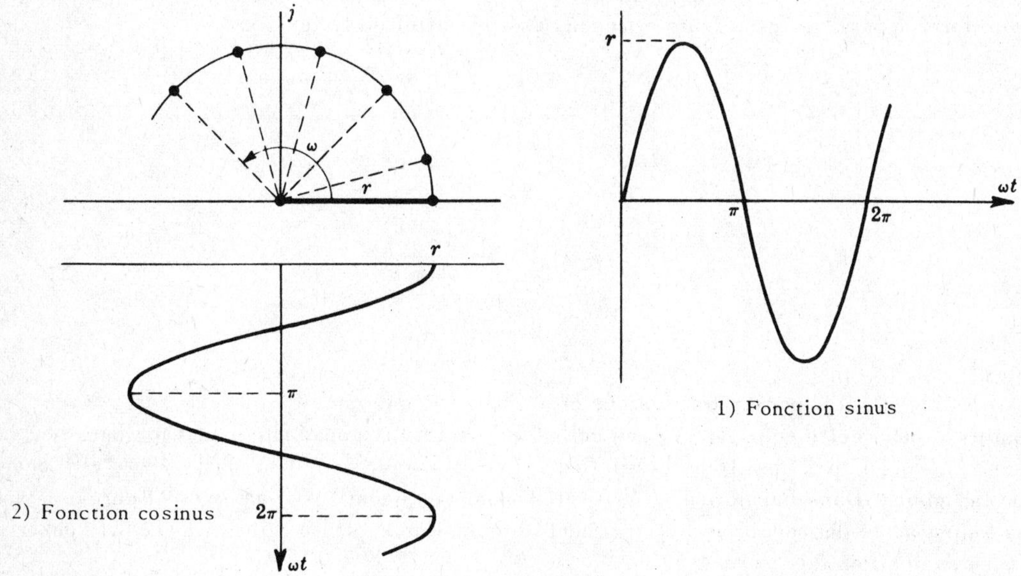

Fig. 5-8

Au cours du chapitre 3, nous avons montré qu'un courant $i = I_m \sin(\omega t - \theta)$ circule dans un circuit RL série alimenté par une tension $v = V_m \sin \omega t$; ce courant est en retard sur la tension d'un angle $\theta = \text{tg}^{-1}(\omega L/R)$. Ce déphasage est fonction des paramètres du circuit ainsi que de la fréquence de la tension appliquée, mais ne peut en aucun cas dépasser $\pi/2$ radian. La Fig. 5-9(b) montre le courant i et la tension v représentés en fonction de ωt. La Fig. 5-9(a) représente dans le plan complexe deux segments de droite orientés et tournant à vitesse angulaire ω constante dans le sens trigonométrique. Comme les deux segments de droite tournent à la même vitesse angulaire, le déphasage entre les deux reste constant. On peut également constater sur cette représentation que le courant est en retard de phase d'un angle θ sur la tension.

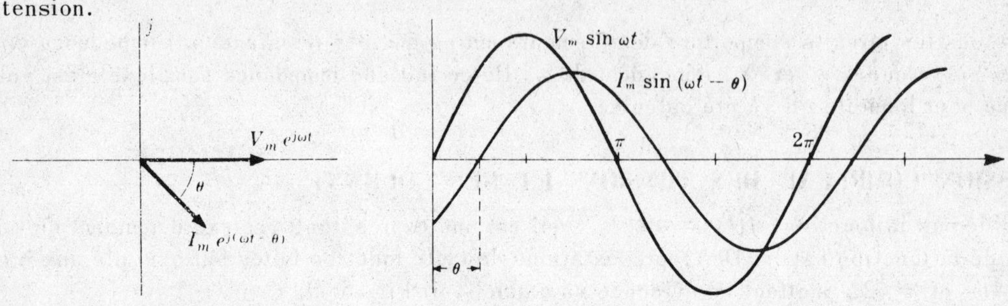

(a) (b)

Fig. 5-9

La projection des segments tournants sur l'axe imaginaire correspond aux fonctions représentées sur la Fig. 5-9(b) : ceci résulte d'ailleurs de la formule d'Euler étant donné que la partie imaginaire de $e^{j\omega t}$ est une fonction sinus.

Considérons une tension de la forme $v = V_m e^{j(\omega t + \alpha)}$, où α est l'angle de phase de la tension à l'instant $t = 0$. Supposons par ailleurs que cette tension est appliquée à un circuit d'impédance $\mathbf{Z} = ze^{j\theta}$, $(-\pi/2 \leq \theta \leq \pi/2)$. Le courant est donné par $(V_m e^{j(\omega t + \alpha)})/(ze^{j\theta}) = (V_m/z)\, e^{j(\omega t + \alpha - \theta)}$ $= I_m e^{j(\omega t + \alpha - \theta)}$ c'est-à-dire :

$$I_m e^{j(\omega t + \alpha - \theta)} = \frac{V_m e^{j(\omega t + \alpha)}}{ze^{j\theta}} \tag{1}$$

L'égalité *(1)* ci-dessus correspond bien à une égalité du *domaine du temps,* étant donné que le temps y apparaît explicitement. A présent, nous effectuons deux transformations pour mettre en évidence les *expressions complexes* des tensions et des courants. Dans un premier stade les deux membres de l'égalité sont multipliés par $e^{-j\omega t}$, de façon à éliminer le temps. Ensuite les deux membres sont multipliés par $1/\sqrt{2}$ pour faire apparaître les valeurs efficaces du courant et de la tension.

$$\frac{e^{-j\omega t}}{\sqrt{2}}(I_m e^{j(\omega t + \alpha - \theta)}) = \frac{e^{-j\omega t}}{\sqrt{2}}\left(\frac{V_m e^{j(\omega t + \alpha)}}{ze^{j\theta}}\right)$$

$$\frac{I_m}{\sqrt{2}} e^{j(\alpha - \theta)} = \frac{V_m}{\sqrt{2}} \cdot \frac{e^{j\alpha}}{ze^{j\theta}} \tag{2}$$

$$I\underline{/\alpha - \theta} = \frac{V\underline{/\alpha}}{z\underline{/\theta}} \tag{3}$$

$$\mathbf{I} = \frac{\mathbf{V}}{\mathbf{Z}} \tag{4}$$

L'équation *(2)* est une équation transformée et n'a de sens que dans le *domaine des fréquences:* le temps n'apparaît ni dans cette équation ni dans celles qui suivent. Cependant, il faut toujours se rappeler que l'équation *(1)* dépend du temps. Dans la relation *(3)*, I et V correspondent aux valeurs efficaces du courant et de la tension. Dans la relation *(4)* **I**, **V** et **Z** sont des quantités complexes et par conséquent il faut toujours tenir compte du module et de l'argument de ces grandeurs. La relation *(4)* est l'équivalent de la *loi d'Ohm en notation complexe.*

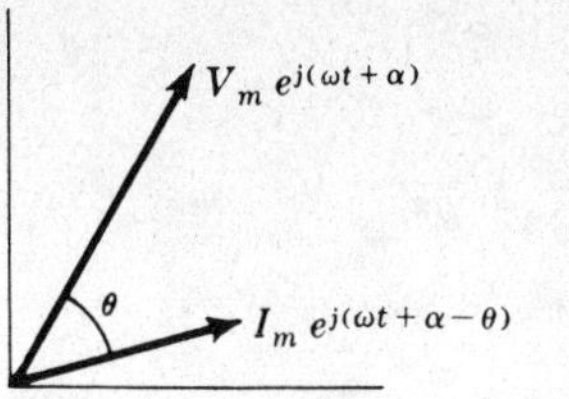

(a) Domaine du temps

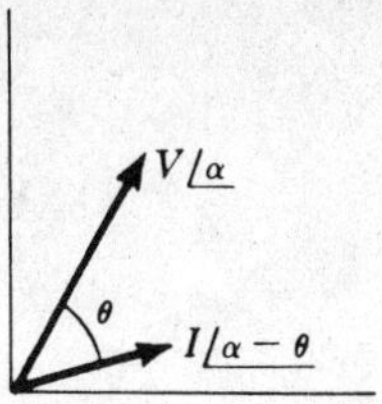

(b) Domaine des fréquences

Fig. 5-10

La Fig. 5-10(a) représente dans le plan complexe les fonctions donnant la tension et le courant sous forme exponentielle: ceci est une représentation dans le *domaine du temps* étant donné que t y apparaît explicitement. La Fig. 5-10(b) montre les *«vecteurs tournants»** représentant le courant et la tension: sur ce diagramme les longueurs des segments orientés sont égales à $1/\sqrt{2}$ fois celles de la Fig. 5-10(a) et le temps n'apparaît plus explicitement. L'angle θ et le module du courant sont fonction de la fréquence et de ce fait la Fig. 5-10(b) correspond à une représentation dans le *domaine des fréquences.*

* Note du traducteur: Le terme anglais «phasor» n'a pas d'équivalent dans la langue française. L'auteur suppose implicitement qu'un nombre complexe peut être représenté par un vecteur (d'où les segments de droite orientés). Par ailleurs, en présentant ce nombre sous forme d'une fonction $re^{j\omega t}$, il fait apparaître un déplacement de l'affixe de ce nombre sur un cercle de rayon r, dans le sens trigonométrique. En combinant, par conséquent la représentation vectorielle d'un nombre complexe et le déplacement de l'affixe de ce nombre sur un cercle on obtient un «vecteur tournant» ou «phasor». Par la suite nous n'utiliserons que le terme «vecteur» pour désigner un «phasor»

Problèmes résolus

5.1. Représenter sur un graphique la variation de X_L et X_C en fonction de ω pour $400 < \omega < 4000$ rd/s. $L = 40$ mH et $C = 25\ \mu$F.

En substituant les différentes valeurs de ω, dans les relations $X_L = L\omega$ et $X_C = 1/C\omega$, nous obtenons les valeurs de X_L et X_C figurant dans le tableau de la Fig. 5-11(a). La Fig. 5-11(b) représente les graphes correspondants.

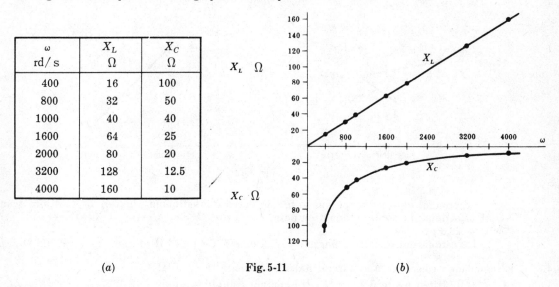

ω rd/s	X_L Ω	X_C Ω
400	16	100
800	32	50
1000	40	40
1600	64	25
2000	80	20
3200	128	12.5
4000	160	10

(*a*)

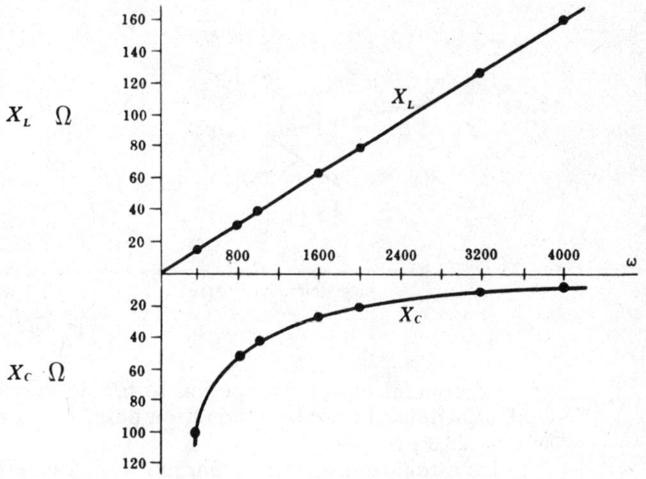

Fig. 5-11 (*b*)

Tout circuit comportant une inductance L ou une capacité C a une impédance qui est fonction de la fréquence. Par conséquent un diagramme d'impédance construit pour une fréquence donnée n'a de sens que pour cette fréquence.

5.2. Construire le diagramme vectoriel et le diagramme d'impédance pour un circuit tel que $i = 3\sin(5000\,t - 15^\circ)$ lorsqu'on lui applique une tension $v = 150\sin(5000\,t + 45^\circ)$. Déterminer les constantes du circuit.

Les modules des vecteurs représentant la tension et le courant sont égaux à $1/\sqrt{2}$ fois leurs valeurs maximales. On a alors

$$\mathbf{V} = \frac{150}{\sqrt{2}}\underline{/45^\circ} = 106\underline{/45^\circ}, \qquad \mathbf{I} = \frac{3}{\sqrt{2}}\underline{/-15^\circ} = 2{,}12\underline{/-15^\circ}$$

et

$$\mathbf{Z} = \frac{\mathbf{V}}{\mathbf{I}} = \frac{106\underline{/45^\circ}}{2{,}12\underline{/-15^\circ}} = 50\underline{/60^\circ} = 25 + j43{,}3$$

Diagramme vectoriel — Diagramme d'impédance

Fig. 5-12

Le courant est déphasé en arrière de 60°, indiquant qu'il s'agit d'un circuit RL série. La dernière équation ci-dessus permet alors d'écrire $\omega L = 43{,}3\ \Omega$ et $L = 43{,}3/5000 = 8{,}66$ mH. Nous en déduisons que le circuit comporte une résistance R de 25 Ω et une inductance L de 8,66 mH.

5.3. Lorsqu'on alimente un circuit par une tension $v = 311 \sin(2500t + 170^\circ)$, il y circule un courant $i = 15{,}5 \sin(2500t - 145^\circ)$. Construire le diagramme vectoriel et le diagramme d'impédance pour ce circuit et en déterminer les constantes.

On peut écrire $\mathbf{V} = \dfrac{311}{\sqrt{2}}\underline{/170^\circ} = 220\underline{/170^\circ}$, $\quad \mathbf{I} = \dfrac{15{,}5}{\sqrt{2}}\underline{/-145^\circ} = 11\underline{/-145^\circ}$

et

$$\mathbf{Z} = \frac{\mathbf{V}}{\mathbf{I}} = \frac{220\underline{/170^\circ}}{11\underline{/-145^\circ}} = 20\underline{/-45^\circ} = 14{,}14 - j14{,}14$$

Diagramme vectoriel — Diagramme d'impédance

Fig. 5-13

Le courant est en avance sur la tension de 45°, indiquant ainsi qu'on a affaire à un circuit RC. Par ailleurs la dernière équation permet d'écrire $X_C = 1/\omega C = 14{,}14\ \Omega$ et $C = 1/(14{,}14 \times 2500) = 28{,}3\ \mu$F.

Le circuit est constitué par une résistance R de 14,14 Ω et une capacité C de 28,3 μF.

5.4. L'impédance complexe d'un circuit à deux éléments $R = 20\ \Omega$ et $L = 0{,}02$ H est égale à $40\underline{/\theta}\ \Omega$. Déterminer l'angle θ ainsi que la fréquence f en hertz.

L'impédance du circuit est $= 20 + jX_L = 40\underline{/\theta}$.

De la Fig. 5-14, nous déduisons $\underline{/\theta} = \cos^{-1} 20/40 = 60^\circ$;

d'où $X_L = 40 \sin 60^\circ = 34{,}6\ \Omega$

Fig. 5-14

Nous avons également $X_L = \omega L = 2\pi f L$, d'où nous tirons $f = \dfrac{X_L}{2\pi L} = \dfrac{34{,}6}{2\pi(0{,}02)} = 275$ Hz.

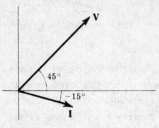

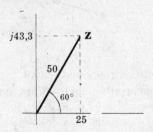

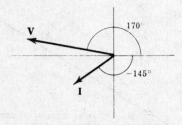

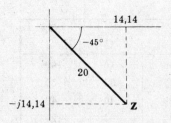

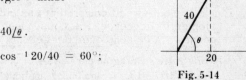

5.5. Dans un circuit série comportant une résistance $R = 10\ \Omega$ et une capacité $C = 50\ \mu F$, le courant est en avance sur la tension appliquée d'un angle de 30°. Pour quelle fréquence le courant sera-t-il en avance sur la tension de 70° ?

De la Fig. 5-15, nous tirons $\text{tg}\,-30° = -X_{C_1}/10 = -0{,}576$ ou $X_{C_1} = 5{,}76\ \Omega$. Par ailleurs comme $X_{C_1} = 1/2\pi f_1 C$, on a

$$f_1 = \frac{1}{2\pi C X_{C_1}} = \frac{1}{2\pi(50\times10^{-6}\ \text{F})(5{,}76\ \Omega)} = 553\ \text{Hz}$$

Pour la fréquence f_2, le courant est en avance sur la tension de 70°.
Comme $\text{tg}\,-70° = -X_{C_2}/10 = -2{,}74$, on a $X_{C_2} = 27{,}4\ \Omega$. Sachant que $f_2/f_1 = X_{C_1}/X_{C_2}$, $f_2/553 = 5{,}76/27{,}4$, on en déduit $f_2 = 116$ Hz.

Comme X_C est inversement proportionnelle à ω, le déphasage entre i et v dans le circuit RC série est d'autant plus grand que la fréquence est plus faible.

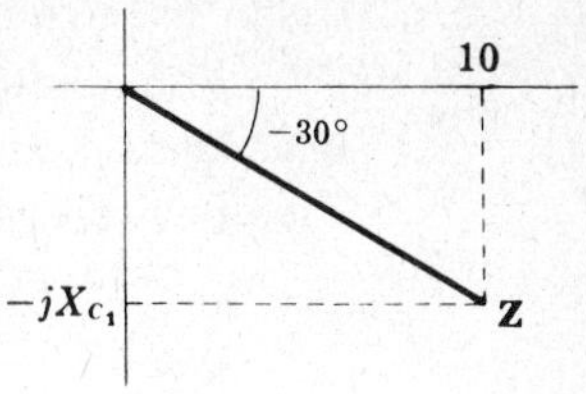

Fig. 5-15

5.6. Soit un circuit série comportant une résistance $R = 25\ \Omega$ et un élément pur inconnu. Déterminer la nature et la valeur de cet élément qui, pour une fréquence de 500 Hz, entraîne un déphasage entre i et v de *(a)* 20° (en avant) *(b)* 20° (en arrière).

Un déphasage arrière de 20° est obtenu avec une inductance de réactance X_L en série avec la résistance R. La réactance X_C d'une capacité entraînera un déphasage avant de 20° si $X_C = X_L$.

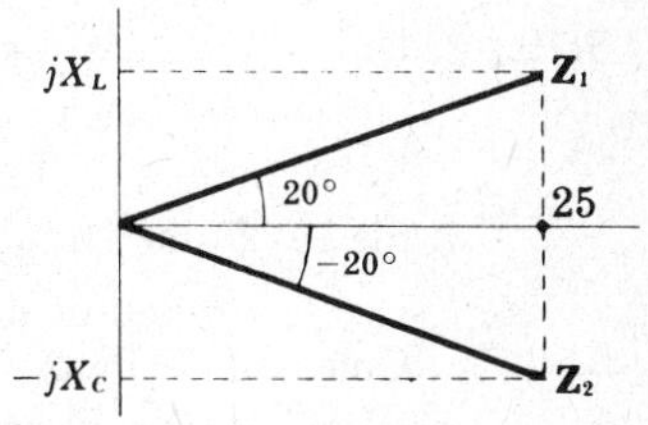

Fig. 5-16

Dans le cas du déphasage arrière nous avons $\text{tg}\,20° = X_L/25$, d'où $X_L = 9{,}1\ \Omega$. Nous en déduisons : $L = X_L/2\pi f = 9{,}1/2\pi(500) = 2{,}9$ mH.

Dans le cas du déphasage avant la valeur de la capacité est $C = 1/2\pi f X_C = 1/2\pi(500)(9{,}1) = 35\ \mu$F.

5.7. Un circuit série RL avec $R = 25\ \Omega$ et $L = 0{,}01$ H est utilisé à des fréquences de 100, 500 et 1000 Hz. Déterminer l'impédance complexe **Z** pour chacune de ces fréquences.

Pour $f = 100$ Hz, $X_L = 2\pi f L = 2\pi(100)(0{,}01) = 6{,}28\ \Omega$. De même pour $f = 500$ Hz, on a $X_L = 31{,}4\ \Omega$ et pour $f = 1000$ Hz, on a $X_L = 62{,}8\ \Omega$. Les valeurs correspondantes de **Z** sont représentées sur les diagrammes ci-dessous.

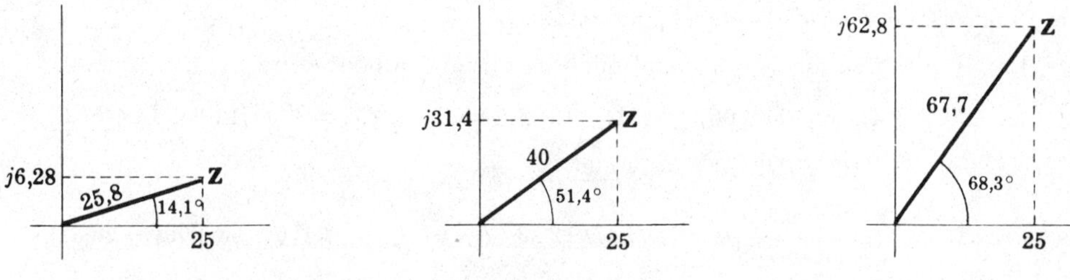

$f = 100$ | $f = 500$ | $f = 1000$

$\mathbf{Z} = 25 + j6{,}28 = 25{,}8\underline{/14{,}1°}\ \Omega$ $\mathbf{Z} = 25 + j31{,}4 = 40\underline{/51{,}4°}\ \Omega$ $\mathbf{Z} = 25 + j62{,}8 = 67{,}7\underline{/68{,}3°}\ \Omega$

Fig. 5-17

5.8. Un circuit série avec $R = 10\ \Omega$ et $C = 40\ \mu F$ est alimenté par une tension $v = 500\cos(2500t - 20°)$. Calculer le courant i circulant dans le circuit.

On a $X_C = 1/\omega C = 1/2500(40\times10^{-6}) = 10\ \Omega$ et l'impédance complexe est $\mathbf{Z} = 10 - j10 = 10\sqrt{2}\underline{/-45°}\ \Omega$. La tension appliquée peut se mettre sous la forme $\mathbf{V} = (500/\sqrt{2})\underline{/-20°}$ V. On en déduit

$$\mathbf{I} = \frac{\mathbf{V}}{\mathbf{Z}} = \frac{(500/\sqrt{2})\underline{/-20°}}{(10\sqrt{2})\underline{/-45°}} = 25\underline{/25°}\ \text{A}$$

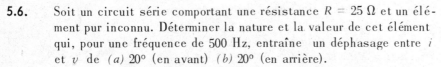

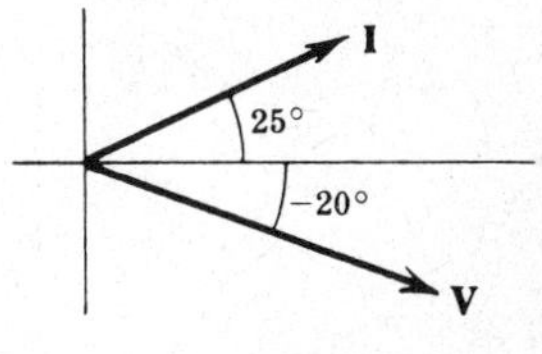

Fig. 5-18

et $i = 25\sqrt{2}\cos(2500t + 25°)$. Le diagramme vectoriel de la Fig. 5-18 montre que le courant **I** est en avance de phase sur **V** d'un angle de 45°, correspondant à l'argument de l'impédance complexe.

5.9. Une tension $v = 283 \sin(300t + 90°)$ est appliquée à un circuit série comportant une résistance $R = 8\ \Omega$ et une inductance $L = 0{,}02$ H. Calculer le courant i circulant dans le circuit.

La réactance du circuit est $X_L = \omega L = 300(0{,}02) = 6\ \Omega$, son impédance complexe $\mathbf{Z} = 8 + j6 = 10\angle 36{,}9°\ \Omega$. La tension appliquée peut s'écrire sous la forme

$$\mathbf{V} = (283/\sqrt{2})\angle 90° = 200\angle 90°\ \text{V}$$

On en tire $\mathbf{I} = \dfrac{200\angle 90°}{10\angle 36{,}9°} = 20\angle 53{,}1°$ A

et $i = 20\sqrt{2}\sin(300t + 53{,}1°)$

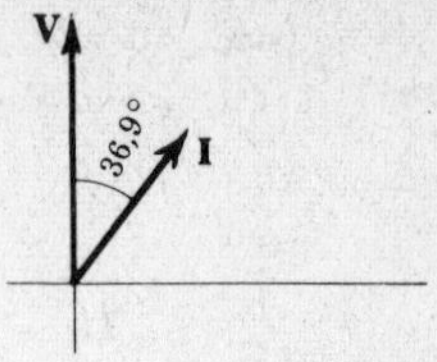

Fig. 5-19

5.10. Dans un circuit série avec les éléments $R = 5\ \Omega$ et $L = 0{,}03$ H, le courant est en retard sur la tension d'un angle de 80 °. Déterminer la fréquence de la source d'alimentation ainsi que l'impédance complexe $\mathbf{Z}$ du circuit.

On déduit de la Fig. 5-20, $X_L = 5\ \text{tg}\ 80° = 28{,}4\ \Omega$. Comme $X_L = 2\pi f L$, on a $f = X_L/2\pi L = 28{,}4/2\pi(0{,}03) = 151$ Hz. L'impédance complexe est $\mathbf{Z} = 5 + j28{,}4 = 28{,}8\angle 80°\ \Omega$.

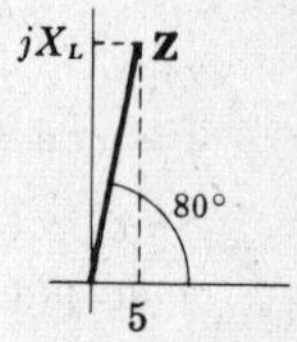

Fig. 5-20

5.11. Une capacité C de 25 μF est montée en série avec une résistance R, l'ensemble est alimenté par un réseau à 60 Hz. Le courant dans le circuit est en avance sur la tension d'un angle de 45°. Calculer la valeur de R.

On a $X_C = \dfrac{1}{2\pi f C} = \dfrac{1}{2\pi(60)(25\times 10^{-6})} = 106\ \Omega$.

Comme le déphasage est de 45°, on en déduit $R = X_C = 106\ \Omega$.

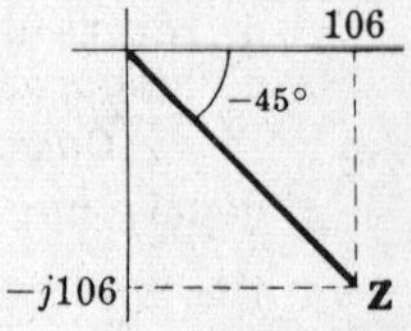

Fig. 5-21

5.12. Soit un circuit série comportant une résistance R de 8 Ω et une inductance L de 0,06 H. Dans un premier stade on lui applique une tension $v_1 = 70{,}7\sin(200\,t + 30°)$ et dans un second stade une tension $v_2 = 70{,}7\sin(300\,t + 30°)$. Calculer le courant i pour chacun des cas et construire les diagrammes vectoriels correspondants.

(*a*) Lorsque la tension v_1 est appliquée au circuit on peut écrire

$$X_L = \omega L = 200(0{,}06) = 12\Omega \quad\text{et}\quad \mathbf{Z}_1 = R + jX_L = 8 + j12 = 14{,}4\angle 56{,}3°\ \Omega$$

Comme $\mathbf{V}_1 = (70{,}7/\sqrt{2})\angle 30° = 50\angle 30°$ V,

on a $\mathbf{I}_1 = \dfrac{\mathbf{V}_1}{\mathbf{Z}_1} = \dfrac{50\angle 30°}{14{,}4\angle 56{,}3°} = 3{,}47\angle -26{,}3°$ A et $i_1 = 3{,}47\sqrt{2}(\sin 200t - 26{,}3°)$.

(*b*) Lorsque le circuit est alimenté par la tension v_2, on a

$$X_L = \omega L = 300(0{,}06) = 18\ \Omega \quad\text{et}\quad \mathbf{Z}_2 = 8 + j18 = 19{,}7\angle 66°\ \Omega$$

$$\mathbf{V}_2 = 50\angle 30°\ \text{V}$$

On en déduit $\mathbf{I}_2 = \dfrac{\mathbf{V}_2}{\mathbf{Z}_2} = \dfrac{50\angle 30°}{19{,}7\angle 66°} = 2{,}54\angle -36°$ A et $i_2 = 2{,}54\sqrt{2}\sin(300t - 36°)$.

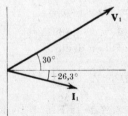

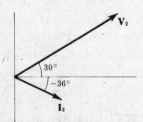

Diagramme vectoriel pour $\omega = 200$ **Fig. 5-22** Diagramme vectoriel pour $\omega = 300$

5.13. En utilisant les propriétés des nombres complexes trouver la somme des courants $i_1 = 14{,}14 \sin(\omega t + 13{,}2°)$ et $i_2 = 8{,}95 \sin(\omega t + 121{,}6°)$.
Se référer à la Fig. 5-23 ci-dessous.

On peut écrire

$$\mathbf{I}_1 = (14{,}14/\sqrt{2})\underline{/13{,}2°} = 10\underline{/13{,}2°} = 9{,}73 + j2{,}28 \text{ A}$$

$$\mathbf{I}_2 = (8{,}95/\sqrt{2})\underline{/121{,}6°} = 6{,}33\underline{/121{,}6°} = -3{,}32 + j5{,}39 \text{ A}$$

$$\mathbf{I}_1 + \mathbf{I}_2 = 6{,}41 + j7{,}67 = 10\underline{/50°} \text{ A}$$

d'où l'on tire $i_1 + i_2 = 10\sqrt{2} \sin(\omega t + 50°)$.

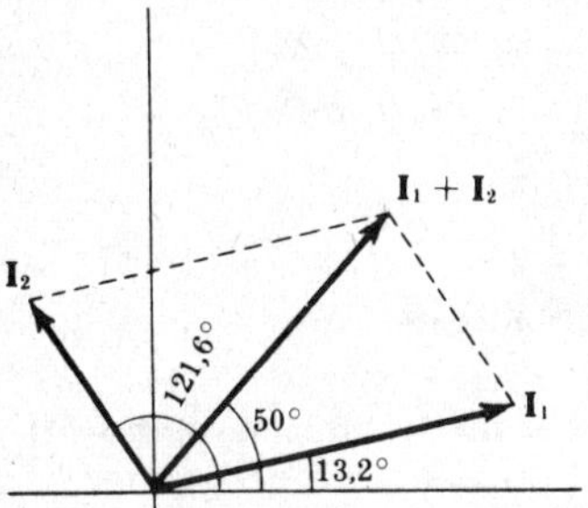

Fig. 5-23

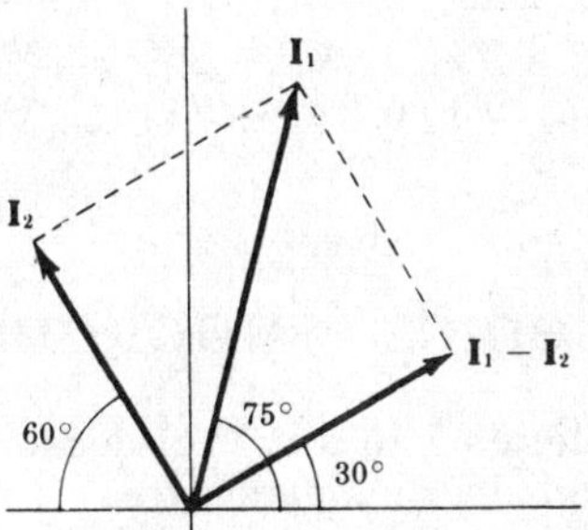

Fig. 5-24

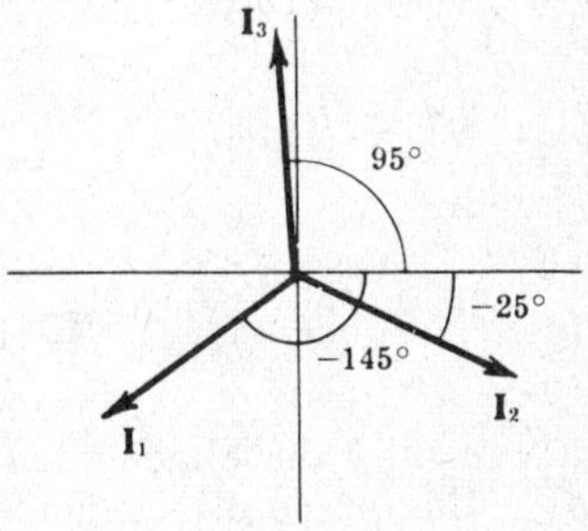

Fig. 5-25

5.14. Déterminer la différence $i_1 - i_2$, où $i_1 = 50 \cos(\omega t + 75°)$ et $i_2 = 35{,}4 \cos(\omega t + 120°)$.
Se référer à la Fig. 5-24 ci-dessus.

En utilisant les expressions complexes des courants, on obtient:

$$\mathbf{I}_1 = (50/\sqrt{2})\underline{/75°} = 35{,}4\underline{/75°} = 9{,}16 + j34{,}2 \text{ A}$$

$$\mathbf{I}_2 = (35{,}4/\sqrt{2})\underline{/120°} = 25\underline{/120°} = -12{,}5 + j21{,}7 \text{ A}$$

$$\mathbf{I}_1 - \mathbf{I}_2 = 21{,}7 + j12{,}5 = 25\underline{/30°} \text{ A}$$

On en déduit: $i_1 - i_2 = 25\sqrt{2} \cos(\omega t + 30°)$.

5.15. Trouver la somme des trois courants $i_1 = 32{,}6 \sin(\omega t - 145°)$, $i_2 = 32{,}6 \sin(\omega t - 25°)$ et $i_3 = 32{,}6 \sin(\omega t + 95°)$.

On peut écrire:

$$\mathbf{I}_1 = (32{,}6/\sqrt{2})\underline{/-145°} = 23\underline{/-145°} = -18{,}8 - j13{,}2 \text{ A}$$

$$\mathbf{I}_2 = (32{,}6/\sqrt{2})\underline{/-25°} = 23\underline{/-25°} = 20{,}8 - j9{,}71 \text{ A}$$

$$\mathbf{I}_3 = (32{,}6/\sqrt{2})\underline{/95°} = 23\underline{/95°} = -2 + j23$$

$$\mathbf{I}_1 + \mathbf{I}_2 + \mathbf{I}_3 = j\,0{,}09 \text{ A}$$

En se limitant à la précision de la règle à calcul on constate que la somme est nulle. Le diagramme vectoriel de la Fig. 5-25 montre que les trois courants sont déphasés de 120° l'un par rapport à l'autre. Tenant compte de ce fait, et sachant que l'amplitude des trois courants est identique, on voit que leur somme doit être nulle.

5.16. Déterminer la somme des deux tensions $v_1 = 126{,}5 \sin(\omega t + 63{,}4°)$ et $v_2 = 44{,}7 \cos(\omega t - 161{,}5°)$. Mettre cette somme sous la forme *(a)* $v = A \sin(\omega t + \theta)$ et *(b)* $v = A \cos(\omega t + \theta)$.

En exprimant la tension v_2 en fonction du sinus, nous obtenons:

$$v_2 = 44{,}7 \sin(\omega t - 161{,}5° + 90°) = 44{,}7 \sin(\omega t - 71{,}5°).$$

Nous pouvons alors écrire:

$$\mathbf{V}_1 = (126{,}5/\sqrt{2})\underline{/63{,}4°} = 89{,}5\underline{/63{,}4°} = 40 + j80 \text{ V}$$

$$\mathbf{V}_2 = (44{,}7/\sqrt{2})\underline{/-71{,}5°} = 31{,}6\underline{/-71{,}5°} = 10 - j30 \text{ V}$$

$$\mathbf{V}_1 + \mathbf{V}_2 = 50 + j50 = 50\sqrt{2}\underline{/45°} \text{ V}$$ = 70.7 ∠45

d'où $v_1 + v_2 = 100 \sin(\omega t + 45°)$.

Par ailleurs, comme $\sin x = \cos(x - 90°)$, on a également $v_1 + v_2 = 100 \cos(\omega t - 45°)$.

cos x = sin(x + 90)

5.17. Exprimer chacune des tensions qui suivent en notation complexe et les représenter sur un diagramme vectoriel: $v_1 = 212 \sin(\omega t + 45°)$, $v_2 = 141{,}4 \sin(\omega t - 90°)$, $v_3 = 127{,}3 \cos(\omega t + 30°)$, $v_4 = 85 \cos(\omega t - 45°)$, $v_5 = 141{,}4 \sin(\omega t + 180°)$.

Avant de pouvoir représenter les différentes tensions sur un diagramme vectoriel, il faut que celles-ci soient fonctions soit du sinus seul soit du cosinus seul. Par conséquent, nous exprimerons les tensions v_3 et v_4 sous forme d'une fonction d'un sinus, c'est-à-dire: $v_3 = 127{,}3 \sin(\omega t + 120°)$, $v_4 = 85 \sin(\omega t + 45°)$.

On peut alors écrire les expressions complexes des tensions

$$\mathbf{V}_1 = (212/\sqrt{2})\underline{/45°} = 150\underline{/45°}\ \text{V} \qquad \mathbf{V}_3 = (127{,}3/\sqrt{2})\underline{/120°} = 90\underline{/120°}\ \text{V}$$

$$\mathbf{V}_4 = (85/\sqrt{2})\underline{/45°} = 60\underline{/45°}\ \text{V}$$

$$\mathbf{V}_2 = (141{,}4/\sqrt{2})\underline{/-90°} = 100\underline{/-90°}\ \text{V} \qquad \mathbf{V}_5 = (141{,}4/\sqrt{2})\underline{/180°} = 100\underline{/180°}\ \text{V}$$

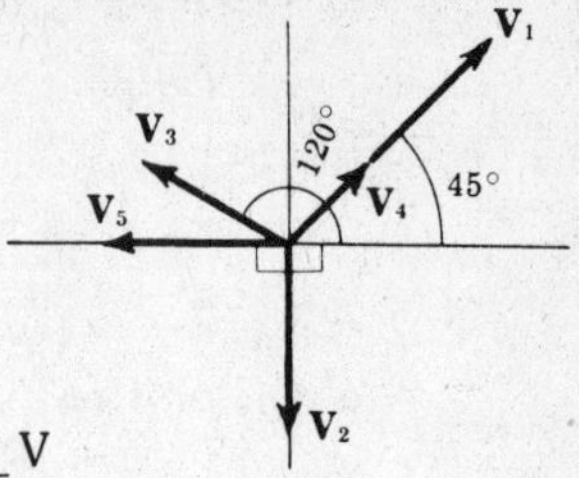

Fig. 5-26

Problèmes supplémentaires

Pour chacun des problèmes 5.18 à 5.22 ci-dessous tracer un diagramme vectoriel et un diagramme d'impédance; déterminer les paramètres du circuit sachant que ce dernier comporte deux éléments montés en série.

5.18. $v = 283 \cos(800t + 150°)$, $i = 11{,}3 \cos(800t + 140°)$. *Rép.* $R = 24{,}6\ \Omega$, $L = 5{,}43$ mH

5.19. $v = 50 \sin(2000t - 25°)$, $i = 8 \sin(2000t + 5°)$. *Rép.* $R = 5{,}41\ \Omega$, $C = 160\ \mu$F

5.20. $v = 10 \cos(5000t - 160°)$, $i = 1{,}333 \cos(5000t - 73{,}82°)$. *Rép.* $R = 0{,}5\ \Omega$, $C = 26{,}7\ \mu$F

5.21. $v = 80 \sin(1000t + 45°)$, $i = 8 \cos(1000t - 90°)$. *Rép.* $R = 7{,}07\ \Omega$, $L = 7{,}07$ mH

5.22. $v = 424 \cos(2000t + 30°)$, $i = 28{,}3 \cos(2000t + 83{,}2°)$. *Rép.* $R = 9\ \Omega$, $C = 41{,}6\ \mu$F

5.23. Un circuit série comporte une résistance R de 8 Ω et une capacité C de 30 μF. Déterminer la fréquence pour laquelle le courant sera en avance de phase de 30° sur la tension.
Rép. $f = 1155$ Hz.

5.24. Un circuit RL série est constitué par une inductance L de 21,2 mH et par une résistance R de valeur inconnue. Déterminer la valeur de cette résistance, sachant que pour une fréquence de 60 Hz le courant est en retard sur la tension de 53,1°. *Rép.* $R = 6\ \Omega$

5.25. Pour un circuit série à deux éléments, la tension appliquée est $\mathbf{V} = 240\underline{/0°}$ V et le courant résultant $\mathbf{I} = 50\underline{/-60°}$ A. Déterminer quel sera le courant pour une tension appliquée identique, si on réduit la résistance respectivement à *(a)* 60 % *(b)* 30 % de sa valeur initiale.
Rép. (*a*) $54{,}7\underline{/-70{,}85°}$ A (*b*) $57{,}1\underline{/-80{,}15°}$ A

5.26. Un courant $\mathbf{I} = 7{,}5\underline{/-90°}$ A circule dans un circuit série à deux éléments, lorsqu'on lui applique une tension $\mathbf{V} = 150\underline{/-120°}$ V. De quel pourcentage faudra-t-il changer la résistance pour que le module du courant soit de 12 A ? Quel sera l'argument de ce courant ?
Rép. Une diminution de la résistance de 56,8 %, $\underline{/-66{,}8°}$.

5.27. L'argument de l'impédance d'un circuit RC série comportant une résistance R de 10 Ω est de −45° pour une fréquence $f_1 = 500$ Hz. Déterminer la fréquence pour laquelle le module de l'impédance est égal à *(a)* deux fois le module à la fréquence f_1 *(b)* la moitié du module à la fréquence f_1
Rép. *(a)* 189 Hz, *(b)* ceci est impossible car la limite inférieure de $\mathbf{Z}$ est $(10 + j0)\ \Omega$.

5.28. Dans un circuit RL série avec $R = 10\ \Omega$, l'argument de l'impédance est égal à 30° pour une fréquence $f_1 = 100$ Hz. Pour quelle fréquence le module de l'impédance sera-t-il égal au double du module pour la fréquence f_1? *Rép.* 360 Hz.

5.29. Dans un circuit série à deux éléments dont une résistance R de 5 Ω, le courant est déphasé en arrière par rapport à la tension de 75° pour une fréquence de 60 HZ. *(a)* Déterminer la nature et la valeur du second élément. *(b)* Calculer le déphasage correspondant au troisième harmonique $f = 180$ Hz. *Rép.* *(a)* 0,0496 H *(b)* $\theta = 84{,}88°$.

5.30. Un circuit comporte une résistance R de 5 Ω et une capacité C de 50 μF montées en série. Le circuit est successivement alimenté par deux sources de tension différentes, $v_1 = 170 \cos(1000t + 20°)$ et $v_2 = 170 \cos(2000t + 20°)$. Dans chacun des cas déterminer le courant circulant dans le circuit. *Rép.* $i_1 = 8{,}25 \cos(1000t + 95{,}95°)$, $i_2 = 15{,}2 \cos(2000t + 83{,}4°)$

5.31. Un courant $\mathbf{I} = 4{,}74\underline{/-116{,}6°}$A circule dans un circuit à deux éléments montés en série, lorsqu'on lui applique une tension $\mathbf{V} = 150\underline{/-45°}$ V (ω = 2000 rd/s). En l'alimentant par une seconde source de tension, le déphasage entre la tension et le courant est de 30°. Déterminer la pulsation ω de la seconde source. *Rép.* 385 rd/s.

5.32. En se référant au problème 5.31., déterminer la variation de fréquence nécessaire pour que le module du courant soit de 6 A. En supposant une variation illimitée de la fréquence, quel serait le courant maximal possible dans le circuit ? *Rép.* Une réduction de f de 23,6 %, 15,0 A.

5.33. Calculer la somme des tensions $v_1 = 50 \sin(\omega t + 90°)$ et $v_2 = 50 \sin(\omega t + 30°)$ (voir Fig. 5-27 ci-dessous). Quelle serait la tension lue sur un voltmètre branché entre les extrémités des deux sources montées en série ? *Rép.* $86{,}6 \sin(\omega t + 60°)$, 61,2 V.

5.34. Calculer la somme des tensions $v_1 = 35 \sin(\omega t + 45°)$ et $v_2 = 100 \sin(\omega t - 30°)$ en prenant comme sens positif celui de la tension v_1. (voir Fig. 5-28 ci-dessous).
Rép. $97 \sin(\omega t + 129{,}6°)$

5.35. Refaire le problème 5.34. en inversant le sens de v_2. *Rép.* $114 \sin(\omega t - 12{,}75°)$

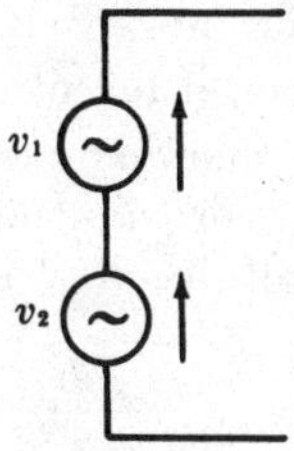

Fig. 5-27

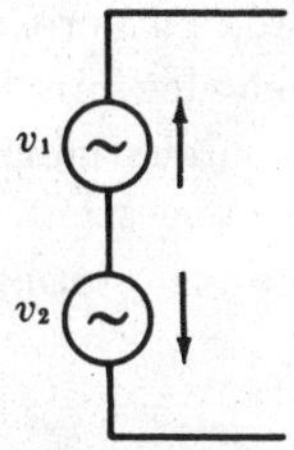

Fig. 5-28

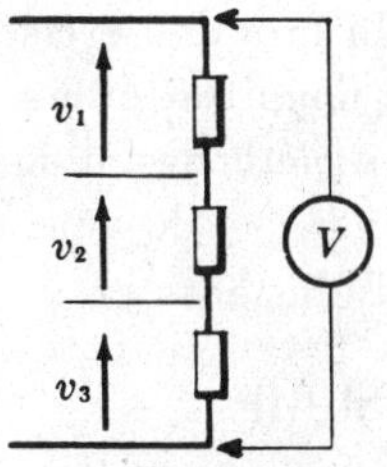

Fig. 5-29

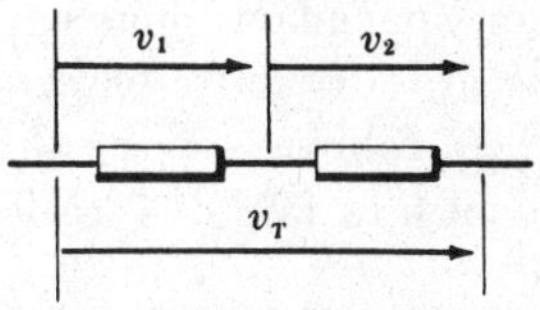

Fig. 5-30

5.36. Déterminer l'indication d'un voltmètre branché aux bornes de trois impédances comme le montre la Fig. 5-29 ci-dessus, sachant que les tensions aux bornes des impédances sont :
$v_1 = 70{,}7 \sin(\omega t + 30°)$, $v_2 = 28{,}3 \sin(\omega t + 120°)$, $v_3 = 14{,}14 \cos(\omega t + 30°)$. *Rép.* 58,3 V

5.37. Pour le circuit de la Fig. 5-30, déterminer v_1 sachant que $v_2 = 31{,}6 \cos(\omega t + 73{,}4°)$ et $v_T = 20 \cos(\omega t - 35°)$. *Rép.* $v_1 = 42{,}4 \cos(\omega t - 80°)$

5.38. En se reportant au problème 5.37., déterminer les indications d'un voltmètre branché respectivement entre les extrémités de chacune des impédances et entre les extrémités des deux impédances en série. Comment ces indications peuvent-elles s'expliquer ?
Rép. $V_1 = 30$, $V_2 = 22{,}4$, $V_T = 14{,}14$ V

5.39. Quel est le courant indiqué par l'ampèremètre de la Fig. 5-31, ci-dessous, sachant que les deux courants sont $i_1 = 14{,}14 \sin(\omega t - 20°)$ et $i_2 = 7{,}07 \sin(\omega t + 60°)$. *Rép.* 11,9 A

5.40. En se reportant à la Fig. 5-32 ci-dessous, déterminer i_T sachant que les trois courants sont :
$i_1 = 14{,}14 \sin(\omega t + 45°)$, $i_2 = 14{,}14 \sin(\omega t - 75°)$, $i_3 = 14{,}14 \sin(\omega t - 195°)$. *Rép.* $i_T = 0$

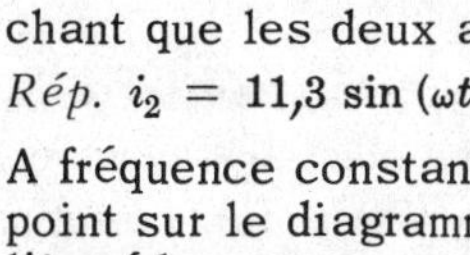

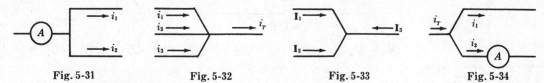

Fig. 5-31

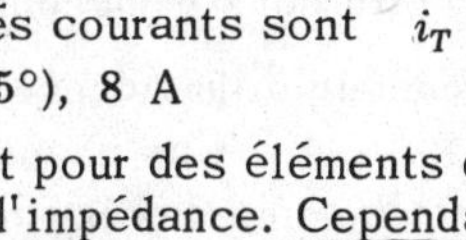

Fig. 5-32

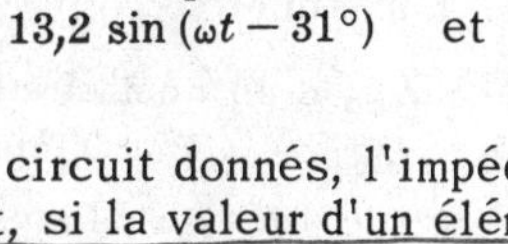

Fig. 5-33

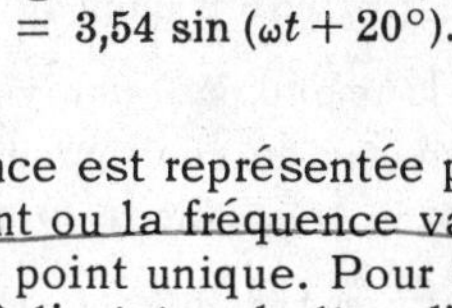

Fig. 5-34

5.41. En se référant au diagramme de la Fig. 5-33 ci-dessus, déterminer le courant $\mathbf{I}_3$ (avec le sens approprié) sachant que $\mathbf{I}_1 = 25\underline{/70°}$ A et $\mathbf{I}_2 = 25\underline{/-170°}$ A *Rép.* $\mathbf{I}_3 = 25\underline{/-50°}$ A

5.42. Déterminer le courant i_2 ainsi que l'indication de l'ampèremètre de la Fig. 5-34 ci-dessus, sachant que les deux autres courants sont $i_T = 13{,}2 \sin(\omega t - 31°)$ et $i_1 = 3{,}54 \sin(\omega t + 20°)$.
Rép. $i_2 = 11{,}3 \sin(\omega t - 45°)$, 8 A

5.43. A fréquence constante et pour des éléments de circuit donnés, l'impédance est représentée par un point sur le diagramme d'impédance. Cependant, si la valeur d'un élément ou la fréquence varie l'impédance sera représentée par un lieu d'impédance et non plus par un point unique. Pour chacune des figures ci-dessous, déterminer et discuter ce qui pourrait être à l'origine du lieu d'impédance.

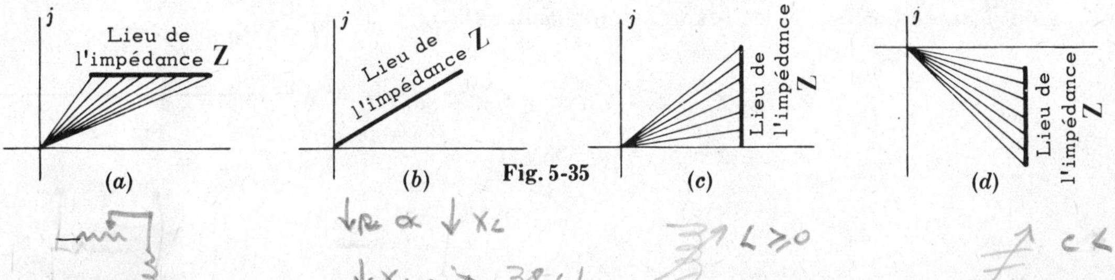

Fig. 5-35

Chapitre 6

L'association d'impédances en série et en parallèle

INTRODUCTION

En général un circuit contient à la fois des éléments montés en série et des éléments montés en parallèle. Cependant, dans ce chapitre nous traiterons séparément les circuits en série et les circuits en parallèle afin de mettre en évidence les méthodes d'analyse les mieux adaptées à chacun des cas. Néanmoins, les problèmes de ce chapitre ainsi que de ceux qui suivent, portent également sur des circuits comprenant à la fois des associations d'éléments en série et des associations en parallèle.

ASSOCIATION D'IMPEDANCES EN SERIE

La Fig. 6-1 ci-dessous comporte une source de tension et trois impédances. La source de tension supposée constante est un *générateur*. Le courant **I** (expression complexe) circulant dans les différentes impédances y développe des différences de potentiel, qui sont des *chutes de tension*. La loi de Kirchhoff relative à la tension (loi des mailles) s' exprime ainsi : *dans tout circuit fermé (maille) la somme des forces électromotrices produites par les générateurs et des différences de potentiel (chutes de tension) aux bornes des impédances est nulle.* Cette loi permet d'écrire la relation :

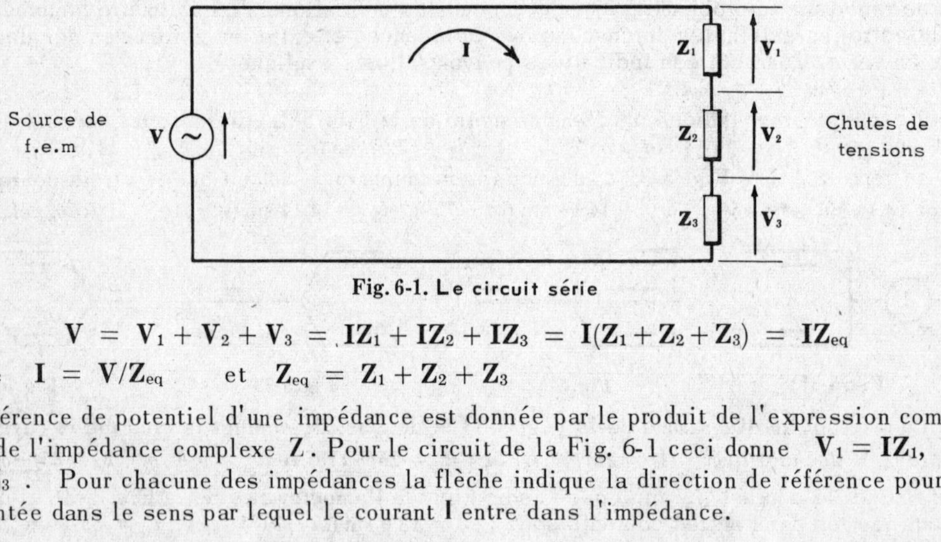

Fig. 6-1. Le circuit série

$$\mathbf{V} = \mathbf{V}_1 + \mathbf{V}_2 + \mathbf{V}_3 = \mathbf{IZ}_1 + \mathbf{IZ}_2 + \mathbf{IZ}_3 = \mathbf{I}(\mathbf{Z}_1 + \mathbf{Z}_2 + \mathbf{Z}_3) = \mathbf{IZ}_{eq}$$

d'où l'on tire $\mathbf{I} = \mathbf{V}/\mathbf{Z}_{eq}$ et $\mathbf{Z}_{eq} = \mathbf{Z}_1 + \mathbf{Z}_2 + \mathbf{Z}_3$

La différence de potentiel d'une impédance est donnée par le produit de l'expression complexe du courant **I** et de l'impédance complexe **Z**. Pour le circuit de la Fig. 6-1 ceci donne $\mathbf{V}_1 = \mathbf{IZ}_1$, $\mathbf{V}_2 = \mathbf{IZ}_2$ et $\mathbf{V}_3 = \mathbf{IZ}_3$. Pour chacune des impédances la flèche indique la direction de référence pour la tension; elle est orientée dans le sens par lequel le courant **I** entre dans l'impédance.

L'impédance équivalente $\mathbf{Z}_{eq}$ d'un nombre quelconque d'impédances connectées en série est égale à la somme de ces impédances; $\mathbf{Z}_{eq} = (\mathbf{Z}_1 + \mathbf{Z}_2 + \mathbf{Z}_3 + \cdots)$. Ces impédances sont des nombres complexes et leur somme ne peut s'effectuer qu'en mettant chacune des impédances sous forme rectangulaire.

Exemple 1. Pour le circuit série de la Fig. 6-2, déterminer **I** et $\mathbf{Z}_{éq}$. Montrer que la somme des chutes de tension est égale à la tension appliquée (expression complexe).

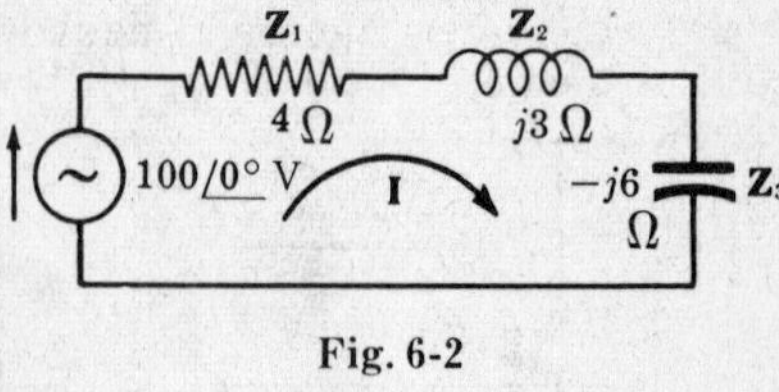

Fig. 6-2

On a :

$$\mathbf{Z}_{eq} = \mathbf{Z}_1 + \mathbf{Z}_2 + \mathbf{Z}_3 = 4 + j3 - j6$$

$$= 4 - j3 = 5\angle{-36{,}9^\circ}\ \Omega$$

et $$\mathbf{I} = \frac{\mathbf{V}}{\mathbf{Z}_{eq}} = \frac{100\angle 0^\circ}{5\angle -36{,}9^\circ} = 20\angle 36{,}9^\circ \text{ A}$$

On peut alors écrire $\mathbf{V}_1 = \mathbf{IZ}_1 = 20\angle 36{,}9^\circ\,(4) = 80\angle 36{,}9^\circ$ V, $\mathbf{V}_2 = 60\angle 126{,}9^\circ$ V, $\mathbf{V}_3 = 120\angle -53{,}1^\circ$ V

et vérifier que $\mathbf{V}_1 + \mathbf{V}_2 + \mathbf{V}_3 = (64 + j48) + (-36 + j48) + (72 - j96) = 100 + j0 \text{ V} = \mathbf{V}$

comme le montre le diagramme de la Fig. 6-3 (*c*).

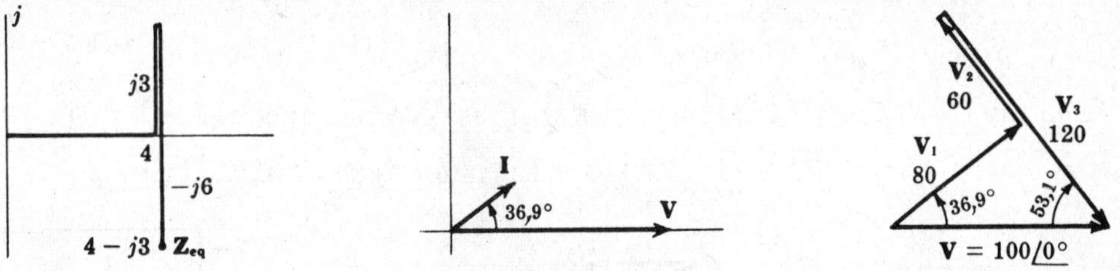

(*a*) Diagramme d'impédance (*b*) Diagramme vectoriel représentant V et I (*c*) Diagramme vectoriel représentant les différentes tensions.

Fig. 6-3

L'impédance équivalente est de nature capacitive, ce qui donne lieu à un courant I qui est *en avance* sur la tension d'un angle de 36,9° correspondant à l'argument de l'impédance (voir Fig. 6-3 (*b*) ci-dessus). On peut remarquer que la tension V_1 aux bornes de la résistance est en phase avec le courant. Par ailleurs le courant I est en retard de 90° sur V_2 et en avance de 90° sur V_3 .

Un voltmètre placé aux bornes de Z_1, Z_2 et Z_3 indiquerait respectivement 80, 60 et 120 V; la tension totale aux bornes des trois impédances semblerait ainsi être de 260 V: ceci n'est cependant pas le cas car une mesure de tension faite aux bornes des trois impédances indique 100 V. Il faut en effet se rappeler qu'une fois le régime sinusoïdal établi dans un circuit, *les tensions ainsi que les courants doivent s'additionner vectoriellement.*

ASSOCIATION D'IMPEDANCES EN PARALLELE

Sur la Fig. 6-4 (*a*) ci-dessous, une source unique de tension alimente trois impédances montées en parallèle. Le circuit a été modifié sur la Fig. 6-4 (*b*) pour mettre en évidence les deux jonctions communes (ou noeuds) des trois impédances et de la source. La loi de Kirchhoff relative au courant (loi des noeuds) qui peut être appliquée à l'un ou l'autre des noeuds se formule ainsi : *la somme des courants arrivant à un noeud est égale à la somme des courants qui en partent.*

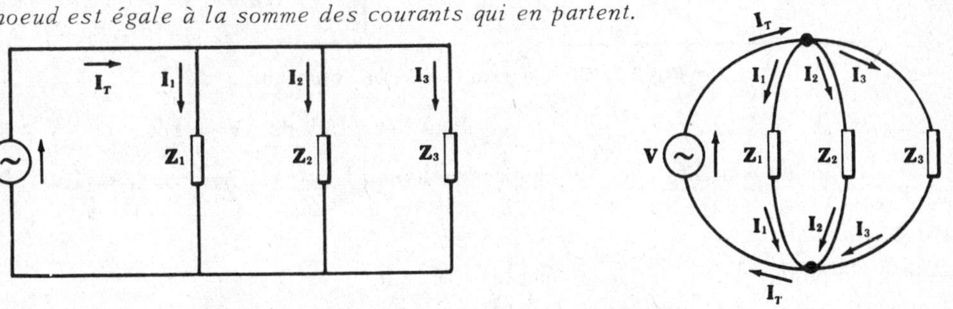

(*a*) **Fig. 6-4. Le circuit parallèle** (*b*)

La tension constante de la source est directement appliquée à chacune des impédances. Par conséquent, les courants dans les différentes branches sont indépendants et peuvent se calculer séparément.

On a alors : $\mathbf{I}_T = \mathbf{I}_1 + \mathbf{I}_2 + \mathbf{I}_3 = \mathbf{V}/\mathbf{Z}_1 + \mathbf{V}/\mathbf{Z}_2 + \mathbf{V}/\mathbf{Z}_3 = \mathbf{V}(1/\mathbf{Z}_1 + 1/\mathbf{Z}_2 + 1/\mathbf{Z}_3) = \mathbf{V}/\mathbf{Z}_{eq}$

On en déduit: $\mathbf{I}_T = \mathbf{V}/\mathbf{Z}_{eq}$ et $1/\mathbf{Z}_{eq} = (1/\mathbf{Z}_1 + 1/\mathbf{Z}_2 + 1/\mathbf{Z}_3)$

L'impédance équivalente d'un nombre quelconque d'impédances connectées en parallèle est ainsi donnée par : $1/\mathbf{Z}_{eq} = 1/\mathbf{Z}_1 + 1/\mathbf{Z}_2 + 1/\mathbf{Z}_3 + \cdots$

Exemple 2. Calculer le courant total circulant dans le circuit parallèle de la Fig. 6-5; en déterminer l'impédance équivalente et tracer le diagramme vectoriel représentant **V** et **I**. Nous pouvons écrire :

$$\mathbf{I}_T = \mathbf{I}_1 + \mathbf{I}_2 + \mathbf{I}_3$$
$$= \frac{50\angle 0^\circ}{10} + \frac{50\angle 0^\circ}{5\angle 53{,}1^\circ} + \frac{50\angle 0^\circ}{10\angle -36{,}9^\circ}$$
$$= 15 - j5 = 15{,}8\angle -18{,}45^\circ \text{ A}$$

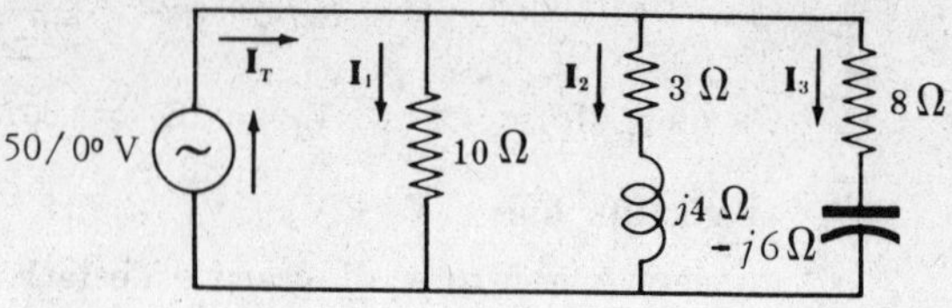

Fig. 6-5

On en tire $\mathbf{Z}_{eq} = \mathbf{V}/\mathbf{I}_T = (50\angle 0^\circ)/(15{,}8\angle -18{,}45^\circ) = 3{,}16\angle 18{,}45^\circ = 3 + j1\ \Omega$

et $\mathbf{I}_1 = 50\angle 0^\circ/10 = 5\angle 0^\circ \text{ A}$, $\mathbf{I}_2 = 10\angle -53{,}1^\circ \text{ A}$, $\mathbf{I}_3 = 5\angle 36{,}9^\circ \text{ A}$

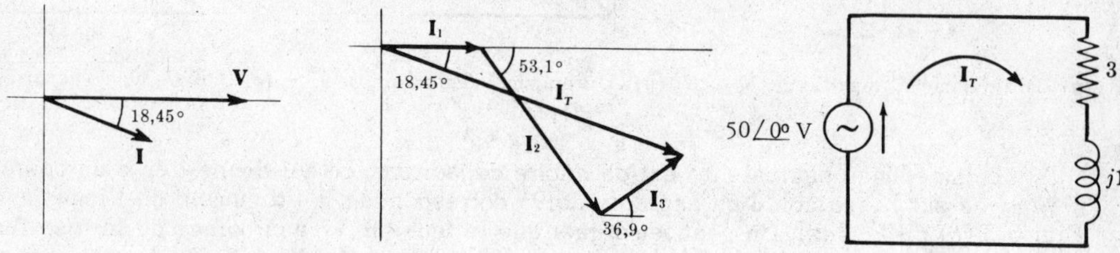

(*a*) Diagramme vectoriel de **V** et **I** (*b*) Somme vectorielle des courants (*c*) Circuit équivalent

Fig. 6-6

CIRCUIT PARALLELE A DEUX BRANCHES

Le cas de deux impédances connectées en parallèle se présente fréquemment dans l'analyse des circuits et mérite une attention particulière. Sur la Fig. 6-7 (*a*) ci-dessous, les impédances Z_1 et Z_2 sont connectées en parallèle et alimentées par une tension **V**. L'impédance équivalente du circuit est : $1/\mathbf{Z}_{eq} = 1/\mathbf{Z}_1 + 1/\mathbf{Z}_2$ ou $\mathbf{Z}_{eq} = \mathbf{Z}_1\mathbf{Z}_2/(\mathbf{Z}_1 + \mathbf{Z}_2)$.

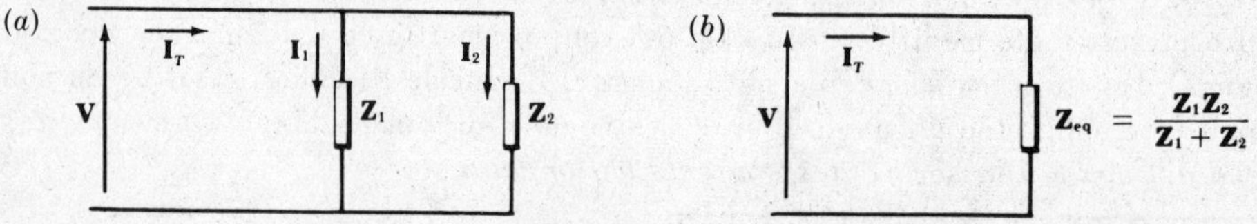

Fig. 6-7. Circuit parallèle à deux branches

En substituant $\mathbf{V} = \mathbf{I}_T\mathbf{Z}_{eq} = \mathbf{I}_T\left(\frac{Z_1Z_2}{Z_1+Z_2}\right)$ dans les relations $\mathbf{V} = \mathbf{I}_1\mathbf{Z}_1$ et $\mathbf{V} = \mathbf{I}_2\mathbf{Z}_2$, on obtient après résolution les courants dans les deux branches, $\mathbf{I}_1 = \mathbf{I}_T\left(\frac{\mathbf{Z}_2}{\mathbf{Z}_1+\mathbf{Z}_2}\right)$ et $\mathbf{I}_2 = \mathbf{I}_T\left(\frac{\mathbf{Z}_1}{\mathbf{Z}_1+\mathbf{Z}_2}\right)$

L'ADMITTANCE

La grandeur réciproque de l'impédance complexe **Z** est *l'admittance complexe* $\mathbf{Y} = 1/\mathbf{Z}$. Comme $\mathbf{Z} = \mathbf{V}/\mathbf{I}$, on a $\mathbf{Y} = \mathbf{I}/\mathbf{V}$. L'admittance **Y** s'exprime en $(\text{ohms})^{-1}$ ou *mhos*. La notion d'admittance est particulièrement utile dans le cas de circuits parallèles tels que celui de la Fig. 6-8.

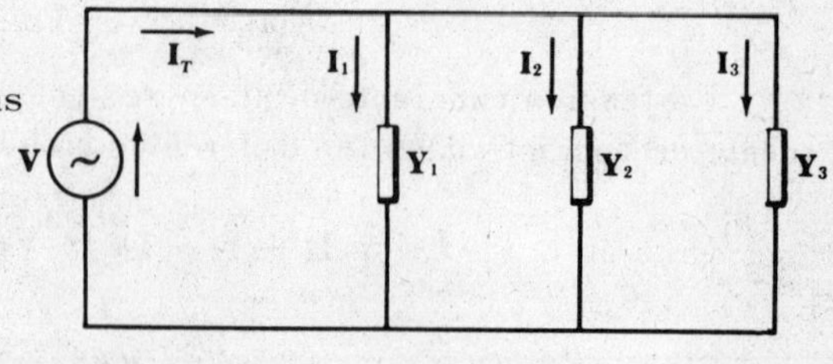

Fig. 6-8.

Pour ce circuit on a

$$\mathbf{I}_T = \mathbf{I}_1 + \mathbf{I}_2 + \mathbf{I}_3 = \mathbf{VY}_1 + \mathbf{VY}_2 + \mathbf{VY}_3$$
$$= \mathbf{V}(\mathbf{Y}_1 + \mathbf{Y}_2 + \mathbf{Y}_3) = \mathbf{VY}_{eq}$$

et $$\mathbf{Y}_{eq} = \mathbf{Y}_1 + \mathbf{Y}_2 + \mathbf{Y}_3\ .$$

Nous voyons ainsi que l'admittance équivalente à un nombre quelconque d'admittances branchées en parallèle est égale à la somme de ces admittances.

Sous forme rectangulaire l'impédance s'écrit $\mathbf{Z} = R \pm jX$. Le signe positif indique que la réactance est inductive ($X_L = L\omega$) et le signe négatif indique que la réactance est capacitive ($X_C = 1/C\omega$).

De même, l'admittance peut s'écrire $\mathbf{Y} = G \pm jB$; dans cette relation G représente la *conductance* et B la *susceptance*. Cette susceptance est capacitive (B_C) lorsqu'elle est affectée d'un signe positif, et inductive (B_L) lorsqu'elle est affectée d'un signe négatif.

Considérons à présent une tension **V** et un courant **I**. Ce courant **I** peut être déphasé en avant, en arrière, ou peut être en phase avec la tension **V**, mais en aucun cas ce déphasage ne peut dépasser 90°. Par conséquent les trois cas suivants peuvent se produire.

Cas 1. La tension et le courant sont en phase comme le montre la Fig. 6-9

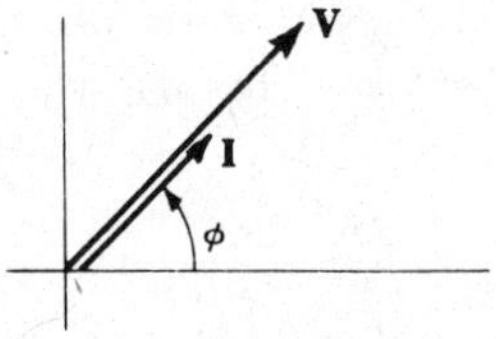

$\mathbf{V} = V\angle\phi$, $\mathbf{I} = I\angle\phi$

Fig. 6-9

Impédance

$\mathbf{Z} = V\angle\phi / I\angle\phi = Z\angle 0° = R$

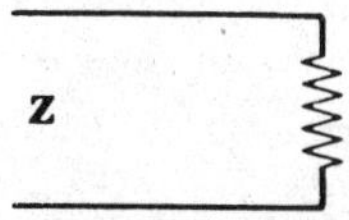

En termes d'impédance le circuit est constitué par une résistance pure de R ohms.

Admittance

$\mathbf{Y} = I\angle\phi / V\angle\phi = Y\angle 0° = G$

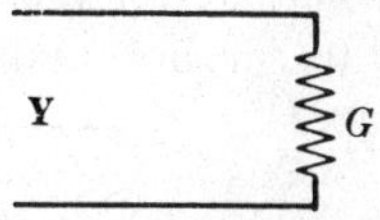

En termes d'admittance le circuit comporte une conductance pure de G mhos.

Cas 2. Le courant est en retard de phase sur la tension d'un angle θ (Fig. 6-10).

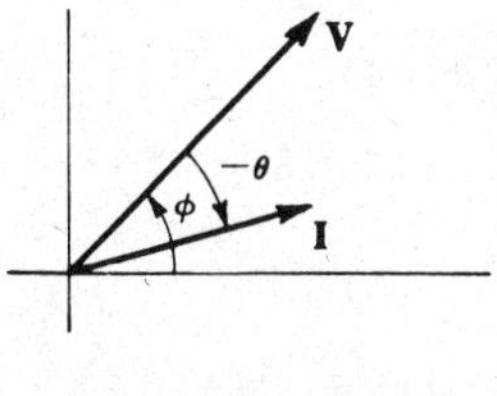

$\mathbf{V} = V\angle\phi$, $\mathbf{I} = I\angle\phi - \theta$

Fig. 6-10

Impédance

$\mathbf{Z} = V\angle\phi / I\angle\phi - \theta$
$= Z\angle\theta = R + jX_L$

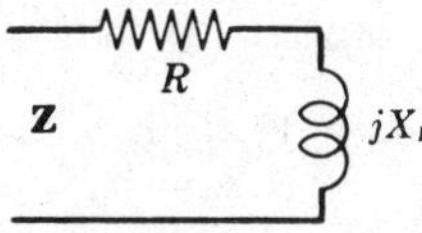

En termes d'impédance le circuit comporte une résistance et une réactance inductive en série.

Admittance

$\mathbf{Y} = I\angle\phi - \theta / V\angle\phi$
$= Y\angle -\theta = G - jB_L$

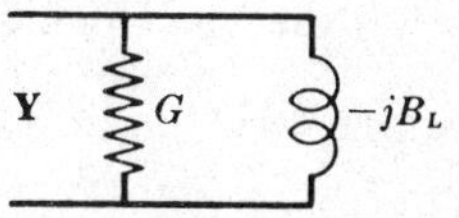

En termes d'admittance le circuit comporte une conductance et une susceptance inductive en parallèle.

Cas 3. Le courant est en avance de phase sur la tension d'un angle θ (Fig. 6-11).

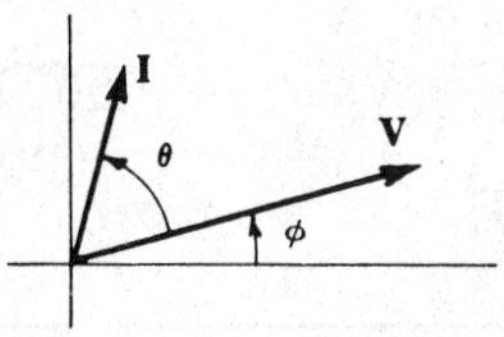

$\mathbf{V} = V\angle\phi$, $\mathbf{I} = I\angle\phi + \theta$

Fig. 6-11

Impédance

$\mathbf{Z} = V\angle\phi / I\angle\phi + \theta$
$= Z\angle -\theta = R - jX_C$

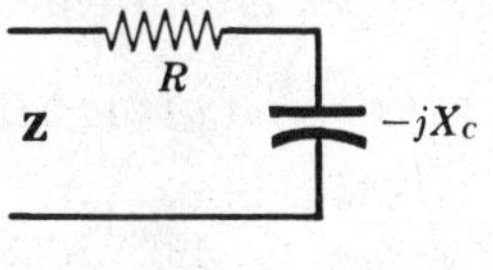

En termes d'impédance le circuit comprend une résistance en série avec une réactance capacitive

Admittance

$\mathbf{Y} = I\angle\phi + \theta / V\angle\phi$
$= Y\angle\theta = G + jB_C$

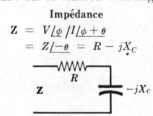

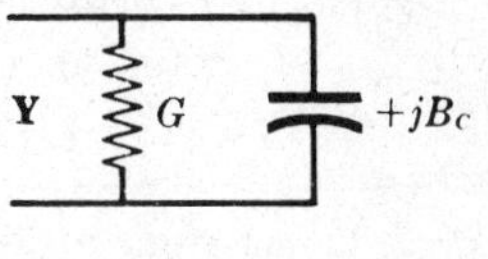

En termes d'admittance le circuit comporte une conductance en parallèle avec une susceptance capacitive.

CONVERSIONS Z-Y et Y-Z

L'utilisation des expressions polaires permet une conversion simple de **Z** à **Y** et vice versa, étant donné que $\mathbf{Y} = 1/\mathbf{Z}$. Cependant, il peut être utile de pouvoir effectuer ces conversions en utilisant les expressions complexes rectangulaires. Dans ce cas, les relations de conversions sont les suivantes :

$$\mathbf{Y} = 1/\mathbf{Z} \qquad\qquad \mathbf{Z} = 1/\mathbf{Y}$$

$$G + jB = \frac{1}{R + jX} = \frac{R - jX}{R^2 + X^2} \qquad\qquad R + jX = \frac{1}{G + jB} = \frac{G - jB}{G^2 + B^2}$$

$$\therefore \quad G = \frac{R}{R^2 + X^2} \quad \text{et} \quad B = \frac{-X}{R^2 + X^2} \qquad\qquad \therefore \quad R = \frac{G}{G^2 + B^2} \quad \text{et} \quad X = \frac{-B}{G^2 + B^2}$$

Exemple 3. Soit $Z = 3 + j4$, trouver l'admittance correspondante Y.

On a : $\mathbf{Y} = 1/\mathbf{Z} = 1/5\underline{/53{,}1^\circ} = 0{,}2\underline{/-53{,}1^\circ} = 0{,}12 - j\,0{,}16$ mhos

D'où l'on tire la conductance $G = 0{,}12$ mhos et la susceptance inductive $B = 0{,}16$ mhos.

Autre méthode :

$G = R/(R^2 + X^2) = 3/(9+16) = 0{,}12$ mhos et $B = -X/(R^2+X^2) = -4/25 = 0{,}16$ mhos

D'où $\mathbf{Y} = 0{,}12 - j\,0{,}16$ mhos

Problèmes résolus

6.1. Les deux impédances Z_1 et Z_2 de la Fig. 6-12 ci-dessous sont montées en série et alimentées par une tension $V = 100\underline{/0^\circ}$ V. Calculer la tension aux bornes de chacune des impédances et tracer un diagramme vectoriel représentant ces tensions.

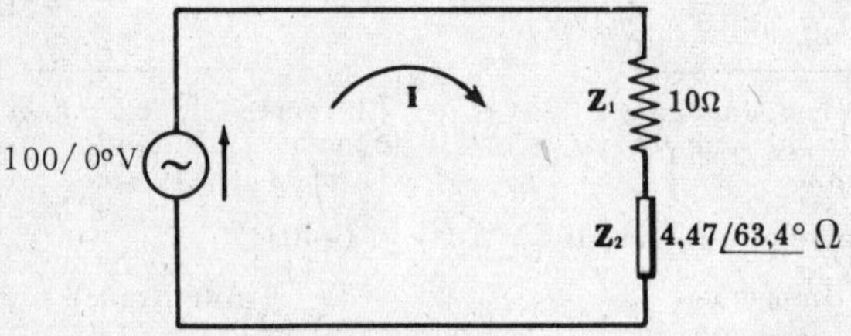

Fig. 6-12

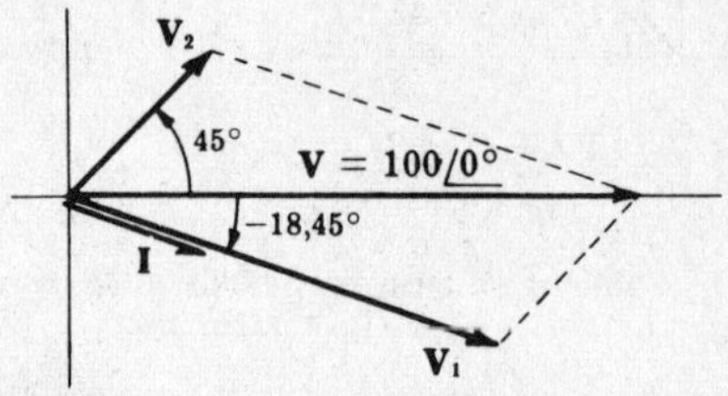

Fig. 6-13

Nous pouvons écrire $\mathbf{Z}_{eq} = \mathbf{Z}_1 + \mathbf{Z}_2 = 10 + (2 + j4) = 12 + j4 = 12{,}65\underline{/18{,}45^\circ}\ \Omega$

et $\mathbf{I} = \dfrac{\mathbf{V}}{\mathbf{Z}_{eq}} = \dfrac{100\underline{/0^\circ}}{12{,}65\underline{/18{,}45^\circ}} = 7{,}9\underline{/-18{,}45^\circ}$ A

Nous en déduisons : $\mathbf{V}_1 = \mathbf{IZ}_1 = 7{,}9\underline{/-18{,}45^\circ}\,(10) = 79\underline{/-18{,}45^\circ} = 74{,}9 - j25$ V

$\mathbf{V}_2 = \mathbf{IZ}_2 = (7{,}9\underline{/-18{,}45^\circ})(4{,}47\underline{/63{,}4^\circ}) = 35{,}3\underline{/45^\circ} = 25 + j25$ V

Par ailleurs, nous avons également $\mathbf{V}_1 + \mathbf{V}_2 = (74{,}9 - j25) + (25 + j25) = 99{,}9 + j0 \approx 100\underline{/0^\circ} = \mathbf{V}$ comme le montre le diagramme vectoriel de la Fig. 6-13.

6.2. Déterminer la valeur de l'impédance Z_2 du circuit série de la Fig. 6-14.

L'impédance équivalente de ce circuit est donnée

par : $\mathbf{Z}_{eq} = \dfrac{\mathbf{V}}{\mathbf{I}} = \dfrac{50\underline{/45^\circ}}{2{,}5\underline{/-15^\circ}} = 20\underline{/60^\circ} = 10 + j17{,}3\ \Omega$

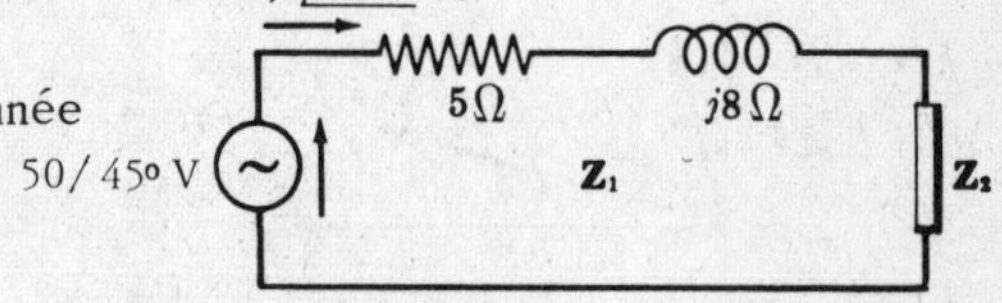

Fig. 6-14

Comme par ailleurs on a $\mathbf{Z}_{eq} = \mathbf{Z}_1 + \mathbf{Z}_2$, $10 + j17{,}3 = (5 + j8) + \mathbf{Z}_2$

On en tire : $\mathbf{Z}_2 = 5 + j9{,}3\ \Omega$

6.3. Dans le circuit de la Fig. 6-15 ci-dessous, le courant est en avance sur la tension d'un angle de 63,4°, pour une pulsation $\omega = 400$ rd/s. Déterminer la valeur de R ainsi que la tension aux bornes de chaque élément du circuit. Tracer un diagramme vectoriel où figurent ces tensions.

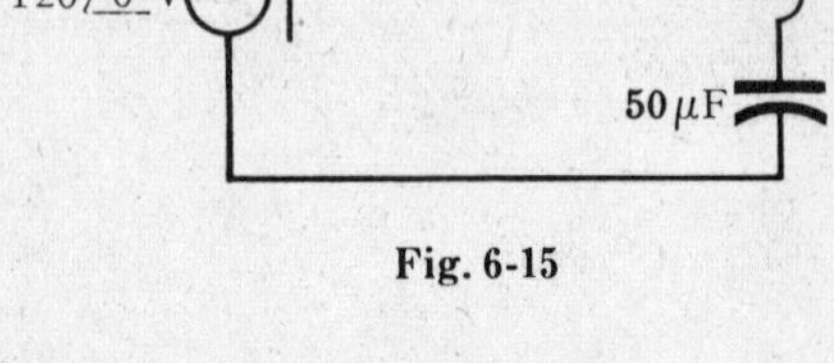

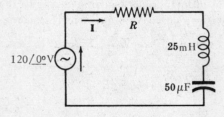

Fig. 6-15

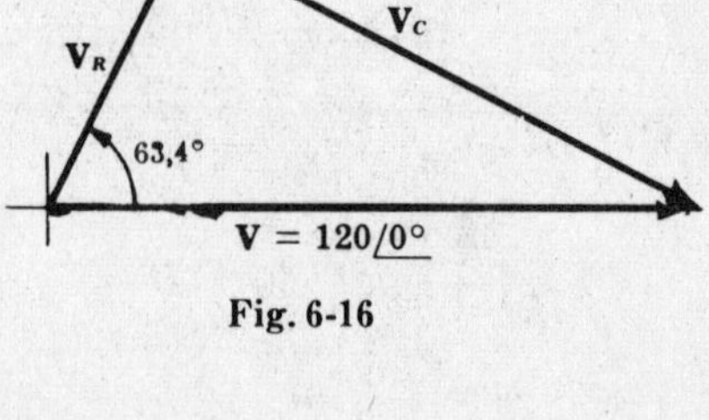

Fig. 6-16

On a $X_L = \omega L = 400(25 \times 10^{-3}) = 10\ \Omega$, $X_C = 1/\omega C = 1/400(50 \times 10^{-6}) = 50\ \Omega$ et $\mathbf{Z} = R + j(X_L - X_C) = R - j40\ \Omega$. Par ailleurs, $\mathbf{Z} = Z\underline{/-63{,}4^\circ}\ \Omega$. Comme $\operatorname{tg} -63{,}4^\circ = (X_L - X_C)/R$, on en déduit $R = -40/(\operatorname{tg} -63{,}4^\circ) = 20\,\Omega$.

L'impédance est $\mathbf{Z} = 20 - j40 = 44{,}7\underline{/-63{,}4^\circ}\ \Omega$ et le courant $\mathbf{I} = \dfrac{\mathbf{V}}{\mathbf{Z}} = \dfrac{120\underline{/0^\circ}}{44{,}7\underline{/-63{,}4^\circ}} = 2.68\underline{/63{,}4^\circ}$ A. Par conséquent, les tensions aux bornes des éléments du circuit sont

$$\mathbf{V}_R = 53{,}6\underline{/63{,}4^\circ}\ \text{V}, \quad \mathbf{V}_L = 26{,}8\underline{/153{,}4^\circ}\ \text{V} \quad \text{et} \quad \mathbf{V}_C = 134\underline{/-26{,}6^\circ}\ \text{V}.$$

Le diagramme vectoriel de la Fig. 6-16 ci-dessus montre que $\mathbf{V}_R + \mathbf{V}_L + \mathbf{V}_C = \mathbf{V}$.

6.4. Les constantes R et L d'une bobine doivent être déterminées en mettant en série avec la bobine une résistance standard R_s de 10 Ω et en relevant les tensions aux bornes de R_s, de la bobine et du circuit complet. Calculer R et L sachant que le circuit est alimenté par une tension de fréquence 60 Hz et que les différentes tensions relevées sont: $V_{R_s} = 20$ V, $V_{\text{bob}} = 22{,}4$ V et $V_T = 36$ V.

La tension $\mathbf{V}_{R_s}$ aux bornes de la résistance standard est en phase avec le courant $\mathbf{I}$ dans le circuit. Soit $\mathbf{V}_{R_s} = 20\underline{/0^\circ}$ V; on en déduit $\mathbf{I} = \mathbf{V}_{R_s}/R_s = 2\underline{/0^\circ}$.

La Fig. 6-17 donne la construction permettant de déterminer $\mathbf{V}_T$ et $\mathbf{V}_{\text{bob}}$: de l'origine du vecteur $\mathbf{V}_{R_s}$, on trace un arc de cercle de rayon 36, et de l'extrémité du vecteur $\mathbf{V}_{R_s}$ on trace un arc de cercle de rayon 22,4. L'intersection de ces deux arcs correspond aux extrémités des vecteurs $\mathbf{V}_T$ et $\mathbf{V}_{\text{bob}}$, satisfaisant ainsi la relation

$$\mathbf{V}_T = \mathbf{V}_{R_s} + \mathbf{V}_{\text{bob}}$$

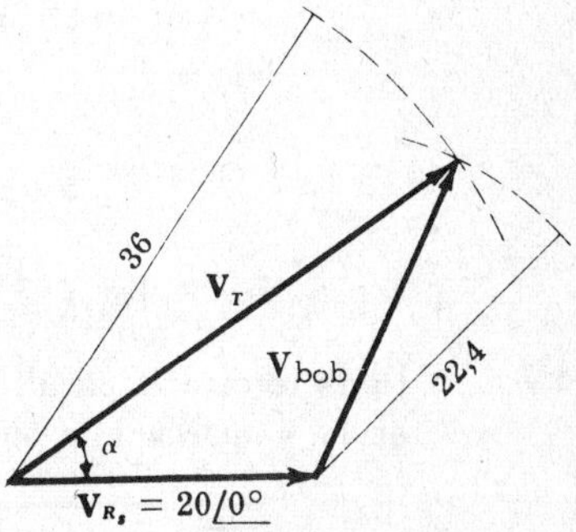

Fig. 6-17

L'argument de la tension $\mathbf{V}_T$ se calcule par la relation

$$\cos\alpha = \frac{(36)^2 + (20)^2 - (22{,}4)^2}{2(36)(20)} = 0{,}831, \quad \alpha = 33{,}7^\circ$$

Les tensions $\mathbf{V}_T$ et $\mathbf{V}_{\text{bob}}$ s'écrivent alors $\mathbf{V}_T = 36\underline{/33{,}7^\circ} = 30 + j20$ et $\mathbf{V}_{\text{bob}} = \mathbf{V}_T - \mathbf{V}_{R_s} = 10 + j20 = 22{,}4\underline{/63{,}4^\circ}$ V. L'impédance de la bobine est $\mathbf{Z}_{\text{bob}} = \mathbf{V}_{\text{bob}}/\mathbf{I} = (10 + j20)/2 = 5 + j10\ \Omega$, d'où $R = 5\Omega$. Par ailleurs, comme la fréquence de la source est de 60 Hz, on a $X_L = 2\pi f L = 2\pi(60)L = 10\ \Omega$ et $L = 26{,}5$ mH

6.5. Dans le circuit parallèle de la Fig. 6-18 ci-dessous déterminer le courant dans chaque branche ainsi que le courant total; faire une représentation vectorielle de ces courants. Déterminer $\mathbf{Z}_{eq}$ à partir de $\mathbf{V}/\mathbf{I}$ et comparer le résultat avec $\mathbf{Z}_1\mathbf{Z}_2/(\mathbf{Z}_1 + \mathbf{Z}_2)$.

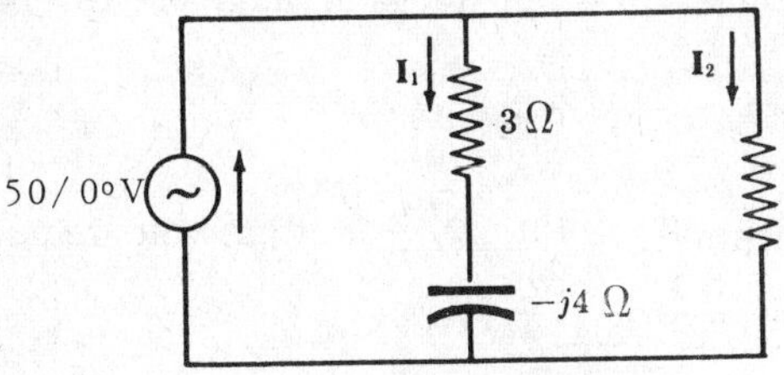

Fig. 6-18

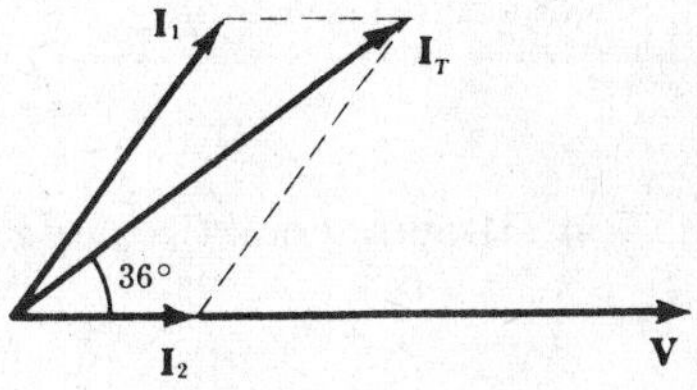

Fig. 6-19

Les impédances des deux branches sont $\mathbf{Z}_1 = 3 - j4 = 5\underline{/-53{,}1^\circ}\ \Omega$ et $\mathbf{Z}_2 = 10\ \Omega$

Il en résulte que les différents courants sont donnés par:

$$\mathbf{I}_1 = \frac{\mathbf{V}}{\mathbf{Z}_1} = \frac{50\underline{/0^\circ}}{5\underline{/-53{,}1^\circ}} = 10\underline{/53{,}1^\circ} = 6 + j8\ \text{A}$$

$$\mathbf{I}_2 = \frac{\mathbf{V}}{\mathbf{Z}_2} = \frac{50\underline{/0^\circ}}{10} = 5\underline{/0^\circ} = 5\ \text{A}$$

$$\mathbf{I}_T = \mathbf{I}_1 + \mathbf{I}_2 = 11 + j8 = 13{,}6\underline{/36^\circ}\ \text{A}$$

On constate que les impédances calculées par les relations

$$\mathbf{Z}_{eq} = \frac{\mathbf{V}}{\mathbf{I}_T} = \frac{50\underline{/0°}}{13{,}6\underline{/36°}} = 3{,}67\underline{/-36°}\,\Omega, \quad \mathbf{Z}_{eq} = \frac{\mathbf{Z}_1\mathbf{Z}_2}{\mathbf{Z}_1+\mathbf{Z}_2} = \frac{5\underline{/-53{,}1°}\,(10)}{(3-j4)+10} = \frac{50\underline{/-53{,}1°}}{13{,}6\underline{/-17{,}1°}} = 3{,}67\underline{/-36°}\,\Omega$$

sont identiques. La représentation vectorielle des courants est donnée par la Fig. 6-19 ci-dessus.

6.6. Déterminer le courant dans chaque élément du circuit série-parallèle de la Fig. 6-20.

L'impédance équivalente du circuit est

$$\mathbf{Z}_{eq} = 10 + \frac{5(j10)}{5+j10} = 14 + j2 = 14{,}14\underline{/8{,}14°}\ \Omega$$

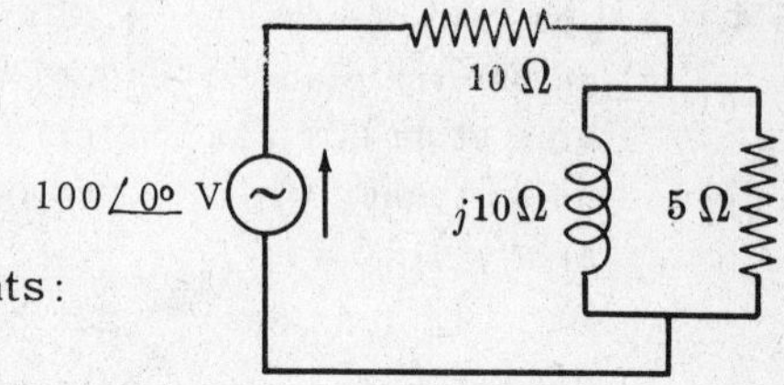

Fig. 6-20

et le courant qui y circule est :

$$\mathbf{I}_T = \frac{\mathbf{V}}{\mathbf{Z}_{eq}} = \frac{100\underline{/0°}}{14{,}14\underline{/8{,}14°}} = 7{,}07\underline{/-8{,}14°}\ \text{A}$$

On a alors comme courant dans les différents éléments :

$$\mathbf{I}_{10} = \mathbf{I}_T = 7{,}07\underline{/-8{,}14°}$$

$$\mathbf{I}_{j10} = \mathbf{I}_T\left(\frac{5}{5+j10}\right) = 7{,}07\underline{/-8{,}14°}\left(\frac{5}{5+j10}\right) = 3{,}16\underline{/-71{,}54°}\ \text{A}$$

voir page 56

$$\mathbf{I}_5 = \mathbf{I}_T\left(\frac{j10}{5+j10}\right) = 7{,}07\underline{/-8{,}14°}\left(\frac{j10}{5+j10}\right) = 6{,}32\underline{/18{,}46°}\ \text{A}$$

6.7. Dans le circuit parallèle de la Fig. 6-21 ci-dessous, les valeurs efficaces des courants $\mathbf{I}_1$, $\mathbf{I}_2$ et $\mathbf{I}_T$ sont respectivement 18, 15 et 30 A. Déterminer la valeur des impédances inconnues R et X_L .

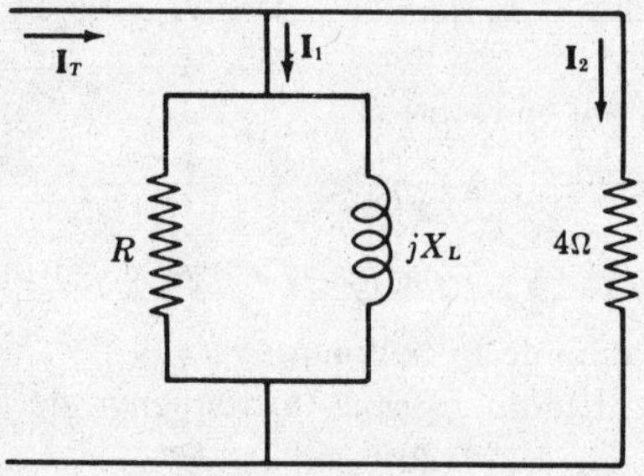

Fig. 6-21

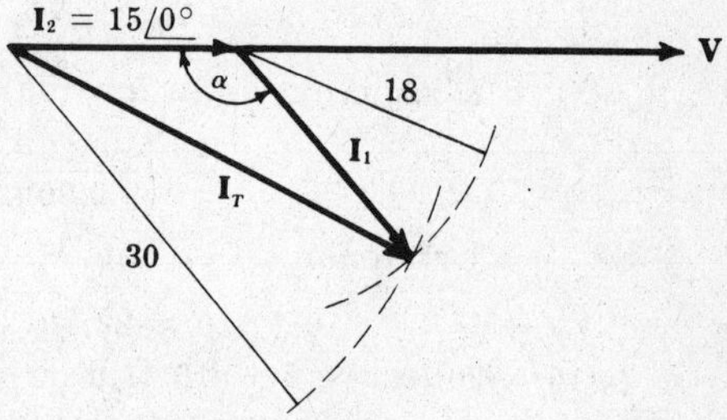

Fig. 6-22

La loi des noeuds de Kirchhoff nous permet d'écrire $\mathbf{I}_1 + \mathbf{I}_2 = \mathbf{I}_T$. $\mathbf{I}_2$ est en phase avec la tension appliquée V. Posons $\mathbf{I}_2 = 15\underline{/0°}$ A; on a alors $\mathbf{V} = 15\underline{/0°}\,(4) = 60\underline{/0°}$ V . La présence de la réactance inductive X_L entraîne un courant $\mathbf{I}_1$ déphasé en arrière sur la tension appliquée. On peut faire la même construction que dans le problème 6.4., et tracer le diagramme de la Fig. 6-22 ci-dessus. On a alors

$$\cos\alpha = \frac{(15)^2+(18)^2-(30)^2}{2(15)(18)} = -0{,}65 \quad \text{et} \quad \alpha = 130{,}5°$$

Par ailleurs, nous tirons également du diagramme, $\mathbf{I}_1 = 18\underline{/-49{,}5°}$ A et par voie de conséquence

$$\mathbf{Z}_1 = \frac{\mathbf{V}}{\mathbf{I}_1} = \frac{60\underline{/0°}}{18\underline{/-49{,}5°}} = 3{,}33\underline{/49{,}5°}\ \Omega$$

L'admittance complexe est: $\mathbf{Y}_1 = 1/R + 1/jX_L = 1/3{,}33\underline{/49{,}5°} = 0{,}195 - j\,0{,}228$ mho .
On en déduit $R = \dfrac{1}{0{,}195} = 5{,}13\ \Omega$ et $X_L = \dfrac{1}{0{,}228} = 4{,}39\ \Omega$.

6.8. La valeur efficace du courant circulant dans le circuit série de la Fig. 6-23 ci-contre est de 5 A. Quelles sont les indications d'un voltmètre placé, d'abord aux bornes du circuit complet, ensuite aux bornes de chaque élément ?

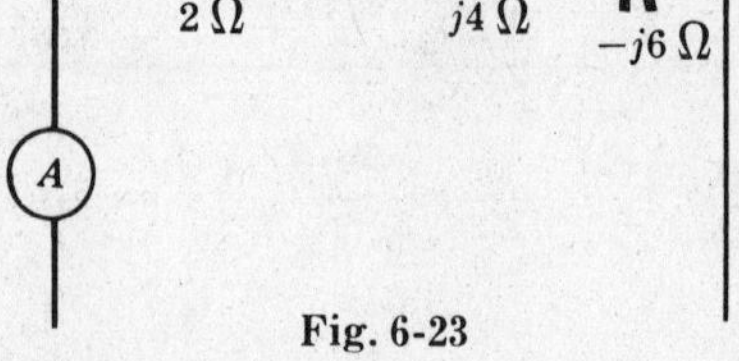

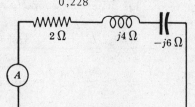

Fig. 6-23

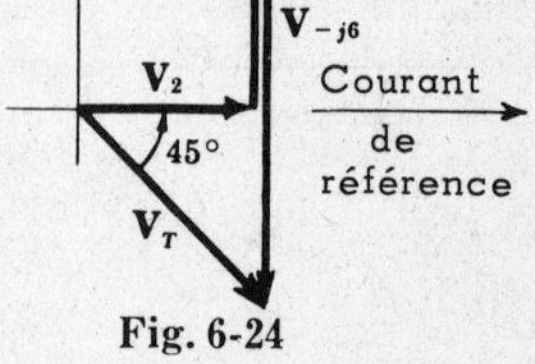

Fig. 6-24

L'impédance équivalente du circuit est $\mathbf{Z}_{eq} = 2 + j4 - j6 = 2{,}83/\underline{-45^\circ}\ \Omega$

Les différentes tensions lues sur le voltmètre sont :

$$V_T = 5(2{,}83) = 14{,}14\text{ V} \qquad V_{j4} = 5(4) = 20\text{ V}$$
$$V_2 = 5(2) = 10\text{ V} \qquad V_{-j6} = 5(6) = 30\text{ V}$$

Le diagramme de la Fig. 6-24 montre la composition vectorielle des tensions aux bornes des éléments du circuit.

6.9. Dans le circuit parallèle de la Fig. 6-25, un voltmètre placé aux bornes de la résistance de 3 Ω indique 45 V. Quelle intensité peut-on lire sur l'ampèremètre ?

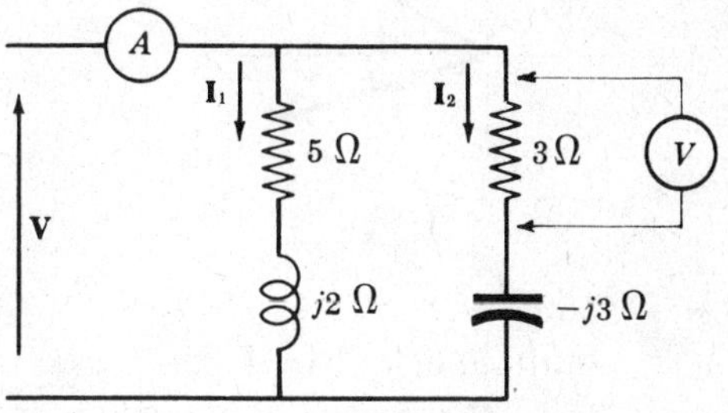

Fig. 6-25

$I_2 = 45/3 = 15$ A. En prenant le courant $\mathbf{I}_2$ comme courant de référence, $\mathbf{I}_2 = 15/\underline{0^\circ}$ A. On a alors

$$\mathbf{V} = 15/\underline{0^\circ}\,(3 - j3) = 63{,}6/\underline{-45^\circ}\text{ V}$$

et $\mathbf{I}_1 = 63{,}6/\underline{-45^\circ}\,/(5 + j2) = 11{,}8/\underline{-66{,}8^\circ} = 4{,}64 - j10{,}85$ A

Comme $\mathbf{I}_T = \mathbf{I}_1 + \mathbf{I}_2 = (4{,}64 - j10{,}85) + 15\text{ A} = 19{,}64 - j10{,}85 = 22{,}4/\underline{-29^\circ}$ A l'indication de l'ampèremètre sera de 22,4 A.

6.10. Dans le circuit série parallèle de la Fig. 6-26, la valeur efficace de la tension aux bornes de la partie parallèle du circuit est de 50 V. Déterminer le module correspondant de **V**.

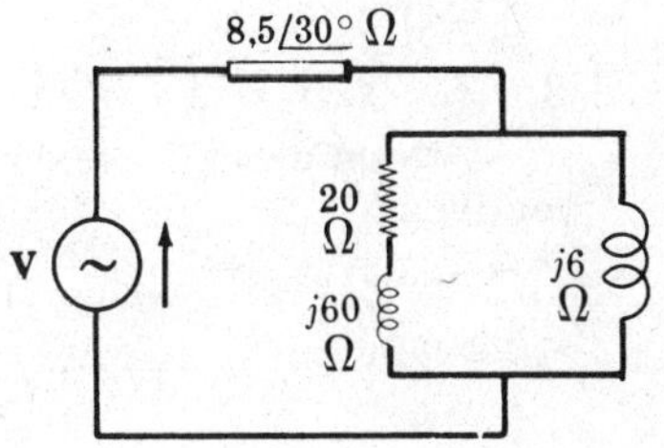

Fig. 6-26

$$\mathbf{Z}_p = \frac{(20 + j60)j6}{20 + j60 + j6} = 5{,}52/\underline{88{,}45^\circ} = 0{,}149 + j5{,}52\ \Omega$$

$$\mathbf{Z}_{eq} = 8{,}5/\underline{30^\circ} + (0{,}149 + j5{,}52) = 12{,}3/\underline{52{,}4^\circ}\ \Omega$$

Comme $\mathbf{V} = \mathbf{I}\mathbf{Z}_{eq}$ et $\mathbf{V}_p = \mathbf{I}\mathbf{Z}_p$, $V_p/Z_p = V/Z_{eq}$,

on a $V = V_p(Z_{eq}/Z_p) = 50(12{,}3/5{,}52) = 111{,}5$ V

6.11. Déterminer le courant total circulant dans le circuit parallèle à quatre branches de la Fig: 6-27 ; Calculer l'impédance équivalente du circuit.

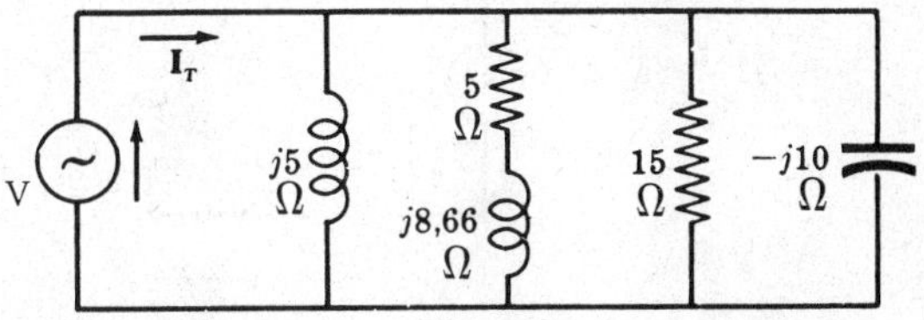

Fig. 6-27

$$\mathbf{Y}_1 = 1/j5 = -j\,0{,}2\text{ mhos}$$
$$\mathbf{Y}_2 = 1/10/\underline{60^\circ} = 0{,}05 - j\,0{,}0866\text{ mhos}$$
$$\mathbf{Y}_3 = 1/15 = 0{,}067\text{ mhos}$$
$$\mathbf{Y}_4 = 1/-j10 = j\,0{,}1\text{ mhos}$$
$$\mathbf{Y}_{eq} = 0{,}117 - j0{,}1866 = 0{,}22/\underline{-58^\circ}\text{ mhos}$$

On en déduit $\mathbf{I}_T = \mathbf{V}\mathbf{Y}_{eq} = (150/\underline{45^\circ})(0{,}22/\underline{-58^\circ}) = 33/\underline{-13^\circ}$ A et $\mathbf{Z}_{eq} = 1/\mathbf{Y}_{eq} = 1/(0{,}22/\underline{-58^\circ}) = 4{,}55/\underline{58^\circ}\ \Omega$

6.12. Déterminer l'impédance $\mathbf{Z}_1$ du circuit parallèle à trois branches de la Fig. 6-28.

L'admittance complexe du circuit est :

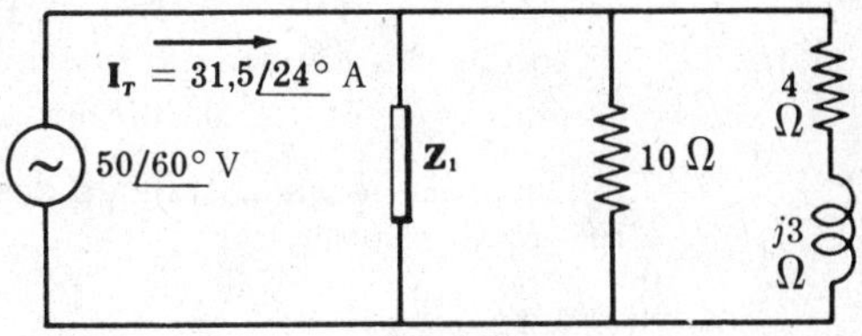

Fig. 6-28

$$\mathbf{Y}_{eq} = \frac{\mathbf{I}_T}{\mathbf{V}} = \frac{31{,}5/\underline{24^\circ}}{50/\underline{60^\circ}} = 0{,}63/\underline{-36^\circ} = 0{,}51 - j\,0{,}37\text{ mhos}$$

Comme $\mathbf{Y}_{eq} = \mathbf{Y}_1 + \mathbf{Y}_2 + \mathbf{Y}_3 = \mathbf{Y}_1 + (0{,}1) + (0{,}16 - j0{,}12) = 0{,}51 - j0{,}37$ mhos, on a $\mathbf{Y}_1 = 0{,}25 - j0{,}25 = 0{,}25\sqrt{2}/\underline{-45^\circ}$ mhos. On en déduit $\mathbf{Z}_1 = 1/\mathbf{Y}_1 = 2\sqrt{2}/\underline{45^\circ} = 2 + j2\ \Omega$

Autre méthode :

$$\mathbf{I}_T = \mathbf{I}_1 + \mathbf{I}_2 + \mathbf{I}_3 = \mathbf{I}_1 + \frac{50/\underline{60^\circ}}{10} + \frac{50/\underline{60^\circ}}{5/\underline{36{,}9^\circ}} = 31{,}5/\underline{24^\circ}\text{ A, d'où } \mathbf{I}_1 = 17{,}7/\underline{15^\circ}\text{ A}$$

et

$$\mathbf{Z}_1 = \frac{\mathbf{V}}{\mathbf{I}_1} = \frac{50/\underline{60^\circ}}{17{,}7/\underline{15^\circ}} = 2\sqrt{2}/\underline{45^\circ} = 2 + j2\ \Omega$$

6.13. Déterminer les impédances et les admittances équivalentes, correspondant au diagramme vectoriel de la Fig. 6-29.

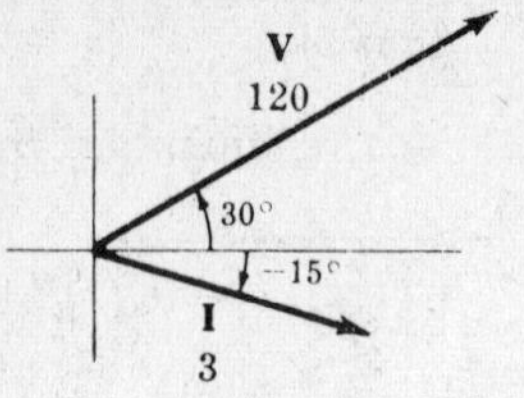

Fig. 6-29

Impédance équivalente	Admittance équivalente
$\mathbf{Z} = \dfrac{\mathbf{V}}{\mathbf{I}} = \dfrac{120\angle 30^\circ}{3\angle -15^\circ}$	$\mathbf{Y} = \dfrac{\mathbf{I}}{\mathbf{V}} = \dfrac{3\angle -15^\circ}{120\angle 30^\circ}$
$= 40\angle 45^\circ$	$= 0{,}025\angle -45^\circ$
$= 28{,}3 + j28{,}3\ \Omega$	$= 0{,}0177 - j0{,}0177$ mhos

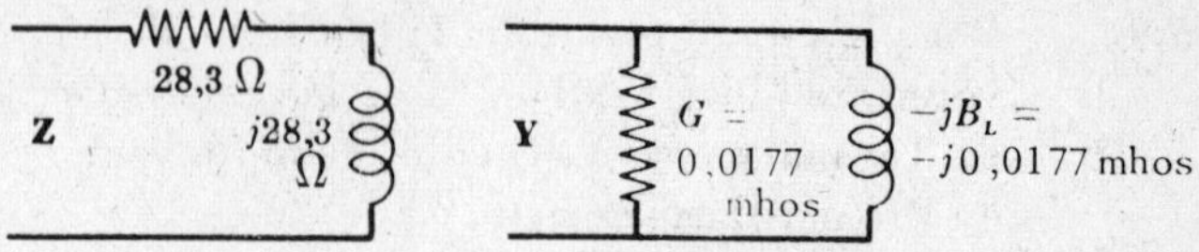

6.14. Calculer Z_{eq} et Y_{eq} pour le circuit série-parallèle de la Fig. 6.30.

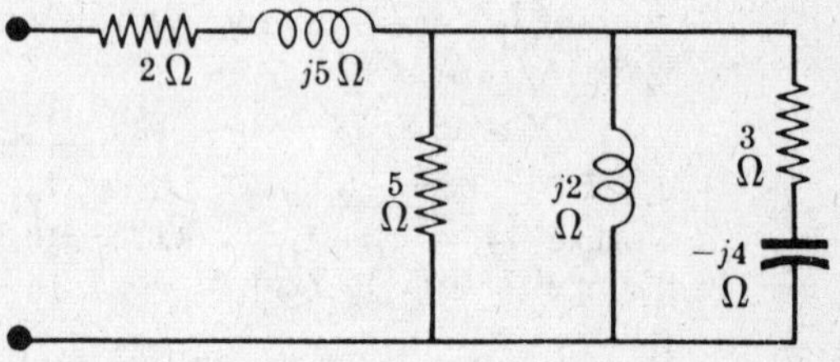

Fig. 6-30

Dans un premier stade on calculera l'admittance équivalente aux trois branches parallèles, ainsi que l'impédance correspondante.

$$\mathbf{Y}_{p_{eq}} = \frac{1}{5} + \frac{1}{j2} + \frac{1}{5\angle -53{,}1^\circ}$$

$$= 0{,}32 - j\,0{,}34 = 0{,}467\angle -46{,}7^\circ \text{ mhos}$$

et $\mathbf{Z}_{p_{eq}} = 1/\mathbf{Y}_{p_{eq}} = 2{,}14\angle 46{,}7^\circ = 1{,}47 + j1{,}56\ \Omega$

Nous avons à présent comme impédance équivalente et comme admittance équivalente respectives

$$\mathbf{Z}_{eq} = (2 + j5) + (1{,}47 + j1{,}56) = 3{,}47 + j6{,}56 = 7{,}42\angle 62{,}1^\circ\ \Omega$$

$$\mathbf{Y}_{eq} = 1/(7{,}42\angle 62{,}1^\circ) = 0{,}135\angle -62{,}1^\circ = 0{,}063 - j\,0{,}119 \text{ mhos}$$

6.15. Transformer le circuit série parallèle du problème 6.14. en deux circuits équivalents contenant respectivement Z_{eq} et Y_{eq}. Trouver le courant circulant dans chacun des circuits sachant que la tension appliquée est $\mathbf{V} = 120\angle 0^\circ$ V.

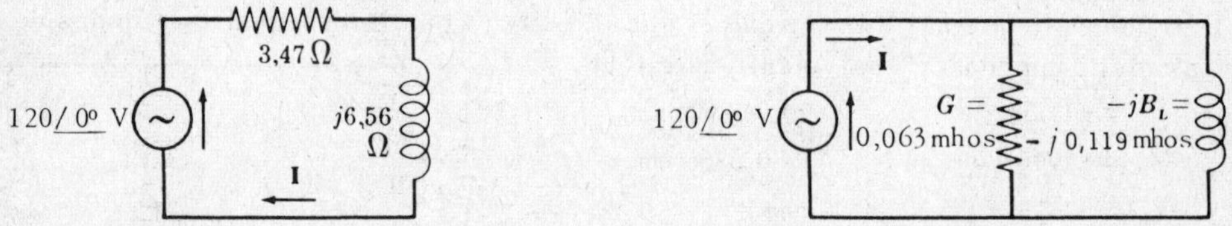

Fig. 6-31

(*a*) $\mathbf{Z} = 7{,}42\angle 62{,}1^\circ\ \Omega$

$$\mathbf{I} = \frac{\mathbf{V}}{\mathbf{Z}} = \frac{120\angle 0^\circ}{7{,}42\angle 62{,}1^\circ} = 16{,}2\angle -62{,}1^\circ \text{ A}$$

(*b*) $\mathbf{Y} = 0{,}135\angle -62{,}1^\circ$ mhos

$$\mathbf{I} = \mathbf{VY} = (120\angle 0^\circ)(0{,}135\angle -62{,}1^\circ) = 16{,}2\angle -62{,}1^\circ \text{ A}$$

6.16. Une bobine est définie par sa résistance série R_s et son inductance série L_s. Déterminer les constantes R_p et L_p du circuit parallèle équivalent à cette bobine, en fonction de R_s et L_s.

Comme les admittances des deux circuits équivalents représentés sur la Fig. 6-32 doivent être égales, on a

$$\mathbf{Y}_p = \mathbf{Y}_s \quad \text{ou} \quad \frac{1}{R_p} + \frac{1}{j\omega L_p} = \frac{1}{R_s + j\omega L_s} = \frac{R_s - j\omega L_s}{(R_s)^2 + (\omega L_s)^2}$$

voir p. 57

En égalant les parties réelles et les parties imaginaires des deux admittances on obtient

$$\frac{1}{R_p} = \frac{R_s}{(R_s)^2 + (\omega L_s)^2} \quad \text{et} \quad \frac{1}{j\omega L_p} = \frac{-j\omega L_s}{(R_s)^2 + (\omega L_s)^2}$$

On en déduit $R_p = R_s + (\omega L_s)^2/R_s$ et $L_p = L_s + R_s^2/\omega^2 L_s$.

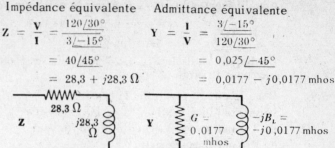

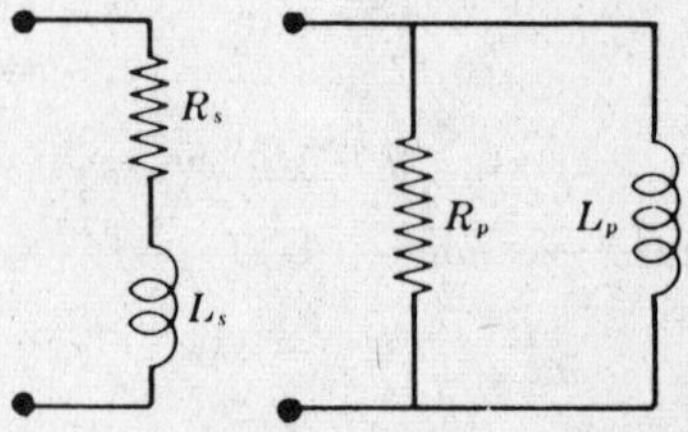

Fig. 6-32

6.17. Déterminer l'impédance équivalente du circuit série-parallèle de la Fig. 6-33.

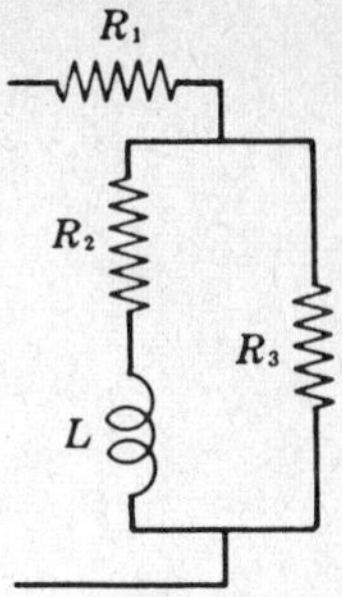

Fig. 6-33

$$Z_{eq} = R_1 + \frac{(R_2 + j\omega L)R_3}{R_2 + R_3 + j\omega L} = R_1 + \frac{(R_2R_3 + j\omega LR_3)[(R_2+R_3) - j\omega L]}{(R_2+R_3)^2 + (\omega L)^2}$$

$$= R_1 + \frac{R_2R_3(R_2+R_3) + \omega^2L^2R_3 + j\omega LR_3(R_2+R_3) - j\omega L(R_2R_3)}{(R_2+R_3)^2 + (\omega L)^2}$$

$$= \left[R_1 + \frac{R_3(R_2^2 + R_2R_3 + \omega^2L^2)}{(R_2+R_3)^2 + (\omega L)^2}\right] + j\left[\frac{\omega LR_3^2}{(R_2+R_3)^2 + (\omega L)^2}\right]$$

$$= R_{eq} + j\omega L_{eq}$$

6.18. La première branche du circuit parallèle de la Fig. 6-34 contient deux résistances égales R montées en série et la seconde branche contient une résistance R_1 en série avec une inductance variable L. Comment la différence de potentiel entre A et B varie-t-elle en fonction de L?

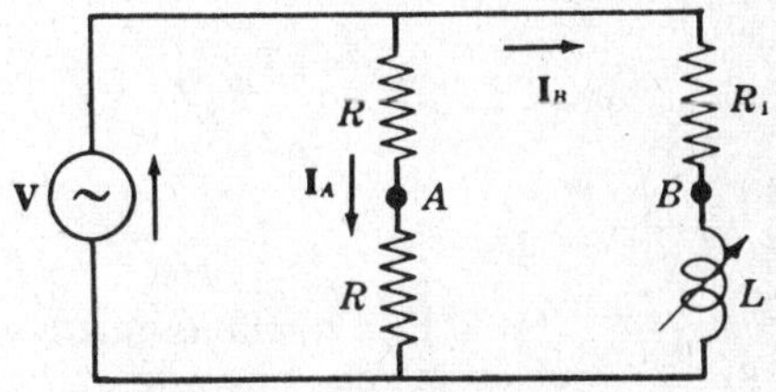

Fig. 6-34

Le courant dans la première branche est égal à $\mathbf{I}_A = \mathbf{V}/2R$ et la d.d.p. aux bornes de la résistance inférieure est $\mathbf{I}_AR = \frac{1}{2}\mathbf{V}$.

Dans la seconde branche le courant est

$$\mathbf{I}_B = \mathbf{V}/(R_1 + j\omega L)$$

et la d.d.p. aux bornes de l'inductance est

$$\mathbf{I}_Bj\omega L = \frac{\mathbf{V}}{(R_1 + j\omega L)}(j\omega L)$$

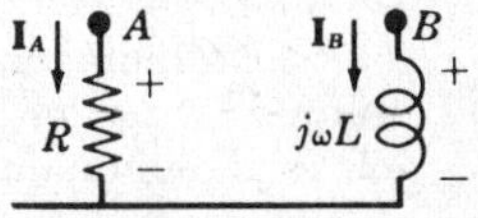

Fig. 6-35

En considérant les polarités indiquées sur la Fig. 6-35, on peut écrire

$$\mathbf{V}_{AB} = \mathbf{I}_AR - \mathbf{I}_B(j\omega L) = \tfrac{1}{2}\mathbf{V} - \frac{\mathbf{V}}{(R_1 + j\omega L)}(j\omega L)$$

Après transformation du terme de droite de la relation ci-dessus, on obtient:

$$\mathbf{V}_{AB} = \mathbf{V}\left[\left(\frac{1}{2} - \frac{\omega^2L^2}{R_1^2 + (\omega L)^2}\right) - j\left(\frac{\omega LR_1}{R_1^2 + (\omega L)^2}\right)\right]$$

L'expression entre crochets est un nombre complexe, qui exprimé sous forme polaire a un module r et un argument ϕ.

$$r = \sqrt{\left(\frac{1}{2} - \frac{\omega^2L^2}{R_1^2 + (\omega L)^2}\right)^2 + \left(\frac{\omega LR_1}{R_1^2 + (\omega L)^2}\right)^2} = \frac{1}{2}$$

$$\phi = \text{tg}^{-1}\frac{-\omega LR_1/[R_1^2 + (\omega L)^2]}{\frac{1}{2} - \omega^2L^2/[R_1^2 + (\omega L)^2]} = \text{tg}^{-1}\frac{-2\omega LR_1}{R_1^2 - (\omega L)^2} = \text{tg}^{-1}\frac{-2(\omega L/R_1)}{1 - (\omega L/R_1)^2}$$

Nous constatons ainsi que le module de $\mathbf{V}_{AB}$ est constant et égal à $\frac{1}{2}$ V; comme par ailleurs $\text{tg } 2x = (2 \text{ tg } x)/(1 - \text{tg}^2 x)$ et $\omega L/R = \text{tg } \theta$, on a $\phi = -2\theta$, θ étant l'argument de l'impédance complexe de la seconde branche.

6.19. Dans le réseau de la Fig. 6-36, deux boucles actives sont reliées électriquement par une résistance de 10 Ω. Calculer la d.d.p. entre A et B.

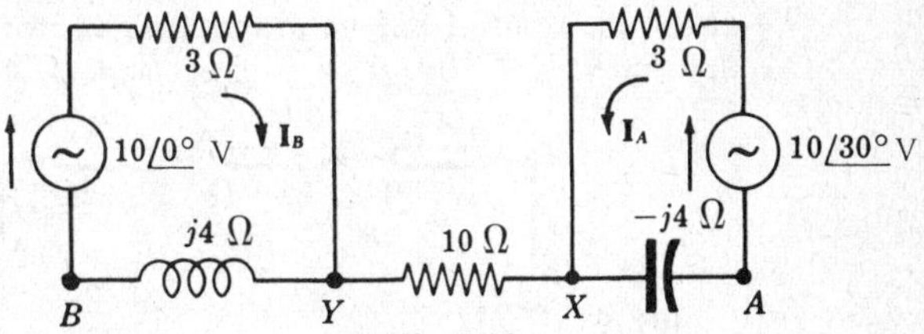

Fig. 6-36

En nous référant à la Fig. 6-36 nous pouvons écrire

$$\mathbf{I}_A = \frac{10\angle 30°}{3 - j4} = \frac{10\angle 30°}{5\angle -53{,}1°} = 2\angle 83{,}1° \text{ A}$$

et

$$\mathbf{I}_B = \frac{10\angle 0°}{3 + j4} = \frac{10\angle 0°}{5\angle 53{,}1°} = 2\angle -53{,}1° \text{ A}$$

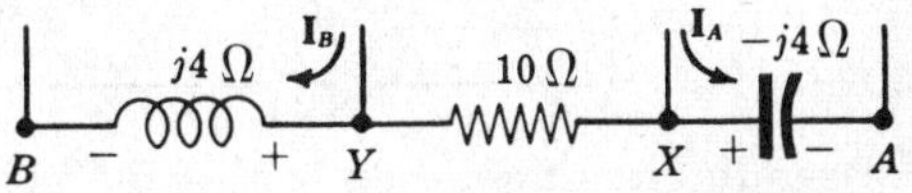

Fig. 6-37

Pour pouvoir calculer $\mathbf{V}_{AB}$, il faut connaître les tensions aux bornes des éléments de la Fig. 6-37. Ces tensions sont, en tenant compte des polarités respectives,

$$\mathbf{V}_{AX} = -\mathbf{I}_A(-j4) = -2\underline{/83{,}1^\circ}\,(-j4) = -8\underline{/-6{,}9^\circ} = -7{,}94 + j\,0{,}96\text{ V}$$

$$\mathbf{V}_{XY} = 0 \quad \text{(aucun courant ne circule dans la résistance de } 10\,\Omega)$$

$$\mathbf{V}_{YB} = \mathbf{I}_B(j4) = 2\underline{/-53{,}1^\circ}\,(j4) = 8\underline{/36{,}9^\circ} = 6{,}4 + j4{,}8\text{ V}$$

On en déduit $\mathbf{V}_{AB} = \mathbf{V}_{AX} + \mathbf{V}_{XY} + \mathbf{V}_{YB} = -1{,}54 + j5{,}76 = 5{,}95\underline{/105^\circ}\text{ V}$

6.20. Le courant total $\mathbf{I}_T$ circulant dans le circuit parallèle de la Fig. 6-38 est $\mathbf{I}_T = 18\underline{/45^\circ}$ A. Calculer la d.d.p. entre les points A et B.

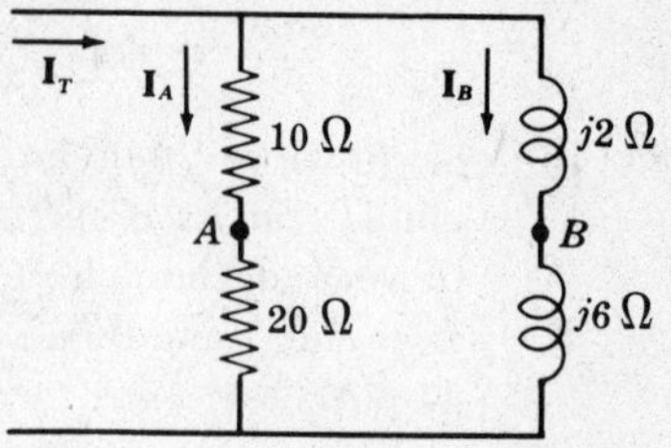

Fig. 6-38

La Fig. 6-38 nous permet d'écrire les relations

$$\mathbf{I}_A = \mathbf{I}_T\left(\frac{\mathbf{Z}_B}{\mathbf{Z}_A + \mathbf{Z}_B}\right) = 18\underline{/45^\circ}\left(\frac{j8}{30 + j8}\right) = 4{,}66\underline{/120^\circ}\text{ A}$$

$$\mathbf{I}_B = \mathbf{I}_T\left(\frac{\mathbf{Z}_A}{\mathbf{Z}_A + \mathbf{Z}_B}\right) = 18\underline{/45^\circ}\left(\frac{30}{30 + j8}\right) = 17{,}5\underline{/30^\circ}\text{ A}$$

Les tensions aux bornes de la résistance de 20 Ω et de la réactance de $j6\Omega$ sont respectivement

$\mathbf{V}_{20} = \mathbf{I}_A(20) = 93{,}2\underline{/120^\circ}$ V et $\mathbf{V}_{j6} = \mathbf{I}_B(j6) = 105\underline{/120^\circ}$ V.

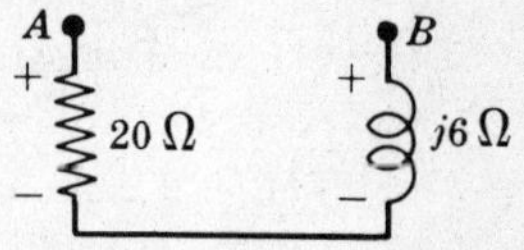

Fig. 6-39

La représentation de la Fig. 6-39 nous permet de calculer $\mathbf{V}_{AB}$, en utilisant les polarités appropriées pour les tensions calculées précédemment :

$$\mathbf{V}_{AB} = (93{,}2\underline{/120^\circ}) - (105\underline{/120^\circ}) = 11{,}8\underline{/-60^\circ}\text{ V}$$

6.21. Déterminer l'impédance équivalente entre les points A et B pour le circuit en pont de la Fig. 6-40.

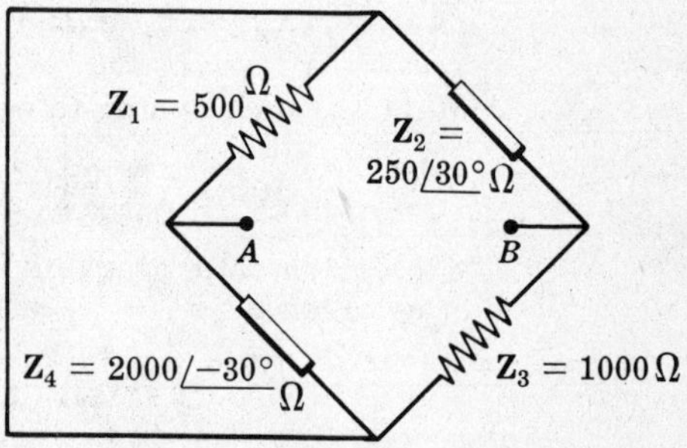

Fig. 6-40

Dans ce circuit les impédances $\mathbf{Z}_1$ et $\mathbf{Z}_4$ connectées en parallèle, sont montées en série avec les impédances $\mathbf{Z}_2$ et $\mathbf{Z}_3$ également connectées en parallèle. Par conséquent, on a :

$$\mathbf{Z}_{eq} = \frac{\mathbf{Z}_1\mathbf{Z}_4}{\mathbf{Z}_1 + \mathbf{Z}_4} + \frac{\mathbf{Z}_2\mathbf{Z}_3}{\mathbf{Z}_2 + \mathbf{Z}_3} = \frac{500(2000\underline{/-30^\circ})}{500 + 2000\underline{/-30^\circ}} + \frac{250\underline{/30^\circ}\,(1000)}{250\underline{/30^\circ} + 1000} = 596\underline{/4{,}05^\circ}\;\Omega$$

Problèmes supplémentaires

6.22. Calculer la tension aux bornes de chacune des impédances du circuit série de la Fig. 6-41 ci-dessous. Montrer sur un diagramme vectoriel que la somme $\mathbf{V}_1 + \mathbf{V}_2 + \mathbf{V}_3$ est égale à la tension appliquée V = $100\underline{/0^\circ}$ V *Rép.* $31{,}4\underline{/20{,}8^\circ}$, $25{,}1\underline{/50{,}8^\circ}$, $62{,}9\underline{/-29{,}2^\circ}$

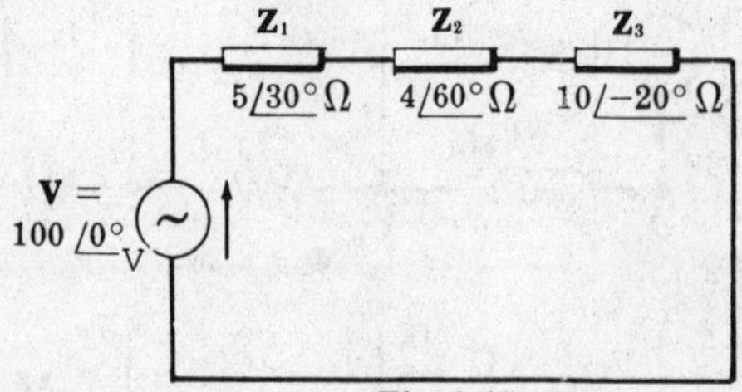

Fig. 6-41

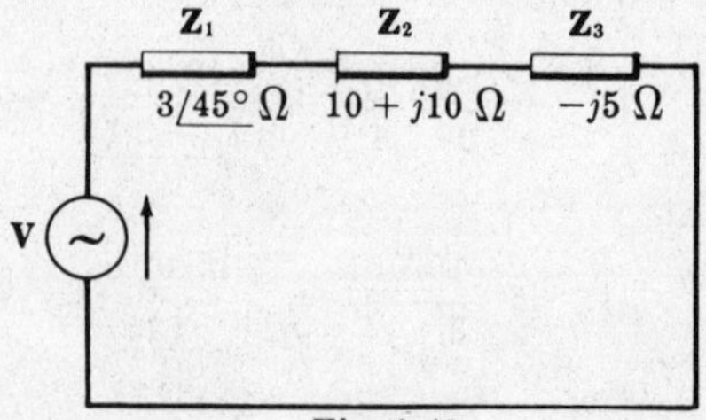

Fig. 6-42

6.23. Dans le circuit série de la Fig. 6-42 ci-dessus, calculer la tension appliquée $\mathbf{V}$ sachant que la tension aux bornes de $\mathbf{Z}_1$ est égale à $27\underline{/-10^\circ}$ V. *Rép.* $126{,}5\underline{/-24{,}6^\circ}$ V.

6.24. Trois impédances $\mathbf{Z}_1 = 5 + j5$, $\mathbf{Z}_2 = -j8\ \Omega$ et $\mathbf{Z}_3 = 4\ \Omega$ sont montées en série et alimentées par une source de tension inconnue $\mathbf{V}$. Calculer $\mathbf{V}$ et $\mathbf{I}$ sachant que la tension aux bornes de $\mathbf{Z}_3$ est égale à $63{,}2\angle 18{,}45^\circ$ V. *Rép.* $\mathbf{I} = 15{,}8\angle 18{,}45^\circ$ A, $\mathbf{V} = 150\angle 0^\circ$ V.

6.25. Une source de tension $\mathbf{V} = 25\angle 180^\circ$ V alimente un circuit comportant une résistance R et une réactance variable V_L montées en série. On donne une valeur arbitraire à X_L et il en résulte un courant $\mathbf{I} = 11{,}15\angle 153{,}4^\circ$ A dans le circuit. La réactance X_L est ensuite ajustée de telle sorte que le courant soit en retard sur la tension de 60°. Quelle est dans ces conditions la valeur efficace du courant? *Rép.* 6,25 A.

6.26. Dans le circuit série de la Fig. 6-43 ci-dessous la tension aux bornes de la réactance de $j2\Omega$ est $\mathbf{V}_{j2} = 13{,}04\angle 15^\circ$ V. Déterminer la nature et la valeur de $\mathbf{Z}$. *Rép.* $R = 4\Omega$ et $X_C = 15\Omega$

6.27. Un circuit série est constitué d'une résistance R de 1 Ω, d'une réactance jX_L de $j4\Omega$ et d'une impédance $\mathbf{Z}$. En appliquant à ce circuit une tension $\mathbf{V} = 50\angle 45^\circ$ V, il y circule un courant $\mathbf{I} = 11{,}2\angle 108{,}4^\circ$ A; calculer la valeur de l'impédance de $\mathbf{Z}$. *Rép.* $\mathbf{Z} = 1 - j8\Omega$.

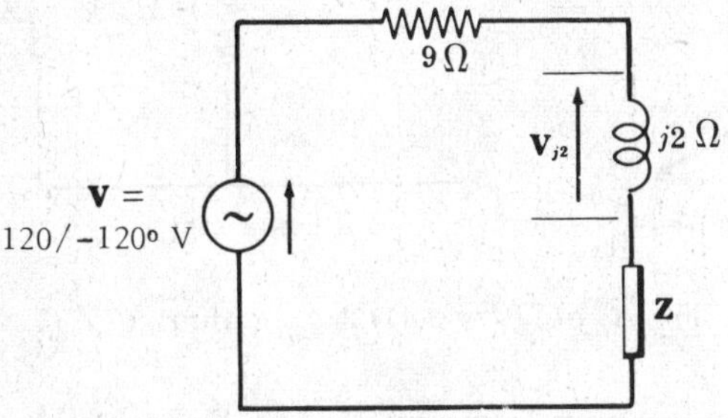

Fig. 6-43

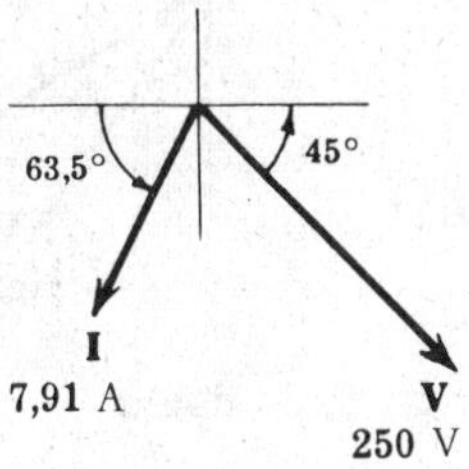

Fig. 6-44

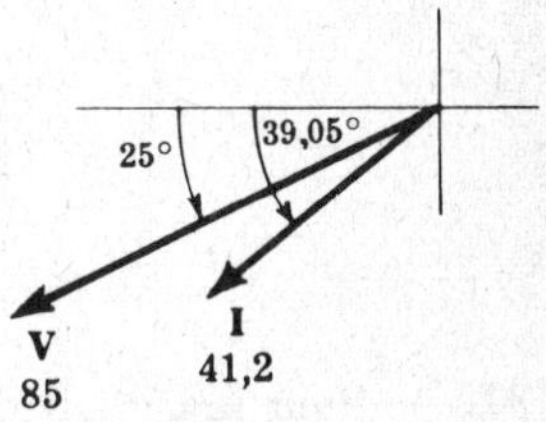

Fig. 6-45

6.28. Un circuit à trois éléments contient une inductance L de 0,02 H. La tension appliquée et le courant circulant dans le circuit sont représentés sur la Fig. 6-44 ci-dessus. Sachant que la pulsation ω de la source de tension est de 500 rd/s, déterminer la nature et la valeur des deux autres éléments du circuit. *Rép.* $R = 10\ \Omega$, $L = 0{,}04$ H.

6.29. Déterminer l'impédance $\mathbf{Z}$ et l'admittance $\mathbf{Y}$ correspondant au diagramme vectoriel de la Fig. 6-45 ci-dessus. *Rép.* $\mathbf{Z} = 2 - j0{,}5\Omega$, $\mathbf{Y} = 0{,}47 + j0{,}1175$ mhos.

6.30. Afin de déterminer la résistance R et l'inductance L d'une bobine, on branche en série avec cette bobine une résistance de 25 Ω et on applique au circuit ainsi formé une tension de 120 V (60 Hz); les tensions aux bornes de la résistance et celle aux bornes de la bobine sont alors respectivement $V_R = 70{,}8$ V et $V_{bob} = 86$ V. Calculer R et L. *Rép.* $R = 5\Omega$, $L = 79{,}6$ mH.

6.31. Un circuit est constitué par la combinaison en série d'une résistance R, d'une capacité C et d'une résistance de 15 Ω. Lorsque l'on applique à ce circuit une tension de 120 V (60 Hz), la tension efficace aux bornes de la combinaison RC et celle aux bornes de la résistance de 15 Ω sont respectivement 87,3 V et 63,6 V. Déterminer R et C. *Rép.* $R = 5\Omega$, $C = 132{,}5\ \mu$F.

6.32. Calculer l'impédance équivalente $\mathbf{Z}_{eq}$, et l'admittance équivalente $\mathbf{Y}_{eq}$, du circuit parallèle à deux branches de la Fig. 6-46 ci-dessous. Calculer le courant total pour chaque circuit équivalent. *Rép.* $\mathbf{Z}_{eq} = 18{,}6\angle 7{,}15^\circ\ \Omega$, $\mathbf{Y}_{eq} = 0{,}0538\angle -7{,}15^\circ$ mhos, $\mathbf{I}_T = 10{,}75\angle -7{,}15^\circ$ A

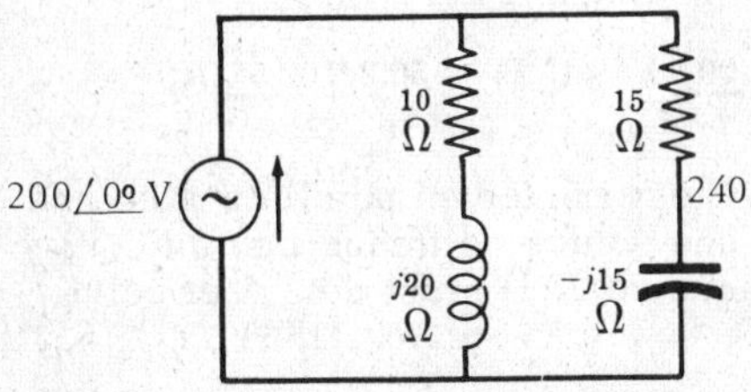

Fig. 6-46

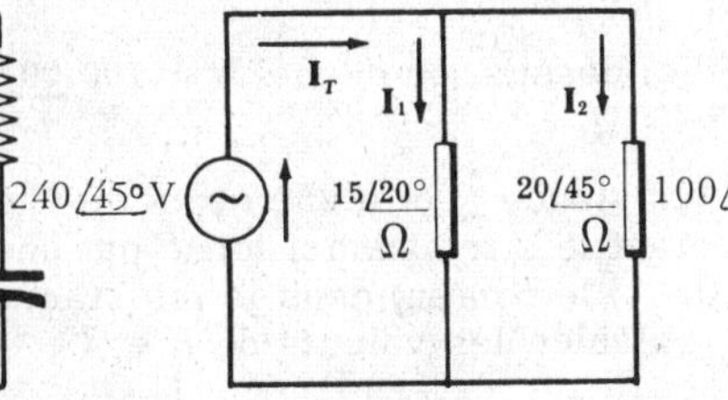

Fig. 6-47

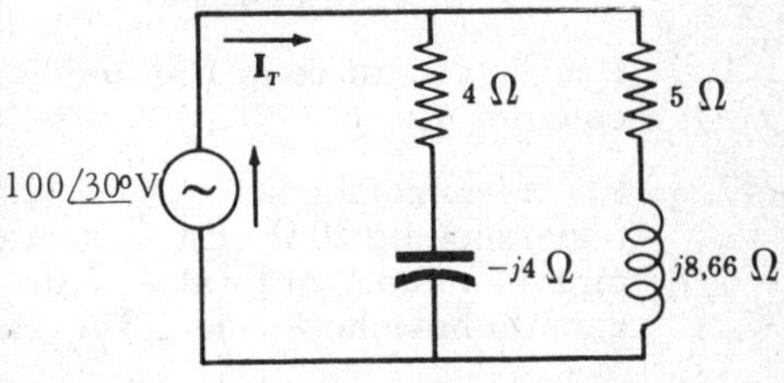

Fig. 6-48

6.33. Calculer le courant dans chacune des branches du circuit parallèle de la Fig. 6-47 ci-dessus, ainsi que le courant total. Construire un diagramme vectoriel représentant $\mathbf{I}_1$, $\mathbf{I}_2$ et $\mathbf{I}_T$.
Rép. $16\angle 25^\circ$ A, $12\angle 0^\circ$ A, $27{,}4\angle 14{,}3^\circ$ A

6.34. Calculer le courant total $\mathbf{I}_T$ pour le circuit parallèle à deux branches de la Fig. 6-48 ci-dessus. En se servant du rapport $\mathbf{V}/\mathbf{I}_T$, déterminer $\mathbf{Z}_{eq}$, et comparer le résultat avec $\mathbf{Z}_{eq} = \mathbf{Z}_1\mathbf{Z}_2/(\mathbf{Z}_1+\mathbf{Z}_2)$.
Rép. $\mathbf{I}_T = 17{,}9\angle 42{,}4^\circ$ A, $\mathbf{Z}_{eq} = 5{,}59\angle -12{,}4^\circ\ \Omega$.

6.35. Le diagramme vectoriel de la Fig. 6-49 ci-dessous représente la tension et les courants dans un circuit parallèle à deux branches. Calculer les impédances $\mathbf{Z}_1$ et $\mathbf{Z}_2$ de chacune des branches.
Rép. $\mathbf{Z}_1 = 2{,}5 + j20\ \Omega$, $\mathbf{Z}_2 = 15\angle -90^\circ\ \Omega$

6,36. Le diagramme vectoriel de la Fig. 6-50 ci-dessous, représente la tension appliquée à un circuit parallèle à deux branches ainsi que les courants qui y circulent. Déterminer les impédances $\mathbf{Z}_1$ et $\mathbf{Z}_2$ de chacune des branches. *Rép.* $\mathbf{Z}_1 = 11{,}55 - j20\ \Omega$, $\mathbf{Z}_2 = 27{,}6 + j11{,}75\ \Omega$

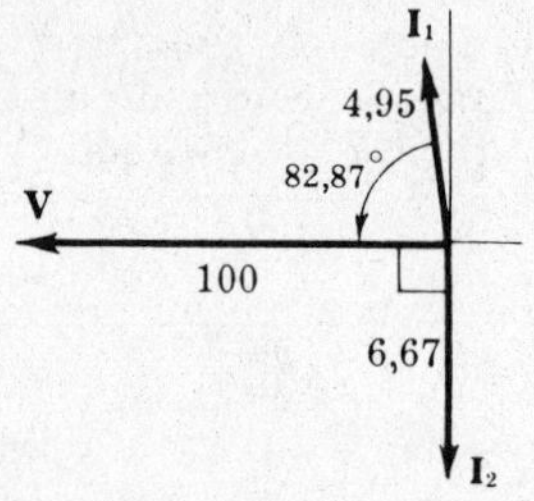

Fig. 6-49

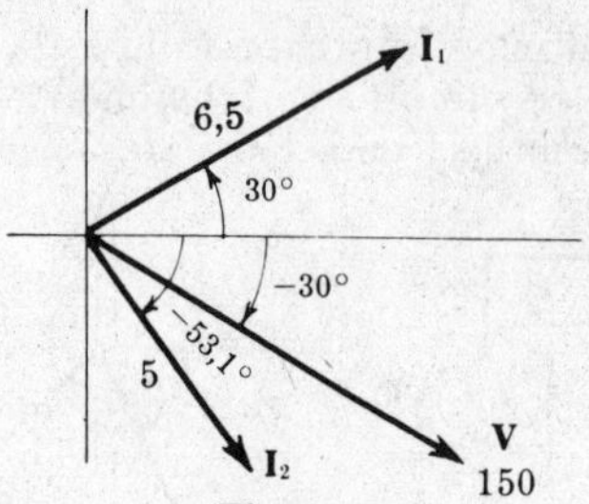

Fig. 6-50

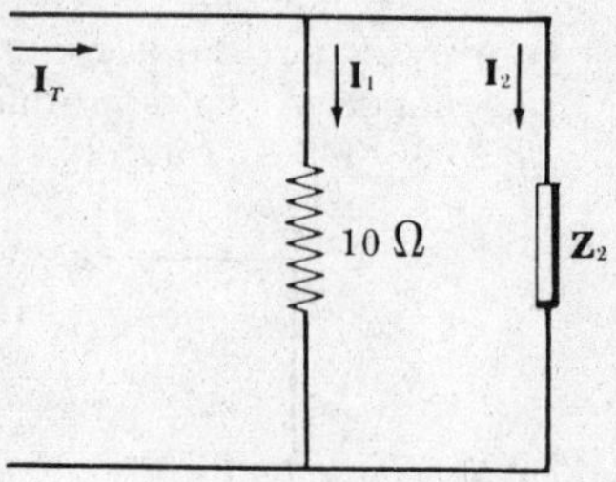

Fig. 6-51

6.37. Pour le circuit de la Fig. 6-51, on donne $\mathbf{I}_1 = 2\angle -30^\circ$ A et $\mathbf{I}_T = 4{,}47\angle 33{,}4^\circ$, calculer $\mathbf{Z}_2$.
Rép. $\mathbf{Z}_2 = -j5$.

6.38. En se servant des admittances, calculer $\mathbf{Z}_{eq}$ et $\mathbf{Y}_{eq}$, pour le circuit à quatre branches de la Fig. 6-52 ci-dessous. A partir du circuit équivalent calculer le courant total $\mathbf{I}_T$.
Rép. $\mathbf{Y}_{eq} = 0{,}22\angle -58^\circ$ mhos, $\mathbf{Z}_{eq} = 4{,}55\angle 58^\circ\ \Omega$, $\mathbf{I}_T = 33\angle -13^\circ$ A.

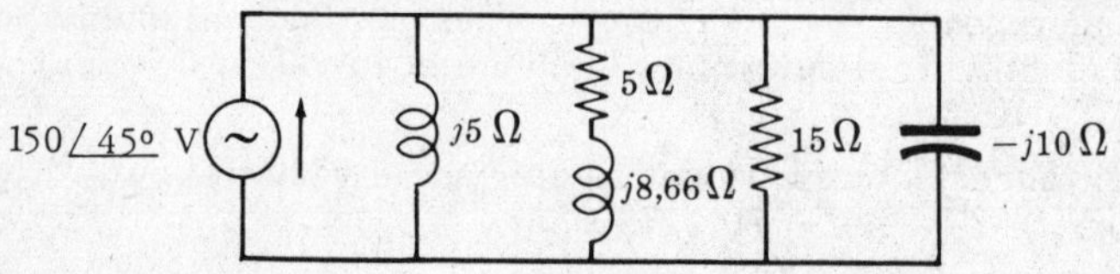

Fig. 6-52

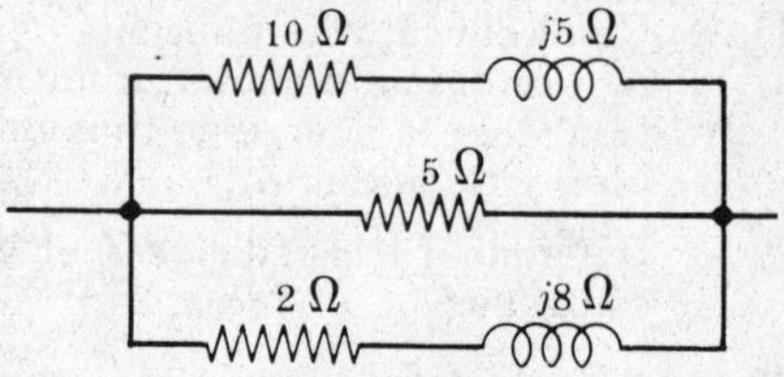

Fig. 6-53

6.39. Calculer $\mathbf{Z}_{eq}$ et $\mathbf{Y}_{eq}$, pour le circuit parallèle à trois branches de la Fig. 6-53 ci-dessus.
Rép. $\mathbf{Z}_{eq} = 2{,}87\angle 27^\circ\ \Omega$, $\mathbf{Y}_{eq} = 0{,}348\angle -27^\circ$ mhos.

6.40. Dans le circuit de la Fig. 6-54 ci-dessous, on donne $\mathbf{V} = 50\angle 30^\circ$ V et $\mathbf{I}_T = 27{,}9\angle 57{,}8^\circ$ A, calculer $\mathbf{Z}$. *Rép.* $\mathbf{Z} = 5\angle -30^\circ\ \Omega$

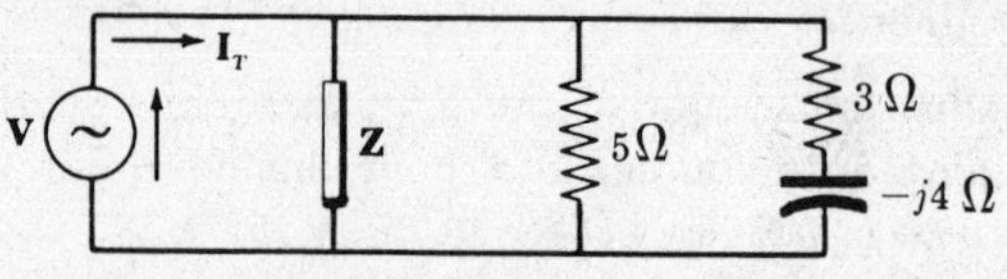

Fig. 6-54

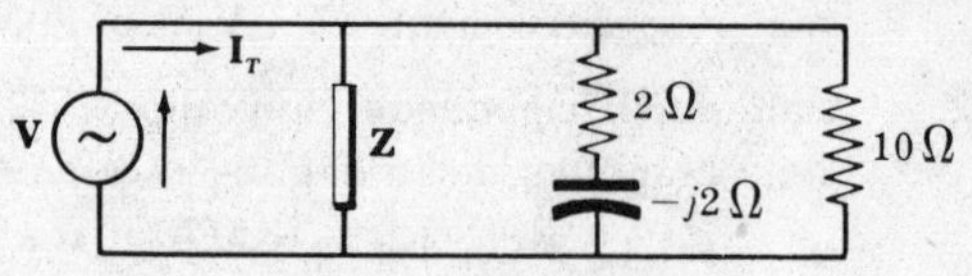

Fig. 6-55

6.41. Pour le circuit de la Fig. 6-55 ci-dessus, on donne $\mathbf{V} = 100\angle 90^\circ$ V et $\mathbf{I}_T = 50{,}2\angle 102{,}5^\circ$ A; calculer $\mathbf{Z}$. *Rép.* $\mathbf{Z} = 5\angle 45^\circ\ \Omega$

6.42. Une combinaison série d'une résistance R et d'une capacité C est montée en parallèle avec une résistance de 20 Ω. En alimentant le circuit ainsi formé par une source de fréquence 60 Hz, il y circule un courant total de 7,02 A; le courant dans la résistance de 20 Ω étant de 6 A et celui dans la branche RC de 2,3 A, calculer les valeurs de R et C. *Rép.* $R = 15\ \Omega$, $C = 53{,}1\ \mu$F.

6.43. Calculer la valeur de R et X_L pour le circuit de la Fig. 6-56 ci-dessous, sachant que le courant efficace total est de 29,9 A, le courant dans la résistance pure de 8 A et celui dans la branche RL de 22,3 A. *Rép.* $R = 5{,}8\ \Omega$, $X_L = 14{,}5\ \Omega$.

6.44. Dans le circuit de la Fig. 6-57 ci-dessous, déterminer la tension V_{AB}.
Rép. $28{,}52\angle 183{,}68^\circ$ V.

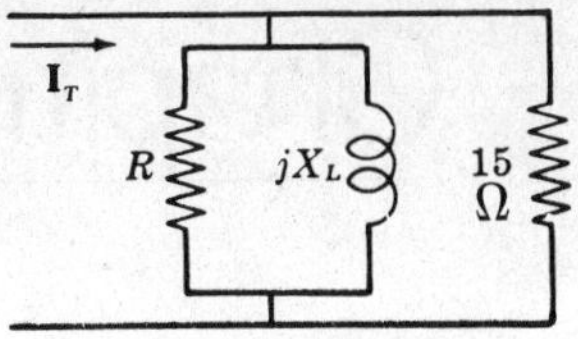

Fig. 6-56

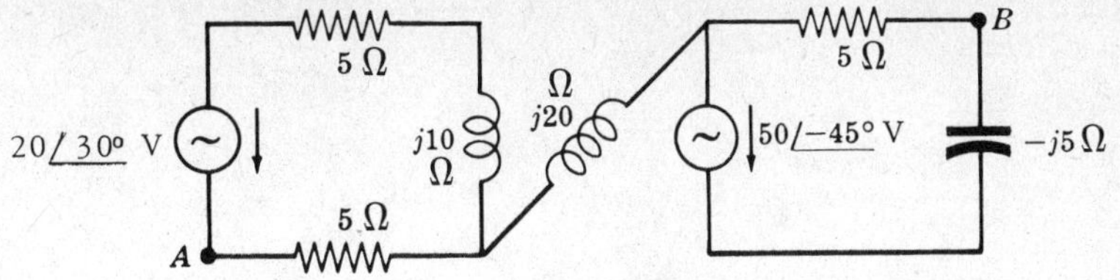

Fig. 6-57

6.45. Un voltmètre placé aux bornes de la résistance de 3 Ω du circuit de la Fig. 6-58 indique 45 V. Quelle est l'indication de l'ampèremètre ? *Rép.* 19,4 A.

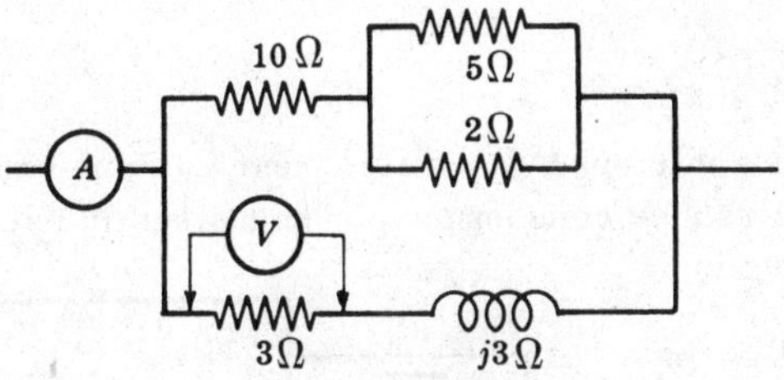

Fig. 6-58

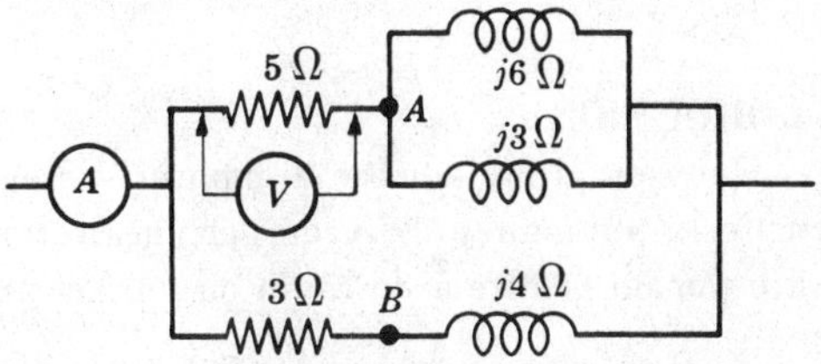

Fig. 6-59

6.46. La tension lue sur un voltmètre branché aux bornes de la résistance de 5 Ω du circuit de la Fig. 6-59 ci-dessus est de 45 V. Déterminer l'intensité lue sur l'ampèremètre. *Rép.* 18 A.

6.47. En se référant au problème 6 .46., calculer la tension efficace entre les points A et B. *Rép.* 25,2 V.

6.48. Dans le circuit de la Fig. 6-60 ci-dessous, la tension efficace entre les points A et B est de 25 V. Calculer les valeurs efficaces correspondantes de **V** et $\mathbf{I}_T$. (On choisira une tension **V'** appropriée et on calculera la tension $\mathbf{V}'_{AB}$ correspondante; on aura alors $V/25 = V'/V'_{AB}$). *Rép.* 54,3 V, 14,2 A.

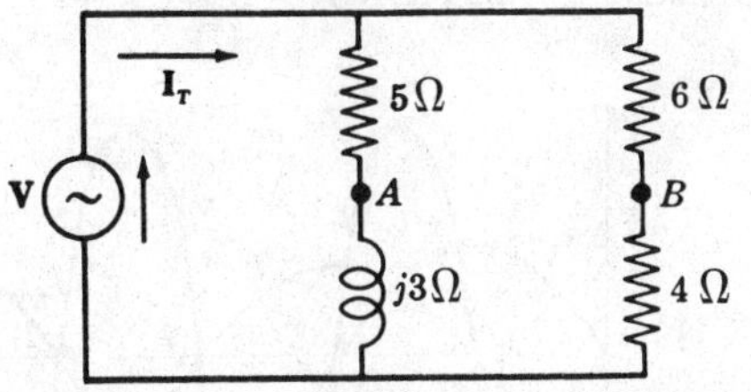

Fig. 6-60

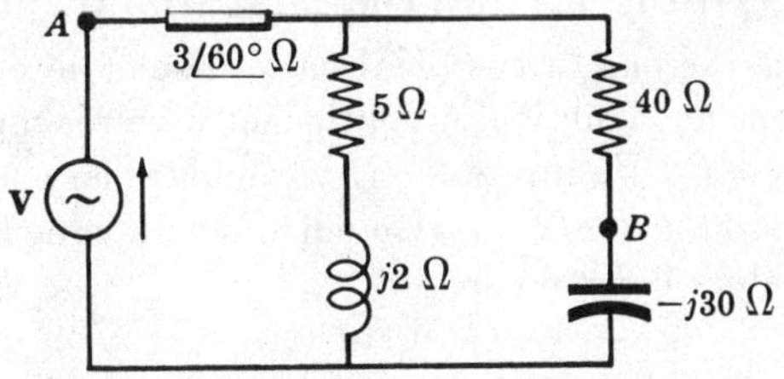

Fig. 6-61

6.49. Calculer la valeur efficace de la tension délivrée par la source (Fig. 6-61 ci-dessus), sachant que la différence de potentiel entre A et B est de 50 V. *Rép.* 54,6 V.

6.50. En se référant à la Fig. 6-62 ci-dessous, choisir des valeurs arbitraires pour R et X_L. Montrer que pour n'importe quelles valeurs de R et X_L, la valeur efficace de la tension $\mathbf{V}_{AB}$ est de 50 V.

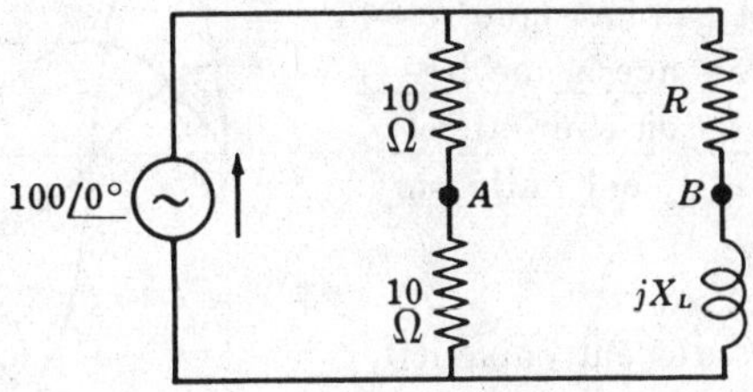

Fig. 6-62

Chapitre 7

Puissance et amélioration du facteur de puissance

INTRODUCTION

Dans un grand nombre d'appareils électriques, on s'intéresse essentiellement à la puissance : par exemple la puissance délivrée par un alternateur, la puissance consommée par un moteur ou encore celle fournie par un émetteur de radio ou un émetteur de télévision.

Dans le réseau de la Fig. 7-1., supposons que la tension soit une fonction du temps. Le courant résultant sera également une fonction du temps, et son amplitude dépendra des éléments qui constituent le réseau. A chaque instant le produit de la tension par le courant représente la puissance instantanée, qui s'écrit $p = vi$.

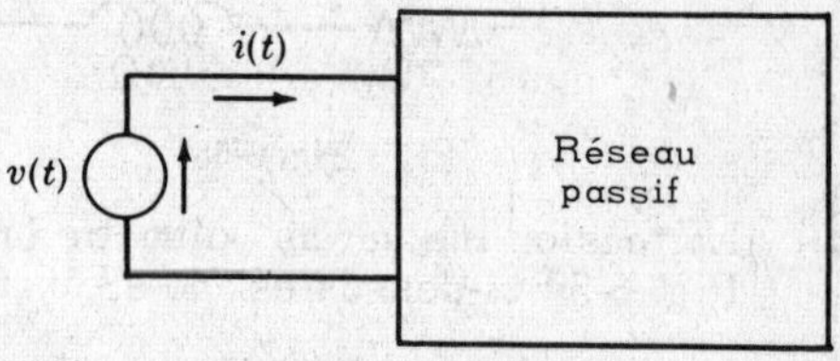

Fig. 7-1

Suivant l'intervalle de temps considéré la puissance p peut être positive ou négative. Une puissance p positive correspond à un transfert d'énergie de la source au réseau, alors qu'une puissance p négative correspond à un transfert d'énergie du réseau à la source.

LA PUISSANCE EN REGIME SINUSOIDAL. LA PUISSANCE MOYENNE (P)

Considérons le cas idéal où le réseau ne comporte qu'un élément inductif. En appliquant à ce réseau une tension $v = V_m \sin \omega t$, il y circulera un courant $i = I_m \sin(\omega t - \pi/2)$. La puissance à chaque instant est alors donnée par :

$$p = vi = V_m I_m (\sin \omega t)(\sin \omega t - \pi/2)$$

Comme $\sin(\omega t - \pi/2) = -\cos \omega t$ et $2 \sin x \cos x = \sin 2x$, cette puissance peut se mettre sous la forme

$$p = -\tfrac{1}{2} V_m I_m \sin 2\omega t$$

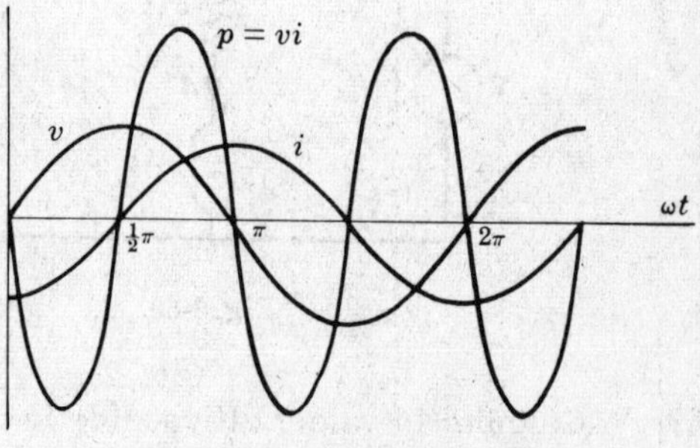

Fig. 7-2.
Réseau comportant une inductance pure L

La Fig. 7-2 représente d'une part la tension v et le courant i, d'autre part la puissance p. Lorsque v et i sont simultanément positifs ou négatifs, la puissance est positive et il y a transfert d'énergie de la source à l'inductance. Lorsque v et i sont de signes opposés, la puissance est négative et l'inductance restitue de l'énergie à la source. La puissance a une fréquence double de celle de la tension ou du courant, et sa valeur moyenne, qui a pour symbole P, est nulle sur une période entière.

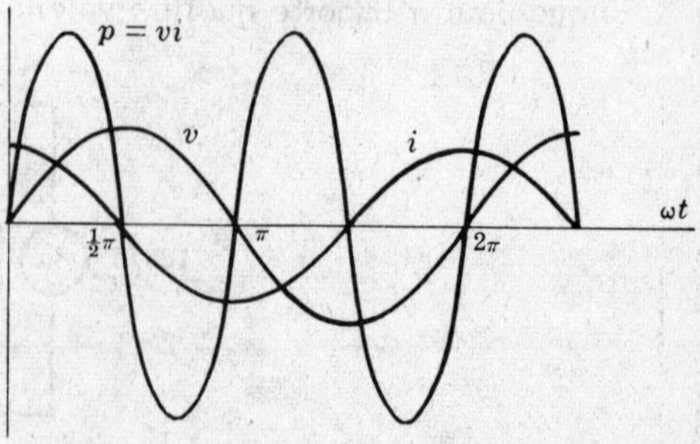

Fig. 7-3.
Réseau comportant une capacité pure C

Dans le cas idéal, d'un réseau purement capacitif, on obtient des résultats analogues à ceux trouvés ci-dessus (Fig. 7-3).

Le courant résultant de l'application d'une tension $v = V_m \sin \omega t$ à un réseau comportant une résistance pure R est $i = I_m \sin \omega t$ et la puissance correspondante est

$$p = vi = V_m I_m \sin^2 \omega t$$

Comme $\sin^2 x = \frac{1}{2}(1 - \cos 2x)$, nous avons

$$p = \tfrac{1}{2} V_m I_m (1 - \cos 2\omega t)$$

Sur la Fig. 7-4 qui illustre ce résultat, nous pouvons également constater que la fréquence de la puissance est double de celle de la tension ou du courant. Par ailleurs, la puissance toujours positive a une valeur maximale de $V_m I_m$ et sa valeur moyenne est de $\frac{1}{2} V_m I_m$.

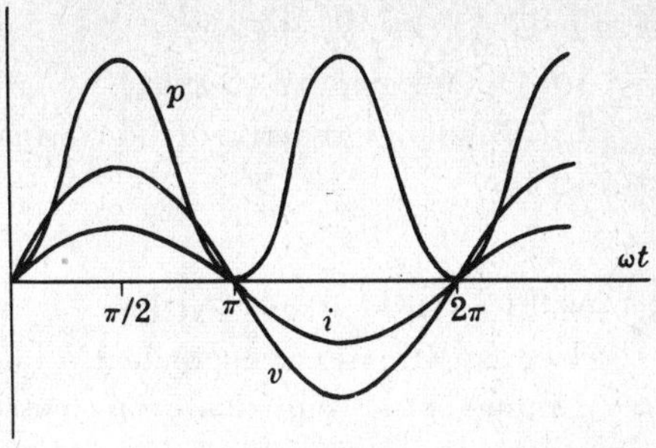

Fig. 7-4.

Reseau comportant une resistance pure R

Considérons enfin le cas général d'un réseau passif. Lorsqu'on lui applique une tension $v = V_m \sin \omega t$, il y circule un courant $i = I_m \sin(\omega t + \theta)$. L'angle de déphasage θ peut être positif ou négatif selon que le réseau est à caractère capacitif ou inductif. La puissance p s'écrit alors

$$p = vi = V_m I_m \sin \omega t \sin(\omega t + \theta)$$

Comme $\sin \alpha \sin \beta = \frac{1}{2}[\cos(\alpha - \beta) - \cos(\alpha + \beta)]$ et $\cos -\alpha = \cos \alpha$, cette puissance peut se mettre sous la forme

$$p = \tfrac{1}{2} V_m I_m [\cos \theta - \cos(2\omega t + \theta)]$$

puissance instantanée

On peut ainsi considérer la puissance instantanée p comme étant formée d'un terme sinusoïdal

$$-\tfrac{1}{2} V_m I_m \cos(2\omega t + \theta)$$

de valeur moyenne nulle et d'un terme constant

$$\tfrac{1}{2} V_m I_m \cos \theta.$$

La valeur moyenne de p est

$$P = \tfrac{1}{2} V_m I_m \cos \theta = VI \cos \theta$$

où $V = V_m/\sqrt{2}$ et $I = I_m/\sqrt{2}$ sont les valeurs efficaces respectives de V et I. Le terme $\cos \theta$ est appelé « *facteur de puissance* ». Le déphasage θ entre V et I est toujours compris entre $+90°$ et $-90°$. Il en résulte que $\cos \theta$ et par conséquent P sont toujours positifs. Afin de préciser le signe de θ, dans un *circuit inductif* le courant est toujours en retard sur la tension et par conséquent le circuit a un « *facteur de puissance inductif* »; dans le cas d'un circuit capacitif le courant est en avance sur la tension et par conséquent le circuit a un « *facteur de puissance capacitif* ».

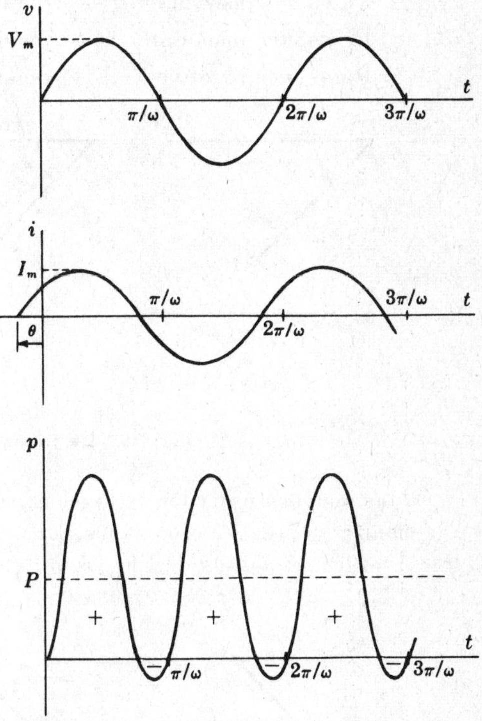

Fig. 7-5

On peut également calculer la puissance moyenne P en faisant usage de la relation

$$P = \frac{1}{T} \int_0^T p \, dt.$$

La puissance moyenne s'exprime en watts(W) et en multiples ou sous-multiples de cette unité.

LA PUISSANCE APPARENTE (S)

Le produit VI appelé « *puissance apparente* » a pour symbole S.

La puissance apparente S s'exprime en voltampères(VA) et en multiples ou sous-multiples de cette unité.

LA PUISSANCE REACTIVE *(Q)*

Le produit $VI \sin\theta$ représente la «*puissance réactive*» et a pour symbole Q.

La puissance réactive Q s'exprime en voltampères réactifs (var) et en multiples et sous-multiples de cette unité.

TRIANGLES DES PUISSANCES

Les équations correspondant à la puissance moyenne, à la puissance apparente et à la puissance réactive peuvent se représenter géométriquement au moyen d'un triangle rectangle appelé «*triangle des puissances*».

Considérons le cas d'un circuit inductif; on représente pour ce circuit le courant **I** qui est en retard sur la tension **V**, et la tension **V** prise comme origine des phases (Fig. 7-6(*a*) ci-dessous). Sur la Fig. 7-6 (*b*), on retrace le courant **I** en mettant en évidence ses deux composantes: la composante en phase et la composante en quadrature. La composante en phase du courant est en phase avec **V** alors que la composante en quadrature ou composante réactive est déphasée de 90° par rapport à **V**. Sur la Fig. 7-6 (*c*) le même diagramme a été repris en multipliant **I**, $I \sin\theta$ et $I\cos\theta$ par la valeur efficace V de la tension **V**. En résumé on a alors:

$$\begin{cases} \text{Puissance moyenne} & P = \text{tension} \times \text{composante en phase du courant} = VI\cos\theta \\ \text{Puissance apparente} & S = \text{tension} \times \text{courant} = VI \\ \text{Puissance réactive} & Q = \text{tension} \times \text{composante en quadrature du courant} = VI\sin\theta \end{cases}$$

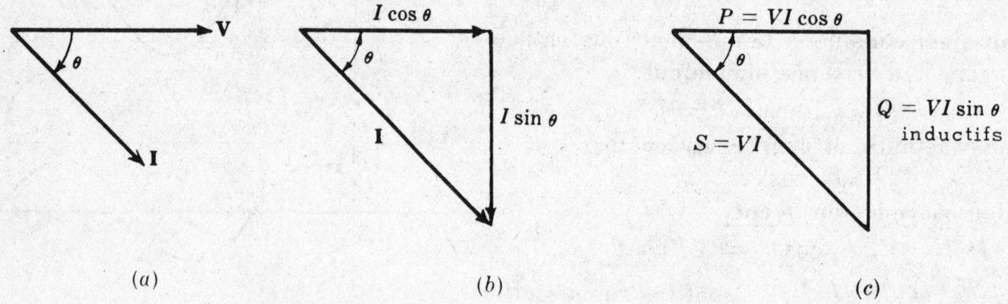

Fig. 7-6. Le triangle des puissances pour une charge inductive

Nous pouvons procéder de la même manière dans le cas où le courant est en avance de phase comme le montre la Fig. 7-7 ci-dessous. La composante Q du triangle des puissances pour une charge capacitive est située au-dessus de l'horizontale.

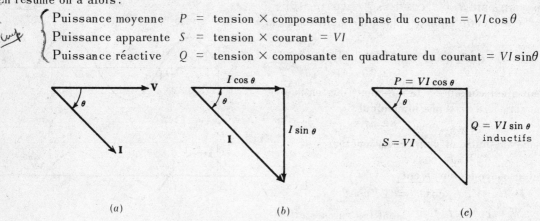

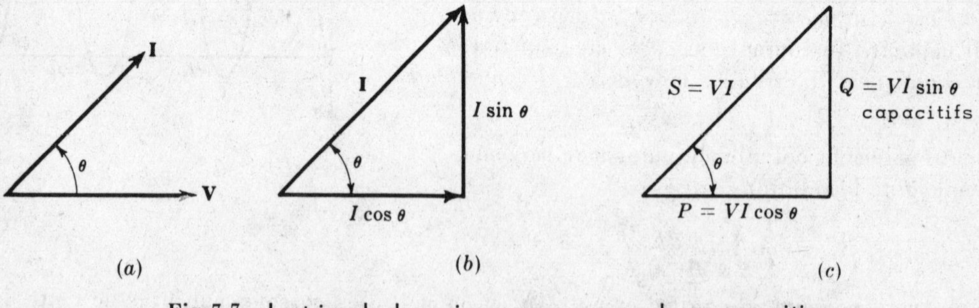

Fig. 7-7. Le triangle des puissances pour une charge capacitive

LA PUISSANCE COMPLEXE

Les trois côtés S, P et Q du triangle des puissances peuvent se déduire du produit $\mathbf{VI}^*$: ce produit est une grandeur complexe appelée *puissance complexe* **S**. Sa partie réelle correspond à la puissance moyenne P et sa partie imaginaire à la puissance réactive Q.

Soit $\mathbf{V} = Ve^{j\alpha}$ et $\mathbf{I} = Ie^{j(\alpha+\theta)}$. Nous pouvons alors écrire:

$$\mathbf{S} = \mathbf{VI}^* = Ve^{j\alpha}Ie^{-j(\alpha+\theta)} = VIe^{-j\theta} = VI\cos\theta - jVI\sin\theta = P - jQ$$

Le module de S est la puissance apparente $S = VI$. Un déphasage avant (I en avance sur V) correspond à une «Q capacitive» et un déphasage arrière correspond à une «Q inductive». Il faudra tenir compte de ces considérations lors de la construction du triangle des puissances.

Un résumé des équations permettant de déterminer les composantes du triangle des puissances est donné ci-dessous :

- Puissance moyenne $P = VI\cos\theta = I^2R = V_R^2/R = \mathrm{Re}\,\mathbf{VI}^*$
- Puissance réactive $Q = VI\sin\theta = I^2X = V_X^2/X = \mathrm{Im}\,\mathbf{VI}^*$
- Puissance apparente $S = VI = I^2Z = V^2/Z =$ module de $\mathbf{VI}^*$
- Facteur de puissance (F.P.) $= \cos\theta = R/Z = P/S$

Exemple 1. Déterminer le triangle des puissances pour un circuit d'impédance $\mathbf{Z} = 3 + j4\,\Omega$, alimenté par une tension $\mathbf{V} = 100\angle 30°$ V.

Le courant circulant dans le circuit est $\mathbf{I} = \mathbf{V}/\mathbf{Z} = (100\angle 30°)/(5\angle 53{,}1°) = 20\angle -23{,}1°$ A

Méthode 1:

$P = I^2R = (20)^2 3 = 1200$ W
$Q = I^2X = 1600$ vars inductifs
$S = I^2Z = 2000$ VA
F.P. $= \cos 53{,}1° = 0{,}6$ inductif

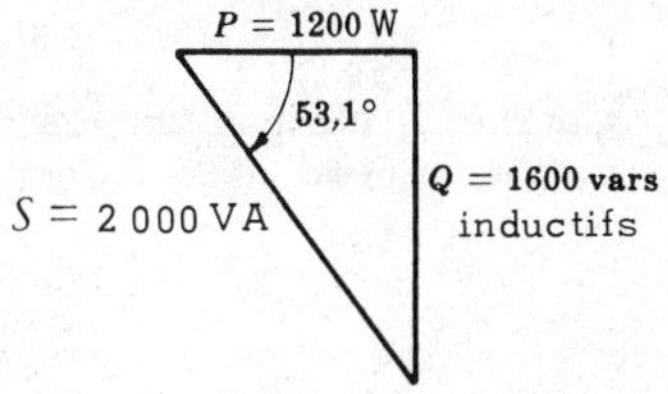

Fig. 7-8

Méthode 2:

$S = VI = 100(20) = 2000$ VA
$P = VI\cos\theta = 2000\cos 53{,}1° = 1200$ W
$Q = VI\sin\theta = 2000\sin 53{,}1° = 1600$ vars inductifs
F.P. $= \cos\theta = \cos 53{,}1° = 0{,}6$ inductif

Méthode 3:

On a $\mathbf{S} = \mathbf{VI}^* = (100\angle 30°)(20\angle 23{,}1°) = 2000\angle 53{,}1° = 1200 + j1600$ VA d'où l'on tire

$P = 1\,200$ W, $Q = 1600$ vars inductifs, $S = 2000$ VA et F.P. $= \cos 53{,}1° = 0{,}6$ inductif

Méthode 4 :

$\mathbf{V}_R = \mathbf{I}R = 20\angle -23{,}1°\,(3) = 60\angle -23{,}1°$, $\mathbf{V}_X = (20\angle -23{,}1°)(4\angle 90°) = 80\angle 66{,}9°$

D'où

$P = V_R^2/R = 60^2/3 = 1200$ W
$Q = V_X^2/X = 80^2/4 = 1600$ vars inductifs
$S = V^2/Z = 100^2/5 = 2000$ VA
F.P. $= P/S = 0{,}6$ inductif

Lors du calcul de l'expression $P = V_R^2/R$ il faut faire particulièrement attention aux valeurs que l'on substitue dans cette relation: en effet l'erreur la plus fréquente consiste à remplacer V_R, tension aux bornes de la résistance, par $\mathbf{V}$, tension totale aux bornes de l'impédance $\mathbf{Z}$.

AMELIORATION DU FACTEUR DE PUISSANCE

Dans les applications industrielles ou privées, les charges sont de nature inductive et le courant est en retard sur la tension appliquée. La puissance moyenne, P, transférée à la charge mesure le travail utile par unité de temps que peut fournir la charge. Cette puissance est habituellement transmise par des lignes de distribution et des transformateurs.

La puissance nominale d'un transformateur est donnée en kVA; comme le transformateur est généralement utilisé à une tension donnée, cette puissance donne le courant maximal admissible dans ce transformateur. Théoriquement, un transformateur peut ainsi être totalement chargé par une charge inductive ou par une charge capacitive, alors que la puissance moyenne délivrée est nulle.

En se référant au triangle des puissances, l'hypoténuse S mesure la puissance apparente fournie à la charge du système de distribution et le côté P mesure la puissance utile délivrée à la charge. Par conséquent, il est souhaitable que S soit aussi voisine de P que possible, c'est-à-dire que l'angle $\theta \to 0$. Comme F.P. = $\cos\theta$, le facteur de puissance devrait tendre vers 1. Dans le cas usuel d'une charge inductive, il est souvent possible d'améliorer le facteur de puissance en branchant des capacités en parallèle avec la charge. Il faut noter que la puissance utile P ne change pas, vu que la tension aux bornes de la charge reste la même. Comme le facteur de puissance est augmenté, le courant et la puissance apparente diminuent et par conséquent le rendement du système de distribution augmente.

Exemple 2. En reprenant le circuit de l'exemple 1, amener le facteur de puissance à 0,9 (inductif) par mise en parallèle de capacités. Calculer S' une fois la correction effectuée et calculer les vars capacitifs nécessaires.

Tracer à nouveau le triangle des puissances de l'exemple 1.

Nous avons $0{,}9 = \cos\theta'$ et $\theta' = 26°$; d'où:

$$S' = P/\cos\theta' = 1200/\cos 26° = 1333$$

Comme $Q' = S'\sin\theta' = 1333 \sin 26° = 585$ vars inductifs,

les vars capacitifs nécessaires à la correction sont :

$$Q - Q' = 1600 - 585 = 1015 \text{ capacitifs}$$

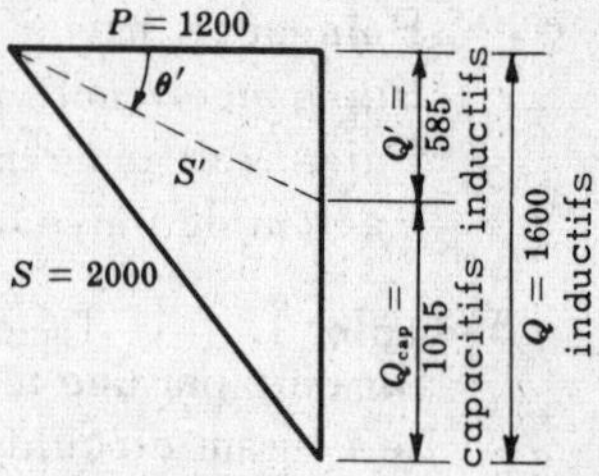

Fig. 7-9

Comme P n'a pas changé, le travail utile reste le même après l'amélioration du facteur de puissance, cependant la valeur S a été réduite de 2000 à 1333 VA.

Problèmes résolus

7.1. Tracer le triangle des puissances pour un circuit alimenté par une tension $v = 150\sin(\omega t + 10°)$ où circule un courant $i = 5\sin(\omega t - 50°)$.

On a $\mathbf{V} = (150/\sqrt{2})\underline{/10°} = 106\underline{/10°}$ et $\mathbf{I} = (5/\sqrt{2})\underline{/-50°} = 3{,}54\underline{/-50°}$.

La puissance complexe est alors :

$$\mathbf{S} = \mathbf{VI}^* = (106\underline{/10°})(3{,}54\underline{/50°}) = 375\underline{/60°} = 187{,}5 + j325$$

d'où l'on tire : $P = \text{Re}\,\mathbf{VI}^* = 187{,}5$ W

$Q = \text{Im}\,\mathbf{VI}^* = 325$ vars inductifs

$S = |\mathbf{VI}^*| = 375$ VA

F.P. = $\cos 60° = 0{,}5$ inductif

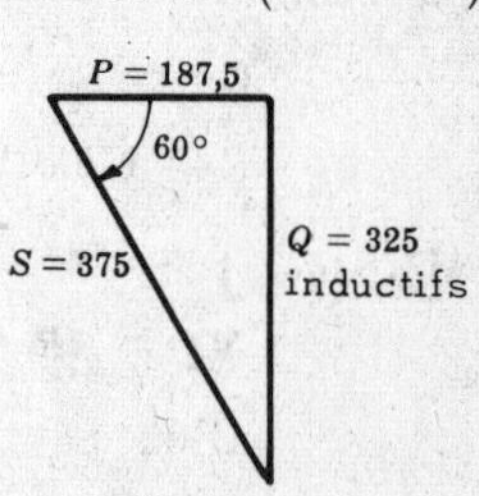

Fig. 7-10

7.2. La puissance dissipée dans un circuit série à deux éléments est de 940 watts; le facteur de puissance pour ce circuit est de 0,707 (capacitif). Sachant que la tension appliquée est donnée par $v = 99\sin(6000t + 30°)$, déterminer la nature et la valeur des éléments du circuit.

La tension appliquée peut se mettre sous la forme complexe $\mathbf{V} = (99/\sqrt{2})\underline{/30°} = 70\underline{/30°}$. Comme la puissance est donnée par $P = VI\cos\theta$, $940 = 70I(0{,}707)$, le courant circulant dans le circuit est $I = 19$ A. Par ailleurs, vu que le facteur de puissance est de 0,707 (capacitif), le courant est en avance sur la tension de $\cos^{-1}(0{,}707) = 45°$ et par conséquent $\mathbf{I} = 19\underline{/75°}$ A. L'impédance du circuit est $\mathbf{Z} = \mathbf{V}/\mathbf{I} = (70\underline{/30°})/(19\underline{/75°}) = 3{,}68\underline{/-45°} = 2{,}6 - j2{,}6$. Comme $\mathbf{Z} = R - jX_C$ et que $X_C = 1/\omega C$, on a

$$R = 2{,}6\ \Omega \qquad \text{et} \qquad C = \frac{1}{6000(2{,}6)} = 64{,}1\ \mu\text{F}$$

Autre méthode :

En remplaçant I par sa valeur de 19 A dans $P = I^2R$ on obtient : $940 = (19)^2R$, $R = 2{,}6\ \Omega$.

Nous avons alors $\mathbf{Z} = Z\underline{/-45°} = 2{,}6 - jX_C$ et $X_C = 2{,}6$ d'où nous tirons :

$$C = 1/\omega X_C = 64{,}1\ \mu\text{F}$$

7.3. Tracer le triangle des puissances pour le circuit série de la Fig. 7-11

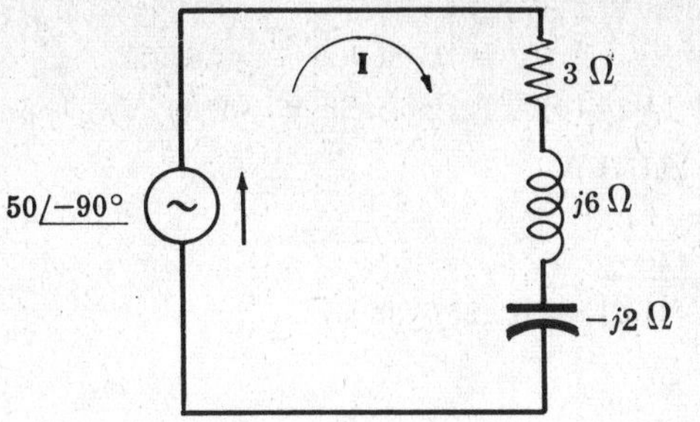

Fig. 7-11

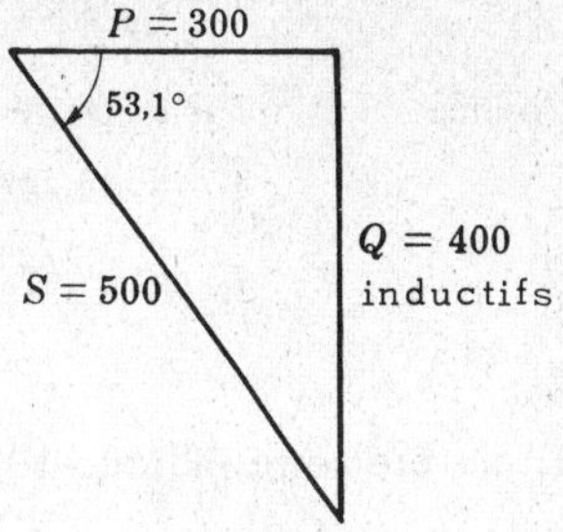

Fig. 7-12

La Fig. 7-11 nous permet d'écrire $\mathbf{Z} = 3 + j6 - j2 = 5\underline{/53,1°}\ \Omega$ et $\mathbf{I} = \mathbf{V}/\mathbf{Z} = (50\underline{/-90°})/(5\underline{/53,1°}) = 10\underline{/-143,1°}$ A. La puissance complexe est alors donnée par

$$\mathbf{S} = \mathbf{VI}^* = (50\underline{/-90°})(10\underline{/143,1°}) = 500\underline{/53,1°} = 300 + j400 \text{ VA}$$

Les côtés du triangle des puissances représenté sur la Fig. 7-12 sont: $P = 300$ W, $Q = 400$ vars inductifs, $S = 500$ VA et F.P. = cos 53,1° = 0,6 inductif.

Autre méthode

En substituant $I = 10$ A dans l'équation donnant la puissance pour chaque élément, on obtient $P = I^2R = 10^2(3) = 300$ W, $Q_{j6} = 10^2(6) = 600$ vars inductifs, $Q_{-j2} = 10^2(2) = 200$ vars capacitifs et $Q = Q_{j6} + Q_{-j2} = 600 - 200 = 400$ vars inductifs.

7.4. Dans le circuit de la Fig. 7-13 circule un courant efficace total de 30 A. Déterminer les relations permettant de calculer P, Q et S, pour ce circuit.

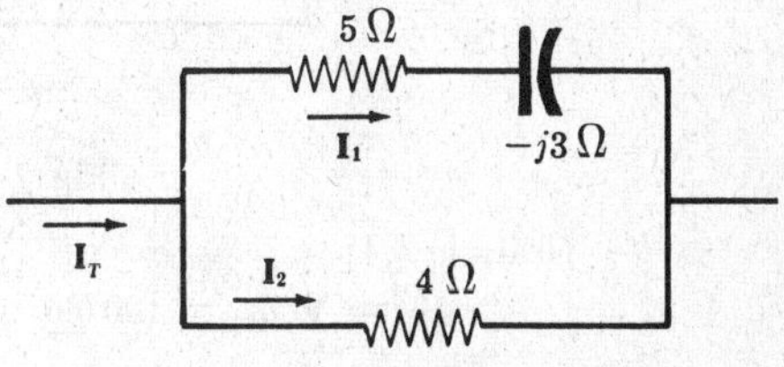

Fig. 7-13

En posant $\mathbf{I}_T = 30\underline{/0°}$ A on a :

$$\mathbf{I}_2 = 30\underline{/0°}\left(\frac{5-j3}{9-j3}\right) = 18,45\underline{/-12,55°} \text{ A et}$$

$$\mathbf{I}_1 = 30\underline{/0°}\left(\frac{4}{9-j3}\right) = 12,7\underline{/18,45°} \text{ A}$$

On peut alors écrire les relations suivantes:

$$P = I_2^2R_4 + I_1^2R_5 = (18,45)^2(4) + (12,7)^2(5) = 2165 \text{ W}$$

$$Q = I_1^2X = (12,7)^2(3) = 483 \text{ vars capacitifs}$$

$$\mathbf{S} = P - jQ = 2165 - j483 = 2210\underline{/-12,6°}, \quad S = 2210 \text{ VA}$$

$$\text{F.P.} = P/S = 2165/2210 = 0,98 \text{ capacitif}$$

Les puissances ci-dessus peuvent également être calculées à partir de $\mathbf{Z}_{eq} = \dfrac{(5-j3)4}{9-j3} = 2,4 - j0,533\,\Omega$. On obtient alors :

$$P = I_T^2R = 30^2(2,4) = 2160 \text{ W et} \quad Q = 30^2(0,533) = 479,7 \text{ vars capacitifs.}$$

7.5. La puissance totale dissipée dans le circuit parallèle de la Fig. 7-14 est de 1100 W. Calculer la puissance dissipée dans chacune des résistances et déterminer l'intensité qu'indique l'ampèremètre.

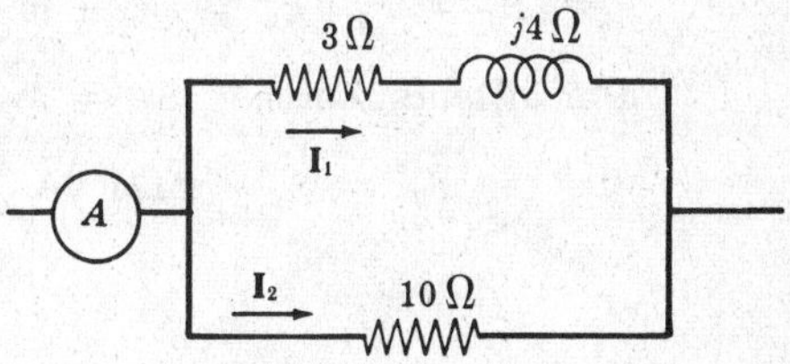

Fig. 7-14

En se référant à la Fig. 7-14 on peut écrire

$$\mathbf{I}_1 = \frac{\mathbf{V}}{\mathbf{Z}_1} = \frac{\mathbf{V}}{3+j4} = \frac{\mathbf{V}}{5\underline{/53,1°}}, \quad \mathbf{I}_2 = \frac{\mathbf{V}}{\mathbf{Z}_2} = \frac{\mathbf{V}}{10}$$

Le rapport des modules des courants est $\dfrac{I_1}{I_2} = \dfrac{V/5}{V/10} = \dfrac{2}{1}$. La relation $P = I^2R$ permet de calculer le rapport des puissances dans la résistance de 3Ω et dans celle de 10 Ω :

$$\frac{P_3}{P_{10}} = \frac{I_1^2R_1}{I_2^2R_2} = \left(\frac{2}{1}\right)^2\frac{3}{10} = \frac{6}{5}$$

La puissance totale est donnée par $P_T = P_3 + P_{10}$, ; en divisant chaque membre de cette relation par P_{10}, on obtient $P_T/P_{10} = P_3/P_{10} + 1$ d'où :

$$P_{10} = 1100(5/11) = 500\,\text{W} \,, \qquad P_3 = 1100 - 500 = 600\,\text{W}$$

Comme $P = I^2R$, on a $I_1^2(3) = 600$ et $I_1 = 14{,}14\,\text{A}$. En posant $\mathbf{V} = V\angle 0°$ V, on peut écrire :

$$\mathbf{I}_1 = 14{,}14\angle{-53{,}1°} = 8{,}48 - j11{,}31 \text{ A}$$

$$\mathbf{I}_2 = 7{,}07\angle 0° = 7{,}07 \text{ A}$$

et

$$\mathbf{I}_T = \mathbf{I}_1 + \mathbf{I}_2 = 15{,}55 - j11{,}31 = 19{,}25\angle{-36°} \text{ A}$$

L'ampèremètre indique 19,25 A.

7.6. Déterminer le triangle des puissances pour chacune des branches du circuit parallèle de la Fig. 7-15. En faire la somme vectorielle pour obtenir le triangle des puissances pour le circuit complet.

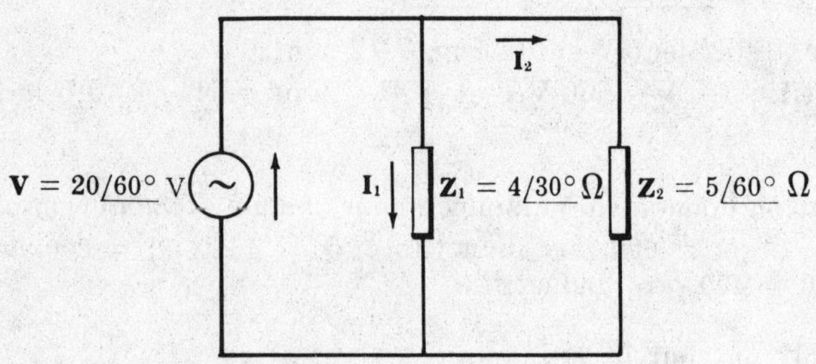

Fig. 7-15

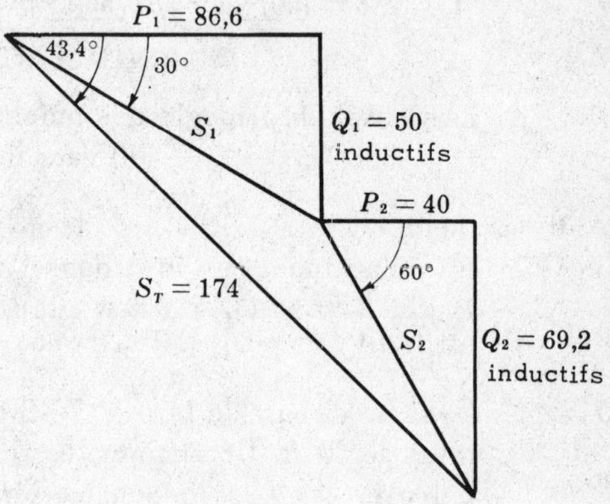

Fig. 7-16

Branche 1.

$$\mathbf{I}_1 = \mathbf{V}/\mathbf{Z}_1 = (20\angle 60°)/(4\angle 30°) = 5\angle 30° \text{ A}$$

$$\mathbf{S}_1 = \mathbf{VI}_1^* = (20\angle 60°)(5\angle{-30°}) = 100\angle 30° = 86{,}6 + j50 \text{ VA}$$

D'où l'on tire

$P_1 = \text{Re}\,\mathbf{VI}_1^* = 86{,}6$ W

$Q_1 = \text{Im}\,\mathbf{VI}_1^* = 50$ vars inductifs

$S_1 = |\mathbf{VI}_1^*| = 100$ VA

F.P.$_1 = P_1/S_1 = 0{,}866$ inductif

Branche 2.

$$\mathbf{I}_2 = \mathbf{V}/\mathbf{Z}_2 = (20\angle 60°)/(5\angle 60°) = 4\angle 0° \text{ A}$$

$$\mathbf{S}_2 = \mathbf{VI}_2^* = (20\angle 60°)(4\angle 0°) = 80\angle 60° = 40 + j69{,}2 \text{ VA}$$

D'où l'on tire

$P_2 = 40$ W

$Q_2 = 69{,}2$ vars inductifs

$S_2 = 80$ VA

F.P.$_2 = 0{,}5$ inductif

En tenant compte des résultats ci-dessus et en se référant à la Fig. 7-16, le triangle des puissances pour le circuit complet s'obtient comme suit :

$$P_T = P_1 + P_2 = 86{,}6 + 40 = 126{,}6\,\text{W}, \quad Q_T = Q_1 + Q_2 = 50 + 69{,}2 = 119{,}2 \text{ vars inductifs}$$

Par ailleurs, comme $\mathbf{S}_T = P_T + jQ_T = 126{,}6 + j119{,}2 = 174\angle 43{,}4°$ VA on a également

$$S_T = |\mathbf{S}_T| = 174 \text{ VA} \quad \text{et} \quad \text{F.P.}_T = P_T/S_T = 126{,}6/174 = 0{,}727 \text{ inductif}$$

7.7. Un moteur à induction a un rendement de 85 %, pour une puissance de sortie de 2 CV. A cette puissance, le facteur de puissance est de 0,8 (inductif). Déterminer tous les paramètres définissant la puissance fournie au moteur.

Comme 1 CV = 746 W, $P_e = 2(746)/0{,}85 = 1755$ W. On en déduit :

$$S = 1755/0{,}8 = 2190 \text{ VA}, \quad \theta = \cos^{-1}(0{,}8) = 36{,}9°, \quad Q = 2190 \sin 36{,}9° = 1315 \text{ vars inductifs}$$

7.8. Tracer le triangle des puissances totales pour le circuit parallèle de la Fig. 7-17, où la résistance de 2 Ω dissipe une puissance de 20 W.

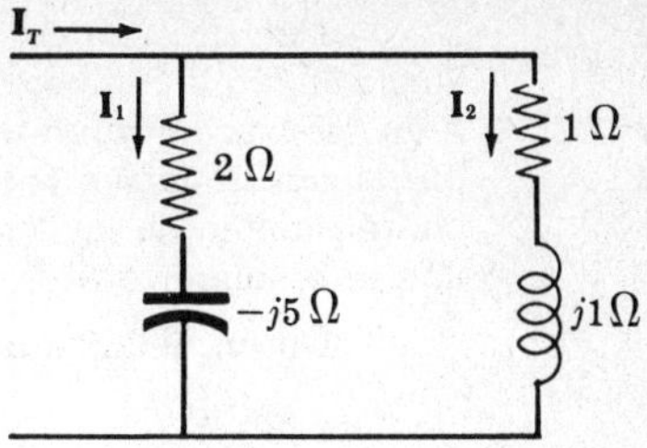

Fig. 7-17

La relation $P = I^2R$ nous permet d'écrire $I_1^2(2) = 20$ et $I_1 = 3{,}16$ A. Comme $\mathbf{Z}_1 = 2 - j5 = 5{,}38\angle{-68{,}2°}\ \Omega$, nous avons $V = I_1 Z = 3{,}16(5{,}38) = 17$ V. Posons $V = 17\angle 0°$ V; il en résulte :

$$\mathbf{I}_1 = 3{,}16\angle 68{,}2°\ \text{A},\quad \mathbf{I}_2 = \mathbf{V}/\mathbf{Z}_2 = (17\angle 0°)/(\sqrt{2}\angle 45°)\ \text{A}$$

et
$$\mathbf{I}_T = \mathbf{I}_1 + \mathbf{I}_2 = 11{,}1\angle{-29{,}8°}\ \text{A}.$$

Afin de calculer les côtés du triangle des puissances, nous devons connaître S_T :

$$\mathbf{S}_T = \mathbf{V}\mathbf{I}_T^* = 17\angle 0°\,(11{,}1\angle 29{,}8°) = 189\angle 29{,}8° = 164 + j94\ \text{VA}$$

Nous en déduisons

$$P_T = 164\ \text{W},\quad Q_T = 94\ \text{vars inductifs},\ S_T = 189\ \text{VA},\ \text{F.P.} = 164/189 = 0{,}868\ \text{inductif}$$

7.9. Déterminer le triangle des puissances pour la combinaison des trois charges suivantes : charge 1, 250 VA, F.P. = 0,5 (inductif) ; Charge 2, 180 W, F.P. = 0,8 (capacitif) ; Charge 3, 300 VA, 100 vars inductifs.

Calculer la puissance moyenne et la puissance réactive pour chacune des charges, dans les cas où celles-ci ne sont pas connues.

Charge 1. Sont connus $S = 250$ VA et F.P. = 0,5 (inductif).
$P = S.(\text{F.P.}) = 250\,(0{,}5) = 125$ W, $\theta = \cos^{-1} 0{,}5 = 60°$, $Q = S \sin\theta = 250 \sin 60° = 216$ vars inductifs

Charge 2. Sont donnés $P = 180$ W et F.P. = 0,8 (capacitif)
$S = \dfrac{P}{\text{F.P.}} = 180/0{,}8 = 225$ VA $\quad \theta = \cos^{-1} 0{,}8 = 36{,}9°$, $\quad Q = 225 \sin 36{,}9° = 135$ vars capacitifs.

Charge 3. On connaît $S = 300$ VA et $Q = 100$ vars inductifs

$$\theta = \sin^{-1}(Q/S) = \sin^{-1}(100/300) = 19{,}5°,\quad P = S\cos\theta = 300 \cos 19{,}5° = 283\ \text{W}$$

Nous pouvons alors écrire :

$$P_T = 125 + 180 + 283 = 588\ \text{W},\quad Q_T = 216 - 135 + 100 = 181\ \text{vars inductifs}$$

Comme $\mathbf{S}_T = P_T + jQ_T = 588 + j181 = 616\angle 17{,}1°$,

nous avons $S_T = 616$ VA et F.P. $= P/S = 588/616 = 0{,}955$ inductifs

La Fig. 7-18 représente les triangles des puissances pour chacune des charges ainsi que le triangle des puissances totales.

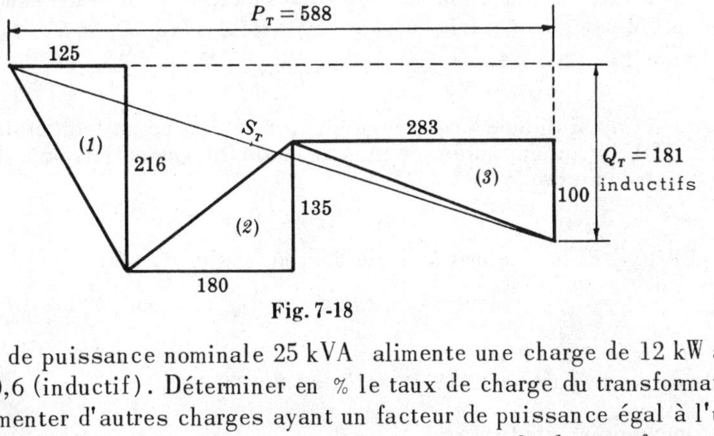

Fig. 7-18

7.10. Un transformateur de puissance nominale 25 kVA alimente une charge de 12 kW ayant un facteur de puissance de 0,6 (inductif). Déterminer en % le taux de charge du transformateur. Si ce transformateur doit alimenter d'autres charges ayant un facteur de puissance égal à l'unité, combien de kW sont encore disponibles avant d'atteindre la charge nominale du transformateur ?

Pour la charge de 12 kW on a $S = P/\text{F.P.} = 12/0{,}6 = 20$ kVA. Par conséquent le transformateur est chargé à $(20/25)\,100 = 80$ %.

Comme $\theta = \cos^{-1} 0{,}6 = 53{,}1°$, on a $Q = S \sin\theta = 20 \sin 53{,}1° = 16$ kvar inductifs. La charge additionnelle a un facteur de puissance égal à 1; par conséquent la puissance réactive Q reste inchangée. On a alors pour la charge nominale un angle $\theta' = \sin^{-1}(16/25) = 39{,}8°$ et une puissance totale $P_T = S' \cos\theta' = 25 \cos 39{,}8° = 19{,}2$ kW.

On en déduit que la charge additionnelle est égale à :

$$P_T - P = 19{,}2 - 12 = 7{,}2 \text{ kW}$$

Le résultat ci-dessus peut aussi s'obtenir graphiquement comme le montre la Fig. 7-19.

On peut remarquer que l'addition de charges de facteur de puissance unitaire a amélioré le facteur de puissance de l'ensemble :

P.F. = cos 39,8° = 0,768 (inductif).

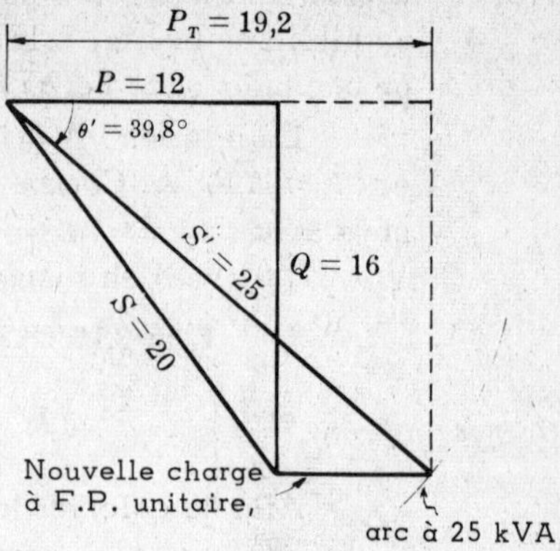

Fig. 7-19

7.11. En se référant au Problème 7.10., quelles charges supplémentaires en kVA peut-on alimenter pour amener le transformateur à sa charge nominale, sachant que ces charges ont un facteur de puissance de 0,866 (capacitif) ?

Du Problème 7.11. nous tirons $S = 20$ kVA, $\theta = 53{,}1°$, $Q = 16$ kvar inductifs. Nous pouvons tracer le triangle des puissances correspondant, comme le montre la Fig. 7-20 *(a)*. En ajoutant les charges S_2 avec un angle $\theta_2 = \cos^{-1} 0{,}866 = 30°$, il nous faut calculer le nouvel angle θ'.

En considérant la Fig. 7-20 *(b)*, nous pouvons écrire

$$25/\sin 96{,}9° = 20/\sin\beta, \quad \sin\beta = 0{,}795, \; \beta = 52{,}6°$$

Nous en déduisons $\gamma = 180° - (96{,}9° + 52{,}6°) = 30{,}5°$ et $\theta' = 53{,}1° - 30{,}5° = 22{,}6°$.

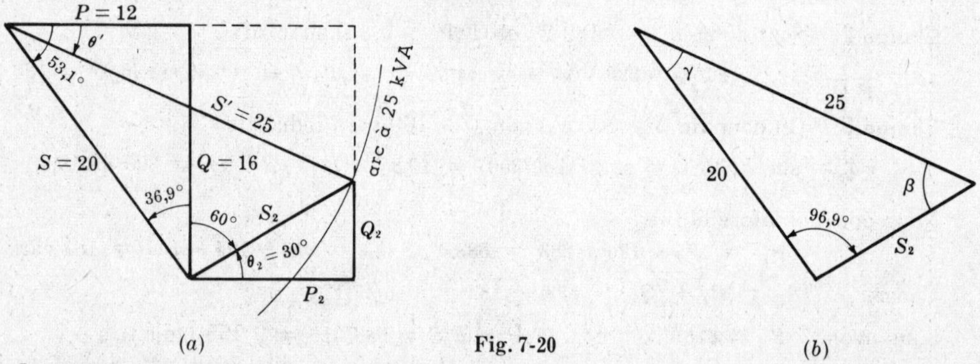

Fig. 7-20

La puissance active et la puissance réactive à pleine charge sont respectivement :

$P_T = 25 \cos 22{,}6° = 23{,}1$ kW et $Q_T = 25 \sin 22{,}6° = 9{,}6$ kvar inductifs. Pour les charges additionnelles, nous avons $P_2 = 23{,}1 - 12 = 11{,}1$ kW, $Q_2 = 16 - 9{,}6 = 6{,}4$ kvar capacitifs et, comme $\mathbf{S}_2 = P_2 + jQ_2 = 11{,}1 - j6{,}4 = 12{,}8\angle -30°$, $S_2 = 12{,}8$ kVA

On peut ainsi ajouter une charge de 12,8 kVA avec un facteur de puissance de 0,866 (capacitif) aux 12 kW avec un facteur de puissance de 0,6 (inductif), pour amener le transformateur à sa charge nominale de 25 kVA.

Autre méthode :

La Fig. 7-20 *(a)* permet d'écrire pour un angle $\theta_2 = 30°$

$$P_2 = S_2 \cos 30° = (\sqrt{3}/2)S_2, \qquad Q_2 = S_2 \sin 30° = \tfrac{1}{2}S_2$$

Par ailleurs on a également $(S')^2 = (P + P_2)^2 + (Q - Q_2)^2$

Ce qui donne après substitution :

$$25^2 = (12 + \sqrt{3}/2\, S_2)^2 + (16 - \tfrac{1}{2}S_2)^2 \qquad \text{et} \qquad S_2 = 12{,}8 \text{ kVA}$$

7.12. Soit un transformateur de 500 kVA à pleine charge alimentant un système dont le facteur de puissance est de 0,6 (inductif). On améliore ce facteur de puissance par l'adjonction de capacités, jusqu'à ce qu'il ait atteint la valeur de 0,9 (inductif). Déterminer le nombre de kvars capacitifs nécessaires. Après correction du facteur de puissance, à quel taux (en %) le transformateur est-il chargé ?

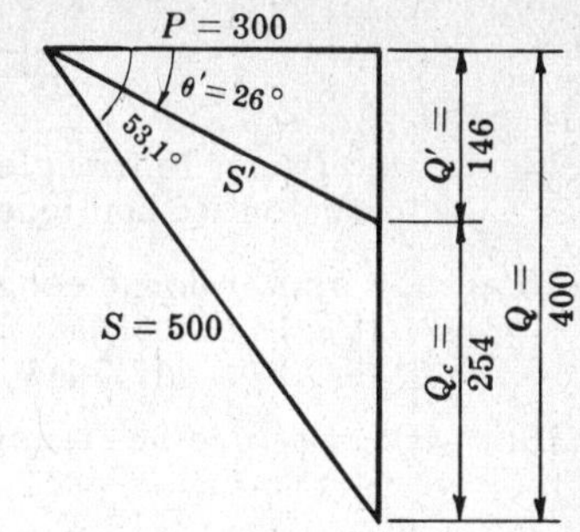

Fig. 7-21

Pour le transformateur à pleine charge on peut écrire (voir Fig. 7-21)

$$P = VI\cos\theta = 500(0,6) = 300 \text{ kW}$$

$$\theta = \cos^{-1}0,6 = 53,1°$$

$$Q = VI\sin\theta = 500\sin 53,1° = 400 \text{ kvars inductifs}$$

Si le F.P. = 0,9 (inductif), on a:

$$\theta' = \cos^{-1}0,9 = 26°, \quad S' = 300/0,9 = 333 \text{ kVA}, \quad Q' = 333\sin 26° = 146 \text{ kvars inductifs}$$

On en déduit que le nombre de kvars capacitifs est: $Q - Q' = 400 - 146 = 254$ et que le transformateur est chargé à:

$$\frac{333}{500}.100 = 66,7\ \%$$

7.13. Un groupe de moteurs à induction de puissance totale 500 kW et de facteur de puissance 0,8 (inductif) doit être remplacé partiellement par des moteurs synchrones de même rendement, mais dont le facteur de puissance est de 0,707 (capacitif). Au fur et à mesure de l'échange des moteurs, on constate que le facteur de puissance s'améliore. Quel pourcentage de la charge aura été remplacé lorsque le facteur de puissance atteindra 0,9 (inductif) ?

Etant donné que les moteurs synchrones ont le même rendement que les moteurs à induction, la puissance moyenne totale reste constante et égale à 500 kW.

Avant de remplacer les moteurs on avait

$$S = 500/0,8 = 625 \text{ kVA}, \quad \theta = \cos^{-1}0,8 = 36,9°, \quad Q = 625\sin 36,9° = 375 \text{ kvars inductifs}$$

Après on a: F.P. = 0,9 (inductif)

$$\text{et } \theta' = \cos^{-1}0,9 = 26°, \quad S' = 500/0,9 = 556 \text{ kVA}, \quad Q' = 556\sin 26° = 243 \text{ kvars inductifs}$$

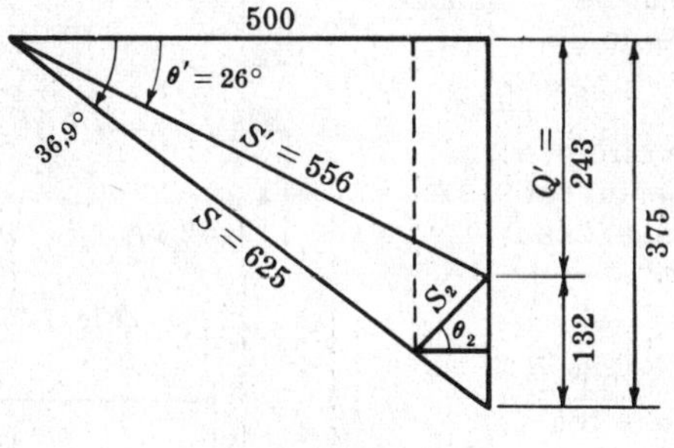

(a)

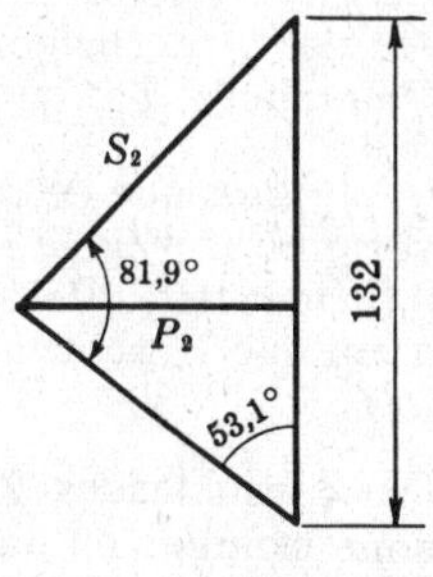

(b)

Fig. 7-22

Sachant que le facteur de puissance des moteurs synchrones est de 0,707 (capacitif), on a $\theta_2 = \cos^{-1} 0,707 = 45°$. En se référant à la Fig. 7-22 (*b*), on peut écrire

$$S_2/\sin 53,1° = 132/\sin 81,9°, \quad S_2 = 106,5 \text{ kVA}$$

On en déduit que $P_2 = 106,5\cos 45° \doteq 75,3 \text{ kW}$ et que $\dfrac{75,3}{500}.100 = 15\ \%$ des moteurs asynchrones ont été remplacés.

Problèmes supplémentaires

7.14. Déterminer le triangle des puissances pour un circuit où circule un courant $i = 5 \sin(\omega t + 20°)$, lorsqu'on lui applique une tension $v = 200 \sin(\omega t + 110°)$ *Rép.* $P = 0$, $Q = 500$ vars inductifs.

7.15. Un circuit donné est alimenté par une tension $v = 14{,}14 \cos \omega t$, il y circule un courant $i = 17{,}1 \cos(\omega t - 14{,}05°)$ mA. Déterminer le triangle des puissances correspondant à ce circuit.
Rép. $P = 117{,}5$ mW, $Q = 29{,}6$ mvars inductifs, F.P. = 0,97 (inductif).

7.16. On applique une tension $v = 340 \sin(\omega t - 60°)$ à un circuit; il en résulte un courant $i = 13{,}3 \sin(\omega t - 48{,}7°)$ .Déterminer le triangle des puissances pour ce circuit.
Rép. $P = 2215$ W, $Q = 442$ vars capacitifs, F.P. = 0,98 (capacitif).

7.17. Un circuit série à deux éléments $R = 10\ \Omega$ et $X_C = 5\ \Omega$ est alimenté par une tension de valeur efficace 120 V. Déterminer le triangle des puissances correspondant.
Rép. $\mathbf{S} = 1154 - j577$, F.P. = 0,894 capacitif.

7.18. Un circuit série comporte deux éléments $R = 5\Omega$ et $X_L = 15\ \Omega$; la tension efficace aux bornes de la résistance est de 31,6 V. Déterminer le triangle des puissances.
Rép. $\mathbf{S} = 200 + j600$, F.P. = 0,316 (inductif).

7.19. On applique une tension $\mathbf{V} = 50\angle -90°$ V, à un circuit série comportant les éléments $R = 8\Omega$ et $X_C = 6\ \Omega$. Déterminer le triangle des puissances.
Rép. $\mathbf{S} = 200 - j150$, F.P. = 0,8 (capacitif).

7.20. Calculer l'impédance du circuit absorbant 5040 VA avec un facteur de puissance de 0,894 (capacitif), lorsqu'on l'alimente par une tension $\mathbf{V} = 150\angle 45°$ V. *Rép.* $(4 - j2)\ \Omega$.

7.21. Un courant efficace de 18 A circule dans une impédance qui absorbe 3 500 VA avec un facteur de puissance de 0,76 (inductif). Calculer la valeur de l'impédance.
Rép. $(8{,}21 + j7{,}0)\ \Omega$.

7.22. Une puissance de 180 W est dissipée dans un circuit à deux éléments dont le facteur de puissance est de 0,8 (inductif) et où circule un courant instantané $i = 4{,}24 \sin(5000t + 45°)$. Déterminer les constantes du circuit. *Rép.* $R = 20\ \Omega$, $L = 3$ mH.

7.23. Un courant efficace de 5 A circule dans les deux impédances $\mathbf{Z}_1 = 5{,}85\angle -59°\ \Omega$ et $\mathbf{Z}_2 = 8{,}95\angle 63{,}4°\ \Omega$ montées en série. Déterminer le triangle des puissances.
Rép. $\mathbf{S}_T = 175 + j75$, F.P. = 0,918 (inductif).

7.24. La puissance réactive Q correspondant à un circuit série comportant les impédances $\mathbf{Z}_1 = 5\angle 45°\ \Omega$ et $\mathbf{Z}_2 = 10\angle 30°\ \Omega$ est de 1920 vars inductifs. Calculer la puissance moyenne P et la puissance apparente S. *Rép.* $P = 2745$ W, $S = 3350$ VA.

7.25. Le circuit série de la Fig. 7-23, dont le facteur de puissance est de 0,856 (inductif) absorbe une puissance de 36,4 VA. Déterminer $\mathbf{Z}$. *Rép.* $\mathbf{Z} = 1\angle 90°\ \Omega$

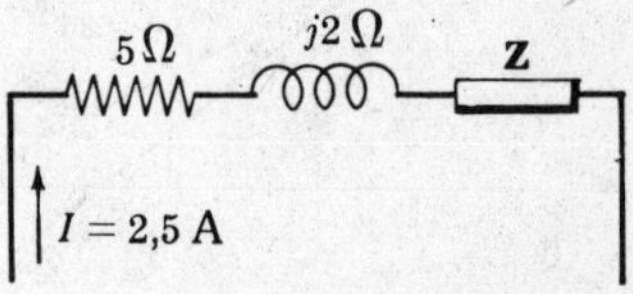

Fig. 7-23

7.26. Une puissance de 300 W est dissipée dans le circuit série de la Fig. 7-24 dont le facteur de puissance est 0,6 (inductif). Déterminer le triangle des puissances ainsi que l'impédance $\mathbf{Z}$ inconnue.
Rép. $\mathbf{S} = 300 + j400$, $\mathbf{Z} = 4\angle 90°\ \Omega$

7.27. Deux impédances $\mathbf{Z}_1 = 4\angle -30°\ \Omega$ et $\mathbf{Z}_2 = 5\angle 60°\ \Omega$ sont montées en parallèle et alimentées par une tension $\mathbf{V} = 20\angle 0°$ V. Déterminer le triangle des puissances correspondant à chaque branche et en déduire celui correspondant au circuit complet.
Rép. $P = 126{,}6$ W, $Q = 19{,}3$ vars inductifs, F.P. = 0,99 (inductif).

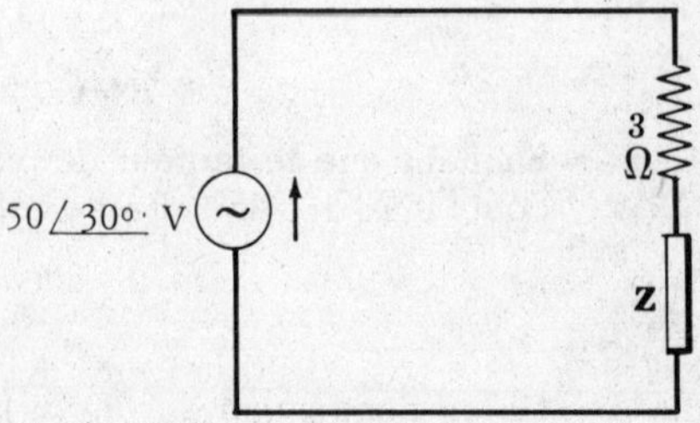

Fig. 7-24

7.28. Un circuit comporte une résistance $R = 10\ \Omega$ et une impédance $\mathbf{Z} = 8\angle -30°\ \Omega$ montées en parallèle; le courant efficace total qui y circule est de 5 A. Déterminer le triangle des puissances pour ce circuit.
Rép. $P = 110$ W, $Q = 33$ vars capacitifs, F.P. = 0,957 (capacitif)

7.29. La branche 1 du circuit parallèle de la Fig. 7-25 ci-dessous absorbe 8 kvars; calculer la puissance moyenne ainsi que le facteur de puissance pour le circuit complet.
Rép. 8 kW, F.P. = 0,555 (inductif).

7.30. La branche 2 du circuit parallèle de la Fig. 7-26 ci-dessous absorbe 1490 VA; quelle est l'indication de l'ampèremètre ? Calculer les différentes puissances pour ce circuit.
Rép. 42,4 A, **S** = 2210 + j 3630, F.P. = 0,521 (inductif).

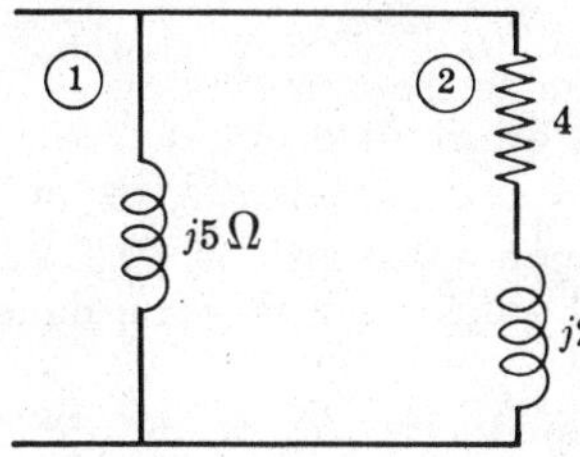

Fig. 7-25

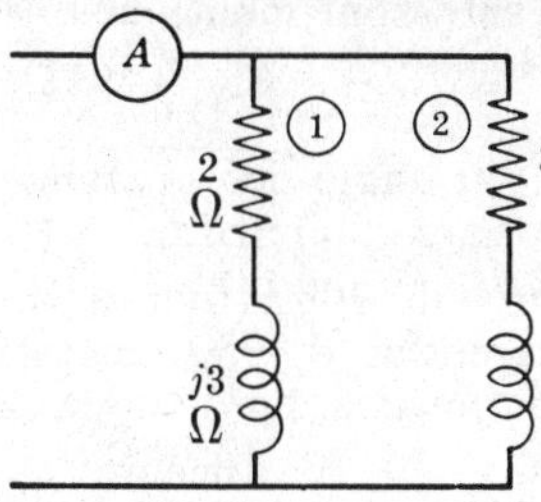

Fig. 7-26

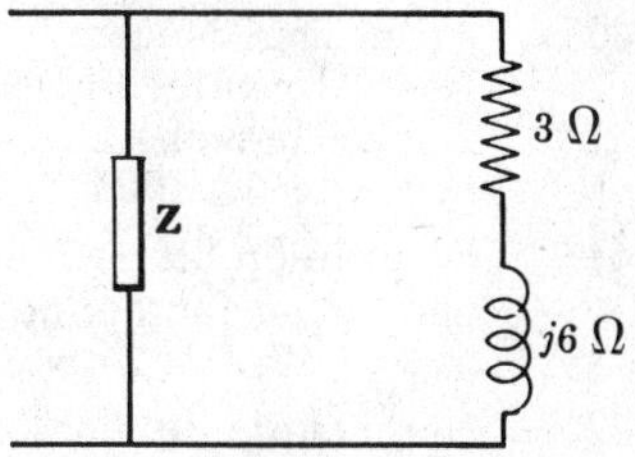

Fig. 7-27

7.31. Dans le circuit parallèle de la Fig. 7-27 ci-dessus, dont le facteur de puissance est de 0,937 (capacitif), la résistance de 3 Ω dissipe une puissance de 666 W et la puissance apparente totale pour tout le circuit est de 3370 VA. Calculer la valeur de **Z**. *Rép.* **Z** = (2 - j 2) Ω.

7.32. Le circuit parallèle de la Fig. 7-28 ci-dessous dissipe une puissance totale de 1 500 W. Déterminer le triangle des puissances. *Rép.* **S** = 1500 + j 2480, F.P. = 0,518 (inductif).

7.33. Sachant que la puissance totale dissipée dans le circuit de la Fig. 7-29 ci-dessous est de 2 kW, calculer la puissance dissipée par chacune des résistances.
Rép. P_{15} = 724 W, P_8 = 1276 W.

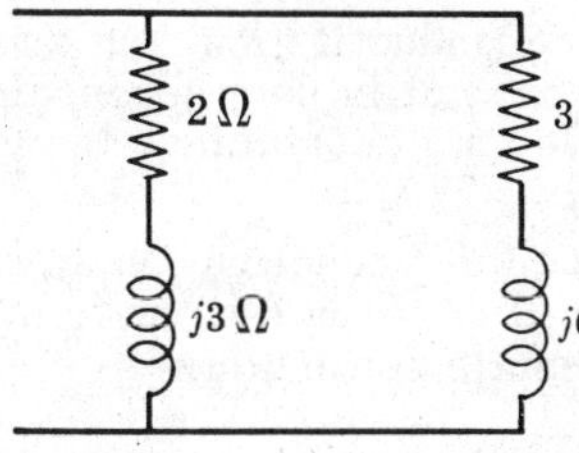

Fig. 7-28

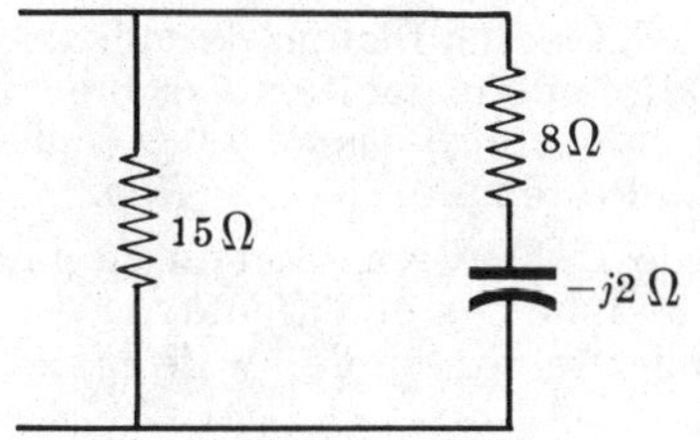

Fig. 7-29

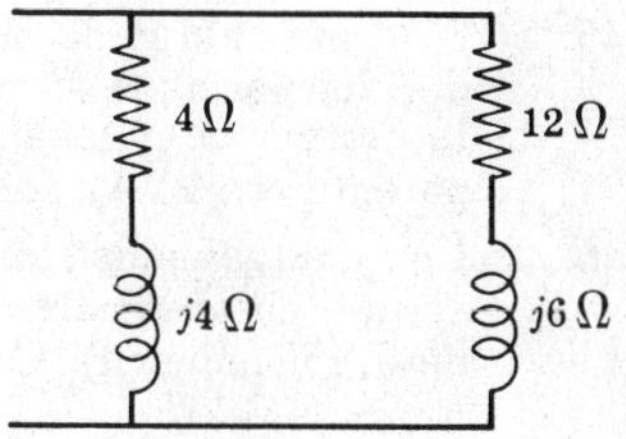

Fig. 7-30

7.34. La puissance réactive totale Q absorbée par le circuit de la Fig 7-30 ci-dessus est de 2,5 kvars inductifs. Déterminer le triangle des puissances.
Rép. S = 3 920 VA, P = 3 020 W, F.P. = 0,771 (inductif).

7.35. Calculer le facteur de puissance du circuit parallèle représenté sur la Fig. 7-31 ci-dessous. On ajuste la valeur de la résistance de 6 Ω de telle sorte que le facteur de puissance soit de 0,9 (inductif); quelle est dans ce cas la valeur ohmique de la résistance ?
Rép. F.P. = 0,8 (inductif), R = 3,22 Ω.

7.36. Le circuit de la Fig. 7-32 ci-dessous ne comportait initialement qu'une charge **Z** = (5 + j 8,66) Ω. L'addition de capacités de réactance − j 20 Ω a amélioré le facteur de puissance du circuit; de quel pourcentage le courant total a-t-il été réduit par l'adjonction de ces capacités?
Rép. 38 %.

7.37. Calculer la valeur de la capacité C permettant d'amener le facteur de puissance du circuit parallèle de la Fig. 7-33 à 0,95 (inductif). *Rép.* C = 28,9 μF.

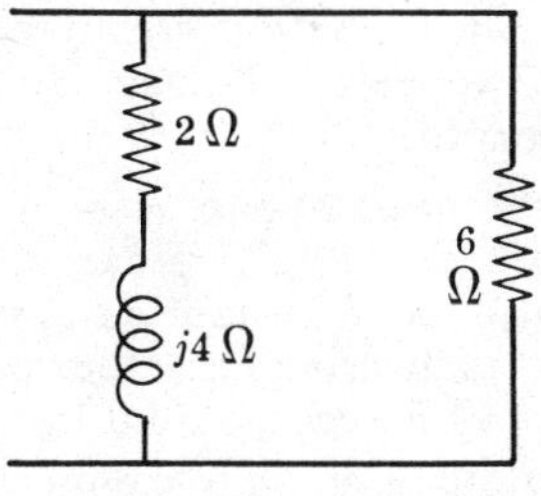

Fig. 7-31

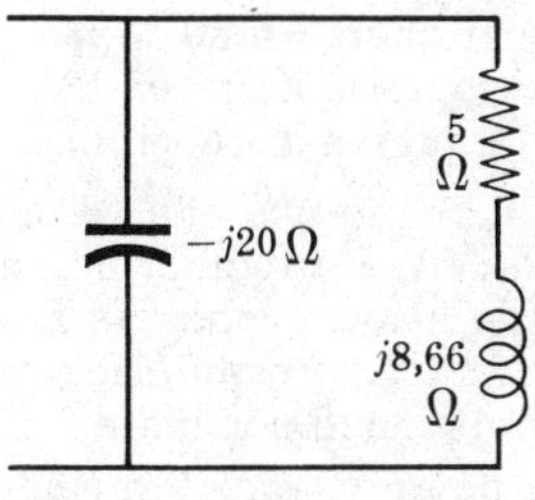

Fig. 7-32

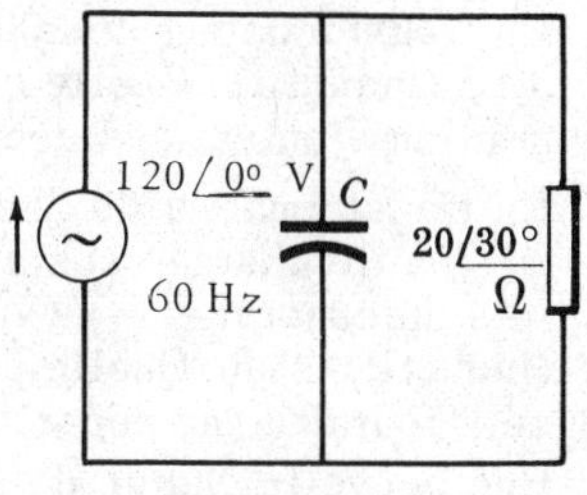

Fig. 7-33

7.38. Une source de tension de valeur efficace 240 V (60 Hz) alimente une charge dont le facteur de puissance est de 0,75 (inductif) ; la puissance apparente est de 4,5 kVA. Calculer la valeur de la capacité qu'il faut brancher en parallèle sur la charge pour amener le facteur de puissance à *(a)* 0,9 (inductif) *(b)* 0,9 (capacitif). *Rép.* *(a)* 61,3 μF *(b)* 212 μF.

7.39. En se référant au problème 7.38., calculer le taux (en %) de réduction du courant total correspondant au cas *(a)*. Y a-t-il une réduction supplémentaire de ce courant dans le cas *(b)* ?
Rép. 16,7 %. Non, les courants sont identiques.

7.40. Trois impédances $\mathbf{Z}_1 = 20\underline{/30^\circ}\ \Omega$, $\mathbf{Z}_2 = 15\underline{/-45^\circ}\ \Omega$ et $\mathbf{Z}_3 = 10\underline{/0^\circ}\ \Omega$ sont montées en parallèle et alimentées par une tension $\mathbf{V} = 100\underline{/-45^\circ}$ V. Déterminer le triangle des puissances pour chaque branche et en déduire le triangle des puissances pour le circuit complet.
Rép. P = 1904 W, Q = 221 vars capacitifs, S = 1920 VA, F.P. = 0,993 (capacitif).

7.41. Dans le problème 7.40., la sourve de 100 V fournit une puissance apparente de 1920 VA à la charge dont le facteur de puissance est de 0,993 (capacitif). Quel est le courant total dans le circuit ?
Rép. 19,2 A, le courant est en avance sur $\mathbf{V}$ de 6,62°.

7.42. Une source de tension $\mathbf{V} = 240\underline{/-30^\circ}$ V alimente les trois impédances $\mathbf{Z}_1 = 25\underline{/15^\circ}\ \Omega$, $\mathbf{Z}_2 = 15\underline{/-60^\circ}\ \Omega$ et $\mathbf{Z}_3 = 15\underline{/90^\circ}\ \Omega$ montées en parallèle. Déterminer le triangle des puissances pour chaque branche et en déduire le triangle des puissances du circuit complet.
Rép. P = 4140 W, Q = 1115 vars inductifs, S = 4290 VA, F.P. = 0,967 (inductif).

7.43. Déterminer le triangle des puissances totales correspondant aux trois charges suivantes : charge # 1,5 kW avec F.P. = 0,8 (inductif) ; charge # 2,4 kVA avec Q = 2 kvars capacitifs; charge # 3,6 kVA avec F.P. = 0,9 (inductif).
Rép. P = 13,86 kW, Q = 4,38 kvars inductifs, S =14,55 kVA, F.P. = 0,965 (inductif).

7.44. Déterminer le triangle des puissances totales pour les trois charges suivantes : charge # 1,2 kVA avec F.P. = 0,7 (inductif) ; charge # 2,35 kVA avec F.P. = 0,5 (inductif); charge # 3,275 kVA avec F.P. = 1.
Rép. P = 590 W, Q = 446 vars inductifs, S = 740 VA, F.P. = 0,798 (inductif).

7.45. Soit une charge de 300 kW avec un facteur de puissance de 0,65 (inductif) ; on veut améliorer ce dernier par mise en parallèle de capacités. Combien de kvars capacitifs sont nécessaires pour que le facteur de puissance puisse être amené à 0,9 (inductif) ? De quel pourcentage la puissance apparente (en kVA) sera-t-elle réduite ? *Rép.* 204 kvars, 28 %.

7.46. Une charge industrielle de 25 kVA a un facteur de puissance de 0,8 (inductif). On ajoute à cette charge un ensemble de résistances chauffantes (F.P. = 1), et le nouveau facteur de puissance est de 0,85 (inductif). Calculer le nombre de kW de résistances chauffantes installé ?
Rép. 4,3 kW.

7.47. Une charge de 1 500 W constituée par un moteur à induction de facteur de puissance 0,75 (inductif) est associée à un moteur synchrone de facteur de puissance 0,65 (capacitif) absorbant 500 VA. Combien de kvars capacitifs sont nécessaires pour amener le facteur de puissance correspondant aux deux groupes de moteurs à 0,95 (inductif) ? De quel pourcentage la puissance apparente sera-t-elle réduite ? *Rép.* 347 vars, 6,3 %.

7.48. Le facteur de puissance d'une charge donnée est amené à 0,9 (inductif) par mise en parallèle d'un banc de capacités de 20 kvars. Sachant que dans ce cas la puissance apparente totale est de 185 kVA, déterminer le triangle des puissances de la charge avant l'adjonction des capacités.
Rép. P = 166,5 kW, Q = 101,0 kvars inductifs, F.P. = 0,856 (inductif).

7.49. On associe un moteur à induction de 2 kVA de facteur de puissance 0,8 (inductif) et un moteur synchrone de 500 VA. Sachant que le facteur de puissance du système ainsi constitué est de 0,9 (inductif), calculer le facteur de puissance du moteur synchrone. *Rép.* 0,92 (capacitif).

7.50. On associe une charge de 65 kVA avec un facteur de puissance inductif et une charge de 25 kVA constituée par des moteurs synchrones dont le facteur de puissance est de 0,6 (capacitif). Le facteur de puissance résultant est de 0,85 (inductif) ; quel est le facteur de puissance de la charge de 65 kVA ? *Rép.* 0,585.

7.51. Un transformateur de 100 kVA est chargé à 80 % par un réseau dont le facteur de puissance est de 0,85 (inductif). Quelle charge supplémentaire en kVA avec un facteur de puissance de 0,6 (inductif) peut-on ajouter sans dépasser la puissance nominale du transformateur ? *Rép.* 21,3 kVA.

7.52. Un transformateur de 250 kVA alimente une charge dont le facteur de puissance est de 0,8 (inductif) ; cette charge absorbe 250 kVA. Le facteur de puissance doit être amélioré par mise en parallèle de capacités *(a)* Combien de kvars capacitifs faut-il pour amener le facteur de puissance à 0,9 (inductif) ? *(b)* Quelle puissance active supplémentaire (F.P. = 1) le transformateur peut-il à présent fournir sans dépasser sa puissance nominale ? *Rép.* 52,5 kvars, 30,0 kW.

7.53. Une nouvelle charge de facteur de puissance 0,5 (inductif) est ajoutée au système du Problème 7.52. après l'installation des capacités. Quelle puissance apparente (pour cette charge) peut-on installer sans dépasser la puissance nominale du transformateur ? *Rép.* 32 kVA.

Chapitre 8

La résonance série et la résonance parallèle

INTRODUCTION

On dit qu'un circuit est en résonance lorsque la tension appliquée **V** et le courant résultant **I** sont en phase. Par conséquent, l'impédance complexe équivalente d'un circuit à la résonance est une résistance pure R.

Par ailleurs, comme **V** et **I** sont en phase à la résonance, le facteur de puissance correspondant est égal à l'unité.

LA RESONANCE SERIE

L'impédance complexe du circuit RLC série de la Fig. 8-1 est $\mathbf{Z} = R + j(\omega L - 1/\omega C) = R + jX$. Le circuit entre en résonance pour $X = 0$, c'est-à-dire pour $L\omega = 1/C\omega$ ou encore pour $\omega = 1/\sqrt{LC} = \omega_0$. La fréquence de résonance est alors donnée par

$$f_0 = \frac{1}{2\pi\sqrt{LC}} \text{ Hz}$$

vu que $\omega = 2\pi f$.

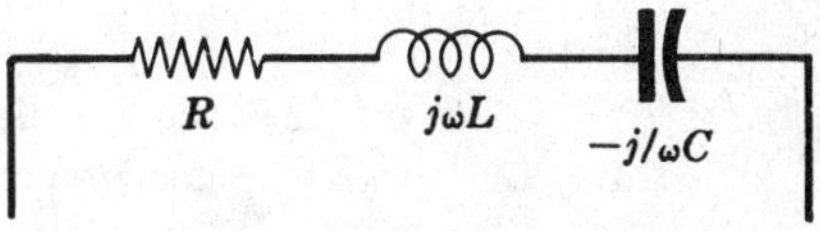

Fig. 8-1

Sur la Fig. 8-2 *(a)* ci-dessous, la valeur absolue de **Z**, ainsi que ses trois composantes R, X_L et X_C sont représentées en fonction de ω. Pour $\omega = \omega_0$, les réactances inductives et les réactances capacitives sont égales et comme $|\mathbf{Z}| = \sqrt{R^2 + X^2}$, $\mathbf{Z} = R$. Nous voyons ainsi qu'à la résonance l'impédance **Z** est minimale et le courant $\mathbf{I} = \dfrac{\mathbf{V}}{\mathbf{Z}}$ maximal.

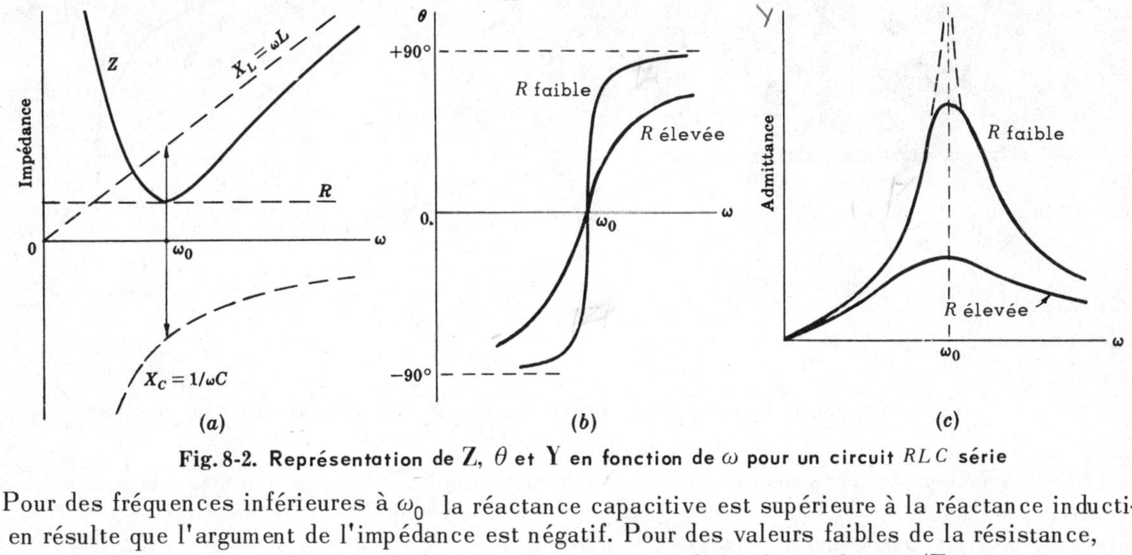

Fig. 8-2. Représentation de Z, θ et Y en fonction de ω pour un circuit RLC série

Pour des fréquences inférieures à ω_0 la réactance capacitive est supérieure à la réactance inductive; il en résulte que l'argument de l'impédance est négatif. Pour des valeurs faibles de la résistance, l'argument de **Z** varie plus rapidement en fonction de ω que pour des valeurs élevées (Fig. 8-2 *(b)* ci-dessus).

L'argument de **Z** tend vers $-90°$ lorsque ω tend vers zéro.

pour $X_C > X_L \Rightarrow \omega \downarrow$ que ω_0

" $X_L > X_C \Rightarrow \omega \uparrow$ que ω_0

Pour des fréquences supérieures à ω_0 la réactance inductive l'emporte sur la réactance capacitive; l'argument de **Z** est alors positif et tend vers + 90° pour $\omega >> \omega_0$.

La Fig. 8-2 *(c)* ci-dessus représente l'admittance $\mathbf{Y} = 1/\mathbf{Z}$ du circuit série en fonction de ω. Comme $\mathbf{I} = \mathbf{VY}$, cette représentation, est également l'image du courant en fonction de ω. On constate sur cette figure que le courant est maximal pour $\omega = \omega_0$ et que la valeur de ce maximum est d'autant plus grande que la résistance R est plus faible. La courbe en trait pointillé indique le cas limite où $R = 0$. L'argument de l'admittance, non représenté sur la figure ci-dessus est l'opposé de l'argument de l'impédance (Fig. 8-2 *(b)*).

LA RESONANCE PARALLELE. CAS D'UN CIRCUIT *RLC* PUR

Le circuit de la Fig. 8-3, qui comporte trois éléments purs R, L et C montés en parallèle, représente un cas idéal. Il est cependant intéressant d'étudier les caractéristiques d'un tel circuit dans le cadre général des circuits résonants. Ce circuit parallèle idéal peut être comparé au circuit série étudié précédemment et une dualité peut être établie entre ces deux circuits.

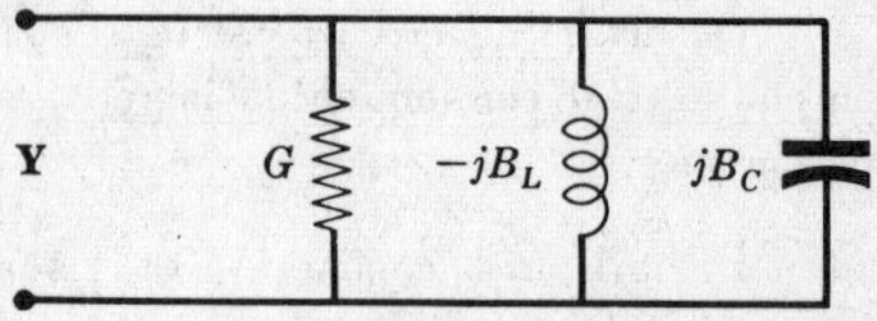

Fig. 8-3

L'admittance des trois éléments est $\mathbf{Y} = G + j(\omega C - 1/\omega L) = G + jB$, où $B = B_C - B_L$, $B_C = \omega C$, et $B_L = 1/\omega L$. Le circuit est en résonance pour $B = 0$ c'est-à-dire pour $\omega C = 1/\omega L$ ou $\omega = 1/\sqrt{LC} = \omega_0$; comme pour le circuit RLC série la fréquence de résonance est donnée par

$$f_0 = \frac{1}{2\pi\sqrt{LC}} \text{ Hz}$$

Sur la Fig. 8-4 *(a)* ci-dessous, le module de **Y** ainsi que ses trois composantes G, B_C et B_L sont représentés en fonction de ω. Pour $\omega = \omega_0$ les susceptances capacitives et les susceptances inductives sont égales et par conséquent $\mathbf{Y} = G$. Il en découle qu'à la résonance l'admittance est minimale et comme $\mathbf{I} = \mathbf{VY}$, le courant atteint également sa valeur minimale.

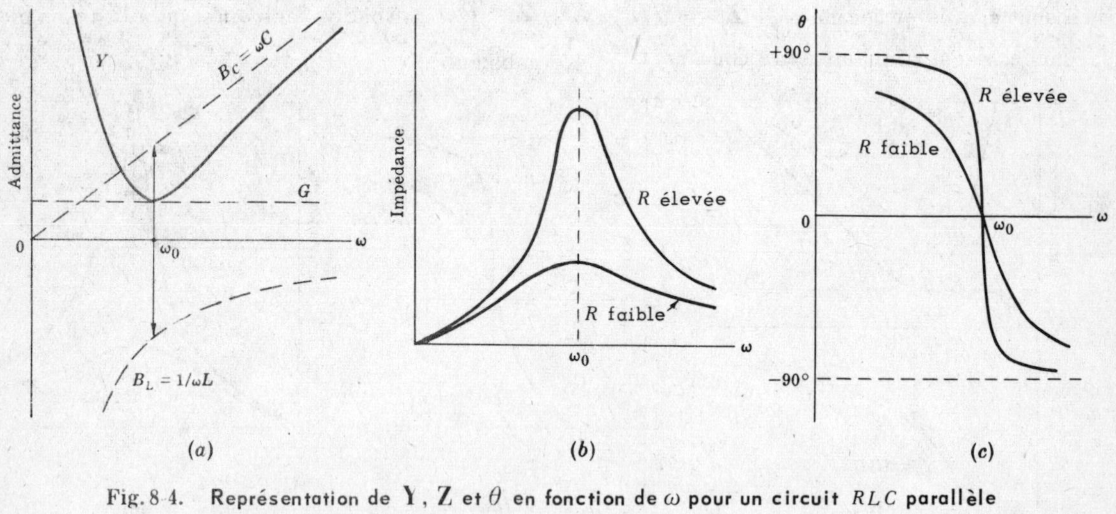

Fig. 8-4. Représentation de **Y**, **Z** et θ en fonction de ω pour un circuit RLC parallèle

Pour des fréquences inférieures à ω_0, la susceptance inductive est supérieure à la susceptance capacitive et l'argument de **Y** est négatif. L'argument de l'impédance correspondante est alors positif et tend vers + 90° lorsque ω tend vers 0 (voir Fig. 8-4 *(c)*).

Pour des fréquences supérieures à ω_0, l'argument de **Z** est négatif et sa variation en fonction de ω est d'autant plus rapide que R est plus élevée.

LA RESONANCE PARALLELE. CAS D'UN CIRCUIT A DEUX BRANCHES

L'admittance **Y** du circuit parallèle à deux branches de la Fig. 8-5 est égale à la somme des admittances de chacune des branches.

$$\mathbf{Y} = \mathbf{Y}_L + \mathbf{Y}_C = \frac{1}{R_L + jX_L} + \frac{1}{R_C - jX_C}$$

$$= \left(\frac{R_L}{R_L^2 + X_L^2} + \frac{R_C}{R_C^2 + X_C^2}\right) + j\left(\frac{X_C}{R_C^2 + X_C^2} - \frac{X_L}{R_L^2 + X_L^2}\right)$$

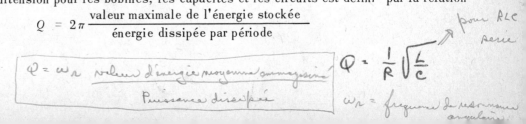

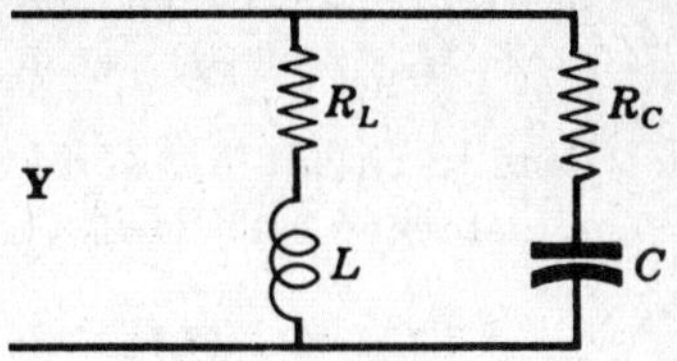

Fig. 8-5

Le circuit est en résonance lorsque l'admittance complexe est réelle. Nous avons alors: $X_C/(R_C^2 + X_C^2) = X_L/(R_L^2 + X_L^2)$ et

$$\frac{1}{\omega_0 C}(R_L^2 + \omega_0^2 L^2) = \omega_0 L(R_C^2 + 1/\omega_0^2 C^2) \qquad (1)$$

$B_C = B_L$

Chacune des grandeurs de la relation *(1)* peut être ajustée pour obtenir la résonance.

En tirant ω_0 de la relation *(1)*, nous obtenons

$$\omega_0 = \frac{1}{\sqrt{LC}}\sqrt{\frac{R_L^2 - L/C}{R_C^2 - L/C}} \qquad (2)$$

Nous constatons que la fréquence de résonance ω_0 pour ce circuit parallèle à deux branches diffère de celle trouvée pour le circuit idéal avec R, L et C en parallèle d'un facteur $\sqrt{\dfrac{R_L^2 - L/C}{R_C^2 - L/C}}$.

La fréquence doit être un nombre réel positif; par conséquent le circuit n'aura de fréquence de résonance que pour $R_L^2 > L/C$ et $R_C^2 > L/C$ ou $R_L^2 < L/C$ et $R_C^2 < L/C$. Pour $R_L^2 = R_C^2 = L/C$, le circuit est en résonance pour toutes les fréquences (voir le Problème 8.12. pour ce cas particulier). ?

En tirant L de la relation *(1)*, nous obtenons

$$L = \tfrac{1}{2}C\left[(R_C^2 + X_C^2) \pm \sqrt{(R_C^2 + X_C^2)^2 - 4R_L^2 X_C^2}\right]$$

ou encore, comme $Z_C = \sqrt{R_C^2 + X_C^2}$,

$$L = \tfrac{1}{2}C\left[Z_C^2 \pm \sqrt{Z_C^4 - 4R_L^2 X_C^2}\right] \qquad (3)$$

Si dans la relation *(3)*, $Z_C^4 > 4R_L^2 X_C^2$, nous obtenons deux valeurs de L pour lesquelles le circuit est en résonance. Si $Z_C^4 = 4R_L^2 X_C^2$, le circuit est en résonance pour $L = \tfrac{1}{2}CZ_C^2$. Enfin si $Z_C^4 < 4R_L^2 X_C^2$, aucune valeur de L n'entraînera la résonance.

En tirant C de la relation *(1)*, nous obtenons

$$C = 2L\left[\frac{1}{Z_L^2 \pm \sqrt{Z_L^4 - 4R_C^2 X_L^2}}\right] \qquad (4)$$

Dans ce cas le circuit est en résonance pour deux valeurs de C si $Z_L^4 > 4R_C^2 X_L^2$,

En tirant R_L de la relation *(1)*, nous obtenons

$$R_L = \sqrt{\omega^2 LC R_C^2 - \omega^2 L^2 + L/C} \qquad (5)$$

et en tirant R_C,

$$R_C = \sqrt{R_L^2/(\omega^2 LC) - 1/\omega^2 C^2 + L/C} \qquad (6)$$

Si le terme sous radical dans les relations *(5)* ou *(6)* est positif, alors il existe une valeur de R_L ou de R_C qui entraîne la résonance du circuit.

LE COEFFICIENT DE SURTENSION Q (ou FACTEUR DE MERITE)

Le coefficient de surtension pour les bobines, les capacités et les circuits est défini par la relation

$$Q = 2\pi\,\frac{\text{valeur maximale de l'énergie stockée}}{\text{énergie dissipée par période}}$$

pour RLC serie

$Q = \omega_r \dfrac{\text{valeur d'énergie moyenne emmagasinée}}{\text{Puissance dissipée}}$ $\qquad Q = \dfrac{1}{R}\sqrt{\dfrac{L}{C}}$

ω_r = fréquence de résonance angulaire

L'énergie dissipée par période dans les circuits de la Fig. 8-6 et de la Fig. 8-7 est donnée par le produit de la puissance dans la résistance $(I_{max}/\sqrt{2})^2R$ et de la période $T = 1/f$.

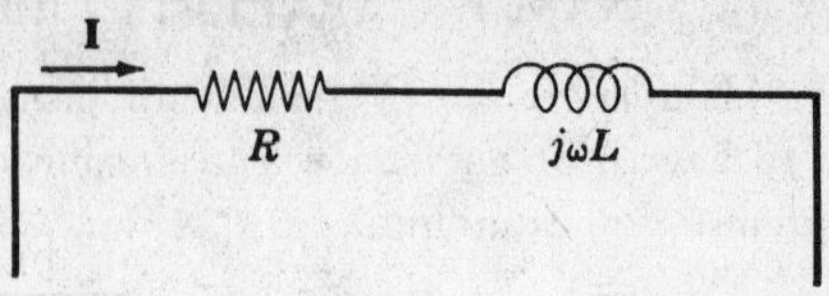

Fig. 8-6

Dans le circuit RL série de la Fig. 8-6, l'énergie maximale stockée est $\frac{1}{2}LI^2_{max}$. Il en découle

$$Q = 2\pi \frac{\frac{1}{2}LI^2_{max}}{(I^2_{max}/2)R(1/f)} = \frac{2\pi fL}{R} = \frac{\omega L}{R}$$

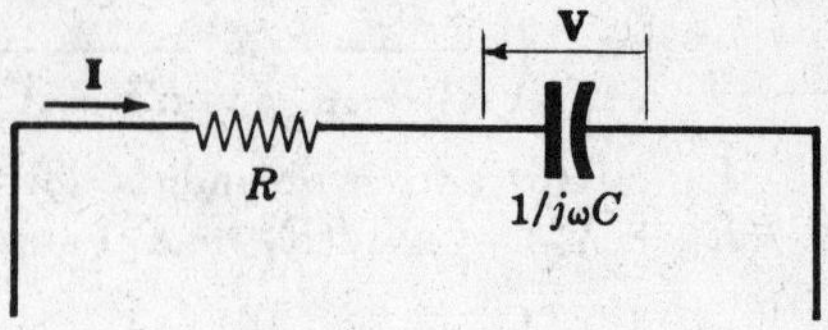

Fig. 8-7

Dans le circuit RC série de la Fig. 8-7, l'énergie maximale stockée est $\frac{1}{2}CV^2_{max}$ ou $\frac{1}{2}I^2_{max}/\omega^2C$. On en déduit

$$Q = 2\pi \frac{\frac{1}{2}I^2_{max}/\omega^2C}{(I^2_{max}/2)R(1/f)} = \frac{1}{\omega CR}$$

L'énergie stockée dans un circuit RLC en résonance est constante. En effet, lorsque la tension aux bornes de la capacité est maximale le courant dans l'inductance est nul, et vice versa; par conséquent $\frac{1}{2}CV^2_{max} = \frac{1}{2}LI^2_{max}$ et

$$Q_0 = \frac{\omega_0 L}{R} = \frac{1}{\omega_0 CR}$$

Dans le cas du circuit RLC série, la représentation du courant en fonction de la fréquence a une allure analogue à la représentation de l'admittance en fonction de la fréquence (Fig. 8-2 *(c)*). La Fig. 8-8 représente le courant dans un circuit RLC en fonction de ω ou de f (après changement d'échelle). Le courant prend une valeur maximale $\mathbf{I}_0$ en f_0 . On a également représenté les points où le courant prend une valeur égale à 0,707 I_0 ; les fréquences correspondantes sont f_1 et f_2.

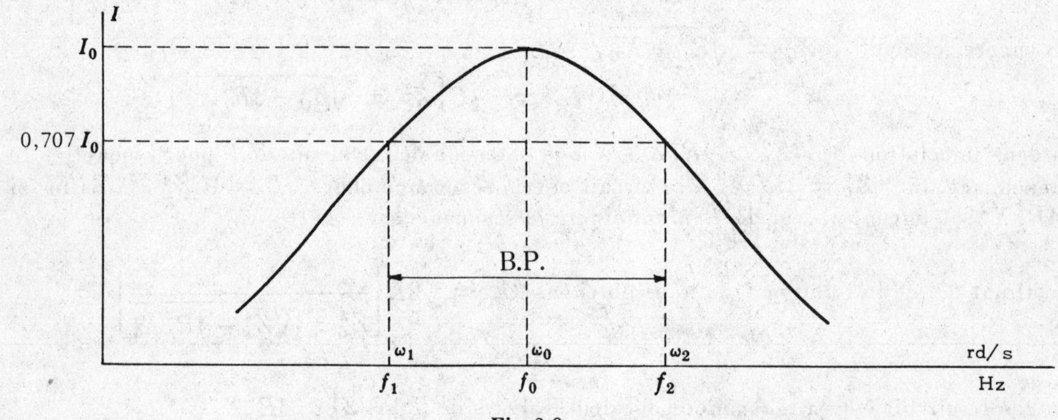

Fig. 8-8

La puissance fournie au circuit est I^2R, et en $I = 0{,}707\ I_0$ cette puissance est égale à la moitié de celle délivrée au circuit en f_0 . Les points correspondants à f_1 et f_2 sont des points à «puissance moitié» et correspondent respectivement à la fréquence de coupure inférieure et à la fréquence de coupure supérieure. La distance entre ces deux points mesurée en Hz est appelée *bande passante* du circuit (B.P.).

Le coefficient de surtension peut à présent s'exprimer en fonction de f_0 et de la bande passante (voir Problème 8.13.) :

$$Q_0 = \frac{\omega_0}{\omega_2 - \omega_1} = \frac{f_0}{f_2 - f_1} = \frac{f_0}{\text{B.P}}$$

La fréquence de résonance f_0 est la moyenne géométrique de f_1 et f_2

$$\omega_0 = \sqrt{\omega_1\omega_2} \quad \text{et} \quad f_0 = \sqrt{f_1 f_2}$$

Le circuit parallèle à trois branches de la Fig. 8-9 emmagasine à la résonance une quantité d'énergie constante. Lorsque le courant dans l'inductance est maximal, la tension aux bornes de la capacité est nulle et réciproquement; par conséquent on a $\frac{1}{2}LI_{\max}^2 = \frac{1}{2}CV_{\max}^2$ et :

$$Q_0 = \frac{R}{\omega_0 L} = \omega_0 CR$$

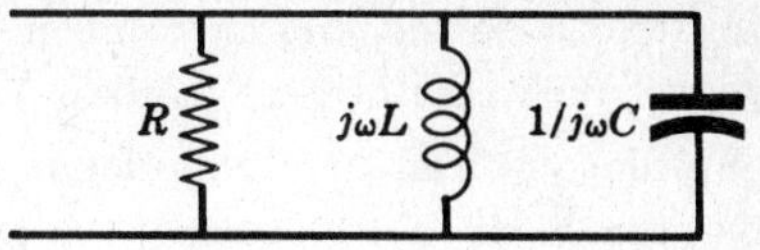

Fig. 8-9

LES LIEUX D'ADMITTANCE

Les circuits comportant un seul élément variable peuvent être analysés à l'aide d'un diagramme représentant le lieu décrit par l'admittance lorsque cet élément varie. Comme $\mathbf{I} = \mathbf{VY}$, et que par ailleurs $\mathbf{V}$ est généralement constant, le lieu de $\mathbf{Y}$ décrit également les variations de $\mathbf{I}$.

Le circuit série de la Fig. 8-10 *(a)* comporte une résistance fixe et une réactance variable qui peut prendre soit des valeurs positives soit des valeurs négatives. Si nous considérons le plan $\mathbf{Z}$ formé par un repère cartésien avec les axes R et X, le lieu de l'impédance $\mathbf{Z}$ pour ce circuit est une droite parallèle à l'axe X et coupant l'axe R en R_1 comme le montre la Fig. 8-10 *(b)*.

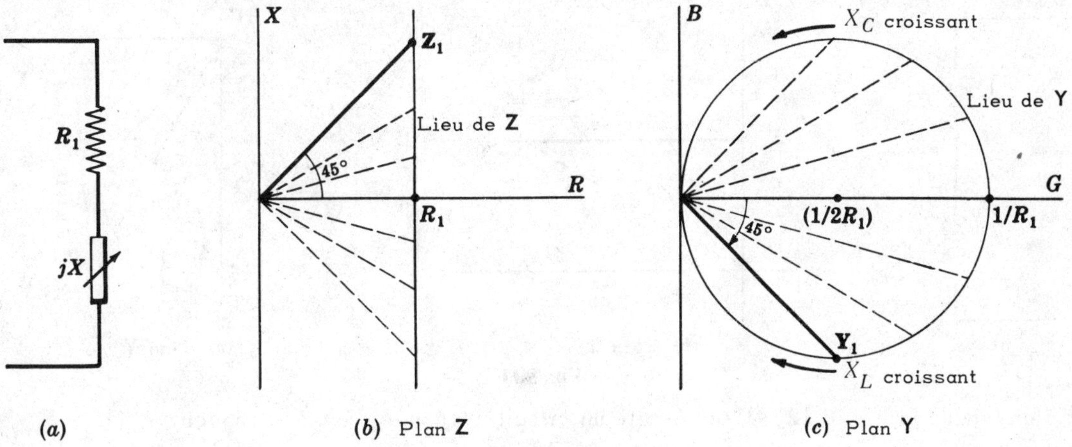

Fig. 8-10

Nous pouvons déterminer le lieu de l'admittance $\mathbf{Y}$ pour le circuit donné; ce lieu sera représenté dans le plan $\mathbf{Y}$ formé par un repère cartésien avec les axes G et B.

Comme $\mathbf{Z} = 1/\mathbf{Y}$, nous avons

$$R_1 + jX = \frac{1}{G+jB} \tag{1}$$

En rationalisant la relation *(1)* et en égalant les parties réelles il vient

$$R_1 = \frac{G}{G^2+B^2}$$

ou encore

$$G^2 - G/R_1 + B^2 = 0 \tag{2}$$

En ajoutant $1/4R_1^2$ à chaque membre de la relation *(2)* et en simplifiant, nous obtenons

$$\left(G - \frac{1}{2R_1}\right)^2 + B^2 = \left(\frac{1}{2R_1}\right)^2 \tag{3}$$

En comparant la relation *(3)* et l'équation d'un cercle $(x-h)^2+(y-k)^2 = r^2$, nous pouvons conclure que le lieu de $\mathbf{Y}$ est un cercle de centre $(1/2R_1, 0)$ et de rayon $1/2R_1$ (voir Fig. 8-10 *(c)*).

A chaque point du lieu de **Z** correspond un point du lieu de **Y**. A chaque point du lieu de **Z** au-dessus de l'axe R correspond un point du demi-cercle en dessous de l'axe G du plan **Y**. Le point à $+\infty$ du lieu de **Z** se trouve à l'origine du plan **Y**. De même, à chaque point en dessous de l'axe R du lieu de **Z** correspond un point du demi-cercle au-dessus de l'axe G du plan **Y**. Le point à $-\infty$ du lieu de **Z** se trouve à l'origine du plan **Y**. Il faut remarquer les positions relatives de $\mathbf{Z}_1$ et $\mathbf{Y}_1$: les distances de $\mathbf{Z}_1$ et $\mathbf{Y}_1$ à l'origine des plans respectifs sont différentes, alors que les angles avec l'axe horizontal sont égaux mais de signes opposés.

Le lieu de **Z** correspondant à une réactance inductive fixe et une résistance variable (voir Fig. 8-11 *(a)*) est une droite horizontale située dans le premier quadrant du plan **Z** et coupant l'axe X en X_{L_1}. En utilisant la même méthode que ci-dessus, nous pouvons trouver le lieu de **Y** qui est donné par l'équation

$$G^2 + (B + 1/2X_{L_1})^2 = (1/2X_{L_1})^2 \tag{4}$$

Cette relation s'avère être l'équation d'un cercle de centre $(0, -1/2X_{L_1})$ et de rayon $1/2X_{L_1}$ dans le plan **Y** (voir Fig. 8-11 *(c)*). Cependant, comme le lieu de **Z** n'est représenté que par le segment de droite dans le premier quadrant du plan **Z**, seul le demi-cercle dans le quatrième quadrant du plan **Y** correspond au lieu de **Z**.

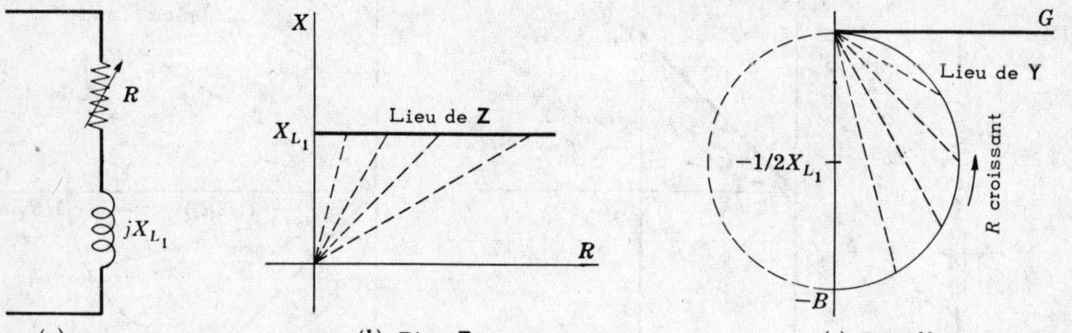

(a) *(b)* Plan **Z** *(c)* Plan **Y**

Fig. 8-11

Le circuit de la Fig. 8-12 *(a)* représente un circuit avec une réactance capacitive fixe $-jX_{C_1}$ et une résistance variable; le lieu de l'impédance **Z** du circuit est une droite horizontale dans le quatrième quadrant du plan **Z** et coupant l'axe X en $-X_{C_1}$ (voir Fig. 8-12 *(b)*). En utilisant la même méthode que ci-dessus, nous trouvons que l'équation du lieu de **Y** est

$$G^2 + (B - 1/2X_{C_1})^2 = (1/2X_{C_1})^2 \tag{5}$$

Cette équation est celle d'un cercle centré en $(0, 1/2X_{C_1})$ et de rayon $1/2X_{C_1}$. Le lieu de **Y** correspond au demi-cercle situé dans le premier quadrant du plan **Y** (voir Fig. 8-12 *(c)*).

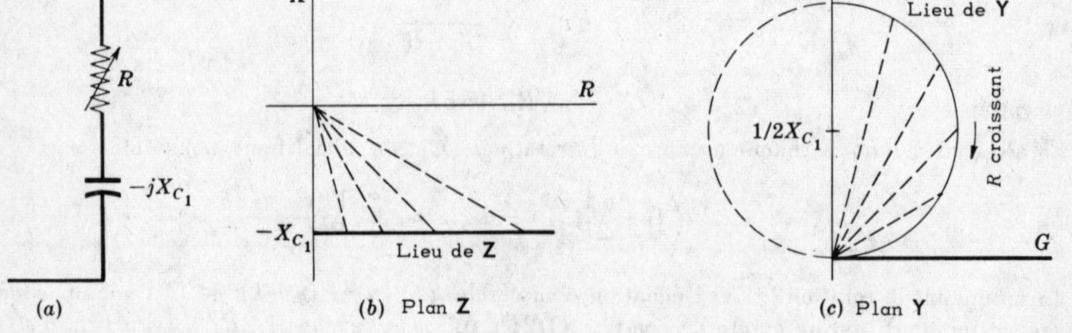

(a) *(b)* Plan **Z** *(c)* Plan **Y**

Fig. 8-12

LES LIEUX DE COURANT

Considérons le circuit parallèle de la Fig. 8-13 *(a)* comportant une résistance fixe R_1 en série avec une réactance jX_L dans la première branche, et une résistance fixe R_2 en série avec une réactance variable $-jX_C$ dans la seconde branche. L'admittance totale du circuit est

$$\mathbf{Y}_T = \mathbf{Y}_1 + \mathbf{Y}_2$$

La Fig. 8-13 *(b)* montre le lieu de $\mathbf{Y}_T$ obtenu par addition du lieu de $\mathbf{Y}_2$ et du point fixe $\mathbf{Y}_1$.

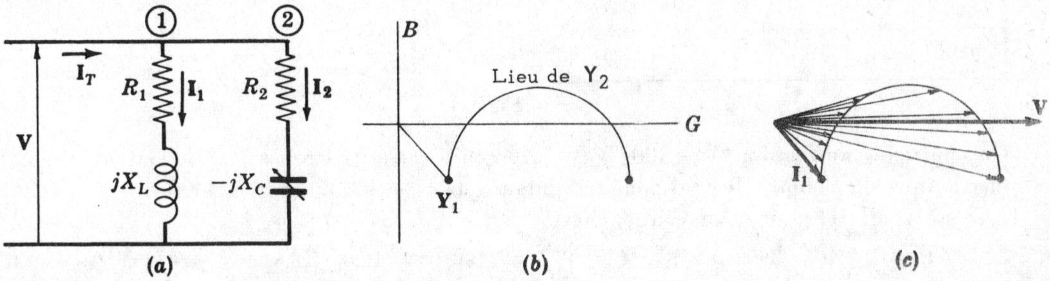

Fig. 8-13

Le courant est donné par $\mathbf{I} = \mathbf{VY}$, et la Fig. 8-13 *(c)* montre que l'addition du courant $\mathbf{I}_1$ constant aux différentes valeurs du courant $\mathbf{I}_2$, résulte en un lieu pour le courant total. Le diagramme montre également qu'il peut exister deux valeurs de la capacité C pour lesquelles le courant total est en phase avec la tension $\mathbf{V}$.

Un examen plus approfondi de la Fig. 8-13 *(c)* montre que dans certaines conditions aucune valeur de C ne permet d'obtenir la résonance; en effet, il suffit pour cela que le rayon $1/2R_2$ du demi-cercle constituant le lieu, soit réduit de telle sorte qu'il ne coupe plus l'axe $\mathbf{V}$. D'autres applications des lieux que nous venons de voir seront considérées dans les problèmes qui suivent.

Problèmes résolus

8.1. Soit un circuit RLC série comportant les éléments $R = 10\ \Omega$, $L = 5$ mH et $C = 12{,}5\ \mu$F; représenter le module et l'argument de l'impédance en fonction de ω pour $0{,}8 < \omega < 1{,}2$.

A la résonance on a

$$\omega = \omega_0 = 1/\sqrt{LC} = 1/\sqrt{(5\times10^{-3})(12{,}5\times10^{-6})} = 4000 \text{ rd/s}$$

$$X_{L_0} = \omega_0 L = 4000(5\times10^{-3}) = 20\ \Omega$$

$$X_{C_0} = 1/\omega_0 C = 1/(4000\times12{,}5\times10^{-6}) = 20\ \Omega$$

On en déduit $\mathbf{Z}_0 = R + j(X_{L_0} - X_{C_0}) = 10 + j(20-20) = 10\underline{/0°}\ \Omega$

Comme $X_L = L\omega$ et $X_C = 1/C\omega$, on peut écrire $\dfrac{X_L}{X_{L_0}} = \dfrac{\omega}{\omega_0}$ et $\dfrac{X_C}{X_{C_0}} = \dfrac{\omega_0}{\omega}$; ces dernières relations permettent de calculer X_L , X_C et $\mathbf{Z}$ à des fréquences différentes de f_0.

La Fig. 8-14 *(a)* ci-dessous donne le tableau des valeurs des réactances et des impédances, et la Fig. 8-14*(b)* donne la représentation graphique demandée.

ω	$X_L(\Omega)$	$X_C(\Omega)$	$\mathbf{Z}(\Omega)$	
3200	16	25	$10 - j9$	$13{,}4\underline{/-42^\circ}$
3600	18	22,2	$10 - j4{,}2$	$10{,}8\underline{/-22{,}8^\circ}$
4000	20	20	10	$10\underline{/0^\circ}$
4400	22	18,2	$10 + j3{,}8$	$10{,}7\underline{/20{,}8^\circ}$
4800	24	16,7	$10 + j7{,}3$	$12{,}4\underline{/36{,}2^\circ}$

(*a*)

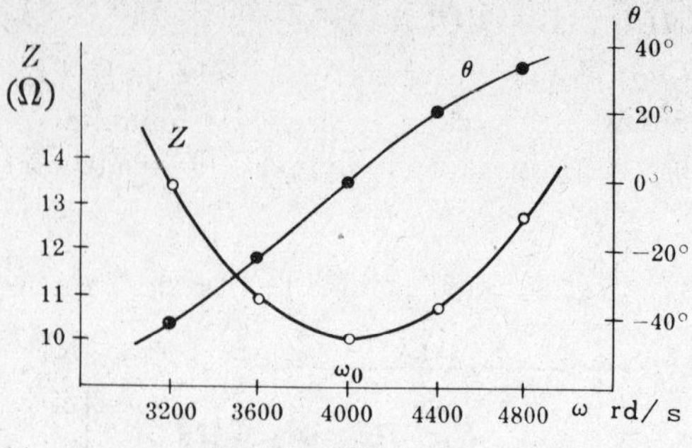

(*b*)

Fig. 8-14

8.2. On applique une tension $\mathbf{V} = 100\underline{/0^\circ}$ V au circuit série du Problème 8.1. Calculer les tensions aux bornes de chaque élément pour les pulsations $\omega = 3600$, 4000 et 4400 rd/s. Tracer un diagramme vectoriel pour chaque fréquence.

Pour $\omega = 3600$ rd/s, $\mathbf{I} = \mathbf{V}/\mathbf{Z} = (100\underline{/0^\circ})/(10{,}8\underline{/-22{,}8^\circ}) = 9{,}26\underline{/22{,}8^\circ}$A. On en déduit

$$\mathbf{V}_R = 9{,}26\underline{/22{,}8^\circ}(10) = 92{,}6\underline{/22{,}8^\circ}\text{ V} \quad \mathbf{V}_L = 9{,}26\underline{/22{,}8^\circ}(18\underline{/90^\circ}) = 167\underline{/112{,}8^\circ}\text{ V}$$
$$\mathbf{V}_C = 206\underline{/-67{,}2^\circ}\text{ V}$$

Pour $\omega = 4000$ rd/s, $\mathbf{I} = (100\underline{/0^\circ})/(10\underline{/0^\circ}) = 10\underline{/0^\circ}$A, d'où

$$\mathbf{V}_R = 100\underline{/0^\circ}\text{ V} \quad \mathbf{V}_L = 10\underline{/0^\circ}(20\underline{/90^\circ}) = 200\underline{/90^\circ}\text{ V} \quad \mathbf{V}_C = 200\underline{/-90^\circ}\text{ V}$$

Pour $\omega = 4400$ rd/s, $\mathbf{I} = (100\underline{/0^\circ})/(10{,}7\underline{/20{,}8^\circ}) = 9{,}34\underline{/-20{,}8^\circ}$A, d'où

$$\mathbf{V}_R = 9{,}34\underline{/-20{,}8^\circ}(10) = 93{,}4\underline{/-20{,}8^\circ}\text{ V} \quad \mathbf{V}_L = 9{,}34\underline{/-20{,}8^\circ}(22\underline{/90^\circ}) = 206\underline{/69{,}2^\circ}\text{ V}$$
$$\mathbf{V}_C = 170\underline{/-110{,}8^\circ}\text{ V}$$

Les trois diagrammes vectoriels sont représentés sur la Fig. 8-15 ci-dessous. Il faut remarquer qu'au voisinage de la résonance la tension aux bornes de chaque élément réactif d'un circuit série peut être supérieure à la tension appliquée.

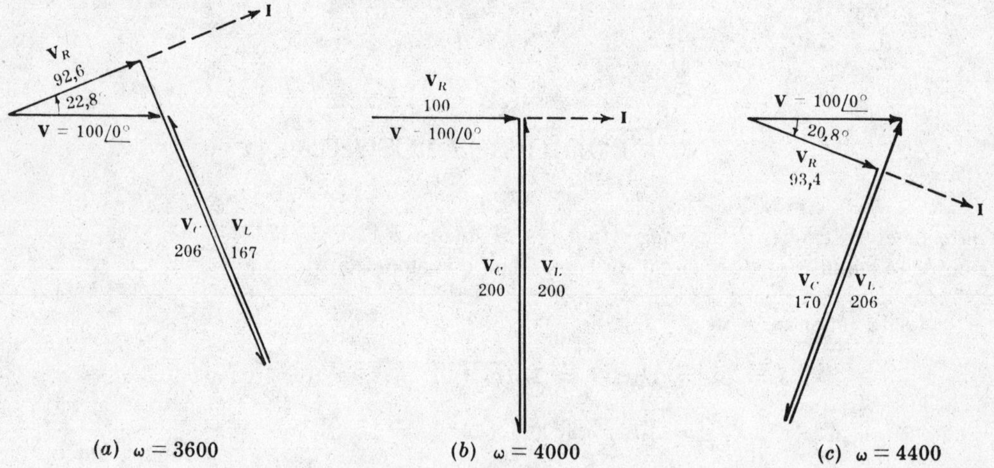

(*a*) $\omega = 3600$ (*b*) $\omega = 4000$ (*c*) $\omega = 4400$

Fig. 8-15

8.3. Un circuit série alimenté par une source de tension de fréquence $f = 1000$ Hz, comporte une résistance $R = 5\,\Omega$, une inductance $L = 20$ mH et une capacité variable C. Calculer la valeur de C pour laquelle le circuit entre en résonance.

A la résonance on a $2\pi fL = 1/2\pi fC$

On en déduit :

$$C = \frac{1}{L(2\pi f)^2} = \frac{1}{(20\times 10^{-3})(2\pi\times 1000)^2} = 1{,}27\ \mu\text{F}$$

8.4. Un circuit série constitué d'une résistance $R = 5\,\Omega$, d'une capacité $C = 20\,\mu F$ et d'une inductance variable L, est alimenté par une tension $\mathbf{V} = 10\angle 0^\circ$ V, ($\omega = 1000$ rd/s). On ajuste la valeur de L de telle sorte que la tension aux bornes de la résistance soit maximale; déterminer alors la tension aux bornes de chaque élément.

Comme $\mathbf{V}_R = \mathbf{IR}$, la tension maximale aux bornes de la résistance coïncide avec la résonance, où le courant est maximal. Les réactances étant égales à la résonance,on peut écrire

$$X_C = \frac{1}{\omega C} = \frac{1}{1000(20 \times 10^{-6})} = 50\ \Omega \quad , \quad X_L = 50\ \Omega$$

et $\mathbf{Z} = R = 5\angle 0^\circ\ \Omega$, $\mathbf{I} = \mathbf{V}/\mathbf{Z} = (10\angle 0^\circ)/(5\angle 0^\circ) = 2\angle 0^\circ$ A . Par ailleurs

$$\mathbf{V}_R = 2\angle 0^\circ (5) = 10\angle 0^\circ \text{V}, \ \mathbf{V}_L = (2\angle 0^\circ)(50\angle 90^\circ) = 100\angle 90^\circ \text{ V et } \ \mathbf{V}_C = 100\angle -90^\circ \text{V}$$

8.5. Soit un circuit RLC série avec $R = 100\,\Omega$, $L = 0,5$ H et $C = 40\,\mu F$, calculer pour ce circuit la fréquence de résonance et les fréquences de coupure inférieure et supérieure.

$$\omega_0 = 1/\sqrt{LC} = 1/\sqrt{0,5(40 \times 10^{-6})} = 224 \text{ rd/s et } f_0 = \omega_0/2\pi = 35,7 \text{ Hz}$$

Pour la fréquence de coupure inférieure ω_1, la réactance capacitive est supérieure à la réactance inductive; le courant est égal à 0,707 fois sa valeur maximale et comme $\mathbf{I} = \mathbf{V}/\mathbf{Z}$, $|\mathbf{Z}|$ est égal à 1,414 fois la valeur de $|\mathbf{Z}|$ à ω_0. Comme $|\mathbf{Z}| = 100\,\Omega$ à la fréquence ω_0, $|\mathbf{Z}| = 141,4\,\Omega$ à la fréquence ω_1. Par ailleurs $\mathbf{Z} = 100 - j(X_C - X_L) = 141,4\angle\theta\ \Omega$, $\cos\theta = R/Z = 100/141,4 = 0,707$, et $\theta = -45^\circ$.

On a également $\quad X_C - X_L = R \quad$ ou $\quad 1/\omega_1 C - \omega_1 L = R \qquad (1)$

En substituant les valeurs trouvées ci-dessus dans la relation *(1)*, on obtient après résolution $\omega_1 = 145$ rd/s et $f_1 = \dfrac{145}{2\pi} = 23,1$ Hz.

Pour la fréquence de coupure supérieure ω_2, la réactance inductive dépasse la réactance capacitive. $|\mathbf{Z}|$ est dans ce cas aussi égal à $141,4\,\Omega$ et $\theta = +45^\circ$. Par ailleurs on peut écrire les relations

$X_L - X_C = R \quad$ ou $\quad \omega_2 L - 1/\omega_2 C = R \qquad (2)$

En substituant les valeurs trouvées dans la relation *(2)* et en tirant ω_2, on obtient $\omega_2 = 345$ rd/s et $f_2 = 55$ Hz.

Comme ω_0 est la moyenne géométrique de ω_1 et ω_2, on a

$$\omega_0 = \sqrt{\omega_1\omega_2} = \sqrt{145 \times 345} = 224 \text{ rd/s}$$

8.6. Montrer que la fréquence de résonance f_0 d'un circuit RLC série est la moyenne géométrique de f_1 *et* f_2, qui sont respectivement la fréquence de coupure inférieure et la fréquence de coupure supérieure.

Comme nous l'avons vu dans le Problème 8.5., $1/\omega_1 C - \omega_1 L = R$ pour ω_1, et $\omega_2 L - 1/\omega_2 C = R$ pour ω_2.

Nous en déduisons $\quad 1/\omega_1 C - \omega_1 L = \omega_2 L - 1/\omega_2 C \qquad (1)$

En multipliant les deux membres de la relation *(1)* par C, et en y substituant $\omega_0^2 = 1/LC$, nous obtenons $\quad 1/\omega_1 - \omega_1/\omega_0^2 = \omega_2/\omega_0^2 - 1/\omega_2$ ou $1/\omega_1 + 1/\omega_2 = (\omega_1 + \omega_2)/\omega_0^2$ d'où nous tirons

$$\omega_0 = \sqrt{\omega_1\omega_2}.$$

8.7. Un circuit série comportant une résistance $R = 50\,\Omega$, une inductance $L = 0,05$ H et une capacité $C = 20\,\mu F$ est alimenté par une tension $\mathbf{V} = 100\angle 0^\circ$ V de fréquence variable. Déterminer la valeur de la tension maximale aux bornes de l'inductance lorsque la fréquence varie.

Le module de l'impédance exprimé en fonction de ω est $\quad Z = \sqrt{R^2 + (\omega L - 1/\omega C)^2}$, et par conséquent le module du courant est donné par $I = V/\sqrt{R^2 + (\omega L - 1/\omega C)^2}$.

Le module de la tension aux bornes de l'inductance L est

$$V_L = \omega L I = \omega L V/\sqrt{R^2 + (\omega L - 1/\omega C)^2} \qquad (1)$$

En calculant la dérivée par rapport à ω, $\dfrac{dV_L}{d\omega}$ de la relation *(1)* et en l'égalant à 0, nous pouvons calculer la valeur de ω rendant V_L maximale :

$$\frac{dV_L}{d\omega} = \frac{d}{d\omega}\,\omega LV(R^2 + \omega^2L^2 - 2L/C + 1/\omega^2C^2)^{-1/2}$$

$$= \frac{(R^2 + \omega^2L^2 - 2L/C + 1/\omega^2C^2)^{1/2}LV - \omega LV\frac{1}{2}(R^2 + \omega^2L^2 - 2L/C + 1/\omega^2C^2)^{-1/2}(2\omega L^2 - 2/\omega^3C^2)}{R^2 + \omega^2L^2 - 2L/C + 1/\omega^2C^2} \quad (2)$$

En mettant $LV(R^2 + \omega^2L^2 - 2L/C + 1/\omega^2C^2)^{-1/2}$ en facteur dans la relation *(2)* et en annulant le numérateur nous obtenons $R^2 - 2L/C + 2/\omega^2C^2 = 0$

d'où
$$\omega = \sqrt{\frac{2}{2LC - R^2C^2}} = 1/\sqrt{LC}\sqrt{\frac{2}{2 - R^2C/L}} \quad (3)$$

Par ailleurs nous pouvons substituer $Q_0 = \omega_0 L/R = 1/\omega_0 CR,\ Q_0^2 = L/R^2C$, dans la relation *(3)* qui devient

$$\omega = \frac{1}{\sqrt{LC}}\sqrt{\frac{2Q_0^2}{2Q_0^2 - 1}} \quad (4)$$

En substituant les valeurs données dans la relation *(3)* nous avons

$$\omega = \sqrt{\frac{2}{2(0{,}05)(20 \times 10^{-6}) - (50 \times 20 \times 10^{-6})^2}} = 1414 \text{ rd/s}$$

Nous avons également $X_L = \omega L = 1414(0{,}05) = 70{,}7\ \Omega$, $X_C = 1/\omega C = 1/(1414 \times 20 \times 10^{-6}) = 35{,}4\ \Omega$ et $\mathbf{Z} = 50 + j(70{,}7 - 35{,}4) = 50 + j35{,}4 = 61{,}2\angle 35{,}3^\circ\ \Omega$. Nous pouvons alors calculer le courant $I = V/Z = 100/61{,}2 = 1{,}635$ A et en déduire la tension aux bornes de l'inductance

$$V_{L(\max)} = 1{,}635(70{,}7) = 115{,}5 \text{ V}$$

La relation *(4)* montre que pour des valeurs élevées de Q, la valeur maximale de V_L a lieu pour $\omega_0 \approx 1/\sqrt{LC}$. Des valeurs maximales pour les tensions aux bornes de R et C sont également obtenues pour ω_0, lorsque Q a une valeur élevée. Pour des valeurs faibles de Q, le maximum de la tension V_C a lieu en dessous de ω_0 et le maximum de la tension V_L a lieu au-dessus de ω_0 (voir Problème 8.28.).

8.8. La Fig. 8-16 représente un circuit constitué par l'association en parallèle d'une capacité et d'une bobine de résistance R_L et d'inductance L. Déterminer la fréquence de résonance du circuit.

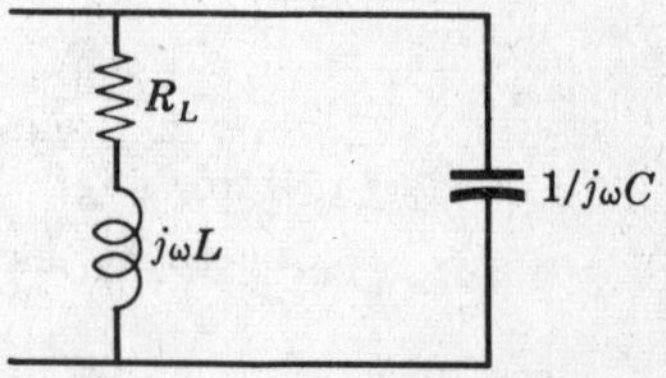

Fig. 8-16

L'admittance totale du circuit est

$$\mathbf{Y}_T = \frac{1}{R_L + j\omega L} + j\omega C = \frac{R_L}{R_L^2 + \omega^2L^2} + j\left(\omega C - \frac{\omega L}{R_L^2 + \omega^2L^2}\right)$$

A la résonance la partie imaginaire de l'admittance est nulle

$$\frac{\omega_0 L}{R_L^2 + \omega_0^2L^2} = \omega_0 C, \text{ d'où } \quad \omega_0 = \frac{1}{\sqrt{LC}}\sqrt{1 - \frac{R_L^2C}{L}}$$

Si la résistance de la bobine est faible par rapport à $L\omega$, la fréquence de résonance est donnée par $1/\sqrt{LC}$.

8.9. Déterminer la fréquence de résonance pour le circuit parallèle à deux branches de la Fig. 8-17. Lorsque l'on augmente la valeur de la résistance dans la branche RC, quelle est la valeur maximale que peut prendre R pour qu'il puisse encore y avoir résonance ?

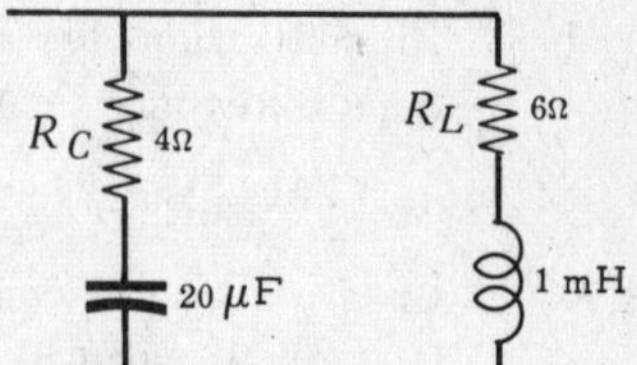

Fig. 8-17

$$\omega_0 = \frac{1}{\sqrt{LC}}\sqrt{\frac{R_L^2 - L/C}{R_C^2 - L/C}} = \frac{1}{\sqrt{10^{-3} \times 20 \times 10^{-6}}}\sqrt{\frac{6^2 - 10^{-3}/(20 \times 10^{-6})}{4^2 - 10^{-3}/(20 \times 10^{-6})}} = 4540 \text{ rd/s}$$

La valeur du numérateur sous le radical est 36 - 50 = - 14. Par conséquent le radical aura une valeur réelle si le dénominateur est négatif, c'est-à-dire si $R_C^2 < L/C$ ou $R_C < 7{,}07\ \Omega$.
Si R_C tend vers 7,07 Ω, ω_0 tend vers l'infini.
Si R_L est augmentée, ω_0 tend vers 0 si R_L tend vers 7,07 Ω.

8.10. Déterminer les valeurs de L pour lesquelles le circuit de la Fig. 8-18 résone à la fréquence $f = \dfrac{5000}{2\pi}$ Hz.

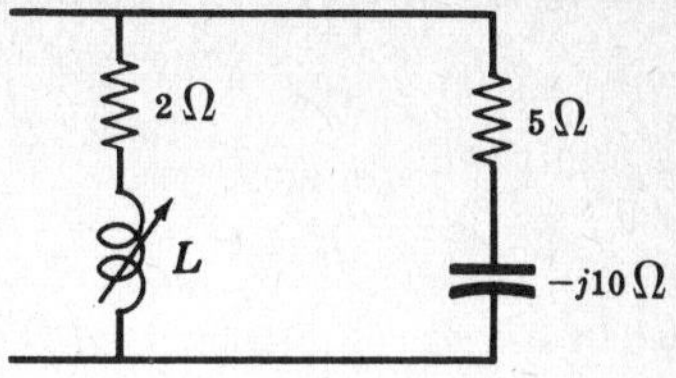

Fig. 8-18

L'admittance totale du circuit est

$$\mathbf{Y} = \frac{1}{2 + jX_L} + \frac{1}{5 - j10}$$

$$= \left(\frac{2}{4 + X_L^2} + \frac{5}{125}\right) + j\left(\frac{10}{125} - \frac{X_L}{4 + X_L^2}\right)$$

En annulant la partie imaginaire, il vient

$$10/125 = X_L/(4 + X_L^2) \quad \text{ou} \quad X_L^2 - 12{,}5X_L + 4 = 0 \qquad (1)$$

Les racines de l'équation *(1)* sont $X_L = 12{,}17\ \Omega$ et $X_L = 0{,}33\ \Omega$. En substituant ces valeurs dans l'équation $X_L = \omega L$, on obtient comme condition de résonance $L = 2{,}43$ mH où $L = 0{,}066$ mH.

8.11. Déterminer la valeur de la capacité C qui permet d'obtenir la résonance du circuit de la Fig. 8-19 à la fréquence $f = \dfrac{5000}{2\pi}$ Hz.

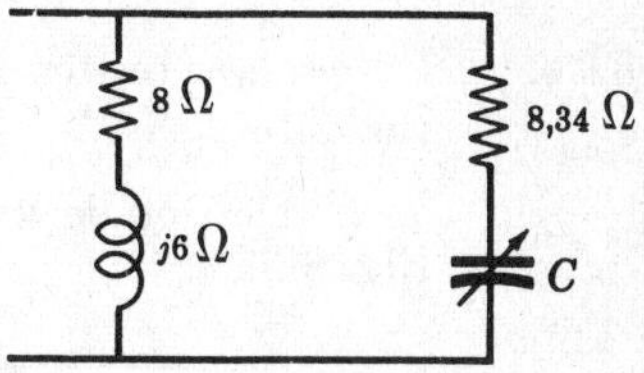

Fig. 8-19

$$\mathbf{Y} = \frac{1}{8 + j6} + \frac{1}{8{,}34 - jX_C}$$

$$= \left(\frac{8}{100} + \frac{8{,}34}{69{,}5 + X_C^2}\right) + j\left(\frac{X_C}{69{,}5 + X_C^2} - \frac{6}{100}\right)$$

A la résonance l'admittance complexe doit être réelle. Par conséquent

$$X_C/(69{,}5 + X_C^2) = 6/100 \quad \text{et} \quad X_C^2 - 16{,}7X_C + 69{,}5 = 0$$

d'où $X_C = 8{,}35\ \Omega$. En substituant cette valeur dans la relation $X_C = 1/C\omega$ on obtient $C = 24\mu$F.

8.12. Déterminer la valeur de R_L et celle de R_C qui permettent d'obtenir la résonance du circuit de la Fig. 8-20 à n'importe quelle fréquence.

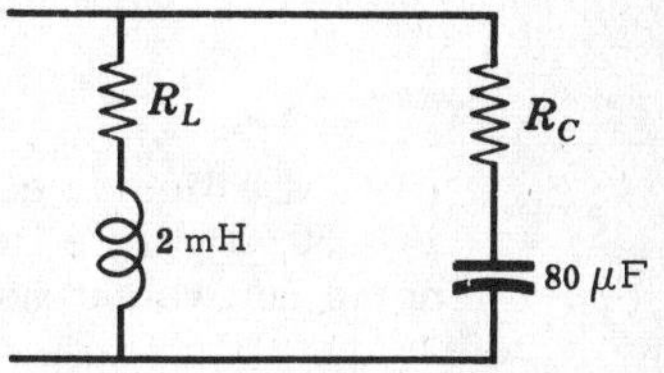

Fig. 8-20

La fréquence de résonance du circuit est

$$= \frac{1}{\sqrt{LC}}\sqrt{\frac{R_L^2 - L/C}{R_C^2 - L/C}}$$

ω_0 peut prendre n'importe quelle valeur si $R_L^2 = R_C^2 = L/C$.
Sachant que $L/C = (2 \times 10^{-3})/(80 \times 10^{-6}) = 25$, on a $R_L = R_C = \sqrt{25} = 5\ \Omega$.

Comme exercice supplémentaire, le lecteur pourra vérifier la validité de ces résultats pour des fréquences de $\dfrac{2500}{2\pi}$ Hz et de $\dfrac{5000}{2\pi}$ Hz.

8.13. Montrer que $Q_0 = \omega_0 L/R = f_0$ /B.P. pour un circuit RLC série.

Aux fréquences de coupure la réactance effective est égale à la résistance.

A la fréquence de coupure inférieure la réactance capacitive dépasse la réactance inductive et par conséquent

$$1/2\pi f_1 C - 2\pi f_1 L = R \quad \text{d'où} \quad f_1 = \frac{-R + \sqrt{R^2 + 4L/C}}{4\pi L}$$

A la fréquence de coupure supérieure la réactance inductive l'emporte sur la réactance capacitive et par conséquent

$$2\pi f_2 L - 1/2\pi f_2 C = R \quad \text{d'où} \quad f_2 = \frac{R + \sqrt{R^2 + 4L/C}}{4\pi L}$$

Comme B.P. $= f_2 - f_1$, B.P. $= R/2\pi L$.

On en déduit $Q_0 = f_0/\text{B.P.} = 2\pi f_0 L/R = \omega_0 L/R$

8.14. Calculer la valeur de Q_0 pour le circuit série comportant $R = 20\ \Omega$, $L = 0{,}05$ H, et $C = 1\ \mu$F en utilisant chacune des trois expressions équivalentes pour Q_0; $\omega_0 L/R$, $1/\omega_0 CR$ et f_0 / B.P.

La pulsation de résonance est $\omega_0 = 1/\sqrt{LC} = 1/\sqrt{0{,}05\times 10^{-6}} = 4470$ rd/s et la fréquence de résonance $f_0 = \omega_0/2\pi = 712$ Hz. Nous pouvons alors calculer Q_0

$$Q_0 = \omega_0 L/R = 4470(0{,}05)/20 = 11{,}2$$

ou

$$Q_0 = 1/\omega_0 CR = 1/(4470 \times 10^{-6} \times 20) = 11{,}2$$

Du Problème 8.13. nous tirons, à la fréquence de coupure inférieure, la relation $1/2\pi f_1 C - 2\pi f_1 L = R$. En substituant, nous obtenons $1/(2\pi f_1 \times 10^{-6}) - 2\pi f_1 (0{,}05) = 20$ et $f_1 = 681$ Hz.

De même à la fréquence de coupure supérieure nous avons $2\pi f_2 L - 1/2\pi f_2 C = R$ et après substitution nous obtenons $f_2 = 745$ Hz.

Nous en déduisons que B.P. = (745 - 681) = 11,1 Hz et que

$$Q_0 = f_0/\text{B.P.} = 712/(745 - 681) = 11{,}1$$

8.15. Déterminer le lieu du courant **I** dans le circuit de la Fig. 8-21 *(a)* pour une réactance inductive variable jX_L.

Le lieu de l'admittance **Y** est le demi-cercle de rayon $r = 1/2R = 0{,}1$ représenté sur la Fig. 8-21 *(b)*.

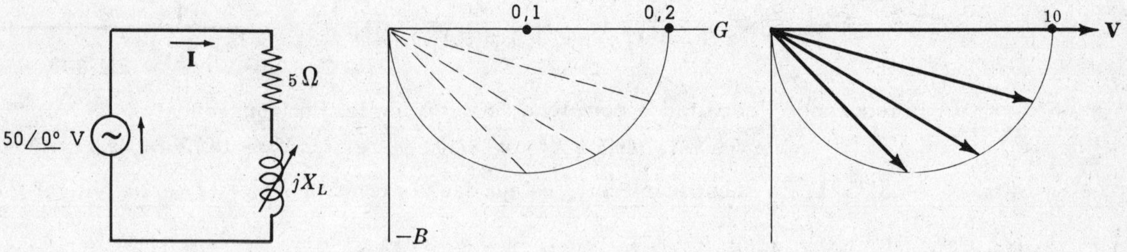

(a) *(b)* Plan **Y** *(c)* Lieu de **I**

Fig. 8-21

Le lieu du courant **I** se détermine alors par la relation **I** = **VY** en prenant comme référence **V** = 50/0° V. Le lieu du courant **I** est ainsi semblable à celui de **Y**, et pour $X_L = 0$, le courant prend une valeur maximale de 10 A (voir Fig. 8-21 *(c)*).

8.16. Déterminer le lieu du courant dans le circuit de la Fig. 8-22 *(a)*, où la résistance R est variable et la réactance capacitive fixe.

Le lieu de l'admittance **Y** est un demi-cercle de rayon $r = 1/2X_C = 0{,}1$, comme le montre la Fig. 8-22 *(b)*.

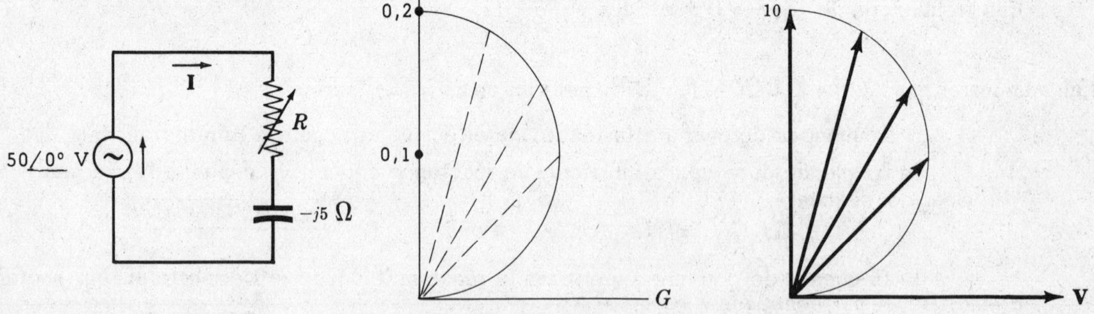

(a) *(b)* Plan **Y** *(c)* Lieu de **I**

Fig. 8-22

Le lieu du courant se détermine alors en utilisant la relation **I** = **VY**, où **V** = 50/0° V. La valeur maximale du courant est de 10 A pour $R = 0$ (voir Fig. 8-22 *(c)*).

8.17. Déterminer la valeur de R_L qui rend le circuit de la Fig. 8-23 *(a)* résonant. Tracer le lieu de l'admittance **Y** afin d'expliquer les résultats.

L'admittance totale est

$$\mathbf{Y}_T = \frac{1}{R_L + j10} + \frac{1}{4 - j5} = \left(\frac{R_L}{R_L^2 + 100} + \frac{4}{41}\right) + j\left(\frac{5}{41} - \frac{10}{R_L^2 + 100}\right)$$

Pour qu'il y ait résonance, la partie imaginaire de **Y** doit être nulle, c'est-à-dire $5/41 = 10/(R_L^2 + 100)$, d'où $R_L^2 = -18$. Ainsi aucune valeur de R_L ne permet d'obtenir la résonance.

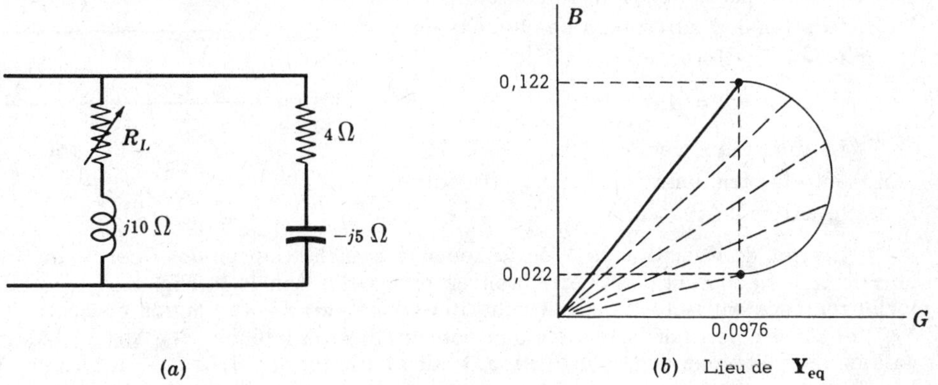

Fig. 8-23

L'admittance de la branche fixe est $1/(4 - j5) = 0{,}0976 + j0{,}122$. Le lieu de la branche ajustable est un demi-cercle de rayon $r = 1/2X_L = 1/20 = 0{,}05$ et par conséquent de diamètre 0,1. Etant donné que la susceptance capacitive de la branche fixe est de 0,122, le lieu de la branche variable ne coupe pas l'axe réel et par conséquent il ne peut pas y avoir de résonance.

8.18. Déterminer le lieu du courant circulant dans le circuit de la Fig. 8-24 *(a)* et calculer la valeur de R_C telle que le déphasage entre **V** et **I** soit de 45°.

L'admittance de la branche fixe est de $1/R = 0{,}1$ mho. Le lieu de la branche RC est un demi-cercle de rayon $r = 1/2X_C = 1/8 = 0{,}125$ (voir Fig. 8-24 *(b)*).

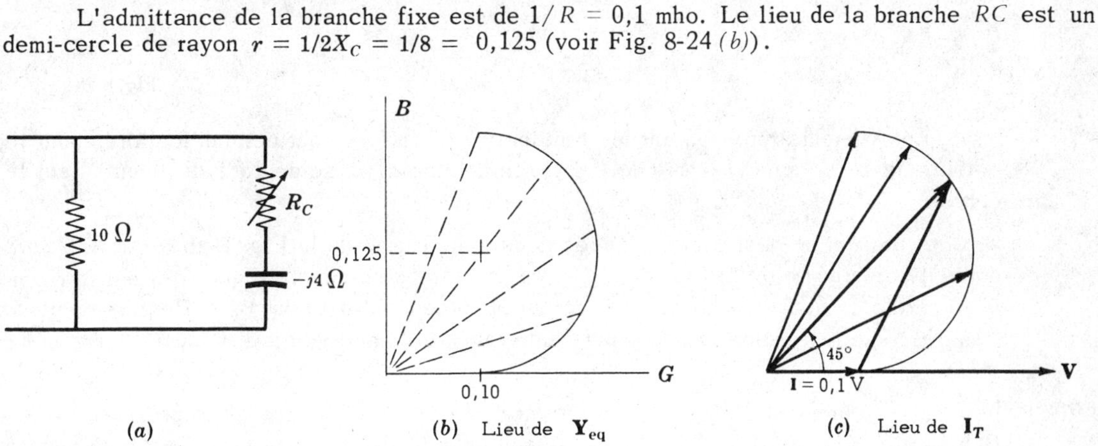

Fig. 8-24

La Fig. 8-24 *(c)* montre à quel point du lieu le courant est en avance de 45° sur la tension. On en déduit que la partie réelle doit être égale à la partie imaginaire de $\mathbf{Y}_T$.

Comme $\mathbf{Y}_T = \left(0{,}1 + \frac{R_C}{R_C^2 + 16}\right) + j\left(\frac{4}{R_C^2 + 16}\right)$, on a

$$0{,}1 + \frac{R_C}{R_C^2 + 16} = \frac{4}{R_C^2 + 16} \quad \text{et} \quad R_C = 2\ \Omega$$

8.19. Le circuit de la Fig. 8-25 a été étudié dans le problème 6.18. Cette étude a permis d'établir que $\mathbf{V}_{AB}$ est constante, c'est-à-dire $V_{AB} = \frac{1}{2}V$, et que la tension $\mathbf{V}_{AB}$ est déphasée par rapport à la tension $\mathbf{V}$ d'un angle 2θ où $\theta = \text{tg}^{-1}\,\omega L/R$. Etablir ces résultats graphiquement.

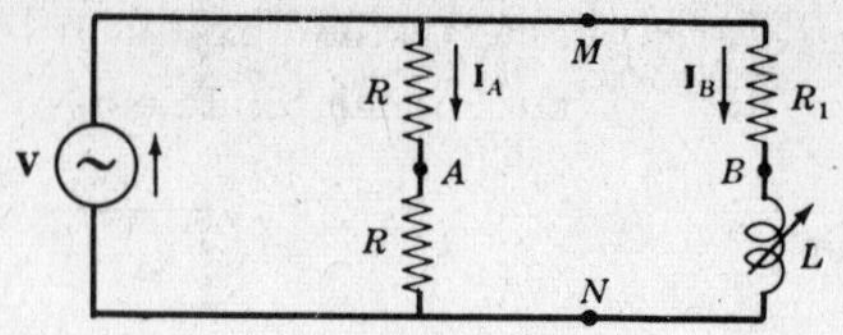

Fig. 8-25

Dans la première branche on a $\mathbf{Z} = 2R$, $\mathbf{Y} = 1/2R$ et par conséquent le courant $\mathbf{I}_A = \mathbf{V}/2R$. La tension aux bornes de chacune des résistances est alors :

$$\mathbf{V}_R = \mathbf{I}R = \mathbf{V}/2$$

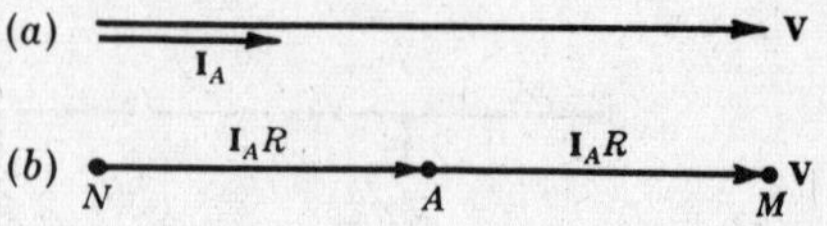

Fig. 8-26

Le diagramme vectoriel de la Fig. 8-26 représente les tensions $\mathbf{V}_{AN}$ et $\mathbf{V}_{MA}$ (le point A est le milieu du vecteur $\mathbf{V}$).

Le lieu de l'admittance $\mathbf{Y}$ de la seconde branche est un demi-cercle et il en est de même pour le lieu du courant dans cette branche, comme le montre la Fig. 8-27 *(a)*. Le diagramme vectoriel représentant la tension est constitué d'une part par la tension aux bornes de l'inductance $\mathbf{V}_{BN}$ et d'autre part par la tension aux bornes de la résistance R_1, $\mathbf{V}_{MB}$. L'addition vectorielle de ces deux tensions donne la tension $\mathbf{V}$. Il faut noter que $\mathbf{I}_B$ est en retard sur $\mathbf{V}_{BN}$ de 90°.

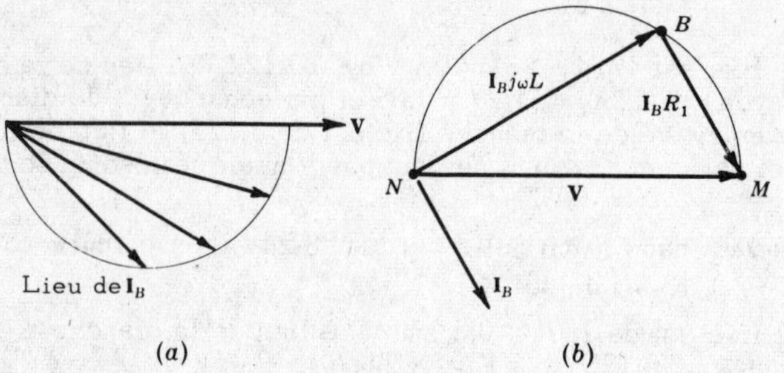

Fig. 8-27

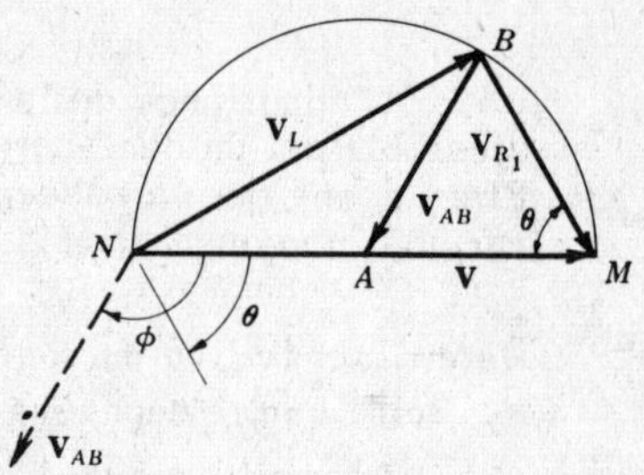

Fig. 8-28

Les vecteurs représentant les tensions $\mathbf{V}_{BN}$ et $\mathbf{V}_{MB}$ sont perpendiculaires pour toutes les valeurs de L. Lorsque L varie de 0 à l'infini, le point B se déplace de M en N sur le demi-cercle.

A présent on peut superposer les deux diagrammes de la Fig. 8-26 *(b)* et 8-27 *(b)*, ce qui donne le diagramme de la Fig. 8-28. Sur ce diagramme on constate que $\mathbf{V}_{AB}$ est le rayon d'un demi-cercle et a par conséquent une valeur absolue constante de $V/2$. De plus on peut voir que l'angle ϕ qui représente le déphasage entre $\mathbf{V}_{AB}$ et $\mathbf{V}$ est égal à 2θ, où $\theta = \text{tg}^{-1}\,\omega L/R$.

8.20. Le lieu du courant total dans un circuit parallèle à deux branches est représenté sur la Fig. 8-29. Déterminer la nature des éléments de chaque branche et spécifier la nature de l'élément variable.

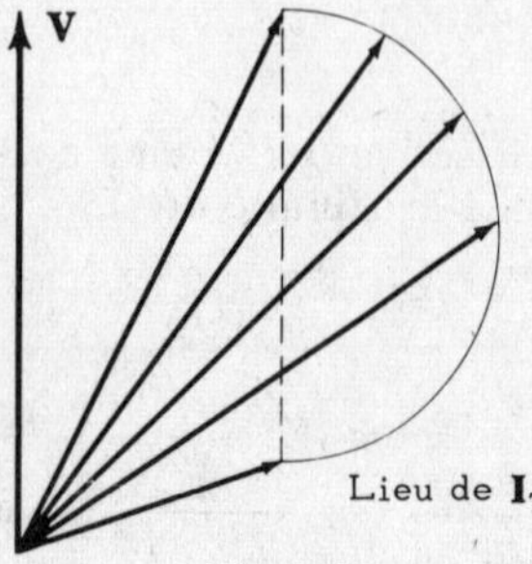

Fig. 8-29

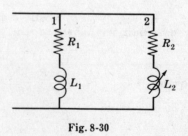

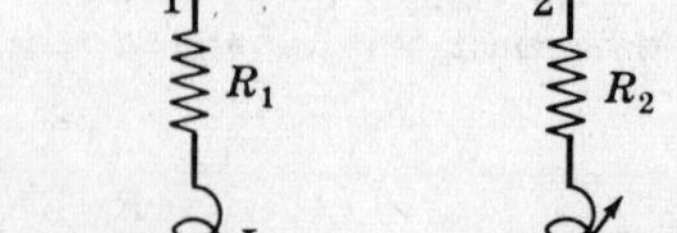

Fig. 8-30

Le point le plus bas du lieu en demi-cercle correspond à un courant nul dans la branche variable. Par conséquent le courant total n'est alors déterminé que par les éléments de la branche fixe 1. Comme ce courant est en retard sur la tension, les éléments de cette branche sont une résistance R_1 et une inductance L_1 .

Le lieu en demi-cercle du courant dans la branche 2 montre que le courant est en phase avec la tension lorsqu'il est maximal. Pour tous les autres points du lieu $\mathbf{I}_2$ est en retard de phase sur $\mathbf{V}$. Il en résulte que la branche 2 comporte une résistance R_2 et une inductance variable L_2, comme le montre la Fig. 8-30 ci-dessus.

Problèmes supplémentaires

8.21. Le circuit RLC série de la Fig. 8-31 ci-dessous est alimenté par une tension $v = 70{,}7 \sin(500 + 30°)$; il y circule un courant $i = 2{,}83 \sin(500t + 30°)$. Déterminer R et C.
Rép. $R = 25\ \Omega$, $C = 8\ \mu$F.

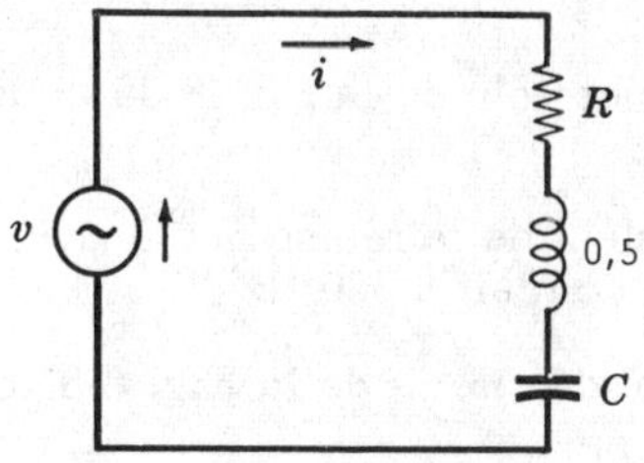

Fig. 8-31

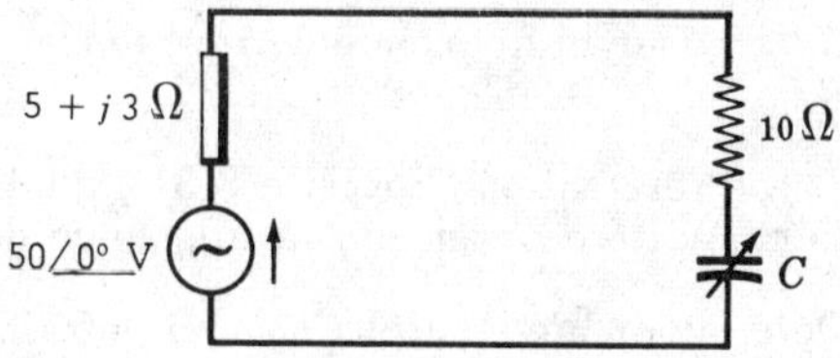

Fig. 8-32

8.22. Dans le circuit série de la Fig. 8-32 ci-dessus, l'impédance de la source est de $(5 + j3)\ \Omega$ et sa fréquence est de 2000 Hz. Pour quelle valeur de C la puissance dissipée dans la résistance de 10 Ω sera-t-elle maximale ? *Rép.* $C = 26{,}6\ \mu$F, $P = 111$ W.

8.23. Dans un circuit RLC avec $L = 25$ mH et $C = 25\ \mu$F le courant est en retard sur la tension de 25° pour $\omega = 2000$ rd/s. A quelle fréquence le courant sera-t-il en avance sur la tension de 25° ? Déterminer ω_0 . *Rép.* $\omega = 267$, $\omega_0 = 730$ rd/s.

8.24. Un courant $i = 1{,}5 \sin(500t)$ circule dans un circuit RLC avec $L = 0{,}5$ H, lorsqu'on lui applique une tension $v = 70{,}7 \sin(500t + 30°)$. Déterminer les valeurs de R et C, ainsi que la pulsation de résonance ω_0 du circuit. *Rép.* $R = 40{,}8\ \Omega$, $C = 8{,}83\ \mu$F, $\omega_0 = 476$ rd/s

8.25. Un circuit série comportant les éléments $R = 10\ \Omega$, $L = 0{,}2$ H et $C = 40\ \mu$F est alimenté par une source de tension de fréquence variable. Déterminer les fréquences f_1, f_0 et f_2 pour lesquelles le courant est respectivement en avance de 30° sur la tension, en phase avec la tension, en retard de 30° sur la tension. *Rép.* $f_1 = 54{,}0$, $f_0 = 56{,}3$, $f_2 = 58{,}6$ Hz.

8.26. Un circuit RLC série est constitué par une résistance R de 25 Ω, une inductance de $L = 0{,}6$ H et une capacité C; dans ce circuit le courant est en avance sur la tension de 60°, lorsqu'il est alimenté par une source de tension à 40 Hz. Déterminer la fréquence de résonance de ce circuit.
Rép. $f_0 = 45{,}4$ Hz.

8.27. Dans le circuit série de la Fig. 8-33 on ajuste la fréquence jusqu'à ce que la tension aux bornes de la capacité soit maximale. Sachant que la tension efficace appliquée est de 100 V, calculer la tension maximale aux bornes de la capacité ainsi que la fréquence correspondante.
Rép. $f = \dfrac{707}{2\pi}$ Hz, $V_C = 115{,}5$ V.

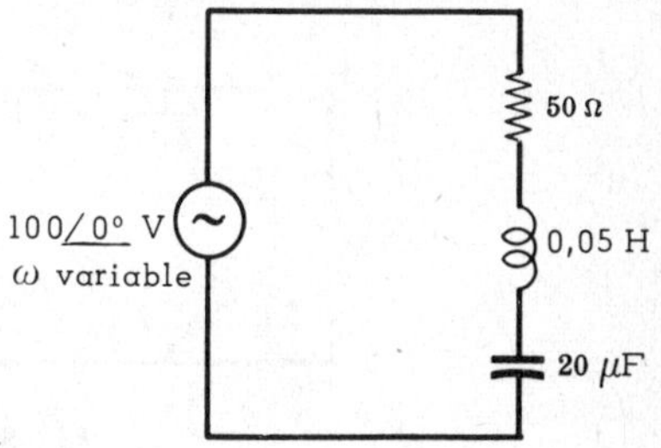

Fig. 8-33

8.28. Le coefficient de surtension du circuit série du Problème 8.27. est $Q_0 = \omega_0 L/R = 1$. En posant $R = 10\ \Omega$, ce coefficient devient égal à 5; quelle est dans ces conditions la fréquence pour laquelle la tension aux bornes de la capacité est maximale ? Refaire le calcul pour $R = 5\ \Omega$.
Rép. $f = \dfrac{990}{2\pi}$ Hz, $\dfrac{998}{2\pi}$ Hz.
Remarque : Pour $Q_0 \geqslant 10$, on peut supposer que les maximas des tensions aux bornes de R, L et C se produisent tous à la fréquence de résonance f_0 .

8.29. Afin de montrer l'incidence de Q sur l'amplitude du courant au voisinage de la résonance, calculer et représenter $|\mathbf{Y}|$ en fonction de ω pour les deux circuits suivants; circuit 1 : $R = 5\ \Omega$, $L = 0{,}05$ H et $C = 20\ \mu$F; circuit 2 : $R = 10\ \Omega$, $L = 0{,}05$ H et $C = 20\ \mu$F.

8.30. Dans le circuit parallèle de la Fig. 8-34 ci-dessous, $L = 0{,}2$ H et $C = 30\ \mu$F. Calculer la fréquence de résonance pour $R_L = 0$ et la comparer à celle pour $R_L = 50\ \Omega$.
Rép. $f_0 = \dfrac{408}{2\pi}$, $f_0 = \dfrac{323}{2\pi}$ Hz.

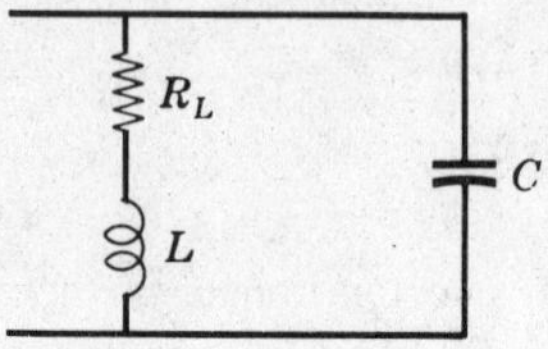

Fig. 8-34

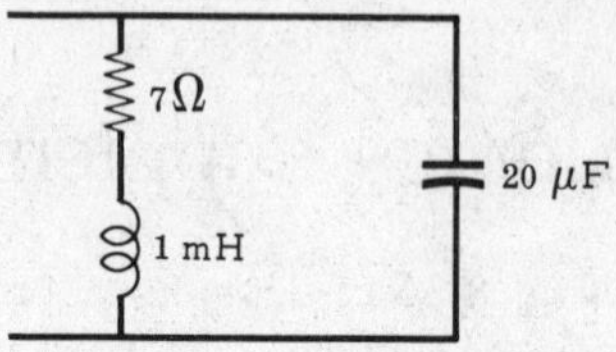

Fig. 8-35

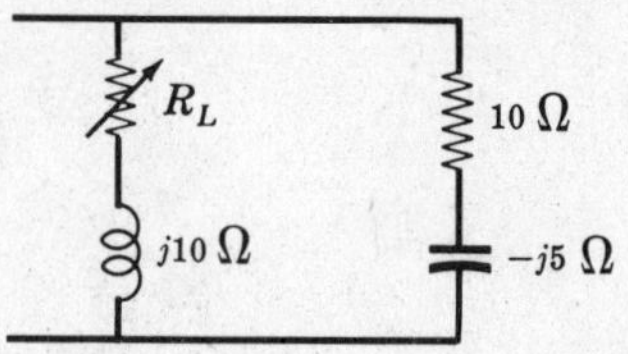

Fig. 8-36

8.31. Déterminer la fréquence de résonance f_0 du circuit parallèle de la Fig. 8-35 ci-dessus.
Rép. $f_0 = 159$ Hz.

8.32. En se référant au Problème 8.31., quelle serait la valeur de la résistance à mettre en série avec la capacité pour amener la fréquence de résonance du circuit à 300 Hz ? *Rép.* $R_C = 6\ \Omega$

8.33. Déterminer la valeur de R_L qui entraîne la résonance du circuit de la Fig. 8-36 ci-dessus.
Rép. $R_L = 12{,}25\ \Omega$.

8.34. Pour quelle valeurs de X_L le circuit de la Fig. 8-37 ci-dessous est-il en résonance ? Expliquer ce résultat en traçant le lieu de $\mathbf{Y}$.

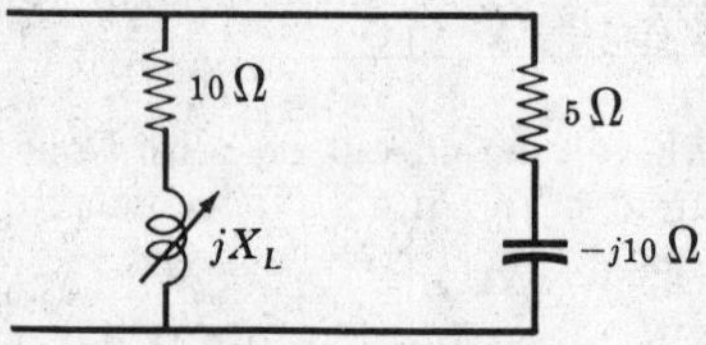

Fig. 8-37

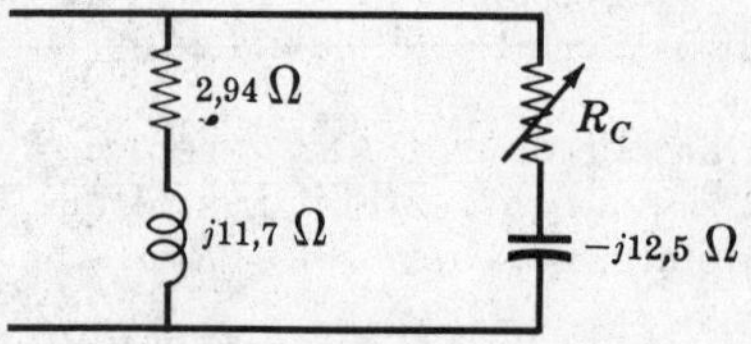

Fig. 8-38

8.35. Calculer la valeur de R_C qui permet d'obtenir la résonance du circuit parallèle de la Fig. 8-38 ci-dessus. Expliquer ce résultat au moyen du lieu de $\mathbf{Y}$.
Rép. $R_C = 0$.

8.36. Le circuit parallèle de la Fig. 8-39 ci-dessous est en résonance pour $X_C = 9{,}68\ \Omega$ et $X_C = 1{,}65\ \Omega$. Déterminer le courant total pour chacune des valeurs de X_C.
Rép. $1{,}83\angle 0^\circ$, $3{,}61\angle 0^\circ$ A.

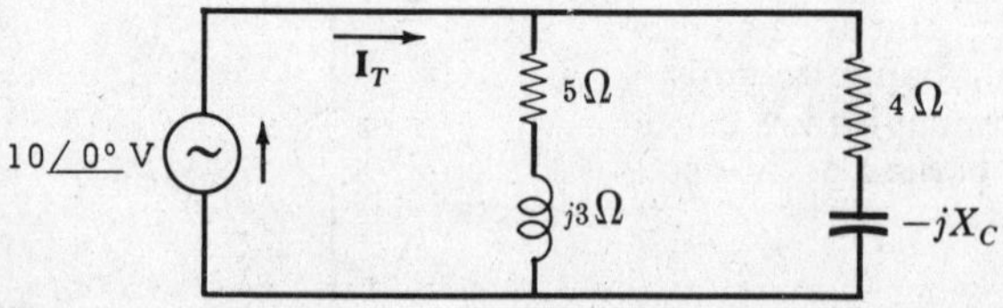

Fig. 8-39

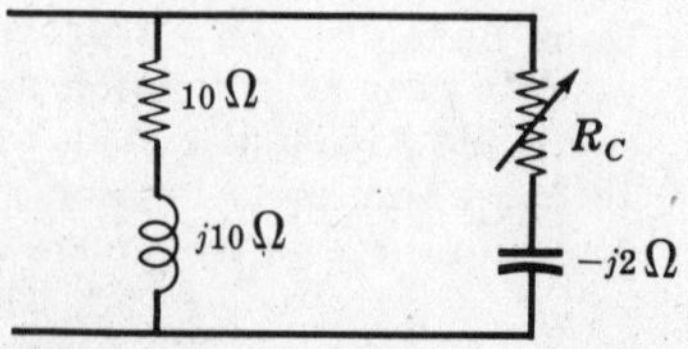

Fig. 8-40

8.37. Quelle valeur de R_C entraîne la résonance du circuit parallèle de la Fig. 8-40 ci-dessus ?
Rép. $R_C = 6\ \Omega$.

8.38. Une tension $\mathbf{V} = 50\underline{/0°}$ V est appliquée à un circuit série comportant une réactance inductive fixe $X_L = 5\ \Omega$ et une résistance variable R. Tracer les lieux d'admittance et de courant pour ce circuit.

8.39. Une tension $\mathbf{V} = 50\underline{/0°}$ V est appliquée à un circuit série comportant une résistance fixe $R = 5\ \Omega$ et une capacité variable C. Tracer les lieux d'admittance et de courant pour ce circuit.

8.40. L'inductance du circuit parallèle de la Fig. 8-41 peut varier sans limites. Construire le lieu d'admittance pour montrer que la résonance ne peut pas être obtenue pour ce circuit.

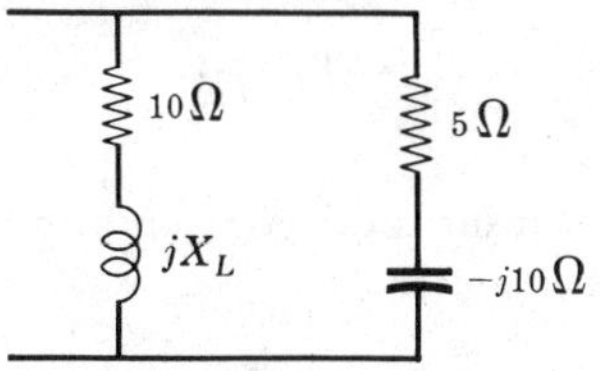

Fig. 8-41

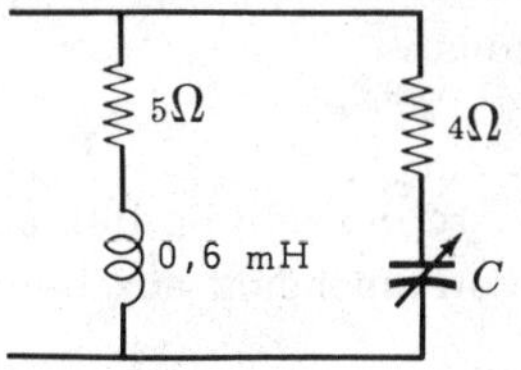

Fig. 8-42

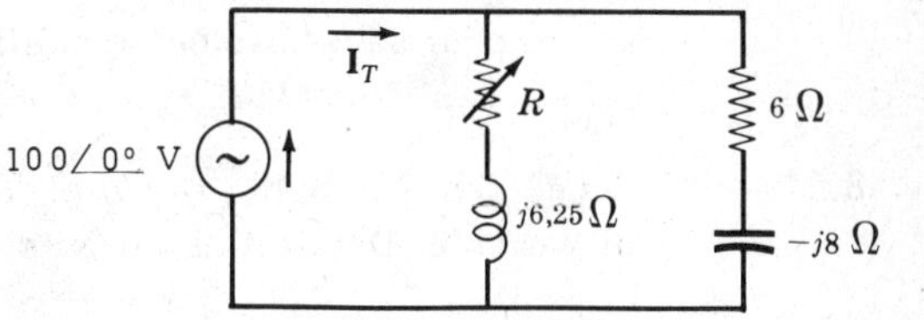

Fig. 8-43

8.41. Le circuit de la Fig. 8-42 ci-dessus est résonant pour deux valeurs de la capacité C et la fréquence de résonance correspondante est $5000/2\pi$ Hz. Déterminer les deux valeurs de C et construire le lieu d'admittance. *Rép.* 20,6 μF, 121 μF.

8.42. Dans le circuit parallèle de la Fig. 8-43 ci-dessus, $\mathbf{I}_T$ est en retard sur la tension de 53,1° pour $R = 0$. Pour $R = \infty$ (circuit ouvert), $\mathbf{I}_T$ est en avance sur la tension du même angle. Construire le lieu d'admittance pour illustrer ces deux cas. Pour quelle valeur de R le circuit est-il en résonance ?
Rép. $R = 6{,}25\ \Omega$.

8.43. Déterminer la valeur de R pour laquelle le circuit parallèle de la Fig. 8-44 ci-dessous est en résonance, et construire le lieu d'admittance pour expliquer le résultat.

8.44. En se référant au Problème 8.43., quelles valeurs de la réactance inductive X_L permettent d'obtenir la résonance pour une valeur quelconque de R ?
Rép. $X_L, \leqslant 8{,}2\ \Omega$.

8.45. Pour quelle valeur de R obtient-on la résonance pour le circuit de la Fig. 8-45 ci-dessous ? Tracer les lieux d'admittance et de courant.
Rép. $R = 5{,}34\ \Omega$

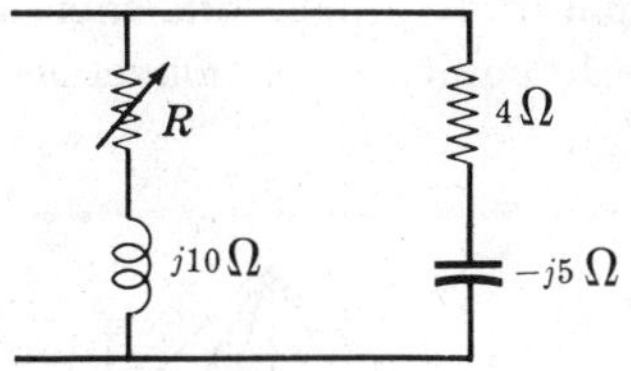

Fig. 8-44

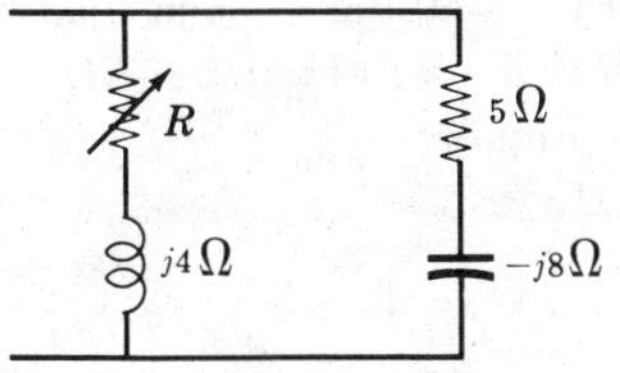

Fig. 8-45

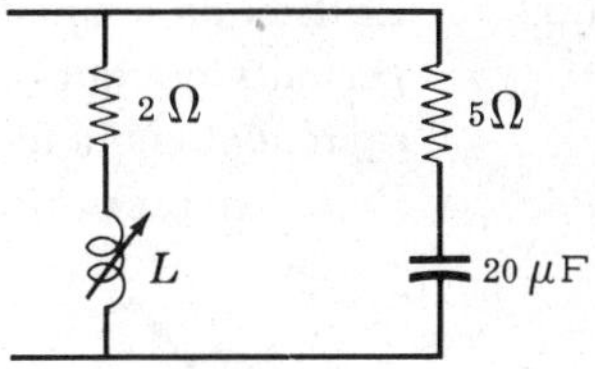

Fig. 8-46

8.46. Dans le Problème 8.11., on demandait de déterminer la valeur de la capacité C qui entraînait la résonance du circuit parallèle. En utilisant le lieu d'admittance, montrer pourquoi une seule valeur de C permettait d'obtenir la résonance au lieu des deux valeurs usuelles.

8.47. Le circuit parallèle de la Fig. 8-46 ci-dessus doit être amené à la résonance en ajustant L. Construire le diagramme d'admittance et déterminer les valeurs de L pour obtenir la résonance pour $\omega = 5000$ rd/s.
Rép. $L = 2{,}43$, 0,066 mH.

8.48. En se référant au lieu d'admittance du Problème 8.47., déterminer la valeur de L pour laquelle le courant total est minimal. Quelle serait l'amplitude de ce courant pour une tension efficace appliquée de 100 V ?
Rép. $L = 2{,}95$ mH, $I_T = 5{,}1$ A.

8.49. En se référant au Problème 8.47., appliquer une tension $\mathbf{V} = 150\underline{/75^\circ}$ V et calculer $\mathbf{I}_T$ pour chaque valeur de L qui entraîne la résonance du circuit.
Rép. $\mathbf{I}_T = 7{,}98\underline{/75^\circ}$; $78{,}9\underline{/75^\circ}$ A.

8.50. Le but du circuit de la Fig. 8-47 est de déphaser la tension $\mathbf{V}_{AB}$ de telle sorte qu'elle soit en retard sur la tension $\mathbf{V}$ appliquée d'un angle compris entre 10° et 170°. Quelle est la plage de variation de R_1 nécessaire pour satisfaire ces conditions ?
Rép. 46,4 à 6 080 Ω .

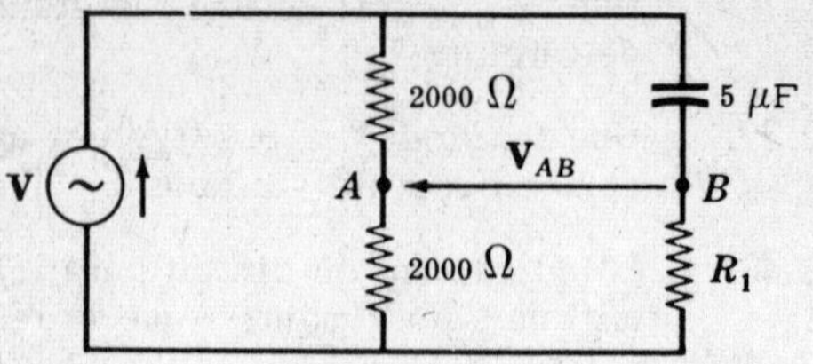

Fig. 8-47

8.51. Chacune des Fig. 8-48 *(a)*, *(b)* et *(c)* représente un lieu de courant total pour un circuit à un élément variable. Décrire les circuits correspondant aux lieux respectifs.

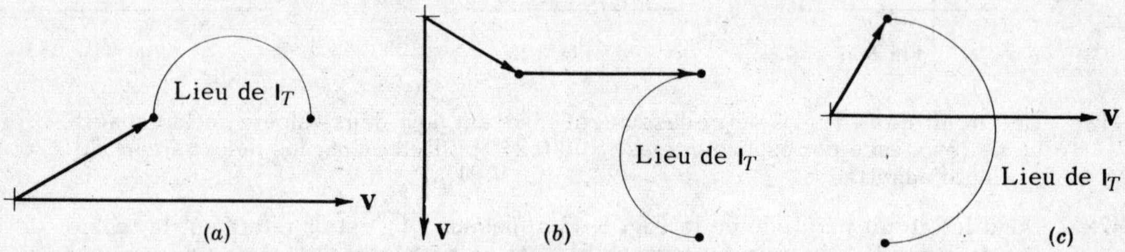

Fig. 8-48

Rép. *(a)* Un circuit parallèle à deux branches. Branche 1 : R et R_C fixes, Branche 2 : R fixe et X_C variable.
(b) Un circuit à trois branches parallèles. Branche 1 : R et X_C fixes, branche 2 : X_C fixe ; branche 3 : R fixe et X_L variable.
(c) Un circuit parallèle à deux branches. Branche 1 : R et X_C fixes; branche 2 : X_L fixe et R variable.

8.52. Déterminer les constantes du circuit correspondant au lieu de courant de la Fig. 8-49, ainsi que son mode de connexion ($\omega = 2000$ rd/ s).
Rép. Branche 1 : $R = 7{,}07\ \Omega$, $L = 3{,}54$ mH Branche 2 : $R = 7{,}07\ \Omega$, C variable

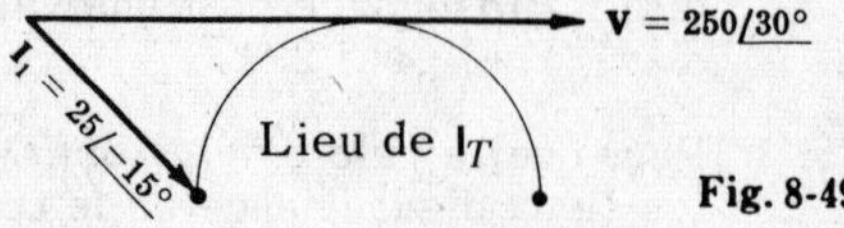

Fig. 8-49

8.53. Le lieu de courant de la Fig. 8-50 correspond à un circuit parallèle à deux branches. Quels changements devrait-on effectuer dans la branche RL pour que le point A se trouve sur le vecteur représentant la tension appliquée ?
Rép. Ajuster X_L à 5,78 Ω.

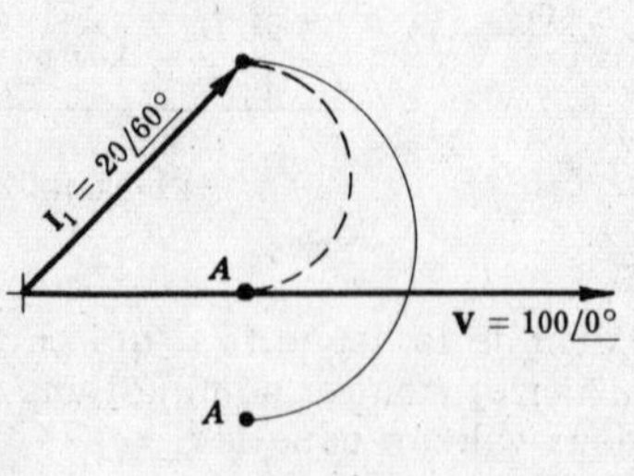

Fig. 8-50

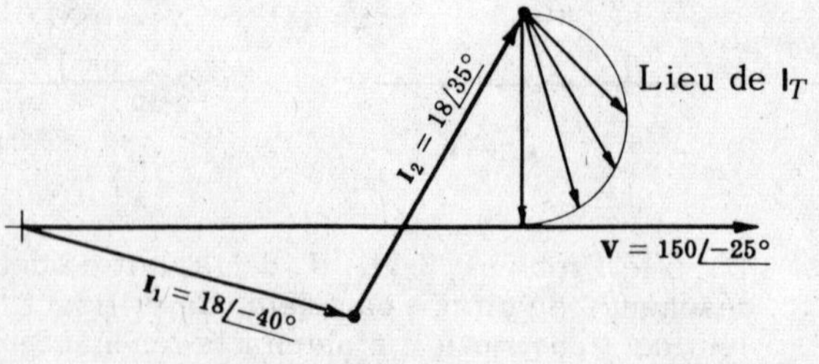

Fig. 8-51

8.54. La figure 8-51 représente le lieu de courant d'un circuit parallèle à trois branches. Sachant que $\omega = 5000$ rd/ s, déterminer toutes les constantes du circuit.
Rép. Branche 1 : $R = 8{,}05\ \Omega$, $L = 0{,}423$ mH Branche 2 : $R = 4{,}16\ \Omega$, $C = 27{,}7\ \mu$F
Branche 3 : $L = 2{,}74$ mH et R variable.

Chapitre 9

Analyse des circuits par la loi des mailles

INTRODUCTION

Dans les circuits ou les réseaux électriques, les sources de tension créent des courants dans les différentes branches; il en résulte des différences de potentiel aux bornes des éléments correspondants du circuit. La connaissance des courants dans les branches ou des tensions aux bornes des éléments définit parfaitement le réseau.

LES COURANTS DANS LES MAILLES

Afin d'appliquer la *méthode des mailles* à un réseau, on choisit des boucles fermées où circulent des courants appelés *courants de mailles* (voir Fig. 9-1 ci-dessous). On écrit ensuite et on résout le système de trois équations comportant les inconnues $\mathbf{I}_1$, $\mathbf{I}_2$ et $\mathbf{I}_3$. Le courant dans chaque branche est alors obtenu soit directement par le courant de maille soit par une combinaison de ces courants.

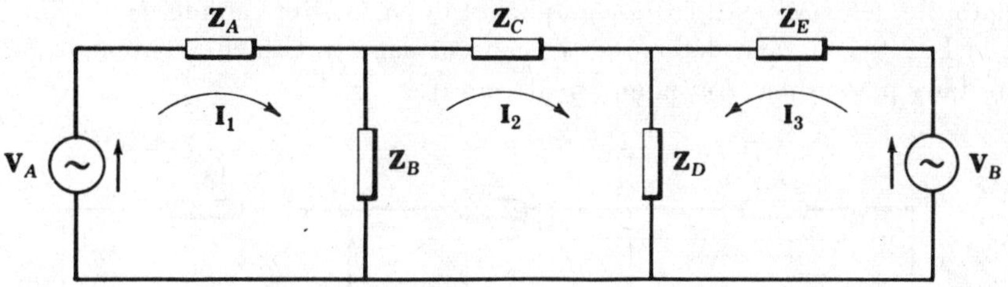

Fig. 9-1. Les courants de mailles dans un réseau

Pour le réseau considéré, le courant dans $\mathbf{Z}_A$ est $\mathbf{I}_1$ et le courant dans $\mathbf{Z}_B$ est $\mathbf{I}_1 - \mathbf{I}_2$ en supposant une direction positive du courant dans cette impédance, de haut en bas. On peut calculer le courant dans chaque branche du réseau de manière similaire. La tension aux bornes de chaque élément du circuit est donnée par le produit du courant dans l'élément et de l'impédance complexe de celui-ci.

Pour obtenir l'ensemble des trois équations, on applique la loi de Kirchhoff relative aux tensions à chaque maille. La Fig. 9-2 représente la première maille du réseau de la Fig. 9-1; dans cette maille la somme des chutes de tension est égale à la tension appliquée.

$$\mathbf{I}_1\mathbf{Z}_A + (\mathbf{I}_1 - \mathbf{I}_2)\mathbf{Z}_B = \mathbf{V}_A \qquad (1)$$

La seconde maille ne contenant pas de source, la somme des chutes de tension est nulle

$$\mathbf{I}_2\mathbf{Z}_C + (\mathbf{I}_2 + \mathbf{I}_3)\mathbf{Z}_D + (\mathbf{I}_2 - \mathbf{I}_1)\mathbf{Z}_B = 0 \qquad (2)$$

En appliquant la loi de Kirchhoff à la troisième maille on obtient

$$\mathbf{I}_3\mathbf{Z}_E + (\mathbf{I}_3 + \mathbf{I}_2)\mathbf{Z}_D = \mathbf{V}_B \qquad (3)$$

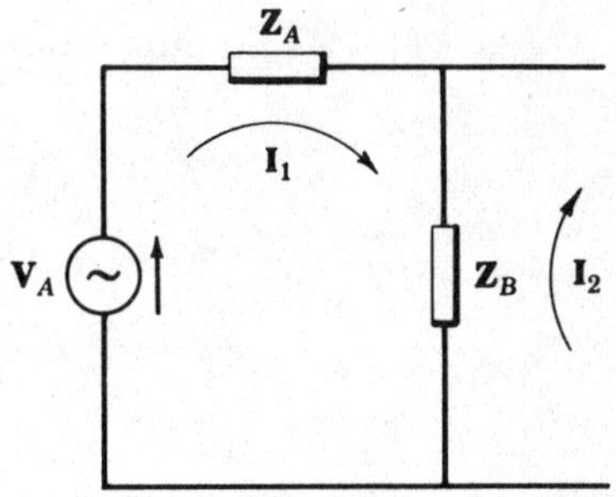

Fig. 9-2

En réarrangeant les termes ceci donne

$$(\mathbf{Z}_A + \mathbf{Z}_B)\mathbf{I}_1 - \mathbf{Z}_B\mathbf{I}_2 = \mathbf{V}_A \qquad (1')$$

$$-\mathbf{Z}_B\mathbf{I}_1 + (\mathbf{Z}_B + \mathbf{Z}_C + \mathbf{Z}_D)\mathbf{I}_2 + \mathbf{Z}_D\mathbf{I}_3 = 0 \qquad (2')$$

$$\mathbf{Z}_D\mathbf{I}_2 + (\mathbf{Z}_D + \mathbf{Z}_E)\mathbf{I}_3 = \mathbf{V}_B \qquad (3')$$

L'ensemble des équations ci-dessus peut s'obtenir directement. Considérons pour cela la première maille de la Fig. 9-2. Vu que la direction positive du courant $\mathbf{I}_1$ est celle des aiguilles d'une montre, toutes les chutes de tension dans la maille 1 dues au courant $\mathbf{I}_1$ sont positives. Dans l'impédance $\mathbf{Z}_B$ circule également le courant de maille $\mathbf{I}_2$ de sens opposé au courant $\mathbf{I}_1$. Dans ces conditions la chute de tension dans $\mathbf{Z}_B$ due à $\mathbf{I}_2$ est $-\mathbf{Z}_B\mathbf{I}_2$. La tension $\mathbf{V}_A$ est positive vu qu'elle a le même sens que le courant $\mathbf{I}_1$. En appliquant alors la loi de Kirchhoff à la maille 1, il en résulte l'équation *(1')*. Les équations *(2')* et *(3')* s'obtiennent de la même façon.

Les termes *source de tension* ou générateur et *chute de tension* proviennent de l'analyse des circuits en courant continu; dans ce cas leur signification était plus claire qu'elle ne l'est dans l'analyse des circuits en régime sinusoïdal, où les courants et les tensions instantanés prennent périodiquement des valeurs positives et négatives. En régime sinusoïdal permanent, la loi de Kirchhoff relative aux tensions appliquées à une maille donne lieu à une égalité vectorielle: *La somme vectorielle des tensions aux bornes des impédances de la maille est égale à la somme vectorielle des sources de tension de la maille.*

LE CHOIX DES COURANTS DE MAILLE

Un choix approprié des mailles d'un réseau permet de simplifier l'étude du réseau. Par exemple, si dans le réseau de la Fig. 9-1 on veut déterminer le courant dans la branche contenant l'impédance $\mathbf{Z}_B$, il est judicieux de ne faire passer par $\mathbf{Z}_B$ qu'une seule maille.

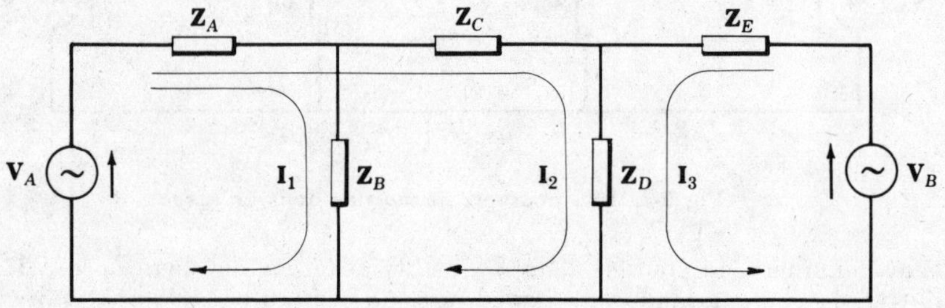

Fig. 9-3

L'ensemble des équations correspondantes est

$$(\mathbf{Z}_A + \mathbf{Z}_B)\mathbf{I}_1 + \mathbf{Z}_A\mathbf{I}_2 = \mathbf{V}_A$$

$$\mathbf{Z}_A\mathbf{I}_1 + (\mathbf{Z}_A + \mathbf{Z}_C + \mathbf{Z}_D)\mathbf{I}_2 + \mathbf{Z}_D\mathbf{I}_3 = \mathbf{V}_A$$

$$\mathbf{Z}_D\mathbf{I}_2 + (\mathbf{Z}_D + \mathbf{Z}_E)\mathbf{I}_3 = \mathbf{V}_B$$

Pour un choix quelconque des courants de maille pour un réseau, chaque élément doit être traversé par un courant au moins; deux branches ne peuvent pas être traversées simultanément par le même courant. Dans le prochain paragraphe, des règles permettant de déterminer le nombre de mailles indispensables à l'étude d'un réseau sont données; ce nombre est le nombre minimal nécessaire à la résolution complète du problème.

NOMBRE DE MAILLES NECESSAIRES

Pour des réseaux simples représentables dans un plan, le nombre de mailles est simple à déterminer. Pour des réseaux plus compliqués, il est nécessaire d'utiliser une méthode rigoureuse permettant d'obtenir le nombre d'équations requises.

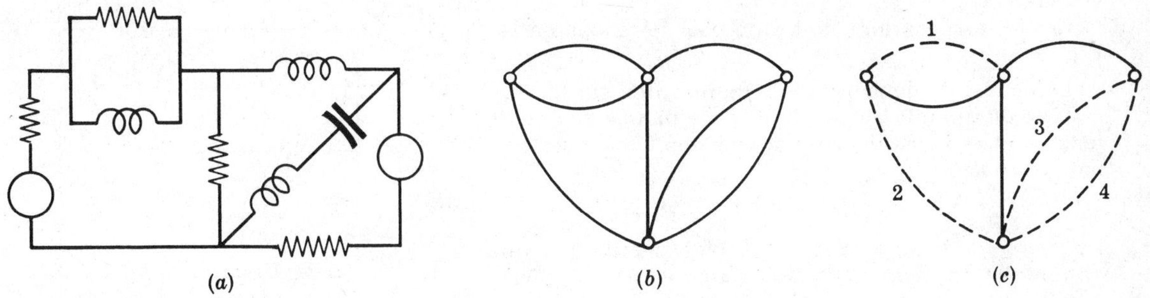

Fig. 9-4. Un réseau et ses graphes

La Fig. 9-4 *(b)* représente le graphe du réseau de la Fig. 9-4 *(a)* où les petits cercles correspondent à des noeuds et les lignes à des branches. On trace ensuite le graphe de la Fig. 9-4 *(c)*, obtenu en ne considérant que les branches qui ne forment pas de boucle fermée : cette représentation n'est pas unique. Les lignes tracées en pointillé donneraient lieu à des boucles fermées. Le nombre de mailles nécessaires est égal au nombre de lignes en pointillé, c'est-à-dire 4.

Le même résultat peut être obtenu en « coupant » les branches du réseau de telle sorte que chaque coupure ouvre une boucle fermée. Si après cela il ne reste plus de boucle fermée, le nombre de coupures correspond au nombre de mailles requises.

Une troisième méthode consiste à compter les branches et les noeuds du réseau. Le nombre de mailles nécessaires est alors donné par :

nombre de maille = nombre de branches - (nombre de noeuds - 1).

Dans le réseau de la Fig. 9-4 *(a)* il y a sept branches et quatre noeuds. Il en résulte que le nombre de mailles nécessaires est $7 - (4 - 1) = 4$.

DETERMINATION DIRECTE DES EQUATIONS DE MAILLE

De façon générale, les équations pour un réseau à trois mailles s'écrivent:

$$\mathbf{Z}_{11}\mathbf{I}_1 \pm \mathbf{Z}_{12}\mathbf{I}_2 \pm \mathbf{Z}_{13}\mathbf{I}_3 = \mathbf{V}_1$$

$$\pm \mathbf{Z}_{21}\mathbf{I}_1 + \mathbf{Z}_{22}\mathbf{I}_2 \pm \mathbf{Z}_{23}\mathbf{I}_3 = \mathbf{V}_2$$

$$\pm \mathbf{Z}_{31}\mathbf{I}_1 \pm \mathbf{Z}_{32}\mathbf{I}_2 + \mathbf{Z}_{33}\mathbf{I}_3 = \mathbf{V}_3$$

$\mathbf{Z}_{11}$ est appelée impédance propre de la première maille 1; elle est donnée par la somme de toutes les impédances traversées par le courant $\mathbf{I}_1$. $\mathbf{Z}_{22}$ et $\mathbf{Z}_{33}$ sont les impédances propres des mailles 2 et 3 et correspondent à la somme des impédances des mailles respectives.

$\mathbf{Z}_{12}$ est la somme de toutes les impédances communes aux mailles 1 et 2. Il en résulte que $\mathbf{Z}_{12}$ est égale à $\mathbf{Z}_{21}$. Les impédances $\mathbf{Z}_{13}$, $\mathbf{Z}_{31}$, $\mathbf{Z}_{23}$ et $\mathbf{Z}_{32}$ sont les sommes des impédances communes aux mailles définies par les indices.

Les impédances sont affectées d'un signe positif lorsque les deux courants qui y circulent sont de même sens, et d'un signe négatif dans le cas contraire.

V_1 est la somme de toutes les tensions délivrées par les sources de la maille 1. Ces tensions sont positives lorsque les sources font circuler des courants dans le même sens que le courant de maille et négatives si cela n'est pas le cas. V_2 et V_3 sont les sommes des tensions délivrées par les sources dans les mailles respectives 2 et 3.

Exemple 1

Ecrire les équations de maille pour le réseau de la Fig. 9-5.

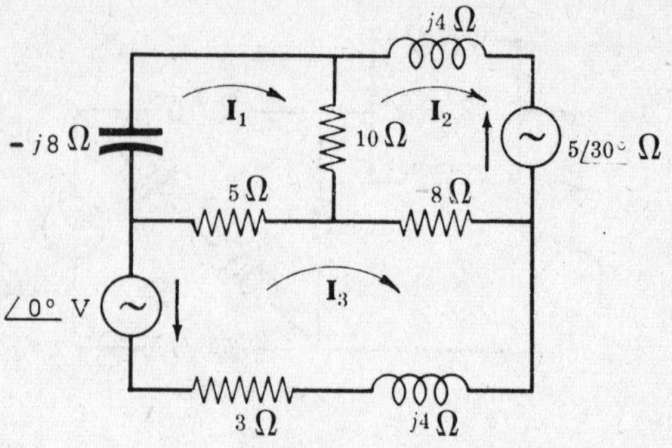

Fig. 9-5

Les courants de maille sont représentés sur le diagramme du circuit. Comme il n'existe pas de source de tension dans la maille 1, la somme des chutes de tension est nulle.

$$I_1(-j8) + (I_1 - I_2)10 + (I_1 - I_3)5 = 0$$

La source de tension de $5\angle 30°$ V de la maille 2 y fait circuler un courant opposé au courant de maille; son signe est par conséquent négatif.

$$I_2(j4) + (I_2 - I_3)8 + (I_2 - I_1)10 = -(5\angle 30°)$$

En appliquant la loi de Kirchhoff, relative aux tensions, à la troisième maille, on obtient

$$I_3(3 + j4) + (I_3 - I_1)5 + (I_3 - I_2)8 = -(10\angle 0°)$$

Après réarrangement des termes, l'ensemble des trois équations devient

$$\begin{aligned}
(15 - j8)I_1 - 10I_2 - 5I_3 &= 0 \\
-10I_1 + (18 + j4)I_2 - 8I_3 &= -(5\angle 30°) \\
-5I_1 - 8I_2 + (16 + j4)I_3 &= -(10\angle 0°)
\end{aligned}$$

On peut comparer le système d'équations ci-dessus au système d'équations général pour un réseau à trois mailles. On constate qlors que l'impédance propre de la maille 1 est $Z_{11} = (5 + 10 - j8) = 15 - j8$. L'impédance commune aux mailles 1 et 2 est $Z_{12} = 10\ \Omega$. Cependant comme I_2 est de sens opposé à I_1 l'impédance Z_{12} est affectée d'un signe négatif. De même l'impédance commune aux mailles 1 et 3 est $Z_{13} = -5\ \Omega$. On peut également remarquer que $Z_{12} = Z_{21}$, $Z_{13} = Z_{31}$ et $Z_{23} = Z_{32}$.

La tension délivrée par la source de la deuxième maille est de $5\angle 30°$ V; mais comme elle fait circuler un courant de sens opposé au courant de maille, elle est affectée d'un signe moins. Chacun des termes du système d'équations ci-dessus peut également se calculer en utilisant la notation générale.

MATRICES

Une matrice est un ensemble de nombres ou de fonctions disposés selon une grille rectangulaire et soumise à certaines règles de calcul. Dans la matrice

$$A = \begin{bmatrix} a_{11} & a_{12} & a_{13} & \dots & a_{1n} \\ a_{21} & a_{22} & a_{23} & \dots & a_{2n} \\ \dots & \dots & \dots & \dots & \dots \\ \dots & \dots & \dots & \dots & \dots \\ a_{m1} & a_{m2} & a_{m3} & \dots & a_{mn} \end{bmatrix}$$

les nombres ou les fonctions a_{ij} sont appelés les éléments. Un élément a_{ij} se trouve dans la ligne i de la colonne j. Cette matrice comportant m lignes et n colonnes est d'ordre $m \times n$ et constitue la matri- A, ou la matrice A d'ordre $m \times n$ ou enfin la matrice $[a_{ij}]$ d'ordre $m \times n$.

Deux matrices sont égales si et seulement si leurs éléments sont respectivement égaux.

ADDITION DES MATRICES

Deux matrices de même ordre peuvent s'additionner ou se soustraire; ces deux opérations ne peuvent pas s'effectuer sur deux matrices d'ordre différent.

La somme (la différence) de deux matrices d'ordre $m \times n$, $A = [a_{ij}]$ et $B = [b_{ij}]$, est la matrice C d'ordre $m \times n$, chaque élément de la matrice C est la somme des éléments correspondants des matrices A et B. C'est-à-dire $A \pm B = [a_{ij} \pm b_{ij}]$.

Exemple 2 Si

$$A = \begin{bmatrix} 1 & 4 & 0 \\ 2 & 7 & 3 \end{bmatrix} \quad \text{et} \quad B = \begin{bmatrix} 5 & 2 & 6 \\ 0 & 1 & 1 \end{bmatrix}, \quad \text{alors}$$

$$A + B = \begin{bmatrix} 1+5 & 4+2 & 0+6 \\ 2+0 & 7+1 & 3+1 \end{bmatrix} = \begin{bmatrix} 6 & 6 & 6 \\ 2 & 8 & 4 \end{bmatrix} \quad \text{et} \quad A - B = \begin{bmatrix} -4 & 2 & -6 \\ 2 & 6 & 2 \end{bmatrix}$$

MULTIPLICATION DES MATRICES

Le produit AB dans l'ordre indiqué de la matrice $A = [a_{11}\ a_{12}\ a_{13}\ \ldots\ a_{1m}]$ d'ordre $1 \times m$ et de

la matrice $B = \begin{bmatrix} b_{11} \\ b_{21} \\ b_{31} \\ \cdots \\ b_{m1} \end{bmatrix}$ d'ordre $m \times 1$ est la matrice C d'ordre 1×1:

$$C = [a_{11}\ a_{12}\ \ldots\ a_{1m}] \cdot \begin{bmatrix} b_{11} \\ b_{21} \\ \cdots \\ b_{m1} \end{bmatrix} = [a_{11}b_{11} + a_{12}b_{21} + \cdots + a_{1m}b_{m1}] = \left[\sum_{k=1}^{m} a_{1k}\, b_{k1}\right]$$

On peut remarquer que chaque élément de la ligne est multiplié par chaque élément correspondant de la colonne et que les produits ainsi obtenus sont additionnés.

Exemple 3. $$[1\ 3\ 5] \begin{bmatrix} 2 \\ 4 \\ -2 \end{bmatrix} = [1(2) + 3(4) + 5(-2)] = [4]$$

Le produit AB, dans l'ordre indiqué, de la matrice $A = [a_{ij}]$ d'ordre $m \times s$ et d'une matrice $B = [b_{ij}]$ d'ordre $s \times n$ est la matrice $C = [c_{ij}]$ d'ordre $m \times n$ où

$$c_{ij} = \sum_{k=1}^{s} a_{ik}\, b_{kj}, \qquad i = 1, 2, \ldots, m, \qquad j = 1, 2, \ldots, n$$

Exemple 4. $$\begin{bmatrix} a_{11} & a_{12} \\ a_{21} & a_{22} \\ a_{31} & a_{32} \end{bmatrix} \begin{bmatrix} b_{11} & b_{12} \\ b_{21} & b_{22} \end{bmatrix} = \begin{bmatrix} a_{11}b_{11} + a_{12}b_{21} & a_{11}b_{12} + a_{12}b_{22} \\ a_{21}b_{11} + a_{22}b_{21} & a_{21}b_{12} + a_{22}b_{22} \\ a_{31}b_{11} + a_{32}b_{21} & a_{31}b_{12} + a_{32}b_{22} \end{bmatrix}$$

Exemple 5. $$\begin{bmatrix} 3 & 5 & -8 \\ 2 & 1 & 6 \\ 4 & -6 & 7 \end{bmatrix} \begin{bmatrix} I_1 \\ I_2 \\ I_3 \end{bmatrix} = \begin{bmatrix} 3I_1 + 5I_2 - 8I_3 \\ 2I_1 + 1I_2 + 6I_3 \\ 4I_1 - 6I_2 + 7I_3 \end{bmatrix}$$

Exemple 6. $$\begin{bmatrix} 5 & -3 \\ 4 & 2 \end{bmatrix} \begin{bmatrix} 8 & -2 & 6 \\ 7 & 0 & 9 \end{bmatrix} = \begin{bmatrix} 5(8) + (-3)(7) & 5(-2) + (-3)(0) & 5(6) + (-3)(9) \\ 4(8) + 2(7) & 4(-2) + 2(0) & 4(6) + 2(9) \end{bmatrix}$$

$$= \begin{bmatrix} 19 & -10 & 3 \\ 46 & -8 & 42 \end{bmatrix}$$

La matrice A peut être multipliée par la matrice B, c'est-à-dire que le produit AB n'est défini que lorsque le nombre de colonnes de A est égal au nombre de lignes de B. Ainsi si A est une matrice d'ordre 3×2 et B une matrice d'ordre 2×5, le produit AB est défini, alors que le produit BA ne l'est pas. Si D est une matrice d'ordre 3×3 et E une matrice 3×3 alors les produits DE et ED sont tous deux définis.

« INVERSION »

Dans un nombre entier positif, on dit qu'il y a « inversion » lorsqu'un chiffre quelconque précède un autre, plus petit.

Par exemple, dans le nombre 132 le chiffre 3 précède le chiffre 2 : il y a par conséquent une « inversion ». Dans le nombre 321, le chiffre 3 précède les chiffres 2 et 1 et le chiffre 2 précède le chiffre 1; par conséquent, il existe trois « inversions » Dans le nombre 4213, le chiffre 4 précède les chiffres 2, 1 et 3 et le chiffre 2 précède le chiffre 1; il en résulte 4 « inversions ». Dans le nombre 3421 le chiffre 3 précède les chiffres 2 et 1, le chiffre 4 précède les chiffres 2 et 1 et le chiffre 2 précède le chiffre 1; d'où cinq « inversions ».

DETERMINANT D'UNE MATRICE CARREE

Considérons n éléments d'une matrice carrée d'ordre n

$$A = \begin{bmatrix} a_{11} & a_{12} & a_{13} & \dots & a_{1n} \\ a_{21} & a_{22} & a_{23} & \dots & a_{2n} \\ \dots & \dots & \dots & \dots & \dots \\ \dots & \dots & \dots & \dots & \dots \\ a_{n1} & a_{n2} & a_{n3} & \dots & a_{nn} \end{bmatrix}$$

et formons le produit $a_{1j_1}\, a_{2j_2}\, a_{3j_3} \cdots a_{nj_n}$; ce produit est formé de tel sorte qu'il ne comporte qu'un seul élément d'une ligne donnée et un seul élément d'une colonne donnée. Pour des raisons de commodité les premiers indices ont été choisis dans l'ordre 1, 2, ..., n; dans ces conditions, la suite $j_1, j_2 \dots, j_n$ des seconds indices est l'une des $n!$ permutations des chiffres 1, 2 ..., n. On affecte le produit d'un signe positif ou négatif selon que le nombre d'« inversions » des seconds indices est pair ou impair.

Le déterminant d'une matrice carrée A d'ordre n représenté par $|A|$, est la somme de tous les $n!$ produits affectés des signes respectifs qui peuvent être formés à partir de A.

Le déterminant d'une matrice carrée d'ordre n est appelé matrice d'ordre n.

Exemple 7.
$$\begin{vmatrix} a_{11} & a_{12} \\ a_{21} & a_{22} \end{vmatrix} = a_{11}a_{22} - a_{12}a_{21}$$

Exemple 8.
$$\begin{vmatrix} a_{11} & a_{12} & a_{13} \\ a_{21} & a_{22} & a_{23} \\ a_{31} & a_{32} & a_{33} \end{vmatrix} = a_{11}a_{22}a_{33} - a_{11}a_{23}a_{32} - a_{12}a_{21}a_{33} + a_{12}a_{23}a_{31} + a_{13}a_{21}a_{32} - a_{13}a_{22}a_{31}$$

MINEURS ET COFACTEURS

Le mineur relatif à un élément a_{ij} d'un déterminant d'ordre n est le déterminant d'ordre $n - 1$ obtenu en supprimant la ligne et la colonne contenant l'élément donné. Ce mineur est noté $|M_{ij}|$.

Le mineur affecté du signe $(-1)^{i+j}$ c'est-à-dire $(-1)^{i+j}|M_{ij}|$ est appelé cofacteur de A_{ij} et est noté Δ_{ij}.

Exemple 9.

Pour le déterminant d'ordre 3 $|A| = \begin{vmatrix} a_{11} & a_{12} & a_{13} \\ a_{21} & a_{22} & a_{23} \\ a_{31} & a_{32} & a_{33} \end{vmatrix}$, nous avons

$$|M_{23}| = \begin{vmatrix} a_{11} & a_{12} \\ a_{31} & a_{32} \end{vmatrix} \quad \text{et} \quad \Delta_{23} = (-1)^{2+3}\begin{vmatrix} a_{11} & a_{12} \\ a_{31} & a_{32} \end{vmatrix} = -\begin{vmatrix} a_{11} & a_{12} \\ a_{31} & a_{32} \end{vmatrix}$$

VALEUR D'UN DETERMINANT

La valeur d'un déterminant $|A|$ d'ordre n est la somme des n produits obtenus en multipliant chaque élément d'une ligne donnée (d'une colonne donnée) du déterminant $|A|$ par son cofacteur. Ainsi,

$$|A| = \begin{vmatrix} a_{11} & a_{12} & a_{13} \\ a_{21} & a_{22} & a_{23} \\ a_{31} & a_{32} & a_{33} \end{vmatrix} = a_{12}\Delta_{12} + a_{22}\Delta_{22} + a_{32}\Delta_{32}$$

$$= -a_{12}\begin{vmatrix} a_{21} & a_{23} \\ a_{31} & a_{33} \end{vmatrix} + a_{22}\begin{vmatrix} a_{11} & a_{13} \\ a_{31} & a_{33} \end{vmatrix} - a_{32}\begin{vmatrix} a_{11} & a_{13} \\ a_{21} & a_{23} \end{vmatrix}$$

est le développement de $|A|$ selon la seconde colonne

Exemple 10. $$\begin{vmatrix} 1 & 4 & 7 \\ 2 & 1 & -6 \\ 3 & 5 & 0 \end{vmatrix} = 3\begin{vmatrix} 4 & 7 \\ 1 & -6 \end{vmatrix} - 5\begin{vmatrix} 1 & 7 \\ 2 & -6 \end{vmatrix} + 0\begin{vmatrix} 1 & 4 \\ 2 & 1 \end{vmatrix}$$

$$= 3\{4(-6) - 7(1)\} - 5\{1(-6) - 7(2)\} + 0 = 7$$

Exemple 11. $$\begin{vmatrix} 3 & 5 & 8 \\ 1 & 0 & 2 \\ 4 & 0 & 3 \end{vmatrix} = -5\begin{vmatrix} 1 & 2 \\ 4 & 3 \end{vmatrix} = -5\{1(3) - 2(4)\} = 25$$

Exemple 12. $$\begin{vmatrix} 4 & 7 & -2 \\ 0 & 5 & 0 \\ 8 & 2 & -3 \end{vmatrix} = 5\begin{vmatrix} 4 & -2 \\ 8 & -3 \end{vmatrix} = 5\{4(-3) - (-2)(8)\} = 20$$

PROPRIETES DES DETERMINANTS

1. Si deux lignes (colonnes) d'un déterminant sont identiques sa valeur est nulle. Par exemple,

$$\begin{vmatrix} 1 & 8 & 1 \\ -4 & 2 & -4 \\ 6 & 1 & 6 \end{vmatrix} = 0$$

2. Si chaque élément, d'une ligne (colonne) est multiplié par un nombre quelconque k, le déterminant est multiplié par ce nombre. Par exemple,

$$2\begin{vmatrix} 3 & -4 & 2 \\ -1 & 5 & 0 \\ 2 & 6 & 7 \end{vmatrix} = \begin{vmatrix} 6 & -8 & 4 \\ -1 & 5 & 0 \\ 2 & 6 & 7 \end{vmatrix} = \begin{vmatrix} 3 & -4 & 4 \\ -1 & 5 & 0 \\ 2 & 6 & 14 \end{vmatrix}$$

3. Si deux lignes (colonnes) d'un déterminant sont permutées, le signe du déterminant change. Par exemple,

$$\begin{vmatrix} 1 & 4 & 7 \\ -2 & 5 & 8 \\ 3 & -6 & 9 \end{vmatrix} = -\begin{vmatrix} 4 & 1 & 7 \\ 5 & -2 & 8 \\ -6 & 3 & 9 \end{vmatrix} = -\begin{vmatrix} 3 & -6 & 9 \\ -2 & 5 & 8 \\ 1 & 4 & 7 \end{vmatrix}$$

4. Si chaque élément d'une ligne (colonne) d'un déterminant peut se représenter par la somme de deux ou plusieurs nombres, le déterminant peut s'exprimer en fonction de la somme de deux ou plusieurs déterminants. Par exemple,

$$\begin{vmatrix} 3 & -7 & 5 \\ 2 & 4 & -5 \\ 1 & 6 & 8 \end{vmatrix} = \begin{vmatrix} 3 & -9+2 & 5 \\ 2 & 4+0 & -5 \\ 1 & 8-2 & 8 \end{vmatrix} = \begin{vmatrix} 3 & -9 & 5 \\ 2 & 4 & -5 \\ 1 & 8 & 8 \end{vmatrix} + \begin{vmatrix} 3 & 2 & 5 \\ 2 & 0 & -5 \\ 1 & -2 & 8 \end{vmatrix}$$

5. Si, aux éléments d'une ligne (colonne) on ajoute k fois les éléments correspondants d'une autre ligne (colonne), la valeur du déterminant reste inchangée. Par exemple,

$$\begin{vmatrix} 1 & 9 & -3 \\ 4 & 6 & -2 \\ -3 & 1 & 5 \end{vmatrix} = \begin{vmatrix} 1 & 9+3(-3) & -3 \\ 4 & 6+3(-2) & -2 \\ -3 & 1+3(5) & 5 \end{vmatrix} = \begin{vmatrix} 1 & 0 & -3 \\ 4 & 0 & -2 \\ -3 & 16 & 5 \end{vmatrix}$$

SOLUTION DES EQUATIONS LINEAIRES PAR LES DETERMINANTS. REGLE DE CRAMER

Le système de trois équations linéaires à trois inconnues x_1, x_2, x_3

$$\begin{aligned} a_{11}x_1 + a_{12}x_2 + a_{13}x_3 &= k_1 \\ a_{21}x_1 + a_{22}x_2 + a_{23}x_3 &= k_2 \\ a_{31}x_1 + a_{32}x_2 + a_{33}x_3 &= k_3 \end{aligned}$$

peut se mettre sous la forme matricielle suivante :

$$\begin{bmatrix} a_{11} & a_{12} & a_{13} \\ a_{21} & a_{22} & a_{23} \\ a_{31} & a_{32} & a_{33} \end{bmatrix} \begin{bmatrix} x_1 \\ x_2 \\ x_3 \end{bmatrix} = \begin{bmatrix} k_1 \\ k_2 \\ k_3 \end{bmatrix}$$

La valeur numérique du déterminant des coefficients Δ_a est multipliée par x_1 si chaque élément de la première colonne est multipliée par x_1 (propriété 2).

$$\Delta_a = \begin{vmatrix} a_{11} & a_{12} & a_{13} \\ a_{21} & a_{22} & a_{23} \\ a_{31} & a_{32} & a_{33} \end{vmatrix} \quad \text{et} \quad x_1\Delta_a = \begin{vmatrix} a_{11}x_1 & a_{12} & a_{13} \\ a_{21}x_1 & a_{22} & a_{23} \\ a_{31}x_1 & a_{32} & a_{33} \end{vmatrix}$$

A présent, en ajoutant à chaque élément de la première colonne du dernier déterminant, x_2 fois l'élément correspondant de la seconde colonne et x_3 fois l'élément de la troisième colonne (propriété 5) on obtient

$$x_1\Delta_a = \begin{vmatrix} (a_{11}x_1 + a_{12}x_2 + a_{13}x_3) & a_{12} & a_{13} \\ (a_{21}x_1 + a_{22}x_2 + a_{23}x_3) & a_{22} & a_{23} \\ (a_{31}x_1 + a_{32}x_2 + a_{33}x_3) & a_{32} & a_{33} \end{vmatrix} = \begin{vmatrix} k_1 & a_{12} & a_{13} \\ k_2 & a_{22} & a_{23} \\ k_3 & a_{32} & a_{33} \end{vmatrix}$$

ou encore

$$x_1 = \frac{\begin{vmatrix} k_1 & a_{12} & a_{13} \\ k_2 & a_{22} & a_{23} \\ k_3 & a_{32} & a_{33} \end{vmatrix}}{\Delta_a}$$

à condition que $\Delta_a \neq 0$; de même,

$$x_2 = \frac{\begin{vmatrix} a_{11} & k_1 & a_{13} \\ a_{21} & k_2 & a_{23} \\ a_{31} & k_3 & a_{33} \end{vmatrix}}{\Delta_a} \qquad x_3 = \frac{\begin{vmatrix} a_{11} & a_{12} & k_1 \\ a_{21} & a_{22} & k_2 \\ a_{31} & a_{32} & k_3 \end{vmatrix}}{\Delta_a}$$

Cette méthode de résolution, appelée *règle de Cramer,* peut être appliquée à n'importe quel système de n équations linéaires à n inconnues pourvu que le déterminant des coefficients soit différent de zéro.

METHODES MATRICIELLES ET ANALYSE DES CIRCUITS

Les trois équations de maille

$$\begin{aligned} \mathbf{Z}_{11}\mathbf{I}_1 \pm \mathbf{Z}_{12}\mathbf{I}_2 \pm \mathbf{Z}_{13}\mathbf{I}_3 &= \mathbf{V}_1 \\ \pm\mathbf{Z}_{21}\mathbf{I}_1 + \mathbf{Z}_{22}\mathbf{I}_2 \pm \mathbf{Z}_{23}\mathbf{I}_3 &= \mathbf{V}_2 \\ \pm\mathbf{Z}_{31}\mathbf{I}_1 \pm \mathbf{Z}_{32}\mathbf{I}_2 + \mathbf{Z}_{33}\mathbf{I}_3 &= \mathbf{V}_3 \end{aligned}$$

peuvent à présent s'écrire sous la forme matricielle

$$\begin{bmatrix} \mathbf{Z}_{11} & \pm\mathbf{Z}_{12} & \pm\mathbf{Z}_{13} \\ \pm\mathbf{Z}_{21} & \mathbf{Z}_{22} & \pm\mathbf{Z}_{23} \\ \pm\mathbf{Z}_{31} & \pm\mathbf{Z}_{32} & \mathbf{Z}_{33} \end{bmatrix} \begin{bmatrix} \mathbf{I}_1 \\ \mathbf{I}_2 \\ \mathbf{I}_3 \end{bmatrix} = \begin{bmatrix} \mathbf{V}_1 \\ \mathbf{V}_2 \\ \mathbf{V}_3 \end{bmatrix}$$

ou encore

$$[\mathbf{Z}][\mathbf{I}] = [\mathbf{V}]$$

Cette dernière relation représente la forme matricielle de la loi d'Ohm où [Z] est la matrice impédance, [I] la matrice courant et [V] la matrice tension.

Les courants de mailles $\mathbf{I}_1$, $\mathbf{I}_2$ et $\mathbf{I}_3$ se calculent par le rapport de deux déterminants

$$\mathbf{I}_1 = \frac{\begin{vmatrix} \mathbf{V}_1 & \pm\mathbf{Z}_{12} & \pm\mathbf{Z}_{13} \\ \mathbf{V}_2 & \mathbf{Z}_{22} & \pm\mathbf{Z}_{23} \\ \mathbf{V}_3 & \pm\mathbf{Z}_{32} & \mathbf{Z}_{33} \end{vmatrix}}{\Delta_z} \qquad \mathbf{I}_2 = \frac{\begin{vmatrix} \mathbf{Z}_{11} & \mathbf{V}_1 & \pm\mathbf{Z}_{13} \\ \pm\mathbf{Z}_{21} & \mathbf{V}_2 & \pm\mathbf{Z}_{23} \\ \pm\mathbf{Z}_{31} & \mathbf{V}_3 & \mathbf{Z}_{33} \end{vmatrix}}{\Delta_z} \qquad \mathbf{I}_3 = \frac{\begin{vmatrix} \mathbf{Z}_{11} & \pm\mathbf{Z}_{12} & \mathbf{V}_1 \\ \pm\mathbf{Z}_{21} & \mathbf{Z}_{22} & \mathbf{V}_2 \\ \pm\mathbf{Z}_{31} & \pm\mathbf{Z}_{32} & \mathbf{V}_3 \end{vmatrix}}{\Delta_z}$$

Lorsque le numérateur de chacune des expressions ci-dessus est développé selon la colonne des tensions, nous obtenons pour les courants de maille le système d'équations suivant

$$\mathbf{I}_1 = \mathbf{V}_1\left(\frac{\Delta_{11}}{\Delta_z}\right) + \mathbf{V}_2\left(\frac{\Delta_{21}}{\Delta_z}\right) + \mathbf{V}_3\left(\frac{\Delta_{31}}{\Delta_z}\right) \qquad (1)$$

$$\mathbf{I}_2 = \mathbf{V}_1\left(\frac{\Delta_{12}}{\Delta_z}\right) + \mathbf{V}_2\left(\frac{\Delta_{22}}{\Delta_z}\right) + \mathbf{V}_3\left(\frac{\Delta_{32}}{\Delta_z}\right) \qquad (2)$$

$$\mathbf{I}_3 = \mathbf{V}_1\left(\frac{\Delta_{13}}{\Delta_z}\right) + \mathbf{V}_2\left(\frac{\Delta_{23}}{\Delta_z}\right) + \mathbf{V}_3\left(\frac{\Delta_{33}}{\Delta_z}\right) \qquad (3)$$

Les termes des membres de droite des équations 1, 2 et 3 sont les composantes d'un vecteur résultant des différentes tensions appliquées. Ainsi dans la relation (*1*), le courant de maille $\mathbf{I}_1$ se compose de trois termes, le terme $\mathbf{V}_1(\Delta_{11}/\Delta_z)$ résultant de la tension appliquée $\mathbf{V}_1$, le terme $\mathbf{V}_2(\Delta_{21}/\Delta_z)$ résultant de la tension appliquée $\mathbf{V}_2$ et le terme $\mathbf{V}_3(\Delta_{31}/\Delta_z)$ résultant de la tension appliquée $\mathbf{V}_3$.

IMPEDANCE D'ENTREE D'UN RESEAU

Considérons un réseau passif ou un réseau exempt de sources de tension avec deux connexions extérieures comme le montre la Fig. 9-6 ci-dessous. On applique à ce réseau une tension $\mathbf{V}_1$ qui y fait circuler un courant $\mathbf{I}_1$.

Comme il n'y a pas d'autres sources de tension dans le réseau, l'équation pour le courant de maille $\mathbf{I}_1$ est

$$\mathbf{I}_1 = \mathbf{V}_1\left(\frac{\Delta_{11}}{\Delta_z}\right) + (0)\left(\frac{\Delta_{21}}{\Delta_z}\right) + (0)\left(\frac{\Delta_{31}}{\Delta_z}\right) + \cdots = \mathbf{V}_1\left(\frac{\Delta_{11}}{\Delta_z}\right)$$

On appelle *impédance d'entrée* du réseau le rapport de la tension appliquée $\mathbf{V}_1$ au courant résultant $\mathbf{I}_1$, c'est-à-dire

$$\mathbf{Z}_{\text{entrée } 1} = \mathbf{V}_1/\mathbf{I}_1 = \Delta_z/\Delta_{11}$$

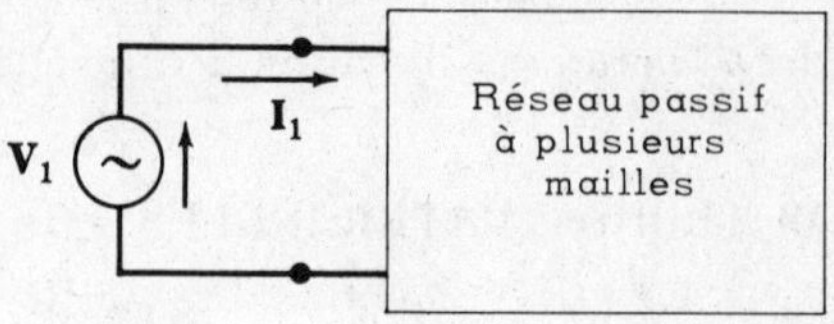

Fig. 9-6

L'impédance d'entrée d'un *réseau actif* est l'impédance présentée par deux extrémités données du réseau dans lequel *toutes les sources internes délivrent une tension nulle mais conservent leurs impédances internes respectives.* Ainsi le rapport Δ_z/Δ_{11} est l'impédance d'entrée de la maille 1 que le réseau soit actif ou passif.

IMPEDANCE DE TRANSFERT

Une source de tension contenue dans une maille fait circuler un courant dans chacune des autres mailles d'un réseau. L'impédance de transfert est définie comme étant le rapport de la tension appliquée à une maille au courant résultant dans une autre maille, toutes les autres sources de tension délivrant une tension nulle.

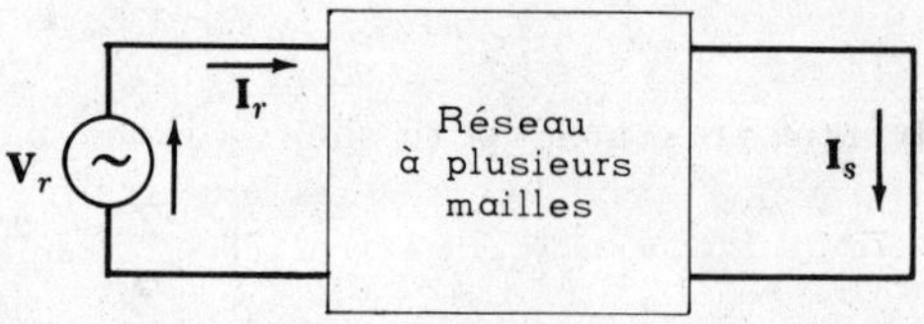

Fig. 9-7

Considérons le réseau de la Fig. 9-7 dans lequel une tension $\mathbf{V}_r$ appliquée à la maille r fait circuler un courant $\mathbf{I}_s$ dans la maille s. Nous avons alors

$$\mathbf{I}_s = (0)\left(\frac{\Delta_{1s}}{\Delta_z}\right) + \cdots + \mathbf{V}_r\left(\frac{\Delta_{rs}}{\Delta_z}\right) + \cdots + (0)\left(\frac{\Delta_{ns}}{\Delta_z}\right) = \mathbf{V}_r\left(\frac{\Delta_{rs}}{\Delta_z}\right)$$

et

$$\mathbf{Z}_{\text{transfert } rs} = \mathbf{V}_r/\mathbf{I}_s = \Delta_z/\Delta_{rs}$$

Le double indice de l'impédance de transfert rs indique que la source se trouve dans la maille r et le courant résultant dans la maille s. Le déterminant du dénominateur est le cofacteur du terme en position rs de la matrice, Δ_{rs} avec les mêmes indices que l'impédance de transfert.

Problèmes résolus

9.1. Ecrire les différentes équations de maille pour le réseau de la Fig. 9-8 ci-dessous en tenant compte du choix des mailles effectué. Mettre ces équations sous forme matricielle.

En appliquant la loi de Kirchhoff à chacune des trois mailles on obtient :

$$\mathbf{I}_1(2-j2) + (\mathbf{I}_1-\mathbf{I}_2)(j5) + (\mathbf{I}_1-\mathbf{I}_3)5 = 10\underline{/0^\circ}\text{ V}$$
$$\mathbf{I}_2(10) + (\mathbf{I}_2-\mathbf{I}_3)(2-j2) + (\mathbf{I}_2-\mathbf{I}_1)(j5) = -(5\underline{/30^\circ})\text{ V}$$
$$\mathbf{I}_3(10) + (\mathbf{I}_3-\mathbf{I}_1)(5) + (\mathbf{I}_3-\mathbf{I}_2)(2-j2) = -(10\underline{/90^\circ})\text{ V}$$

Après réarrangement des termes on a

$$(7+j3)\mathbf{I}_1 - (j5)\mathbf{I}_2 - (5)\mathbf{I}_3 = 10\underline{/0^\circ}\text{ V}$$
$$-(j5)\mathbf{I}_1 + (12+j3)\mathbf{I}_2 - (2-j2)\mathbf{I}_3 = -(5\underline{/30^\circ})\text{ V}$$
$$-(5)\mathbf{I}_1 - (2-j2)\mathbf{I}_2 + (17-j2)\mathbf{I}_3 = -(10\underline{/90^\circ})\text{ V}$$

qui peut se mettre sous la forme matricielle

$$\begin{bmatrix} 7+j3 & -j5 & -5 \\ -j5 & 12+j3 & -(2-j2) \\ -5 & -(2-j2) & 17-j2 \end{bmatrix} \begin{bmatrix} \mathbf{I}_1 \\ \mathbf{I}_2 \\ \mathbf{I}_3 \end{bmatrix} = \begin{bmatrix} 10\underline{/0^\circ} \\ -(5\underline{/30^\circ}) \\ -(10\underline{/90^\circ}) \end{bmatrix}$$

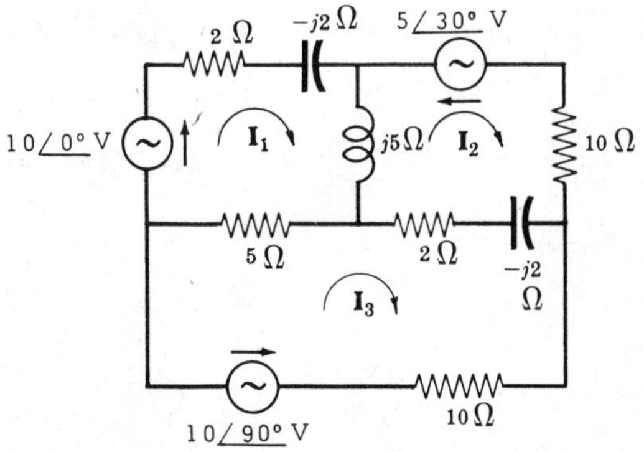

Fig. 9-8

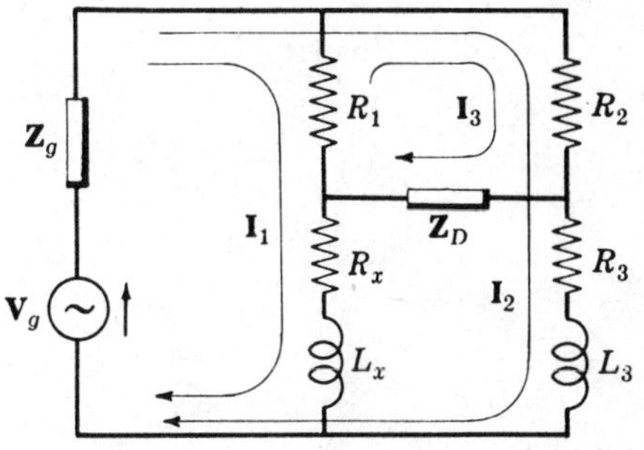

Fig. 9-9

9.2. Ecrire sous forme matricielle les équations de maille pour le réseau de la Fig. 9-9 ci-dessus.

Les éléments de la matrice impédance sont obtenus en appliquant la définition: Z_{11}, impédance propre de la maille 1 est la somme de toutes les impédances de la maille $(R_1 + R_x + j\omega L_x + \mathbf{Z}_g)$. Z_{12}, impédance commune aux mailles 1 et 2 est égale à Z_g affectée d'un signe positif vu que les deux courants la traversent dans le même sens. La matrice courant comporte les courants $\mathbf{I}_1$, $\mathbf{I}_2$ et $\mathbf{I}_3$, et la matrice tension comporte les tensions appliquées aux différentes mailles. L'équation matricielle demandée est alors

$$\begin{bmatrix} (R_1 + R_x + j\omega L_x + \mathbf{Z}_g) & \mathbf{Z}_g & -R_1 \\ \mathbf{Z}_g & (R_2 + R_3 + j\omega L_3 + \mathbf{Z}_g) & R_2 \\ -R_1 & R_2 & (R_1 + R_2 + \mathbf{Z}_D) \end{bmatrix} \begin{bmatrix} \mathbf{I}_1 \\ \mathbf{I}_2 \\ \mathbf{I}_3 \end{bmatrix} = \begin{bmatrix} \mathbf{V}_g \\ \mathbf{V}_g \\ 0 \end{bmatrix}$$

9.3. Déterminer la puissance délivrée par la source du réseau de la Fig. 9-10 ainsi que la puissance dissipée dans les résistances du circuit.

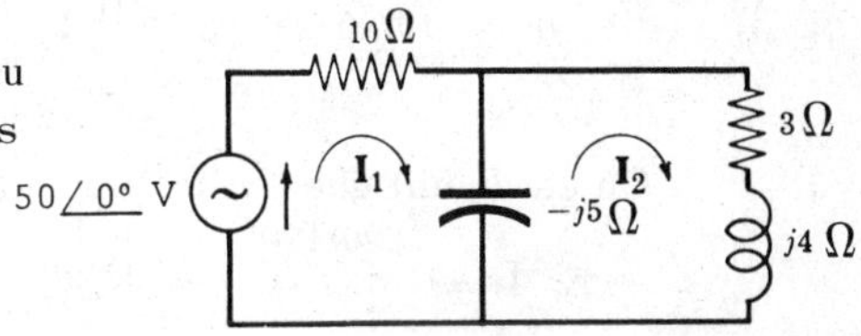

Fig. 9-10

On choisit les mailles de telle sorte que la source ne soit traversée que par un seul courant comme l'indique la Fig. 9-10; on a alors

$$\begin{bmatrix} 10-j5 & j5 \\ j5 & 3-j1 \end{bmatrix} \begin{bmatrix} \mathbf{I}_1 \\ \mathbf{I}_2 \end{bmatrix} = \begin{bmatrix} 50\underline{/0^\circ} \\ 0 \end{bmatrix}$$

et

$$\mathbf{I}_1 = \frac{\begin{vmatrix} 50\underline{/0^\circ} & j5 \\ 0 & 3-j1 \end{vmatrix}}{\begin{vmatrix} 10-j5 & j5 \\ j5 & 3-j1 \end{vmatrix}} = \frac{150-j50}{50-j25} = 2{,}83\underline{/8{,}14^\circ}\text{ A} \qquad \mathbf{I}_2 = \frac{\begin{vmatrix} 10-j5 & 50\underline{/0^\circ} \\ j5 & 0 \end{vmatrix}}{\Delta_z} = \frac{-j250}{50-j25} = 4{,}47\underline{/-63{,}4^\circ}\text{ A}$$

La puissance délivrée par la source est $P = VI\cos\theta = 50(2{,}83)\cos(8{,}14^\circ) = 140$ W. La puissance dissipée dans la résistance de 10 Ω est $P_{10} = (I_1)^2 10 = (2{,}83)^2 10 = 80$ W et la puissance dissipée dans la résistance de 3 Ω est $P_3 = (I_2)^2 3 = 60$ W; leur somme $80 + 60 = 140$ W est égale à la puissance délivrée par la source.

9.4. On considère le même circuit que celui du Problème 9.3. et on choisit les mailles comme le montre la Fig. 9-11. Déterminer la puissance délivrée par la source.

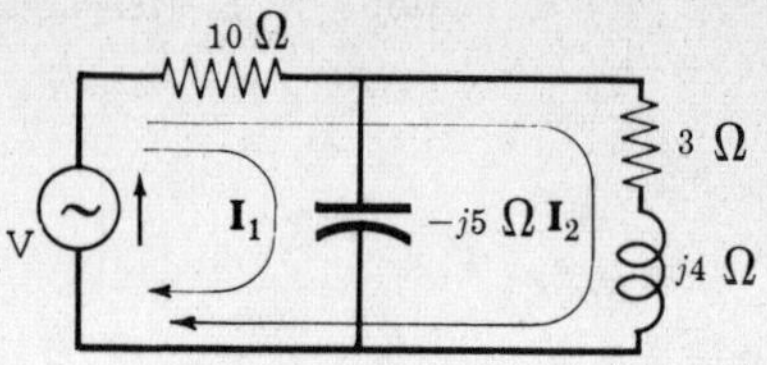

Fig. 9-11

Les équations de maille sous forme matricielle sont

$$\begin{bmatrix} 10-j5 & 10 \\ 10 & 13+j4 \end{bmatrix}\begin{bmatrix} I_1 \\ I_2 \end{bmatrix} = \begin{bmatrix} 50\underline{/0°} \\ 50\underline{/0°} \end{bmatrix}$$

d'où l'on tire

$$I_1 = \frac{\begin{vmatrix} 50\underline{/0°} & 10 \\ 50\underline{/0°} & 13+j4 \end{vmatrix}}{\begin{vmatrix} 10-j5 & 10 \\ 10 & 13+j4 \end{vmatrix}} = \frac{150+j200}{50-j25} = 4{,}47\underline{/79{,}7°}\text{ A}$$

$$I_2 = \frac{\begin{vmatrix} 10-j5 & 50\underline{/0°} \\ 10 & 50\underline{/0°} \end{vmatrix}}{\Delta_z} = \frac{-j250}{50-j25} = 4{,}47\underline{/-63{,}4°}\text{ A}$$

La branche comportant la source est traversée par les deux courants I_1 et I_2 ; on en déduit

$$I_1 + I_2 = \left(\frac{150+j200}{50-j25}\right) + \left(\frac{-j250}{50-j25}\right) = 2{,}83\underline{/+8{,}14°}$$

La puissance correspondante de la source est $P = VI\cos\theta = 50(2{,}83)\cos 8{,}14° = 140$ W.

9.5. Le circuit de la Fig. 9-12 est alimenté par trois tensions différentes. Déterminer les courants I_A, I_B et I_C.

En choisissant les mailles comme le montre la figure, les trois courants sont indépendants. Le résultat peut également se constater en considérant la Loi d'Ohm matricielle du réseau

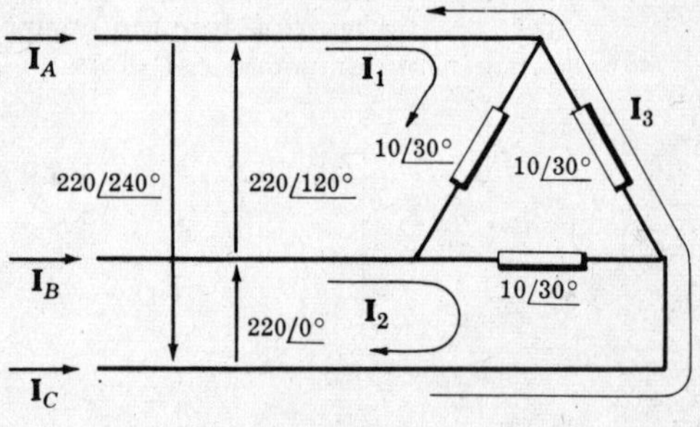

Fig. 9-12

$$\begin{bmatrix} 10\underline{/30°} & 0 & 0 \\ 0 & 10\underline{/30°} & 0 \\ 0 & 0 & 10\underline{/30°} \end{bmatrix}\begin{bmatrix} I_1 \\ I_2 \\ I_3 \end{bmatrix} = \begin{bmatrix} 220\underline{/120°} \\ 220\underline{/0°} \\ 220\underline{/240°} \end{bmatrix}$$

On en déduit que les trois courants I_1, I_2 et I_3 sont

$$I_1 = \frac{220\underline{/120°}}{10\underline{/30°}} = 22\underline{/90°}\text{ A},\quad I_2 = \frac{220\underline{/0°}}{10\underline{/30°}} = 22\underline{/-30°}\text{ A},\quad I_3 = \frac{220\underline{/240°}}{10\underline{/30°}} = 22\underline{/210°}\text{ A}$$

d'où

$$I_A = I_1 - I_3 = (22\underline{/90°} - 22\underline{/210°}) = 38{,}1\underline{/60°}\text{ A}$$

$$I_B = I_2 - I_1 = (22\underline{/-30°} - 22\underline{/90°}) = 38{,}1\underline{/-60°}\text{ A}$$

$$I_C = I_3 - I_2 = (22\underline{/210°} - 22\underline{/-30°}) = 38{,}1\underline{/180°}\text{ A}$$

9.6. Considérons le réseau de la Fig. 9-13 avec ses mailles respectives. Dans ce réseau la résistance R et les deux capacités égales C sont ajustées de telle sorte que le courant dans l'impédance Z_D soit nul. Lorsque cette condition est réalisée, les inconnues R_x et L_x peuvent s'exprimer en fonction de R, C et de la pulsation ω de la source.

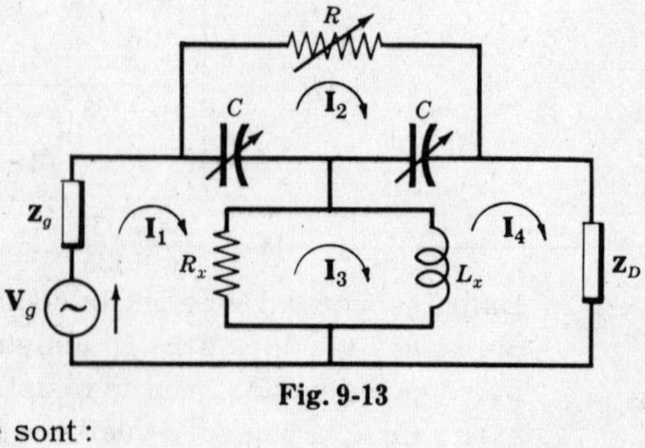

Fig. 9-13

Les équations de maille sous forme matricielle sont :

$$\begin{bmatrix} \left(R_x + \frac{1}{j\omega C} + \mathbf{Z}_g\right) & -\left(\frac{1}{j\omega C}\right) & -R_x & 0 \\ -\left(\frac{1}{j\omega C}\right) & \left(R + \frac{1}{j\omega C} + \frac{1}{j\omega C}\right) & 0 & -\left(\frac{1}{j\omega C}\right) \\ -R_x & 0 & (R_x + j\omega L_x) & -(j\omega L_x) \\ 0 & -\left(\frac{1}{j\omega C}\right) & -(j\omega L_x) & \left(\frac{1}{j\omega C} + j\omega L_x + \mathbf{Z}_D\right) \end{bmatrix} \begin{bmatrix} \mathbf{I}_1 \\ \mathbf{I}_2 \\ \mathbf{I}_3 \\ \mathbf{I}_4 \end{bmatrix} = \begin{bmatrix} \mathbf{V}_g \\ 0 \\ 0 \\ 0 \end{bmatrix}$$

Exprimons $\mathbf{I}_4$ qui est le courant dans $\mathbf{Z}_D$ sous forme de déterminant et annulons cette quantité

$$\mathbf{I}_4 = \frac{\begin{vmatrix} \left(R_x + \frac{1}{j\omega C} + \mathbf{Z}_g\right) & -\left(\frac{1}{j\omega C}\right) & -R_x & \mathbf{V}_g \\ -\left(\frac{1}{j\omega C}\right) & \left(R + \frac{1}{j\omega C} + \frac{1}{j\omega C}\right) & 0 & 0 \\ -R_x & 0 & (R_x + j\omega L_x) & 0 \\ 0 & -\left(\frac{1}{j\omega C}\right) & -(j\omega L_x) & 0 \end{vmatrix}}{\Delta_z} = 0$$

En développant le numérateur selon les éléments de la quatrième colonne nous obtenons

$$-\mathbf{V}_g \begin{vmatrix} -\left(\frac{1}{j\omega C}\right) & \left(R + \frac{1}{j\omega C} + \frac{1}{j\omega C}\right) & 0 \\ -R_x & 0 & (R_x + j\omega L_x) \\ 0 & -\left(\frac{1}{j\omega C}\right) & -(j\omega L_x) \end{vmatrix} = 0$$

Comme ce déterminant doit être nul nous devons avoir

$$-(-R_x)(R + 1/j\omega C + 1/j\omega C)(-j\omega L_x) - (-1/j\omega C)(-1/j\omega C)(R_x + j\omega L_x) = 0$$

d'où l'on tire $\qquad R_x = 1/\omega^2 C^2 R \qquad$ et $\qquad L_x = 1/2\omega^2 C$

9.7. Déterminer les courants $\mathbf{I}_A$, $\mathbf{I}_B$ et $\mathbf{I}_C$ du circuit de la Fig. 9-14.

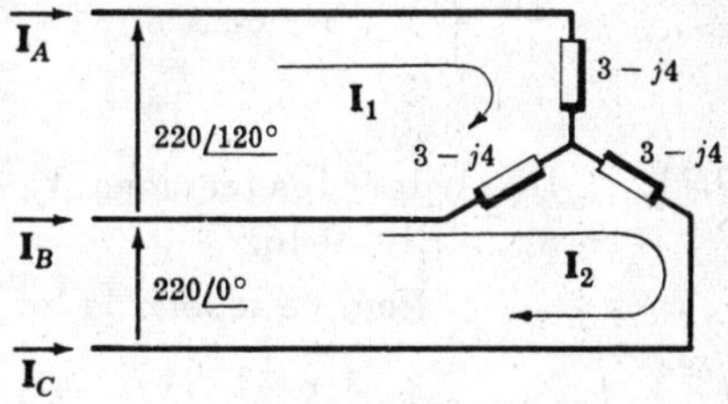

Fig. 9-14

Ainsi que l'indique la figure on choisit deux courants de maille. Les équations correspondantes s'écrivent sous forme matricielle comme suit

$$\begin{bmatrix} 6 - j8 & -(3 - j4) \\ -(3 - j4) & 6 - j8 \end{bmatrix} \begin{bmatrix} \mathbf{I}_1 \\ \mathbf{I}_2 \end{bmatrix} = \begin{bmatrix} 220\underline{/120^\circ} \\ 220\underline{/0^\circ} \end{bmatrix}$$

On en tire

$$\mathbf{I}_1 = \frac{\begin{vmatrix} 220\underline{/120^\circ} & -(3-j4) \\ 220\underline{/0^\circ} & 6-j8 \end{vmatrix}}{\begin{vmatrix} 6-j8 & -(3-j4) \\ -(3-j4) & 6-j8 \end{vmatrix}} = \frac{2200\underline{/66{,}9^\circ} + 1100\underline{/-53{,}1^\circ}}{100\underline{/-106{,}2^\circ} - 25\underline{/-106{,}2^\circ}} = \frac{1905\underline{/36{,}9^\circ}}{75\underline{/-106{,}2^\circ}} = 25{,}4\underline{/143{,}1^\circ}\ \text{A}$$

$$\mathbf{I}_2 = \frac{\begin{vmatrix} 6-j8 & 220\underline{/120^\circ} \\ -(3-j4) & 220\underline{/0^\circ} \end{vmatrix}}{\Delta_z} = \frac{2200\underline{/-53{,}1^\circ} + 1100\underline{/66{,}9^\circ}}{75\underline{/-106{,}2^\circ}} = \frac{1905\underline{/-23{,}2^\circ}}{75\underline{/-106{,}2^\circ}} = 25{,}4\underline{/83^\circ}\ \text{A}$$

et les différents courants sont $\mathbf{I}_A = \mathbf{I}_1 = 25{,}4\underline{/143{,}1^\circ}$ A, $\mathbf{I}_B = \mathbf{I}_2 - \mathbf{I}_1 = (25{,}4\underline{/83^\circ} - 25{,}4\underline{/143{,}1^\circ}) = 25{,}4\underline{/23{,}1^\circ}$ A et $\mathbf{I}_C = -\mathbf{I}_2 = 25{,}4\underline{/-97^\circ}$ A.

9.8. Pour le réseau de la Fig. 9-15 utiliser la méthode matricielle pour déterminer l'impédance d'entrée vue par la source de 50 V. Calculer I_1 en utilisant cette impédance.

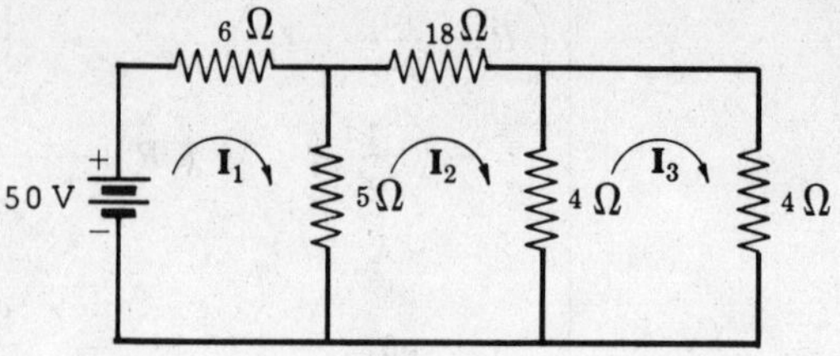

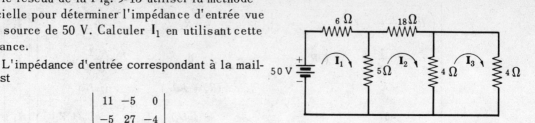

Fig. 9-15

L'impédance d'entrée correspondant à la maille 1 est

$$Z_{\text{entrée }1} = \frac{\Delta_z}{\Delta_{11}} = \frac{\begin{vmatrix} 11 & -5 & 0 \\ -5 & 27 & -4 \\ 0 & -4 & 8 \end{vmatrix}}{\begin{vmatrix} 27 & -4 \\ -4 & 8 \end{vmatrix}} = \frac{2000}{200} = 10\,\Omega$$

On en déduit que $I_1 = V_1/Z_{\text{entrée }1} = 50/10 = 5$ A.

9.9. En se référant au circuit de la Fig. 9-15 déterminer le courant I_3 en utilisant l'impédance de transfert.

La source est localisée dans la maille 1 et le courant demandé circule dans la maille 3. L'impédance de transfert cherchée est alors

$$Z_{\text{transfert }13} = \frac{\Delta_z}{\Delta_{13}} = \frac{2000}{\begin{vmatrix} -5 & 27 \\ 0 & -4 \end{vmatrix}} = \frac{2000}{20} = 100\,\Omega$$

et le courant est $I_3 = V_1/Z_{\text{transfert }13} = 50/100 = 0{,}5$ A.

9.10. En se référant au circuit de la Fig. 9-15, déterminer le courant I_2 au moyen de l'impédance de transfert.

Comme la source se trouve dans la maille 1 et que le courant demandé circule dans la maille 2 l'impédance de transfert correspondante est

$$Z_{\text{transfert }12} = \frac{\Delta_z}{\Delta_{12}} = \frac{2000}{(-1)\begin{vmatrix} -5 & -4 \\ 0 & 8 \end{vmatrix}} = \frac{2000}{40} = 50\,\Omega$$

et $I_2 = V_1/Z_{\text{transfert }12} = 50/50 = 1$ A

9.11. Déterminer les tensions V_{AB} et V_{BC} du réseau de la Fig. 9-16.

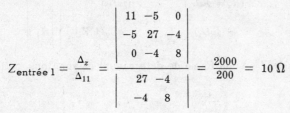

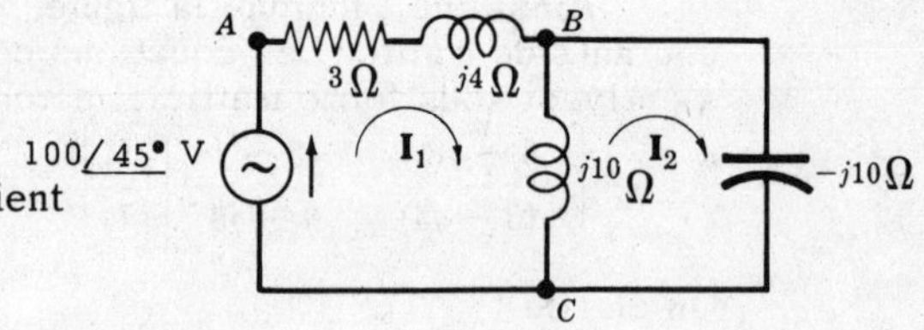

Fig. 9-16

Pour ce réseau la loi d'Ohm matricielle devient

$$\begin{bmatrix} 3+j14 & -j10 \\ -j10 & 0 \end{bmatrix}\begin{bmatrix} I_1 \\ I_2 \end{bmatrix} = \begin{bmatrix} 100\angle 45^\circ \\ 0 \end{bmatrix}$$

d'où

$$I_1 = \frac{\begin{vmatrix} 100\angle 45^\circ & -j10 \\ 0 & 0 \end{vmatrix}}{\begin{vmatrix} 3+j14 & -j10 \\ -j10 & 0 \end{vmatrix}} = \frac{0}{100} = 0, \qquad I_2 = \frac{\begin{vmatrix} 3+j14 & 100\angle 45^\circ \\ -j10 & 0 \end{vmatrix}}{\Delta_z} = \frac{1000\angle 135^\circ}{100} = 10\angle 135^\circ \text{ A}$$

On en déduit $V_{AB} = I_1(3+j4) = 0$ et $V_{BC} = I_2(-j10) = 10\angle 135^\circ\,(10\angle -90^\circ) = 100\angle 45^\circ$ V. La somme $(V_{AB} + V_{BC}) = 100\angle 45^\circ$ V représente la tension appliquée.

9.12. Pour le réseau de la Fig. 9-17, déterminer les trois composantes du triangle des puissances sachant que la tension d'alimentation est $10\angle 30^\circ$ V.

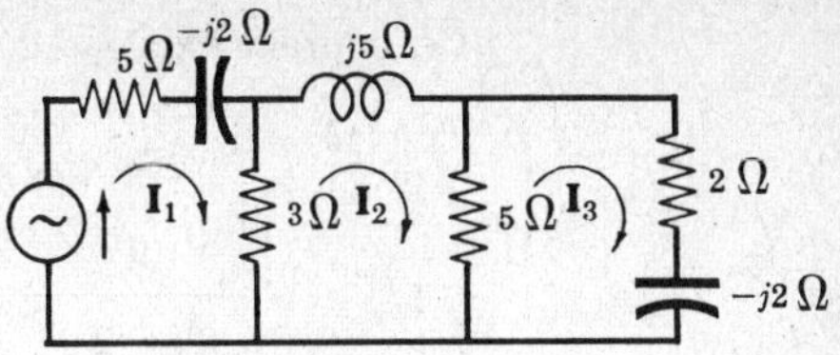

Fig. 9-17

Les mailles sont choisies, comme le montre la figure, de telle sorte que seul le courant I_1 traverse la source. Comme il n'y a qu'une seule source dans le réseau, on peut utiliser l'impédance d'entrée pour déterminer le courant I_1 :

$$Z_{\text{entrée } 1} = \frac{\Delta_z}{\Delta_{11}} = \frac{\begin{vmatrix} 8-j2 & -3 & 0 \\ -3 & 8+j5 & -5 \\ 0 & -5 & 7-j2 \end{vmatrix}}{\begin{vmatrix} 8+j5 & -5 \\ -5 & 7-j2 \end{vmatrix}} = \frac{315\angle 16{,}2^\circ}{45{,}1\angle 24{,}9^\circ} = 6{,}98\angle -8{,}7^\circ\ \Omega$$

d'où $$I_1 = V_1/Z_{\text{entrée } 1} = (10\angle 30^\circ)/(6{,}98\angle -8{,}7^\circ) = 1{,}43\angle 38{,}7^\circ\ \text{A}$$

La puissance délivrée par la source est $P = V_1 I_1 \cos\theta = 10(1{,}43)\cos 8{,}7^\circ = 14{,}1$ W. La puissance réactive est $Q = V_1 I_1 \sin 8{,}7^\circ = 2{,}16$ vars capacitifs. La puissance apparente est $S = V_1 I_1 = 14{,}3$ VA.

9.13. En se référant au réseau de la Fig. 9-17 déterminer les courants I_2 et I_3 en utilisant les impédances de transfert.

Comme la source se trouve dans la maille 1 et que le courant demandé circule dans la maille 2, on se sert de l'impédance de transfert $Z_{\text{transfert } 12}$.

$$Z_{\text{transfert } 12} = \frac{\Delta_z}{\Delta_{12}} = \frac{315\angle 16{,}2^\circ}{(-1)\begin{vmatrix} -3 & -5 \\ 0 & 7-j2 \end{vmatrix}} = \frac{315\angle 16{,}2^\circ}{21{,}8\angle -16^\circ} = 14{,}45\angle 32{,}2^\circ\ \Omega$$

On en déduit $$I_2 = V_1/Z_{\text{transfert } 12} = (10\angle 30^\circ)/(14{,}45\angle 32{,}2^\circ) = 0{,}693\angle -2{,}2^\circ\ \text{A}$$

de même

$$Z_{\text{transfert } 13} = \frac{\Delta_z}{\Delta_{13}} = \frac{315\angle 16{,}2^\circ}{\begin{vmatrix} -3 & 8+j5 \\ 0 & -5 \end{vmatrix}} = \frac{315\angle 16{,}2^\circ}{15} = 21\angle 16{,}2^\circ\ \text{A}$$

et $$I_3 = V_1/Z_{\text{transfert } 13} = (10\angle 30^\circ)/(21\angle 16{,}2^\circ) = 0{,}476\angle 13{,}8^\circ\ \text{A}$$

9.14. En se référant à la Fig. 9-17 déterminer la puissance dissipée dans les résistances du réseau et la comparer à la puissance délivrée par la source.

Des Problèmes 9.12 et 9.13 on déduit $I_1 = 1{,}43\angle 38{,}7^\circ$ A, $I_2 = 0{,}693\angle -2{,}2^\circ$ A, $I_3 = 0{,}476\angle 13{,}8^\circ$ A. La puissance dissipée dans la première résistance de 5 Ω est $P = (I_1)^2 5 = (1{,}43)^2 5 = 10{,}2$ W. La résistance de 3 Ω est traversée par les deux courants I_1 et I_2, c'est-à-dire par le courant $(I_1 - I_2) = (1{,}115 + j0{,}895) - (0{,}693 - j0{,}027) = 0{,}422 + j0{,}922 = 1{,}01\angle 65{,}4^\circ$ A, d'où $P = (1{,}01)^2 3 = 3{,}06$ W. De même le courant dans la branche contenant la deuxième résistance de 5 Ω est $(I_2 - I_3) = (0{,}693 - j0{,}027) - (0{,}462 + j0{,}113) = (0{,}231 - j0{,}140) = 0{,}271\angle -31{,}2^\circ$ A, et la puissance $P = (0{,}271)^2 5 = 0{,}367$ W. La puissance dissipée dans la résistance de 2 Ω est $P = (I_3)^2 2 = (0{,}476)^2 2 = 0{,}453$ W.

La puissance totale dissipée dans le réseau $P_T = 10{,}2 + 3{,}06 + 0{,}367 + 0{,}453 = 14{,}1$ W est égale à la puissance délivrée par la source, déterminée dans le problème 9.12.

9.15. Dans le réseau de la Fig. 9-18 ci-dessous, la source V_1 crée une différence de potentiel V_0 aux bornes de $(2 - j2)\ \Omega$. Déterminer la tension V_1 qui correspond à $V_0 = 5\angle 0^\circ$ V.

Pour la tension donnée V_0, le courant I_3 est égal à $$\frac{V_0}{2-j2} = \frac{5\angle 0^\circ}{2\sqrt{2}\angle -45^\circ} = 1{,}76\angle 45^\circ\ \text{A.}$$

Ce courant exprimé sous forme de déterminant est

$$\mathbf{I}_3 = \frac{\begin{vmatrix} 8-j2 & -3 & \mathbf{V}_1 \\ -3 & 8+j5 & 0 \\ 0 & -5 & 0 \end{vmatrix}}{\begin{vmatrix} 8-j2 & -3 & 0 \\ -3 & 8+j5 & -5 \\ 0 & -5 & 7-j2 \end{vmatrix}} = \mathbf{V}_1 \frac{\begin{vmatrix} -3 & 8+j5 \\ 0 & -5 \end{vmatrix}}{315\angle 16{,}2^\circ} = \mathbf{V}_1\,(0{,}0476)\angle -16{,}2^\circ \text{ A}$$

On en déduit $\mathbf{V}_1 = \dfrac{\mathbf{I}_3}{0{,}0476\angle -16{,}2^\circ} = \dfrac{1{,}76\angle 45^\circ}{0{,}0476\angle -16{,}2^\circ} = 36{,}9\angle 61{,}2^\circ$ V

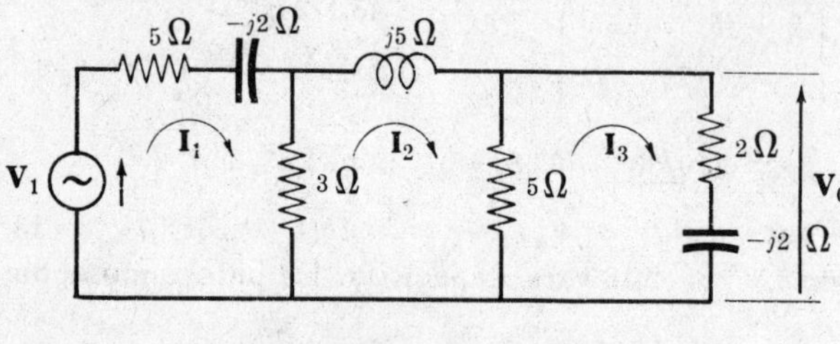

Fig. 9-18

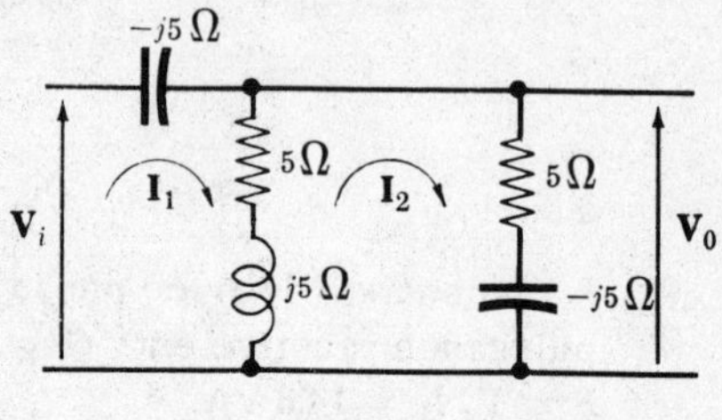

Fig. 9-19

9.16. Lorsque le réseau de la Fig. 9-19 est chargé par une impédance élevée, la tension de sortie $\mathbf{V}_0$ est déterminée par la différence de potentiel aux bornes de l'impédance $(5 - j5)\,\Omega$. Calculer la fonction de transfert $\mathbf{V}_0/\mathbf{V}_i$ du réseau.

En sélectionnant les mailles comme le montre la figure on obtient l'équation matricielle suivante

$$\begin{bmatrix} 5 & -(5+j5) \\ -(5+j5) & 10 \end{bmatrix} \begin{bmatrix} \mathbf{I}_1 \\ \mathbf{I}_2 \end{bmatrix} = \begin{bmatrix} \mathbf{V}_i \\ 0 \end{bmatrix}$$

La tension de sortie $\mathbf{V}_0$ est

$$\mathbf{V}_0 = \mathbf{I}_2(5-j5) = (5-j5)\frac{\begin{vmatrix} 5 & \mathbf{V}_i \\ -(5+j5) & 0 \end{vmatrix}}{\begin{vmatrix} 5 & -(5+j5) \\ -(5+j5) & 10 \end{vmatrix}} = \frac{(5-j5)(5+j5)\mathbf{V}_i}{(50-j50)} = \frac{50\mathbf{V}_i}{50\sqrt{2}\angle -45^\circ}$$

d'où $\dfrac{\mathbf{V}_0}{\mathbf{V}_i} = \dfrac{50}{50\sqrt{2}\angle -45^\circ} = 0{,}707\angle 45^\circ$

9.17. Le réseau de la Fig. 9-20 comporte 2 sources de tension. Déterminer la fraction de courant dans l'impédance $(2 + 3j)\,\Omega$ due à chacune des sources.

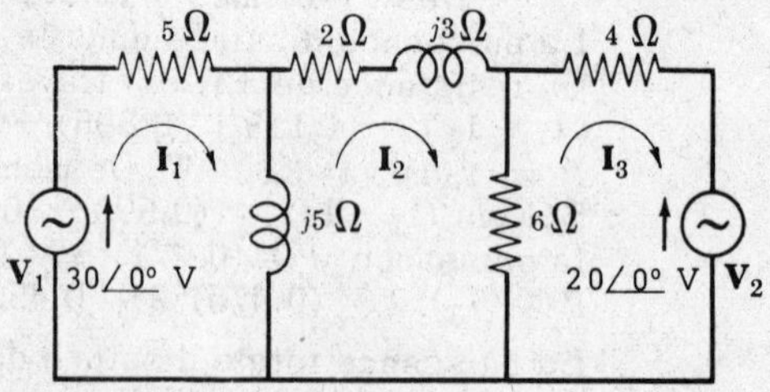

Fig. 9-20

Les courants de maille sont choisis de telle sorte que le courant $\mathbf{I}_2$ circule dans l'impédance précitée. Dans ces conditions la représentation matricielle du réseau est

$$\begin{bmatrix} 5+j5 & -j5 & 0 \\ -j5 & 8+j8 & -6 \\ 0 & -6 & 10 \end{bmatrix} \begin{bmatrix} \mathbf{I}_1 \\ \mathbf{I}_2 \\ \mathbf{I}_3 \end{bmatrix} = \begin{bmatrix} 30\angle 0^\circ \\ 0 \\ -20\angle 0^\circ \end{bmatrix}$$

Le déterminant de la matrice impédance $\Delta_z = \begin{vmatrix} 5+j5 & -j5 & 0 \\ -j5 & 8+j8 & -6 \\ 0 & -6 & 10 \end{vmatrix} = 70 + j620 = 624\angle 83{,}55^\circ\ \Omega$

Le déterminant du numérateur de $\mathbf{I}_2$ est développé selon les éléments de la seconde colonne

$$\mathbf{I}_2 = \frac{\begin{vmatrix} 5+j5 & 30\angle 0^\circ & 0 \\ -j5 & 0 & -6 \\ 0 & -20\angle 0^\circ & 10 \end{vmatrix}}{\Delta_z} = 30\angle 0^\circ\,(-)\frac{\begin{vmatrix} -j5 & -6 \\ 0 & 10 \end{vmatrix}}{\Delta_z} + 0 + (-20\angle 0^\circ)(-)\frac{\begin{vmatrix} 5+j5 & 0 \\ -j5 & -6 \end{vmatrix}}{\Delta_z}$$

$$= -30\angle 0^\circ\left(\frac{50\angle -90^\circ}{624\angle 83{,}55^\circ}\right) + 20\angle 0^\circ\left(\frac{42{,}4\angle -135^\circ}{624\angle 83{,}55^\circ}\right) = 2{,}41\angle 6{,}45^\circ + 1{,}36\angle 141{,}45^\circ\text{ A}$$

La tension $\mathbf{V}_1$ fait circuler un courant $2{,}41\angle 6{,}45^\circ$ A dans l'impédance $(2 + j3)\ \Omega$ alors que la tension $\mathbf{V}_2$ y fait circuler un courant $1{,}36\angle 141{,}45^\circ$ A. Chacun de ces courants est une composante de $\mathbf{I}_2$; d'où $\mathbf{I}_2 = 2{,}41\angle 6{,}45^\circ + 1{,}36\angle 141{,}45^\circ = 1{,}74\angle 40{,}1^\circ$ A.

9.18. En se référant au réseau de la Fig. 9-20, déterminer *(a)* la puissance délivrée par chaque source de tension et *(b)* la puissance dissipée par les résistances du réseau.

(a) Le courant circulant dans la branche contenant la source $\mathbf{V}_1$ est donné par

$$\mathbf{I}_1 = \frac{\begin{vmatrix} 30\angle 0^\circ & -j5 & 0 \\ 0 & 8+j8 & -6 \\ -20\angle 0^\circ & -6 & 10 \end{vmatrix}}{\Delta_z} = \frac{2240\angle 53{,}8^\circ}{624\angle 83{,}55^\circ} = 3{,}59\angle -29{,}75^\circ\text{A}$$

La puissance délivrée par la source est $P_1 = V_1 I_1 \cos\theta = 30(3{,}59)\cos 29{,}75^\circ = 93{,}5$ W.
Le courant circulant dans la branche contenant la source $\mathbf{V}_2$ est

$$\mathbf{I}_3 = \frac{\begin{vmatrix} 5+j5 & -j5 & 30\angle 0^\circ \\ -j5 & 8+j8 & 0 \\ 0 & -6 & -20\angle 0^\circ \end{vmatrix}}{\Delta_z} = \frac{860\angle -125{,}6^\circ}{624\angle 83{,}55^\circ} = 1{,}38\angle -209{,}15^\circ\text{A}$$

Il faut noter que $\mathbf{V}_2$ et $\mathbf{I}_3$ ne sont pas orientés dans le même sens. La puissance délivrée par la source $\mathbf{V}_2$ est alors $P_2 = V_2(I_3)\cos\theta = (-)(20)(1{,}38)\cos -209{,}15^\circ = 24{,}1$ W.

La puissance totale est égale à $P_T = P_1 + P_2 = 93{,}5 + 24{,}1 = 117{,}6$ W.

(b) La puissance dissipée dans la résistance de 5 Ω est de $P_5 = (I_1)^2 5 = (3{,}59)^2 5 = 64{,}5$ W et celle dissipée dans la résistance de 2 Ω est $P_2 = (I_2)^2 2 = (1{,}74)^2 2 = 6{,}05$ W. Le courant circulant dans la résistance de 6 Ω est $(\mathbf{I}_2 - \mathbf{I}_3) = (1{,}33 + j1{,}12) - (-1{,}205 + j\,0{,}672) = 2{,}535 + j\,0{,}45 = 2{,}57\angle 10{,}1^\circ$ A et la puissance correspondante est $P_6 = (2{,}57)^2 6 = 39{,}6$ W. La puissance dissipée dans la résistance de 4 Ω est $P_4 = (I_3)^2 4 = (1{,}38)^2 4 = 7{,}61$ W.

Il en résulte que la puissance totale dissipée dans les résistances est:

$$P_T = 64{,}5 + 6{,}05 + 39{,}6 + 7{,}61 = 117{,}76\text{ W.}$$

9.19. Le réseau de la Fig. 9-21 comporte deux sources de tension $\mathbf{V}_1$ et $\mathbf{V}_2$; sachant que $\mathbf{V}_1$ est égale à $30\angle 0^\circ$ V, déterminer $\mathbf{V}_2$ de telle sorte que le courant dans l'impédance $(2 + j3)\ \Omega$ soit nul.

On choisit les mailles comme le montre la figure, en ne faisant traverser l'impédance $(2 + j3)\ \Omega$ que par un seul courant. Le système d'équations exprimé sous forme matricielle est

$$\begin{bmatrix} 5+j5 & -j5 & 0 \\ -j5 & 8+j8 & 6 \\ 0 & 6 & 10 \end{bmatrix}\begin{bmatrix} \mathbf{I}_1 \\ \mathbf{I}_2 \\ \mathbf{I}_3 \end{bmatrix} = \begin{bmatrix} 30\angle 0^\circ \\ 0 \\ \mathbf{V}_2 \end{bmatrix}$$

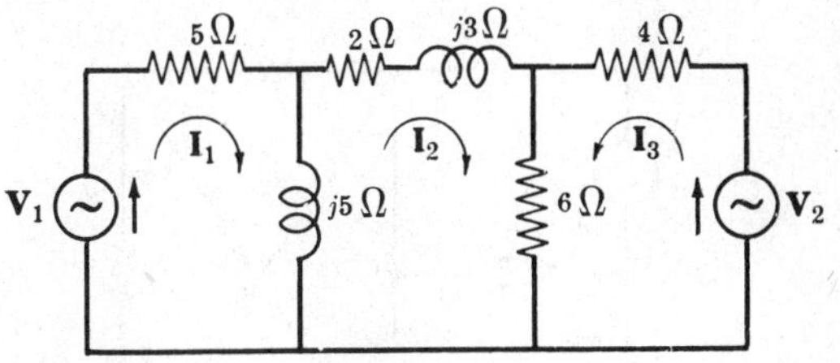

Fig. 9-21

d'où l'on tire

$$\mathbf{I}_2 = \frac{\begin{vmatrix} 5+j5 & 30\angle 0^\circ & 0 \\ -j5 & 0 & 6 \\ 0 & \mathbf{V}_2 & 10 \end{vmatrix}}{\Delta_z} = 0$$

En développant le déterminant ceci donne

$$-30\underline{/0^\circ}\begin{vmatrix} -j5 & 6 \\ 0 & 10 \end{vmatrix} - \mathbf{V}_2\begin{vmatrix} 5+j5 & 0 \\ -j5 & 6 \end{vmatrix} = 0$$

$$-30\underline{/0^\circ}\,(50\underline{/-90^\circ}) - \mathbf{V}_2\,(6)(5\sqrt{2}\,\underline{/45^\circ}) = 0$$

et par conséquent

$$\mathbf{V}_2 = \frac{-30\underline{/0^\circ}\,(50\underline{/-90^\circ})}{6(5\sqrt{2}\,\underline{/45^\circ})} = 35{,}4\underline{/45^\circ}\text{ A}$$

Autre méthode de résolution

Lorsqu'aucun courant ne circule dans la branche $(2 + j3)\ \Omega$, $I_2 = 0$ et les différences de potentiel aux bornes de la réactance de $j5\Omega$ et de la résistance de $6\ \Omega$ doivent être égales, c'est-à-dire

$$\mathbf{I}_1(j5) = \mathbf{I}_3(6)$$

en substituant dans cette relation $\mathbf{I}_1 = 30\underline{/0^\circ}\,/\,(5+j5)$ et $\mathbf{I}_3 = \mathbf{V}_2/10$,

on obtient $\dfrac{30\underline{/0^\circ}}{5+j5}(j5) = \dfrac{\mathbf{V}_2}{10}(6)$, d'où l'on tire $\mathbf{V}_2 = \dfrac{30\underline{/90^\circ}}{\sqrt{2}\,\underline{/45^\circ}}\left(\dfrac{10}{6}\right) = 35{,}4\underline{/45^\circ}\text{ A}$.

9.20. Dans la Fig. 9-21, la source V_2 délivre une tension de $20\underline{/0^\circ}$ V. Déterminer la source de tension V_1 de sorte que le courant dans la branche contenant V_2 soit nul.

Pour ce problème, il suffit d'utiliser les mailles choisies dans le Problème 9.19., d'écrire l'expression de I_3 sous forme de déterminant et de l'annuler

$$\mathbf{I}_3 = \frac{\begin{vmatrix} 5+j5 & -j5 & \mathbf{V}_1 \\ -j5 & 8+j8 & 0 \\ 0 & 6 & 20\underline{/0^\circ} \end{vmatrix}}{\Delta_z} = 0$$

En développant la relation ci-dessus on obtient

$$\mathbf{V}_1\begin{vmatrix} -j5 & 8+j8 \\ 0 & 6 \end{vmatrix} + 20\underline{/0^\circ}\begin{vmatrix} 5+j5 & -j5 \\ -j5 & 8+j8 \end{vmatrix} = 0$$

$$\mathbf{V}_1\,(30\underline{/-90^\circ}) + 20\underline{/0^\circ}\,(25+j80) = 0$$

d'où $$\mathbf{V}_1 = \frac{-20\underline{/0^\circ}\,(25+j80)}{30\underline{/-90^\circ}} = 55{,}8\underline{/-17{,}4^\circ}\text{ V}$$

Problèmes supplémentaires

9.21. Déterminer le nombre de mailles requises pour l'analyse des réseaux des Fig. 9-22 (a-f). Pour déterminer ce nombre utiliser pour chaque réseau deux méthodes différentes.

Rép. (a) 5, (b) 4, (c) 3, (d) 4, (e) 4, (f) 5

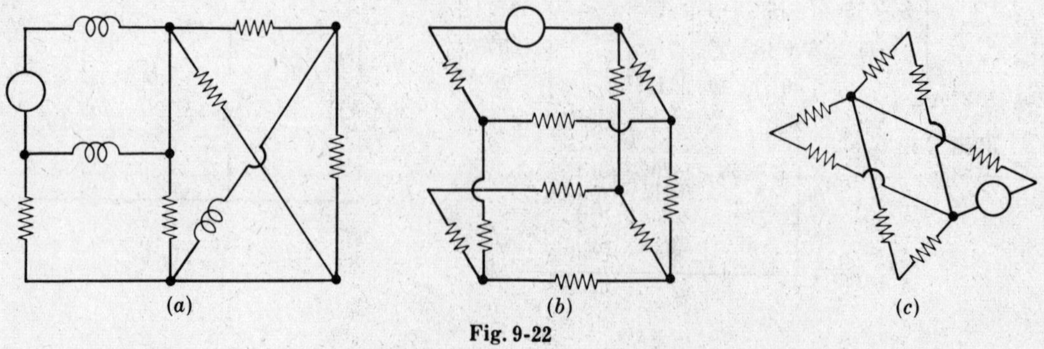

Fig. 9-22

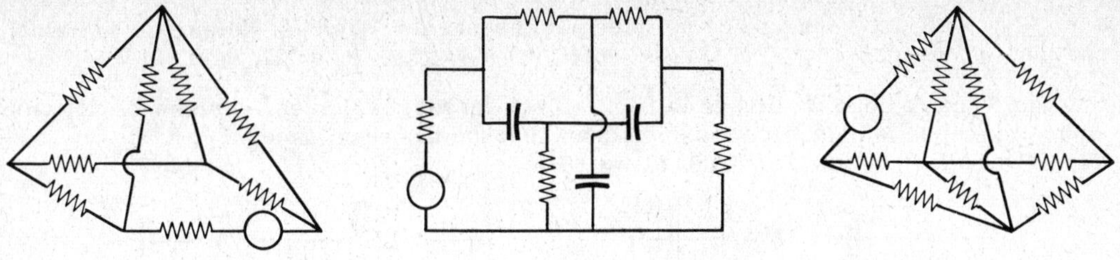

(d) (e) (f)

Fig. 9-22

9.22. Déterminer le courant circulant dans la résistance de 3 Ω du réseau de la Fig. 9-23 ci-dessous. La direction positive est indiquée sur le diagramme. *Rép.* 4,47/-63,4° A

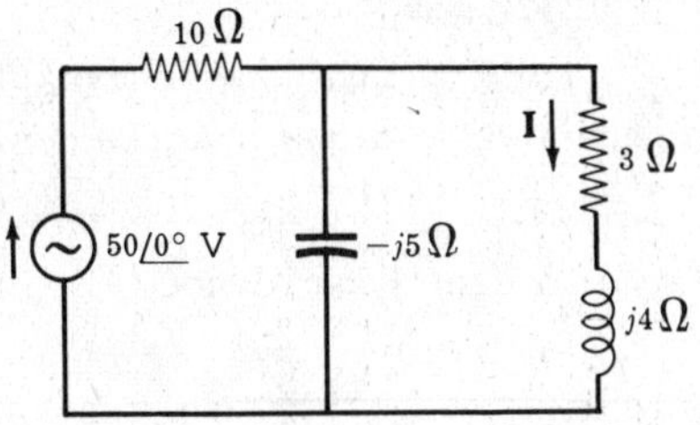

Fig. 9-23

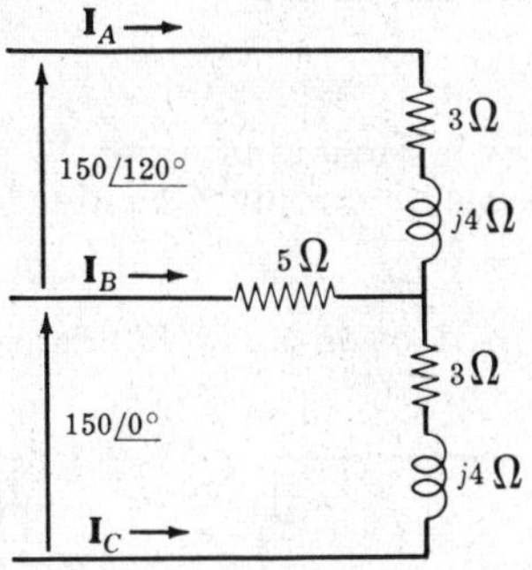

Fig. 9-24

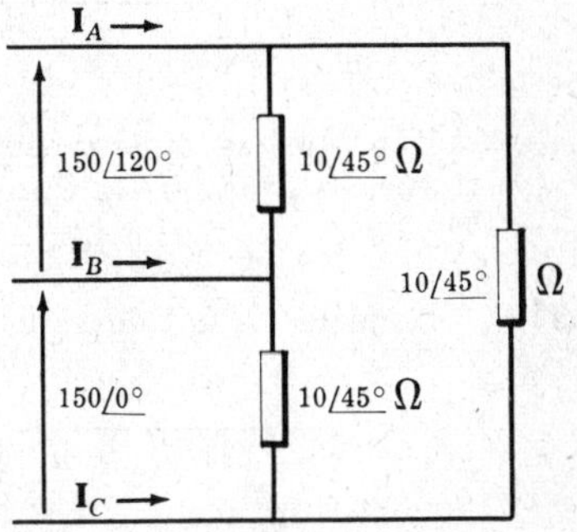

Fig. 9-25

9.23. Déterminer les courants I_A ; I_B et I_C du circuit de la Fig. 9-24 ci-dessus.
Rép. $I_A = 12{,}1\angle 46{,}4°$ A, $I_B = 19{,}1\angle -47{,}1°$ A , $I_C = 22{,}1\angle 166{,}4°$ A

9.24. Déterminer les courants I_A , I_B et I_C du réseau de la Fig. 9-25 ci-dessus.
Rép. 26/45° A, 26/−75° A, 26/−195° A

9.25. En utilisant la méthode des mailles, calculer la tension V_{AB} dans le réseau de la Fig. 9-26 ci-dessous. *Rép.* $V_{AB} = 75{,}4\angle 55{,}2°$ V.

9.26. Dans le circuit de la Fig. 9-27 ci-dessous, déterminer la tension efficace de la source V telle que la puissance dissipée dans la résistance de 5 Ω soit de 100 W. *Rép.* 40,3 V.

9.27. Dans le réseau de la Fig. 9-28 ci-dessous, choisissez les mailles et calculez Δ_z . En faisant un autre choix de maille calculer la nouvelle valeur de Δ_z .
Rép. (61 - *j* 15)Ω .

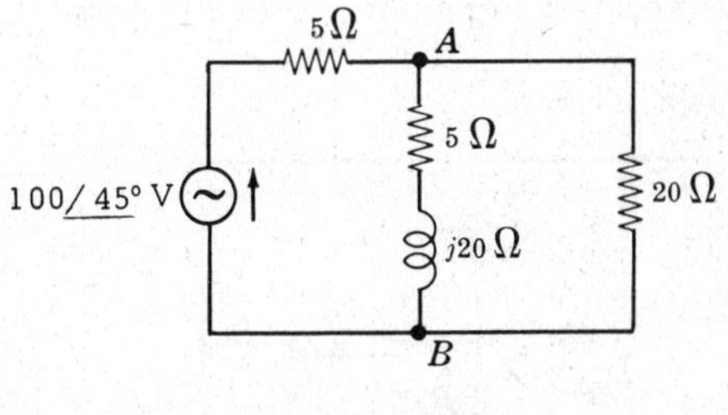

Fig. 9-26

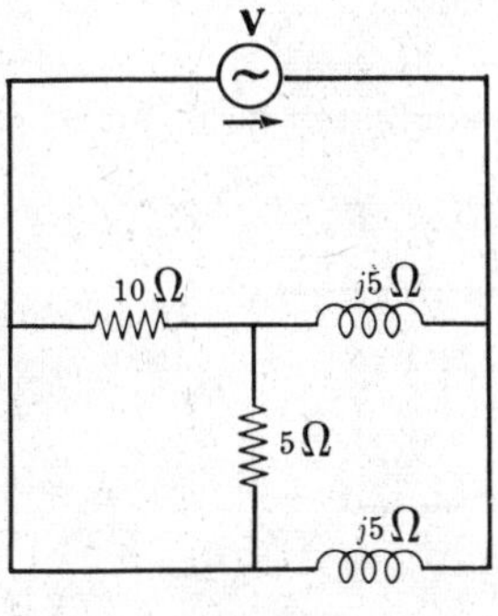

Fig. 9-27

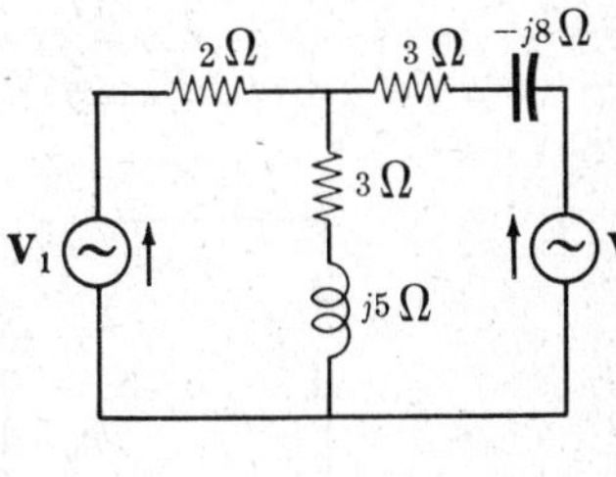

Fig. 9-28

9.28 Sachant que dans le réseau de la Fig. 9-28 ci-dessus, les tension $\mathbf{V}_1$ et $\mathbf{V}_2$ sont toutes deux égales à $50\angle 0^\circ$ V, calculer la puissance délivrée par chacune des sources. Refaire ce même calcul pour une tension $\mathbf{V}_2$ opposée. *Rép.* $P_1 = 191$, $P_2 = 77{,}1$; $P_1 = 327$, $P_2 = 214$ W.

9.29. Dans le réseau à deux mailles de la Fig. 9-29 ci-dessous, calculer la puissance délivrée par la source ainsi que la puissance dissipée dans chacune des résistances.
Rép. $P = 36{,}7$, $P_1 = 2{,}22$, $P_2 = 27{,}8$, $P_3 = 6{,}66$ W.

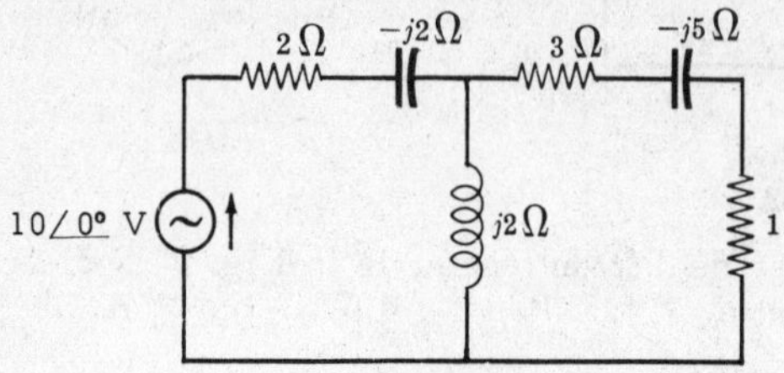

Fig. 9-29

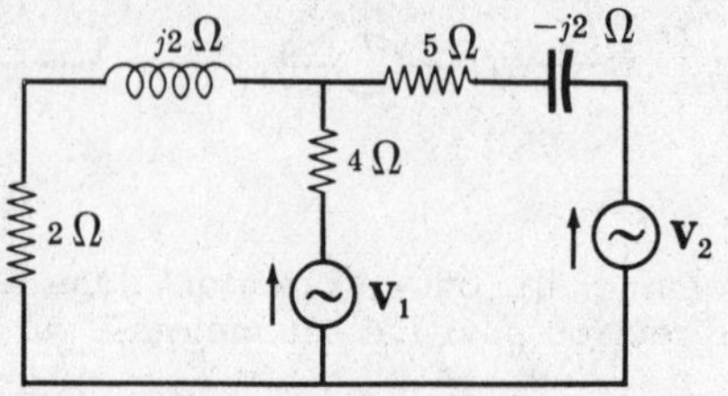

Fig. 9-30

9.30. Dans la Fig. 9-30 ci-dessus les tensions $\mathbf{V}_1$ et $\mathbf{V}_2$ sont identiques, égales à $10\angle 90^\circ$ V et dirigées comme l'indique le diagramme du circuit. Calculer la puissance délivrée par chacune des sources.
Rép. $P_1 = 11{,}0$, $P_2 = 9{,}34$ W.

9.31. Dans le circuit de la Fig. 9-31 ci-dessous déterminer le courant dans l'impédance $(3 + j4)\ \Omega$.
Rép. 0

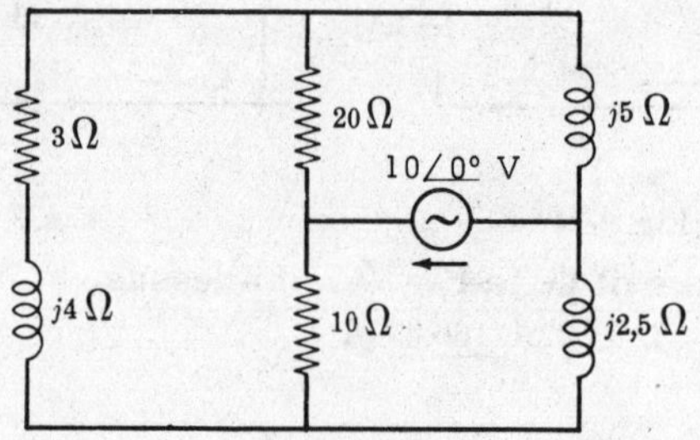

Fig. 9-31

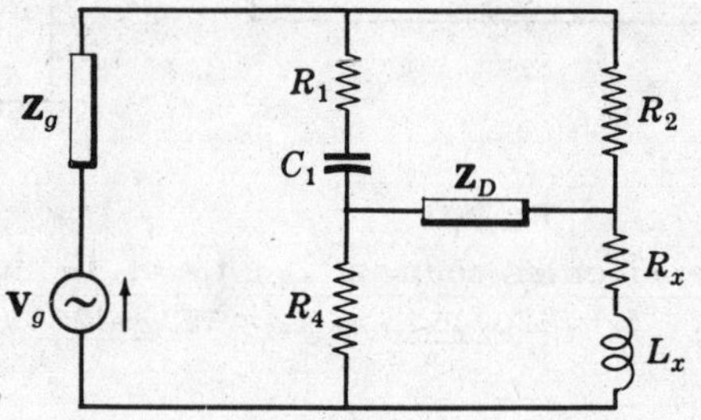

Fig. 9-32

9.32. Le circuit de la Fig. 9-32 ci-dessus est appelé «pont de Hay». Choisir les mailles de telle sorte qu'un courant unique traverse l'impédance $\mathbf{Z}_D$ et écrire les équations correspondantes. Exprimer ensuite le courant dans l'impédance $\mathbf{Z}_D$ sous forme de déterminant et annuler ce courant. Calculer R_x et L_x en fonction des autres constantes du circuit.

Rép. $R_x = \dfrac{\omega^2 C_1^2 R_1 R_2 R_4}{1 + (\omega R_1 C_1)^2}$, $L_x = \dfrac{C_1 R_2 R_4}{1 + (\omega R_1 C_1)^2}$

9.33. Le circuit représenté par la Fig. 9-33 ci-dessous est un pont de Owen. Calculer R_x et L_x en fonction des autres constantes du pont pour un courant nul dans l'impédance $\mathbf{Z}_D$.

Rép. $R_x = \dfrac{C_1}{C_4} R_2$, $L_x = C_1 R_2 R_4$

9.34. Le circuit de la Fig. 9-34 ci-dessous est un pont de mesure d'inductance. Choisir des mailles et écrire les équations correspondantes sous forme matricielle. Déterminer R_x et L_x pour un courant nul dans l'impédance $\mathbf{Z}_D$.

Rép. $R_x = \dfrac{R_2}{R_1} R_4$, $L_x = \dfrac{R_2}{R_1} L_4$

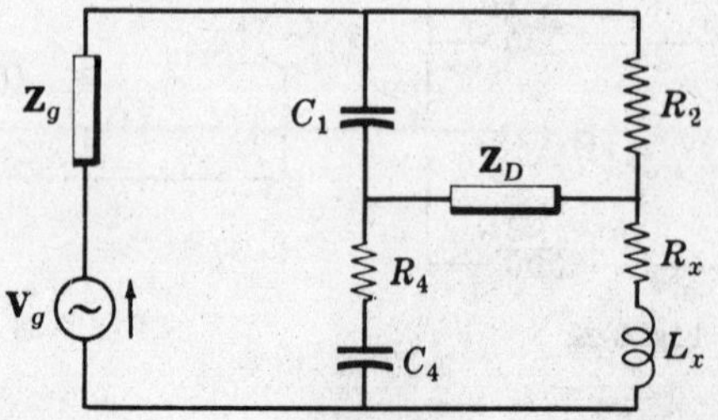

Fig. 9-33

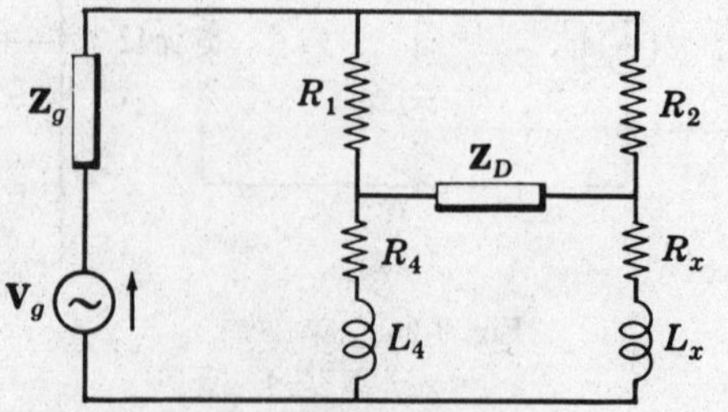

Fig. 9-34

9.35. Déterminer la fonction de transfert V_0 / V_i du réseau de la Fig. 9-35 ci-dessous.
Rép. $0{,}139\angle 90^\circ$

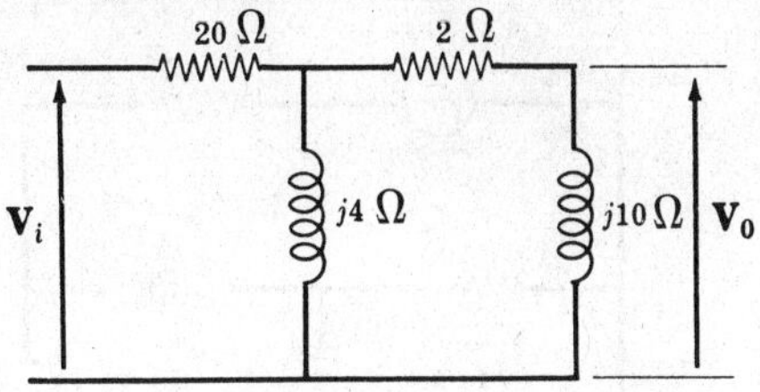

Fig. 9-35

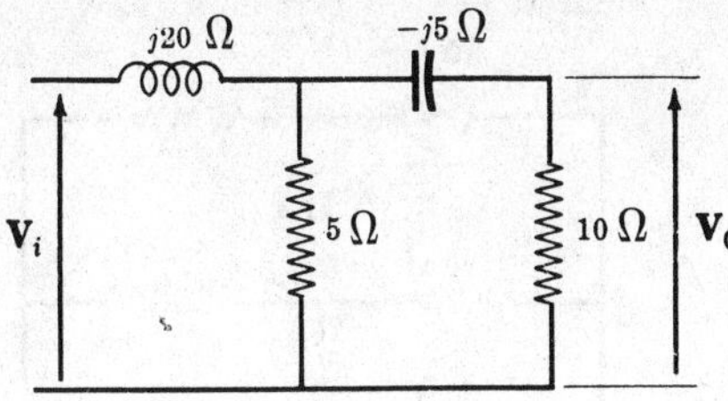

Fig. 9-36

9.36. Déterminer la fonction de transfert V_0 / V_i du réseau de la Fig. 9-36 ci-dessus.
Rép. $0{,}159\angle -61{,}4^\circ$

9.37. Dans le réseau de la Fig. 9-37 ci-dessous déterminer la tension V_0 pour la polarité indiquée.
Rép. $1{,}56\angle 128{,}7^\circ$ V

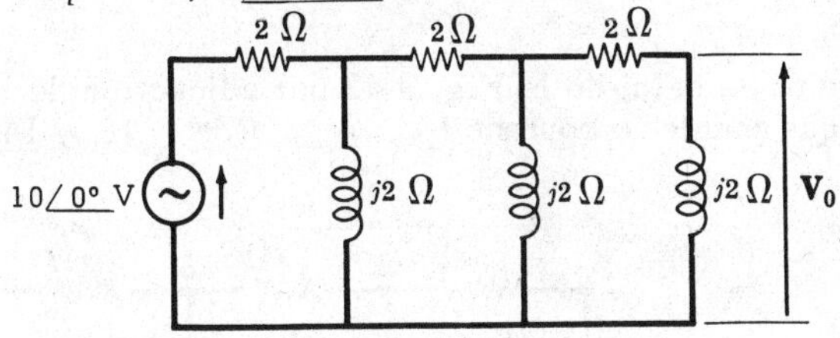

Fig. 9-37

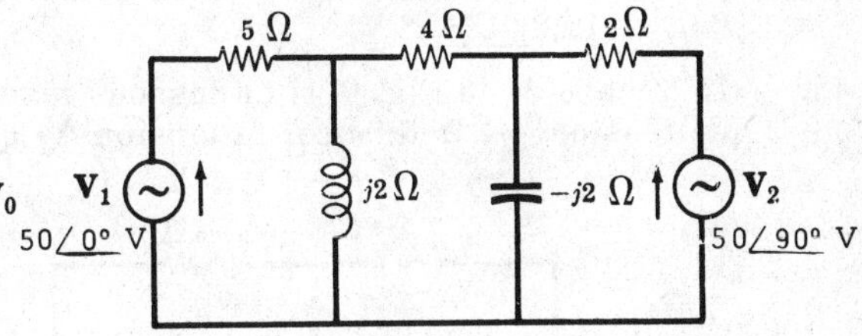

Fig. 9-38

9.38. Déterminer la puissance dissipée dans chacune des trois résistances du réseau de la Fig. 9-38 ci-dessus. *Rép.* 471, 47,1, 471 W.

9.39. En se référant au réseau de la Fig. 9-38, ci-dessus, calculer la puissance délivrée par chacune des sources de tension. *Rép.* $P_1 = 422$, $P_2 = 565$ W

9.40. Déterminer le courant I_3 du réseau de la Fig. 9-39 pour le choix de maille indiqué.
Rép. $1{,}38\angle -209{,}15^\circ$ A

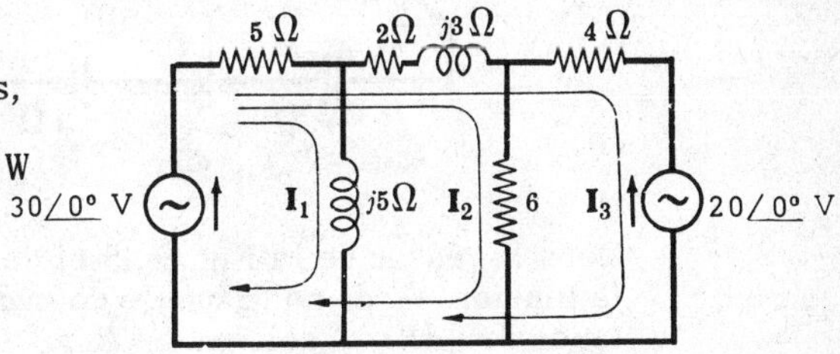

Fig. 9-39

9.41. Déterminer le courant I_3 du réseau de la Fig. 9-40 ci-dessous.
Rép. $11{,}6\angle 113{,}2^\circ$ A

9.42. En se référant au réseau de la Fig. 9-40 ci-dessous, calculer le rapport des courants I_1 / I_3.
Rép. $-j3{,}3$

9.43. Pour le choix de maille effectué dans le réseau de la Fig. 9-41 ci-dessous, calculez $Z_{transfert\,13}$ et $Z_{transfert\,31}$.
Rép. $Z_{transfert\,13} = Z_{transfert\,31} = 4{,}3\angle -68{,}2^\circ$ Ω.

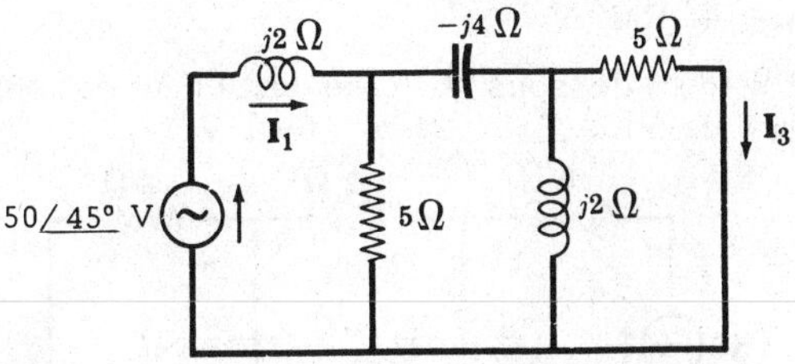

Fig. 9-40

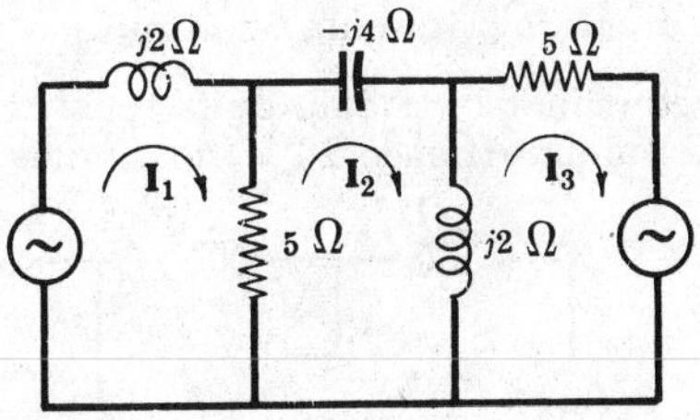

Fig. 9-41

9.44. En utilisant le choix de maille fait pour le réseau de la Fig. 9-42 ci-dessous, calculer $\mathbf{Z}_{\text{entrée } 1}$, $\mathbf{Z}_{\text{transfert } 12}$ et $\mathbf{Z}_{\text{transfert } 13}$. *Rép.* $20{,}2\,\underline{/-36{,}1^\circ}\,\Omega$, $17{,}4\,\underline{/-71{,}6^\circ}\,\Omega$, $6{,}82\,\underline{/-82{,}9^\circ}\,\Omega$.

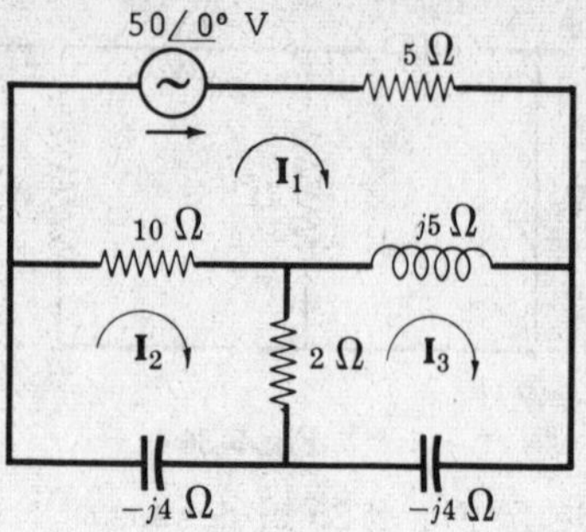

Fig. 9-42

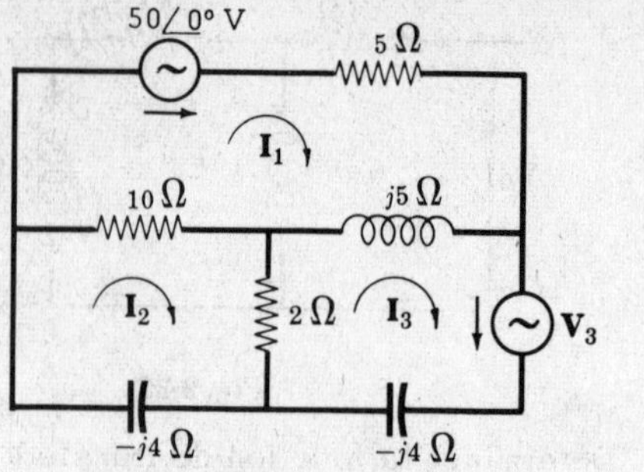

Fig. 9-43

9.45. Le réseau de la Fig. 9-43 ci-dessus résulte de celui de la Fig. 9-42 après adjonction de la source de tension $\mathbf{V}_3$. Pour quelle valeur de la tension $\mathbf{V}_3$ le courant $\mathbf{I}_1$ est-il nul ?
Rép. $16{,}8\,\underline{/133{,}2^\circ}$ V

9.46. Le réseau de la Fig. 9-44 ci-dessous résulte de celui de la Fig. 9-42 par adjonction de la source de tension $\mathbf{V}_2$. Déterminer la tension $\mathbf{V}_2$ qui annule le courant $\mathbf{I}_1$. *Rép.* $42{,}9\,\underline{/144{,}5^\circ}$ V.

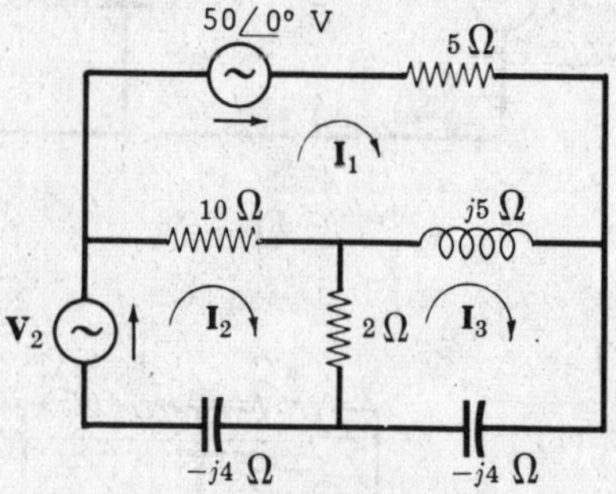

Fig. 9-44

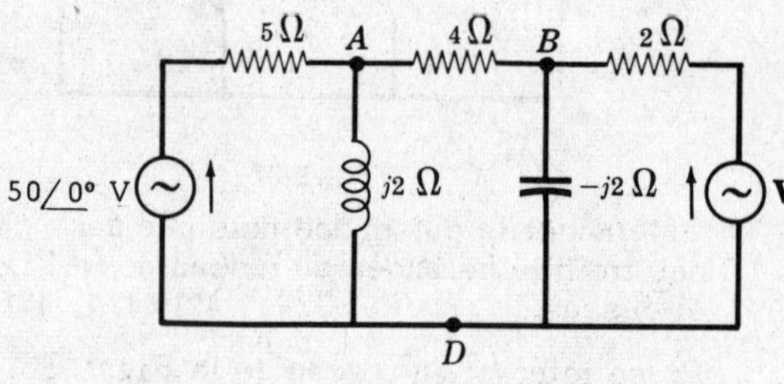

Fig. 9-45

9.47. Dans le réseau de la Fig. 9-45 ci-dessus déterminer la tension $\mathbf{V}_2$ de sorte que le courant dans la résistance de 4 Ω soit nul. *Rép.* $26{,}3\,\underline{/113{,}2^\circ}$ V.

9.48. En se référant au réseau de la Fig. 9-45 ci-dessus, calculer $\mathbf{V}_{AD}$ et $\mathbf{V}_{BD}$ pour une source de tension égale à $26{,}3\,\underline{/113{,}2^\circ}$ V
Rép. $\mathbf{V}_{AD} = \mathbf{V}_{BD} = 18{,}5\,\underline{/68{,}1^\circ}$ V.

9.49. Déterminer $\mathbf{Z}_{\text{transfert } 13}$ pour le choix des mailles de la Fig. 9-46. Calculer $\mathbf{I}_3$ au moyen de cette impédance de transfert.
Rép. $12{,}8\,\underline{/-38{,}7^\circ}\,\Omega$, $0{,}782\,\underline{/38{,}7^\circ}$ Ω

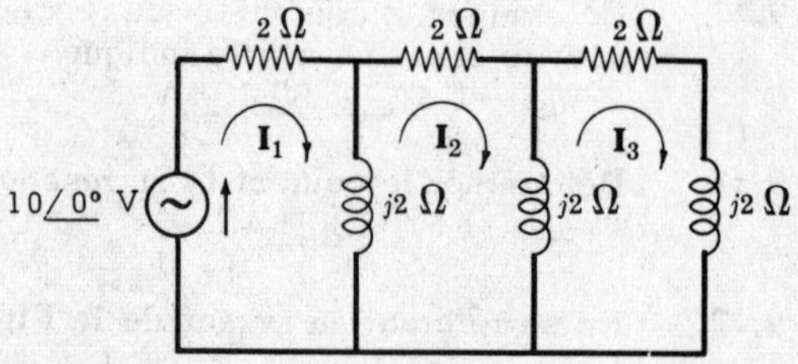

Fig. 9-46

9.50. Dans le réseau de la Fig. 9-47 ci-dessous, déterminer la tension de la source $\mathbf{V}_2$ de sorte que le courant qui y circule soit nul. *Rép.* $\mathbf{V}_2 = 4\,\underline{/180^\circ}$ V.

9.51. Déterminer le module de la tension $\mathbf{V}_1$ de la Fig. 9-48 ci-dessous qui crée une chute de tension de valeur efficace 20 V aux bornes de la résistance de 5 Ω. *Rép.* 69,1 V

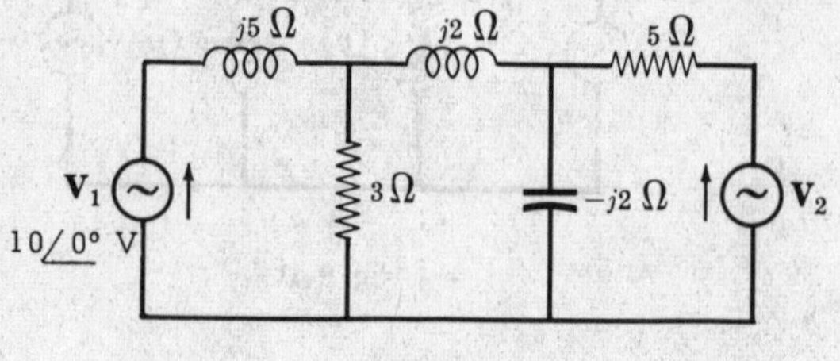

Fig. 9-47

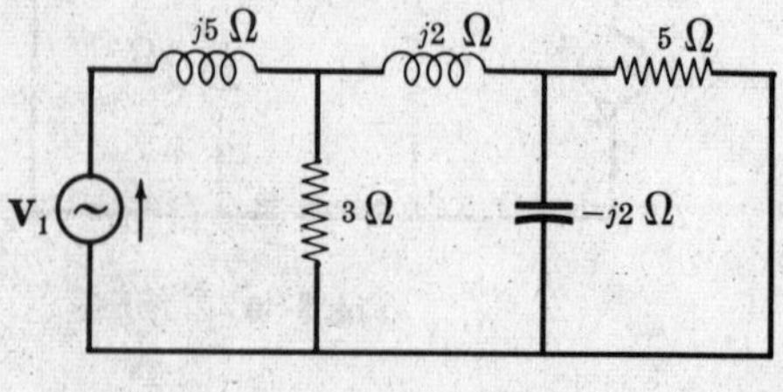

Fig. 9-48

Chapitre 10

Analyse des réseaux par la méthode des noeuds

INTRODUCTION

Dans le chapitre 9, un choix adéquat des courants de mailles auxquelles était appliquée la loi de Kirchhoff relative à la tension nous a permis d'étudier les réseaux. Dans ce nouveau chapitre nous introduisons une méthode d'analyse basée sur la loi de Kirchhoff relative au courant qui permet d'obtenir les mêmes résultats. Cette méthode est appelée la méthode des noeuds.

TENSION DE NOEUD

Un *noeud* est la partie d'un réseau *commune à deux ou plusieurs éléments de circuit*. Lorsque *trois éléments ou plus* ont un point commun le *noeud* qui en résulte est appelé *noeud principal* ou *jonction*. A chaque noeud on peut affecter un nombre ou une lettre. Ainsi, dans la Fig. 10-1, *A, B, 1, 2, 3* sont des noeuds et *1, 2, 3* sont des noeuds principaux ou jonctions. La tension correspondant à un noeud est la différence de potentiel entre un noeud donné et un noeud particulier appelé *noeud de référence.* Pour le circuit de la Fig. 10-1, nous avons choisi le noeud *3* comme noeud de référence, par conséquent V_{13} est la différence de potentiel entre les noeuds *1* et *3* et V_{23} est la différence de potentiel entre les noeuds *2* et *3*. Comme les tensions sont toujours déterminées par rapport à un noeud de référence donné, nous utilisons les notations V_1 pour V_{13} et V_2 pour V_{23}.

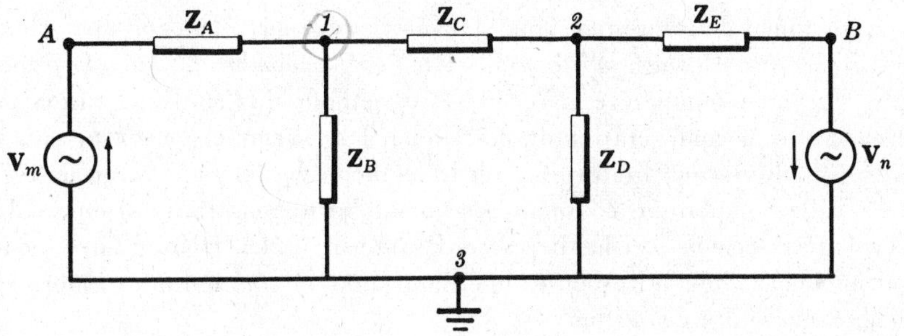

Fig. 10-1. Les noeuds d'un réseau

La méthode des noeuds consiste à déterminer les différences de potentiel entre tous les noeuds principaux et le noeud de référence. En appliquant la loi de Kirchhoff relative au courant aux deux jonctions 1 et 2 nous obtenons deux équations à deux inconnues V_1 et V_2. La Fig. 10-2 représente en détail le noeud *1* ainsi que les branches qui y sont connectées. Supposons que les courants dans les branches quittent le noeud. Comme la somme des courants issus d'un noeud est nulle nous pouvons écrire

$$\frac{V_1 - V_m}{Z_A} + \frac{V_1}{Z_B} + \frac{V_1 - V_2}{Z_C} = 0 \qquad (1)$$

En écrivant la relation (*1*), nous avons fait un choix arbitraire de la direction des courants (voir Problème 10-1).

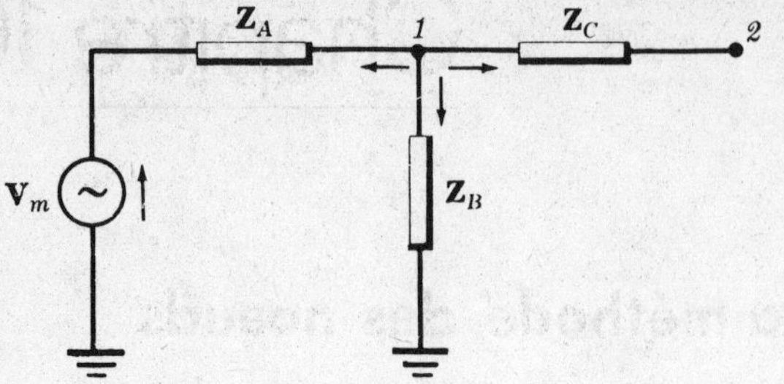

Fig. 10-2

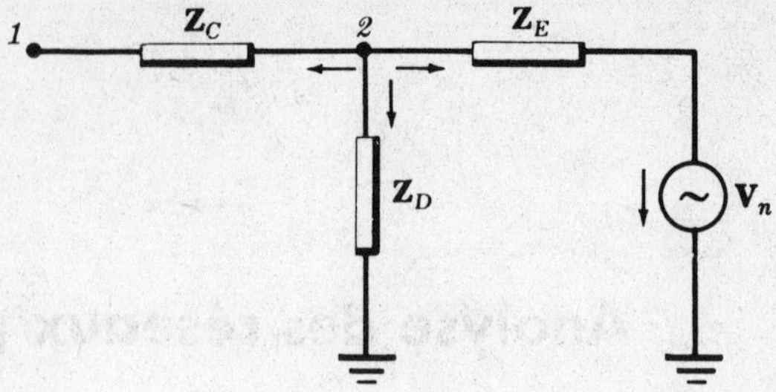

Fig. 10-3

Procédons de la même manière pour le noeud *2* représenté par la Fig. 10-3; nous obtenons alors l'équation

$$\frac{V_2 - V_1}{Z_C} + \frac{V_2}{Z_D} + \frac{V_2 + V_n}{Z_E} = 0 \qquad (2)$$

En réarrangeant les termes dans les relations *(1)* et *(2)* nous arrivons au système d'équations

$$\begin{aligned} \left(\frac{1}{Z_A} + \frac{1}{Z_B} + \frac{1}{Z_C}\right)V_1 - \left(\frac{1}{Z_C}\right)V_2 &= \left(\frac{1}{Z_A}\right)V_m \\ -\left(\frac{1}{Z_C}\right)V_1 + \left(\frac{1}{Z_C} + \frac{1}{Z_D} + \frac{1}{Z_E}\right)V_2 &= -\left(\frac{1}{Z_E}\right)V_n \end{aligned} \qquad (3)$$

Comme $1/Z = Y$ ce système peut également s'écrire en fonction des admittances:

$$\begin{aligned} (Y_A + Y_B + Y_C)V_1 - Y_C V_2 &= Y_A V_m \\ -Y_C V_1 + (Y_C + Y_D + Y_E)V_2 &= -Y_E V_n \end{aligned} \qquad (4)$$

NOMBRE D'EQUATIONS NECESSAIRE POUR L'APPLICATION DE LA METHODE DES NOEUDS

A l'exception du noeud de référence, nous pouvons écrire une équation pour chaque noeud principal d'un réseau. *Ainsi le nombre d'équations requises est égal au nombre de noeuds principaux moins un.* Lorsqu'on a affaire à un réseau donné le choix entre la méthode des mailles et la méthode des noeuds dépend essentiellement de la configuration de ce réseau. Par exemple, un circuit qui contient plusieurs branches parallèles s'étudiera plus facilement par la méthode des noeuds vu qu'un tel réseau a habituellement un nombre de mailles supérieur au nombre de noeuds et nécessite ainsi un nombre d'équations de noeuds inférieur (voir Problème 9-6., Chapitre 9, et Problème 10.4.). Dans d'autres cas le nombre de noeuds peut soit être égal au nombre de mailles soit supérieur: dans ce cas il faut toujours choisir la méthode qui conduit au nombre minimal d'équations.

DETERMINATION DES EQUATIONS DE NOEUDS

L'étude d'un réseau à quatre noeuds principaux exige trois équations. De façon générale celles-ci peuvent s'écrire

$$\begin{aligned} Y_{11}V_1 + Y_{12}V_2 + Y_{13}V_3 &= I_1 \\ Y_{21}V_1 + Y_{22}V_2 + Y_{23}V_3 &= I_2 \\ Y_{31}V_1 + Y_{32}V_2 + Y_{33}V_3 &= I_3 \end{aligned} \qquad (5)$$

Y_{11} est appelée admittance propre du noeud *1* et est donnée par la somme de toutes les admittances connectées à ce noeud. De même Y_{22} et Y_{33} sont les admittances propres des noeuds *2* et *3* et sont également données par les sommes des admittances connectées aux noeuds respectifs.

$\mathbf{Y}_{12}$ est l'admittance mutuelle entre les noeuds *1* et *2* et est donnée par la somme de toutes les admittances reliant le noeud *1* au noeud *2*. Comme le montre l'équation *(4)*, $\mathbf{Y}_{12}$ est affectée d'un signe négatif. De même $\mathbf{Y}_{23}$ et $\mathbf{Y}_{13}$ sont les admittances mutuelles des éléments reliant respectivement les noeuds *2* et *3* et les noeuds *1* et *3*. Toutes les admittances mutuelles sont affectées d'un signe négatif. On peut remarquer que $\mathbf{Y}_{31} = \mathbf{Y}_{13}$ et $\mathbf{Y}_{23} = \mathbf{Y}_{32}$.

$\mathbf{I}_1$ est la somme de tous les courants au noeud *1*. Un courant entrant dans un noeud est affecté d'un signe positif alors qu'un courant qui en sort a le signe contraire. De même $\mathbf{I}_2$ et $\mathbf{I}_3$ sont respectivement les sommes de tous les courants aux noeuds *2* et *3*.

Par analogie avec la notation matricielle utilisée pour les équations de mailles (Chapitre 9), les trois équations *(5)* peuvent se mettre sous la forme matricielle suivante

$$\begin{bmatrix} \mathbf{Y}_{11} & \mathbf{Y}_{12} & \mathbf{Y}_{13} \\ \mathbf{Y}_{21} & \mathbf{Y}_{22} & \mathbf{Y}_{23} \\ \mathbf{Y}_{31} & \mathbf{Y}_{32} & \mathbf{Y}_{33} \end{bmatrix} \begin{bmatrix} \mathbf{V}_1 \\ \mathbf{V}_2 \\ \mathbf{V}_3 \end{bmatrix} = \begin{bmatrix} \mathbf{I}_1 \\ \mathbf{I}_2 \\ \mathbf{I}_3 \end{bmatrix} \qquad (6)$$

Les tensions aux noeuds $\mathbf{V}_1$, $\mathbf{V}_2$ et $\mathbf{V}_3$ sont données par

$$\mathbf{V}_1 = \frac{\begin{vmatrix} \mathbf{I}_1 & \mathbf{Y}_{12} & \mathbf{Y}_{13} \\ \mathbf{I}_2 & \mathbf{Y}_{22} & \mathbf{Y}_{23} \\ \mathbf{I}_3 & \mathbf{Y}_{32} & \mathbf{Y}_{33} \end{vmatrix}}{\Delta_Y}, \qquad \mathbf{V}_2 = \frac{\begin{vmatrix} \mathbf{Y}_{11} & \mathbf{I}_1 & \mathbf{Y}_{13} \\ \mathbf{Y}_{21} & \mathbf{I}_2 & \mathbf{Y}_{23} \\ \mathbf{Y}_{31} & \mathbf{I}_3 & \mathbf{Y}_{33} \end{vmatrix}}{\Delta_Y} \qquad \text{et} \qquad \mathbf{V}_3 = \frac{\begin{vmatrix} \mathbf{Y}_{11} & \mathbf{Y}_{12} & \mathbf{I}_1 \\ \mathbf{Y}_{21} & \mathbf{Y}_{22} & \mathbf{I}_2 \\ \mathbf{Y}_{31} & \mathbf{Y}_{32} & \mathbf{I}_3 \end{vmatrix}}{\Delta_Y}$$

Si l'on développe chaque déterminant selon les éléments de la colonne correspondant aux courants, on obtient les équations suivantes pour les tensions aux noeuds

$$\mathbf{V}_1 = \mathbf{I}_1\left(\frac{\Delta_{11}}{\Delta_Y}\right) + \mathbf{I}_2\left(\frac{\Delta_{21}}{\Delta_Y}\right) + \mathbf{I}_3\left(\frac{\Delta_{31}}{\Delta_Y}\right) \qquad (7)$$

$$\mathbf{V}_2 = \mathbf{I}_1\left(\frac{\Delta_{12}}{\Delta_Y}\right) + \mathbf{I}_2\left(\frac{\Delta_{22}}{\Delta_Y}\right) + \mathbf{I}_3\left(\frac{\Delta_{32}}{\Delta_Y}\right) \qquad (8)$$

$$\mathbf{V}_3 = \mathbf{I}_1\left(\frac{\Delta_{13}}{\Delta_Y}\right) + \mathbf{I}_2\left(\frac{\Delta_{23}}{\Delta_Y}\right) + \mathbf{I}_3\left(\frac{\Delta_{33}}{\Delta_Y}\right) \qquad (9)$$

Les termes des membres de droite des relations *(7)*, *(8)* et *(9)* sont les composantes résultant des différents courants. Par exemple, dans la relation *(7)* la tension $\mathbf{V}_1$ est la somme de $\mathbf{I}_1(\Delta_{11}/\Delta_Y)$ due au courant $\mathbf{I}_1$ de $\mathbf{I}_2(\Delta_{21}/\Delta_Y)$ due au courant $\mathbf{I}_2$ et de $\mathbf{I}_3(\Delta_{31}/\Delta_Y)$ due au courant $\mathbf{I}_3$.

Exemple:

Ecrire les équations pour les tensions aux noeuds pour le réseau de la Fig. 10-4 et les exprimer sous forme matricielle.

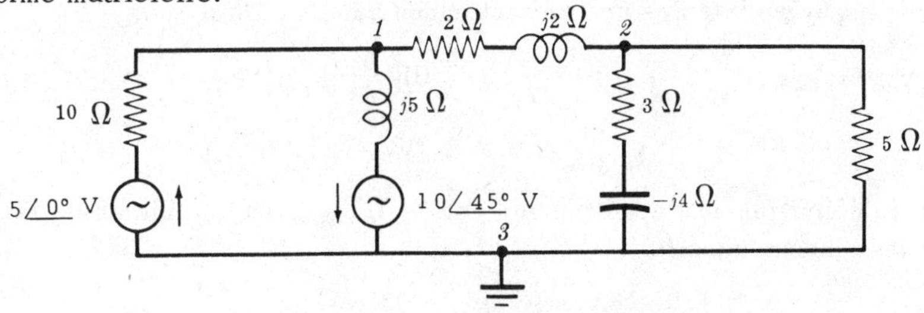

Fig. 10-4

Choisir comme noeud de référence le noeud *3* et numéroter les noeuds *1* et *2* comme le montre la figure. Supposer que tous les courants quittent les noeuds *1* et *2*. En appliquant la loi de Kirchhoff relative au courant, à chaque noeud, nous obtenons:

Pour le noeud *1*,
$$\frac{V_1 - 5\angle 0^\circ}{10} + \frac{V_1 + 10\angle 45^\circ}{j5} + \frac{V_1 - V_2}{2+j2} = 0 \qquad (10)$$

Pour le noeud *2*,
$$\frac{V_2 - V_1}{2+j2} + \frac{V_2}{3-j4} + \frac{V_2}{5} = 0 \qquad (11)$$

En réarrangeant les termes, ceci donne
$$\left(\frac{1}{10}+\frac{1}{j5}+\frac{1}{2+j2}\right)V_1 - \left(\frac{1}{2+j2}\right)V_2 = \frac{5\angle 0^\circ}{10} - \frac{10\angle 45^\circ}{j5} \qquad (12)$$

$$-\left(\frac{1}{2+j2}\right)V_1 + \left(\frac{1}{2+j2}+\frac{1}{3-j4}+\frac{1}{5}\right)V_2 = 0 \qquad (13)$$

Par comparaison avec la relation *6* nous constatons que dans la matrice carrée des admittances $Y_{11} = 1/10 + 1/j5 + 1/(2+j2)$. Ceci est en accord avec la définition de Y_{11} qui est l'admittance propre du noeud *1*. De même $Y_{12} = Y_{21} = -1/(2+j2)$ ce qui est conforme à la définition de l'admittance mutuelle.

Dans l'expression générale, I_1 était défini comme étant la somme de tous les courants au niveau du noeud *1*. Vu la convention de signe, le courant de la branche contenant la source entre dans le noeud *1* et est par conséquent positif, alors que le courant de la seconde branche sortant du noeud *1* est négatif; il en résulte $I_1 = (5\angle 0^\circ)/10 - (10\angle 45^\circ)/j5$. Le courant I_2 au niveau du noeud *2* est nul, étant donné qu'il n'y a pas de source dans les branches connectées au noeud *2*.

ADMITTANCE D'ENTREE

Considérons le réseau passif à deux connexions externes de la Fig. 10-5. La source de courant I_1 fait circuler un courant dans le noeud *1* et on suppose que toutes les admittances en parallèle sur la source sont comprises dans le réseau.

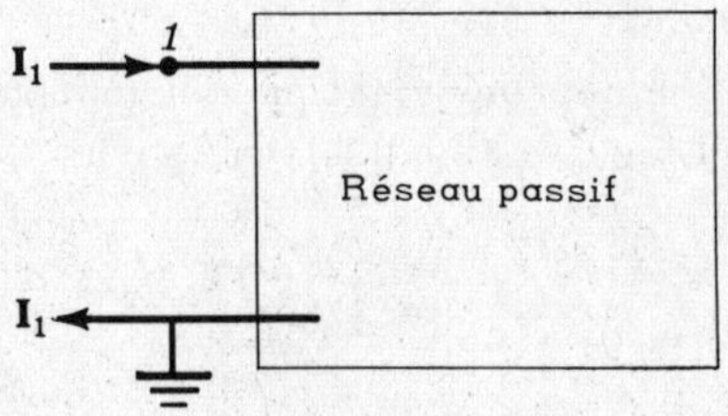

Fig. 10-5

Vu qu'il n'y a pas d'autre source de courant dans le réseau, l'équation donnant la tension V_1 est
$$V_1 = I_1\left(\frac{\Delta_{11}}{\Delta_Y}\right) \qquad (14)$$

L'admittance d'entrée ou encore $Y_{\text{entrée}}$ est définie comme étant le rapport du courant délivré par la source de courant unique existant entre deux noeuds à la différence de potentiel résultante entre les deux noeuds. De la relation *(14)* on déduit
$$Y_{\text{entrée }1} = \frac{I_1}{V_1} = \frac{\Delta_Y}{\Delta_{11}}$$

Dans un réseau actif, l'admittance d'entrée est définie comme étant l'admittance que présente le réseau lorsque toutes les sources internes ne débitent aucun courant. On a alors
$$V_1 = I_1\left(\frac{\Delta_{11}}{\Delta_Y}\right) + (0)\left(\frac{\Delta_{21}}{\Delta_Y}\right) + (0)\left(\frac{\Delta_{31}}{\Delta_Y}\right) + \cdots = I_1\left(\frac{\Delta_{11}}{\Delta_Y}\right)$$

ou encore
$$Y_{\text{entrée}\,1} = I_1/V_1 = \Delta_Y/\Delta_{11}$$

Par conséquent, la définition de l'admittance d'entrée $Y_{\text{entrée}}$ est valable aussi bien pour les réseaux actifs que pour les réseaux passifs.

ADMITTANCE DE TRANSFERT

Un courant existant au niveau d'un noeud d'un réseau entraîne des différences de potentiel entre tous les noeuds et le noeud de référence. L'admittance de transfert est le rapport du courant au niveau d'un noeud à la tension résultante à un autre noeud, toutes les autres sources ne débitant pas.

Pour le réseau de la Fig. 10-6, $\mathbf{I}_r$ est le courant au niveau du noeud r et la tension résultante au noeud s est donnée par

$$\mathbf{V}_s = (0)\left(\frac{\Delta_{1s}}{\Delta_Y}\right) + \cdots + \mathbf{I}_r\left(\frac{\Delta_{rs}}{\Delta_Y}\right) + \cdots + (0)\left(\frac{\Delta_{ss}}{\Delta_Y}\right)$$

$$= \mathbf{I}_r\left(\frac{\Delta_{rs}}{\Delta_Y}\right)$$

d'où $\mathbf{Y}_{\text{transfert } rs} = \mathbf{I}_r/\mathbf{V}_s = \Delta_Y/\Delta_{rs}$

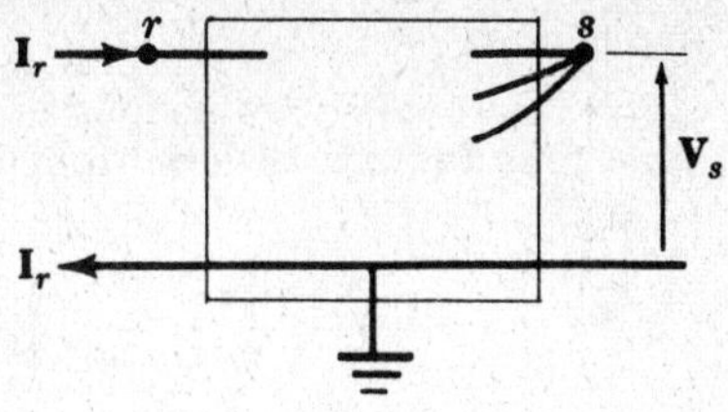

Fig. 10-6

Notons que le retour du courant $\mathbf{I}_r$ se fait par le noeud de référence; si cela n'était pas le cas ce courant apparaîtrait dans plus d'un terme de l'équation donnant $\mathbf{V}_s$ et la définition de $\mathbf{Y}_{\text{transfert}}$ ne serait plus valable.

En utilisant les admittances d'entrée et les admittances de transfert, nous obtenons pour $\mathbf{V}_1$, $\mathbf{V}_2$ et $\mathbf{V}_3$ d'un réseau à quatre jonctions, le système d'équation suivant

$$\mathbf{V}_1 = \frac{\mathbf{I}_1}{\mathbf{Y}_{\text{entrée } 1}} + \frac{\mathbf{I}_2}{\mathbf{Y}_{\text{transfert } 21}} + \frac{\mathbf{I}_3}{\mathbf{Y}_{\text{transfert } 31}}$$

$$\mathbf{V}_2 = \frac{\mathbf{I}_1}{\mathbf{Y}_{\text{transfert } 12}} + \frac{\mathbf{I}_2}{\mathbf{Y}_{\text{entrée } 2}} + \frac{\mathbf{I}_3}{\mathbf{Y}_{\text{transfert } 32}}$$

$$\mathbf{V}_3 = \frac{\mathbf{I}_1}{\mathbf{Y}_{\text{transfert } 13}} + \frac{\mathbf{I}_2}{\mathbf{Y}_{\text{transfert } 23}} + \frac{\mathbf{I}_3}{\mathbf{Y}_{\text{entrée } 3}}$$

Lorsqu'il n'existe qu'une seule source de courant dans un réseau, les définitions des admittances d'entrée et de transfert apparaissent clairement.

Problèmes résolus

10.1. Ecrire l'équation pour le noeud *2* des réseaux des Fig. 10-7 *(a)* et 10-7 *(b)*.

Comme tous les courants du réseau de la Fig. 10-7 *(a)* sortent du noeud *2*, on écrit la somme de ces courants et on l'annule.

$$(\mathbf{V}_2 - \mathbf{V}_1)/j2 + \mathbf{V}_2/10 + (\mathbf{V}_2 + 10\angle 0^\circ)/j5 = 0$$

Ce qui donne après réarrangement $-(1/j2)\mathbf{V}_1 + (1/j2 + 1/10 + 1/j5)\mathbf{V}_2 = -10\angle 0^\circ/j5$

Dans le réseau de la Fig. 10-7 *(b)*, un courant entre dans le noeud *2* alors que les deux autres en sortent. En identifiant le courant entrant dans le noeud à la somme des courants sortants, on obtient

$$(\mathbf{V}_1 - \mathbf{V}_2)/j2 = \mathbf{V}_2/10 + (\mathbf{V}_2 + 10\angle 0^\circ)/j5$$

qui après réarrangement des termes donne $\mathbf{V}_2/10 + (\mathbf{V}_2 + 10\angle 0^\circ)/j5 + (\mathbf{V}_2 - \mathbf{V}_1)/j2 = 0$

ou encore $-(1/j2)\mathbf{V}_1 + (1/j2 + 1/10 + 1/j5)\mathbf{V}_2 = -10\angle 0^\circ/j5$

On constate ainsi que l'équation résultante pour un noeud est indépendante du choix du sens des courants

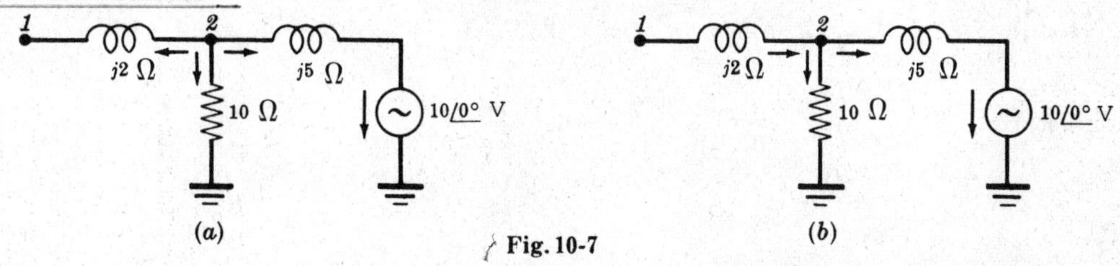

Fig. 10-7

10.2. Ecrire les équations de noeud pour les réseaux de la Fig. 10-8 ci-dessous et les mettre sous forme matricielle.

On choisit les noeuds et le noeud de référence comme l'indique le diagramme. En supposant que tous les courants quittent les noeuds, on peut écrire les équations suivantes aux noeuds *1*, *2* et *3*

$$(\mathbf{V}_1 - \mathbf{V}_2)/(-j8) + \mathbf{V}_1/5 + (\mathbf{V}_1 - \mathbf{V}_3 + 10\underline{/0^\circ})/(3+j4) = 0$$

$$(\mathbf{V}_2 - \mathbf{V}_1)/(-j8) + \mathbf{V}_2/10 + (\mathbf{V}_2 - \mathbf{V}_3 - 5\underline{/0^\circ})/(j4) = 0$$

$$\mathbf{V}_3/8 + (\mathbf{V}_3 - \mathbf{V}_1 - 10\underline{/0^\circ})/(3+j4) + (\mathbf{V}_3 - \mathbf{V}_2 + 5\underline{/0^\circ})/(j4) = 0$$

et après réarrangement des termes

$$\left(\frac{1}{-j8} + \frac{1}{5} + \frac{1}{3+j4}\right)\mathbf{V}_1 - \left(\frac{1}{-j8}\right)\mathbf{V}_2 - \left(\frac{1}{3+j4}\right)\mathbf{V}_3 = (-10\underline{/0^\circ})/(3+j4)$$

$$-\left(\frac{1}{-j8}\right)\mathbf{V}_1 + \left(\frac{1}{-j8} + \frac{1}{10} + \frac{1}{j4}\right)\mathbf{V}_2 - \left(\frac{1}{j4}\right)\mathbf{V}_3 = (5\underline{/0^\circ})/(j4)$$

$$-\left(\frac{1}{3+j4}\right)\mathbf{V}_1 - \left(\frac{1}{j4}\right)\mathbf{V}_2 + \left(\frac{1}{8} + \frac{1}{j4} + \frac{1}{3+j4}\right)\mathbf{V}_3 = \left(\frac{10\underline{/0^\circ}}{3+j4}\right) - \left(\frac{5\underline{/0^\circ}}{j4}\right)$$

Les équations de noeud peuvent alors se mettre sous la forme matricielle

$$\begin{bmatrix} \left(\frac{1}{-j8} + \frac{1}{5} + \frac{1}{3+j4}\right) & -\left(\frac{1}{-j8}\right) & -\left(\frac{1}{3+j4}\right) \\ -\left(\frac{1}{-j8}\right) & \left(\frac{1}{-j8} + \frac{1}{10} + \frac{1}{j4}\right) & -\left(\frac{1}{j4}\right) \\ -\left(\frac{1}{3+j4}\right) & -\left(\frac{1}{j4}\right) & \left(\frac{1}{8} + \frac{1}{j4} + \frac{1}{3+j4}\right) \end{bmatrix} \begin{bmatrix} \mathbf{V}_1 \\ \mathbf{V}_2 \\ \mathbf{V}_3 \end{bmatrix} = \begin{bmatrix} -\left(\frac{10\underline{/0^\circ}}{3+j4}\right) \\ \left(\frac{5\underline{/0^\circ}}{j4}\right) \\ \left(\frac{10\underline{/0^\circ}}{3+j4} - \frac{5\underline{/0^\circ}}{j4}\right) \end{bmatrix}$$

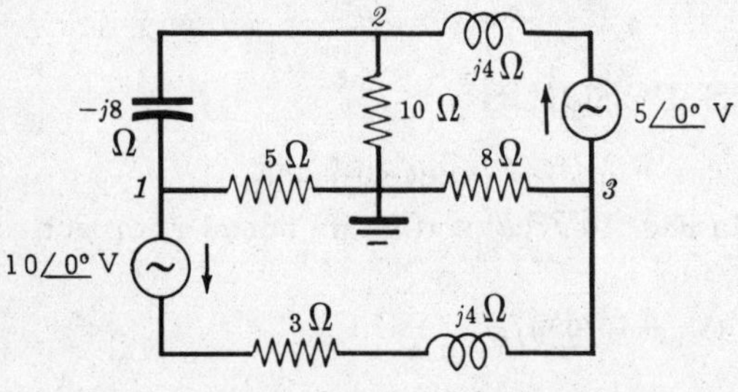

Fig. 10-8

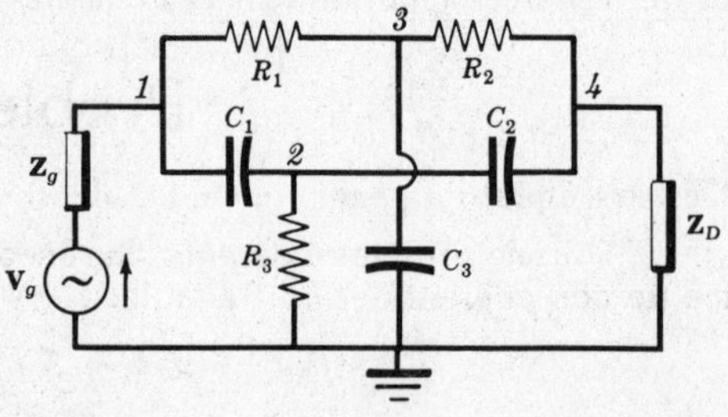

Fig. 10-9

10.3. Ecrire sous forme matricielle les équations de noeud du réseau de la Fig. 10-9 ci-dessus.

On choisit les noeuds comme le montre le diagramme. Dans $[Y]$, $\mathbf{Y}_{11}$ est la somme de toutes les admittances connectées au noeud *1*, c'est-à-dire $(1/\mathbf{Z}_g + 1/R_1 + j\omega C_1)$. $\mathbf{Y}_{12}$ et $\mathbf{Y}_{13}$ sont les opposées des sommes des admittances communes aux noeuds *1* et *2* et aux noeuds *1* et *3*, c'est-à-dire $\mathbf{Y}_{12} = -(j\omega C_1)$, et $\mathbf{Y}_{13} = -(1/R_1)$ respectivement. Les autres termes de la matrice $[Y]$ sont déterminés de la même manière.

L'unique source de courant du réseau fait circuler un courant $\mathbf{I}_1 = \mathbf{V}_g/\mathbf{Z}_g$. qui entre dans le noeud *1* et est par conséquent affecté d'un signe positif.

$$\begin{bmatrix} \left(\frac{1}{\mathbf{Z}_g} + \frac{1}{R_1} + j\omega C_1\right) & -(j\omega C_1) & -\left(\frac{1}{R_1}\right) & 0 \\ -(j\omega C_1) & \left(j\omega C_1 + \frac{1}{R_3} + j\omega C_2\right) & 0 & -(j\omega C_2) \\ -\left(\frac{1}{R_1}\right) & 0 & \left(\frac{1}{R_1} + \frac{1}{R_2} + j\omega C_3\right) & -\left(\frac{1}{R_2}\right) \\ 0 & -(j\omega C_2) & -\left(\frac{1}{R_2}\right) & \left(\frac{1}{R_2} + j\omega C_2 + \frac{1}{\mathbf{Z}_D}\right) \end{bmatrix} \begin{bmatrix} \mathbf{V}_1 \\ \mathbf{V}_2 \\ \mathbf{V}_3 \\ \mathbf{V}_4 \end{bmatrix} = \begin{bmatrix} \mathbf{V}_g/\mathbf{Z}_g \\ 0 \\ 0 \\ 0 \end{bmatrix}$$

10.4. Dans le réseau de la Fig. 10-10 ci-dessous, deux capacités C d'égale valeur et une résistance R sont ajustées de telle sorte que le courant qui traverse l'impédance de détection $\mathbf{Z}_D$ soit nul. Déterminer dans ces conditions les valeurs de R_x et L_x en fonction des autres paramètres du circuit.

Les noeuds sont choisis comme l'indique le diagramme. Avec le noeud de référence, à l'une des extrémités de l'impédance $\mathbf{Z}_D$, la tension $\mathbf{V}_3$ au noeud 3 est nulle pour un courant nul à travers $\mathbf{Z}_D$. On écrit les équations de noeud sous forme matricielle:

$$\begin{bmatrix} \left(\frac{1}{\mathbf{Z}_g} + j\omega C + \frac{1}{R}\right) & -(j\omega C) & -\left(\frac{1}{R}\right) \\ -(j\omega C) & \left(j2\omega C + \frac{1}{R_x} + \frac{1}{j\omega L_x}\right) & -(j\omega C) \\ -\left(\frac{1}{R}\right) & -(j\omega C) & \left(j\omega C + \frac{1}{R} + \frac{1}{\mathbf{Z}_D}\right) \end{bmatrix} \begin{bmatrix} \mathbf{V}_1 \\ \mathbf{V}_2 \\ \mathbf{V}_3 \end{bmatrix} = \begin{bmatrix} \mathbf{V}_g/\mathbf{Z}_g \\ 0 \\ 0 \end{bmatrix}$$

En exprimant $\mathbf{V}_3$ sous forme de déterminant et en l'égalant à zéro, on obtient

$$\mathbf{V}_3 = \frac{\begin{vmatrix} \left(\frac{1}{\mathbf{Z}_g} + j\omega C + \frac{1}{R}\right) & -(j\omega C) & \mathbf{V}_g/\mathbf{Z}_g \\ -(j\omega C) & \left(j2\omega C + \frac{1}{R_x} + \frac{1}{j\omega L_x}\right) & 0 \\ -\left(\frac{1}{R}\right) & -(j\omega C) & 0 \end{vmatrix}}{\Delta_{\mathbf{Y}}} = 0$$

Le déterminant du numérateur doit être nul, en le développant selon les éléments de la troisième colonne on a

$$(\mathbf{V}_g/\mathbf{Z}_g)\begin{vmatrix} -j\omega C & (j2\omega C + 1/R_x + 1/j\omega L_x) \\ -1/R & -j\omega C \end{vmatrix} = 0$$

d'où

$$-\omega^2 C^2 + j2\omega C/R + 1/(RR_x) + 1/(j\omega L_x R) = 0$$

et

$$R_x = 1/(\omega^2 C^2 R) \qquad \text{et} \qquad L_x = 1/(2\omega^2 C)$$

Ce résultat est identique à celui obtenu par la méthode des mailles dans le Problème 9.6. du Chapitre 9. Il faut cependant remarquer que le nombre d'équations nécessaires dans la méthode des noeuds est de trois, alors qu'il était de quatre dans la méthode des mailles.

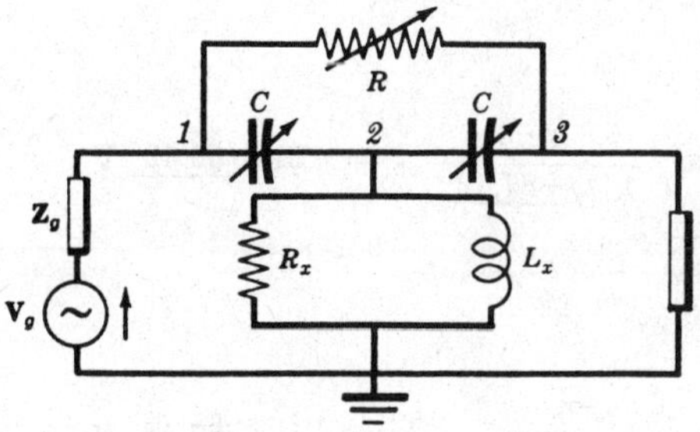

Fig. 10-10

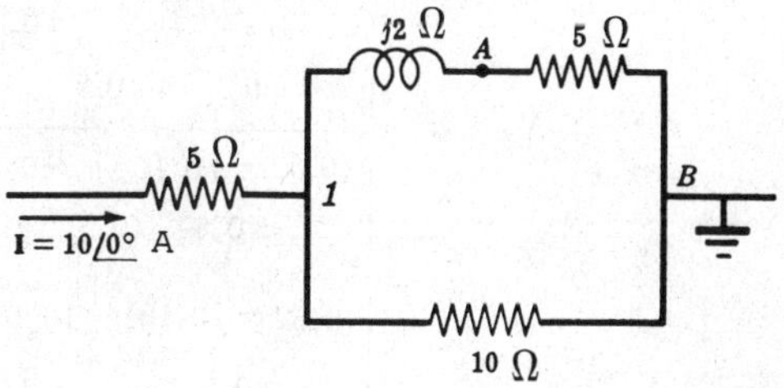

Fig. 10-11

10.5. Déterminer la tension $\mathbf{V}_{AB}$ pour le réseau de la Fig. 10-11 ci-dessus, en utilisant la méthode des noeuds.

Comme il n'y a que deux jonctions, une seule équation suffit pour résoudre le problème. On choisit le noeud de référence en B et on écrit l'équation pour le noeud 1. En appliquant la loi de Kirchhoff relative aux courants, le courant de $10\underline{/0^\circ}$ A entrant dans le noeud doit être égal à la somme des courants qui en sortent

$$10\underline{/0^\circ} = \mathbf{V}_1/10 + \mathbf{V}_1/(5+j2) \qquad \text{et} \qquad \mathbf{V}_1 = 10\underline{/0^\circ}/(0{,}281\,\underline{/-14{,}2^\circ}) = 35{,}6\underline{/14{,}2^\circ}\ \text{V}$$

Comme le courant à travers la branche $(5 + j2)\,\Omega$ est $\mathbf{I} = \mathbf{V}_1/(5+j2)$, , la chute de tension aux bornes de la résistance de 5 Ω est

$$\mathbf{V}_{AB} = \mathbf{I}(5) = \frac{\mathbf{V}_1}{(5+j2)}(5) = \frac{35{,}6\underline{/14{,}2^\circ}}{(5+j2)}(5) = 33\underline{/-7{,}6^\circ}\ \text{V}$$

10.6. Déterminer la tension V_{AB} du réseau de la Fig. 10-12.

Le circuit ne comporte pas de noeuds principaux. Cependant, si on choisit le noeud *B* comme noeud de référence et le point *A* comme noeud *1*, nous pouvons écrire une équation en supposant que deux courants quittent le noeud *1*.

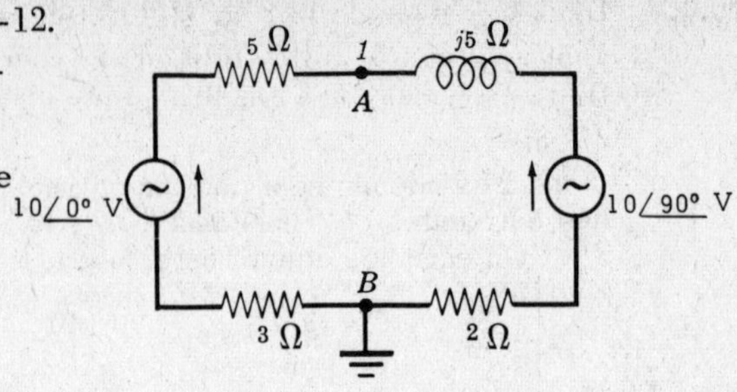

Fig. 10-12

$$\frac{V_1 - 10\angle 0^\circ}{(5+3)} + \frac{V_1 - 10\angle 90^\circ}{(2+j5)} = 0$$

En réarrangeant les termes, on obtient

$$V_1\left(\frac{1}{8} + \frac{1}{2+j5}\right) = \left(\frac{10\angle 0^\circ}{8} + \frac{10\angle 90^\circ}{2+j5}\right)$$

d'où l'on tire

$$V_{AB} = V_1 = 11{,}8\angle 55{,}05^\circ \text{ V}$$

10.7. Déterminer la tension V_{AB} du réseau de la Fig. 10-13

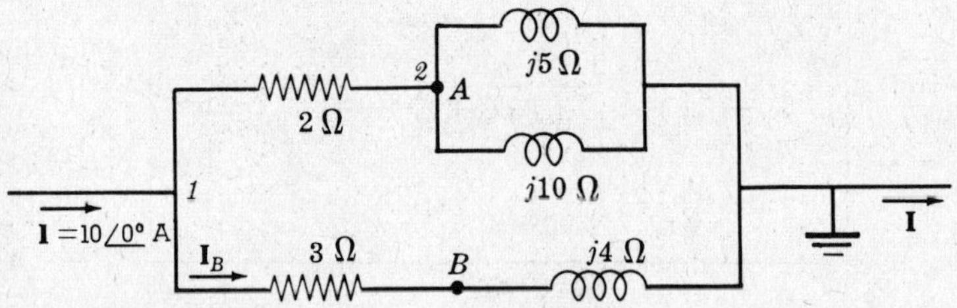

Fig. 10-13

Les équations sont :

Pour le noeud *1* $\quad 10\angle 0^\circ = (V_1 - V_2)/2 + V_1/(3+j4)$

Pour le noeud *2* $\quad (V_2 - V_1)/2 + V_2/j5 + V_2/j10 = 0$

Après réarrangement des termes, on a

$$\left(\frac{1}{2} + \frac{1}{3+j4}\right)V_1 - \frac{1}{2}V_2 = 10\angle 0^\circ$$

$$-\frac{1}{2}V_1 + \left(\frac{1}{2} + \frac{1}{j5} + \frac{1}{j10}\right)V_2 = 0$$

et

$$V_1 = \frac{\begin{vmatrix} 10\angle 0^\circ & -0{,}5 \\ 0 & (0{,}5 - j0{,}3) \end{vmatrix}}{\begin{vmatrix} (0{,}62 - j0{,}16) & -0{,}5 \\ -0{,}5 & (0{,}5 - j0{,}3) \end{vmatrix}} = \frac{5{,}83\angle -31^\circ}{0{,}267\angle -87{,}42^\circ} = 21{,}8\angle 56{,}42^\circ \text{ V}$$

$$V_2 = \frac{\begin{vmatrix} (0{,}62 - j0{,}16) & 10\angle 0^\circ \\ -0{,}5 & 0 \end{vmatrix}}{\Delta_Y} = \frac{5\angle 0^\circ}{0{,}267\angle -87{,}42^\circ} = 18{,}7\angle 87{,}42^\circ \text{ V}$$

La tension V_2 est la différence de potentiel entre le noeud *2* et le noeud de référence. Comme $I_B = V_1/(3+j4)$, la différence de potentiel V_B entre le point *B* et le noeud de référence est

$$V_B = \frac{V_1}{(3+j4)}(j4) = \frac{21{,}8\angle 56{,}42^\circ}{(3+j4)}(j4) = 17{,}45\angle 93{,}32^\circ \text{ V}$$

La tension V_{AB} cherchée est alors

$$V_{AB} = V_A - V_B = (18{,}7\angle 87{,}42^\circ) - (17{,}45\angle 93{,}32^\circ) = 2{,}23\angle 34{,}1^\circ \text{ V}$$

10.8. Dans le réseau de la Fig. 10-4 , calculer les courants $\mathbf{I}_A$, $\mathbf{I}_B$ et $\mathbf{I}_C$.

Choisir le noeud *1* et le point de référence comme le montre le diagramme et résoudre l'équation

$$\frac{\mathbf{V}_1 + 100\angle 120^\circ}{20} + \frac{\mathbf{V}_1}{10} + \frac{\mathbf{V}_1 - 100\angle 0^\circ}{10} = 0$$

On obtient $$\mathbf{V}_1 = \frac{200\angle 0^\circ - 100\angle 120^\circ}{5} = 50 - j17{,}32 = 53\angle -19{,}1^\circ \text{ V}$$

On peut à présent déterminer les courants dans les différentes branches

$$\mathbf{I}_A = (\mathbf{V}_1 + 100\angle 120^\circ)/20 = (50 - j17{,}32 - 50 + j86{,}6)/20 = 3{,}46\angle 90^\circ \text{ A}$$

$$\mathbf{I}_B = \mathbf{V}_1/10 = 5{,}3\angle -19{,}1^\circ \text{ A}$$

$$\mathbf{I}_C = (\mathbf{V}_1 - 100\angle 0^\circ)/10 = (50 - j17{,}32 - 100)/10 = 5{,}3\angle -160{,}9^\circ \text{ A}$$

On peut constater que la somme des courants entrant dans le noeud de référence est nulle

$$\mathbf{I}_A + \mathbf{I}_B + \mathbf{I}_C = 3{,}46\angle 90^\circ + 5{,}3\angle -19{,}1^\circ + 5{,}3\angle -160{,}9^\circ$$
$$= j3{,}46 + 5{,}0 - j1{,}732 - 5 - j1{,}732 = 0$$

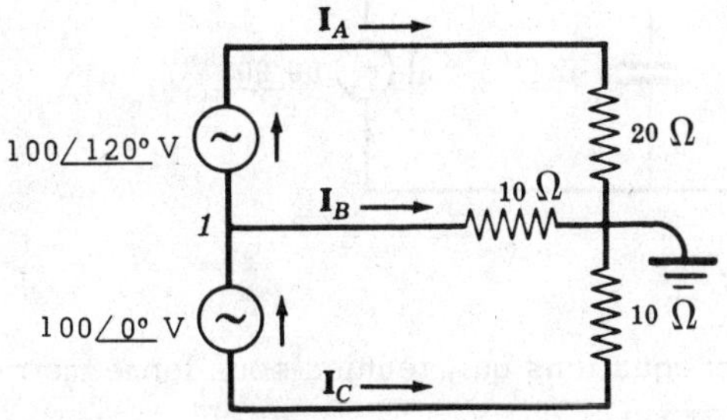

Fig. 10-14

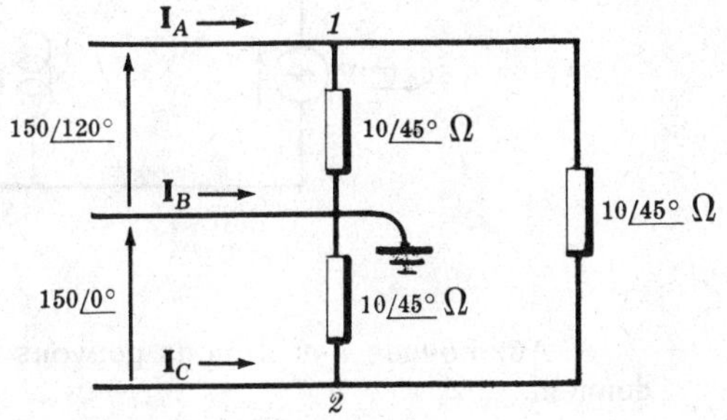

Fig. 10-15

10.9. Dans le circuit de la Fig. 10-15, déterminer les courants $\mathbf{I}_A$, $\mathbf{I}_B$ et $\mathbf{I}_C$.

Les noeuds *1*, *2* et le noeud de référence sont choisis comme l'indique la Fig. 10-15. Les tensions $\mathbf{V}_1$ et $\mathbf{V}_2$ aux noeuds *1* et *2* peuvent se déterminer directement vu qu'elles sont égales aux tensions appliquées. Ainsi on a

$$\mathbf{V}_1 = 150\angle 120^\circ \text{ V} \quad \text{et} \quad \mathbf{V}_2 = -150\angle 0^\circ = 150\angle 180^\circ \text{ V}$$

En appliquant la loi de Kirchhoff relative au courant à chacun des trois noeuds, on peut déterminer les courants cherchés

Au noeud *1* : $$\mathbf{I}_A = \frac{\mathbf{V}_1}{10\angle 45^\circ} + \frac{\mathbf{V}_1 - \mathbf{V}_2}{10\angle 45^\circ} = \frac{300\angle 120^\circ - 150\angle 180^\circ}{10\angle 45^\circ} = 26\angle 45^\circ \text{ A}$$

Au noeud de référence : $$\mathbf{I}_B = \frac{-\mathbf{V}_1}{10\angle 45^\circ} - \frac{\mathbf{V}_2}{10\angle 45^\circ} = \frac{150\angle -60^\circ + 150\angle 0^\circ}{10\angle 45^\circ} = 26\angle -75^\circ \text{ A}$$

Au noeud *2* : $$\mathbf{I}_C = \frac{\mathbf{V}_2}{10\angle 45^\circ} + \frac{\mathbf{V}_2 - \mathbf{V}_1}{10\angle 45^\circ} = \frac{300\angle 180^\circ - 150\angle 120^\circ}{10\angle 45^\circ} = 26\angle -195^\circ \text{ A}$$

10.10. Pour le circuit de la Fig. 10-16, déterminer la puissance délivrée par la source ainsi que la puissance dissipée par chacune des résistances.

Le noeud de référence et le noeud *1* sont choisis comme l'indique le diagramme. Pour le noeud *1* nous pouvons alors écrire

$$(\mathbf{V}_1 - 50\angle 0^\circ)/5 + \mathbf{V}_1/j10 + \mathbf{V}_1/(3 - j4) = 0$$

d'où $\mathbf{V}_1 = (10\angle 0^\circ)/(0{,}326\angle 10{,}6^\circ) = 30{,}7\angle -10{,}6^\circ$ V

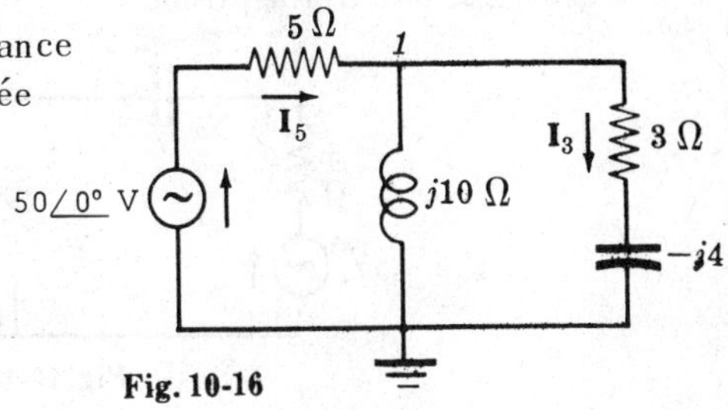

Fig. 10-16

A présent on calcule les courants dans les différentes branches en supposant qu'ils sont orientés comme l'indique le diagramme

$$\mathbf{I}_5 = (50\angle 0^\circ - \mathbf{V}_1)/5 = (50\angle 0^\circ - 30{,}7\angle -10{,}6^\circ)/5 = 4{,}12\angle 15{,}9^\circ \text{ A}$$

$$\mathbf{I}_3 = \mathbf{V}_1/(3 - j4) = (30{,}7\angle -10{,}6^\circ)/(5\angle -53{,}1^\circ) = 6{,}14\angle 42{,}5^\circ \text{ A}$$

La puissance délivrée par la source est

$$P = VI_5 \cos\theta = (50)(4{,}12) \cos 15{,}9^\circ = 198 \text{ W}$$

De la relation $P = I^2R$ on déduit la puissance dissipée dans chacune des résistances

$$P_5 = (I_5)^2 5 = (4{,}12)^2 5 = 85 \text{ W} \quad \text{et} \quad P_3 = (I_3)^2 3 = (6{,}14)^2 3 = 113 \text{ W}$$

On peut remarquer que la puissance totale délivrée par la source est égale à la somme des puissances dissipées par les deux résistances du circuit, c'est-à-dire $P_T = 85 + 113 = 198$ W

10.11. Dans le réseau de la Fig. 10-17, déterminer les différences de potentiel respectives entre le noeud *1*, le noeud *2* et le point de référence choisi

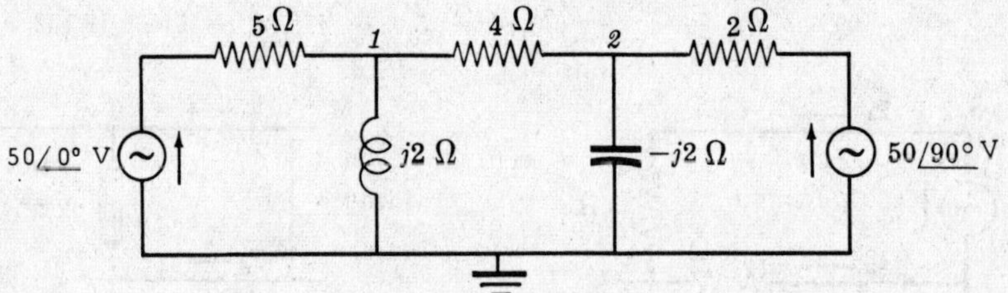

Fig. 10-17

Aux noeuds *1* et *2*, nous pouvons écrire deux équations qui, réunies sous forme matricielle, donnent :

$$\begin{bmatrix} \left(\frac{1}{5} + \frac{1}{j2} + \frac{1}{4}\right) & -\left(\frac{1}{4}\right) \\ -\left(\frac{1}{4}\right) & \left(\frac{1}{4} + \frac{1}{-j2} + \frac{1}{2}\right) \end{bmatrix} \begin{bmatrix} \mathbf{V}_1 \\ \mathbf{V}_2 \end{bmatrix} = \begin{bmatrix} \left(\frac{50\angle 0^\circ}{5}\right) \\ \left(\frac{50\angle 90^\circ}{2}\right) \end{bmatrix}$$

d'où l'on tire

$$\mathbf{V}_1 = \frac{\begin{vmatrix} 10 & -0{,}25 \\ j25 & (0{,}75 + j0{,}5) \end{vmatrix}}{\begin{vmatrix} (0{,}45 - j0{,}5) & -0{,}25 \\ -0{,}25 & (0{,}75 + j0{,}5) \end{vmatrix}} = \frac{13{,}5\angle 56{,}3^\circ}{0{,}546\angle -15{,}95^\circ} = 24{,}7\angle 72{,}25^\circ \text{ V}$$

$$\mathbf{V}_2 = \frac{\begin{vmatrix} (0{,}45 - j0{,}5) & 10 \\ -0{,}25 & j25 \end{vmatrix}}{\Delta_Y} = \frac{18{,}35\angle 37{,}8^\circ}{0{,}546\angle -15{,}95^\circ} = 33{,}6\angle 53{,}75^\circ \text{ V}$$

10.12. Dans le réseau de la Fig. 10-18, $\mathbf{V}_0$ est la différence de potentiel aux bornes de l'impédance $(2 - j2)\Omega$ due à l'application d'une tension $\mathbf{V}_i$; déterminer le rapport $\mathbf{V}_0/\mathbf{V}_i$.

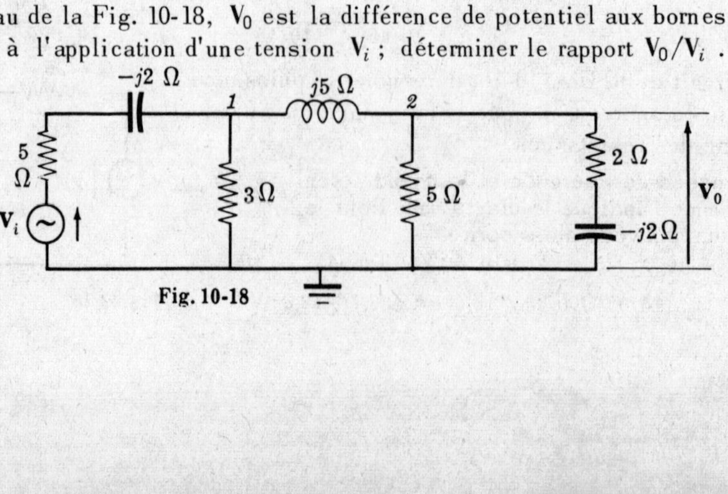

Fig. 10-18

Les noeuds *1*, *2* ainsi que le noeud de référence sont choisis comme l'indique le diagramme du circuit. Pour ce choix V_0 correspond à la différence de potentiel entre le noeud *2* et le noeud de référence. L'équation matricielle pour ce réseau est

$$\begin{bmatrix} \left(\frac{1}{5-j2}+\frac{1}{3}+\frac{1}{j5}\right) & -\left(\frac{1}{j5}\right) \\ -\left(\frac{1}{j5}\right) & \left(\frac{1}{j5}+\frac{1}{5}+\frac{1}{2-j2}\right) \end{bmatrix} \begin{bmatrix} \mathbf{V}_1 \\ \mathbf{V}_2 \end{bmatrix} = \begin{bmatrix} \frac{\mathbf{V}_i}{5-j2} \\ 0 \end{bmatrix}$$

En tirant V_0 de cette relation, on obtient

$$\mathbf{V}_0 = \mathbf{V}_2 = \frac{\begin{vmatrix} (0{,}506-j0{,}131) & \mathbf{V}_i/(5-j2) \\ j0{,}2 & 0 \end{vmatrix}}{\begin{vmatrix} (0{,}506-j\,0{,}131) & j0{,}2 \\ j0{,}2 & (0{,}45+j0{,}05) \end{vmatrix}} = \frac{(0{,}2\underline{/-90^\circ})\mathbf{V}_i/(5-j2)}{(0{,}276\underline{/-7^\circ})}$$

On en déduit $$\frac{\mathbf{V}_0}{\mathbf{V}_i} = \frac{0{,}2\underline{/-90^\circ}}{(5-j2)(0{,}276/-7^\circ)} = 0{,}1345\underline{/-61{,}2^\circ}$$

Le résultat obtenu correspond à la fonction de transfert du réseau et permet de calculer directement la différence de potentiel aux bornes de la branche considérée pour une tension d'entrée donnée, c'est-à-dire $\mathbf{V}_0 = \mathbf{V}_i\,(0{,}1345\underline{/-61{,}2^\circ})$ V

10.13. Déterminer le rapport V_1/V_2 pour le réseau de la Fig. 10-19 pour le choix préconisé des noeuds *1* et *2*.

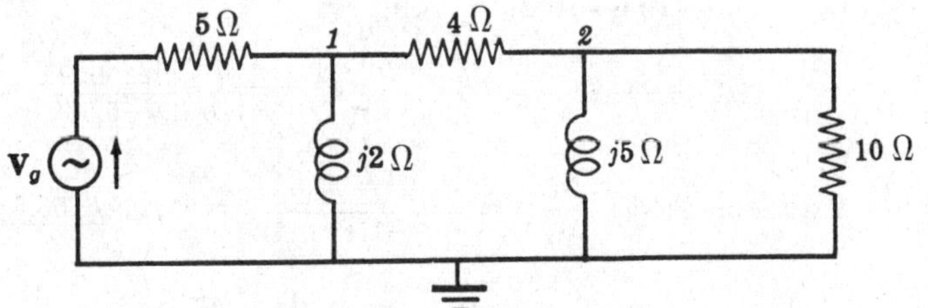

Fig. 10-19

Le réseau est caractérisé par la matrice suivante:

$$\begin{bmatrix} \left(\frac{1}{5}+\frac{1}{j2}+\frac{1}{4}\right) & -\left(\frac{1}{4}\right) \\ -\left(\frac{1}{4}\right) & \left(\frac{1}{4}+\frac{1}{j5}+\frac{1}{10}\right) \end{bmatrix} \begin{bmatrix} \mathbf{V}_1 \\ \mathbf{V}_2 \end{bmatrix} = \begin{bmatrix} (\mathbf{V}_g/5) \\ 0 \end{bmatrix}$$

On en tire $$\mathbf{V}_1 = \frac{\begin{vmatrix} (\mathbf{V}_g/5) & -0{,}25 \\ 0 & (0{,}35-j0{,}2) \end{vmatrix}}{\Delta_Y} = \frac{(\mathbf{V}_g/5)(0{,}403\underline{/-29{,}8^\circ})}{\Delta_Y}$$

$$\mathbf{V}_2 = \frac{\begin{vmatrix} (0{,}45-j0{,}5) & (\mathbf{V}_g/5) \\ -0{,}25 & 0 \end{vmatrix}}{\Delta_Y} = \frac{(\mathbf{V}_g/5)(0{,}25)}{\Delta_Y}$$

et $$\frac{\mathbf{V}_1}{\mathbf{V}_2} = \frac{(\mathbf{V}_g/5)(0{,}403\underline{/-29{,}8^\circ})/\Delta_Y}{(\mathbf{V}_g/5)(0{,}25)/\Delta_Y} = 1{,}61\underline{/-29{,}8^\circ}$$

Autre méthode On exprime la tension à chaque noeud en fonction des cofacteurs. Vu que le circuit ne comporte qu'une seule source entraînant un courant d'entrée I_1, on a $\mathbf{V}_1 = \mathbf{I}_1(\Delta_{11}/\Delta_Y)$ et $\mathbf{V}_2 = \mathbf{I}_1(\Delta_{12}/\Delta_Y)$. On en déduit $\frac{\mathbf{V}_1}{\mathbf{V}_2} = \frac{\mathbf{I}_1(\Delta_{11}/\Delta_Y)}{\mathbf{I}_1(\Delta_{12}/\Delta_Y)} = \frac{\Delta_{11}}{\Delta_{12}} = \frac{0{,}35-j0{,}2}{0{,}25} = 1{,}61\underline{/-29{,}8^\circ}$

10.14. Déterminer les tensions des noeuds *1* et *2* du réseau de la Fig. 10-20 en se servant des admittances de transfert

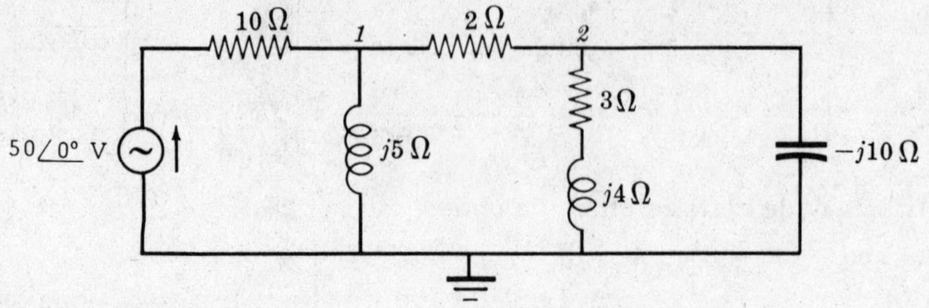

Fig. 10-20

La matrice admittance $[Y]$ correspondant au choix de noeud effectué est

$$[Y] = \begin{bmatrix} \left(\frac{1}{10}+\frac{1}{j5}+\frac{1}{2}\right) & -\left(\frac{1}{2}\right) \\ -\left(\frac{1}{2}\right) & \left(\frac{1}{2}+\frac{1}{3+j4}+\frac{1}{-j10}\right) \end{bmatrix} = \begin{bmatrix} (0{,}6-j0{,}2) & -0{,}5 \\ -0{,}5 & (0{,}62-j0{,}06) \end{bmatrix}$$

On peut alors écrire

$$\mathbf{Y}_{\text{entrée } 1} = \frac{\Delta_Y}{\Delta_{11}} = \frac{\begin{vmatrix} (0{,}6-j0{,}2) & -0{,}5 \\ -0{,}5 & (0{,}62-j0{,}06) \end{vmatrix}}{(0{,}62-j0{,}06)} = \frac{0{,}194\underline{/-55{,}5^\circ}}{0{,}62\underline{/-5{,}56^\circ}} = 0{,}313\underline{/-49{,}94^\circ}\ \Omega$$

et

$$\mathbf{Y}_{\text{transfert } 21} = \frac{\Delta_Y}{\Delta_{12}} = \frac{0{,}194\underline{/-55{,}5^\circ}}{(-1)(-0{,}5)} = 0{,}388\underline{/-55{,}5^\circ}\ \Omega$$

Au noeud *1*

$$\mathbf{V}_1 = \frac{\mathbf{I}_1}{\mathbf{Y}_{\text{entrée } 1}} + \frac{\mathbf{I}_2}{\mathbf{Y}_{\text{transfert } 21}}$$

Comme il n'y a pas de source de courant correspondant au noeud *2*, c'est-à-dire $\mathbf{I}_2 = 0$, on a

$$\mathbf{V}_1 = \frac{\mathbf{I}_1}{\mathbf{Y}_{\text{entrée } 1}} = \frac{(50\underline{/0^\circ})/10}{0{,}313\underline{/-49{,}94^\circ}} = 15{,}95\underline{/49{,}94^\circ}\ \text{V}$$

De même

$$\mathbf{V}_2 = \frac{\mathbf{I}_1}{\mathbf{Y}_{\text{transfert } 12}} + \frac{\mathbf{I}_2}{\mathbf{Y}_{\text{entrée } 2}} = \frac{(50\underline{/0^\circ})/10}{0{,}388\underline{/-55{,}5^\circ}} = 12{,}9\underline{/55{,}5^\circ}\ \text{V}$$

Problèmes supplémentaires

10.15. Déterminer le nombre d'équations nécessaires pour étudier les réseaux des Fig. 10-21 *(a-f)*

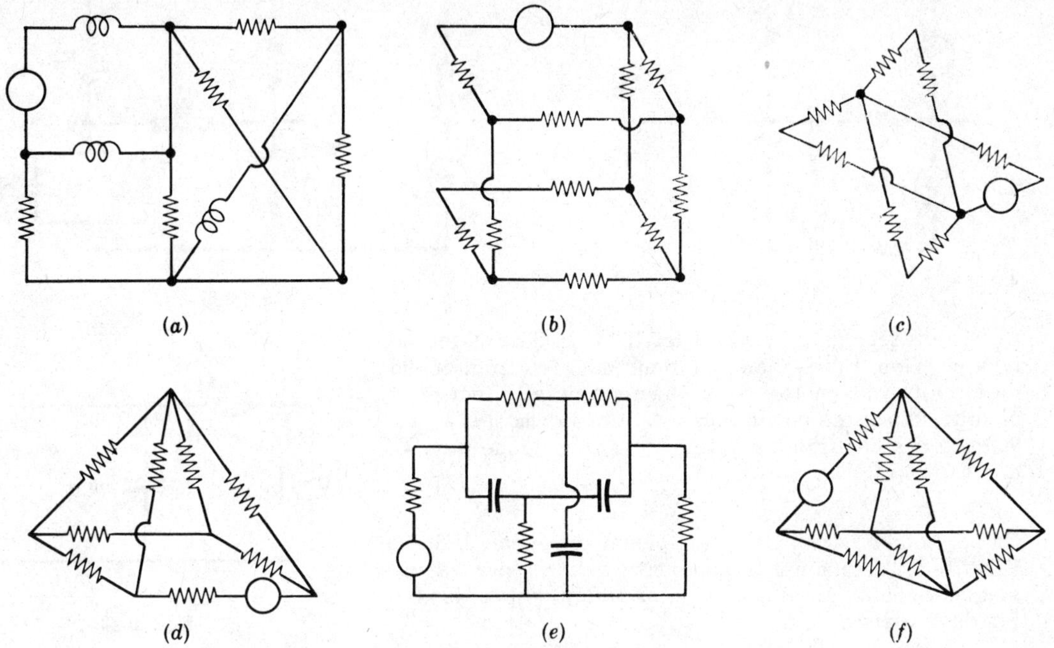

Fig. 10-21

Rép. **(a)** 3, **(b)** 5, **(c)** 1, **(d)** 4, **(e)** 4, **(f)** 4.

10.16. Ecrire l'équation du noeud *1* pour le réseau de la Fig. 10-22

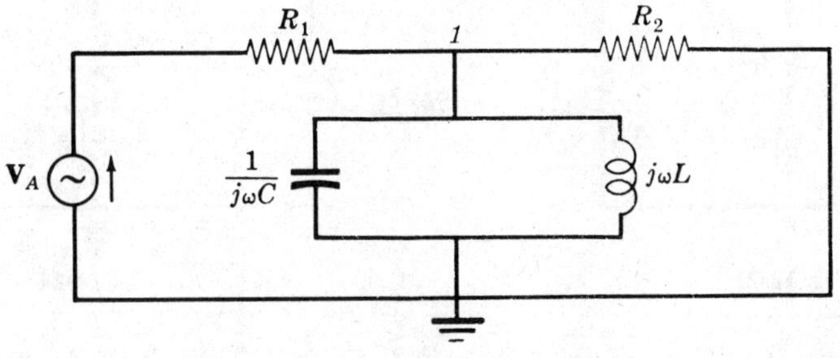

Fig. 10-22

10.17. Ecrire les équations caractérisant le réseau de la Fig. 10-23 (par la méthode des noeuds) et les mettre sous forme matricielle. Ecrire ensuite la matrice admittance $[Y]$ au vu du circuit et la comparer au résultat précédent.

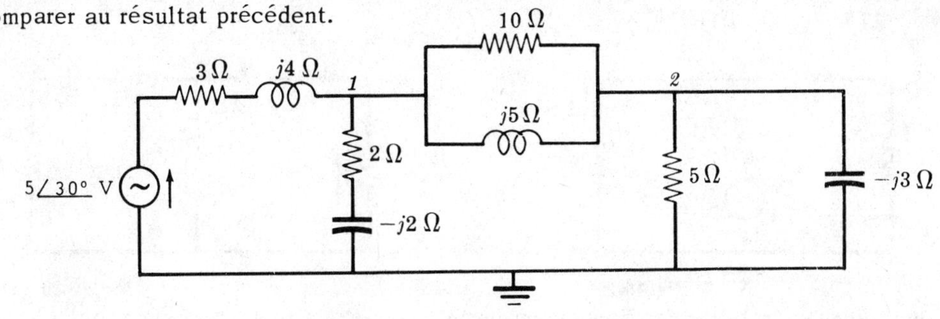

Fig. 10-23

10.18. En tenant compte du choix de noeuds effectué pour le réseau de la Fig. 10-24 ci-dessous, écrire les équations caractérisant le circuit et les mettre sous forme matricielle. Ecrire ensuite la matrice admittance [Y] et la comparer aux résultats précédents.

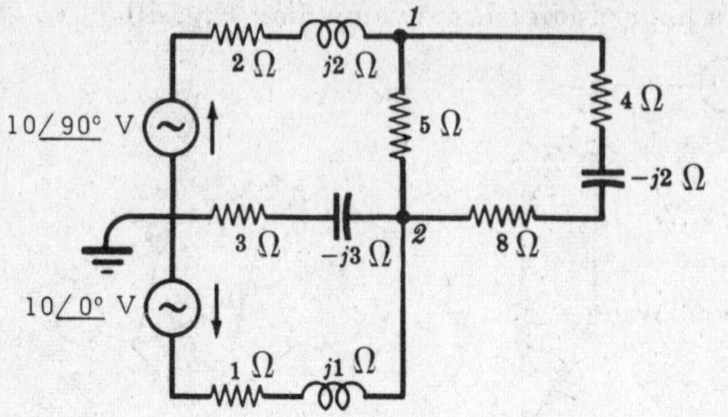

Fig. 10-24

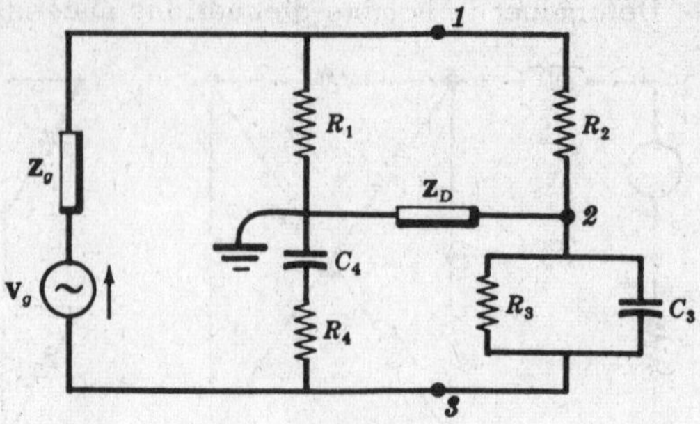

Fig. 10-25

10.19. Le circuit représenté par la Fig. 10-25 ci-dessus est un pont de Wien. Etablir les équations pour les trois noeuds du circuit et les mettre sous forme matricielle; écrire ensuite la matrice admittance [Y] et la comparer à la matrice des coefficients obtenus par la méthode précédente.

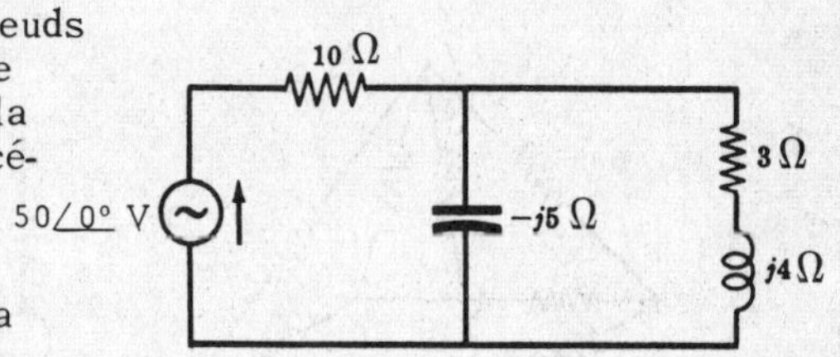

Fig. 10-26

10.20. En appliquant la méthode des noeuds au réseau de la Fig. 10-26, déterminer la puissance délivrée par la source de 50 V, ainsi que la puissance dissipée dans les deux résistances.
Rép. 140, 80, 60 W.

10.21. Déterminer la tension V_{AB} du circuit de la Fig. 10-27 ci-dessous en utilisant la méthode des noeuds. *Rép.* $75{,}4\angle 55{,}2^\circ$ V

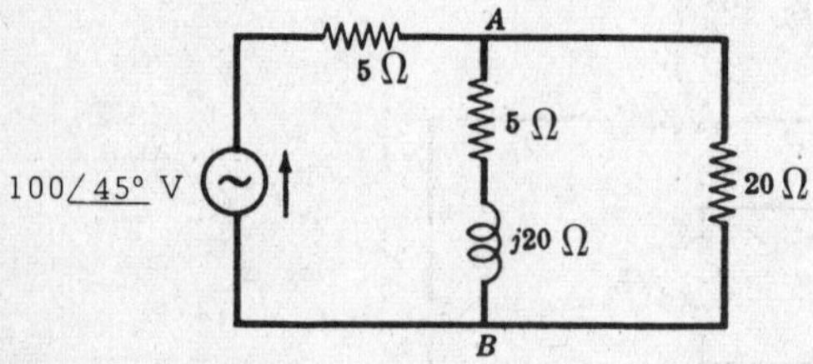

Fig. 10-27

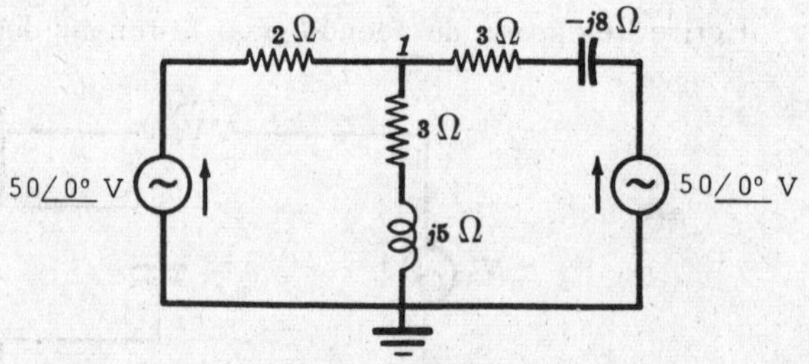

Fig. 10-28

10.22. Déterminer la tension V_1 au noeud *1* du circuit de la Fig. 10-28 ci-dessus.
Rép. $43{,}9\angle 14{,}9^\circ$ V.

10.23. Dans le circuit de la Fig. 10-29 ci-dessous, déterminer la tension au noeud *1* ainsi que le courant I_1 . On supposera que la direction de I_1 est celle donnée par le diagramme.
Rép. **$17{,}7\angle -45^\circ$ V , $1{,}77\angle 135^\circ$ A**

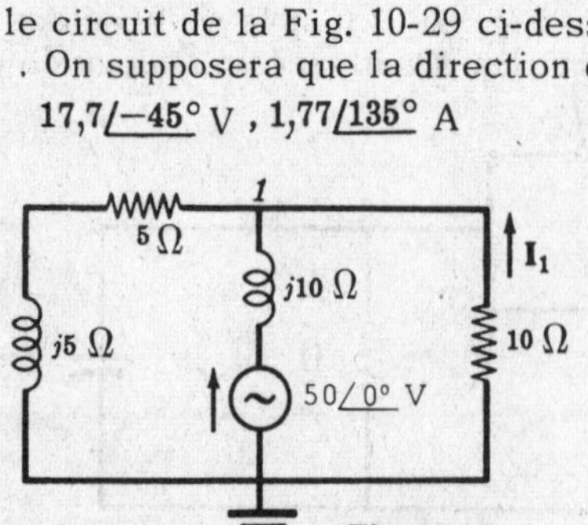

Fig. 10-29

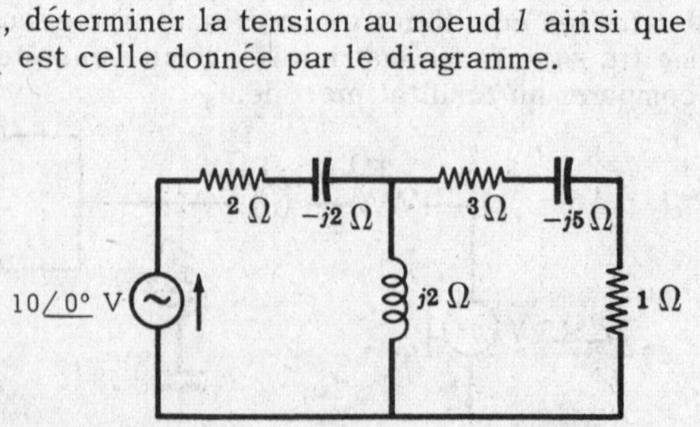

Fig. 10-30

10.24. En appliquant la méthode des noeuds au circuit de la Fig. 10-30 ci-dessus, calculer la puissance délivrée par la source de 10 V ainsi que la puissance dissipée dans chacune des résistances.
Rép. **36,7, 27,8, 6,66** et **2,22** W

10.25. Déterminer la puissance fournie au réseau de la Fig. 10-31 ci-dessous par la source $V_i = 50\angle 0^\circ$ V, ainsi que la puissance dissipée par chacune des résistances.
Rép. $P = 354$ W, $P_1 = 256$ W, $P_2 = 77{,}1$ W, $P_3 = 9{,}12$ W, $P_4 = 11{,}3$ W

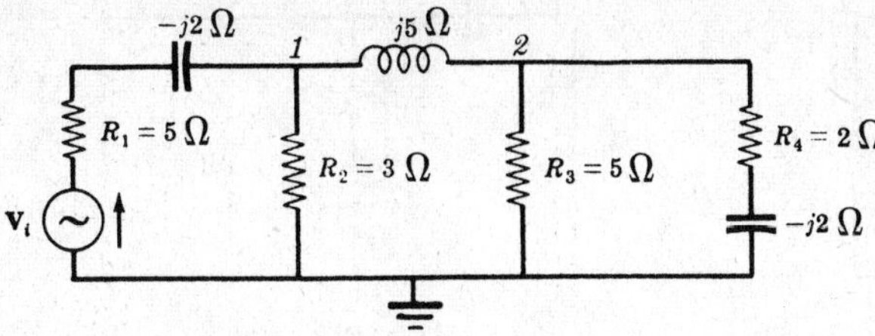

Fig. 10-31

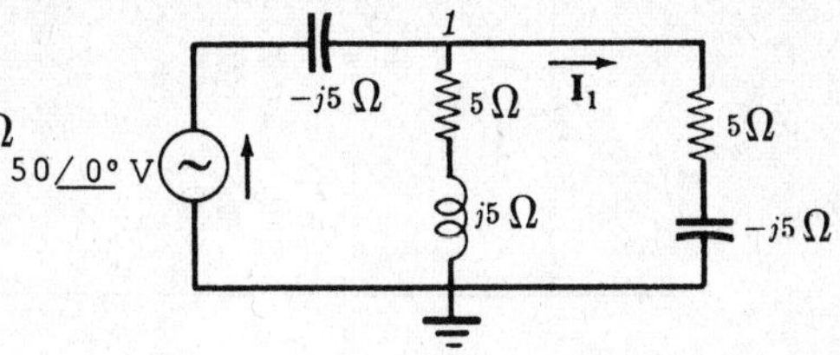

Fig. 10-32

10.26. Appliquer la méthode des noeuds au circuit de la Fig. 10-32 ci-dessus pour déterminer le courant I_1. *Rép.* $5\angle 90^\circ$ A

10.27. Calculer la tension efficace de la source V qui entraîne une dissipation de 75 W dans la résistance de 3 Ω du circuit de la Fig. 10-33 ci-dessus. *Rép.* 24,2 V

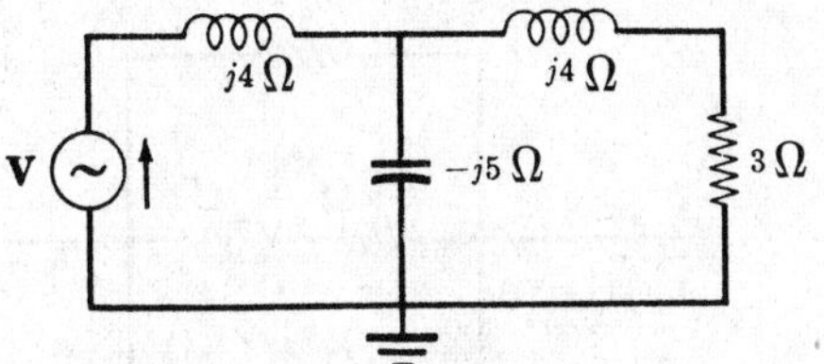

Fig. 10-33

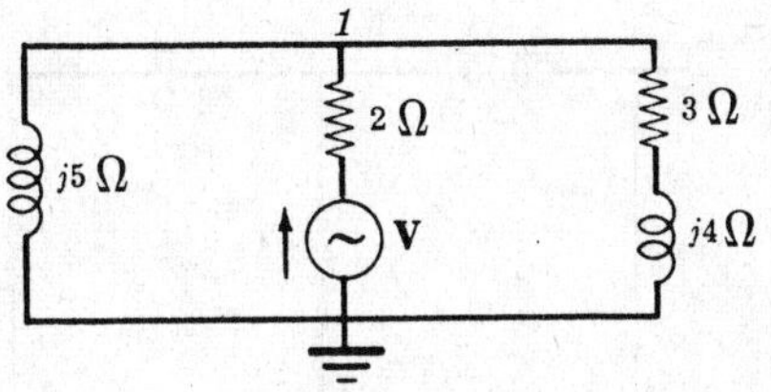

Fig. 10-34

10.28. Pour le circuit de la Fig. 10-34 ci-dessus, déterminer la tension V de telle sorte que la tension au noeud *1* soit égale à $50\angle 0^\circ$ V. *Rép.* $71{,}6\angle -30{,}2^\circ$ V.

10.29. Déterminer la tension du noeud *1* du circuit de la Fig. 10-35 ci-dessous. *Rép.* $179\angle 204{,}8^\circ$ V

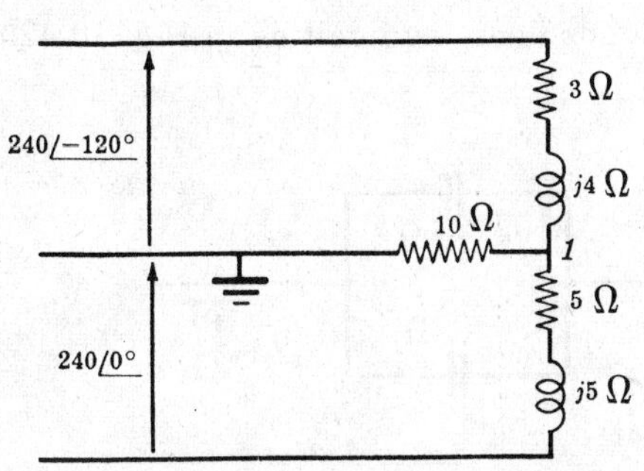

Fig. 10-35

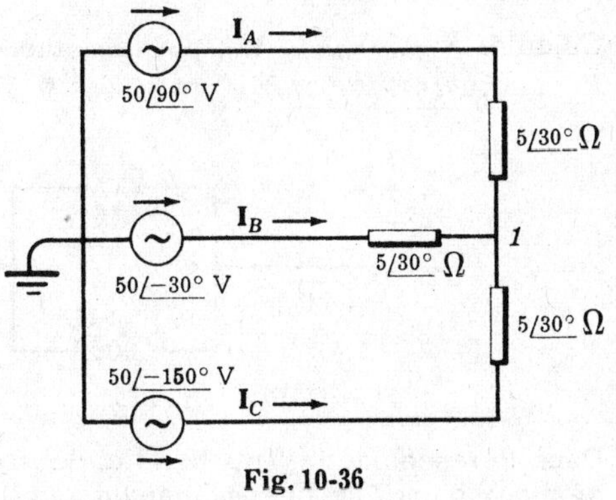

Fig. 10-36

10.30. Déterminer les courants I_A, I_B et I_C du réseau de la Fig. 10-36 ci-dessus.
Rép. $10\angle 60^\circ$ A, $10\angle -60^\circ$ A et $10\angle 180^\circ$ A

10.31. Pour le circuit de la Fig. 10-37, calculer la tension V_2 de telle sorte que le courant dans l'impédance $(2 + j4)$Ω soit nul.
Rép. $125\angle 135^\circ$ V

10.32. En se référant au circuit de la Fig. 10-37, calculer le courant dans l'impédance $(2 + j4)$Ω pour une tension V_2 de $100\angle 30^\circ$ V.
Rép. $12{,}1\angle -11^\circ$ A

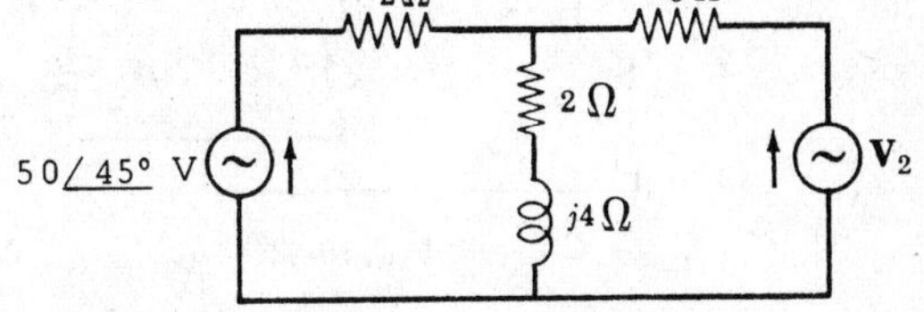

Fig. 10-37

10.33. En se référant au Problème 10-32, déterminer la puissance fournie au réseau par chacune des sources.
Rép. $P_1 = -90{,}6$ W, $P_2 = 1000$ W

10.34. Le courant d'entrée du réseau de la Fig. 10-38 ci-dessous est I_1, le courant dans la résistance de 10 Ω est I_2 ; calculer le rapport I_2/I_1 . *Rép.* $0{,}151\angle 25{,}8°$

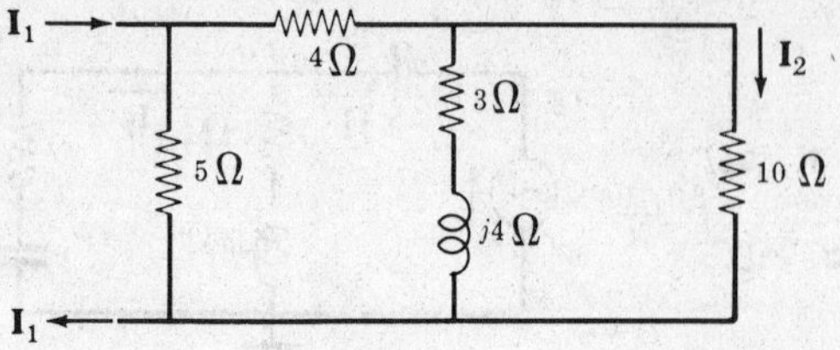

Fig. 10-38

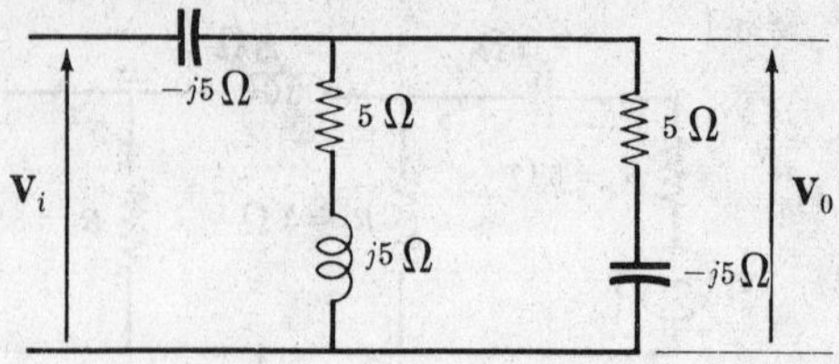

Fig. 10-39

10.35. En utilisant la méthode des noeuds déterminer la fonction de transfert V_0/V_i du circuit de la Fig. 10-39 ci-dessus. *Rép.* $0{,}707\angle 45°$

10.36. Calculer la fonction de transfert V_0/V_i du circuit de la Fig. 10-40 ci-dessous.
Rép. $0{,}159\angle -61{,}4°$

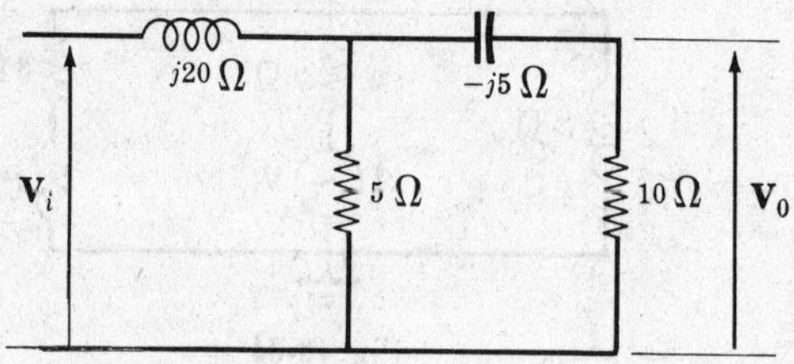

Fig. 10-40

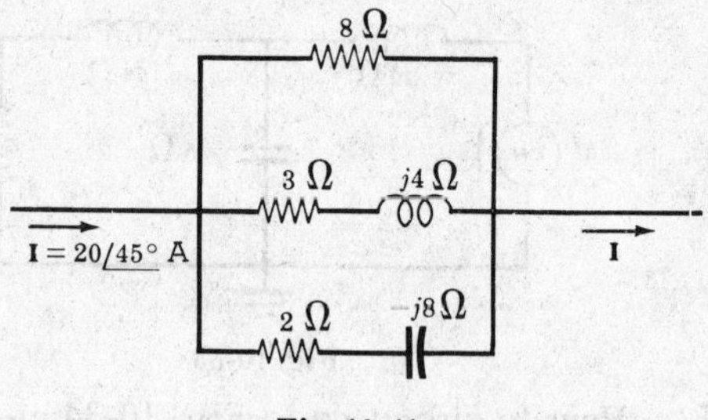

Fig. 10-41

10.37. Utiliser la méthode des noeuds pour calculer la tension aux bornes du circuit parallèle de la Fig. 10-41 ci-dessus. *Rép.* $72{,}2\angle 53{,}8°$ V

10.38. Calculer V_{AB}, V_{BC}, V_{CD} par la méthode des noeuds dans le circuit de la Fig. 10-42 ci-dessous.
Rép. $35{,}4\angle 45°$ V, $50\angle 0°$ V $13{,}3\angle -90°$ V

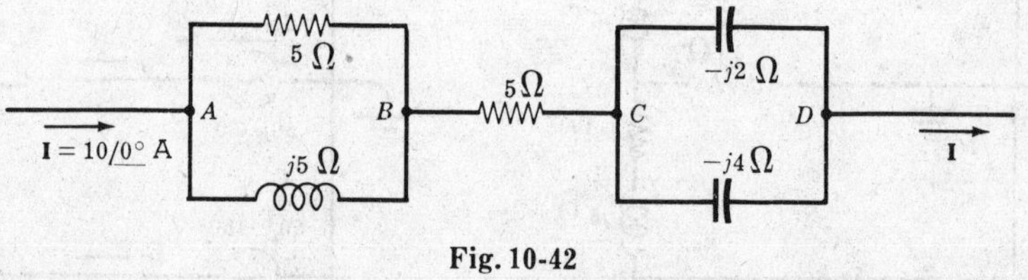

Fig. 10-42

10.39. Dans le réseau de la Fig. 10-43 ci-dessous, calculer en utilisant la méthode des noeuds la tension aux bornes de la combinaison parallèle d'impédances. *Rép.* $35\angle -24{,}8°$ V

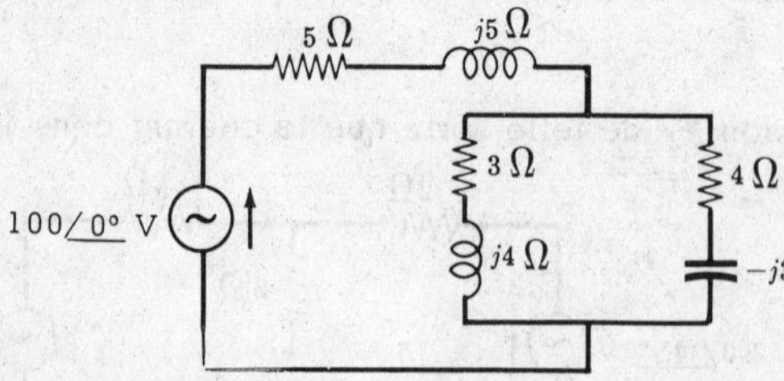

Fig. 10-43

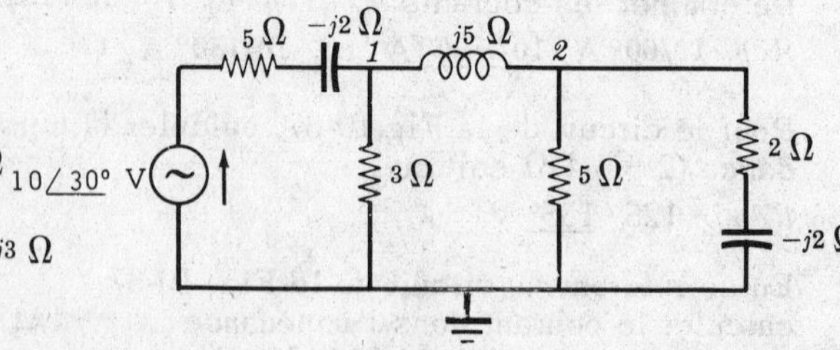

Fig. 10-44

10.40. Calculer les tensions V_1 et V_2 des noeuds *1* et *2* du réseau de la Fig. 10-44 ci-dessus ainsi que le courant circulant dans la source de $10\angle 30°$ V
Rép. $3{,}02\angle 65{,}2°$ V $1{,}34\angle -31{,}3°$ V $1{,}44\angle 38{,}8°$ A

10.41. Calculer la puissance dissipée dans la résistance de 6 Ω du réseau de la Fig. 10-45 en utilisant la méthode des noeuds. *Rép.* 39,6 W

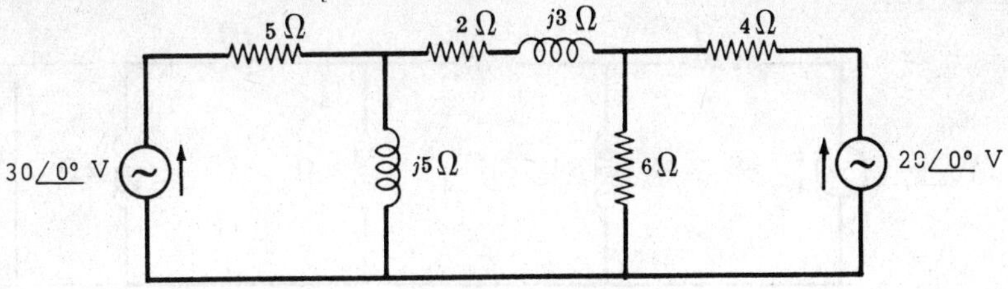

Fig. 10-45

10.42. En se référant au circuit de la Fig. 10-45 ci-dessus, calculer le courant dans l'impédance (2 + j3)Ω en supposant une direction positive de la gauche vers la droite.
Rép. 1,73/40° A

10.43. Calculer la tension V_1 du réseau de la Fig. 10-46 de telle sorte que le courant dans la résistance de 4 Ω soit nul. Choisir une extrémité de cette résistance comme référence.
Rép. 95,4/− 23,2° V

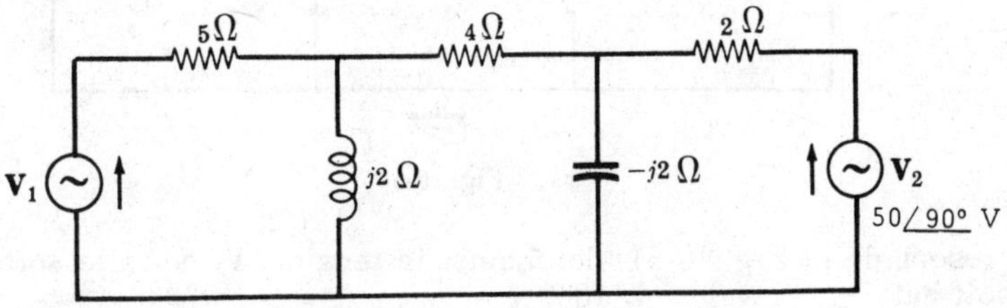

Fig. 10-46

10.44. En se référant au circuit de la Fig. 10-44 ci-dessus supposons V_1 = 50/0° V et V_2 quelconque. Déterminer V_2 de telle sorte que le courant dans la résistance de 4 Ω soit nul.
Rép. 26,2/113,2° V.

10.45. Déterminer le courant I_3 du circuit de la Fig. 10-47, sa direction étant celle indiquée sur le diagramme. *Rép.* 11,7/112,9° A

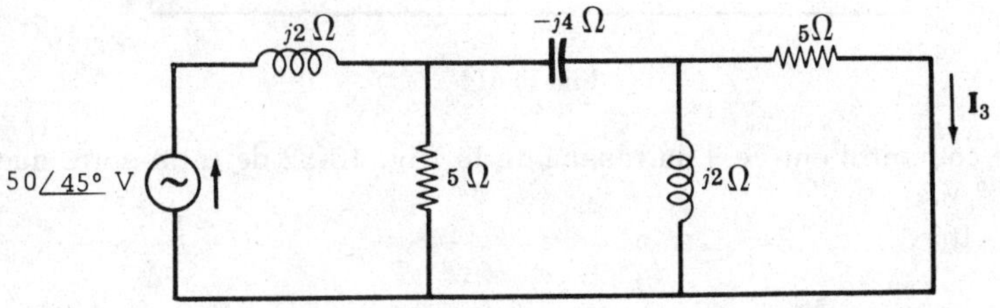

Fig. 10-47

10.46. Calculer le rapport des deux tensions de noeuds V_1 / V_2 pour le réseau de la Fig. 10-48.
Rép. 2,26/96,35°

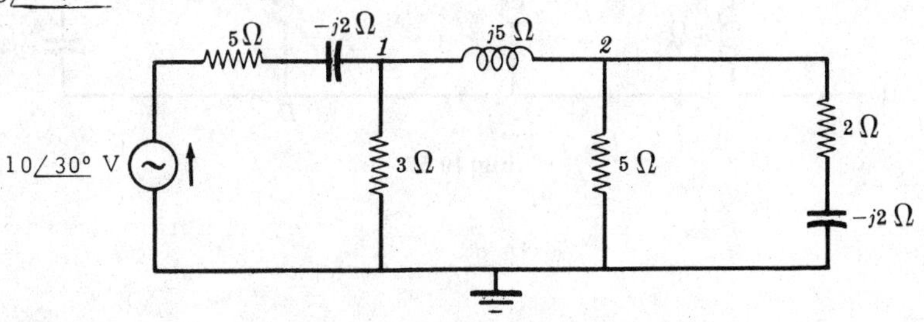

Fig. 10-48

10.47. En utilisant la méthode des noeuds calculer la tension V_0 dans le réseau de la Fig. 10-49.
Rép. 1,56/128,7° V

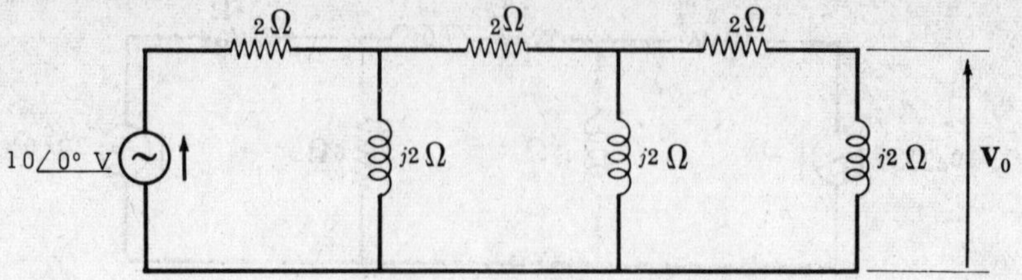

Fig. 10-49

10.48. Déterminer les tensions de noeuds V_1 et V_2 du réseau de la Fig. 10-50.
Rép. 18,6/68,2° V

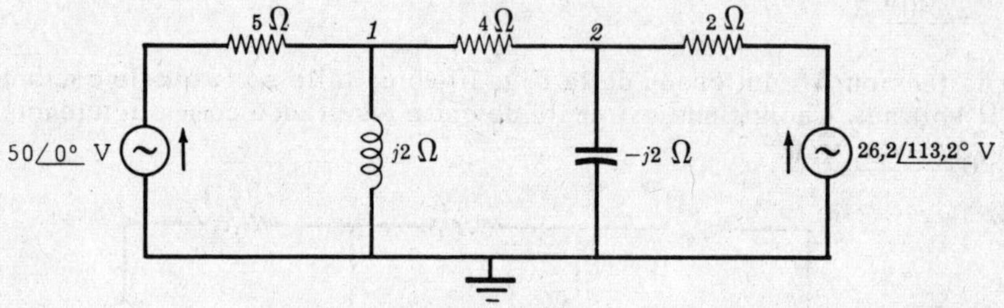

Fig. 10-50

10.49. Dans le réseau de la Fig. 10-51, déterminer la tension V_2 de telle sorte que le courant dans cette source soit nul. *Rép.* 4/180° V

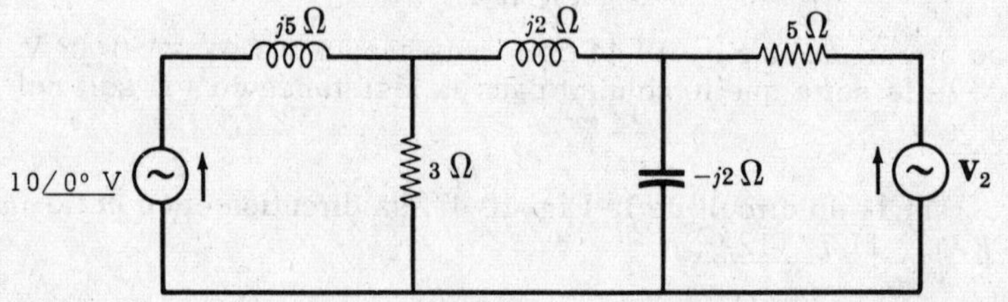

Fig. 10-51

10.50. Déterminer le courant d'entrée I du réseau de la Fig. 10-52 de telle sorte que la tension V_{AB} soit égale à 5/30° V.
Rép. 9,72/−16° A

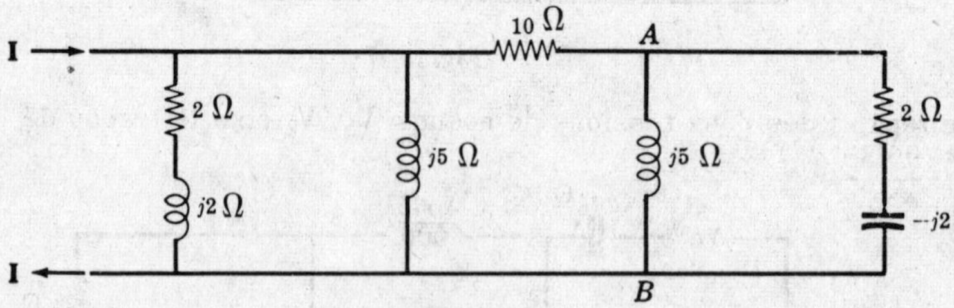

Fig. 10-52

Chapitre 11

Les théorèmes de Thévenin et de Norton

INTRODUCTION

Un réseau dans lequel les impédances restent constantes peut être étudié par la méthode des mailles ou par la méthode des noeuds. Considérons à présent le réseau de la Fig. 11-1 : Chacune des impédances Z_1, Z_2 et Z_3 doit être connectée consécutivement au réseau. Pour chacun des cas nous obtenons une matrice $[Z]$ ou $[Y]$ (selon la méthode utilisée) différente exigeant trois résolutions différentes. Dans la mesure ou le réseau actif peut être remplacé par un réseau équivalent simple, la résolution sera facilitée. Les théorèmes de Thévenin et de Norton permettent une telle simplification.

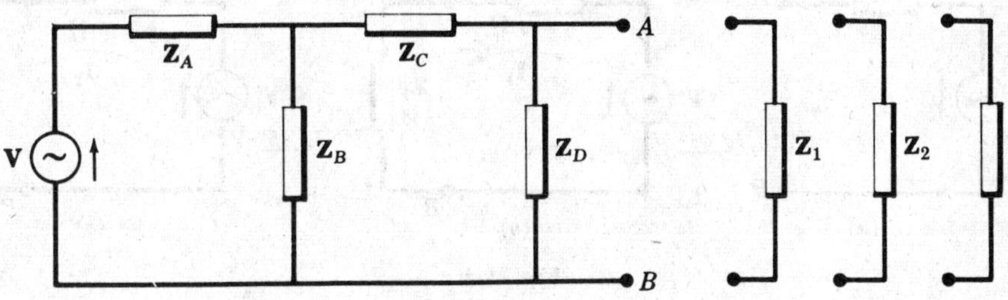

Fig. 11-1

THEOREME DE THEVENIN

Le théorème de Thévenin s'énonce ainsi : « Tout réseau linéaire actif présentant des connexions de sortie A, B comme le montre la Fig. 11-2 *(a)* peut se remplacer par une source de tension unique V' en série avec une impédance unique Z' comme le montre la Fig. 11-2 *(b)*.

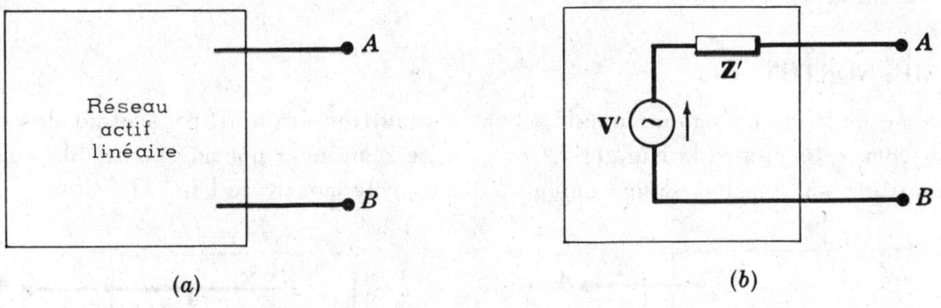

Fig. 11-2. Circuit équivalent de Thévenin.

La *tension équivalente de Thévenin* V' correspond à la tension mesurée entre les bornes A et B du circuit non chargé. *L'impédance équivalente* Z' correspond à l'impédance d'entrée du réseau mesurée entre les bornes *A* et *B*, toutes les sources internes délivrant des tensions nulles.

La polarité de la tension équivalente de Thévenin V' doit être telle que le sens du courant dans l'impédance connectée au circuit équivalent soit le même que celui dans l'impédance connectée au circuit actif initial.

Exemple 1.

Déterminer le circuit équivalent de Thévenin pour le circuit de la Fig. 11-3, sachant que les bornes de sortie sont *A* et *B*. Utiliser le résultat pour calculer le courant dans les deux impédances $\mathbf{Z}_1 = 5 - j5\ \Omega$ et $\mathbf{Z}_2 = 10\underline{/0^\circ}\ \Omega$ reliées successivement aux bornes *A* et *B*, ainsi que la puissance qui leur est fournie.

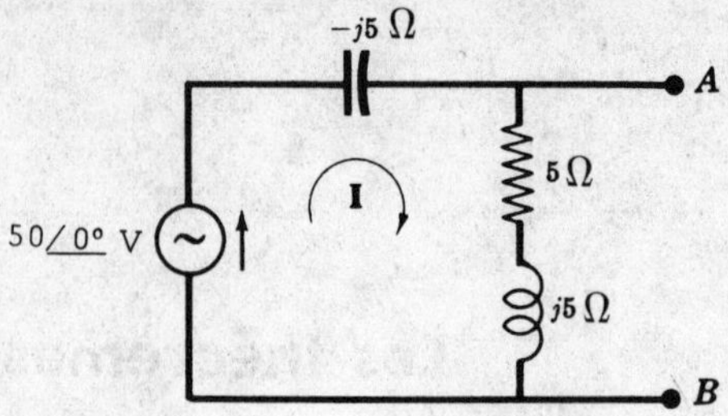

Fig. 11-3

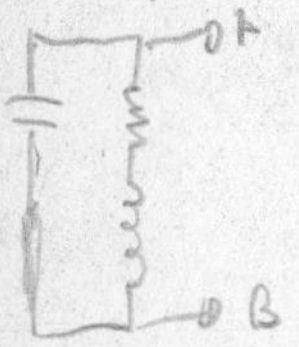

En se référant à la Fig. 11-3, le courant est donné par

$$\mathbf{I} = 50\underline{/0^\circ}/(5 + j5 - j5) = 10\underline{/0^\circ}\ \text{A}$$

La tension équivalente de Thévenin est alors égale à la chute de tension aux bornes de l'impédance $(5 + j5)\ \Omega$ c'est-à-dire

$$\mathbf{V}' = \mathbf{V}_{AB} = \mathbf{I}(5 + j5) = 70{,}7\underline{/45^\circ}\ \text{V}$$

L'impédance vue des extrémités *A* et *B* est : $\mathbf{Z}' = \dfrac{(5 + j5)(-j5)}{5 + j5 - j5} = 5 - j5\,\Omega$

Le circuit équivalent de Thévenin est représenté par la Fig. 11-4 *(a)* et la tension V' est orientée vers l'extrémité *A*.

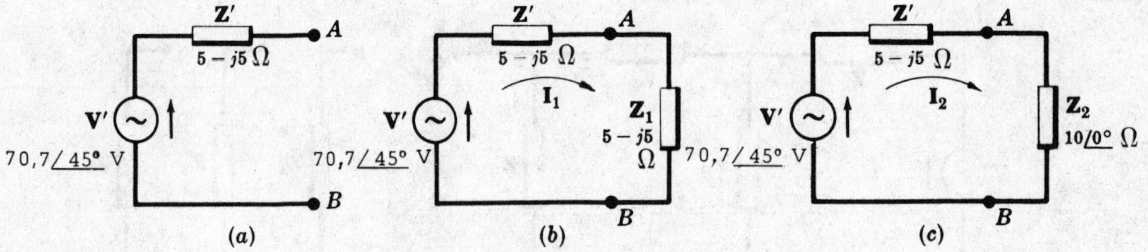

Fig. 11-4

En connectant l'impédance Z_1 au circuit équivalent comme le montre la Fig. 11-4 *(b)*, il y circule un courant $\mathbf{I}_1 = (70{,}7\underline{/45^\circ})/(5 - j5 + 5 - j5) = 5\underline{/90^\circ}$ A et la puissance correspondante est $P_1 = (I_1)^2 5 = 125\ \text{W}$.

Lorsqu'on connecte l'impédance Z_2 à ce même circuit comme le montre la Fig. 11-4 *(c)*, on obtient

$$\mathbf{I}_2 = (70{,}7\underline{/45^\circ})/(5 - j5 + 10) = 4{,}47\underline{/63{,}43^\circ}\ \text{A} \quad \text{et} \quad P_2 = (I_2)^2 10 = 200\ \text{W}$$

THEOREME DE NORTON

Le théorème de Norton s'énonce ainsi : « Tout réseau linéaire actif présentant des connexions de sortie *A* et *B* comme le montre la Fig. 11-5 *(a)*, peut se remplacer par une source de courant unique I' branchée en parallèle sur une impédance unique Z' comme le montre la Fig. 11-5 *(b)* ».

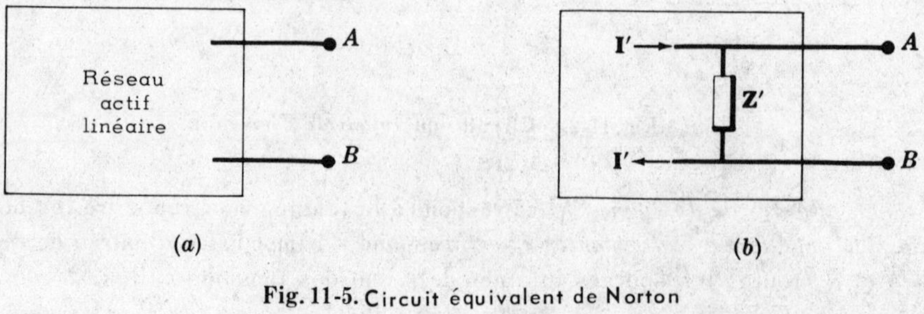

(a) (b)

Fig. 11-5. Circuit équivalent de Norton

La *source de courant équivalente de Norton* $\mathbf{I}'$ est le courant mesuré à la sortie du réseau actif lorsque cette dernière est court-circuitée (A relié à B). L'impédance $\mathbf{Z}'$ est l'impédance mesurée entre les bornes A et B lorsque toutes les sources internes délivrent une tension nulle. On constate ainsi que pour un circuit linéaire actif, les impédances $\mathbf{Z}'$ des circuits équivalents de Norton et de Thévenin sont identiques.

Le courant traversant l'impédance connectée au circuit équivalent de Norton doit être dirigé dans le même sens que celui traversant la même impédance connectée au réseau actif initial.

Exemple 2.

Soit le circuit de la Fig. 11-6; déterminer le circuit équivalent de Norton en considérant A et B comme bornes de sortie. Utiliser le résultat trouvé, pour calculer le courant dans les impédances $\mathbf{Z}_1 = 5 - j5\,\Omega$ et $\mathbf{Z}_2 = 10\angle 0°\,\Omega$ connectées successivement aux bornes A et B du réseau et pour déterminer la puissance qui y est dissipée.

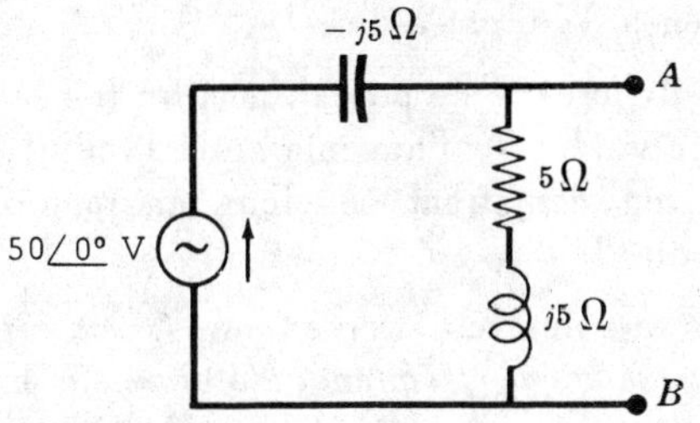

Fig. 11-6

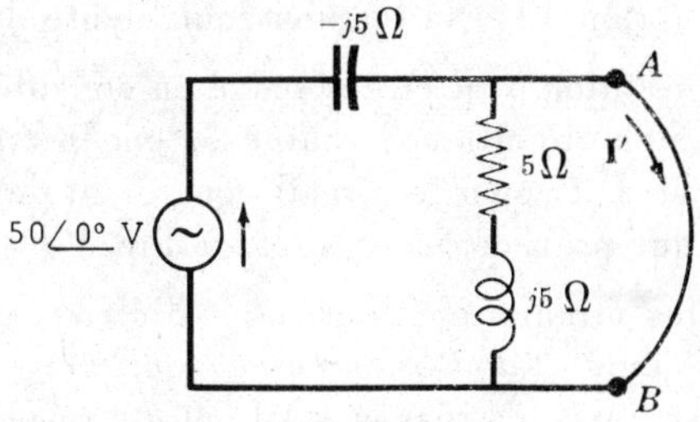

Fig. 11-7

En se référant à la Fig. 11-7 où un court-circuit est établi entre les bornes A et B, on peut calculer $\mathbf{I}' = 50\angle 0° /(-j5) = 10\angle 90°$ A. En supposant que la source délivre une tension nulle on peut calculer

$$\mathbf{Z}' = \frac{-j5(5+j5)}{5+j5-j5} = 5 - j5\,\Omega$$

Le circuit équivalent de Norton est représenté par la Fig. 11-8 *(a)*. On peut noter que le courant est dirigé vers la borne A.

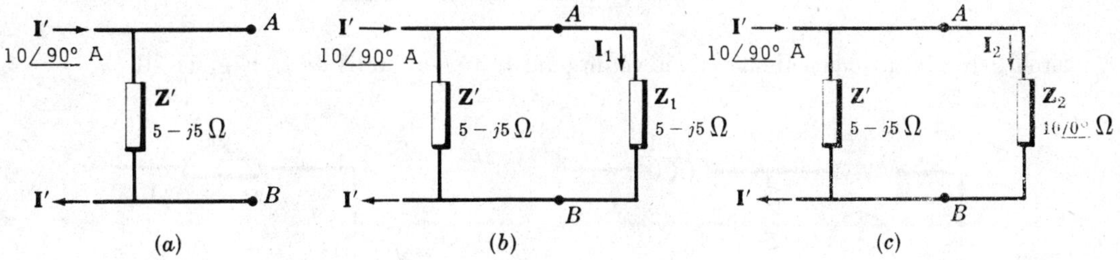

Fig. 11-8

Le courant résultant de la connexion de $\mathbf{Z}_1$ aux bornes du circuit équivalent de Norton (Fig. 11-8 *(b)*) est donné par:

$$\mathbf{I}_1 = \mathbf{I}'\left(\frac{\mathbf{Z}'}{\mathbf{Z}'+\mathbf{Z}_1}\right) = 10\angle 90°\left(\frac{5-j5}{10-j10}\right) = 5\angle 90°\,\text{A}$$

et la puissance dissipée dans $\mathbf{Z}_1$ est $\quad P_1 = (I_1)^2 5 = 125\ \text{W}$.

Lorsque l'impédance $\mathbf{Z}_1$ est remplacée par l'impédance $\mathbf{Z}_2$ (Fig. 11-8 *(c)*), on a

$$\mathbf{I}_2 = \mathbf{I}'(5-j5)/(15-j5) = 4{,}47\angle 63{,}43°\,\text{A} \qquad \text{et} \qquad P_2 = (I_2)^2 10 = 200\ \text{W}$$

CIRCUIT EQUIVALENT DE THEVENIN ET DE NORTON

Dans les exemples 1 et 2 le théorème de Thévenin et le théorène de Norton ont été respectivement appliqués à deux circuits identiques et les résultats obtenus étaient les mêmes. Il en résulte que les circuits de Thévenin et de Norton sont réciproquement équivalents.

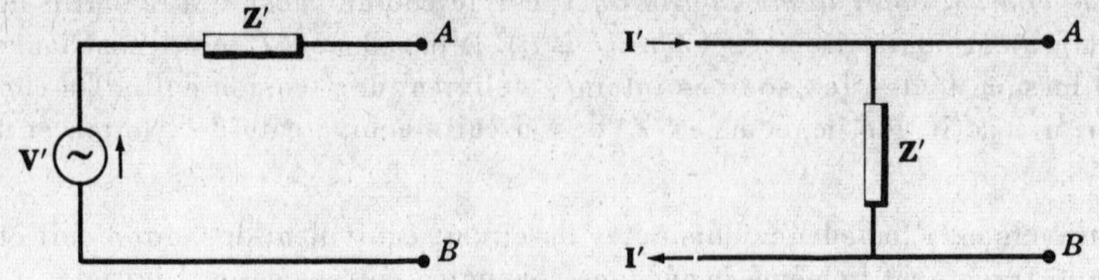

Fig. 11-9. Circuits de Thévenin et de Norton

En considérant la Fig. 11-9 on trouve la même impédance Z' entre les bornes A et B pour les deux circuits. Lorsqu'un court-circuit est établi à la sortie de chacun des circuits le courant dans le circuit de Thévenin est V'/Z', alors que le courant dans le circuit de Norton est I'.

Etant donné que les deux courants sont égaux, nous venons d'établir une relation entre le courant équivalent de Norton I' et la tension équivalente de Thévenin V', c'est-à-dire I' = V'/Z'.

La même relation peut être obtenue en considérant la différence de potentiel entre les bornes A et B pour chacun des circuits non chargés. Pour le circuit équivalent de Thévenin cette tension est V', alors qu'elle est I'Z' pour le circuit équivalent de Norton; en identifiant ces deux tensions on obtient le même résultat que précédemment, c'est-à-dire V' = I' Z' ou I' = V'/Z'.

Lorsque les circuits sont composés d'éléments autres que des résistances pures, *les circuits équivalents de Thévenin et de Norton ne peuvent être établis que pour une fréquence déterminée.* En effet, les impédances complexes du réseau actif ont été ramenées à l'impédance équivalente Z'. La tension équivalente V' et le courant équivalent I' ont été calculés en utilisant les impédances complexes du réseau actif.

Comme chaque réactance du réseau actif est fonction de la fréquence, on en déduit que les *circuits de Thévenin et de Norton ne sont équivalents qu'à la fréquence pour laquelle ils ont été calculés.*

Problèmes résolus

11.1. Etablir le circuit équivalent de Thévenin pour le réseau actif de la Fig. 11-10.

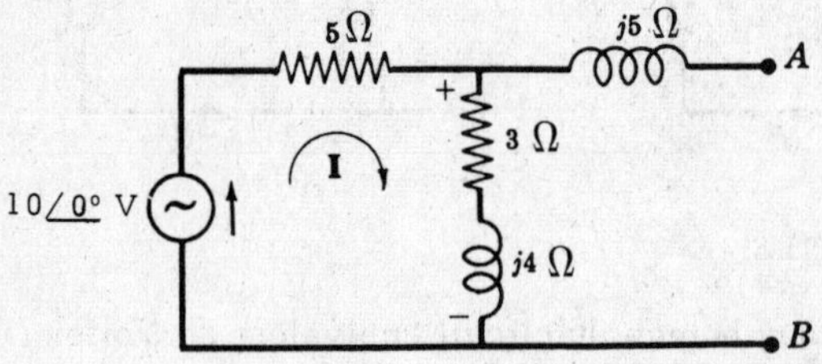

Fig. 11-10

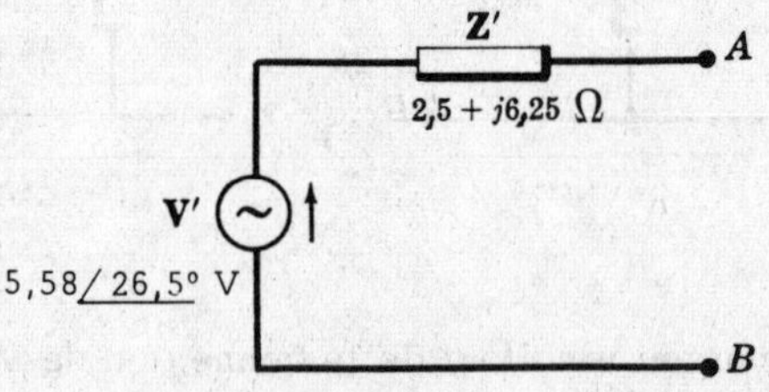

Fig. 11-11

L'impédance équivalente Z' du circuit se calcule pour une source de tension interne nulle :

$$\mathbf{Z}' = j5 + \frac{5(3+j4)}{5+3+j4} = 2{,}5 + j6{,}25\ \Omega$$

Le courant I du circuit non chargé de la Fig. 11-10 est $\mathbf{I} = (10\angle 0^\circ)/(5+3+j4) = 1{,}117\angle -26{,}6^\circ$ A.
On en déduit que la tension correspondante aux bornes de l'impédance $(3 + j4)\Omega$ est

$$\mathbf{V}' = \mathbf{I}(3+j4) = (1{,}117\angle -26{,}6^\circ)(5\angle 53{,}1^\circ) = 5{,}58\angle 26{,}5^\circ\ \mathrm{V}$$

La polarité de V' est donnée par la direction du courant entrant dans l'impédance $(3 + j4)\Omega$, c'est-à-dire que dans le réseau équivalent de la Fig. 11-11, V' est dirigée vers la borne A.

11.2. Calculer le circuit équivalent de Norton pour le réseau actif de la Fig. 11-10.

L'impédance équivalente est $\mathbf{Z}' = 2{,}5 + j6{,}25\ \Omega$, comme on l'avait établi dans le Problème 11.1.

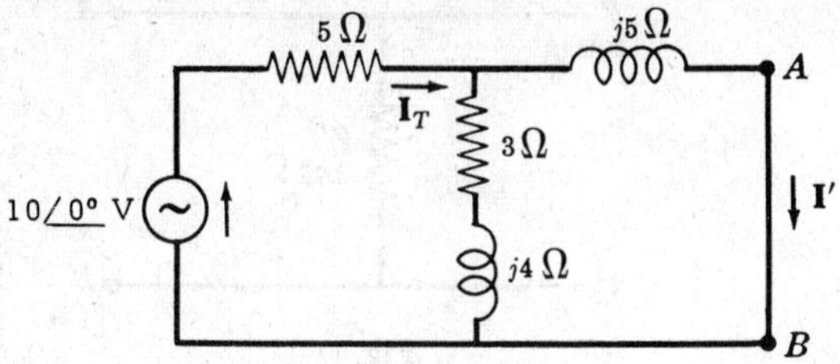

Fig. 11-12

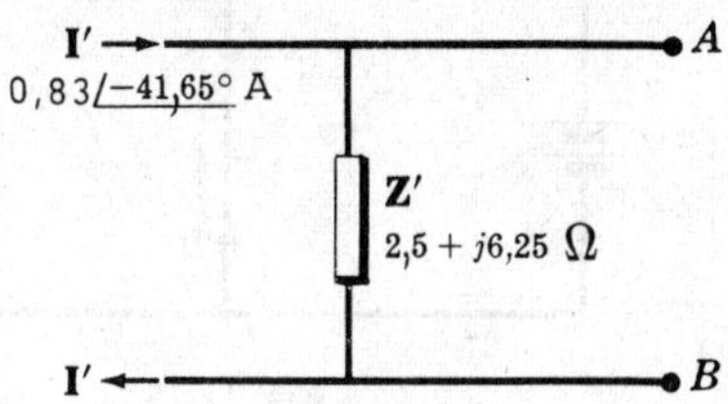

Fig. 11-13

En établissant un court-circuit entre les bornes A et B, comme le montre la Fig. 11-12, on peut déterminer l'impédance totale vue pour la source de $10\underline{/0°}$ V.

$$\mathbf{Z}_T = 5 + \frac{(3+j4)j5}{(3+j4+j5)} = 5{,}83 + j2{,}5 = 6{,}35\underline{/23{,}2°}\ \Omega$$

Le courant peut alors s'écrire $\mathbf{I}_T = 10\underline{/0°}/\mathbf{Z}_T = (10\underline{/0°})/(6{,}35\underline{/23{,}2°}) = 1{,}575\underline{/-23{,}2°}$ A.

Et on en déduit :

$$\mathbf{I}' = \mathbf{I}_T\left(\frac{3+j4}{3+j4+j5}\right) = 1{,}575\underline{/-23{,}2°}\left(\frac{5\underline{/53{,}1°}}{3+j9}\right) = 0{,}83\underline{/-41{,}65°}\text{A}$$

Le circuit équivalent de Norton est représenté par la Fig. 11-13. On peut remarquer que le courant $\mathbf{I}'$ est dirigé vers la borne A.

11.3. Dans le circuit à courant continu de la Fig. 11-14, les trois résistances $R_1 = 1\ \Omega$, $R_2 = 5\ \Omega$ et $R_3 = 10\ \Omega$ sont connectées successivement aux bornes A et B. Déterminer la puissance dissipée dans chacune des résistances

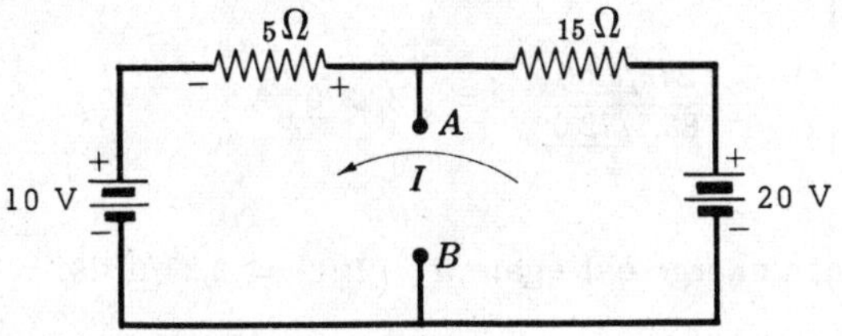

Fig. 11-14

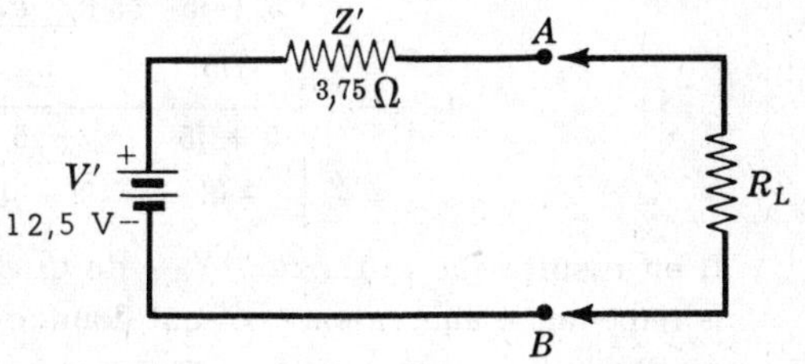

Fig. 11-15

On détermine le circuit de Thévenin. Dans le circuit de la Fig. 11-14, le courant $\mathbf{I}$ est égal à $(20-10)/(5+15) = 0{,}5$ A. La chute de tension aux bornes de la résistance de 5 Ω est alors égale à $V_5 = I(5) = 2{,}5$ V avec la polarité indiquée.

L'expression de la différence de potentiel entre A et B est

$$V_{AB} = V' = 10 + V_5 = 12{,}5\text{ V}$$

Lorsque la tension des deux sources est nulle, l'impédance Z' correspond à l'association en parallèle des résistances de 5 Ω et de 15 Ω, c'est-à-dire

$$Z' = \frac{5(15)}{20} = 3{,}75\ \Omega$$

Le circuit équivalent de Thévenin est représenté par la Fig. 11-15. Grâce à ce circuit, on peut calculer la puissance dissipée dans chacune des trois résistances lorsque celles-ci sont connectées aux bornes A et B.

Pour $R_1 = 1$ ohm, $I_1 = 12{,}5/(3{,}75+1) = 2{,}63$ A et $P_1 = (I_1)^2(1) = (2{,}63)^2(1) = 6{,}91$ W

Pour $R_2 = 5$ ohms, $I_2 = 12{,}5/(3{,}75+5) = 1{,}43$ A et $P_2 = (I_2)^2(5) = (1{,}43)^2(5) = 10{,}2$ W

Pour $R_3 = 10$ ohms, $I_3 = 12{,}5/(3{,}75+10) = 0{,}91$ A et $P_3 = (I_3)^2(10) = (0{,}91)^2(10) = 8{,}28$ W

11.4. Déterminer le circuit équivalent de Norton correspondant au réseau de la Fig. 11-16 ayant comme bornes de sortie A et B.

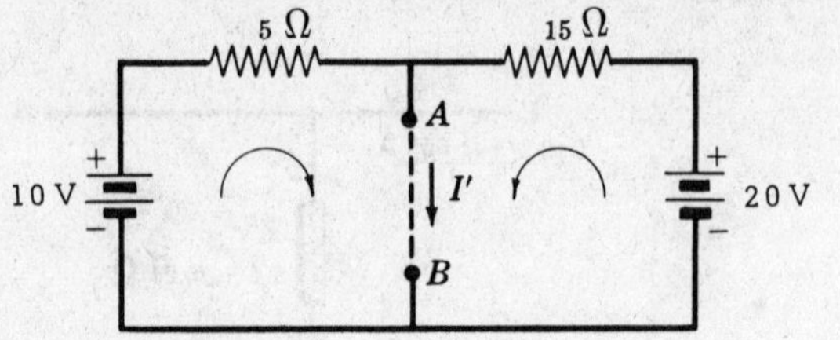

Fig. 11-16

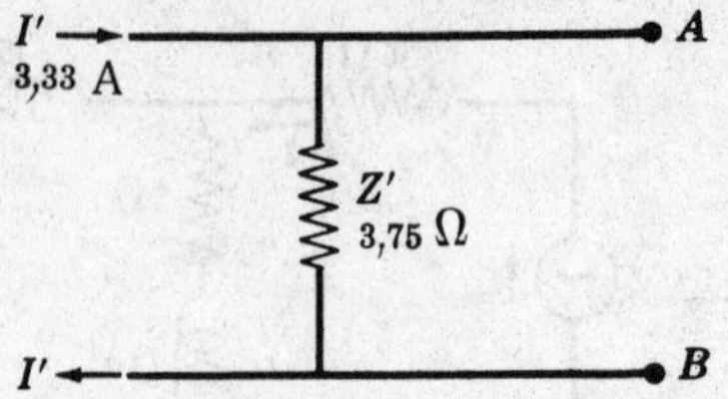

Fig. 11-17

Le courant I' se détermine en établissant un court-circuit entre les bornes A et B.

$$I' = 10/5 + 20/15 = 3{,}33 \text{ A}$$

L'impédance équivalente vue des bornes A et B, les sources internes délivrant des tensions nulles, est

$$Z' = 5(15)/(5+15) = 3{,}75\ \Omega$$

Le circuit équivalent de Norton est représenté par la Fig. 11-17.

11.5. Déterminer le circuit équivalent de Thévenin pour le réseau de la Fig. 11-18.

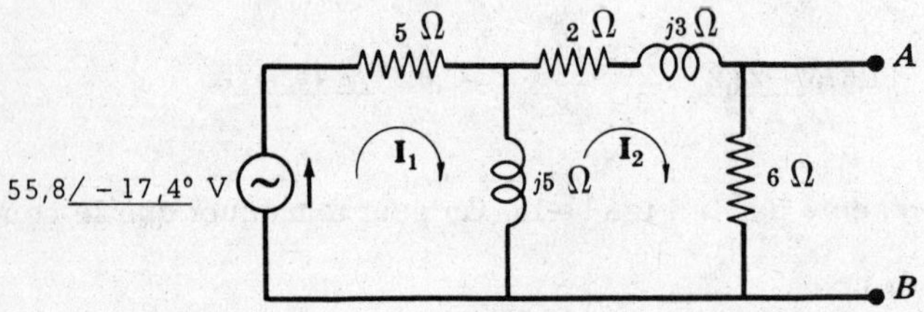

Fig. 11-18

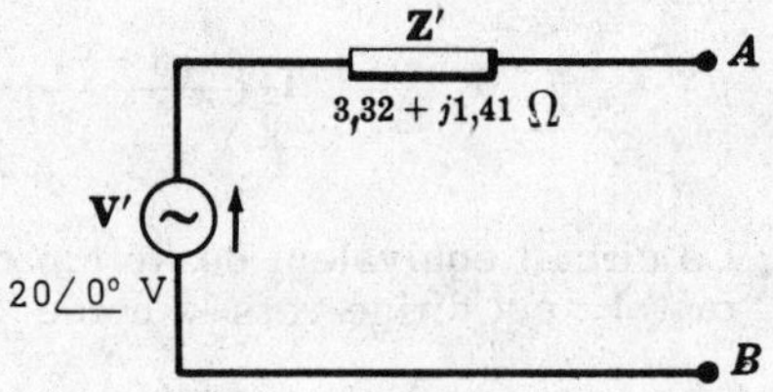

Fig. 11-19

Dans le circuit non chargé, il existe les 2 mailles représentées sur le diagramme. Le courant de maille $\mathbf{I}_2$ est donné par

$$\mathbf{I}_2 = \frac{\begin{vmatrix} 5+j5 & 55{,}8\angle{-17{,}4°} \\ -j5 & 0 \end{vmatrix}}{\begin{vmatrix} 5+j5 & -j5 \\ -j5 & 8+j8 \end{vmatrix}} = \frac{279\angle 72{,}6°}{83{,}7\angle 72{,}6°} = 3{,}33\angle 0° \text{ A}$$

Il en résulte que la tension $\mathbf{V}_{AB}$ du circuit non chargé est égale à $\mathbf{I}_2(6) = 3{,}33\angle 0°\,(6) = 20\angle 0°$ V. L'impédance équivalente $\mathbf{Z}'$ est donnée par

$$\mathbf{Z}' = \frac{6\left[\dfrac{5(j5)}{5+j5} + (2+j3)\right]}{6 + \left[\dfrac{5(j5)}{5+j5} + (2+j3)\right]} = 3{,}32 + j1{,}41\ \Omega$$

Le circuit équivalent de Thévenin est donné par la Fig. 11-19, où V' est orientée vers la borne A.

11.6. Déterminer le circuit équivalent de Norton pour le réseau de la Fig. 11-18.

On établit un court-circuit entre les bornes A et B. Le courant $\mathbf{I}_2$ traversant ce court-circuit est :

$$\mathbf{I}_2 = \mathbf{I}' = \frac{\begin{vmatrix} 5+j5 & 55{,}8\angle{-17{,}4°} \\ -j5 & 0 \end{vmatrix}}{\begin{vmatrix} 5+j5 & -j5 \\ -j5 & 2+j8 \end{vmatrix}} = \frac{279\angle 72{,}6°}{(-5+j50)} = 5{,}58\angle{-23{,}14°} \text{ A}$$

L'impédance $\mathbf{Z}'$ a été calculée dans le Problème 11.5. et est égale à $(3{,}32 + j1{,}41)\,\Omega$. A titre de vérification, la différence de potentiel entre les extrémités A et B du circuit équivalent de Norton de la Fig. 11-20 peut être comparée à la tension $\mathbf{V}'$ du circuit équivalent de Thévenin du Problème 11.5.

$$\mathbf{V}_{oc} = \mathbf{I}'\mathbf{Z}' = 5{,}58\underline{/-23{,}14^\circ}\,(3{,}32 + j1{,}41) = 20{,}1\underline{/-0{,}14^\circ}\,\mathrm{V}$$

Dans le Problème 11.5 on avait

$$\mathbf{V}' = 20\underline{/0^\circ}\,\mathrm{V}$$

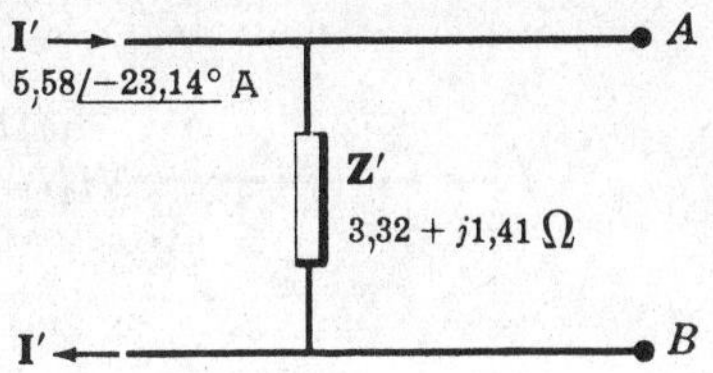

Fig. 11-20

11.7. Remplacer le réseau actif de la Fig. 11-21 par un réseau équivalent de Thévenin.

Pour le circuit non chargé on a:

$$\mathbf{I} = 20\underline{/0^\circ}\,/(10 + 3 - j4) = 1{,}47\underline{/17{,}1^\circ}\,\mathrm{A}$$

La chute de tension dans la résistance de 10 Ω est alors égale à $\mathbf{V}_{10} = \mathbf{I}(10) = 14{,}7\underline{/17{,}1^\circ}\,\mathrm{V}$

La tension $\mathbf{V}_{AB}$ est donnée par la somme des tensions délivrées par les deux sources et de la chute de tension dans la résistance de 10 Ω les polarités étant celles indiquées par la Fig. 11-22. On a alors

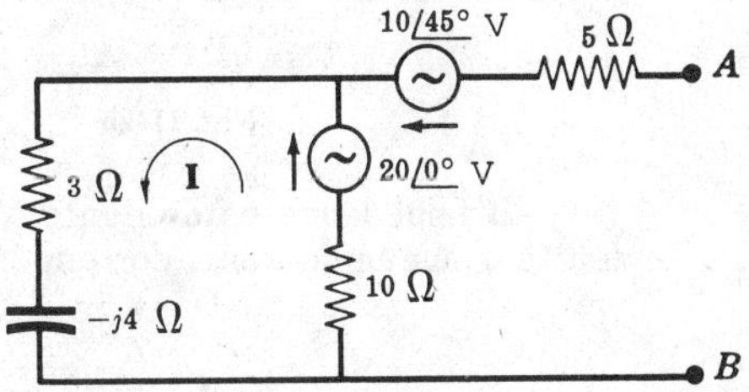

Fig. 11-21

$$\mathbf{V}' = \mathbf{V}_{AB} = 20\underline{/0^\circ} - 10\underline{/45^\circ} - 14{,}7\underline{/17{,}1^\circ} = 11{,}39\underline{/264{,}4^\circ}\,\mathrm{V}$$

L'impédance $$\mathbf{Z}' = 5 + \frac{10(3 - j4)}{10 + 3 - j4} = 7{,}97 - j2{,}16\,\Omega$$

Le circuit équivalent de Thévenin est représenté par la Fig. 11-23.

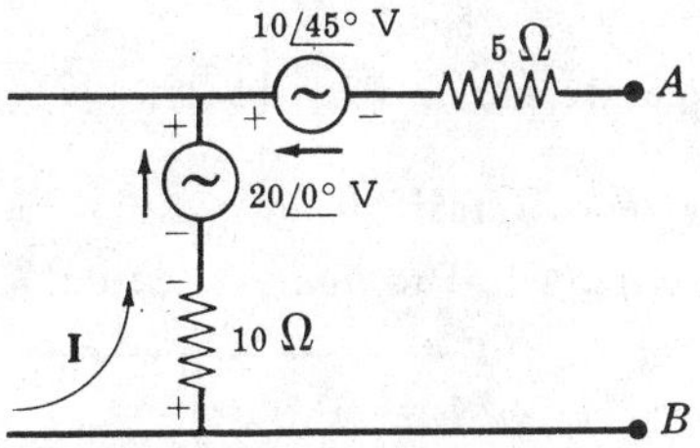

Fig. 11-22

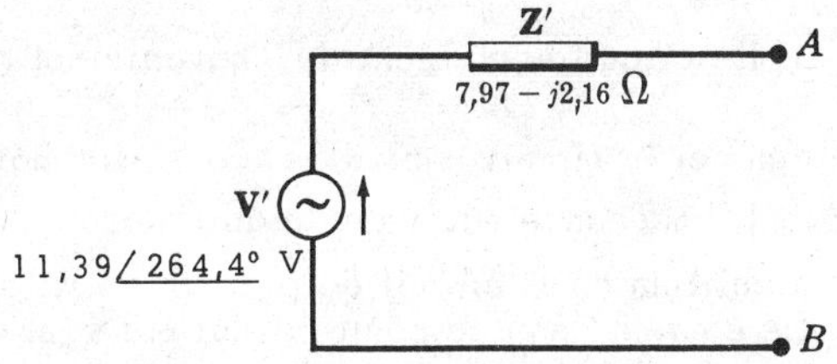

Fig. 11-23

11.8. Déterminer le circuit équivalent de Norton pour le réseau de la Fig. 11-21.

$\mathbf{Z}' = 7{,}97 - j2{,}16\,\Omega$ comme établie dans le Problème 11.7.

On établit un court-circuit entre les bornes A et B et les courants de maille sont dirigés dans le sens des aiguilles d'une montre; on peut alors écrire

$$\mathbf{I}' = \mathbf{I}_2 = \frac{\begin{vmatrix} 13 - j4 & -20 \\ -10 & (20 - 10\underline{/45^\circ}) \end{vmatrix}}{\begin{vmatrix} 13 - j4 & -10 \\ -10 & 15 \end{vmatrix}} = \frac{156\underline{/247{,}4^\circ}}{112{,}3\underline{/-32{,}3^\circ}} = 1{,}39\underline{/279{,}7^\circ}\,\mathrm{A}$$

Dans le circuit de Norton le courant $\mathbf{I}'$ est dirigé vers la borne A comme le montre la Fig. 11-24.

En comparant les différences de potentiel $\mathbf{V}_{oc}$ entre les bornes A et B pour le circuit non chargé à la tension équivalente de Thévenin $\mathbf{V}'$ du Problème 11.7., on obtient

$$\mathbf{V}_{oc} = \mathbf{I}'\mathbf{Z}' = (1{,}39\underline{/279{,}7^\circ})(8{,}25\underline{/-15{,}2^\circ}) = 11{,}45\underline{/264{,}5^\circ}\,\mathrm{V}$$

et $$\mathbf{V}' = 11{,}39\underline{/264{,}4^\circ}\,\mathrm{V}$$

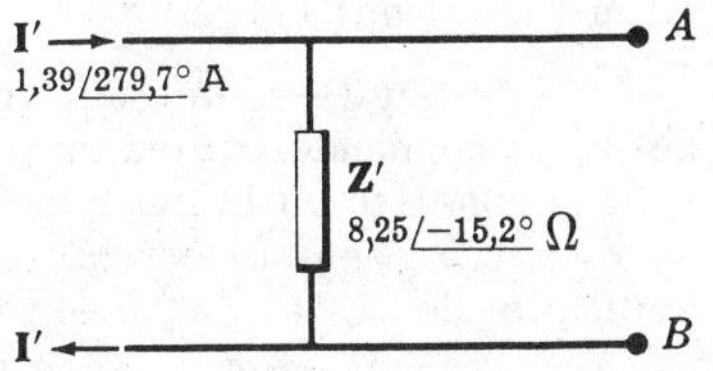

Fig. 11-24

11.9. Le circuit actif de la Fig. 11-25 comporte une source de courant $\mathbf{I} = 5\underline{/30°}$ A. Déterminer le circuit équivalent de Thévenin.

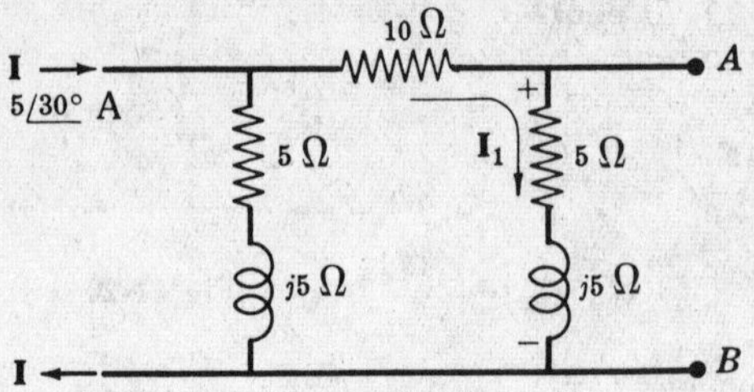

Fig. 11-25

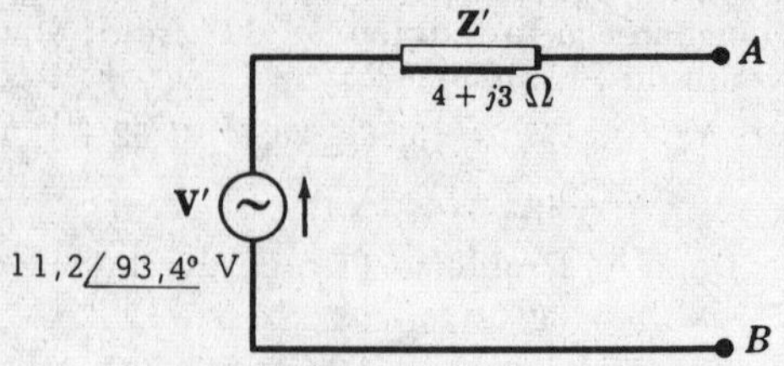

Fig. 11-26

L'impédance équivalente $\mathbf{Z}'$ vue des extrémités A et B du circuit, la source interne ne débitant aucun courant, correspond à la combinaison en parallèle de deux branches, c'est-à-dire

$$\mathbf{Z}' \quad = \quad \frac{(5+j5)(15+j5)}{(5+j5+15+j5)} \quad = \quad 4 \ + \ j3\ \Omega$$

Le courant $\mathbf{I}$ pour le circuit non chargé se répartit dans les deux branches. En calculant $\mathbf{I}_1$ comme le montre le diagramme, on obtient

$$\mathbf{I}_1 \quad = \quad 5\underline{/30°}\left(\frac{5+j5}{20+j10}\right) \quad = \quad 1{,}585\underline{/48{,}4°}\ \text{A}$$

Comme la tension $\mathbf{V}_{AB} = \mathbf{V}'$ correspond à la chute de tension aux bornes de l'impédance de $(5 + j5)\ \Omega$, on a

$$\mathbf{V}' \ = \ \mathbf{I}_1(5+j5) \ = \ (1{,}585\underline{/48{,}4°})(7{,}07\underline{/45°}) \ = \ 11{,}2\underline{/93{,}4°}\ \text{V}$$

Le circuit équivalent de Thévenin est représenté par la Fig. 11-26.

11.10. Déterminer le circuit équivalent de Norton pour le réseau actif de la Fig. 11-25.

L'impédance équivalente du réseau calculée dans le Problème 11.9. est $\mathbf{Z}' = 4 + j3 = 5\underline{/36{,}9°}\ \Omega$.

On établit un court-circuit entre les extrémités A et B. Le courant dans ce court-circuit est égal à

$$\mathbf{I}' \quad = \quad 5\underline{/30°}\left(\frac{5+j5}{5+j5+10}\right) \quad = \quad 2{,}24\underline{/56{,}6°}\ \text{A}$$

Le circuit équivalent de Norton est représenté par la Fig. 11-27.

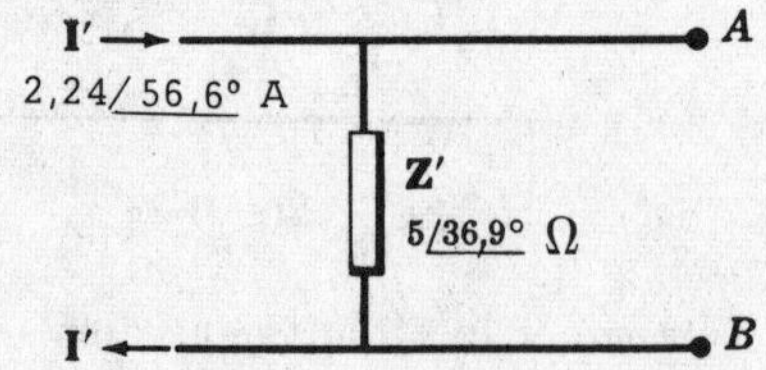

Fig. 11-27

Dans ce circuit, la différence de potentiel entre les extrémités A et B est $\mathbf{V}_{oc} = (2{,}24\underline{/56{,}6°})(5\underline{/36{,}9°}) = 11{,}2\underline{/93{,}5°}$ V, lorsqu'il n'est pas chargé. La tension équivalente de Thévenin trouvée dans le Problème 11.9. était $\mathbf{V}' = 11{,}2\underline{/93{,}4°}$ V.

11.11. Déterminer le circuit équivalent de Thévenin pour le circuit en pont de la Fig. 11-28. Dans quelles conditions la différence de potentiel entre A et B est-elle nulle lorsque le circuit n'est pas chargé ?

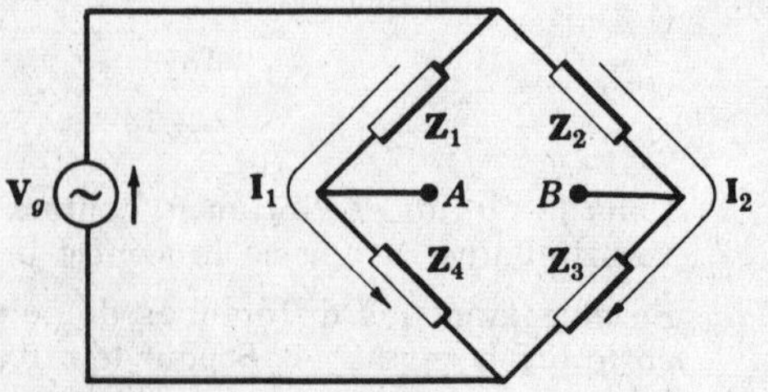

Fig. 11-28

Lorsque la source délivre une tension nulle, l'impédance équivalente vue des bornes A et B consiste en la combinaison parallèle de $\mathbf{Z}_1$ et $\mathbf{Z}_4$ en série avec la combinaison parallèle de $\mathbf{Z}_2$ et $\mathbf{Z}_3$, c'est-à-dire

$$\mathbf{Z}' \quad = \quad \frac{\mathbf{Z}_1\mathbf{Z}_4}{\mathbf{Z}_1+\mathbf{Z}_4} \ + \ \frac{\mathbf{Z}_2\mathbf{Z}_3}{\mathbf{Z}_2+\mathbf{Z}_3}$$

Lorsque l'impédance connectée entre les extrémités A et B est infinie, la source $\mathbf{V}_g$ établit dans le circuit des courants $\mathbf{I}_1$ et $\mathbf{I}_2$ comme le montre le diagramme.

$$\mathbf{I}_1 = \mathbf{V}_g/(\mathbf{Z}_1 + \mathbf{Z}_4) \quad \text{et} \quad \mathbf{I}_2 = \mathbf{V}_g/(\mathbf{Z}_2 + \mathbf{Z}_3)$$

En supposant le potentiel de A supérieur à celui de B, nous avons

$$\mathbf{V}' = \mathbf{V}_{AB} = \mathbf{I}_1\mathbf{Z}_4 - \mathbf{I}_2\mathbf{Z}_3 = \frac{\mathbf{V}_g\mathbf{Z}_4}{\mathbf{Z}_1 + \mathbf{Z}_4} - \frac{\mathbf{V}_g\mathbf{Z}_3}{\mathbf{Z}_2 + \mathbf{Z}_3} = \mathbf{V}_g\left[\frac{\mathbf{Z}_2\mathbf{Z}_4 - \mathbf{Z}_1\mathbf{Z}_3}{(\mathbf{Z}_1 + \mathbf{Z}_4)(\mathbf{Z}_2 + \mathbf{Z}_3)}\right]$$

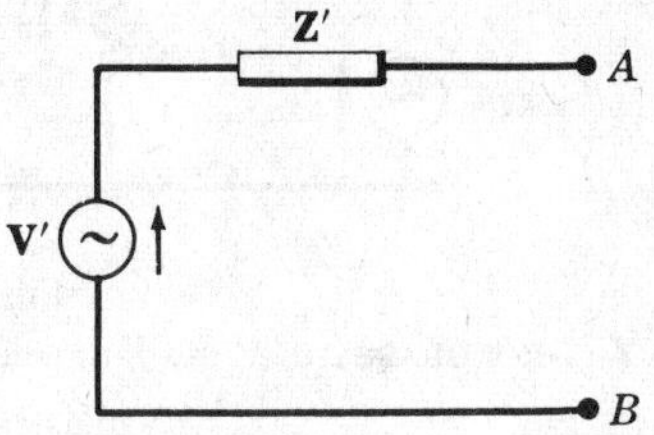

Fig. 11-29

La tension équivalente de Thévenin $\mathbf{V}'$ est proportionnelle à la différence $\mathbf{Z}_2\mathbf{Z}_4 - \mathbf{Z}_1\mathbf{Z}_3$.
Pour $\mathbf{Z}_1\mathbf{Z}_3 = \mathbf{Z}_2\mathbf{Z}_4$, la tension $\mathbf{V}'$ est nulle.

11.12. Etablir le circuit équivalent de Thévenin pour le circuit en pont de la Fig. 11-30.

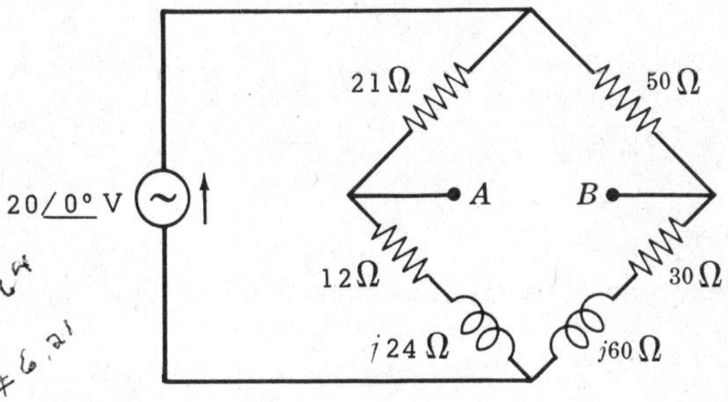

Fig. 11-30

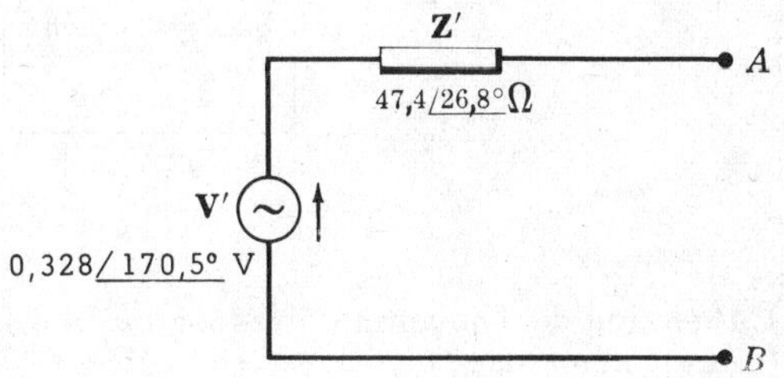

Fig. 11-31

Pour une tension de source nulle, l'impédance équivalente vue des extrémités A et B est

$$\mathbf{Z}' = \frac{21(12 + j24)}{33 + j24} + \frac{50(30 + j60)}{80 + j60} = 47{,}4\underline{/26{,}8^\circ}\ \Omega$$

Pour le circuit ouvert, le courant dans la branche gauche du pont est $\mathbf{I}_1 = (20\underline{/0^\circ})/(33 + j24)$ A, alors que pour la branche droite il est $\mathbf{I}_2 = (20\underline{/0^\circ})/(80 + j60)$ A.

En supposant que le potentiel du point A est supérieur à celui de B, on obtient

$$\mathbf{V}' = \mathbf{V}_{AB} = \frac{(20\underline{/0^\circ})(12 + j24)}{33 + j24} - \frac{(20\underline{/0^\circ})(30 + j60)}{80 + j60}$$

$$= (20\underline{/0^\circ})(1 + j2)\left[\frac{12}{33 + j24} - \frac{30}{80 + j60}\right] = 0{,}328\underline{/170{,}5^\circ}\ \mathrm{V}$$

11.13. Dans le réseau de la Fig. 11-32 ci-dessous, remplacer le circuit se trouvant à gauche des bornes A et B par un circuit équivalent de Thévenin. Déterminer ensuite le courant dans l'impédance $(5 - j2)\ \Omega$.

L'impédance $\mathbf{Z}'$ peut être calculée par les méthodes classiques. L'impédance de $(5 - j2)\ \Omega$ est en parallèle avec la résistance de $3\ \Omega$. L'impédance équivalente de ces deux branches est

$$\mathbf{Z}_1 = \frac{(5 - j2)3}{8 - j2} = 1{,}94 - j\,0{,}265\ \Omega$$

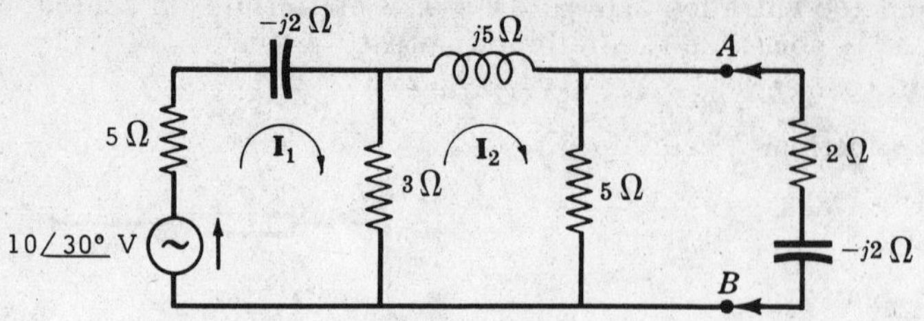

Fig. 11-32

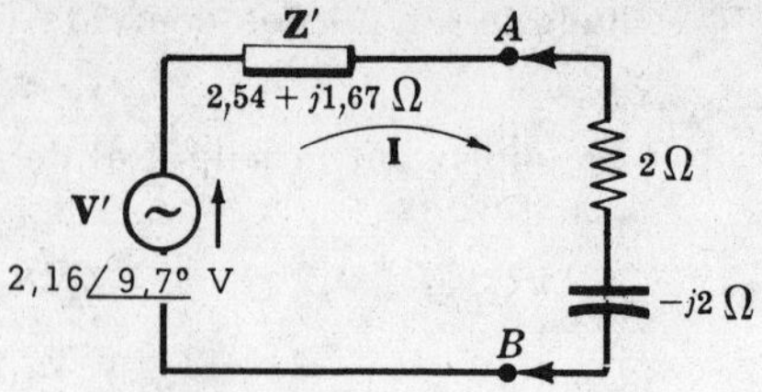

Fig. 11-33

Z_1 est en série avec l'impédance $j5\,\Omega$, en les additionnant on obtient

$$Z_2 = 1{,}94 - j\,0{,}265 + j5 = 1{,}94 + j4{,}735\,\Omega$$

L'impédance équivalente Z' peut à présent être obtenue à partir de la combinaison parallèle de Z_2 et de la résistance de $5\,\Omega$:

$$Z' = \frac{(1{,}94 + j4{,}735)5}{6{,}94 + j4{,}735} = 3{,}04\angle 33{,}4° = 2{,}54 + j1{,}67\,\Omega$$

On peut alors considérer le circuit ouvert et calculer le courant I_2 par la méthode des mailles.

$$I_2 = \frac{\begin{vmatrix} 8 - j2 & 10\angle 30° \\ -3 & 0 \end{vmatrix}}{\begin{vmatrix} 8 - j2 & -3 \\ -3 & 8 + j5 \end{vmatrix}} = \frac{30\angle 30°}{69{,}25\angle 20{,}3°} = 0{,}433\angle 9{,}7°\ \text{A}$$

La tension de Thévenin correspond à la différence de potentiel aux bornes de la résistance de $5\,\Omega$ (circuit non chargé)

$$V' = I_2(5) = (0{,}433\angle 9{,}7°)5 = 2{,}16\angle 9{,}7°\ \text{V}$$

Le courant circulant dans l'impédance de $(2 - j2)\,\Omega$ connectée au circuit équivalent de Thévenin représenté sur la Fig. 11-33 est

$$I = V'/(Z' + 2 - j2) = (2{,}16\angle 9{,}7°)/(4{,}54 - j0{,}33) = 0{,}476\angle 13{,}87°\ \text{A}$$

11.14. Dans le réseau de la Fig. 11-34, déterminer V_2 de telle sorte que le courant dans l'impédance de $(2 + j\,3)\ \Omega$ soit nulle.

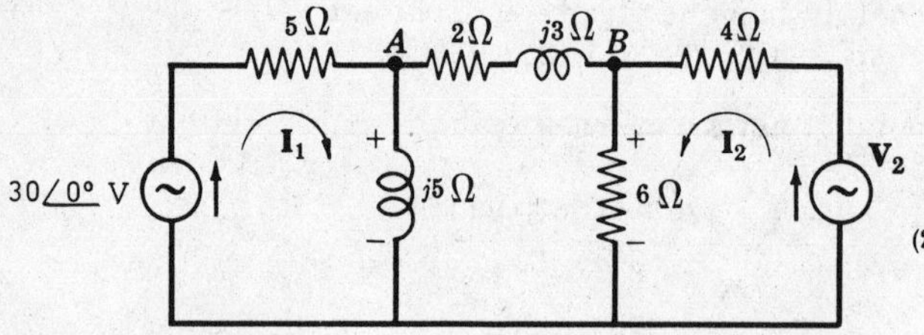

Fig. 11-34

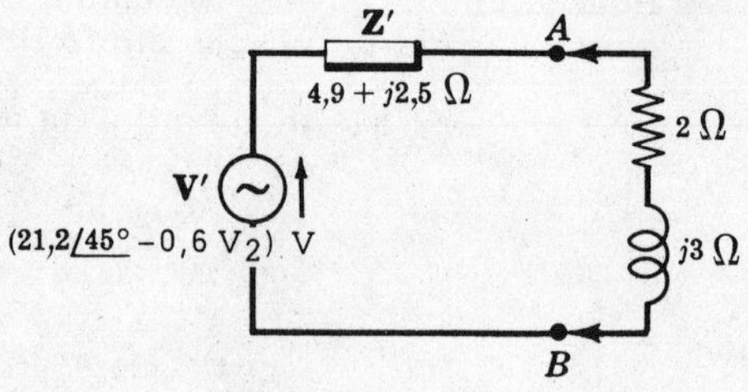

Fig. 11-35

En appliquant le théorème de Thévenin, on peut calculer la tension équivalente mesurée entre les bornes A et B. Lorsque le circuit n'est pas chargé, les courants dans les deux mailles sont

$$I_1 = (30\angle 0°)/(5 + j5) \quad \text{et} \quad I_2 = V_2/10.$$

En supposant le potentiel du point A supérieur à celui du point B, on a

$$V' = V_{AB} = I_1(j5) - I_2(6) = 30\angle 0°\,(j5)/(5 + j5) - V_2(6)/10 = 21{,}2\angle 45° - 0{,}6\,V_2$$

Le courant dans le circuit équivalent de Thévenin de la Fig. 11-35 est nul si $V' = 0$; d'où

$$0 = 21{,}2\underline{/45^\circ} - 0{,}6V_2 \qquad \text{et} \qquad V_2 = 35{,}4\underline{/45^\circ}\ \text{V}$$

Remarque : Pour résoudre ce problème, la connaissance de l'impédance Z' de la Fig. 11-35 n'est pas indispensable, cependant le lecteur pourra la calculer comme exercice.

11.15. Dans le réseau de la Fig. 11-36, déteminer la tension V_1 de telle sorte que le courant circulant dans la source de $20\underline{/0^\circ}$ V soit nul.

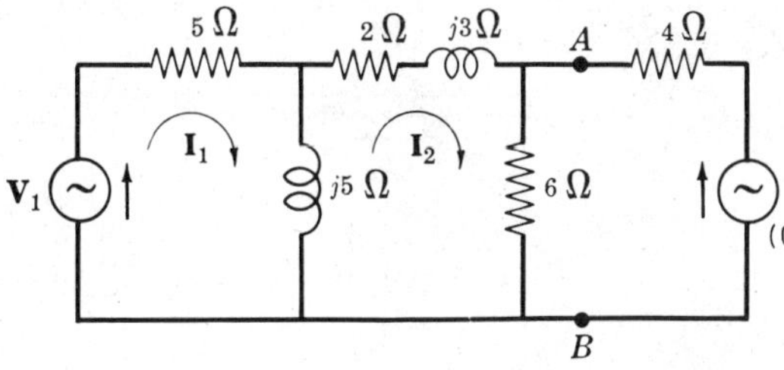

Fig. 11-36

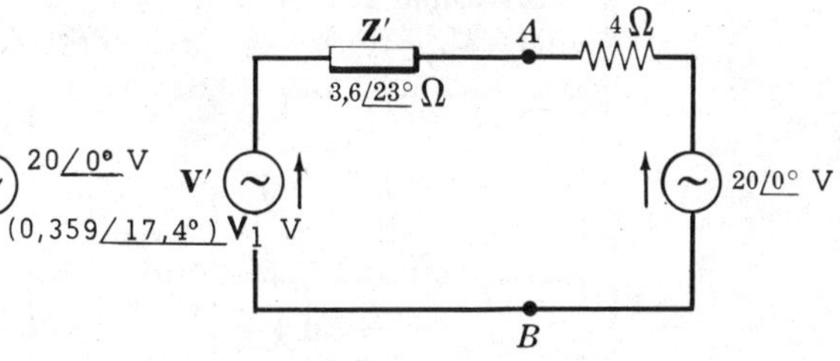

Fig. 11-37

On établit le circuit équivalent de Thévenin pour la partie du réseau actif se trouvant à gauche des bornes A et B. Lorsque le circuit n'est pas chargé on peut sélectionner deux courants I_1 et I_2 comme le montre la figure. Le calcul de I_2 nous donne

$$I_2 = \frac{\begin{vmatrix} 5+j5 & V_1 \\ -j5 & 0 \end{vmatrix}}{\begin{vmatrix} 5+j5 & -j5 \\ -j5 & 8+j8 \end{vmatrix}} = \frac{V_1\, 5\underline{/90^\circ}}{83{,}6\underline{/72{,}6^\circ}}$$

Dans ces conditions, la chute de tension aux bornes de la résistance est $I_2 \,.\, (6)$.

$$V' = \frac{V_1\, 5\underline{/90^\circ}}{83{,}6\underline{/72{,}6^\circ}}\,(6) = (0{,}359\underline{/17{,}4^\circ})V_1$$

Lorsque le circuit équivalent de Thévenin est connecté à sa charge comme le montre la Fig. 11-37, il faut que la tension V' soit égale à la tension de la source de $20\underline{/0^\circ}$ V pour que le courant dans cette source soit nul. Ainsi on a $(0{,}359\underline{/17{,}4^\circ})V_1 = 20\underline{/0^\circ}$, d'où $V_1 = 55{,}7\underline{/-17{,}4^\circ}$ V. La remarque se trouvant en fin du Problème 11.14. est également valable pour ce Problème-ci.

11.16. On connecte successivement les impédances $Z_1 = 10\underline{/30^\circ}\,\Omega$, $Z_2 = 20\underline{/0^\circ}\,\Omega$ et $Z_3 = 5 - j5\,\Omega$ aux bornes A et B du réseau actif de la Fig. 11-38. Calculer la puissance dissipée dans chacune des trois impédances.

On remplace le réseau par le circuit équivalent de Thévenin ayant comme bornes de sortie A et B ; on connecte alors successivement à ce circuit les différentes impédances. Pour calculer l'impédance d'entrée, on choisit les trois mailles comme le montre la Fig. 11-39. L'impédance Z' du circuit équivalent de Thévenin est alors $Z_{\text{entrée }1}$ ou encore, étant donné la définition de $Z_{\text{entrée}}$:

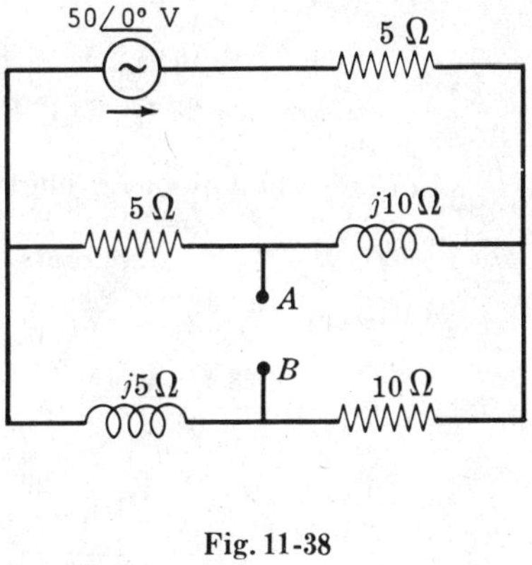

Fig. 11-38

$$Z_{\text{entrée }1} = \frac{\Delta_z}{\Delta_{11}}$$

où

$$\Delta_z = \begin{vmatrix} (5+j5) & -5 & (5+j5) \\ -5 & (10+j10) & (-5-j10) \\ (5+j5) & (-5-j10) & (15+j15) \end{vmatrix} = 1455\underline{/121^\circ}$$

et

$$\Delta_{11} = \begin{vmatrix} (10+j10) & (-5-j10) \\ (-5-j10) & (15+j15) \end{vmatrix} = 213{,}5\underline{/69{,}4^\circ}$$

en substituant ces valeurs dans la relation donnant $\mathbf{Z}'$ on obtient $\mathbf{Z}' = \mathbf{Z}_{\text{entrée }1} = \Delta_z/\Delta_{11}$ $= 1455\underline{/121^\circ}/213{,}5\underline{/69{,}4^\circ} = 6{,}82\underline{/51{,}6^\circ} = 4{,}23 + j5{,}34\ \Omega$

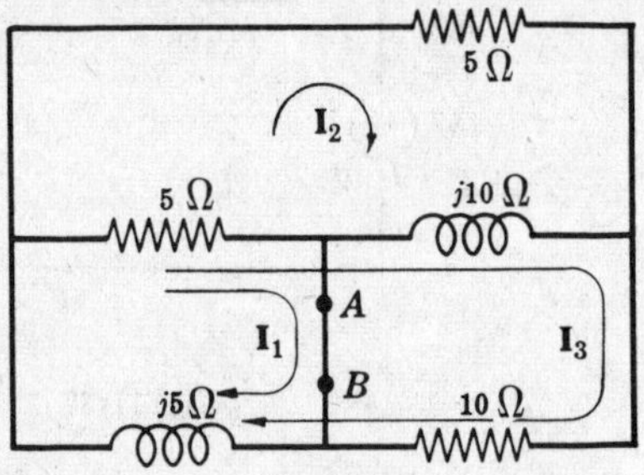

Fig. 11-39

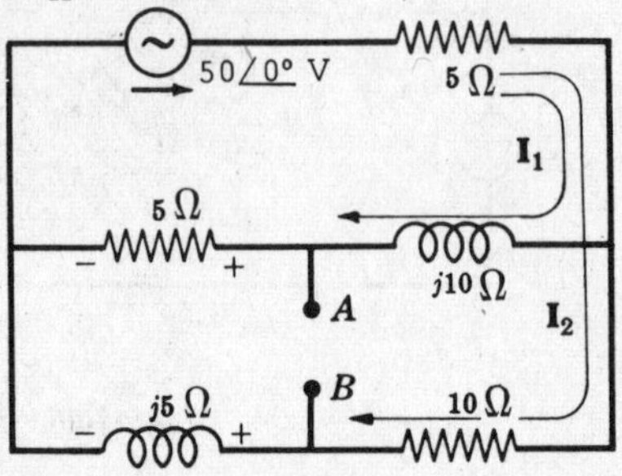

Fig. 11-40

Sur le circuit ouvert de la Fig. 11-40, on peut distinguer deux mailles dans lesquelles circulent respectivement les courants $\mathbf{I}_1$ et $\mathbf{I}_2$, ces courants sont donnés par

$$\mathbf{I}_1 = \frac{\begin{vmatrix} 50 & 5 \\ 50 & 15+j5 \end{vmatrix}}{\begin{vmatrix} 10+j10 & 5 \\ 5 & 15+j5 \end{vmatrix}} = \frac{558\underline{/26{,}6^\circ}}{213{,}5\underline{/69{,}4^\circ}} = 2{,}62\underline{/-42{,}8^\circ}\ \text{A}$$

et

$$\mathbf{I}_2 = \frac{\begin{vmatrix} 10+j10 & 50 \\ 5 & 50 \end{vmatrix}}{\Delta_z} = \frac{558\underline{/63{,}4^\circ}}{213{,}5\underline{/69{,}4^\circ}} = 2{,}62\underline{/-6^\circ}\ \text{A}$$

En supposant que le potentiel du point A est supérieur à celui du point B, la tension équivalente de Thévenin $\mathbf{V}'$ correspond à la tension en circuit ouvert $\mathbf{V}_{AB}$. Les polarités instantanées des tensions aux bornes de la résistance de 5 Ω de la branche centrale et de la réactance $j5\ \Omega$ de la branche inférieure sont indiquées par la Fig. 11-40. On peut alors écrire

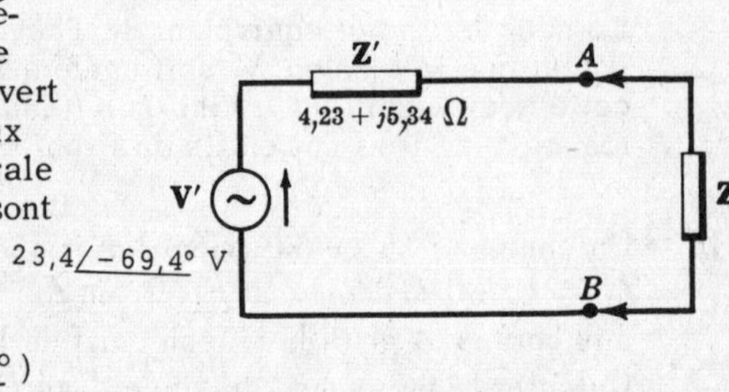

Fig. 11-41

$$\begin{aligned} \mathbf{V}' = \mathbf{V}_{AB} &= \mathbf{I}_1(5) - \mathbf{I}_2(j5) \\ &= (2{,}62\underline{/-42{,}8^\circ})(5) - (2{,}62\underline{/-6^\circ})(5\underline{/90^\circ}) \\ &= 23{,}4\underline{/-69{,}4^\circ}\ \text{V} \end{aligned}$$

Le circuit équivalent de Thévenin est représenté par la Fig. 11-41 avec l'impédance de charge $\mathbf{Z}_L$ connectée entre A et B. En substituant les différentes valeurs de $\mathbf{Z}_L$ dans les relations $\mathbf{I} = \mathbf{V}'/(\mathbf{Z}' + \mathbf{Z}_L)$, les courants ainsi que les puissances requises peuvent être calculés.

Pour $\mathbf{Z}_L = \mathbf{Z}_1 = 10\underline{/30^\circ} = 8{,}66 + j5\ \Omega$, on a

$$\mathbf{I}_1 = \frac{23{,}4\underline{/-69{,}4^\circ}}{(4{,}23 + j5{,}34 + 8{,}66 + j5)} = 1{,}414\underline{/-108{,}2^\circ}\ \text{A} \quad \text{et} \quad P_1 = (I_1)^2\ \text{Re}\ \mathbf{Z}_1 = (1{,}414)^2(8{,}66) = 17{,}32\ \text{W}$$

Pour $\mathbf{Z}_L = \mathbf{Z}_2 = 20\underline{/0^\circ}\ \Omega$, on a

$$\mathbf{I}_2 = \frac{23{,}4\underline{/-69{,}4^\circ}}{(4{,}23 + j5{,}34 + 20)} = 0{,}940\underline{/-81{,}8^\circ}\ \text{A} \quad \text{et} \quad P_2 = (0{,}940)^2(20) = 17{,}65\ \text{W}$$

Pour $\mathbf{Z}_L = \mathbf{Z}_3 = 5 - j5\ \Omega$, on a

$$\mathbf{I}_3 = \frac{23.4\underline{/-69.4^\circ}}{(4{,}23 + j5{,}34 + 5 - j5)} = 2{,}54\underline{/-71{,}5^\circ}\ \text{A} \quad \text{et} \quad P_3 = (2{,}54)^2(5) = 32{,}3\ \text{W}$$

Problèmes supplémentaires

11.17. Etablir le circuit équivalent de Thévenin pour le circuit actif de la Fig. 11-42 (bornes de sortie A et B) *Rép.* $Z' = 9{,}43\ \Omega$, $V' = 6{,}29$ V ($B+$)

11.18. Calculer le circuit équivalent de Norton correspondant au circuit de la Fig. 11-42.
Rép. $Z' = 9{,}43\ \Omega$, $I' = 0{,}667$ A

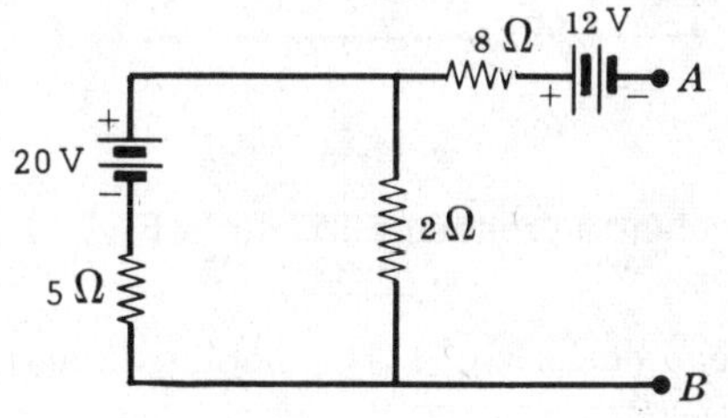

Fig. 11-42

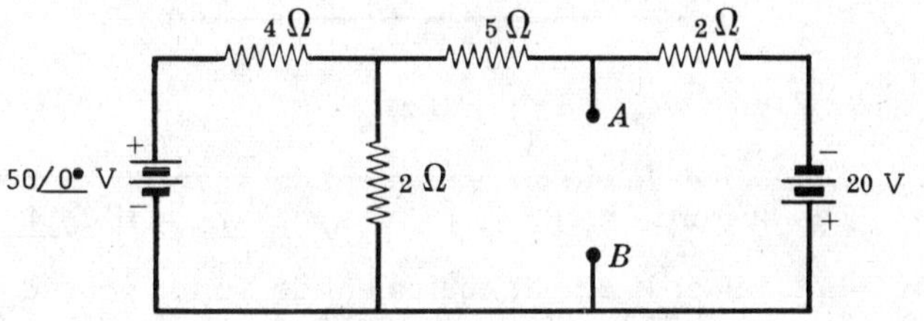

Fig. 11-43

11.19. Calculer le circuit équivalent de Thévenin pour le circuit actif de la Fig. 11-43 (bornes de sortie A, B). *Rép.* $Z' = 1{,}52\ \Omega$, $V' = 11{,}18$ V ($B+$)

11.20. Calculer le circuit équivalent de Norton correspondant au circuit de la Fig. 11-43.
Rép. $Z' = 1{,}52\ \Omega$, $I' = 7{,}35$ A

11.21. Déterminer le circuit équivalent de Thévenin pour le circuit en pont de la Fig. 11-44 (bornes de sortie A et B).
Rép. $Z' = 55{,}5\ \Omega$, $V' = 0$.

11.22. Dans le circuit en pont de la Fig. 11-44 on remplace la résistance de 500 Ω par une résistance de 475 Ω ; déterminer le nouveau circuit équivalent de Thévenin.
Rép. $Z' = 55{,}4\ \Omega$, $V' = 0{,}0863$ V ($A+$).

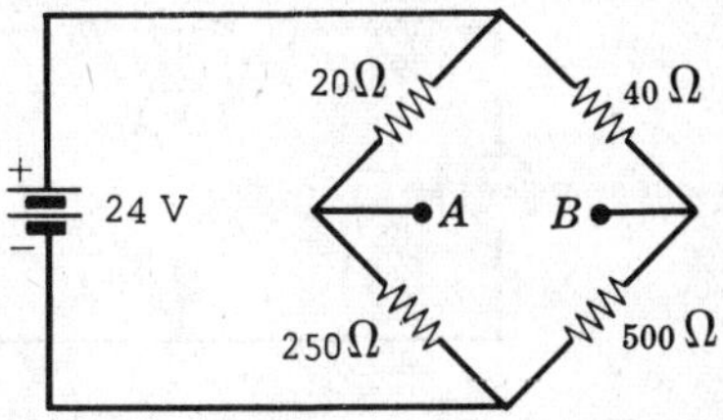

Fig. 11-44

11.23. Déterminer la déviation D d'un galvanomètre de résistance 100 Ω et de sensibilité 0,5 μA/ mm connecté entre les bornes A et B du circuit en pont de la Fig. 11-45 (utiliser le théorème de Thévenin).
Rép. $D = 19{,}5$ cm.

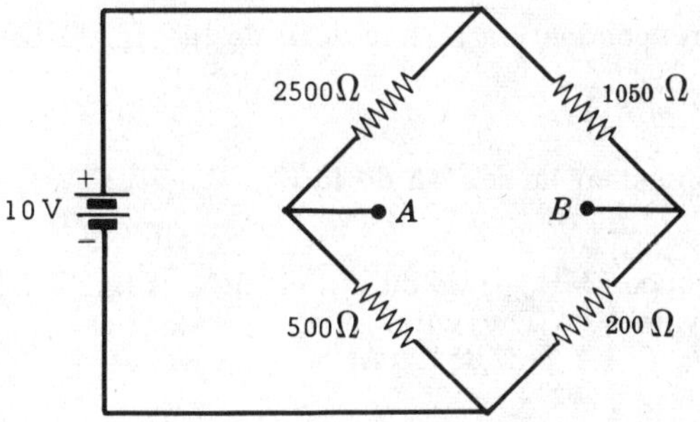

Fig. 11-45

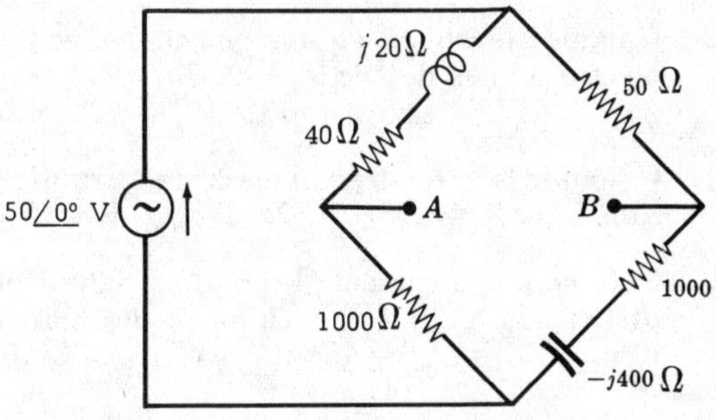

Fig. 11-46

11.24. Déterminer le circuit équivalent de Thévenin pour le pont alternatif de la Fig. 11-46 (bornes de sortie A et B)
Rép. $Z' = 88{,}7\underline{/\ 11{,}55^\circ}\ \Omega$, $V' = 0{,}192\underline{/-43{,}4^\circ}$ V.

11.25. En utilisant le théorème de Thévenin déterminer la puissance dissipée dans une résistance de 1 Ω connectée aux bornes A et B du réseau de la Fig. 11-47 ci-dessous.
Rép. 2,22 W.

11.26. Refaire le Problème 11.25 en utilisant le circuit équivalent de Norton

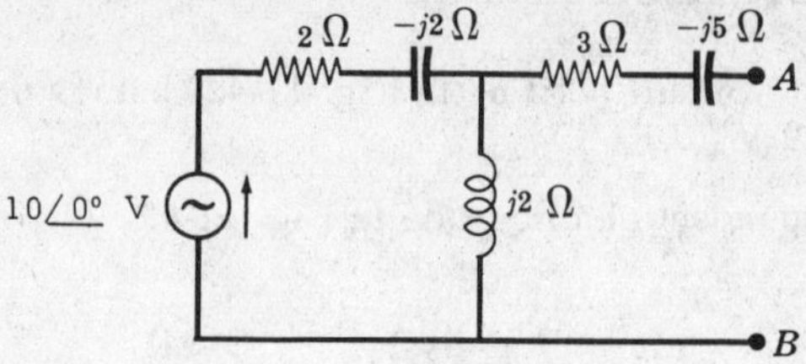

Fig. 11-47

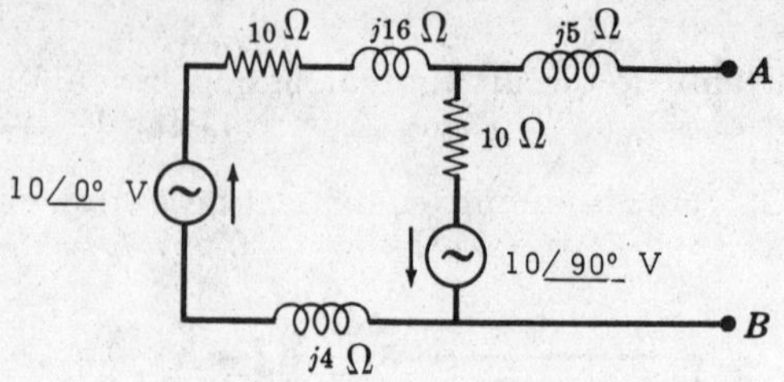

Fig. 11-48

11.27. Déterminer le circuit équivalent de Thévenin correspondant au réseau actif de la Fig. 11-48 (bornes de sortie A et B) *Rép.* $\mathbf{Z}' = 10{,}6\angle 45^\circ\ \Omega$, $\mathbf{V}' = 11{,}17\angle -63{,}4^\circ$ V

11.28. Déterminer le circuit équivalent de Norton pour le réseau de la Fig. 11-48 (bornes de sortie A et B) *Rép.* $\mathbf{Z}' = 10{,}6\angle 45^\circ\ \Omega$, $\mathbf{I}' = 1{,}05\angle 251{,}6^\circ$ A

11.29. En utilisant le théorème de Thévenin, déterminer la puissance dissipée dans une impédance de $(2 + j4)\,\Omega$ branchée entre les bornes A et B du réseau actif de la Fig. 11-49.
Rép. 475 W.

11.30. Refaire le Problème 11.29 en utilisant le théorème de Norton

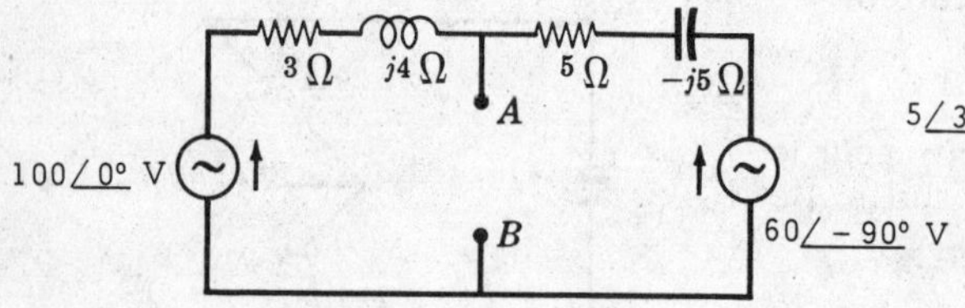

Fig. 11-49

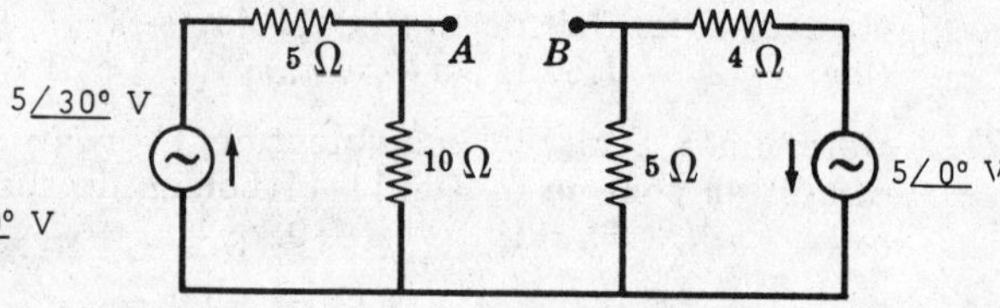

Fig. 11-50

11.31. Déterminer le circuit équivalent de Thévenin correspondant au réseau actif de la Fig. 11-50.
Rép. $\mathbf{Z}' = 5{,}55\angle 0^\circ\ \Omega$, $\mathbf{V}' = 5{,}9\angle 16{,}4^\circ$ V

11.32. Déterminer le circuit équivalent de Norton correspondant au réseau actif de la Fig. 11.50.
Rép. $\mathbf{Z}' = 5{,}55\angle 0^\circ\ \Omega$. $\mathbf{I}' = 1{,}06\angle 16{,}4^\circ$ A.

11.33. Calculer le circuit équivalent de Thévenin correspondant au réseau actif de la Fig. 11-51 ayant comme bornes de sortie A et B.
Rép. $\mathbf{Z}' = 2{,}5 + j\,12{,}5\ \Omega$, $\mathbf{V}' = 25\sqrt{2}\angle 45^\circ$ V

11.34. Calculer le circuit équivalent de Norton correspondant au réseau de la Fig. 11-51.
Rép. $\mathbf{Z}' = 2{,}5 + j\,12{,}5\ \Omega$, $\mathbf{I}' = 2{,}77\angle -33{,}7^\circ$ A.

11.35. Déterminer le courant $\mathbf{I}$ circulant dans l'impédance $(3 + j4)\ \Omega$ du circuit de la Fig. 11-52; remplacer pour cela le réseau par son circuit équivalent de Thévenin.
Rép. $\mathbf{Z}' = 3{,}53\angle 45^\circ\ \Omega$, $\mathbf{V}' = 70{,}7\angle 135^\circ$ V, $\mathbf{I} = 8{,}3\angle 85{,}2^\circ$ A.

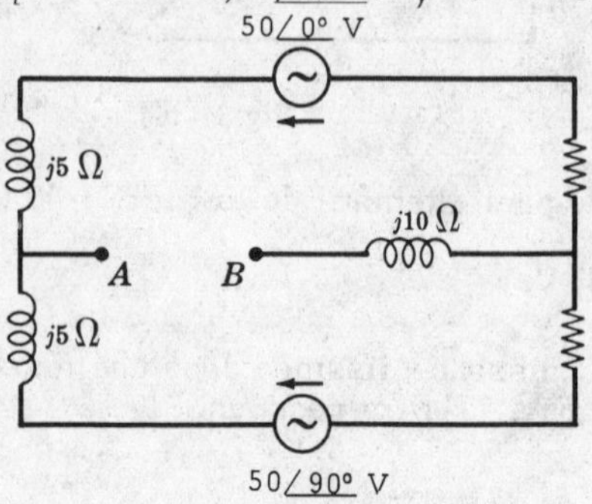

Fig. 11-51

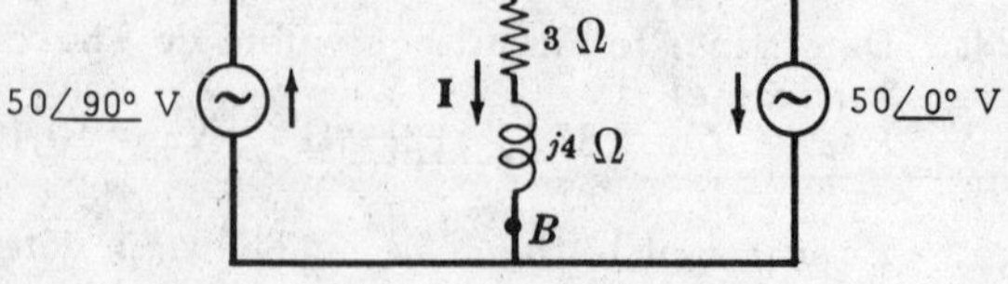

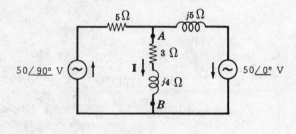

Fig. 11-52

11.36. Refaire le Problème 11.35 en utilisant le circuit équivalent de Norton.
Rép. $Z' = 3{,}53\underline{/45^\circ}\ \Omega$, $I' = 20\underline{/90^\circ}$ A, $I = 8{,}3\underline{/85{,}2^\circ}$ A.

11.37. Comme l'indique la Fig. 11-53, le réseau est alimenté par une source de courant de $15\underline{/45^\circ}$ A. Remplacer le réseau par un circuit équivalent de Thévenin (bornes de sortie *A* et *B*).
Rép. $Z' = 11{,}48 + j1{,}19\ \Omega$, $V' = 28{,}6\underline{/83{,}8^\circ}$ V.

11.38. Calculer le circuit équivalent de Norton correspondant au circuit de la Fig. 11-53.
Rép. $Z' = 11{,}48 + j1{,}19\ \Omega$, $I' = 2{,}47\underline{/77{,}9^\circ}$ A.

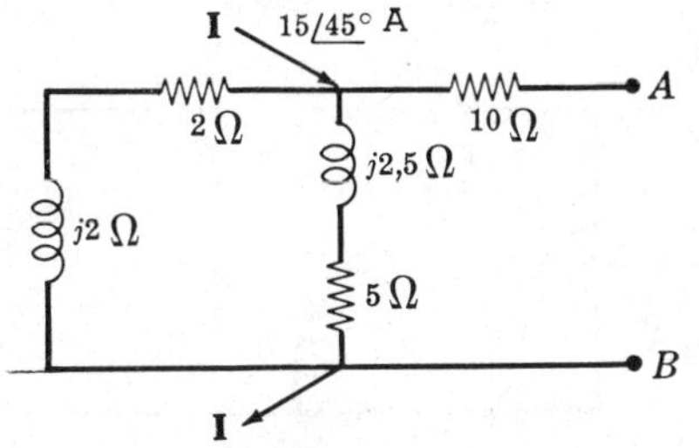

Fig. 11-53

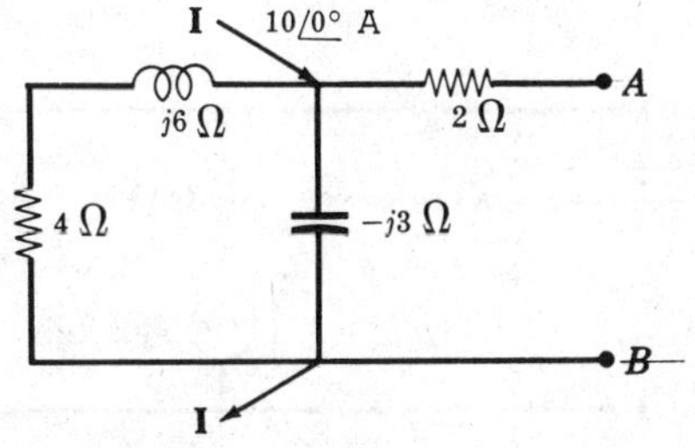

Fig. 11-54

11.39. Calculer le circuit équivalent de Thévenin correspondant au réseau de la Fig. 11-54.
Rép. $Z' = 5{,}34\underline{/-49{,}8^\circ}\ \Omega$, $V' = 43{,}3\underline{/-70{,}6^\circ}$ V.

11.40. Calculer le circuit équivalent de Norton pour le réseau de la Fig. 11-54.
Rép. $Z' = 5{,}34\underline{/-49{,}8^\circ}\ \Omega$, $I' = 8{,}1\underline{/-20{,}8^\circ}$ A.

11.41. En utilisant le théorème de Thévenin, déterminer la puissance dissipée dans l'impédance $Z = 10\underline{/60^\circ}\ \Omega$ branchée entre les bornes *A* et *B* du réseau de la Fig. 11-55. *Rép.* 23 W

11.42. Refaire le Problème 11.41. en utilisant le circuit équivalent de Norton.

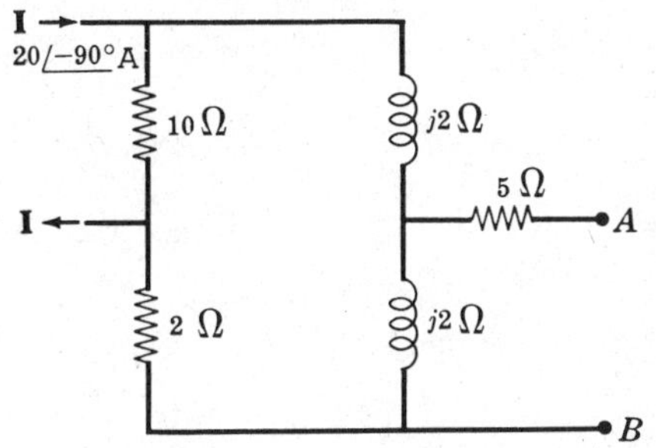

Fig. 11-55

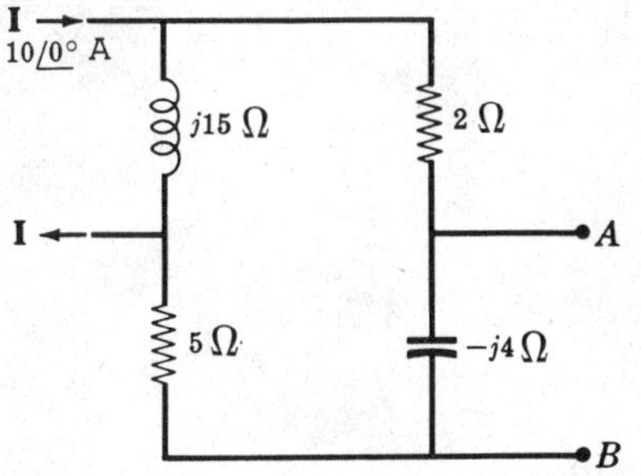

Fig. 11-56

11.43. Déterminer le réseau équivalent de Thévenin correspondant au réseau actif de la Fig. 11-56.
Rép. $Z' = 5{,}09\underline{/-82{,}5^\circ}\ \Omega$, $V' = 46{,}2\underline{/-57{,}5^\circ}$ V

11.44. Calculer le circuit équivalent de Norton correspondant au réseau de la Fig. 11-56.
Rép. $Z' = 5{,}09\underline{/-82{,}5}\ \Omega$, $I' = 9{,}05\underline{/25^\circ}$ A

11.45. Déterminer le circuit équivalent de Thévenin pour le réseau actif de la Fig. 11-57 (bornes de sortie *A* et *B*).
Rép. $Z' = 6{,}2\underline{/51{,}8^\circ}\ \Omega$, $V' = 62{,}6\underline{/44{,}17^\circ}$ V

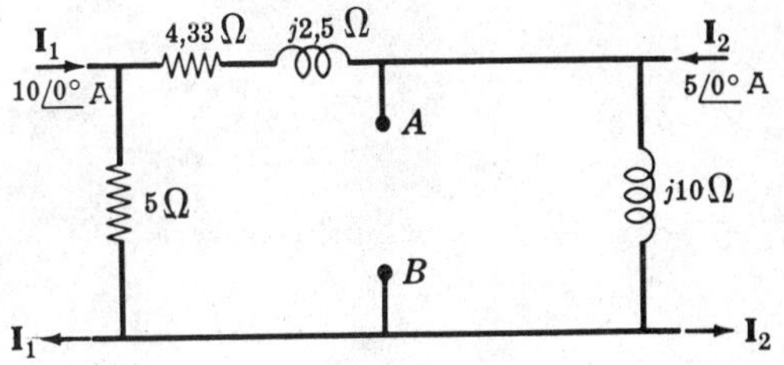

Fig. 11-57

11.46. Déterminer le circuit équivalent de Norton pour le réseau de la Fig. 11-57.
Rép. $Z' = 6{,}2\underline{/51{,}8^\circ}\ \Omega$, $I' = 10{,}1\underline{/-7{,}63^\circ}$ A.

11.47. Le réseau actif de la Fig. 11-58 comporte une source de courant de $4\underline{/45^\circ}$ A et une source de tension de $25\underline{/90^\circ}$ V. Trouver le circuit équivalent de Thévenin pour ce réseau.
Rép. $Z' = 3{,}68\underline{/36^\circ}\ \Omega$, $V' = 22{,}2\underline{/98^\circ}$ V.

11.48. Déterminer le circuit équivalent de Norton pour le réseau de la Fig. 11-58.
Rép. $Z' = 3{,}68\underline{/36^\circ}\ \Omega$, $I' = 6{,}03\underline{/62^\circ}$ A.

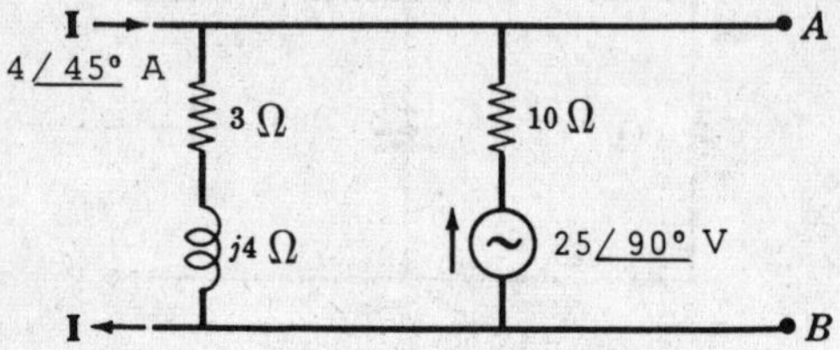

Fig. 11-58

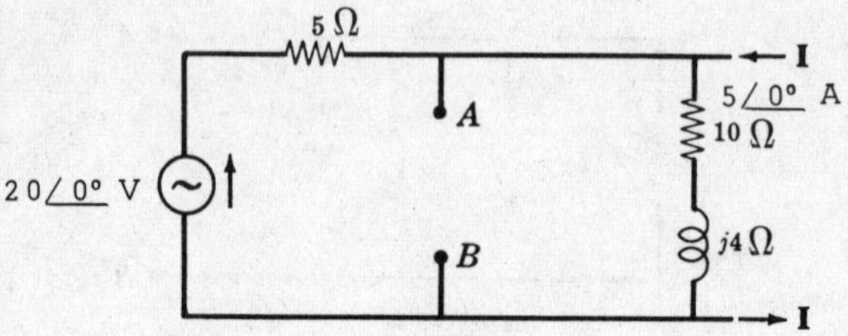

Fig. 11-59

11.49. Calculer le circuit équivalent de Thévenin correspondant au réseau actif de la Fig. 11-59.
Rép. $Z' = 3{,}47\underline{/6{,}85^\circ}\ \Omega$, $V' = 31{,}2\underline{/6{,}89^\circ}$ V.

11.50. Calculer le circuit équivalent de Norton pour le réseau de la Fig. 11-59.
Rép. $Z' = 3{,}47\underline{/6{,}85^\circ}\ \Omega$, $I' = 9{,}0\underline{/0^\circ}$ A.

Chapitre 12

Théorèmes relatifs aux réseaux

INTRODUCTION

La méthode des mailles et la méthodes des nœuds permettent de résoudre pratiquement tous les problèmes relatifs aux circuits. L'introduction dans le chapitre 11 des théorèmes de Thévenin et de Norton réduit les calculs numériques dans le cas où un réseau donné doit alimenter différentes impédances. Les théorèmes que nous introduisons dans ce chapitre ont également pour but de simplifier la résolution de certains types particuliers de problèmes rencontrés dans l'étude des circuits. Ce chapitre peut ainsi être considéré comme une extension du chapitre 11.

TRANSFORMATION ETOILE-TRIANGLE (Y-Δ)

Dans le quadripôle passif de la Fig. 12-1 (*a*), les trois impédances $\mathbf{Z}_A$, $\mathbf{Z}_B$ et $\mathbf{Z}_C$ sont montées en triangle. Dans le quadripôle passif de la Fig. 12-1 (*b*) les trois impédances $\mathbf{Z}_1$, $\mathbf{Z}_2$ et $\mathbf{Z}_3$ sont montées en étoile. Les deux circuits sont équivalents lorsque leurs impédances d'entrée, de sortie et de transfert sont respectivement égales.

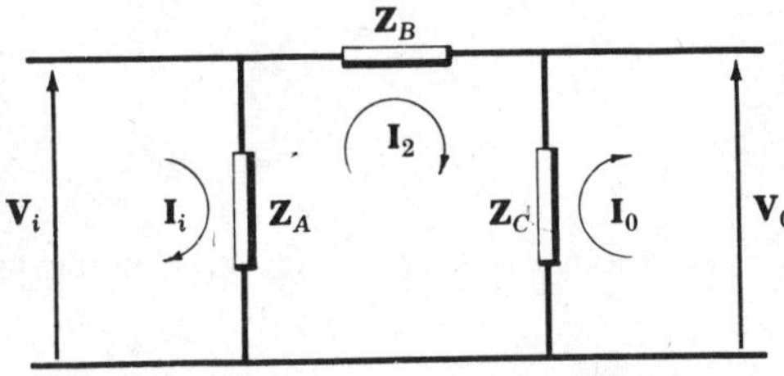

(*a*)

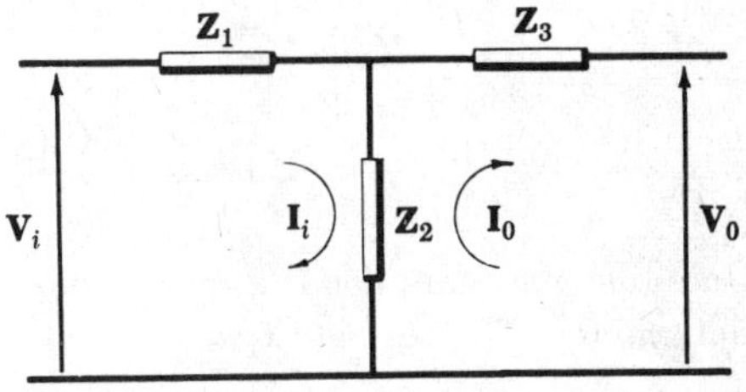

(*b*)

Fig. 12-1

Soit $\mathbf{V}_i$ la tension d'entrée et $\mathbf{V}_0$ la tension de sortie de chacun des circuits; on choisit le courant d'entrée $\mathbf{I}_i$ et le courant de sortie $\mathbf{I}_0$; ces courants sont orientés dans le sens des aiguilles d'une montre dans chacun des circuits. Soit enfin $\mathbf{I}_2$ le courant circulant dans la maille centrale du circuit monté en triangle; la direction de ce courant est celle indiquée.

Les équations de maille du circuit monté en triangle peuvent se mettre sous la forme suivante:

$$\begin{bmatrix} \mathbf{Z}_A & -\mathbf{Z}_A & 0 \\ -\mathbf{Z}_A & \mathbf{Z}_A+\mathbf{Z}_B+\mathbf{Z}_C & -\mathbf{Z}_C \\ 0 & -\mathbf{Z}_C & \mathbf{Z}_C \end{bmatrix} \begin{bmatrix} \mathbf{I}_i \\ \mathbf{I}_2 \\ \mathbf{I}_0 \end{bmatrix} = \begin{bmatrix} \mathbf{V}_i \\ 0 \\ -\mathbf{V}_0 \end{bmatrix}$$

Les impédances d'entrée, de sortie et de transfert correspondantes sont

$$\mathbf{Z}_{\text{entrée}} = \frac{\Delta_z}{\Delta_{11}} = \frac{\mathbf{Z}_A\mathbf{Z}_B}{\mathbf{Z}_A + \mathbf{Z}_B}$$

$$\mathbf{Z}_{\text{sortie}} = \frac{\Delta_z}{\Delta_{33}} = \frac{\mathbf{Z}_B\mathbf{Z}_C}{\mathbf{Z}_B + \mathbf{Z}_C}$$

$$\mathbf{Z}_{\text{transfert } i0} = \frac{\Delta_z}{\Delta_{13}} = \mathbf{Z}_B$$

Les équations correspondant au circuit en étoile (Fig. 12-1 (*b*)) sont

$$\begin{bmatrix} \mathbf{Z}_1 + \mathbf{Z}_2 & -\mathbf{Z}_2 \\ -\mathbf{Z}_2 & \mathbf{Z}_2 + \mathbf{Z}_3 \end{bmatrix} \begin{bmatrix} \mathbf{I}_i \\ \mathbf{I}_0 \end{bmatrix} = \begin{bmatrix} \mathbf{V}_i \\ -\mathbf{V}_0 \end{bmatrix}$$

et les impédances d'entrée, de sortie et de transfert sont

$$\mathbf{Z}_{\text{entrée}} = \frac{\Delta_z}{\Delta_{11}} = \frac{\mathbf{Z}_1\mathbf{Z}_2 + \mathbf{Z}_1\mathbf{Z}_3 + \mathbf{Z}_2\mathbf{Z}_3}{\mathbf{Z}_2 + \mathbf{Z}_3}$$

$$\mathbf{Z}_{\text{sortie}} = \frac{\Delta_z}{\Delta_{22}} = \frac{\mathbf{Z}_1\mathbf{Z}_2 + \mathbf{Z}_1\mathbf{Z}_3 + \mathbf{Z}_2\mathbf{Z}_3}{\mathbf{Z}_1 + \mathbf{Z}_2}$$

$$\mathbf{Z}_{\text{transfert } i0} = \frac{\Delta_z}{\Delta_{12}} = \frac{\mathbf{Z}_1\mathbf{Z}_2 + \mathbf{Z}_1\mathbf{Z}_3 + \mathbf{Z}_2\mathbf{Z}_3}{\mathbf{Z}_2}$$

En identifiant les impédances correspondantes des circuits en triangle et en étoile, on obtient

$$\frac{\mathbf{Z}_A\mathbf{Z}_B}{\mathbf{Z}_A + \mathbf{Z}_B} = \frac{\mathbf{Z}_1\mathbf{Z}_2 + \mathbf{Z}_1\mathbf{Z}_3 + \mathbf{Z}_2\mathbf{Z}_3}{\mathbf{Z}_2 + \mathbf{Z}_3} \qquad (1)$$

$$\frac{\mathbf{Z}_B\mathbf{Z}_C}{\mathbf{Z}_B + \mathbf{Z}_C} = \frac{\mathbf{Z}_1\mathbf{Z}_2 + \mathbf{Z}_1\mathbf{Z}_3 + \mathbf{Z}_2\mathbf{Z}_3}{\mathbf{Z}_1 + \mathbf{Z}_2} \qquad (2)$$

$$\mathbf{Z}_B = \frac{\mathbf{Z}_1\mathbf{Z}_2 + \mathbf{Z}_1\mathbf{Z}_3 + \mathbf{Z}_2\mathbf{Z}_3}{\mathbf{Z}_2} \qquad (3)$$

On substitue alors dans les équations (*1*) et (*2*) l'expression équivalente de Z_B donnée par (*3*) et on détermine Z_A et Z_C .

$$(4) \quad \mathbf{Z}_A = \frac{\mathbf{Z}_1\mathbf{Z}_2 + \mathbf{Z}_1\mathbf{Z}_3 + \mathbf{Z}_2\mathbf{Z}_3}{\mathbf{Z}_3}, \qquad (5) \quad \mathbf{Z}_C = \frac{\mathbf{Z}_1\mathbf{Z}_2 + \mathbf{Z}_1\mathbf{Z}_3 + \mathbf{Z}_2\mathbf{Z}_3}{\mathbf{Z}_1}$$

On constate ainsi qu'un montage en étoile comportant les impédances Z_1, Z_2 et Z_3 peut être remplacé par un montage en triangle comportant les impédances Z_A, Z_B et Z_C calculées ci-dessus.

Pour effectuer la transformation du montage triangle en montage étoile on additionne les équations (*3*), (*4*) et (*5*) et l'on prend la valeur réciproque de cette somme, ce qui donne

$$\frac{1}{\mathbf{Z}_A + \mathbf{Z}_B + \mathbf{Z}_C} = \frac{\mathbf{Z}_1\mathbf{Z}_2\mathbf{Z}_3}{(\mathbf{Z}_1\mathbf{Z}_2 + \mathbf{Z}_1\mathbf{Z}_3 + \mathbf{Z}_2\mathbf{Z}_3)^2} \qquad (6)$$

En multipliant alors le membre de gauche de la relation (*6*) par Z_A Z_B et le membre de droite de cette même relation par les expressions correspondantes de Z_A et Z_B on obtient

$$\left(\frac{1}{\mathbf{Z}_A + \mathbf{Z}_B + \mathbf{Z}_C}\right)\mathbf{Z}_A\mathbf{Z}_B = \frac{\mathbf{Z}_1\mathbf{Z}_2\mathbf{Z}_3}{(\mathbf{Z}_1\mathbf{Z}_2 + \mathbf{Z}_1\mathbf{Z}_3 + \mathbf{Z}_2\mathbf{Z}_3)^2}\left(\frac{\mathbf{Z}_1\mathbf{Z}_2 + \mathbf{Z}_1\mathbf{Z}_3 + \mathbf{Z}_2\mathbf{Z}_3}{\mathbf{Z}_3}\right)\left(\frac{\mathbf{Z}_1\mathbf{Z}_2 + \mathbf{Z}_1\mathbf{Z}_3 + \mathbf{Z}_2\mathbf{Z}_3}{\mathbf{Z}_2}\right)$$

d'où l'on tire

$$\mathbf{Z}_1 = \frac{\mathbf{Z}_A\mathbf{Z}_B}{\mathbf{Z}_A + \mathbf{Z}_B + \mathbf{Z}_C}$$

On peut procéder de la même manière pour exprimer Z_2 et Z_3 en fonction de Z_A, Z_B et Z_C. Les résultats de ces transformations sont mis en évidence par le tableau ci-dessous;

Transformation Y - Δ	Transformation Δ - Y
$\mathbf{Z}_A = \dfrac{\mathbf{Z}_1\mathbf{Z}_2 + \mathbf{Z}_1\mathbf{Z}_3 + \mathbf{Z}_2\mathbf{Z}_3}{\mathbf{Z}_3}$	$\mathbf{Z}_1 = \dfrac{\mathbf{Z}_A\mathbf{Z}_B}{\mathbf{Z}_A + \mathbf{Z}_B + \mathbf{Z}_C}$
$\mathbf{Z}_B = \dfrac{\mathbf{Z}_1\mathbf{Z}_2 + \mathbf{Z}_1\mathbf{Z}_3 + \mathbf{Z}_2\mathbf{Z}_3}{\mathbf{Z}_2}$	$\mathbf{Z}_2 = \dfrac{\mathbf{Z}_A\mathbf{Z}_C}{\mathbf{Z}_A + \mathbf{Z}_B + \mathbf{Z}_C}$
$\mathbf{Z}_C = \dfrac{\mathbf{Z}_1\mathbf{Z}_2 + \mathbf{Z}_1\mathbf{Z}_3 + \mathbf{Z}_2\mathbf{Z}_3}{\mathbf{Z}_1}$	$\mathbf{Z}_3 = \dfrac{\mathbf{Z}_B\mathbf{Z}_C}{\mathbf{Z}_A + \mathbf{Z}_B + \mathbf{Z}_C}$

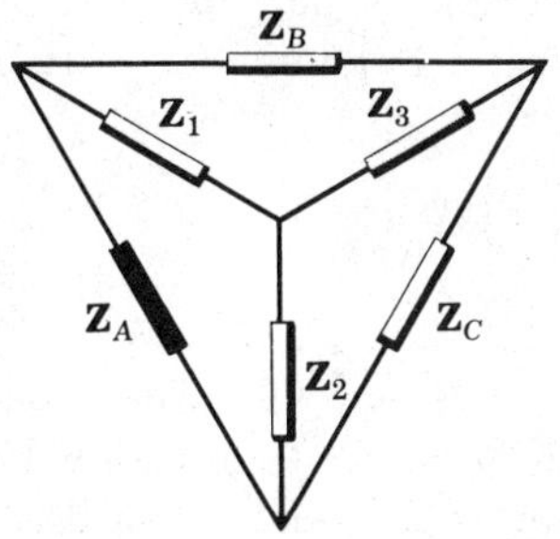

Fig. 12-2

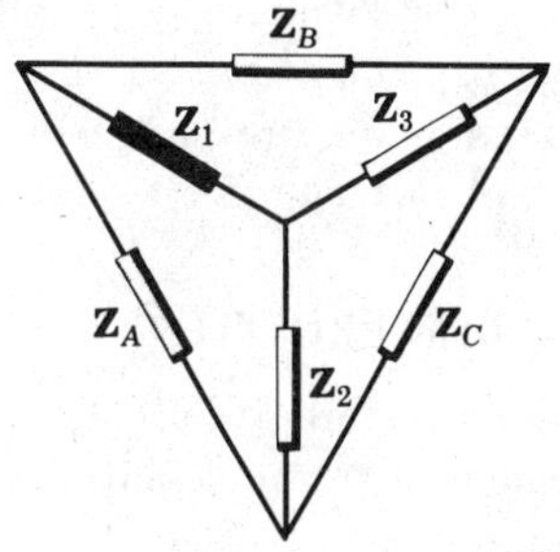

Fig. 12-3

Des règles mnémotechniques pour déterminer les résultats précédents sont données ci-dessous.

1. - Transformation Y - Δ.

Chaque impédance du circuit en triangle est donnée par le rapport de la somme de tous les produits deux à deux des impédances du circuit en étoile, à l'impédance opposée du circuit en étoile.

En se référant à la Fig. 12-2 on voit que Z_A est donnée par la somme des trois produits divisée par Z_3 impédance opposée du circuit en étoile.

2. - Transformation Δ - Y

Chaque impédance du circuit en étoile est donnée par le rapport du produit des deux impédances adjacentes du circuit en triangle à la somme des trois impédances du circuit en triangle.

En se référant à la Fig. 12-3, Z_1 est donnée par le produit $Z_A\ Z_B$ des impédances adjacentes du circuit en triangle divisé par la somme des trois impédances du circuit en triangle.

THEOREME DE SUPERPOSITION

Le théorème de superposition s'énonce ainsi: «La réponse de chaque élément d'un réseau linéaire bilatéral, comportant deux ou plusieurs sources, correspond à la somme des réponses dues à chacune des sources agissant séparément, abstraction faite de toutes les autres sources».

Le principe de superposition était contenu implicitement dans la méthode des mailles et dans la méthode des noeuds. Les courants de maille et les tensions de nœuds pouvaient se calculer à partir du rapport de deux déterminants (voir chapitres 9 et 10). Les développements des déterminants du numérateur selon les éléments de la colonne contenant les sources, donnaient lieu à des équations du type suivant

$$\mathbf{I}_1 = \mathbf{V}_1\frac{\Delta_{11}}{\Delta_Z} + \mathbf{V}_2\frac{\Delta_{21}}{\Delta_Z} + \mathbf{V}_3\frac{\Delta_{31}}{\Delta_Z} + \cdots \qquad (7)$$

et

$$\mathbf{V}_1 = \mathbf{I}_1\frac{\Delta_{11}}{\Delta_Y} + \mathbf{I}_2\frac{\Delta_{21}}{\Delta_Y} + \mathbf{I}_3\frac{\Delta_{31}}{\Delta_Y} + \cdots \qquad (8)$$

Les termes de la relation (7) sont les composantes du courant de maille $\mathbf{I}_1$ dues aux tensions $\mathbf{V}_1$, $\mathbf{V}_2$, etc. De même les termes de la relation (8) sont les composantes de la tension de noeud $\mathbf{V}_1$ dues aux courants $\mathbf{I}_1$, $\mathbf{I}_2$, etc.

Si les mailles sont choisies de telle sorte que les sources se trouvent toutes dans des branches non couplées, les termes de la relation (7) seront identiques aux courants dus aux sources agissant séparément. De même, si toutes les sources de courants d'un réseau à analyser par la méthode des nœuds, ont le même point commun (point de retour), et si l'on choisit ce point comme point de référence, les termes de la relation (8) seront identiques aux tensions de nœud dues à chacune des sources agissant séparément.

Le principe de superposition peut être utilisé pour déterminer les courants et les tensions de nœud qui dépendent linéairement des sources alimentant le réseau. La puissance ne peut pas être déterminée par ce principe de superposition, vu que les relations entre la puissance et le courant d'une part, la puissance et la tension d'autre part, sont quadratiques.

THEOREME DE RECIPROCITE

Le théorème de réciprocité s'énonce ainsi: «Dans un réseau linéaire bilatéral à *source unique*, le rapport de la grandeur d'entrée (excitation) à la grandeur de sortie (réponse) est constant, quelles que soient les positions respectives de la source d'excitation et de l'endroit où l'on mesure la réponse».

Ce théorème peut être démontré pour un réseau comportant une source de tension unique en considérant l'équation suivante pour le courant $\mathbf{I}_r$ circulant dans la maille r.

$$\mathbf{I}_r = \mathbf{V}_1\frac{\Delta_{1r}}{\Delta_z} + \mathbf{V}_2\frac{\Delta_{2r}}{\Delta_z} + \cdots + \mathbf{V}_r\frac{\Delta_{rr}}{\Delta_z} + \mathbf{V}_s\frac{\Delta_{sr}}{\Delta_z} + \cdots$$

Soit $\mathbf{V}_s$ cette source de tension unique, on peut alors écrire

$$\mathbf{I}_r = \mathbf{V}_s\frac{\Delta_{sr}}{\Delta_z}$$

Le rapport de la grandeur d'entrée à la grandeur de sortie est

$$\frac{\mathbf{V}_s}{\mathbf{I}_r} = \frac{\Delta_z}{\Delta_{sr}} = \mathbf{Z}_{\text{transfert } sr} \qquad (9)$$

En intervertissant les positions, la source devient $\mathbf{V}_r$ et le courant $\mathbf{I}_s$

$$\mathbf{I}_s = \mathbf{V}_r\frac{\Delta_{rs}}{\Delta_z}$$

Le rapport de la grandeur d'excitation à la grandeur de réponse est

$$\frac{\mathbf{V}_r}{\mathbf{I}_s} = \frac{\Delta_z}{\Delta_{rs}} = \mathbf{Z}_{\text{transfert } rs} \qquad (10)$$

Les deux impédances de transfert des relations (9) et (*10*) sont égales dans un réseau linéaire bilatéral, étant donné que dans de tels réseaux, la matrice impédance [Z] est symétrique par rapport à la diagonale principale et que les cofacteurs Δ_{sr} et Δ_{rs} sont égaux. Par conséquent, le courant dans la maille r dû à la source de tension placée dans la maille s est identique au courant dans la maille s lorsque la même source de tension est placée dans la maille r. *Il faut cependant remarquer que les courants dans les autres parties du réseau ne seront pas identiques.*

Le théorème de réciprocité peut également être appliqué à des réseaux contenant une source de courant unique. Dans ce cas le théorème peut s'énoncer ainsi: «La tension entre les extrémités M et N d'un réseau, due à une source de courant placée aux extrémités A et B est la même que la tension mesurée aux extrémités A et B lorsque la source de courant est placée entre les extrémités M et N. *Comme précédemment il faut remarquer que les potentiels, en d'autres points du réseau, ne resteront pas les mêmes* (voir problème 12.9).

THEOREME DE COMPENSATION

Lorsqu'un courant **I** circule dans une impédance **Z** d'un réseau, la chute de tension à ses bornes est **ZI**. Conformément au théorème de compensation, cette impédance peut être remplacée par une «*f.e.m. de compensation*» dont le module et la phase sont ceux du **ZI**. De même, si la chute de tension dans un élément ou dans une branche de réseau d'impédance **Z** est **V**, cet élément ou cette branche peut être remplacé par une source de courant $\mathbf{I} = \mathbf{V}/\mathbf{Z}$. La substitution de ces sources aux éléments respectifs n'affecte ni les courants ni les tensions dans les autres parties du réseau. Le théorème de compensation est également appelé théorème de substitution.

La branche du réseau de la Fig. 12-4 (*a*) est constituée de deux impédances $\mathbf{Z}_A$ et $\mathbf{Z}_B$. Vu que le courant qui circule dans cette branche est $\mathbf{I}_1$, la chute de tension dans cette impédance est $\mathbf{I}_1\mathbf{Z}_A$ avec la polarité indiquée. Dans la Fig. 12-4 (*b*) l'impédance $\mathbf{Z}_A$ a été remplacée par une source de compensation $\mathbf{V}_c = \mathbf{I}_1\mathbf{Z}_A$. Cette source, conformément aux conventions, doit être polarisée comme l'indique la figure.

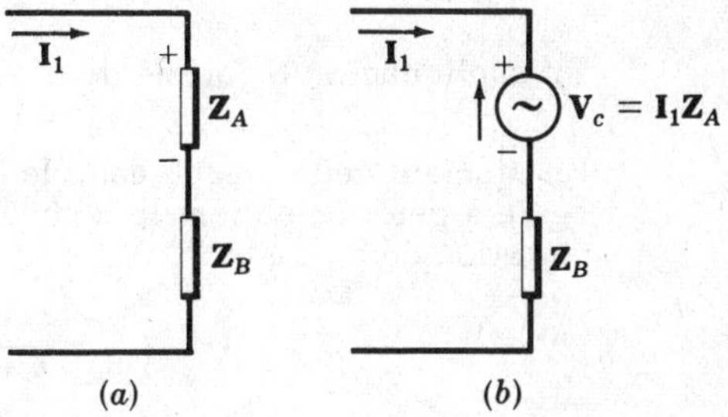

Fig. 12-4

S'il devait se produire dans le réseau une variation affectant le courant $\mathbf{I}_1$, la source de compensation devrait être modifiée en conséquence. Pour cette raison *on appelle la source de compensation une source dépendante.*

Le théorème de compensation s'avère utile chaque fois qu'il faut déterminer des variations de courant ou de tension dans un élément de circuit dont la valeur de l'impédance est modifiée; ceci est notamment le cas dans les circuits en pont ou dans les circuits potentiométriques où une faible variation d'une des impédances modifie les conditions de zéro.

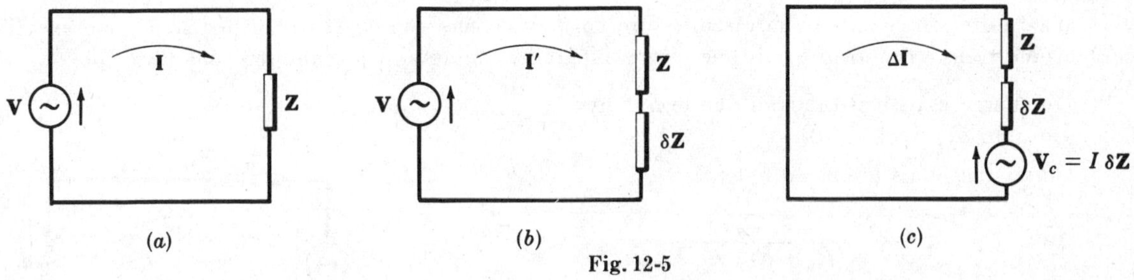

Fig. 12-5

La source de tension **V** alimentant le circuit de la Fig. 12-5 (*a*) y fait circuler un courant égal à $\mathbf{V}/\mathbf{Z}$. Dans le circuit de la Fig. 12-5 (*b*) on a procédé à une variation d'impédance $\delta\mathbf{Z}$ amenant l'impédance totale du circuit à $(\mathbf{Z} + \delta\mathbf{Z})$. Le courant dans le circuit change en conséquence et devient $\mathbf{I}' = \mathbf{V}/(\mathbf{Z}+\delta\mathbf{Z})$. On peut à présent introduire une source de tension de compensation $\mathbf{V}_c = \mathbf{I}\delta\mathbf{Z}$ comme le montre la Fig. 12-5 (*c*); dans ce circuit *la source initiale* **V** *délivre une tension nulle* et par conséquent le courant circulant dans le circuit est $\Delta\mathbf{I}$. $\Delta\mathbf{I}$ est la variation de courant résultant d'une variation $\delta\mathbf{Z}$ de l'impédance du circuit. En appliquant le théorème de superposition on peut écrire $\mathbf{I} + \Delta\mathbf{I} = \mathbf{I}'$ ou $\Delta\mathbf{I} = \mathbf{I}' - \mathbf{I}$.

Exemple Dans le circuit de la Fig. 12-6, on procède à une modification de l'impédance $(3 + j4)\Omega$ qui devient $(5 + j5)\,\Omega$, c'est-à-dire $\delta\mathbf{Z} = (2 + j1)\,\Omega$. Déterminer la variation du courant en utilisant une méthode classique et vérifier le résultat en utilisant le théorème de compensation.

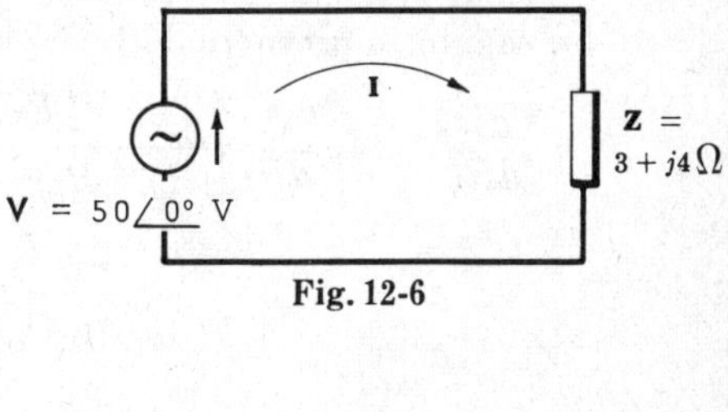

Fig. 12-6

Avant le changement de l'impédance on avait $\mathbf{I} = \mathbf{V}/\mathbf{Z} = (50\underline{/0°})/(5\underline{/53{,}1°}) = 10\underline{/-53{,}1°}$ A Après la modification $\delta\mathbf{Z}$ de l'impédance comme l'indique la Fig. 12-7 (*a*) ci-dessus, on a

$$\mathbf{I}' = \mathbf{V}/(\mathbf{Z}+\delta\mathbf{Z}) = (50\underline{/0°})/(5+j5) = 7{,}07\underline{/-45°}\text{ A.}$$

La variation de courant correspondante est

$$\Delta\mathbf{I} = \mathbf{I}' - \mathbf{I} = (5-j5)-(6-j8) = -1+j3 = 3{,}16\underline{/108{,}45°}\text{ A}$$

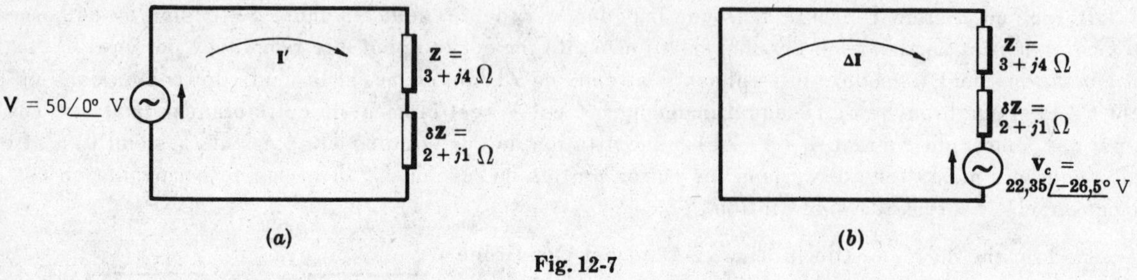

Fig. 12-7

En appliquant le théorème de compensation, la source de compensation est

$$\mathbf{V}_c = \mathbf{I}\,\delta\mathbf{Z} = (10\underline{/-53{,}1°})(2+j1) = 22{,}35\underline{/-26{,}5°}\text{ V}$$

En insérant cette source dans le circuit contenant $\mathbf{Z}$ et $\delta\mathbf{Z}$ et en rendant la source de $50\underline{/0°}$ V égale à zéro, on obtient le réseau de la Fig. 12-7 (*b*) qui nous permet de calculer directcment la variation de courant:

$$\Delta\mathbf{I} = -\frac{\mathbf{V}_c}{\mathbf{Z}+\delta\mathbf{Z}} = -\frac{22{,}35\underline{/-26{,}5°}}{5+j5} = 3{,}16\underline{/108{,}45°}\text{ A}$$

On constate ainsi que lorsqu'une impédance d'un circuit est modifiée et que l'on désire connaître la variation $\Delta\mathbf{I}$ correspondante, on peut déterminer $\Delta\mathbf{I}$ en considérant comme unique source du circuit la source de compensation $\mathbf{V}_C$, toutes les autres sources délivrant des tensions nulles.

THEOREMES RELATIFS AU TRANSFERT (OPTIMAL) DE PUISSANCE

Dans ce paragraphe, on établit les théorèmes qui permettent de déterminer les valeurs des impédances de charge d'un réseau de telle sorte que la puissance transmise à cette charge soit maximale.

Pour ce faire, on considère un circuit série comportant une source et une impédance complexe fixe alimentant une charge constituée soit par une résistance variable soit par une impédance complexe.

Cas 1: La charge est constituée par une résistance variable R_L (Fig. 12-8).

Le courant dans le circuit est :

$$\mathbf{I} = \frac{\mathbf{V}_g}{(R_g+R_L)+jX_g}$$

$$I = |\mathbf{I}| = \frac{V_g}{\sqrt{(R_g+R_L)^2+X_g^2}}$$

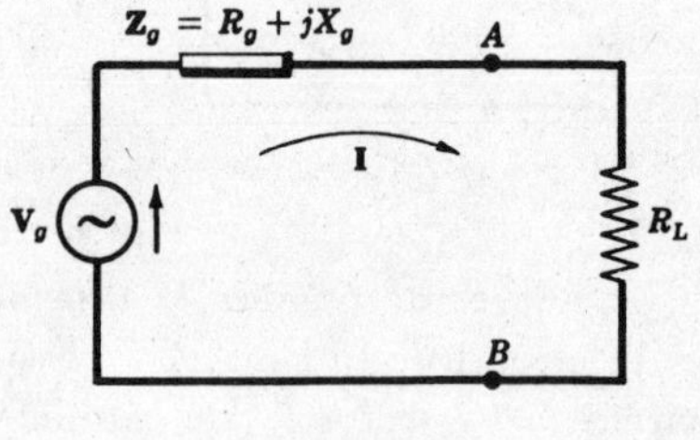

Fig. 12-8

et la puissance dissipée dans la résistance R_L est alors

$$P = I^2R_L = \frac{V_g^2R_L}{(R_g+R_L)^2+X_g^2}$$

Pour déterminer la valeur de R_L pour laquelle on obtient un transfert maximal de puissance, on annule la première dérivée de la puissance, dP/dR_L .

$$\frac{dP}{dR_L} = \frac{d}{dR_L}\left[\frac{V_g^2R_L}{(R_g+R_L)^2+X_g^2}\right] = V_g^2\left\{\frac{[(R_g+R_L)^2+X_g^2] - R_L(2)(R_g+R_L)}{[(R_g+R_L)^2+X_g^2]^2}\right\} = 0$$

ou

$$R_g^2 + 2R_gR_L + R_L^2 + X_g^2 - 2R_LR_g - 2R_L^2 = 0$$

et

$$R_g^2 + X_g^2 = R_L^2$$

On en déduit $$R_L = \sqrt{R_g^2 + X_g^2} = |\mathbf{Z}_g|$$

«Pour une résistance de charge pure et variable, la puissance maximale délivrée à la charge est obtenue lorsque cette résistance de charge est égale à la valeur absolue de l'impédance du réseau actif».

Si la composante réactive de l'impédance placée en série avec la source est nulle c'est-à-dire $X_G = 0$, le transfert de puissance maximal se fait lorsque la résistance de la source est égale à celle de la charge: $R_L = R_G$.

Cas 2: La charge $\mathbf{Z}_L$ est constituée par une résistance et une réactance variable (Fig. 12-9) et le courant dans le circuit est

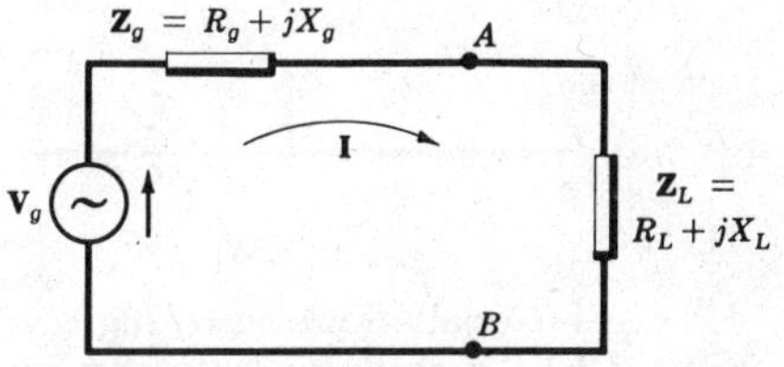

Fig. 12-9

$$\mathbf{I} = \frac{\mathbf{V}_g}{(R_g + R_L) + j(X_g + X_L)}$$

$$I = |\mathbf{I}| = \frac{V_g}{\sqrt{(R_g + R_L)^2 + (X_g + X_L)^2}}$$

La puissance délivrée par la source est

$$P = I^2 R_L = \frac{V_g^2 R_L}{(R_g + R_L)^2 + (X_g + X_L)^2} \qquad (11)$$

Lorsque la valeur de R_L dans la relation (11) est maintenue constante la valeur de la puissance P est maximale pour $X_G = -X_L$. L'équation (11) devient alors

$$P = \frac{V_g^2 R_L}{(R_g + R_L)^2}$$

En considérant à présent la résistance R_L comme variable, on peut constater comme l'a montré le cas 1 que la puissancc maximale délivrée était obtenue pour $R_L = R_G$. Si $R_L = R_G$ et $X_L = -X_G$, alors $\mathbf{Z}_L = \mathbf{Z}_G^*$.

Dans le cas où l'impédance de charge est constituée par une résistance et une réactance variable la puissance maximale transmise à la charge est obtenue lorsque l'impédance de charge X_L est égale à l'impédance complexe conjuguée de celle $\mathbf{Z}_G$ du réseau.

Cas 3: La charge $\mathbf{Z}_L$ est constituée par une résistance variable et une réactance fixe (Fig. 12-10).

Dans ce cas nous obtenons les mêmes équations pour le courant et la puissance dans le cas 2 à condition que X_L soit maintenue constante. Lorsque la première dérivée de P par rapport à X_L est annulée on obtient

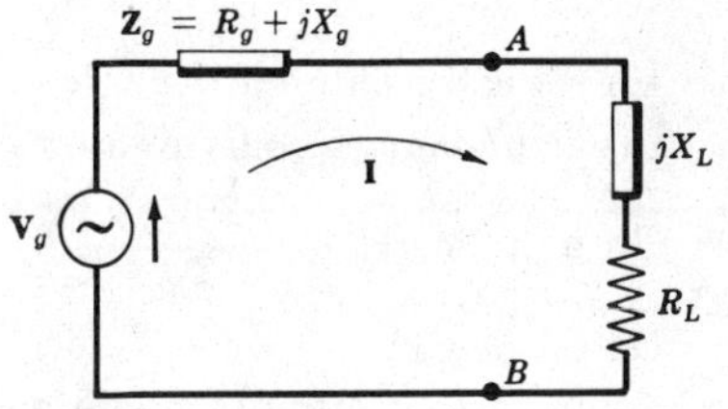

Fig. 12-10

$$R_L^2 = R_g^2 + (X_g + X_L)^2$$

et $$R_L = |\mathbf{Z}_g + jX_L|$$

Comme $\mathbf{X}_G$ et $\mathbf{X}_L$ sont toutes deux des quantités constantes, on peut inclure jX_L dans l'impédance du réseau. Le cas 3 se ramène alors au cas 1 et le transfert maximal de puissance est obtenu lorsque R_L est égale à la valeur absolue de l'impédance du réseau.

Problèmes résolus

12.1. Etablir le circuit équivalent monté en triangle correspondant au réseau monté en étoile de la Fig. 12-11.

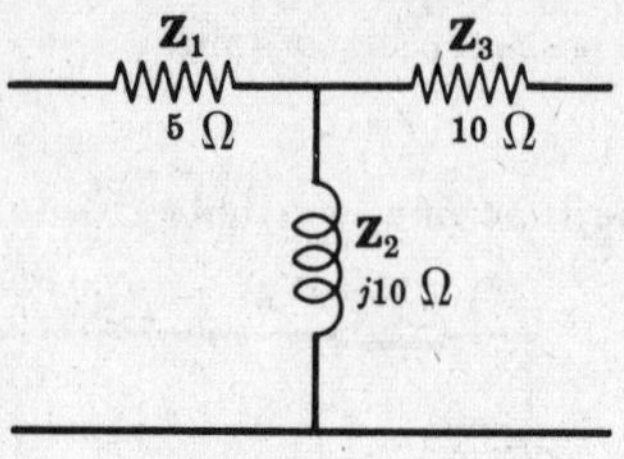

Fig. 12-11

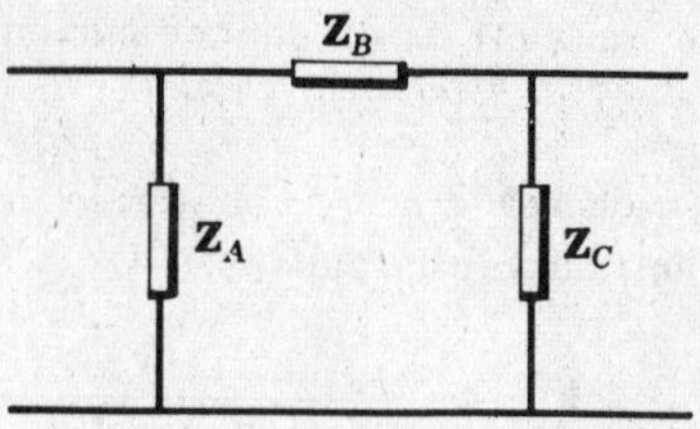

Fig. 12-12

Le circuit équivalent en triangle comporte les résistances Z_A , Z_B et Z_C comme le montre la Fig. 12-12. Les valeurs de ces impédances sont données par les relations suivantes

$$\mathbf{Z}_A = \frac{\mathbf{Z}_1\mathbf{Z}_2 + \mathbf{Z}_1\mathbf{Z}_3 + \mathbf{Z}_2\mathbf{Z}_3}{\mathbf{Z}_3} = \frac{5(j10) + 5(10) + 10(j10)}{10} = \frac{50 + j150}{10} = 5 + j15\,\Omega$$

$$\mathbf{Z}_B = \frac{\mathbf{Z}_1\mathbf{Z}_2 + \mathbf{Z}_1\mathbf{Z}_3 + \mathbf{Z}_2\mathbf{Z}_3}{\mathbf{Z}_2} = \frac{50 + j150}{j10} = 15 - j5\,\Omega$$

$$\mathbf{Z}_C = \frac{\mathbf{Z}_1\mathbf{Z}_2 + \mathbf{Z}_1\mathbf{Z}_3 + \mathbf{Z}_2\mathbf{Z}_3}{\mathbf{Z}_1} = \frac{50 + j150}{5} = 10 + j30\,\Omega$$

Afin de vérifier les résultats obtenus on peut recalculer à partir du réseau en triangle de la Fig. 12-12 les éléments du réseau en étoile.

$$\mathbf{Z}_1 = \frac{\mathbf{Z}_A\mathbf{Z}_B}{\mathbf{Z}_A + \mathbf{Z}_B + \mathbf{Z}_C} = \frac{(5 + j15)(15 - j5)}{5 + j15 + 15 - j5 + 10 + j30} = \frac{150 + j200}{30 + j40} = 5\,\Omega$$

$$\mathbf{Z}_2 = \frac{\mathbf{Z}_A\mathbf{Z}_C}{\mathbf{Z}_A + \mathbf{Z}_B + \mathbf{Z}_C} = \frac{(5 + j15)(10 + j30)}{30 + j40} = j10\,\Omega$$

$$\mathbf{Z}_3 = \frac{\mathbf{Z}_B\mathbf{Z}_C}{\mathbf{Z}_A + \mathbf{Z}_B + \mathbf{Z}_C} = \frac{(15 - j5)(10 + j30)}{30 + j40} = 10\,\Omega$$

12.2. Un réseau monté en triangle comporte trois impédances égales $Z_\Delta = 15\underline{/30^\circ}\ \Omega$. Déterminer les impédances équivalentes du circuit monté en étoile.

On a $\mathbf{Z}_1 = \dfrac{\mathbf{Z}_A\mathbf{Z}_B}{\mathbf{Z}_A + \mathbf{Z}_B + \mathbf{Z}_C}$ où $\mathbf{Z}_A = \mathbf{Z}_B = \mathbf{Z}_C = \mathbf{Z}_\Delta$.

On en déduit $\mathbf{Z}_1 = \mathbf{Z}_\Delta/3 = (15\underline{/30^\circ})/3 = 5\underline{/30^\circ}\,\Omega$ et de même $\mathbf{Z}_2 = \mathbf{Z}_3 = \mathbf{Z}_\Delta/3 = 5\underline{/30^\circ}\ \Omega$.

Ainsi, à tout circuit monté en triangle et composé de trois impédances identiques correspond un circuit équivalent monté en étoile dont les impédances sont égales au tiers de celles du circuit monté en triangle.

La réciproque est également vraie; dans ce cas, les impédances du circuit en triangle sont égales à trois fois celles du circuit en étoile.

12.3. Montrer qu'un quadripôle passif à plusieurs mailles peut être remplacé par un circuit équivalent à trois impédances montées en triangle.

On applique la tension V_1 à l'entrée du quadripôle (bornes de gauche) comme le montre la Fig. 12-13 et on appelle I_1 le courant entrant dans le réseau. De même on appelle V_2 et I_2 les grandeurs correspondantes à la sortie du réseau (bornes de droite). Etant donné que le réseau est passif, toutes les autres sources de tension sont nulles.

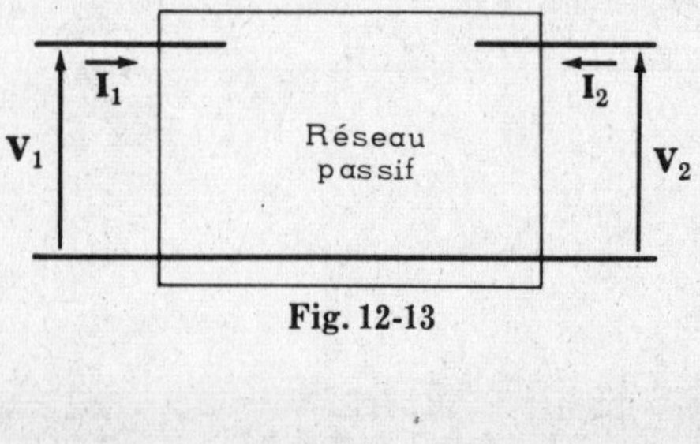

Fig. 12-13

Les équations pour les différentes mailles peuvent se mettre sous la forme matricielle suivante

$$\begin{bmatrix} Z_{11} & Z_{12} & \dots & Z_{1n} \\ Z_{21} & Z_{22} & \dots\dots & \\ \dots & \dots & \dots & \dots \\ \dots & \dots & \dots & \dots \\ Z_{n1} & \dots\dots & & Z_{nn} \end{bmatrix} \begin{bmatrix} I_1 \\ I_2 \\ \cdot \\ \cdot \\ I_n \end{bmatrix} = \begin{bmatrix} V_1 \\ V_2 \\ 0 \\ 0 \\ 0 \end{bmatrix}$$

d'où l'on tire $I_1 = V_1 \dfrac{\Delta_{11}}{\Delta_Z} + V_2 \dfrac{\Delta_{21}}{\Delta_Z}$ et $I_2 = V_1 \dfrac{\Delta_{12}}{\Delta_Z} + V_2 \dfrac{\Delta_{22}}{\Delta_Z}$

En mettant ce système sous forme matricielle on obtient

$$\begin{bmatrix} \dfrac{\Delta_{11}}{\Delta_Z} & \dfrac{\Delta_{21}}{\Delta_Z} \\ \dfrac{\Delta_{12}}{\Delta_Z} & \dfrac{\Delta_{22}}{\Delta_Z} \end{bmatrix} \begin{bmatrix} V_1 \\ V_2 \end{bmatrix} = \begin{bmatrix} I_1 \\ I_2 \end{bmatrix}$$

Cette équation matricielle est analogue à celle que l'on trouve pour un réseau à trois noeuds, dont un de référence. Un tel réseau est représenté sur la Fig. 12-14 et comporte les impédances Z_A, Z_B et Z_C montées en triangle. En reportant sur cette figure V_1, I_1, V_2 et I_2 avec les mêmes sens que sur la Fig. 12-13, on peut écrire l'équation matricielle correspondante en utilisant la méthode des noeuds.

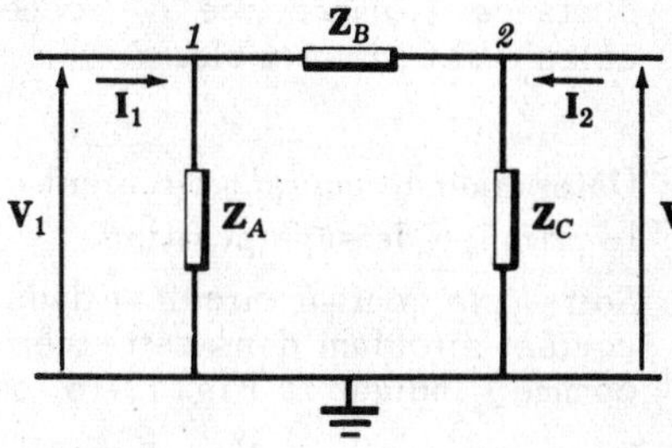

Fig. 12-14

$$\begin{bmatrix} \left(\dfrac{1}{Z_A} + \dfrac{1}{Z_B}\right) & -\dfrac{1}{Z_B} \\ -\dfrac{1}{Z_B} & \left(\dfrac{1}{Z_B} + \dfrac{1}{Z_C}\right) \end{bmatrix} \begin{bmatrix} V_1 \\ V_2 \end{bmatrix} = \begin{bmatrix} I_1 \\ I_2 \end{bmatrix}$$

En identifiant les éléments correspondants des matrices de coefficients, on obtient

$$(1)\ \left(\frac{1}{Z_A} + \frac{1}{Z_B}\right) = \frac{\Delta_{11}}{\Delta_Z}, \qquad (2)\ \left(\frac{1}{Z_B} + \frac{1}{Z_C}\right) = \frac{\Delta_{22}}{\Delta_Z}, \qquad (3)\ -\frac{1}{Z_B} = \frac{\Delta_{21}}{\Delta_Z}$$

et en substituant (3) dans (1) et (2) on a

$$Z_A = \frac{\Delta_Z}{\Delta_{11} + \Delta_{21}}, \qquad Z_B = -\frac{\Delta_Z}{\Delta_{21}}, \qquad Z_C = \frac{\Delta_Z}{\Delta_{22} + \Delta_{21}}$$

La transformation d'un quadripôle en un circuit équivalent en triangle ou en étoile est toujours réalisable mathématiquement, comme cela a été démontré. Cependant, les éléments du circuit équivalent ne sont pas toujours réalisables physiquement (voir problème 12.4).

12.4. Appliquer les résultats du problème 12.3 au réseau de la Fig. 12-15 pour obtenir le circuit équivalent en triangle.

On choisit les mailles comme le montre le diagramme; on peut alors écrire

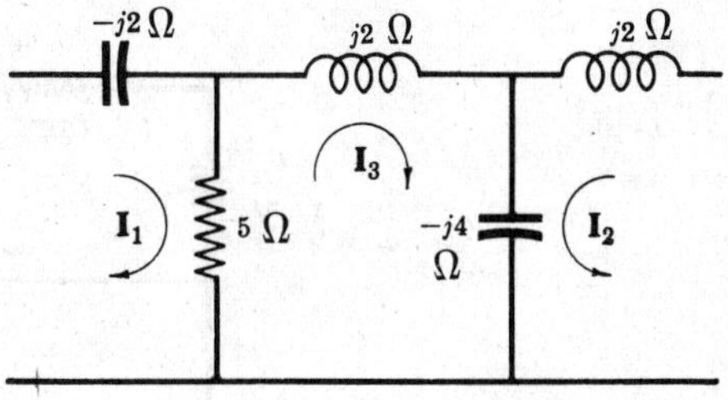

Fig. 12-15

$$\Delta_Z = \begin{vmatrix} 5 - j2 & 0 & -5 \\ 0 & -j2 & -j4 \\ -5 & -j4 & 5 - j2 \end{vmatrix}$$

$$= 40 - j24 = 46{,}6\underline{/-31°}$$

et

$$\Delta_{11} = \begin{vmatrix} -j2 & -j4 \\ -j4 & 5-j2 \end{vmatrix} = 12 - j10, \qquad \Delta_{22} = \begin{vmatrix} 5-j2 & -5 \\ -5 & 5-j2 \end{vmatrix} = -4 - j20,$$

$$\Delta_{21} = (-)\begin{vmatrix} 0 & -5 \\ -j4 & 5-j2 \end{vmatrix} = j20$$

En utilisant les expressions établies dans le problème 12.3, on a

$$\mathbf{Z}_A = \frac{\Delta_Z}{\Delta_{11}+\Delta_{21}} = \frac{46{,}6\angle{-31°}}{12-j10+j20} = 2{,}98\angle{-70{,}8°}\ \Omega$$

$$\mathbf{Z}_B = -\frac{\Delta_Z}{\Delta_{21}} = -\frac{46{,}6\angle{-31°}}{j20} = 2{,}33\angle{59°}\ \Omega$$

$$\mathbf{Z}_C = \frac{\Delta_Z}{\Delta_{22}+\Delta_{21}} = \frac{46{,}6\angle{-31°}}{-4-j20+j20} = 11{,}65\angle{149°}\ \Omega$$

On peut remarquer que l'impédance Z_A peut être réalisée en associant en série une résistance et une capacité et l'impédance Z_B peut être réalisée en associant en série une résistance et une inductance. L'impédance Z_C cependant exigera une résistance négative et par conséquent le circuit calculé est irréalisable.

12.5. Déterminer le courant circulant dans la résistance de 2 Ω du circuit de la Fig. 12-16 en utilisant le principe de superposition.

Soit I' le courant circulant dans la résistance de 2 Ω dû à la tension V_1 (pour $V_2 = 0$) et I'' le courant circulant dans cette même résistance dû à V_2 (pour $V_1 = 0$). En choisissant les mailles comme l'indique la Fig. 12-16, on peut calculer I' et I''.

$$I' = \frac{\begin{vmatrix} V_1 & 5 & 0 \\ V_1 & 12 & -4 \\ 0 & -4 & 6 \end{vmatrix}}{\begin{vmatrix} 7 & 5 & 0 \\ 5 & 12 & -4 \\ 0 & -4 & 6 \end{vmatrix}} = \frac{10\begin{vmatrix} 12 & -4 \\ -4 & 6 \end{vmatrix} - 10\begin{vmatrix} 5 & 0 \\ -4 & 6 \end{vmatrix}}{242} = 1{,}075\ \text{A}$$

$$I'' = \frac{\begin{vmatrix} 0 & 5 & 0 \\ -V_2 & 12 & -4 \\ 0 & -4 & 6 \end{vmatrix}}{242} = \frac{-(-20)\begin{vmatrix} 5 & 0 \\ -4 & 6 \end{vmatrix}}{242} = 2{,}48\ \text{A}$$

En appliquant le théorème de superposition, on peut calculer le courant I_1 lorsque les deux sources sont branchées simultanément.

$$I_1 = I' + I'' = 1{,}075 + 2{,}48 = 3{,}555\ \text{A}$$

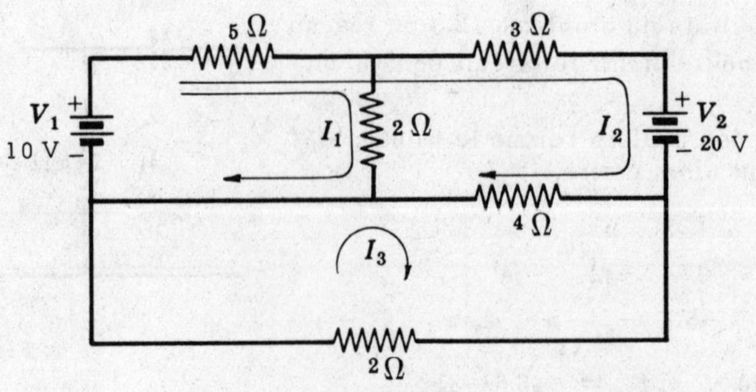

Fig. 12-16

12.6. Calculer le courant dans l'impédance $(3 + j4)\ \Omega$ du réseau de la Fig. 12-17 en appliquant le théorème de superposition

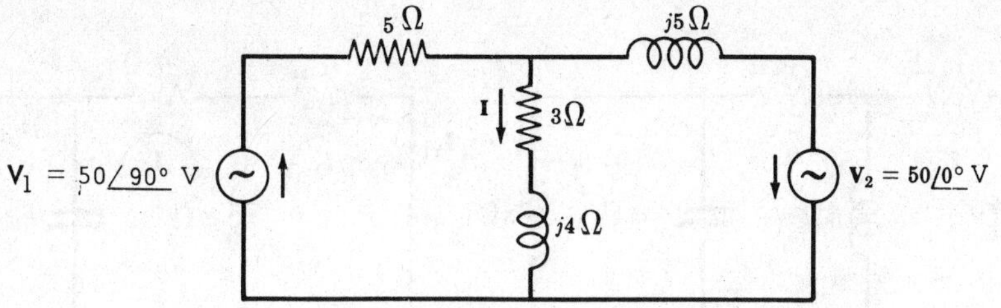

Fig. 12-17

On pose $\mathbf{V}_2 = 0$, $\mathbf{V}_1$ est alors la seule source du circuit. Dans ces conditions on a

$$\mathbf{Z}_{T_1} = 5 + \frac{(3+j4)j5}{3+j9} = 5{,}83 + j2{,}5 = 6{,}35\underline{/23{,}2^\circ}\ \Omega$$

et

$$\mathbf{I}_{T_1} = \frac{\mathbf{V}_1}{\mathbf{Z}_{T_1}} = \frac{50\underline{/90^\circ}}{6{,}35\underline{/23{,}2^\circ}} = 7{,}87\underline{/66{,}8^\circ}\ \text{A}$$

Le courant dans l'impédance $(3 + j4)\Omega$ dû à $\mathbf{V}_1$ est

$$\mathbf{I}_1 = \mathbf{I}_{T_1}\left(\frac{j5}{3+j9}\right) = 7{,}87\underline{/66{,}8^\circ}\left(\frac{j5}{3+j9}\right) = 4{,}15\underline{/85{,}3^\circ}\ \text{A}$$

A présent en posant $\mathbf{V}_1 = 0$, $\mathbf{V}_2$ est l'unique source du réseau, d'où

$$\mathbf{Z}_{T_2} = j5 + \frac{5(3+j4)}{8+j4} = 2{,}5 + j6{,}25 = 6{,}74\underline{/68{,}2^\circ}\ \Omega$$

et

$$\mathbf{I}_{T_2} = \frac{\mathbf{V}_2}{\mathbf{Z}_{T_2}} = \frac{50\underline{/0^\circ}}{6{,}74\underline{/68{,}2^\circ}} = 7{,}42\underline{/-68{,}2^\circ}\ \text{A}$$

Le courant dans l'impédance $(3 + j4)\Omega$ dû à la source $\mathbf{V}_2$ est

$$\mathbf{I}_2 = -(7{,}42\underline{/-68{,}2^\circ})\left(\frac{5}{8+j4}\right) = 4{,}15\underline{/85{,}3^\circ}\ \text{A}$$

Le signe moins qui précède ce courant donne à $\mathbf{I}_2$ la même direction que celle du courant $\mathbf{I}$. Le courant total dans l'impédance $(3 + j4)\ \Omega$ est alors

$$\mathbf{I} = \mathbf{I}_1 + \mathbf{I}_2 = 4{,}15\underline{/85{,}3^\circ} + 4{,}15\underline{/85{,}3^\circ} = 8{,}30\underline{/85{,}3^\circ}\ \text{A}$$

12.7. Déterminer la tension V_{AB} en appliquant le principe de superposition au réseau de la Fig. 12-18.

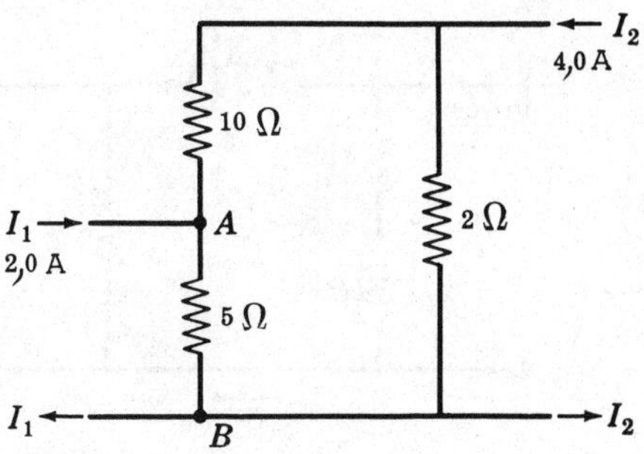

Fig. 12-18

Dans un premier stade, seule la source I_1 est connectée au réseau ($I_2 = 0$), la tension V'_{AB} correspondante est

$$2\,\frac{5(12)}{17} = 7{,}06\ \text{V}$$

Dans un second stade $I_1 = 0$, $I_2 = 4$ A; le courant dans la résistance de 5 Ω est alors $I_5 = 4(2/17) = 8/17$ A et la tension V''_{AB} est égale à $(8/17)5 = 2{,}35$ V.

La tension V_{AB} résultant des deux sources connectées simultanément est

$$V_{AB} = V'_{AB} + V''_{AB} = 7{,}06 + 2{,}35 = 9{,}41\ \text{V}.$$

12.8. Dans le réseau de la Fig. 12-19 (*a*), l'unique source de tension de $100\underline{/45^\circ}$ V fait circuler un courant I_x dans la résistance de 5 Ω. Calculer I_x et vérifier le théorème de réciprocité pour ce réseau.

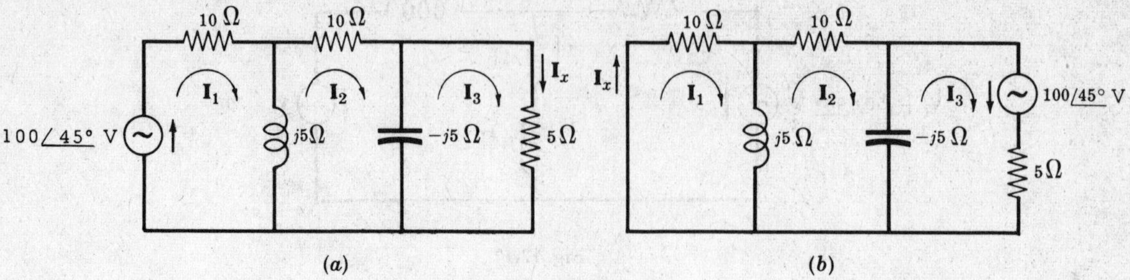

Fig. 12-19

Les courants de mailles I_1, I_2 et I_3 sont représentés par la Fig. 12-19 (*a*), le courant cherché I_x est égal au courant de maille I_3.

$$I_x = I_3 = \frac{\begin{vmatrix} 10+j5 & -j5 & 100\underline{/45^\circ} \\ -j5 & 10 & 0 \\ 0 & j5 & 0 \end{vmatrix}}{\begin{vmatrix} 10+j5 & -j5 & 0 \\ -j5 & 10 & j5 \\ 0 & j5 & 5-j5 \end{vmatrix}} = 100\underline{/45^\circ}\left(\frac{25}{1155\underline{/-12{,}5^\circ}}\right) = 2{,}16\underline{/57{,}5^\circ}\text{ A} \quad (1)$$

On applique à présent le théorème de réciprocité en intervertissant les positions de la source de tension et du courant I_x, ce qui conduit au réseau de la Fig. 12-19 (*b*). En utilisant comme direction des courants de maille celle des aiguilles d'une montre on peut remarquer que $I_x = I_1$ et

$$I_x = I_1 = \frac{\begin{vmatrix} 0 & -j5 & 0 \\ 0 & 10 & j5 \\ 100\underline{/45^\circ} & j5 & 5-j5 \end{vmatrix}}{\Delta_Z} = 100\underline{/45^\circ}\left(\frac{25}{1155\underline{/-12{,}5^\circ}}\right) = 2{,}16\underline{/57{,}5^\circ}\text{ A} \quad (2)$$

En comparant les résultats (*1*) et (*2*) on constate que I_x est identique dans les deux réseaux et par conséquent le théorème de réciprocité est vérifié.

12.9. Le réseau de la Fig. 12-20 (*a*) comporte une source de courant unique $I = 12\underline{/90^\circ}$ A. Déterminer la tension V_2 correspondante au noeud 2. Appliquer le théorème de réciprocité et comparer les résultats.

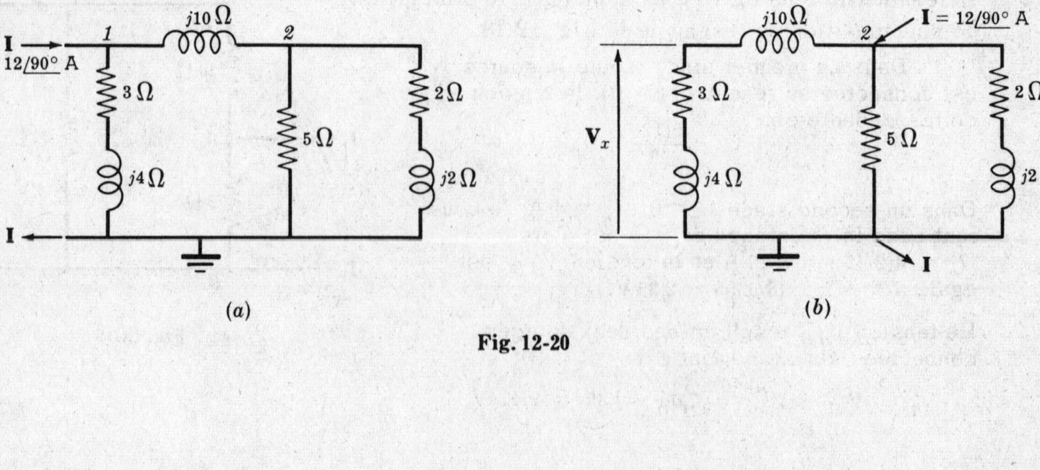

Fig. 12-20

Les deux équations de noeud pour le réseau de la Fig. 12-20 (*a*) peuvent s'écrire sous la forme matricielle suivante

$$\begin{bmatrix} \left(\frac{1}{3+j4}+\frac{1}{j10}\right) & -\frac{1}{j10} \\ -\frac{1}{j10} & \left(\frac{1}{j10}+\frac{1}{5}+\frac{1}{2+j2}\right) \end{bmatrix} \begin{bmatrix} \mathbf{V}_1 \\ \mathbf{V}_2 \end{bmatrix} = \begin{bmatrix} 12\underline{/90^\circ} \\ 0 \end{bmatrix}$$

d'où l'on tire

$$\mathbf{V}_2 = \frac{\begin{vmatrix} 0{,}12-j0{,}26 & 12\underline{/90^\circ} \\ j0{,}1 & 0 \end{vmatrix}}{\begin{vmatrix} 0{,}12-j0{,}26 & j0{,}1 \\ j0{,}1 & 0{,}45-j0{,}35 \end{vmatrix}} = 12\underline{/90^\circ}\left(\frac{-j0{,}1}{0{,}161\underline{/260{,}35^\circ}}\right) = 7{,}45\underline{/99{,}65^\circ}\text{ V}$$

En utilisant le théorème de réciprocité on applique la source de courant I entre le noeud 2 et le noeud de référence comme le montre la Fig. 12-20 (*b*). On calcule alors la différence de potentiel entre les points où la source de courant était précédemment connectée. Vu qu'il n'y a que deux noeuds dans le réseau une seule équation suffit pour résoudre le problème.

$$\left(\frac{1}{3+j14}+\frac{1}{5}+\frac{1}{2+j2}\right)\mathbf{V}_2 = 12\underline{/90^\circ}, \text{ d'où l'on tire } \mathbf{V}_2 = \frac{12\underline{/90^\circ}}{0{,}563\underline{/-34{,}4^\circ}} = 21{,}3\underline{/124{,}4^\circ}\text{ V}$$

La tension $\mathbf{V}_x$ est donnée par

$$\mathbf{V}_x = \mathbf{V}_2\left(\frac{3+j4}{3+j4+j10}\right) = 21{,}3\underline{/124{,}4^\circ}\left(\frac{3+j4}{3+j14}\right) = 7{,}45\underline{/99{,}6^\circ}\text{ V}$$

En comparant la valeur de $\mathbf{V}_2$ calculée pour le réseau 12-20 (*a*) et celle de $\mathbf{V}_x$ calculée pour le réseau de la Fig. 12-20 (*b*), on peut constater qu'elles sont identiques vérifiant ainsi le théorème de réciprocité. On peut également remarquer que la tension $\mathbf{V}_2$ diffère d'un réseau à l'autre.

12.10. Déterminer la tension $\mathbf{V}_x$ du réseau de la Fig. 12-21 (*a*) comportant une source de courant unique. Intervertir la source de courant et la tension résultante $\mathbf{V}_x$. Le théorème de réciprocité est-il vérifié dans ce cas ?

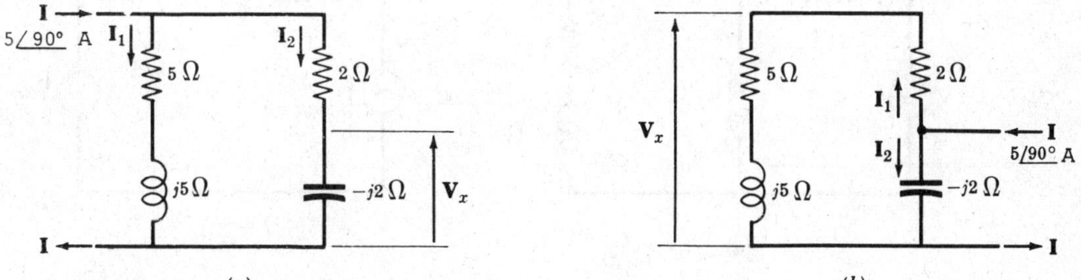

(*a*) (*b*)

Fig. 12-21

Dans la Fig. 12-21 (*a*), nous avons $\mathbf{I}_2 = \mathbf{I}\left(\frac{5+j5}{7+j3}\right) = 5\underline{/90^\circ}\left(\frac{5+j5}{7+j3}\right) = 4{,}64\underline{/111{,}8^\circ}$ A, et $\mathbf{V}_x = \mathbf{I}_2(-j2) = 4{,}64\underline{/111{,}8^\circ}\,(2\underline{/-90^\circ}) = 9{,}28\underline{/21{,}8^\circ}$ V.

Après avoir interverti la source de courant I et la tension $\mathbf{V}_x$ on obtient le réseau de la Fig. 12-21 (*b*). Dans ce cas on a $\mathbf{I}_1 = \mathbf{I}\left(\frac{-j2}{7+j3}\right) = 5\underline{/90^\circ}\left(\frac{-j2}{7+j3}\right) = 1{,}31\underline{/-23{,}2^\circ}$ A.

Vu que $\mathbf{V}_x = 1{,}31\underline{/-23{,}2^\circ}\,(5+j5) = 9{,}27\underline{/21{,}8^\circ}$ V comme précédemment, le théorème de réciprocité est vérifié.

12.11. Remplacer la réactance de $(j4)\ \Omega$ du réseau de la Fig. 12-22 (*a*) par une source de compensation

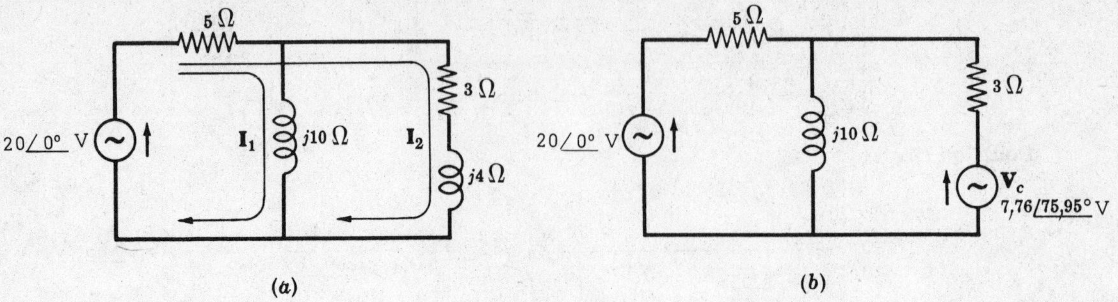

Fig. 12-22

On choisit les courants de maille I_1 et I_2 comme l'indique le diagramme; le courant circulant dans la réactance de $(j4)\ \Omega$ est alors

$$\mathbf{I}_2 = \frac{\begin{vmatrix} 5+j10 & 20 \\ 5 & 20 \end{vmatrix}}{\begin{vmatrix} 5+j10 & 5 \\ 5 & 8+j4 \end{vmatrix}} = \frac{20(j10)}{103\underline{/104{,}05^\circ}} = 1{,}94\underline{/-14{,}05^\circ}\ \text{A}$$

La tension délivrée par la source de compensation doit être $\mathbf{V}_c = \mathbf{I}_2(j4) = 1{,}94\underline{/-14{,}05^\circ}\,(j4) = 7{,}76\underline{/75{,}95^\circ}$ V. La Fig. 12-22 (*b*) représente le circuit dans lequel la réactance de $(j4)\Omega$ a été remplacée par la source de compensation. Afin de montrer que les deux circuits sont équivalents on calculera le courant dans une branche de chacun des circuits et on comparera les résultats.

12.12. Dans le réseau de la Fig. 12-23 (*a*) remplacer la combinaison parallèle des impédances $(j10)\ \Omega$ et $(3 + j4)\ \Omega$ par une source de compensation.

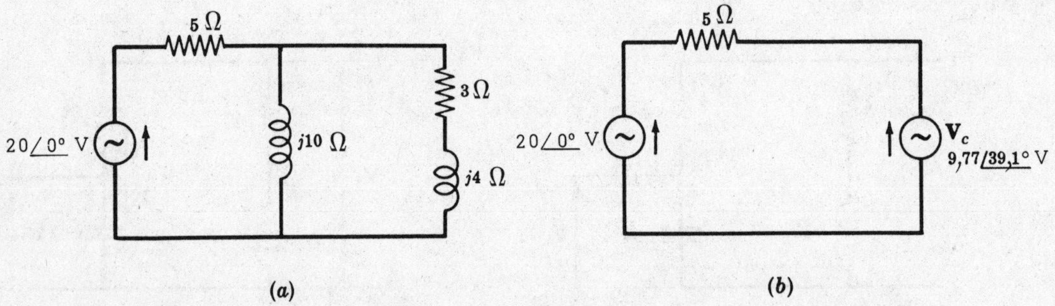

Fig. 12-23

L'impédance équivalente de la combinaison parallèle des deux impédances est

$$\mathbf{Z}_{\text{eq}} = \frac{j10(3+j4)}{3+j14} = 1{,}46 + j3{,}17 = 3{,}50\underline{/65{,}3^\circ}\ \Omega$$

On a alors $\mathbf{Z}_T = 5 + 1{,}46 + j3{,}17 = 7{,}18\underline{/26{,}2^\circ}\Omega$ et $\mathbf{I}_T = \dfrac{\mathbf{V}}{\mathbf{Z}_T} = \dfrac{20\underline{/0^\circ}}{7{,}18\underline{/26{,}2^\circ}} = 2{,}79\underline{/-26{,}2^\circ}$ A.

La source de compensation est alors

$$\mathbf{V}_c = \mathbf{I}_T\mathbf{Z}_{\text{eq}} = 2{,}79\underline{/-26{,}2^\circ}\,(3{,}50\underline{/65{,}3^\circ}) = 9{,}77\underline{/39{,}1^\circ}\ \text{V}$$

La Fig. 12-23 (*b*) représente le circuit comportant la source de compensation correctement polarisée.

12.13. On remplace l'impédance de $(3 + j4)\ \Omega$ du réseau de la Fig. 12-24 (*a*) par une impédance $(4 + j4)\ \Omega$ (Fig. 12-24 (*b*).). Déterminer le courant circulant dans la résistance de $10\ \Omega$ avant et après la modification. Déterminer la di fférence entre les deux courants en appliquant le théorème de compensation.

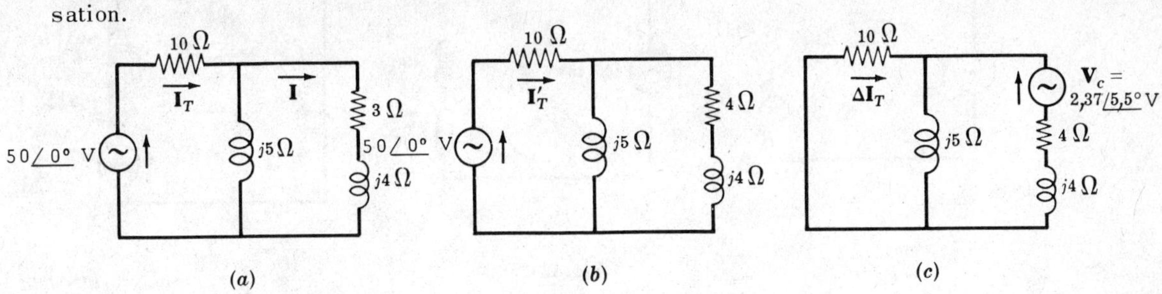

Fig. 12-24

Initialement (Fig. 12-24 (*a*)) l'impédance totale du circuit et le courant qui y circule étaient

$$\mathbf{Z}_T = 10 + \frac{j5(3+j4)}{3+j9} = 11{,}1\underline{/13^\circ}\,\Omega \quad \text{et} \quad \mathbf{I}_T = \frac{\mathbf{V}}{\mathbf{Z}_T} = \frac{50\underline{/0^\circ}}{11{,}1\underline{/13^\circ}} = 4{,}50\underline{/-13^\circ}\text{ A}$$

Après la modification (Fig. 12-24 (*b*)) ces grandeurs deviennent

$$\mathbf{Z}'_T = 10 + \frac{j5(4+j4)}{4+j9} = 11{,}03 + j2{,}68 = 11{,}35\underline{/13{,}65^\circ}\,\Omega \quad \text{et} \quad \mathbf{I}'_T = \frac{\mathbf{V}}{\mathbf{Z}'_T} = 4{,}41\underline{/-13{,}65^\circ}\text{ A}$$

La variation d'impédance est $\delta\mathbf{Z} = (4+j4) - (3+j4) = 1$ et par conséquent la source de tension de compensation est $\mathbf{V}_c = \mathbf{I}(\delta\mathbf{Z})$, où $\mathbf{I}$ courant initial circulant dans la branche $(3 + j4)\ \Omega$ est donné par

$$\mathbf{I} = \mathbf{I}_T\left(\frac{j5}{3+j9}\right) = 4{,}5\underline{/-13^\circ}\left(\frac{j5}{3+j9}\right) = 2{,}37\underline{/5{,}5^\circ}\text{ A}$$

et $\quad \delta\mathbf{Z} = (4+j4) - (3+j4) = 1.$

On a alors $\mathbf{V}_c = 2{,}37\underline{/5{,}5^\circ}\,(1) = 2{,}37\underline{/5{,}5^\circ}$ V ; la direction de cette source est opposée à celle du courant $\mathbf{I}$.

On peut déterminer la variation de courant $\Delta\mathbf{I}_T$ en considérant que la source initiale délivre une tension nulle et que $\mathbf{V}_c$ est la seule source du circuit comme le montre la Fig. 12-24 (*c*). On peut alors écrire pour ce circuit

$$\mathbf{Z}''_T = 4 + j4 + \frac{j5(10)}{10+j5} = 10\underline{/53{,}1^\circ}\,\Omega \quad \text{et}$$

$$\Delta\mathbf{I}_T = -\left(\frac{\mathbf{V}_c}{\mathbf{Z}_T}\right)\left(\frac{j5}{10+j5}\right) = -\left(\frac{2{,}37\underline{/5{,}5^\circ}}{10\underline{/53{,}1^\circ}}\right)\left(\frac{j5}{10+j5}\right) = 0{,}1055\underline{/195{,}8^\circ}\text{ A}$$

En comparant $\Delta\mathbf{I}_T$ à la différence entre I'_T et I_T on obtient

$$\mathbf{I}'_T - \mathbf{I}_T = (4{,}41\underline{/-13{,}65^\circ}) - (4{,}50\underline{/-13^\circ}) = -0{,}10 - j0{,}03 = 0{,}1045\underline{/196{,}7^\circ}\text{ A}$$

On peut remarquer que les deux valeurs trouvées pour $\Delta\mathbf{I}_T$ ne sont pas exactement égales. La valeur de $\Delta\mathbf{I}_T$ obtenue en utilisant le théorème de compensation est plus précise que celle obtenue par soustraction des courants $\mathbf{I}'_T$ et $\mathbf{I}_T$. Ceci est d'autant plus vrai que la variation d'impédance est plus faible. Comme nous l'avons vu ci-dessus, ceci a pour conséquence une légère variation du courant introduisant une erreur lors du calcul de la différence de deux quantités pratiquement égales.

12.14. Calculer la variation de courant dans le circuit série de la Fig. 12-25 (*a*) résultant de la réduction de la réactance à une valeur de $(j\,35)\ \Omega$.

Soit $\mathbf{I}$ et $\mathbf{I}'$ les courants avant et après la modification comme le montre les Fig. 12-25 (*a*) et (*b*) ci-après.

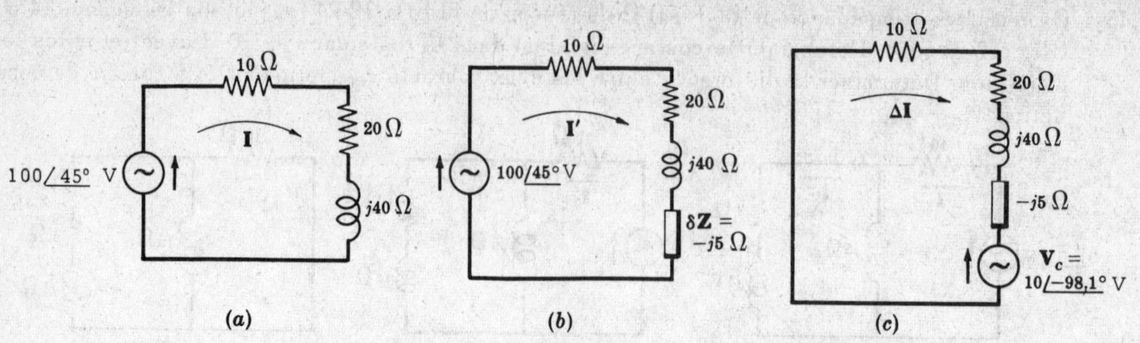

Fig. 12-25

On peut écrire $\mathbf{I} = \dfrac{\mathbf{V}}{\mathbf{Z}} = \dfrac{100\angle 45^\circ}{50\angle 53{,}1^\circ} = 2{,}0\angle{-8{,}1^\circ}\text{ A}$ $\quad \mathbf{I}' = \dfrac{\mathbf{V}}{\mathbf{Z}+\delta\mathbf{Z}} = \dfrac{100\angle 45^\circ}{30+j35} = 2{,}17\angle{-4{,}4^\circ}\text{ A}$

et $\Delta\mathbf{I} = \mathbf{I}' - \mathbf{I} = 2{,}17\angle{-4{,}4^\circ} - 2{,}0\angle{-8{,}1^\circ} = 0{,}223\angle 31{,}6^\circ\text{ A}$

En calculant ΔI au moyen du théorème de compensation on obtient $\mathbf{V}_c = \mathbf{I}(\delta\mathbf{Z}) = 2{,}0\angle{-8{,}1^\circ}\,(-j5) = 10\angle{-98{,}1^\circ}\text{ V}$ orienté comme le montre la Fig. 12-25 (*c*). La variation de courant est

$$\Delta\mathbf{I} = -\mathbf{V}_c/(\mathbf{Z}+\delta\mathbf{Z}) = -(10\angle{-98{,}1^\circ})/(30+j35) = (10\angle 81{,}9^\circ)/(46{,}1\angle 49{,}4^\circ) = 0{,}217\angle 32{,}5^\circ\text{ A}$$

12.15. L'impédance de charge Z_L du circuit de la Fig. 12-26 est une résistance pure R_L. Déterminer la valeur de R_L pour laquelle la puissance délivrée par la source est maximale et calculer cette puissance.

On obtient un transfert maximal de puissance pour

$$R_L = |\mathbf{Z}_g| = |10+j20| = 22{,}4\,\Omega$$

Comme $\mathbf{I} = \mathbf{V}/(\mathbf{Z}_g + R) = (50\angle 0^\circ)/(10+j20+22{,}4) = 1{,}31\angle{-31{,}7^\circ}\text{ A}$ la puissance maximale dissipée par la charge est

$$P = I^2R_L = (1{,}31)^2 22{,}4 = 38{,}5\text{ W}$$

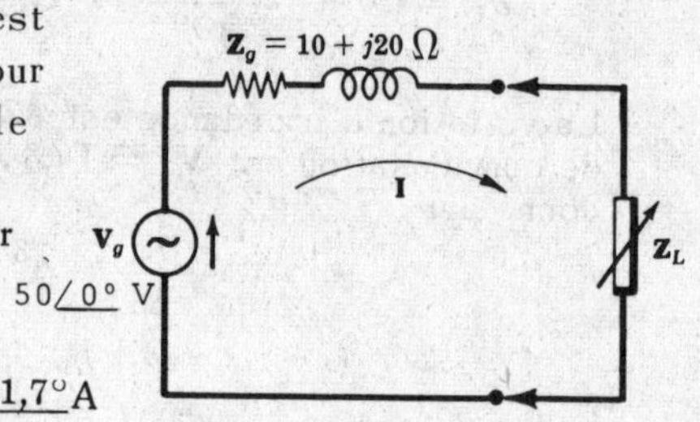

Fig. 12-26

12.16. En supposant que la charge du circuit de la Fig. 12-26 est une impédance complexe Z_L pour laquelle à la fois R_L et X_L sont variables, calculer la valeur de Z_L pour laquelle la puissance transmise à la charge est maximale. Calculer également la valeur de cette puissance.

Pour $Z_L = Z_g^*$ on a un transfert maximal de puissance, comme $\mathbf{Z}_g = 10 + j20\ \Omega$, on a $\mathbf{Z_L} = 10 - j20\ \Omega$.

L'impédance totale du circuit est $\mathbf{Z}_T = (10+j20) + (10-j20) = 20\ \Omega$. On peut alors calculer le courant et la puissance qui sont respectivement $\mathbf{I} = \mathbf{V}/\mathbf{Z}_T = (50\angle 0^\circ)/20 = 2{,}5\angle 0^\circ\text{ A}$ et $P = I^2R_L = (2{,}5)^2 10 = 62{,}5\text{ W}$,

12.17. La charge connectée aux bornes A et B du réseau de la Fig. 12-27 comporte une résistance variable R_L et une réactance X_C capacitive variable entre 2 et 8 Ω. Déterminer les valeurs de R_L et X_C pour lesquelles la puissance transmise est maximale. Calculer la puissance maximale fournie à la charge.

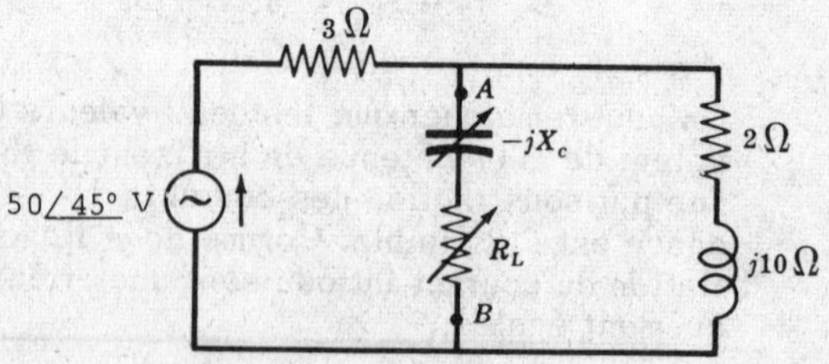

Fig. 12-27

La tension équivalente de Thévenin aux bornes A, B est

$$\mathbf{V}' = \frac{50\angle 45^\circ}{5+j10}(2+j10) = 45{,}6\angle 60{,}3^\circ\text{ V}$$

L'impédance du réseau actif connectée aux bornes A et B est :

$$\mathbf{Z}' = 3(2+j10)/(5+j10) = 2{,}64 + j0{,}72\,\Omega$$

Pour le circuit donné le transfert de puissance est maximal pour $\mathbf{Z}_L = \mathbf{Z}'^* = 2{,}64 - j0{,}72\,\Omega$. Dans les conditions du problème X_C est ajustable entre 2 et 8 Ω. Par conséquent la valeur la plus voisine de X_C est 2 Ω et

$$R_L = |\mathbf{Z}_g - jX_C| = |2{,}64 + j0{,}72 - j2| = |2{,}64 - j1{,}28| = 2{,}93\,\Omega$$

On a alors $\mathbf{Z}_T = \mathbf{Z}' + \mathbf{Z}_L = (2{,}64 + 2{,}93) + j(0{,}72 - 2) = 5{,}57 - j1{,}28 = 5{,}70\angle{-13°}\,\Omega$

d'où $\mathbf{I} = \dfrac{\mathbf{V}'}{\mathbf{Z}_T} = \dfrac{45{,}6\angle 60{,}3°}{5{,}70\angle{-13°}} = 8{,}0\angle 73{,}3°\ \text{A}$ et $P = I^2R_L = (8{,}0)^2 2{,}93 = 187{,}5\ \text{W}$

12.18. La résistance R_g du circuit de la Fig. 12-28 est ajustable entre 2 et 55 Ω ; pour quelle valeur de R_g la puissance délivrée à la charge est-elle maximale ?

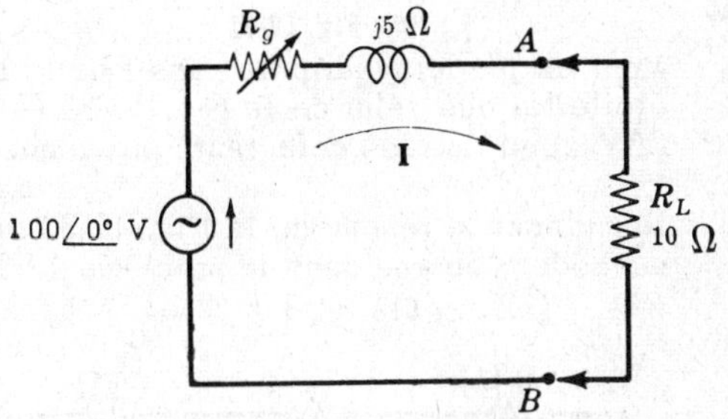

Fig. 12-28

Dans le circuit donné la résistance de charge R_L est constante.

Dans ces conditions les théorèmes relatifs au transfert maximal de puissance ne sont pas valables. Cependant il est évident que le courant le plus important dans le circuit est obtenu pour la valeur minimale de R_g. En posant $R_g = 2\ \Omega$, on a

$$\mathbf{Z}_T = (2 + j5 + 10) = 13\angle 22{,}6°\,\Omega$$

et $\mathbf{I} = \mathbf{V}/\mathbf{Z}_T = 100\angle 0° / (13\angle 22{,}6°) = 7{,}7\angle{-22{,}6°}\ \text{A}$

La puissance maximale dissipée est $P = (7{,}7)^2 10 = 593\ \text{W}$.

Problèmes supplémentaires

12.19. Déterminer le circuit équivalent monté en étoile correspondant au circuit de la Fig. 19-29 monté en triangle. *Rép.* $(0{,}5 - j0{,}5)\,\Omega$, $(3 - j\,1)\,\Omega$, $(1 + j3)\,\Omega$.

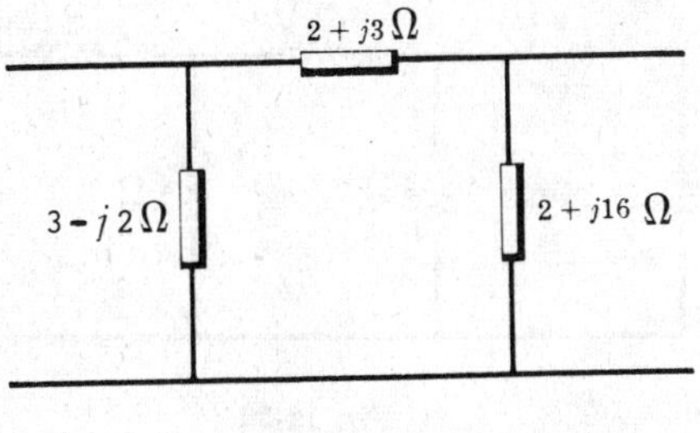

Fig. 12-29

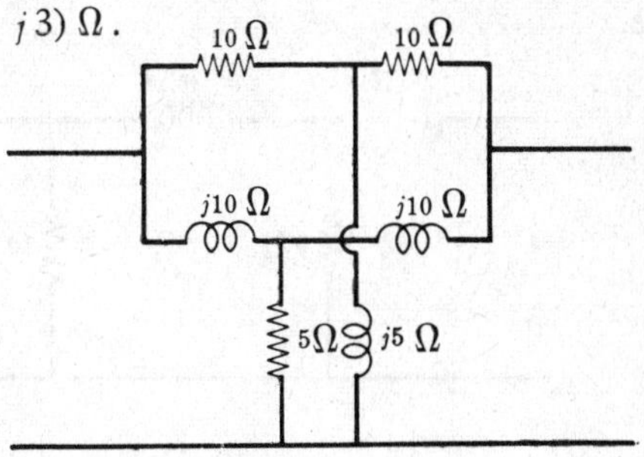

Fig. 12-30

12.20. Le réseau de la Fig. 12-30 comporte deux circuits en étoile montés en parallèle; déterminer le circuit équivalent monté en triangle.
Rép. $(5 + j5)\,\Omega$, ∞, $(5 + j5)\,\Omega$

12.21. La Fig. 12-31 représente un circuit équilibré monté en triangle et constitué d'impédances $\mathbf{Z} = 10\angle 30^\circ\ \Omega$ branchées en parallèle avec un circuit équilibré monté en étoile et comportant des impédances $4\angle -45^\circ\ \Omega$. Déterminer le circuit équivalent en étoile.
Rép. $\mathbf{Z} = 2{,}29\angle -3{,}5^\circ\ \Omega$.

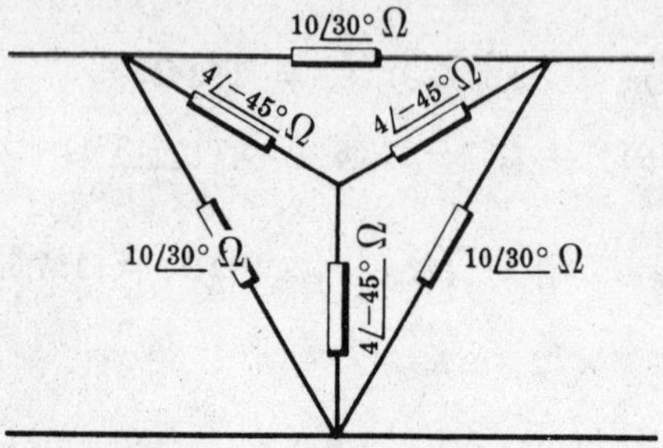

Fig. 12-31

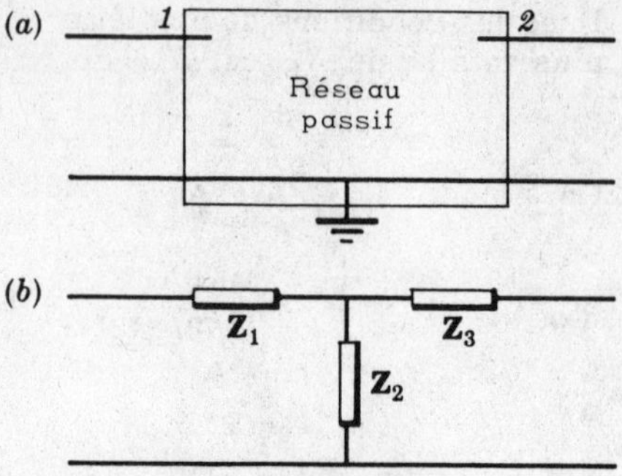

Fig. 12-32

12.22. Montrer que le quadripôle passif de la Fig. 12-32 (*a*) peut être remplacé par un circuit monté en étoile tel que celui de la Fig. 12-32 (*b*), où $\mathbf{Z}_1 = (\Delta_{11} - \Delta_{12})/\Delta_Y$, $\mathbf{Z}_2 = \Delta_{12}/\Delta_Y$ et $\mathbf{Z}_3 = (\Delta_{22} - \Delta_{12})/\Delta_Y$. ($\Delta_Y$ ainsi que les cofacteurs proviennent des équations de noeuds mises sous forme matricielle).

12.23. Remplacer le réseau de la Fig. 12-33 par un réseau équivalent monté en étoile en utilisant la méthode élaborée dans le problème 12.22.
Rép. $(12 + j1)\ \Omega, (-1 + j2)\ \Omega, (4 + j1)\ \Omega$.

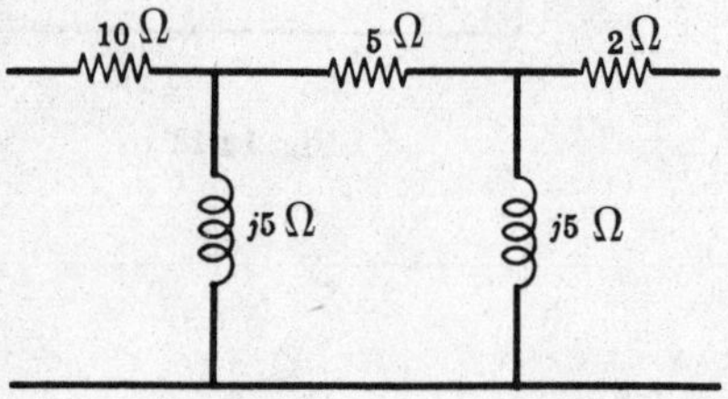

Fig. 12-33

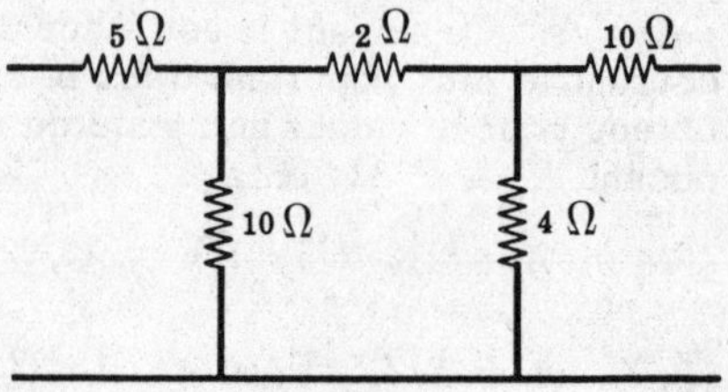

Fig. 12-34

12.24. Déterminer le réseau équivalent monté en étoile pour le réseau de la Fig. 12-34.
Rép. 6,25 Ω ; 2,5 Ω , 10,5 Ω .

12.25. En se référant au réseau de la Fig. 12-34, déterminer le réseau équivalent en triangle.
Rép. 10,25 Ω , 43 Ω , 17,2 Ω

12.26. Déterminer le réseau équivalent monté en triangle correspondant au réseau de la Fig. 12-35.
Rép. $(3 - j2)\ \Omega$, $(2 + j3)\ \Omega$ $(2 + j16)\ \Omega$.

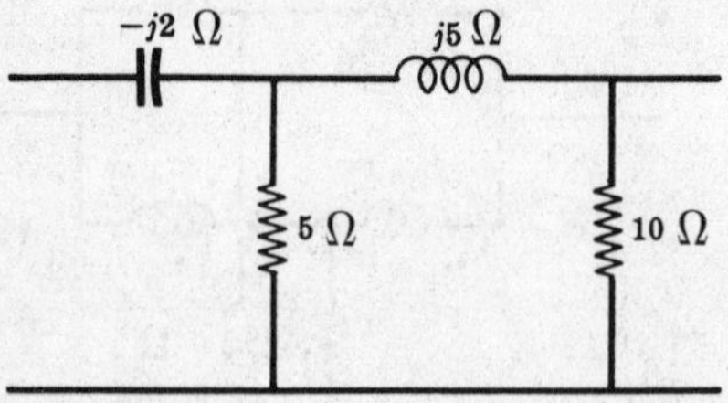

Fig. 12-35

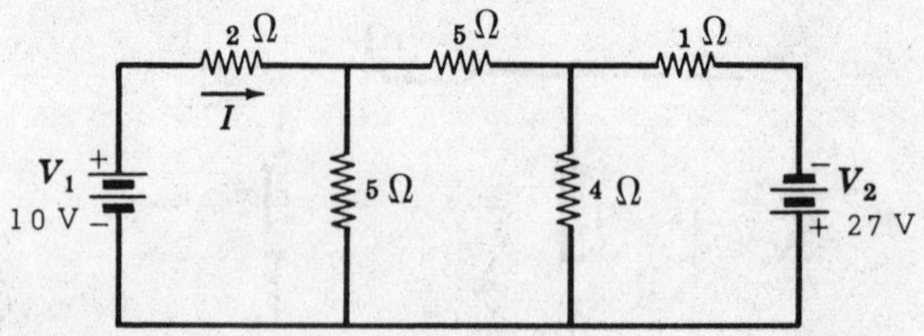

Fig. 12-36

12.27. Calculer le courant circulant dans la résistance de 2 Ω du circuit de la Fig. 12-36 en utilisant le théorème de superposition.
Rép. $I = 4{,}27$ A.

12.28. Dans le réseau de la Fig. 12-36 ci-dessus la source de tension V_2 est remplacée par une source délivrant une tension de 8,93 V et de polarité opposée. Déterminer le courant dans la résistance de 2 Ω en utilisant le théorème de superposition.
Rép. I = 1,43 A.

12.29. Calculer les contributions de chacune des sources de tension du réseau de la Fig. 12-37 au courant total circulant dans la résistance de 5 Ω.
Rép. 2,27 A, 3,41 A.

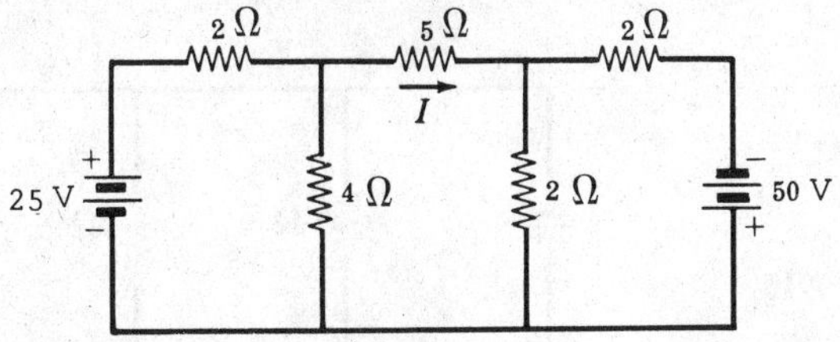

Fig. 12-37

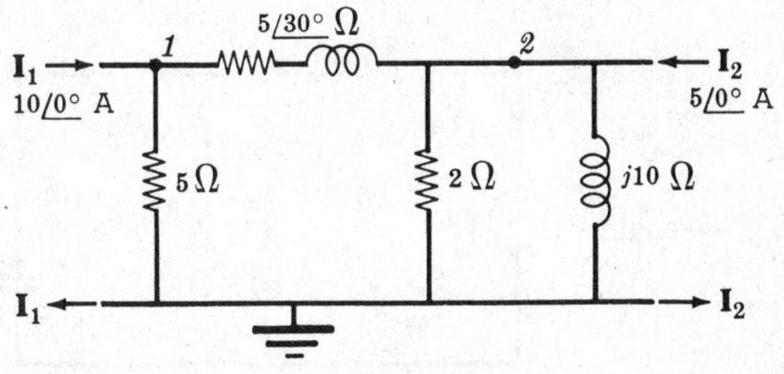

Fig. 12-38

12.30. Déterminer la contribution de chacune des sources de courant du réseau de la Fig. 12-38 à la tension de noeud $\mathbf{V}_2$.
Rép. 8,48/–2,8° V, 8,20/12,2° V.

12.31. Calculer la contribution de chacune des sources de tension du réseau de la Fig. 12-39 au courant total circulant dans la résistance de 4 Ω.
Rép. 3,24/60,95° A, 6,16/–142,2° A.

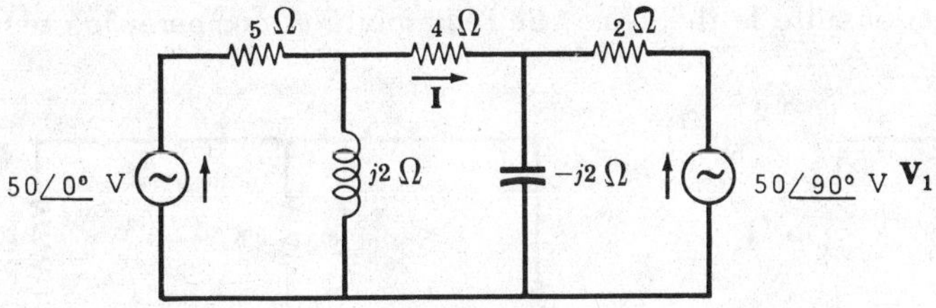

Fig. 12-39

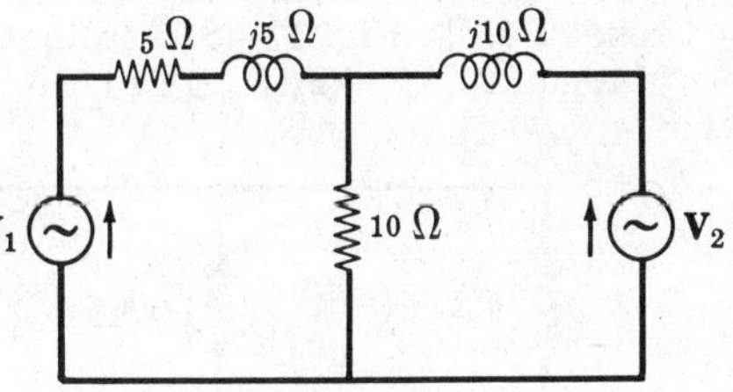

Fig. 12-40

12.32. Dans le réseau de la Fig. 12-40 les sources de tension sont connectées séparément. Sachant que les courants correspondants dans la résistance de 10 Ω sont égaux, calculer la valeur du rapport $\mathbf{V}_1/\mathbf{V}_2$. *Rép.* 0,707/–45°.

12.33. Déterminer la contribution de chacune des sources de courant $\mathbf{I}_1$ et $\mathbf{I}_2$ du réseau de la Fig. 12-41 à la tension de noeud $\mathbf{V}_2$.
Rép. 5,82/–5,5° V, 9,22/72,9° V

12.34. Dans le réseau de la Fig. 12-41 la source de courant $\mathbf{I}_2$ de 5/90° A est remplacée par une source de 3,16/191,6° A. Déterminer la tension de noeud $\mathbf{V}_2$ en utilisant le théorème de superposition.

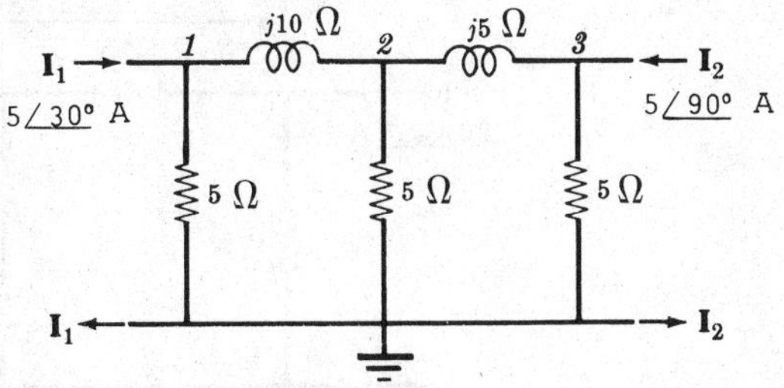

Fig. 12-41

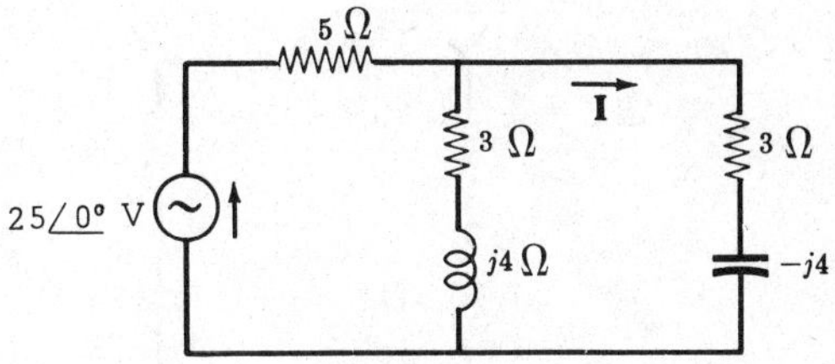

Fig. 12-42

12.35. Déterminer par une méthode classique le courant **I** circulant dans l'impédance $(3 - j4)\ \Omega$ du circuit de la Fig. 12-42. Appliquer le théorème de réciprocité et comparer les résultats obtenus.
Rép. $2{,}27\angle 53{,}2^\circ$ A.

12.36. Déterminer le courant **I** circulant dans l'impédance de $(2 - j2)\ \Omega$ du circuit de la Fig. 12-43. Appliquer le théorème de réciprocité et comparer les deux courants.
Rép. $10{,}1\angle 129{,}1^\circ$ A.

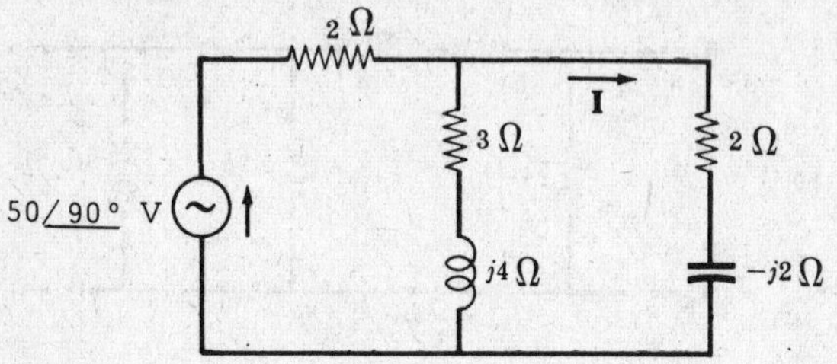

Fig. 12-43

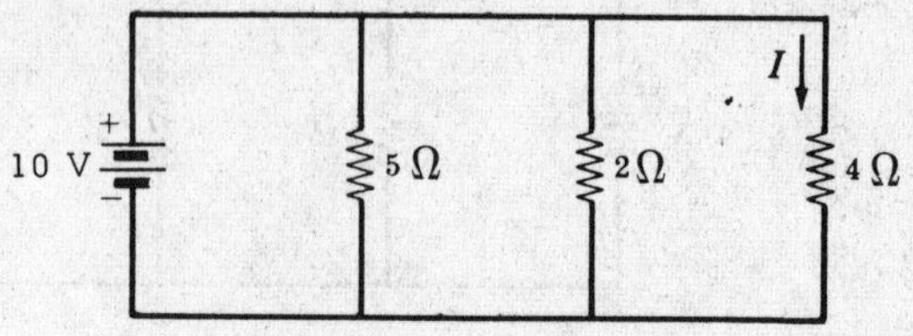

Fig. 12-44

12.37. Calculer par une méthode classique le courant circulant dans la résistance de 4 Ω du réseau de la Fig. 12-44. Appliquer ensuite le théorème de réciprocité et comparer les deux courants. Quelles sont les variations correspondantes de courant dans les résistances de 5 Ω et de 2 Ω .?
Rép. 2,5 A. Après application du théorème de réciprocité les courants dans les résistances de 5 Ω et de 2 Ω sont nuls alors qu'ils étaient précédemment de 2 A et 5 A respectivement.

12.38. Calculer en utilisant une méthode classique le courant circulant dans la résistance de 5 Ω du réseau de la Fig. 12-45. Appliquer ensuite le théorème de réciprocité et comparer les résultats obtenus. *Rép.* $0{,}270\angle 53{,}75^\circ$ A.

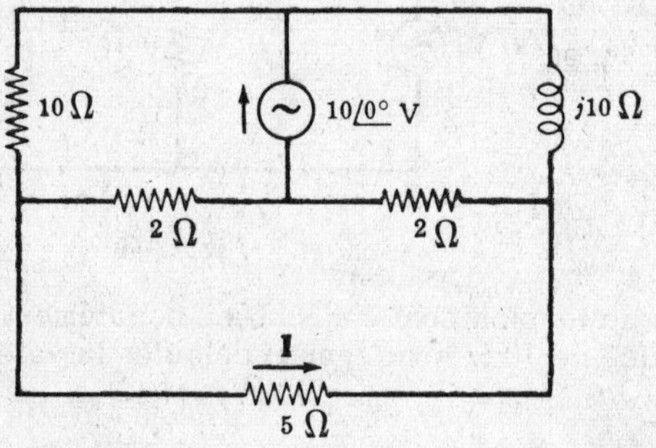

Fig. 12-45

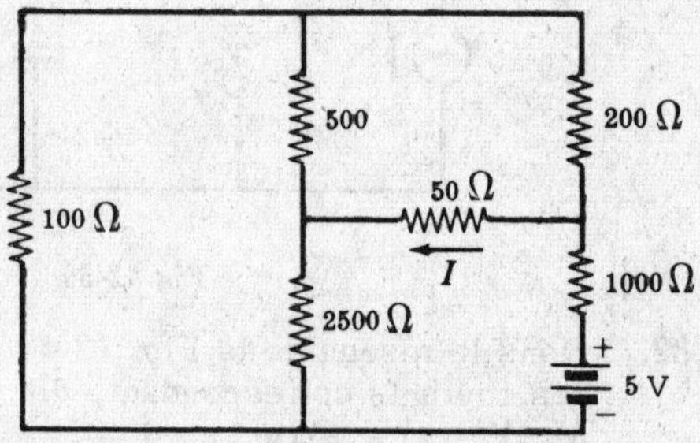

Fig. 12-46

12.39. Calculer le courant **I** circulant dans la résistance de 50 Ω du réseau de la Fig. 12-46. Vérifier le théorème de réciprocité en intervertissant la source de tension et le courant résultant **I**.
Rép. 1,32 mA.

12.40. Calculer la tension $\mathbf{V}_x$ du réseau de la Fig. 12-47. Appliquer ensuite le théorème de réciprocité et comparer les deux tensions. *Rép.* $35\angle -12{,}1^\circ$ V.

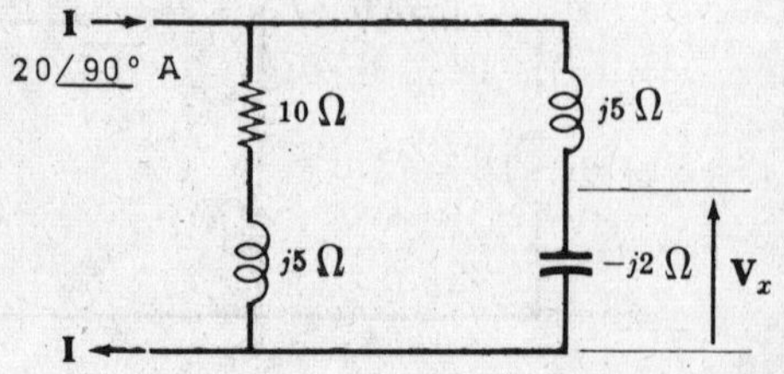

Fig. 12-47

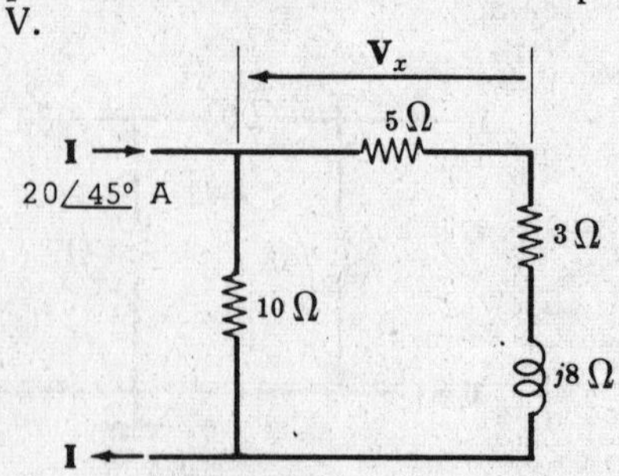

Fig. 12-48

12.41. Déterminer la tension $\mathbf{V}_x$ du réseau de la Fig. 12-48. Vérifier ensuite pour ce circuit le théorème de réciprocité. *Rép.* $50{,}8\angle 21^\circ$ V.

12.42. Déterminer la tension V_x du réseau de la Fig. 12-49. Vérifier le théorème de réciprocité en intervertissant la position de la source de courant et de la tension V_x.
Rép. $2{,}53\angle -162{,}3^\circ$ V.

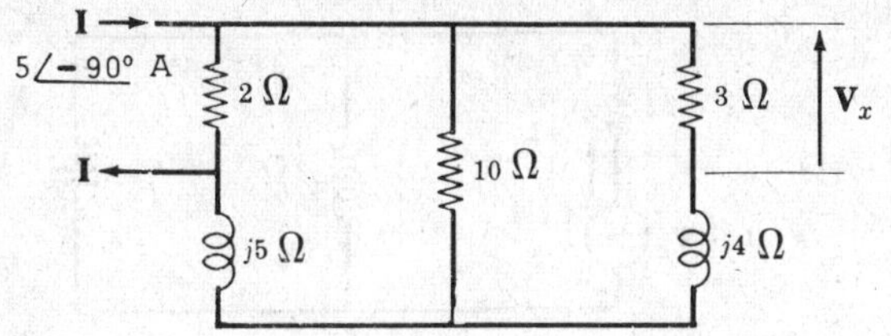

Fig. 12-49

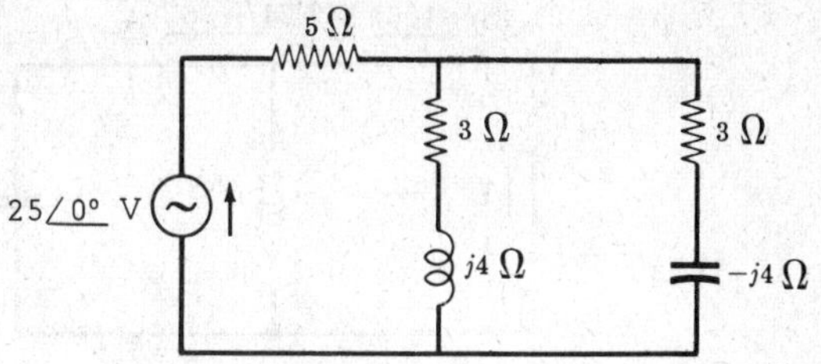

Fig. 12-50

12.43. Dans le réseau de la Fig. 12-50, remplacer la combinaison parallèle de $(3 + j4)\ \Omega$ et $(3 - j4)\ \Omega$ par une source de compensation. Pour vérifier la validité de cette substitution calculer le courant dans la résistance de 5 Ω dans les deux cas. *Rép.* $V_c = 11{,}35\angle 0^\circ$ V, $I = 2{,}73\angle 0^\circ$ A

12.44. En se référant au réseau de la Fig- 12-50 remplacer la résistance de 5 Ω par une source de compensation et calculer le courant total dû à la source de $25\angle 0^\circ$ V avant et après la substitution.
Rép. $V_c = 13{,}65\angle 0^\circ$ V, $I = 2{,}73\angle 0^\circ$ A.

12.45. Dans le réseau de la Fig. 12-51 remplacer les combinaisons parallèles de résistances par une source de compensation et calculer le courant total débité par la source de 50 V.
Rép. 11,35 V, 4,55 V, et 3,41 A.

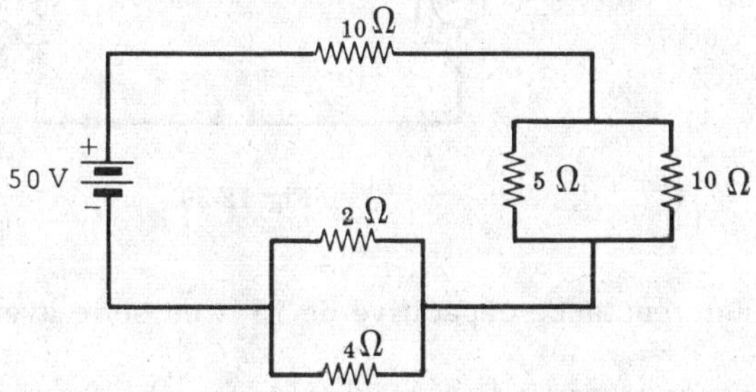

Fig. 12-51

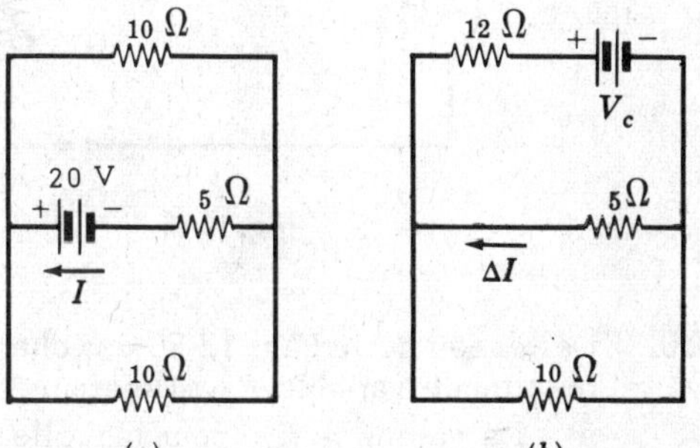

(*a*) (*b*)

Fig. 12-52

12.46. Un courant I circule dans la source de 20 V du réseau de la Fig. 12-52 (*a*). Lorsque la résistance de 10 Ω est remplacée par une résistance de 12 Ω, le courant débité par la source devient I'. Calculer la variation de courant $\Delta I = I' - I$ en utilisant une source de compensation comme le montre la Fig. 12-52 (*b*). *Rép.* $\Delta I = -0{,}087$ A.

12.47. Dans le réseau de la Fig. 12-53 (*a*) on substitue une résistance de 8 Ω à celle de 5Ω. Calculer la variation de courant ΔI résultante dans l'impédance $(3 + j4)\ \Omega$.
Rép. $0{,}271\angle 159{,}5^\circ$ A.

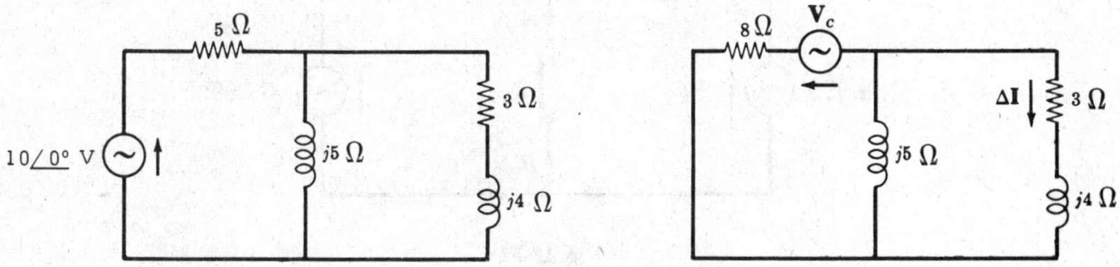

(*a*) (*b*)

Fig. 12-53

12.48. Dans le réseau de la Fig. 12-54 (*a*) la source de $50\angle 45°$ V débite un courant **I**. On remplace la résistance de 10 Ω par une résistance de 5 Ω. Utiliser le théorème de compensation pour déterminer $\mathbf{V}_c$ et $\Delta \mathbf{I}$ comme le montre la Fig. 12-54 (*b*).
Rép. $21{,}45\angle{-166°}$ V, $2{,}74\angle{-36°}$ A

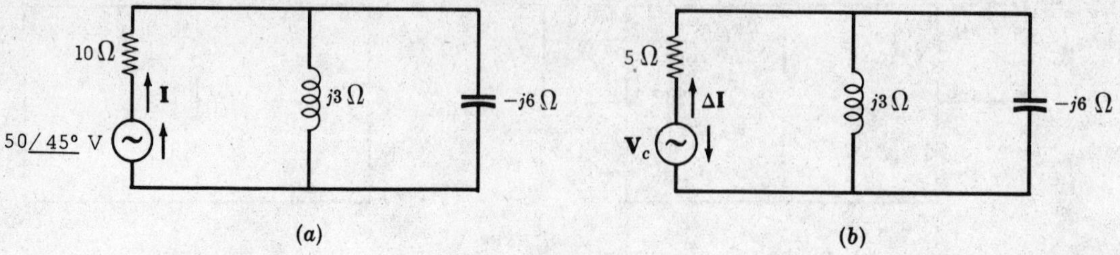

(*a*) (*b*)

Fig. 12-54

12.49. Dans le circuit de la Fig. 12-55 déterminer la valeur de R_L pour laquelle le transfert de puissance est maximal. Calculer la valeur de cette puissance.
Rép. 11,17 Ω, 309 W.

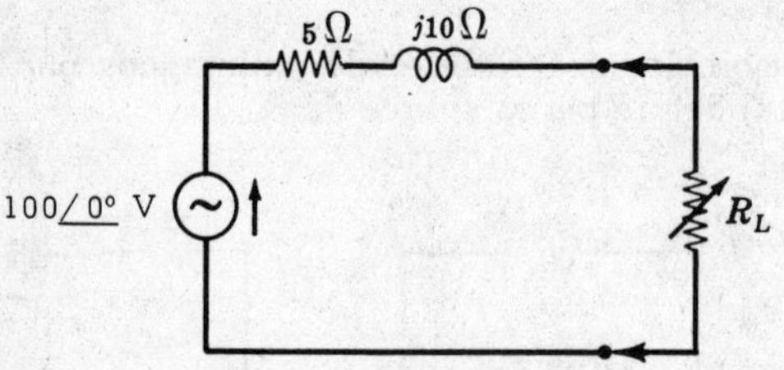

Fig. 12-55

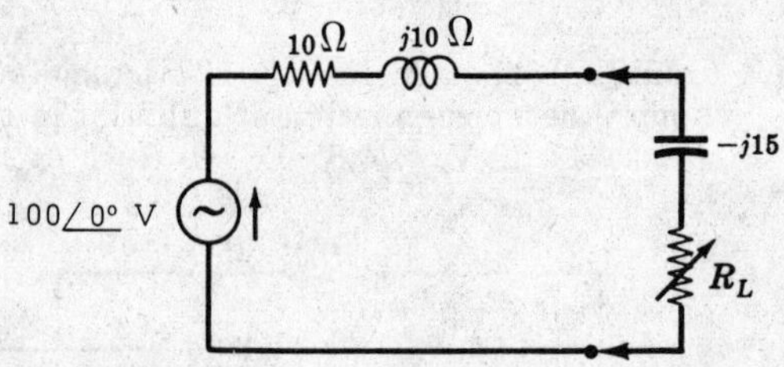

Fig. 12-56

12.50. Le réseau de la Fig. 12-56 est chargé par une réactance capacitive de 15 Ω en série avec une résistance variable R_L, Déterminer :

a) - La valeur de R_L pour laquelle la puissance transmise est maximale.

b) - La valeur maximale de cette puissance.

Rép. (*a*) $R_L = 11{,}17$ Ω, (*b*) 236 W.

12.51. Le réseau de la Fig. 12-57 comporte deux sources de tension alimentant une charge $\mathbf{Z}_L$ branchée entre les bornes *A* et *B*. Si dans cette charge la résistance et la réactance sont toutes deux variables, quelle est la valeur de $\mathbf{Z}_L$ pour laquelle la puissance fournie est maximale ? Déterminer la valeur de cette puissance maximale.
Rép. $(4{,}23 + j1{,}15)$ Ω, 5,68 W.

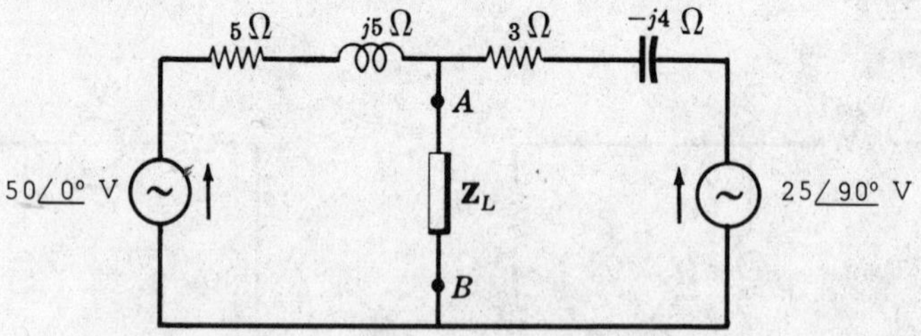

Fig. 12-57

Chapitre 13

Inductance mutuelle

INTRODUCTION

Les réseaux étudiés dans les chapitres précédents se composaient, soit de boucles fermées, soit de mailles et de noeuds. Deux boucles fermées comportent une branche commune ainsi que deux noeuds reliés par des éléments passifs ou par des éléments actifs : on parle dans ce cas de couplage direct entre mailles et noeuds. Des méthodes permettant d'étudier de tels réseaux ont été élaborées.

Dans ce chapitre nous étudions un autre type de couplage : le couplage magnétique. Lorsque l'interaction entre deux boucles fermées se fait par l'intermédiaire d'un champ magnétique et non pas par des éléments communs, on dit que les branches sont couplées inductivement ou magnétiquement.

AUTO-INDUCTANCE

Lorsque dans un circuit le courant varie, le flux magnétique traversant ce circuit change et une f.é.m. est induite dans le circuit. En supposant la perméabilité constante, la force électromotrice induite est proportionnelle à la dérivée du courant par rapport au temps, c'est-à-dire

$$v_L = L\frac{di}{dt} \qquad (1)$$

Dans cette relation, la constante de proportionnalité L est appelée auto-inductance du circuit. Dans le système MKSA, l'unité d'auto-inductance est le weber par ampère, encore appelé henry. La f.é.m induite dans une bobine comportant N tours est donnée par :

$$v_L = N\frac{d\phi}{dt} \qquad (2)$$

où $N\,d\phi$ est la variation différentielle de flux dans le circuit. En combinant les équations (*1*) et (*2*) nous obtenons

$$L\frac{di}{dt} = N\frac{d\phi}{dt}$$

d'où l'on tire

$$L = N\frac{d\phi}{di}$$

INDUCTANCE MUTUELLE

Considérons le courant i_1 variable dans le temps circulant dans la bobine 1 de la Fig. 13-1; ce courant i_1 crée un flux magnétique ϕ_1 ; une partie de ce flux ne traverse que la bobine 1 et est appelé flux de fuite ϕ_{11}, l'autre partie du flux ϕ_{12} traverse également la bobine 2 et la f.é.m. induite dans cette bobine est donnée par la loi de Faraday.

$$v_2 = N_2\frac{d\phi_{12}}{dt} \qquad (3)$$

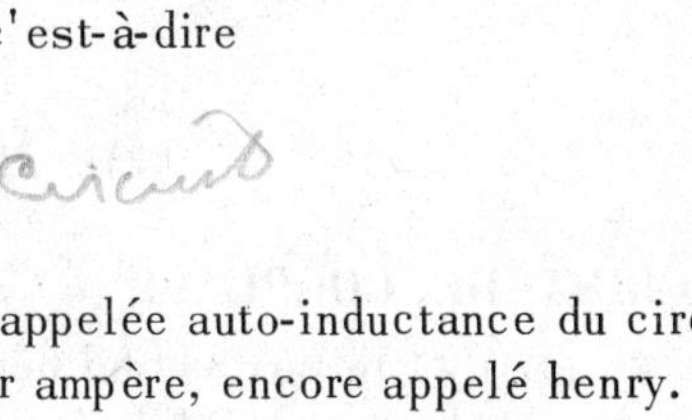

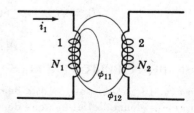

Fig. 13-1

Comme il existe une relation entre le flux ϕ_{12} et le courant i_1, v_2 est proportionnelle à la dérivée de i_1 par rapport au temps:

$$v_2 \;=\; M\,\frac{di_1}{dt} \tag{4}$$

où la constante de proportionnalité M est appelée inductance mutuelle des deux bobines. Dans le système MKSA, l'inductance mutuelle s'exprime en henrys comme cela était le cas pour l'auto-inductance.

En identifiant les relations (3) et (4) nous obtenons

$$v_2 \;=\; N_2\,\frac{d\phi_{12}}{dt} \;=\; M\,\frac{di_1}{dt}$$

et

$$M \;=\; N_2\,\frac{d\phi_{12}}{di_1} \tag{5}$$

Lorsque les deux bobines ont un noyau ferromagnétique commun, le flux n'est pas proportionnel au courant et l'inductance mutuelle est donnée par l'équation (5). Lorsque le couplage entre les deux bobines se fait par un milieu ambiant qui est de l'air, le flux est proportionnel au courant et l'inductance mutuelle est donnée par

$$M \;=\; \frac{N_2\phi_{12}}{i_1} \tag{6}$$

Le couplage que nous venons d'analyser est bilatéral et on peut obtenir des résultats analogues à ceux trouvés précédemment en considérant qu'un courant i_2 fonction du temps circule dans la bobine 2 de la Fig. 13-1. Les flux sont alors ϕ_2, ϕ_{21} et ϕ_{22} et la tension induite dans la bobine 1 est $v_1 = M(di_2/dt)$ et les équations (5) et (6) deviennent respectivement

$$(7)\quad M = \frac{N_1\,d\phi_{21}}{di_2} \qquad\qquad \text{et} \qquad\qquad (8)\quad M = \frac{N_1\,\phi_{21}}{i_2}$$

COEFFICIENT DE COUPLAGE k

Sur la Fig. 13-1 le flux mutuel dépend à la fois de l'espacement et de l'orientation des axes des deux bobines ainsi que de la perméabilité du milieu. La fraction du flux total commune aux deux bobines est appelée coefficient de couplage k:

$$k \;=\; \frac{\phi_{12}}{\phi_1} \;=\; \frac{\phi_{21}}{\phi_2}$$

Comme $\phi_{12} \leqslant \phi_1$ et $\phi_{21} \leqslant \phi_2$ la valeur maximale de k est égale à l'unité.

M peut s'exprimer en fonction des auto-inductances L_1 et L_2 comme suit: on multiplie la relation (6) par la relation (8) ce qui donne

$$M^2 \;=\; \left(\frac{N_2\,\phi_{12}}{i_1}\right)\left(\frac{N_1\,\phi_{21}}{i_2}\right) \;=\; \left(\frac{N_2\,k\phi_1}{i_1}\right)\left(\frac{N_1\,k\phi_2}{i_2}\right) \;=\; k^2\left(\frac{N_1\,\phi_1}{i_1}\right)\left(\frac{N_2\,\phi_2}{i_2}\right) \tag{9}$$

On substitue alors dans cette relation les expressions

$$L_1 = N_1\phi_1/i_1 \quad \text{et} \quad L_2 = N_2\phi_2/i_2$$

d'où

$$M^2 \;=\; k^2L_1L_2 \qquad \text{et} \qquad M \;=\; k\sqrt{L_1L_2}$$

ANALYSE DES CIRCUITS COUPLES

La Fig. 13-2 ci-dessous montre deux bobines ayant un noyau commun; cette représentation permet de mettre en évidence l'effet du sens des bobinages sur les tensions mutuellement induites.

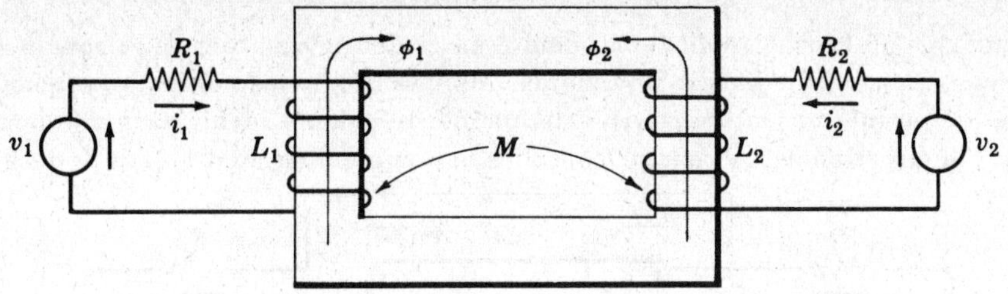

Fig. 13-2

Comme chaque circuit comporte une source de tension on choisit deux courants de mailles i_1 et i_2 qui sont orientés dans le même sens que les tensions délivrées par les sources; en appliquant les lois de Kirchhoff aux deux mailles on peut écrire les équations suivantes

$$\begin{aligned} R_1 i_1 + L_1 \frac{di_1}{dt} \pm M \frac{di_2}{dt} &= v_1 \\ R_2 i_2 + L_2 \frac{di_2}{dt} \pm M \frac{di_1}{dt} &= v_2 \end{aligned} \qquad (10)$$

Les tensions mutuellement induites peuvent être, soit positives, soit négatives, selon le sens de l'enroulement. Pour déterminer les signes corrects dans la relation (*10*) on applique la règle des doigts de la main droite : lorsque l'index est dirigé dans le sens du courant, le pouce pointe dans le sens du flux. Les directions positives de ϕ_1 et ϕ_2 sont indiquées sur la figure. *Lorsque les flux ϕ_1 et ϕ_2 dus aux courants supposés positifs s'ajoutent les uns aux autres, les signes des tensions mutuelles induites sont identiques à ceux des tensions induites dans les auto-inductances.* En se référant à la Fig. 13-2 on peut remarquer que ϕ_1 et ϕ_2 sont opposés. Nous pouvons par conséquent réécrire l'équation (*10*) avec les signes corrects :

$$\begin{aligned} R_1 i_1 + L_1 \frac{di_1}{dt} - M \frac{di_2}{dt} &= v_1 \\ R_2 i_2 + L_2 \frac{di_2}{dt} - M \frac{di_1}{dt} &= v_2 \end{aligned} \qquad (11)$$

En supposant que les sources délivrent des tensions sinusoïdales, le système d'équations (*11*) devient en régime

$$\begin{aligned} (R_1 + j\omega L_1)\mathbf{I}_1 - j\omega M\mathbf{I}_2 &= \mathbf{V}_1 \\ -j\omega M\mathbf{I}_1 + (R_2 + j\omega L_2)\mathbf{I}_2 &= \mathbf{V}_2 \end{aligned} \qquad (12)$$

En tenant compte des résultats obtenus au chapitre 9, on peut écrire

$$\begin{aligned} \mathbf{Z}_{11}\mathbf{I}_1 \pm \mathbf{Z}_{12}\mathbf{I}_2 &= \mathbf{V}_1 \\ \pm\mathbf{Z}_{21}\mathbf{I}_1 + \mathbf{Z}_{22}\mathbf{I}_2 &= \mathbf{V}_2 \end{aligned} \qquad (13)$$

On avait alors établi que $\mathbf{Z}_{12} = \mathbf{Z}_{21}$ était les impédances communes aux mailles où circulaient les courants $\mathbf{I}_1$ et $\mathbf{I}_2$. Il existait alors un couplage direct entre les mailles vu que les courants traversaient la branche commune. En considérant à présent le circuit de la Fig. 13-2, on constate qu'il est décrit par un système d'équations où $j\omega M$ correspond à $\mathbf{Z}_{12}$ et $\mathbf{Z}_{21}$ des équations (*13*). Le couplage entre les deux mailles n'est pas direct étant donné que les deux courants ne traversent aucune impédance commune. Cependant les deux équations indiquent qu'il existe un couplage appelé *couplage magnétique.*

COURANT INDUIT DANS UNE BOBINE FERMEE SUR UNE RESISTANCE

Dans le paragraphe précédent, nous avons étudié un circuit comportant deux boucles mutuellement couplées et contenant chacune une source de tension; les directions des courants étaient fixées *à priori*. Dans certains cas, il est intéressant de pouvoir déterminer le courant induit dans une boucle ne contenant pas de source; la direction de ce courant est alors déterminée par application de la loi de Lenz.

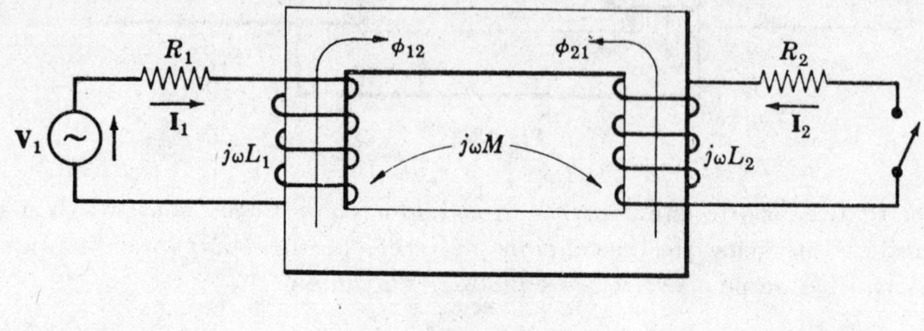

Fig. 13-3

Considérons le circuit de la Fig. 13-3 où seule la maille 1 comporte une source de tension. On choisit le sens du courant $\mathbf{I}_1$ identique à celui de la tension $\mathbf{V}_1$ et on applique la règle de la main droite pour déterminer la direction du flux ϕ_{12}. D'après la loi de Lenz, la polarité de la tension induite est telle que le courant circule dans la bobine fermée en y créant un flux qui s'oppose au flux principal dû au courant $\mathbf{I}_1$. Par conséquent lorsque l'interrupteur du circuit de la Fig. 13-3 est fermé, la direction du flux ϕ_{21} est celle indiquée sur la figure. On peut à présent appliquer la règle de la main droite avec le pouce dirigé dans le sens du flux ϕ_{21} ; les doigts de cette main s'enroulent alors autour de la bobine 2 dans la direction du courant. Dans ces conditions on peut écrire les équations suivantes

$$\begin{aligned} (R_1 + j\omega L_1)\mathbf{I}_1 \ - \ j\omega M\mathbf{I}_2 &= \mathbf{V}_1 \\ -j\omega M\mathbf{I}_1 \ + \ (R_2 + j\omega L_2)\mathbf{I}_2 &= 0 \end{aligned} \qquad (14)$$

Comme la maille 2 ne comporte pas de source de tension le courant $\mathbf{I}_2$ est dû à la tension mutuelle induite, c'est-à-dire $(R_2 + j\omega L_2)\mathbf{I}_2 = (j\omega M\mathbf{I}_1)$; ceci est mis en évidence par la Fig. 13-4 qui comporte une source délivrant une tension $j\omega M\mathbf{I}_1$. Le sens de cette tension est identique à celui du courant $\mathbf{I}_2$. *On en déduit que la polarité instantanée de la tension induite dans la bobine 2 est positive à l'extrémité par laquelle le courant quitte la bobine.*

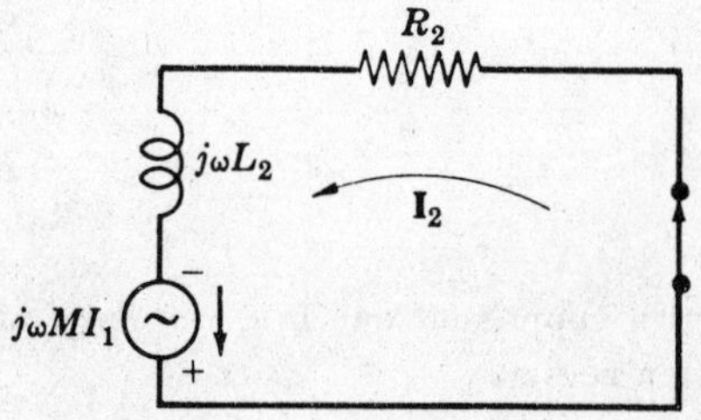

Fig. 13-4

REPERAGE DES BOBINES COUPLEES PAR DES POINTS

La polarité des tensions induites par couplage magnétique dans des bobines peut se déterminer à l'aide d'un schéma représentant à la fois le noyau et le sens des enroulements. Cette méthode est cependant fastidieuse. Pour simplifier cette représentation, les bobines sont marquées de points comme le montre la Fig. 13-5 (*c*); ces points repèrent les extrémités ayant la même polarité instantanée, compte tenu de l'inductance mutuelle seule. Pour appliquer cette notation par point, il faut savoir à quelle extrémité de la bobine doit être placé le point et de plus il faut déterminer le signe de la tension mutuelle induite lors de l'écriture des équations de mailles.

Pour placer les points sur une paire de bobines couplées on choisit la direction du courant dans l'une d'elles et l'on place le point à l'extrémité par laquelle le courant y entre. La polarité instantanée de l'extrémité pointée est positive par rapport à l'autre extrémité de la bobine. Pour déterminer le flux correspondant circulant dans le noyau, on applique la règle de la main droite comme le montre la Fig. 13-5(*a*).

Conformément à la loi de Lenz, le flux dans la seconde bobine doit s'opposer au flux initial (voir Fig. 13-5 (*b*) L.

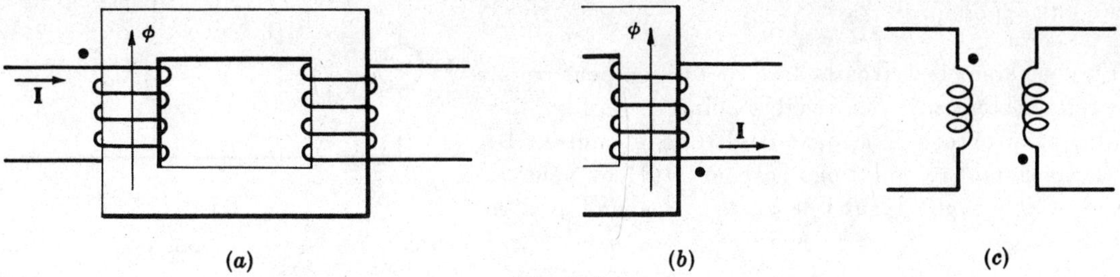

Fig. 13-5

La règle de la main droite permet alors de déterminer la direction du courant dans la bobine 2; comme la tension induite est positive à l'extrémité par laquelle le courant quitte la bobine, on place un point à cette extrémité (Fig. 13-5 (*b*). Avec la polarité instantanée des bobines ainsi indiquée, la représentation du noyau est superflue, ce qui conduit au diagramme de la Fig. 13-5 (*c*)).

Pour déterminer le signe des tensions mutuelles induites dans les équations de mailles, il suffit d'appliquer la règle des points qui s'énonce ainsi : (1) « *Lorsque les deux courants donnés entrent ou sortent d'une paire de bobines couplées par les extrémités pointées, les signes des termes en M seront identiques aux signes des termes en L;* (2) *Lorsqu'un des courants entre par une extrémité pointée et que le deuxième sort par l'autre extrémité pointée, les signes des termes en M sont opposés à ceux des termes en L* ».

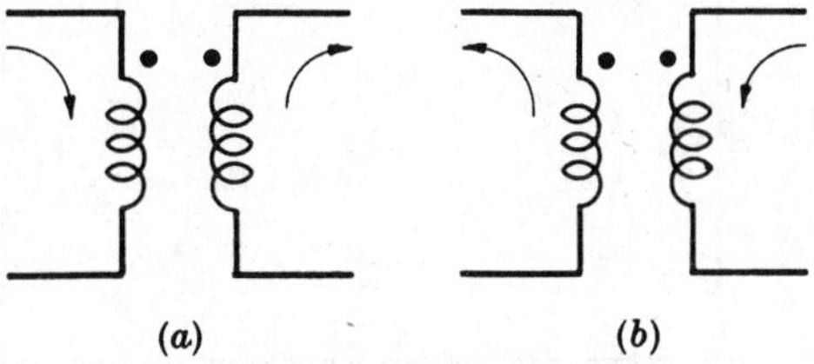

Fig. 13-6

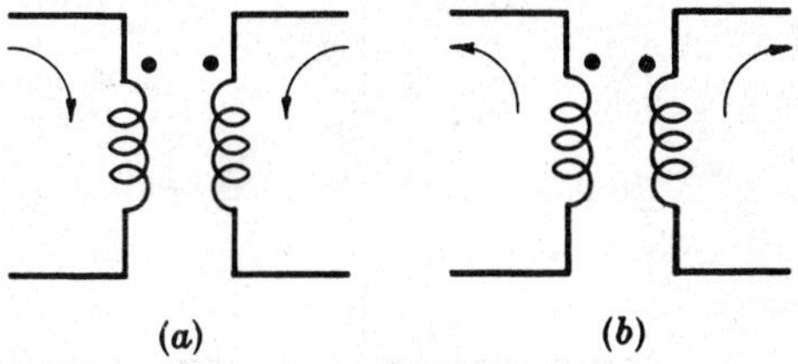

Fig. 13-7

La Fig. 13-6 ci-dessus représente des cas où les signes des termes en *M* et *L* sont opposés et la Fig. 13-7 deux cas où les signes des termes en *M* et *L* sont identiques.

Pour illustrer les résultats précédents, considérons le circuit de la Fig. 13-8 avec le repérage et le sens des courants indiqués. Comme dans ce circuit un des courants ($\mathbf{I}_1$) entre par une extrémité pointée et que le deuxième ($\mathbf{I}_2$) sort par l'autre extrémité pointée, le signe des termes en *L* est opposé à celui des termes en *M*. On peut donc écrire l'équation matricielle suivante

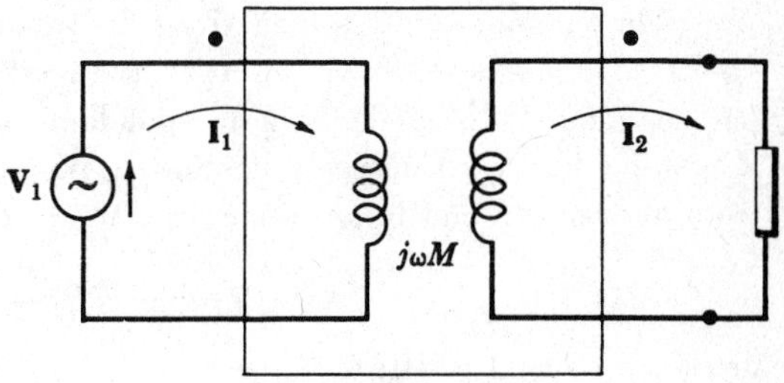

Fig. 13-8

$$\begin{bmatrix} \mathbf{Z}_{11} & -j\omega M \\ -j\omega M & \mathbf{Z}_{22} \end{bmatrix} \begin{bmatrix} \mathbf{I}_1 \\ \mathbf{I}_2 \end{bmatrix} = \begin{bmatrix} \mathbf{V}_1 \\ 0 \end{bmatrix} \qquad (15)$$

Le circuit de la Fig. 13-9 comporte deux mailles à couplage direct; les polarités des différentes extrémités sont indiquées sur la figure et l'équation matricielle peut s'écrire :

$$\begin{bmatrix} \mathbf{Z}_{11} & -\mathbf{Z} \\ -\mathbf{Z} & \mathbf{Z}_{22} \end{bmatrix} \begin{bmatrix} \mathbf{I}_1 \\ \mathbf{I}_2 \end{bmatrix} = \begin{bmatrix} \mathbf{V}_1 \\ 0 \end{bmatrix} \qquad (16)$$

L'impédance $\mathbf{Z}$ commune aux deux mailles est précédée d'un signe négatif, vu que les courants $\mathbf{I}_1$ et $\mathbf{I}_2$ la traversent en sens opposés.

En comparant les circuits 13-8 et 13-9 on peut constater une ressemblance; les extrémités pointées de l'un des circuits sont affectées d'un signe positif dans l'autre. De même en comparant les relations (*15*) et (*16*) on peut remarquer que le signe négatif de $j\omega M$ correspond au signe négatif de $\mathbf{Z}$.

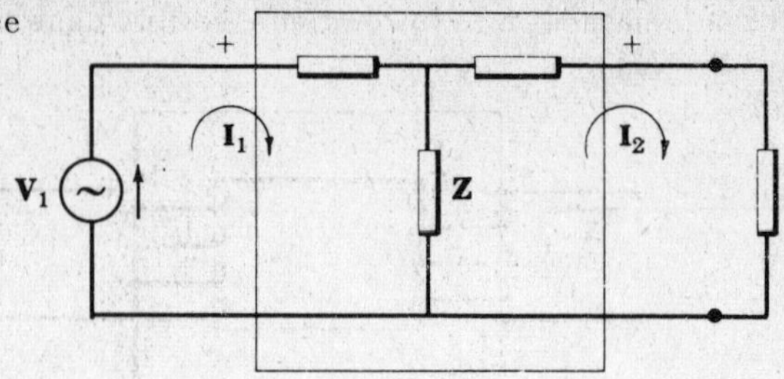

Fig. 13-9

CIRCUITS EQUIVALENTS A COUPLAGE DIRECT

Dans l'étude des circuits à couplage inductif, il est souvent utile de remplacer un circuit par un circuit équivalent à couplage direct; considérons pour cela le circuit de la Fig. 13-10 (*a*) où les directions des courants $\mathbf{I}_1$ et $\mathbf{I}_2$ sont indiquées. Son équation matricielle est

$$\begin{bmatrix} R_1 + j\omega L_1 & -j\omega M \\ -j\omega M & R_2 + j\omega L_2 \end{bmatrix} \begin{bmatrix} \mathbf{I}_1 \\ \mathbf{I}_2 \end{bmatrix} = \begin{bmatrix} \mathbf{V}_1 \\ \mathbf{V}_2 \end{bmatrix} \qquad (17)$$

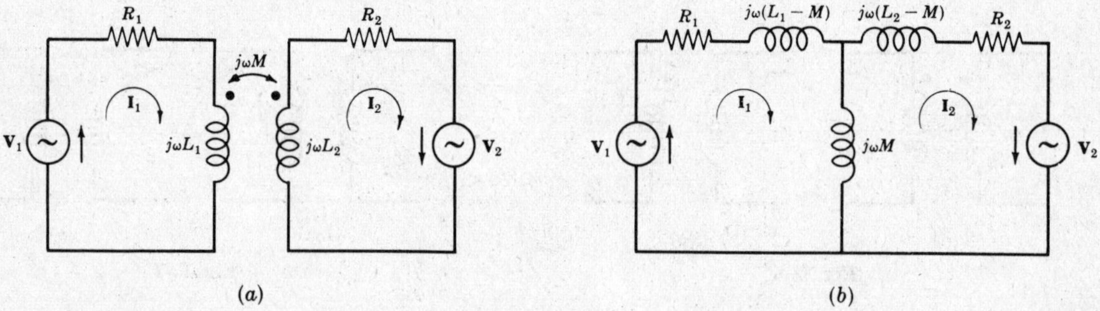

Fig. 13-10

On suppose que les directions des courants de la Fig. 13-10 (*b*) sont identiques à ceux de la Fig. 13-10 (*a*). Ces courants $\mathbf{I}_1$ et $\mathbf{I}_2$ traversent alors la branche commune dans des directions opposées et par conséquent l'impédance correspondant à cette branche doit être $j\omega M$; dans la relation (*17*) on a $\mathbf{Z}_{11} = R_1 + j\omega L_1$. Comme le courant $\mathbf{I}_1$ traverse la branche d'impédance commune $j\omega M$, nous devons introduire dans la maille un terme $-j\omega M$ et écrire

$$\mathbf{Z}_{11} = R_1 + j\omega L_1 - j\omega M + j\omega M = R_1 + j\omega L_1$$

de même pour la maille 2,

$$\mathbf{Z}_{22} = R_2 + j\omega L_2 - j\omega M + j\omega M = R_2 + j\omega L_2$$

En écrivant les équations de mailles pour la Fig. 13-10 (*b*) nous obtenons une équation identique à (*17*); nous voyons ainsi que le circuit à couplage inductif de la Fig. 13-10 (*a*) peut être représenté par le circuit équivalent à couplage direct de la Fig. 13-10 (*b*).

La méthode d'analyse que nous venons d'élaborer ne conduit pas toujours à des circuits équivalents réalisables physiquement;ceci est notamment le cas lorsque $M > L_1$ ou $M > L_2$.

Pour remplacer les deux bobines à couplage inductif connectées en série de la Fig. 13-11 (*a*), on procède de la manière suivante : dans un premier stade, on applique les méthodes décrites ci-dessus pour obtenir le circuit équivalent de la Fig. 13-11 (*b*). Dans un second stade, on remplace le circuit équivalent pointé par le circuit équivalent à couplage direct de la Fig. 13-11 (*c*).

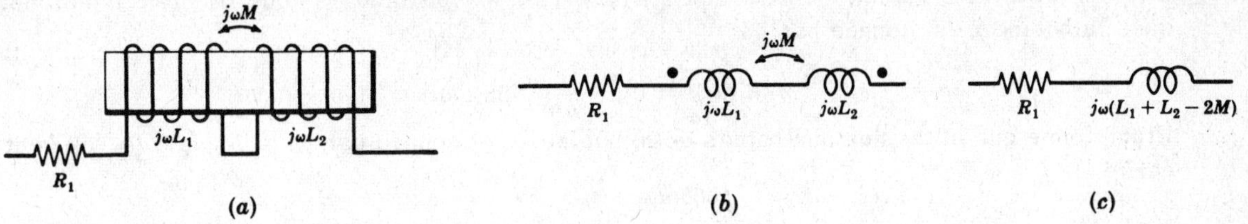

Fig. 13-11

Pour analyser le circuit de la Fig. 13-11 (*a*) il faut considérer les flux magnétiques afin de déterminer les signes des tensions mutuelles induites. Dans le circuit de la Fig. 13-11 (*b*) on peut se passer du flux, mais il faut appliquer la règle de repérage. Par contre, dams le circuit de la Fig. 13-11 (*c*) les équations peuvent être écrites de la façon habituelle sans prêter une attention particulière ni au flux ni à la règle de repérage, ni à l'inductance mutuelle. Les trois circuits ont la même impédance complexe

$$\mathbf{Z} = R_1 + j\omega(L_1 + L_2 - 2M).$$

Problèmes résolus

13.1. Un courant continu de 5 A circule dans la bobine 1 d'une paire de bobines couplées et les flux ϕ_{11} et ϕ_{12} sont respectivement 20 000 et 40 000 maxwells; sachant que le nombre de tours des bobines sont respectivement $N_1 = 500$ et $N_2 = 1\,500$, déterminer L_1, L_2, M et k. (1 weber = 10^8 maxwells).

Le flux total est $\phi_1 = \phi_{11} + \phi_{12} = 60\,000$ **maxwells** $= 6 \times 10^{-4}$ Wb, l'auto-inductance de la bobine 1 est alors $L_1 = N_1\phi_1/I_1 = 500(6 \times 10^{-4})/5 = 0{,}06$ H. Le coefficient de couplage est $k = \phi_{12}/\phi_1 = 40\,000/60\,000 = 0{,}667$, l'inductance mutuelle est $M = N_2\phi_{12}/I_1 = 1500(4 \times 10^{-4})/5 = 0{,}12$ H. Par ailleurs, comme on a $M = k\sqrt{L_1L_2}$, $0{,}12 = 0{,}667\sqrt{0{,}06\,L_2}$ on en déduit que $L_2 = 0{,}539$ H.

13.2. Deux bobines couplées d'inductance $L_1 = 0{,}8$ H et $L_2 = 0{,}2$ H ont un coefficient de couplage $k = 0{,}9$; calculer l'inductance mutuelle M ainsi que le rapport du nombre de tours N_1/N_2

L'inductance mutuelle est $M = k\sqrt{L_1L_2} = 0{,}9\sqrt{0{,}8(0{,}2)} = 0{,}36$ H. On utilise alors la relation $M = N_2\phi_{12}/i_1$, où l'on substitue $k\phi_1$ à ϕ_{12} et on la multiplie par le rapport N_1/N_2 ce qui donne :

$$M = k\frac{N_2}{N_1}\left(\frac{N_1\phi_1}{i_1}\right) = k\frac{N_2}{N_1}L_1 \quad \text{et} \quad N_1/N_2 = kL_1/M = 0{,}9(0{,}8)/0{,}36 = 2$$

13.3. Deux bobines couplées ont des auto-inductances respectives $L_1 = 0{,}05$ H et $L_2 = 0{,}02$ H; leur coefficient de couplage est $k = 0{,}5$ et la bobine 2 comporte 1000 tours. Sachant que le courant circulant dans la bobine 1 est $i_1 = 5 \sin 400\,t$, calculer la tension aux bornes de la bobine 2, ainsi que la valeur du flux maximal créé par la bobine 1.

L'inductance mutuelle est $M = k\sqrt{L_1 L_2} = 0{,}5\sqrt{0{,}05\,(0{,}20)} = 0{,}05$ H. La tension induite dans la bobine 2 est donnée par :

$$v_2 = M(di_1/dt) = 0{,}05\,\frac{d}{dt}\,(5\sin 400t) = 100\cos 400t.$$

Etant donné que la tension aux bornes de la bobine 2 est donnée par $v_2 = N_2(d\phi_{12}/dt)$, on peut écrire

$$100\cos 400t = 1000(d\phi_{12}/dt)$$

et $$\phi_{12} = 10^{-3}\int 100\cos 400t\,dt = 0{,}25\times 10^{-3}\sin 400t$$

La valeur maximale du flux ϕ_{12} est de $0{,}25 . 10^{-3}$ Wb; on en déduit que la valeur maximale de ϕ_1 est :

$$\phi_{1\,max} = \frac{\phi_{12\,max}}{0{,}5} = \frac{0{,}25\times 10^{-3}}{0{,}5} = 0{,}5\times 10^{-3}\ \text{Wb}$$

13.4. Appliquer la loi de Kirchhoff relative à la tension au circuit couplé de la Fig. 13-12 et écrire les équations différentielles du circuit.

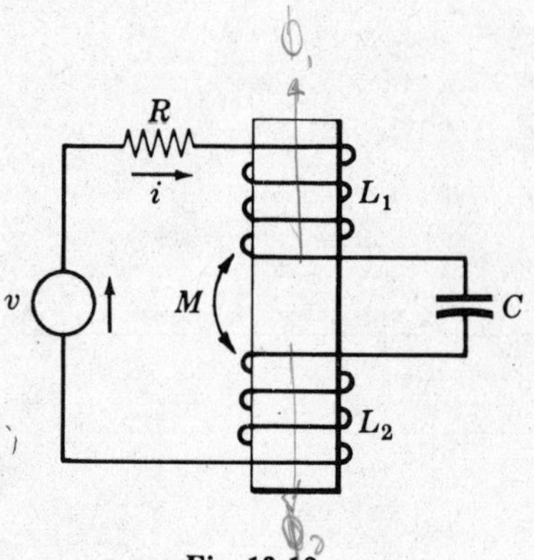

Fig. 13-12

Vu le sens des enroulements représenté sur la figure, le signe des termes en M est opposé à celui des termes en L. On remarque également que la tension mutuelle apparaît dans chacune des bobines et est due au courant i dans l'autre bobine.

$$Ri + L_1\frac{di}{dt} - M\frac{di}{dt} + \frac{1}{c}\int i\,dt + L_2\frac{di}{dt} - M\frac{di}{dt} = v$$

ou $$Ri + (L_1 + L_2 - 2M)\frac{di}{dt} + \frac{1}{c}\int i\,dt = v$$

13.5. Ecrire les équations différentielles de mailles pour le circuit couplé de la Fig. 13-13 ci-dessous.

On choisit les courants i_1 et i_2 comme le montre le diagramme et on applique la règle de la main droite à chacun des enroulements. Comme les flux s'ajoutent le signe des termes en M est le même que celui des termes en L et on peut écrire

$$R_1 i_1 + L_1\frac{di_1}{dt} + M\frac{di_2}{dt} = v$$

$$R_2 i_2 + L_2\frac{di_2}{dt} + M\frac{di_1}{dt} = v$$

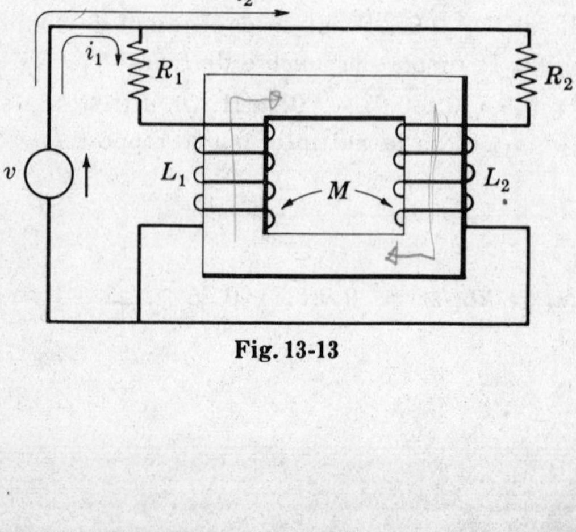

Fig. 13-13

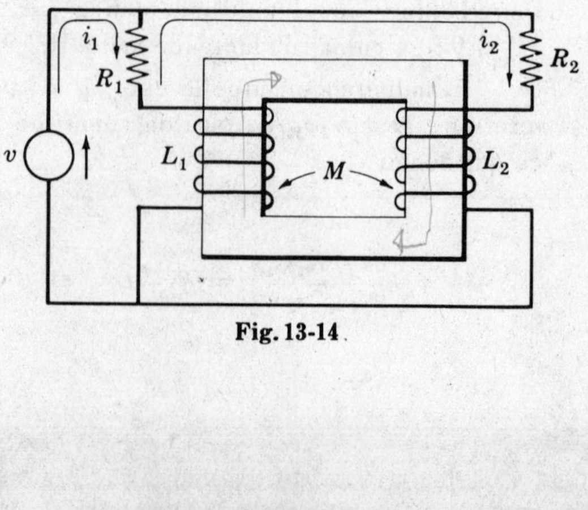

Fig. 13-14

13.6. Refaire le problème 13.5 en choisissant le courant i_2 comme le montre la Fig. 13-14 ci-dessus.

En appliquant la loi de Kirchhoff à la boucle traversée par le courant i_2 on obtient des tensions mutuelles induites négatives et on peut écrire

$$R_1(i_1 - i_2) + L_1\frac{d}{dt}(i_1 - i_2) + M\frac{di_2}{dt} = v$$

$$R_1(i_2 - i_1) + R_2 i_2 + L_2\frac{di_2}{dt} - M\frac{d}{dt}(i_2 - i_1) + L_1\frac{d}{dt}(i_2 - i_1) - M\frac{di_2}{dt} = 0$$

13.7. Deux bobines branchées en série ont une inductance équivalente L_A lorsqu'elles sont branchées de telle sorte que leurs flux s'ajoutent et une inductance L_B dans le cas contraire. Calculer l'inductance mutuelle M en fonction de L_A et L_B.

Dans le premier cas l'inductance équivalente est donnée par

$$L_A = L_1 + L_2 + 2M \tag{1}$$

et dans le second cas par

$$L_B = L_1 + L_2 - 2M \tag{2}$$

En retranchant (2) et (1) on obtient

$$L_A - L_B = 4M \qquad \text{et} \qquad M = \tfrac{1}{4}(L_A - L_B)$$

Cette solution donne une méthode expérimentale pour déterminer M : il suffit pour cela de connecter les enroulements dans chacun des deux sens et de mesurer les inductances équivalentes correspondantes au moyen d'un pont alternatif.

L'inductance mutuelle résultante est égale à un quart de la différence entre les deux inductances équivalentes.

13.8. Déterminer le circuit équivalent pointé correspondant au circuit couplé de la Fig. 13-15. Calculer la tension aux bornes de la réactance $-j10\,\Omega$ en utilisant ce circuit équivalent.

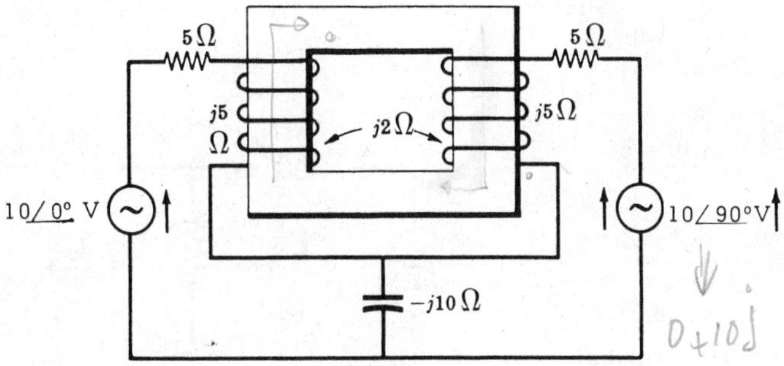

Fig. 13-15

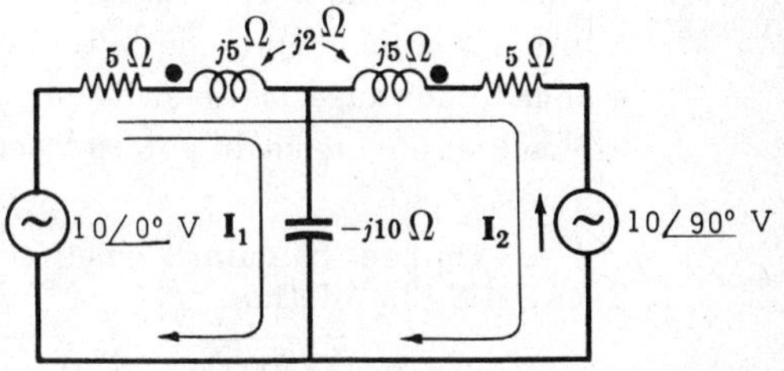

Fig. 13-16

Pour disposer les points sur le circuit équivalent il suffit de considérer les bobines ainsi que leur sens d'enroulement. On fait alors entrer un courant par l'extrémité supérieure de la bobine gauche; on dispose un point à cette extrémité. Le flux correspondant est orienté vers le haut du côté gauche du noyau. En vertu de la loi de Lenz le flux dans la bobine de droite doit également être dirigé vers le haut. La règle de la main droite permet alors de déterminer le sens du courant circulant dans la bobine de droite; ce courant sort de l'enroulement par son extrémité supérieure qui doit alors être marquée d'un point comme le montre la Fig. 13-16.

Avec les courants i_1 et i_2 choisis comme le montre la figure, on peut écrire l'équation matricielle suivante

$$\begin{bmatrix} 5 - j5 & 5 + j3 \\ 5 + j3 & 10 + j6 \end{bmatrix} \begin{bmatrix} \mathbf{I}_1 \\ \mathbf{I}_2 \end{bmatrix} = \begin{bmatrix} 10 \\ 10 - j10 \end{bmatrix}$$

d'où l'on tire

$$\mathbf{I}_1 = \frac{\begin{vmatrix} 10 & 5+j3 \\ 10-j10 & 10+j6 \end{vmatrix}}{\Delta_z} = 1{,}015\underline{/113{,}95^\circ}\ \mathrm{A}$$

La tension aux bornes de la réactance $-j10\,\Omega$ est par conséquent égale à

$$\mathbf{V} = \mathbf{I}_1(-j10) = 10{,}15\underline{/23{,}95^\circ}\ \mathrm{V}$$

13.9. Déterminer le circuit équivalent pointé correspondant au circuit comportant trois bobines couplées, ainsi qu'une résistance et une capacité, représenté par la Fig. 13-17. Ecrire l'équation décrivant ce circuit.

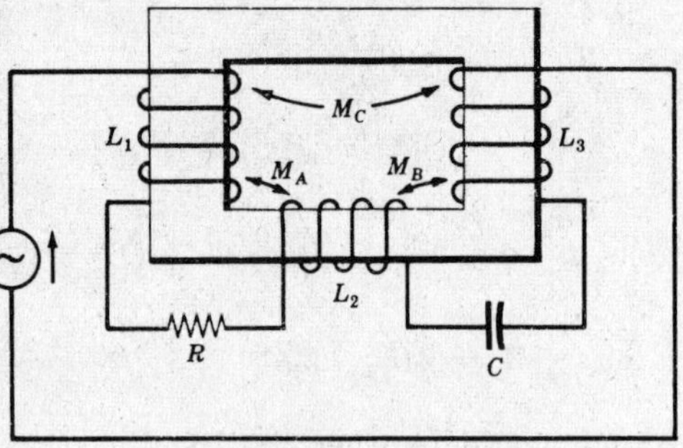

Fig. 13-17

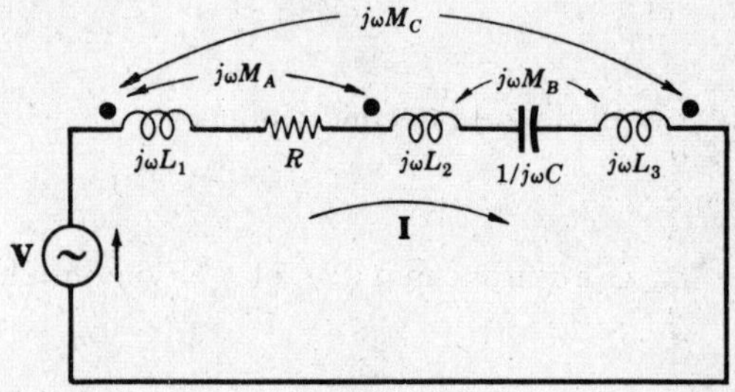

Fig. 13-18

En utilisant les mêmes méthodes que celles du problème 13.8, on obtient le circuit équivalent pointé à maille unique de la Fig. 13-18. L'application de la loi de Kirchhoff relative à la tension à ce circuit permet d'écrire

$$\left[R + \frac{1}{j\omega C} + j\omega(L_1 + L_2 + L_3 + 2M_A - 2M_B - 2M_C)\right]\mathbf{I} = \mathbf{V}$$

13.10. Dans le réseau couplé de la Fig. 13-19 calculer la tension aux bornes de la résistance de 5 Ω pour le pointage indiqué. Refaire le même problème en inversant la polarité sur l'une des bobines.

On peut calculer l'inductance mutuelle au moyen de la relation

$$jX_m = jk\sqrt{X_{L1}X_{L2}} = j0{,}8\sqrt{5(10)} = j5{,}66$$

En écrivant les équations de mailles on peut calculer le courant $\mathbf{I}_2$ qui est donné par

$$\mathbf{I}_2 = \frac{\begin{vmatrix} 3+j1 & 50 \\ -3-j1{,}66 & 0 \end{vmatrix}}{\begin{vmatrix} 3+j1 & -3-j1{,}66 \\ -3-j1{,}66 & 8+j6 \end{vmatrix}} = \frac{171\underline{/29^\circ}}{19{,}9\underline{/53{,}8^\circ}} = 8{,}60\underline{/-24{,}8^\circ}\ \mathrm{A}$$

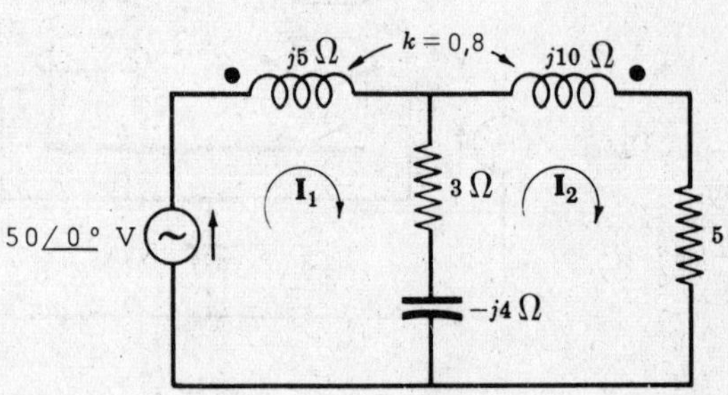

Fig. 13-19

La tension aux bornes de la résistance de 5 Ω est alors $\mathbf{V}_5 = \mathbf{I}_2(5) = 43\underline{/-24{,}8^\circ}\ \mathrm{V}$

L'inversion de polarité sur l'une des bobines a pour conséquence une modification de la matrice impédance donnant lieu à un nouveau courant $\mathbf{I}_2$.

$$\mathbf{I}_2 = \frac{\begin{vmatrix} 3+j1 & 50 \\ -3+j9{,}66 & 0 \end{vmatrix}}{\begin{vmatrix} 3+j1 & -3+j9{,}66 \\ -3+j9{,}66 & 8+j6 \end{vmatrix}} = \frac{505\underline{/-72{,}7°}}{132\underline{/39{,}4°}} = 3{,}83\underline{/-112{,}1°}\text{ A}$$

Dans ce cas la tension aux bornes de la résistance de 5 Ω est $\mathbf{V}_5 = \mathbf{I}_2(5) = 19{,}15\underline{/-112{,}1°}$ V

13.11. Déterminer l'inductance équivalente correspondant à l'association en parallèle des inductances L_1 et L_2 représentée par la Fig. 13-20 (*a*).

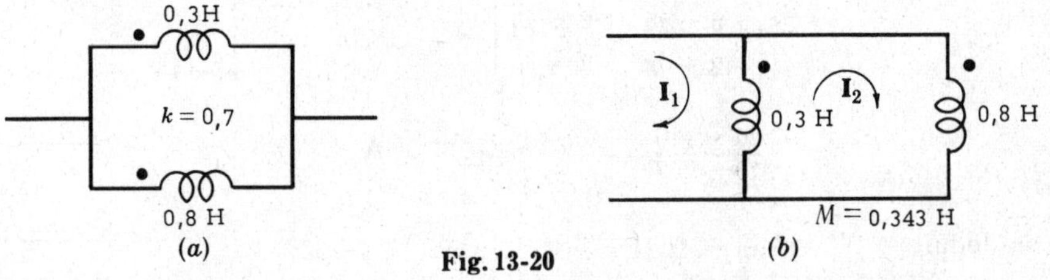

Fig. 13-20

L'inductance mutuelle est $M = k\sqrt{L_1L_2} = 0{,}7\sqrt{0{,}3(0{,}8)} = 0{,}343$ H.

On peut représenter le circuit comme le montre la Fig. 13-20 (*b*) et y faire circuler des courants $\mathbf{I}_1$ et $\mathbf{I}_2$. On peut alors écrire

$$[Z] = \begin{bmatrix} j\omega\, 0{,}3 & j\omega\, 0{,}043 \\ j\omega\, 0{,}043 & j\omega\, 0{,}414 \end{bmatrix}$$

$$\mathbf{Z}_{\text{entrée 1}} = \frac{\Delta_z}{\Delta_{11}} = \frac{j\omega\, 0{,}3\,(j\omega\, 0{,}414) - (j\omega\, 0{,}043)^2}{j\omega\, 0{,}414} = j\omega\; 0{,}296\,\Omega$$

On en déduit que l'inductance équivalente des bobines couplées est de 0,296 H.

13.12. Le pont de Heaviside représenté par la Fig. 13-21 permet de déterminer l'inductance mutuelle de deux bobines. Calculer M en fonction des autres paramètres du pont, lorsque le courant $\mathbf{I}_D$ dans le circuit de détection est nul.

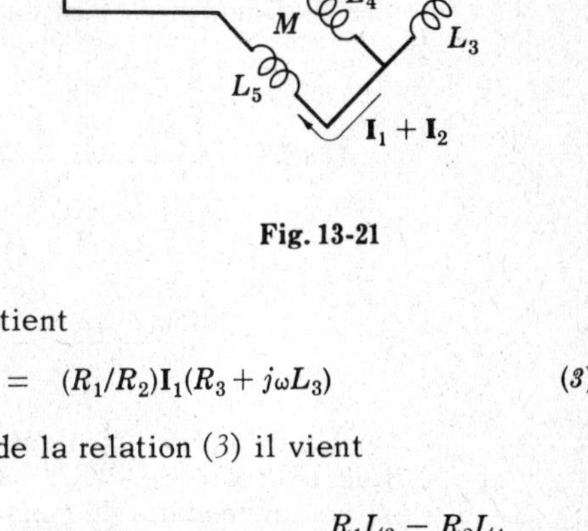

Fig. 13-21

On choisit les courants de mailles $\mathbf{I}_1$ et $\mathbf{I}_2$ comme le montre le diagramme. Si $\mathbf{I}_D = 0$ les chutes de tension aux bornes des résistances R_1 et R_2 doivent être égales :

$$\mathbf{I}_1R_1 = \mathbf{I}_2R_2 \qquad (1)$$

Il en va de même pour les chutes de tension aux bornes de $(R_4 + j\omega L_4)$ et $(R_3 + j\omega L_3)$. Cependant, dans la bobine d'inductance L_4 il apparaît une tension mutuelle induite et le courant dans l'autre bobine d'inductance L_5 est $\mathbf{I}_1 + \mathbf{I}_2$.

$$\mathbf{I}_1(R_4 + j\omega L_4) + j\omega M(\mathbf{I}_1 + \mathbf{I}_2) = \mathbf{I}_2(R_3 + j\omega L_3) \qquad (2)$$

En substituant $\mathbf{I}_2 = (R_1/R_2)\mathbf{I}_1$ dans la relation (*2*) on obtient

$$\mathbf{I}_1(R_4 + j\omega L_4 + j\omega M) + (R_1/R_2)\mathbf{I}_1(j\omega M) = (R_1/R_2)\mathbf{I}_1(R_3 + j\omega L_3) \qquad (3)$$

En égalant les parties réelles et les parties imaginaires de la relation (*3*) il vient

$$R_4R_2 = R_1R_3 \quad \text{et} \quad j\omega\left(L_4 + M + \frac{R_1}{R_2}M\right) = j\omega\frac{R_1}{R_2}L_3 \quad \text{d'où l'on tire} \quad M = \frac{R_1L_3 - R_2L_4}{R_1 + R_2}$$

13.13. Remplacer le réseau couplé de la Fig. 13-22 par un circuit équivalent de Thévenin (bornes de sortie A et B).

La tension équivalente de Thévenin $\mathbf{V}'$ est la tension mesurée aux extrémités A et B lorsque le circuit n'est pas chargé. On choisit les courants de mailles $\mathbf{I}_1$ et $\mathbf{I}_2$ comme le montre la figure et on calcule $\mathbf{I}_2$.

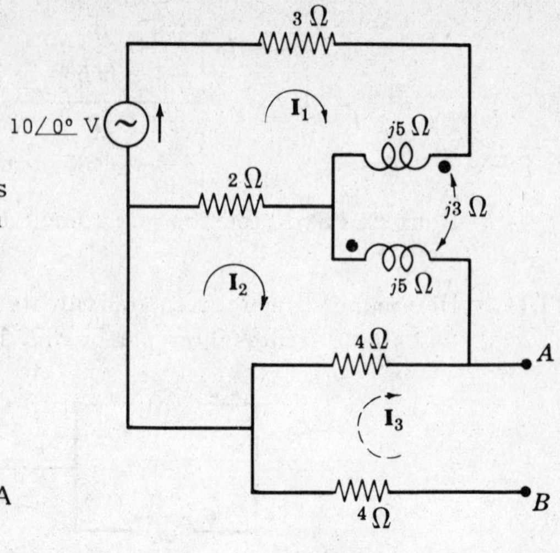

Fig. 13-22

$$\mathbf{I}_2 = \frac{\begin{vmatrix} 5+j5 & 10 \\ -2+j3 & 0 \end{vmatrix}}{\begin{vmatrix} 5+j5 & -2+j3 \\ -2+j3 & 6+j5 \end{vmatrix}} = \frac{20-j30}{10+j67} = 0{,}533\underline{/-137{,}8^\circ}\text{ A}$$

On en déduit $\quad \mathbf{V}' = \mathbf{V}_{AB} = \mathbf{I}_2(4) = 2{,}13\underline{/-137{,}8^\circ}\text{ V}$

Pour calculer l'impédance équivalente de Thévenin $\mathbf{Z}'$, on fait circuler un courant $\mathbf{I}_3$ comme le montre la figure et l'on calcule $\mathbf{Z}_{\text{entrée }3}$ correspondant à l'impédance du circuit vu des bornes A et B, les sources internes délivrant des tensions nulles.

$$\mathbf{Z}' = \mathbf{Z}_{\text{entrée }3} = \frac{\Delta_z}{\Delta_{33}} = \frac{\begin{vmatrix} 5+j5 & -2+j3 & 0 \\ -2+j3 & 6+j5 & -4 \\ 0 & -4 & 8 \end{vmatrix}}{\begin{vmatrix} 5+j5 & -2+j3 \\ -2+j3 & 6+j5 \end{vmatrix}}$$

$$= \frac{j456}{10+j67} = 6{,}74\underline{/8{,}5^\circ}\ \Omega$$

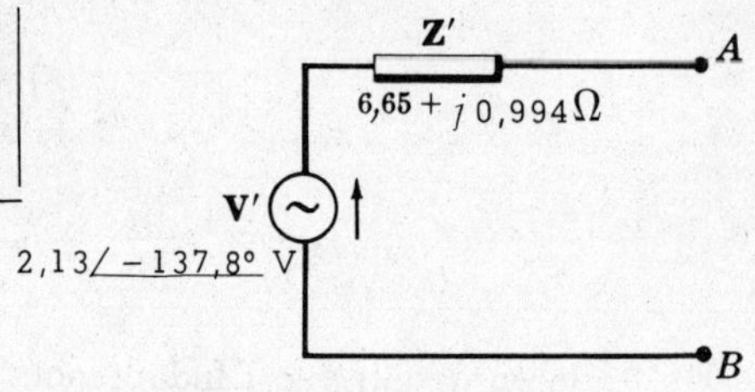

Fig. 13-23

La figure 13-23 représente le circuit équivalent de Thévenin.

13.14. Pour le circuit couplé de la Fig. 13-24 montrer que le repérage par points n'est pas nécessaire aussi longtemps que la seconde maille ne comporte que des éléments passifs.

On choisit les courants de mailles comme le montre le diagramme et on calcule $\mathbf{I}_2$

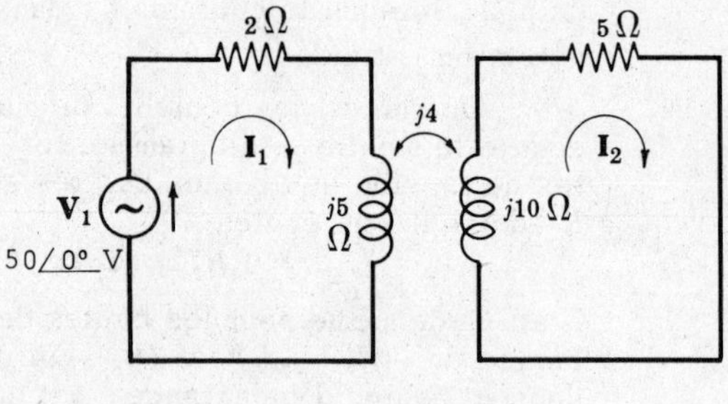

Fig. 13-24

$$\mathbf{I}_2 = \frac{\begin{vmatrix} 2+j5 & 50 \\ \pm j4 & 0 \end{vmatrix}}{\begin{vmatrix} 2+j5 & \pm j4 \\ \pm j4 & 5+j10 \end{vmatrix}} = \frac{-50(\pm j4)}{-24+j45} = 3{,}92\underline{/61{,}9^\circ \pm 90^\circ}\text{ A}$$

La valeur de Δ_z n'est pas affectée par le signe de M et le courant $\mathbf{I}_2$ a un angle de phase soit de 151° soit de −28,1°. Comme il n'y a pas de source de tension dans la seconde maille il n'est pas nécessaire de connaître la polarité de la tension induite. Les chutes de tension dans les impédances de la maille ont même module et diffèrent par leur phase d'un angle de 180°. La puissance dissipée dans une impédance reste inchangée et le courant $\mathbf{I}_1$ est le même quel que soit le signe de l'inductance mutuelle.

13.15. Dans le circuit de la Fig. 13-25 déterminer la valeur de R_L pour laquelle le transfert de puissance est maximal après avoir choisi le mode de connexion optimal pour les bobines et après avoir déterminé k.

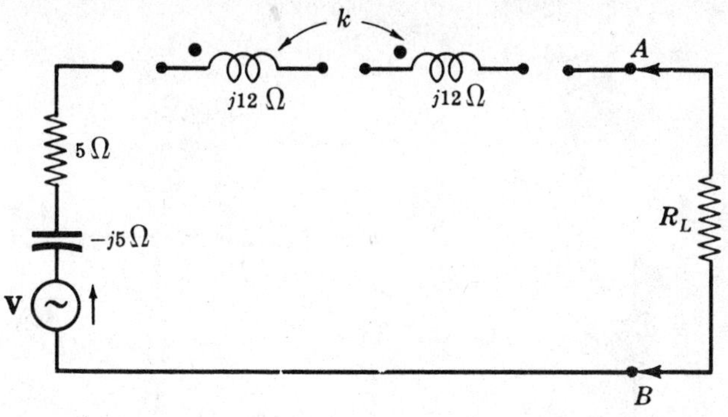

Fig. 13-25

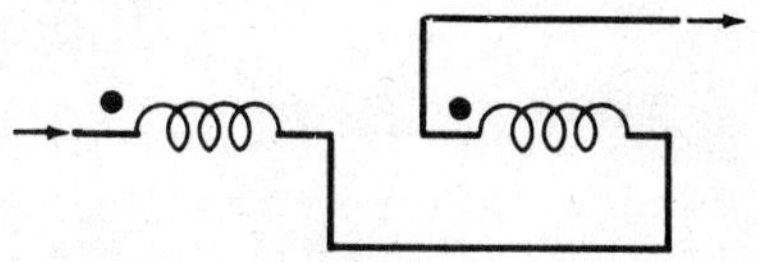

Fig. 13-26

L'impédance des circuits disposés à gauche des bornes A et B doit être minimale. Cette impédance est

$$\mathbf{Z} = 5 - j5 + j12 + j12 \pm j2X_M = 5 + j19 \pm j2k\sqrt{12(12)}$$

Pour qu'elle soit minimale, la réactance doit être nulle et par conséquent le signe correct pour l'inductance mutuelle est négatif.

$$19 - 2k\sqrt{12(12)} = 0 \quad \text{et} \quad k = 19/24 = 0{,}792$$

La Fig. 13-26 représente une connexion des bobines telle que le signe des tensions mutuelles induites soit négatif. Dans ces conditions l'impédance du circuit à gauche de A et B est une résistance de 5 Ω et le transfert maximal de puissance a lieu pour $R_L = R_G = 5\ \Omega$.

13.16. Le circuit de la Fig. 13-25 est chargé par une résistance de 10 Ω et est alimenté par une source de de $\mathbf{V} = 50\underline{/0°}$ V. Sachant que les deux bobines peuvent être connectées d'une façon ou d'une autre et que k est variable entre 0 et 1, déterminer la gamme de puissance qui peut être fournie à la résistance de charge.

Pour le couplage indiqué par la Fig. 13-26 le signe de l'inductance mutuelle est négatif et l'impédance totale du circuit bouclé est $\mathbf{Z}_T = 5 - j5 + j12 + j12 - j24k + 10$.

En posant $k = 1$ on obtient

$$\mathbf{Z}_T = 15 - j5 = 15{,}8\underline{/-18{,}45°}\,\Omega, \quad \mathbf{I} = \frac{\mathbf{V}}{\mathbf{Z}_T} = \frac{50\underline{/0°}}{15{,}8\underline{/-18{,}45°}} = 3{,}16\underline{/18{,}45°}\text{ A}$$

La puissance dissipée dans la résistance de 10 Ω est $P = I^2R = (3{,}16)^2(10) = 100$ W.

En posant ensuite $k = 0$ on obtient :

$$\mathbf{Z}_T = 15 + j19 = 24{,}2\underline{/51{,}7°}\ \Omega, \quad \mathbf{I} = 50\underline{/0°}\,/(24{,}2\underline{/51{,}7°}) = 2{,}06\underline{/-51{,}7°}\text{ A}$$

et dans ce cas la puissance dissipée dans la résistance de 10 Ω est $(2{,}06)^2(10) = 42{,}4$ W.

Pour $k = 0{,}792$, on a la puissance maximale $P_{max} = 111$ W.

En changeant le sens de connexion des bobines, le signe de l'inductance mutuelle devient positif et l'impédance correspondante du circuit devient alors $\mathbf{Z}_T = 15 + j19 + jk24$.

En posant $k = 1$ on a

$$\mathbf{Z}_T = 15 + j43 = 45{,}6\underline{/70{,}8°}\ \Omega, \quad \mathbf{I} = 50\underline{/0°}\,/(45{,}6\underline{/70{,}8°}) = 1{,}095\underline{/-70{,}8°}\text{ A.}$$

et la puissance correspondante est $P = I^2R = (1{,}095)^2(10) = 12$ W.

On voit ainsi que la puissance dissipée dans la résistance de 10 Ω est comprise entre 12 et 111 W.

13.17. Déterminer le circuit équivalent à couplage direct correspondant au circuit couplé de la Fig. 13-27.

En choisissant les courants de mailles I_1 et I_2 comme le montre le diagramme, on peut écrire l'équation matricielle

$$\begin{bmatrix} 3+j1 & -3-j2 \\ -3-j2 & 8+j6 \end{bmatrix} \begin{bmatrix} \mathbf{I}_1 \\ \mathbf{I}_2 \end{bmatrix} = \begin{bmatrix} 50/0^\circ \\ 0 \end{bmatrix}$$

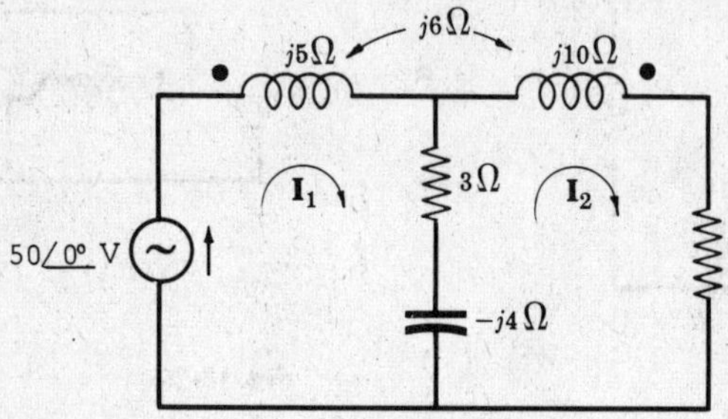

Fig. 13-27

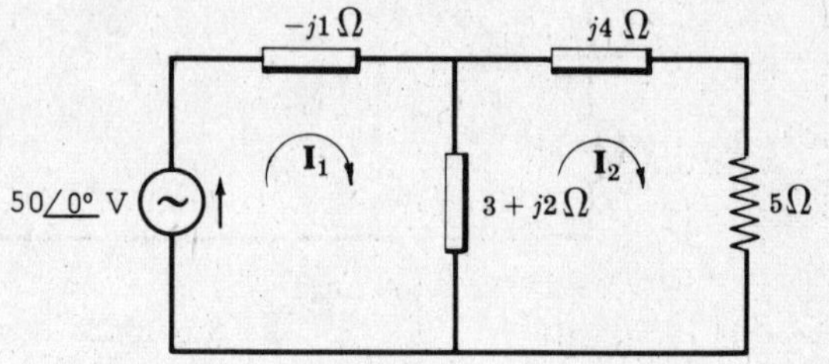

Fig. 13-28

On choisit les sens des courants dans le circuit à couplage direct de la Fig. 13-28 identiques à ceux du circuit de la Fig. 13-27; la matrice impédance nous donne $Z_{12} = (-3 - j2)\Omega$, comme les courants traversant la branche commune ont des directions opposées, l'impédance de la branche cherchée est égale à $(3 + j2)\Omega$; par ailleurs l'impédance propre de la maille 1 est $Z_{11} = (5 + j1)\Omega$; par conséquent il faut ajouter dans cette maille une impédance $(-j1)\Omega$. De même comme $Z_{22} = (8 + j6)\Omega$, il faut ajouter dans la seconde maille une impédance de $(5 + j4)\Omega$ en supplément des éléments de la branche commune comme le montre la Fig. 13-28.

13.18. Déterminer le circuit équivalent à couplage direct correspondant au réseau de la Fig. 13-29.

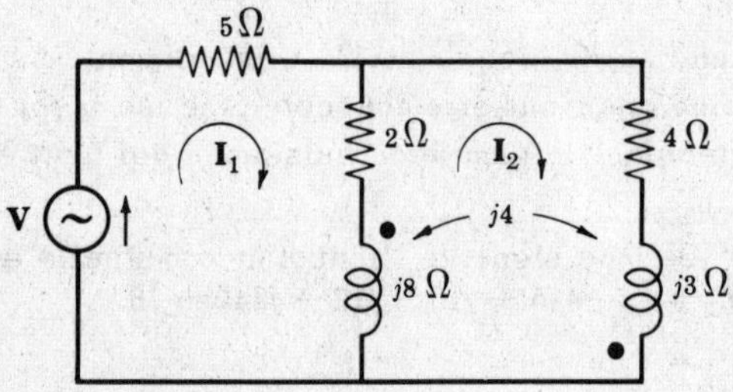

Fig. 13-29

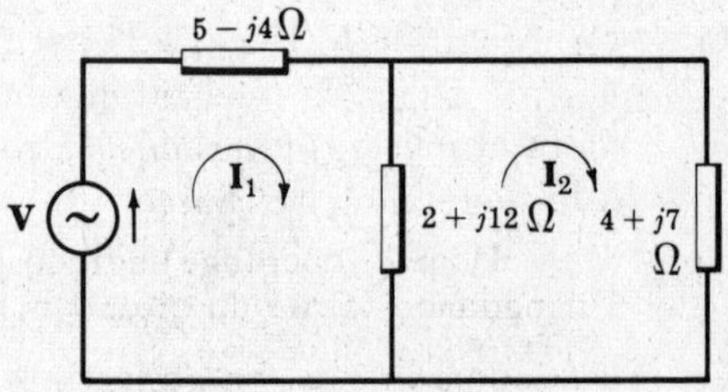

Fig. 13-30

Le choix des courants I_1 et I_2 indiqué permet d'écrire l'équation matricielle

$$\begin{bmatrix} 7+j8 & -2-j12 \\ -2-j12 & 6+j19 \end{bmatrix} \begin{bmatrix} \mathbf{I}_1 \\ \mathbf{I}_2 \end{bmatrix} = \begin{bmatrix} \mathbf{V} \\ 0 \end{bmatrix}$$

Dans le circuit à couplage direct les courants I_1 et I_2 traversent la branche commune dans des directions opposées. Comme Z_{12} de la matrice impédance est égale à $(-2 - j12)\Omega$, l'impédance de la branche commune doit être de $(2 + j12)\Omega$.

Par ailleurs cette même matrice impédance nous donne $Z_{11} = (7 + j8)\Omega$ et $Z_{22} = (6 + j19)\Omega$. Par conséquent les impédances à inclure dans les mailles 1 et 2 du circuit équivalent sont respectivement :

$$\mathbf{Z}_1 = (7+j8) - (2+j12) = 5 - j4\ \Omega \quad \text{et} \quad \mathbf{Z}_2 = (6+j19) - (2+j12) = 4 + j7\ \Omega.$$

La Fig. 13-30 représente le circuit équivalent à couplage direct.

Problèmes supplémentaires

13.19. Deux bobines ont un coefficient de couplage $k = 0{,}85$ et la bobine 1 comporte 250 tours. Pour un courant $i_1 = 2$ A dans la bobine 1 le flux total ϕ_1 est de 3.10^{-4} Wb. Lorsque le courant i_1 décroît linéairement de 2 A à 0 en 2 ms la tension induite dans la bobine 2 est de 63,75 V. Calculer L_1, L_2, M et N_2.
Rép. 37,5 mH 150 mH, 63,8 mH, 500.

13.20. Deux bobines couplées comportent respectivement $N_1 = 100$ tours et $N_2 = 800$ tours; leur coefficient de couplage est de 0,85. Lorsque la bobine 1 est ouverte et qu'un courant de 5 A circule dans la bobine 2,le flux ϕ_2 est de $3{,}5.10^{-4}$ Wb. Déterminer L_1, L_2 et M.
Rép. 0,875, 56, 5,95 mH.

13.21. Deux bobines identiques ont une inductance de 0,080 H lorsqu'elles sont branchées en série et dans un sens tel que leurs flux s'ajoutent, et de 0,035 H lorsqu'elles sont branchées en série dans le sens opposé. Calculer L_1, L_2, M et k.
Rép. $L_1 = 28{,}8$ mH, $L_2 = 28{,}8$ mH, $M = 11{,}25$ mH, 0,392

13.22. Deux bobines d'inductances respectives $L_1 = 0{,}02$ H et $L_2 = 0{,}01$ H et de coefficient de couplage $k = 0{,}5$ peuvent être connectées de quatre façons différentes: en série avec des sens d'enroulement identiques, en série avec des sens d'enroulement opposés et en parallèle avec les deux sens d'enroulement possibles. Calculer les quatre inductances équivalentes correspondantes.
Rép. 15,9 44,1, 9,47, 3,39 mH.

13.23. Deux bobines identiques d'inductance $L = 0{,}02$ H ont un coefficient de couplage $k = 0{,}8$. Déterminer M et les inductances équivalentes respectives correspondant aux deux modes de connexions en série des bobines.
Rép. 16, 72, 8 mH.

13.24. Deux bobines ont des inductances dans un rapport de quatre à un et un coefficient de couplage $k = 0{,}6$. Lorsqu'on connecte en série ces deux bobines de sorte que leurs flux s'ajoutent, l'inductance équivalente est de 44,4 mH. Déterminer L_1, L_2 et M.
Rép. 6, 24, 7,2 mH.

13.25. Deux bobines d'inductance $L_1 = 6{,}8$ mH et $L_2 = 4{,}5$ mH sont successivement connectées en série: *a*) les flux s'ajoutent, *b*) les flux se retranchent. Les inductances correspondant à chacun de ces montages sont respectivement 19,6 et 3 mH. Déterminer M et k.
Rép. 4,15 mH, 0,75

13.26. Dans la Fig. 13-31 faire un choix de maille adéquat et écrire les équations différentielles du circuit. Déterminer le circuit équivalent pointé; écrire les équations différentielles dans ce cas et comparer les deux résultats.

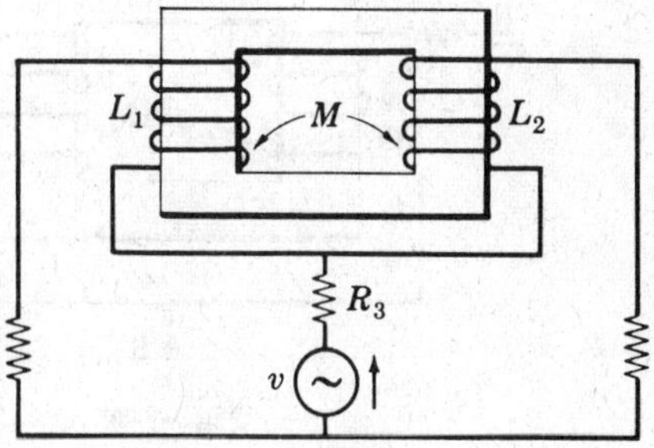

Fig. 13-31

13.27. Représenter le circuit équivalent pointé correspondant au circuit couplé de la Fig. 13-32 et calculer la réactance équivalente du circuit. *Rép.* $j\,12\,\Omega$.

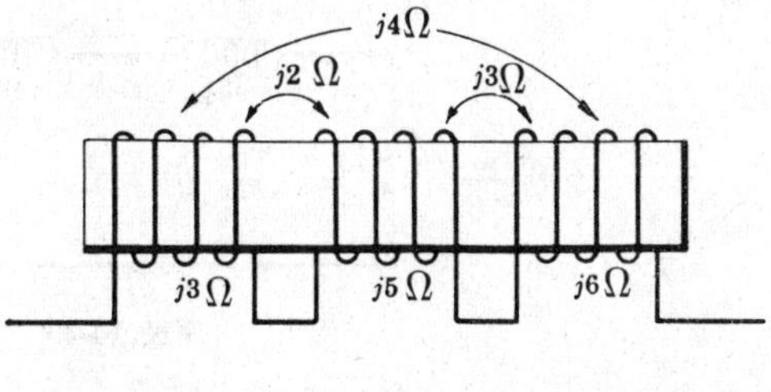

Fig. 13-32

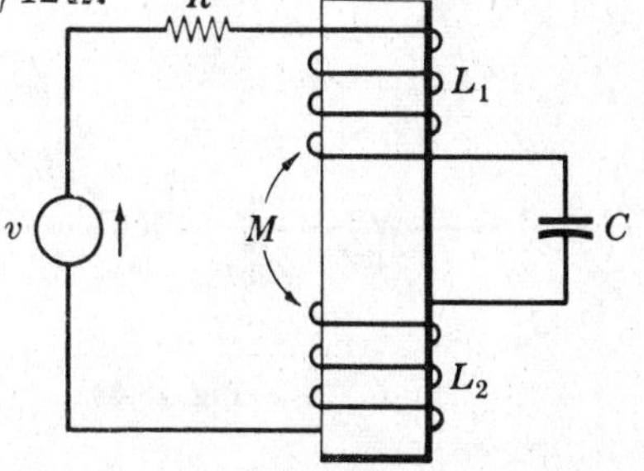

Fig. 13-33

13.28. Déterminer le circuit équivalent pointé pour le circuit à couplage inductif de la Fig. 13-33 et écrire l'équation différentielle de ce circuit.

13.29. Représenter le circuit équivalent pointé correspondant au circuit couplé de la Fig. 13-34 et calculer le courant **I**.
Rép. $4{,}42\underline{/26{,}7^\circ}$ A.

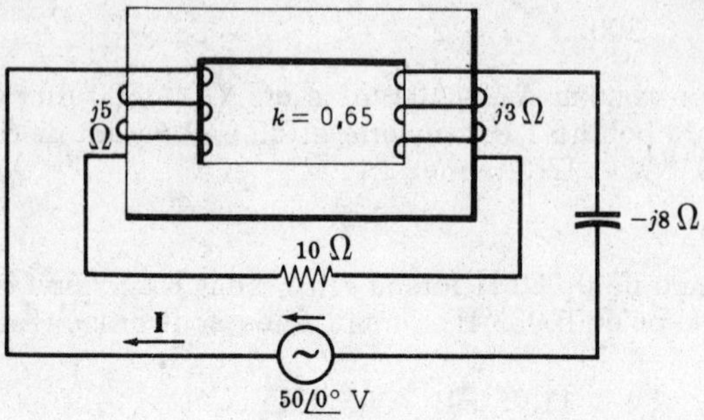

Fig. 13-34

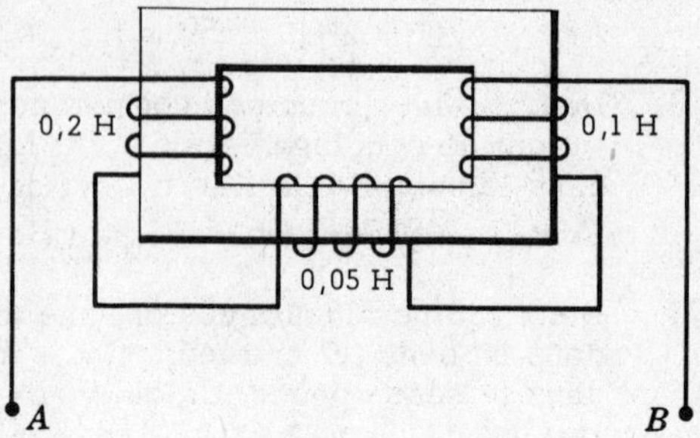

Fig. 13-35

13.30. Déterminer le circuit équivalent pointé correspondant aux trois bobines couplées de la Fig. 13-35 et calculer l'inductance équivalente du circuit vue des bornes *A* et *B*. Tous les coefficients de couplage *k* sont de 0,5. *Rép.* 0,239 H.

13.31. Déterminer le circuit équivalent pointé pour le circuit à couplage magnétique de la Fig. 13-36 et calculer l'impédance équivalente de ce circuit vue des bornes *A* et *B*.
Rép. $(2{,}54 + j\,2{,}26)\ \Omega$.

13.32. On considère le circuit de la Fig. 13-36 dans laquelle on inverse le sens de l'un des enroulements; déterminer dans ce cas l'impédance équivalente du circuit. *Rép.* $(2{,}53 + j\,0{,}238)\ \Omega$.

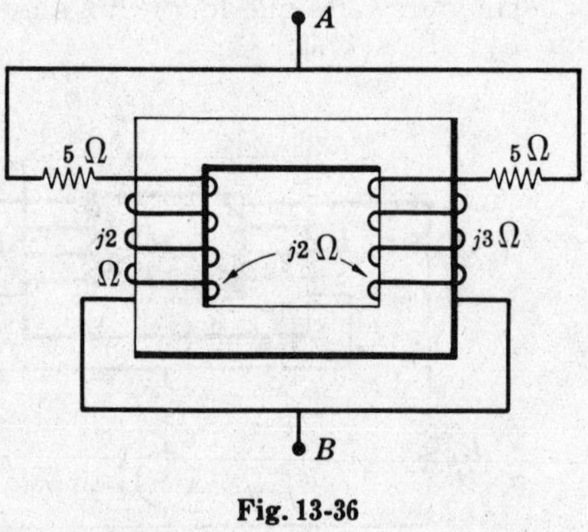

Fig. 13-36

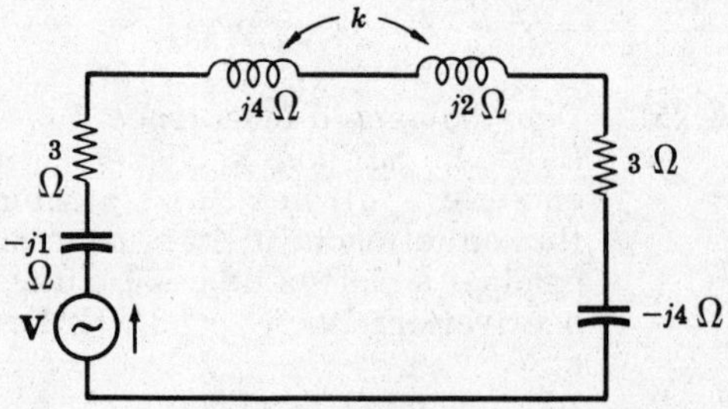

Fig. 13-37

13.33. Déterminer la valeur de *k* pour le circuit série de la Fig. 13-37 et pointer les bobines de telle sorte qu'elles se trouvent en résonance série. *Rép.* $k = 0{,}177$.

13.34. Déterminer la valeur de *k* pour le circuit série de la Fig. 13-38 et pointer le circuit de telle sorte qu'il se trouve en résonance série. *Rép.* $k = 0{,}112$.

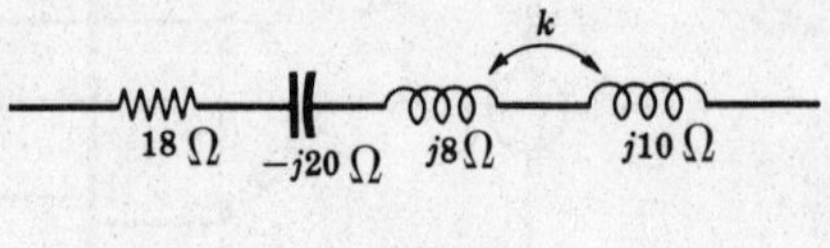

Fig. 13-38

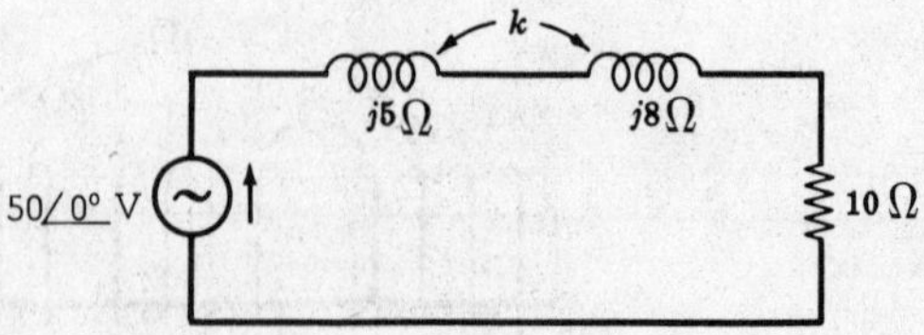

Fig. 13-39

13.35. Calculer la valeur de k pour le circuit de la Fig. 13-39 et pointer les bobines de telle sorte que la puissance délivrée par la source de $50\angle 0^\circ$ V soit de 168 W. *Rép.* $k = 0{,}475$.

13.36. En se reportant au problème 13.35 calculer la puissance délivrée par la source lorsque les points sur les bobines sont inversés. Utiliser la valeur de k trouvée dans le problème 13-35.
Rép. 54,2 W.

13.37. Calculer le rapport V_2/V_1 pour le circuit couplé de la Fig. 13-40 de telle sorte que le courant I_1 soit nul. Déterminer ce même rapport pour que I_2 soit nul.
Rép. $1{,}414\angle -45^\circ$, $0{,}212\angle 32^\circ$.

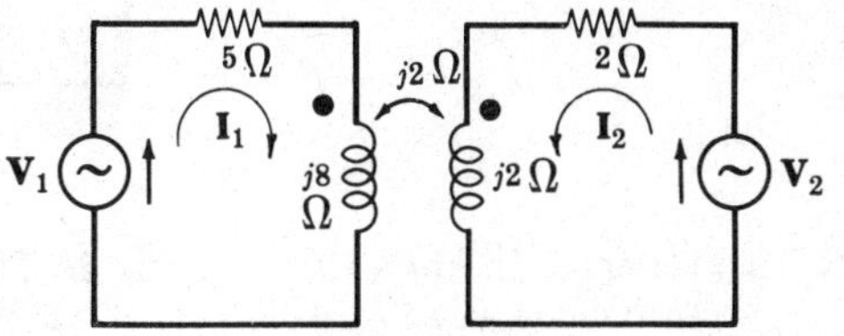

Fig. 13-40

13.38. En se référant au problème 13-37, calculer la tension aux bornes de la réactance $j8\ \Omega$ pour $V_1 = 100\angle 0^\circ$ V et $I_1 = 0$.
Rép. $100\angle 0^\circ$ (un signe positif correspond au point).

13.39. Dans le circuit couplé de la Fig. 13-41 calculer la réactance mutuelle $j\omega M$ sachant que la puissance dissipée dans la résistance de 5 Ω est de 45,2 W. *Rép.* $j4\Omega$.

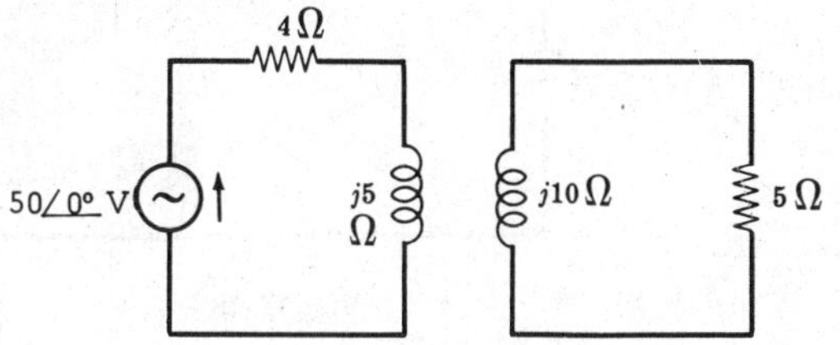

Fig. 13-41

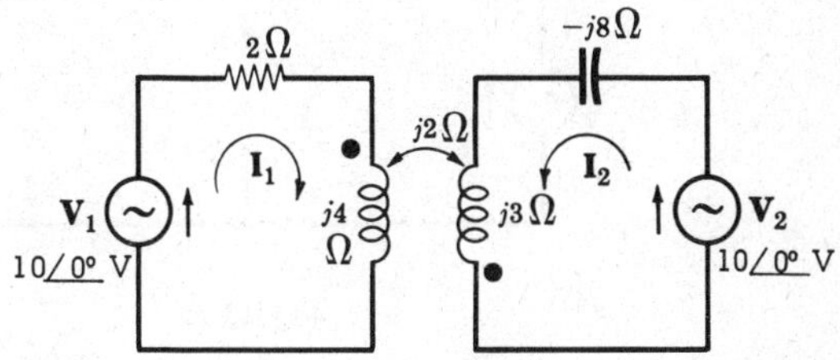

Fig. 13-42

13.40. Pour le circuit de la Fig. 13-42 déterminer la contribution de chacune des sources V_1 et V_2 au courant I_2. *Rép.* $0{,}77\angle 112{,}6^\circ$ A, $1{,}72\angle 86^\circ$ A.

13.41. Déterminer la valeur de k du circuit couplé de la Fig. 13-43 sachant que la puissance dissipée dans la résistance de 10 Ω est de 32 W. *Rép.* 0,791.

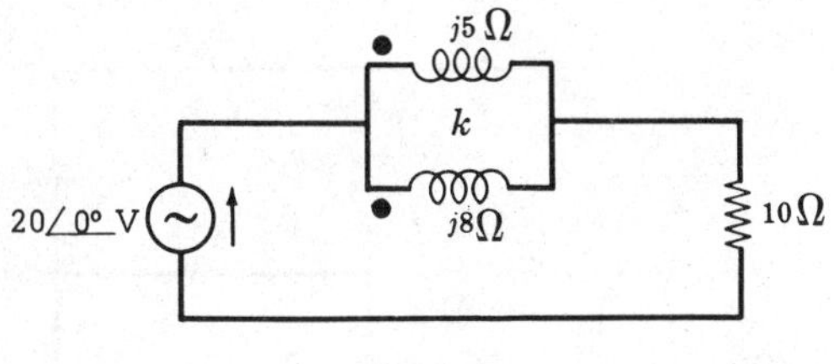

Fig. 13-43

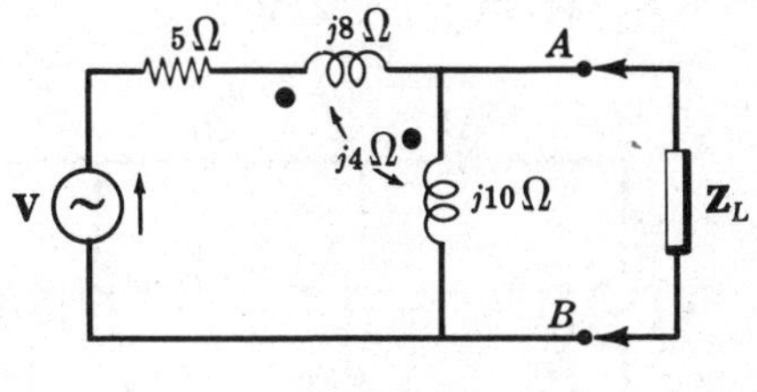

Fig. 13-44

13.42. Dans le circuit de la Fig. 13-44, calculer la valeur de l'impédance de charge Z_L de telle sorte que le transfert de puissance à travers les extrémités A et B soit maximal.
Rép. $(1{,}4 - j2{,}74)\ \Omega$.

13.43. Pour le circuit couplé de la Fig. 13-45 calculer l'impédance d'entrée vue de la source.
Rép. $(3 + j36{,}3)\ \Omega$.

13.44. En se référant au circuit de la Fig. 13-45, calculer la tension aux bornes de la réactance $j5\Omega$ pour une tension de la source $V = 50\angle 45^\circ$ V.
Rép. $25{,}2\angle 49{,}74^\circ$ V.

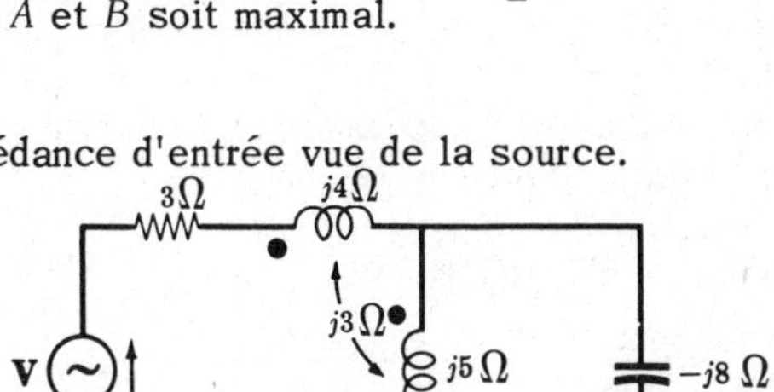

Fig. 13-45

13.45. Déterminer le circuit équivalent correspondant au circuit couplé de la Fig. 13-46.
Rép. $(1 + j\,1{,}5)\ \Omega$.

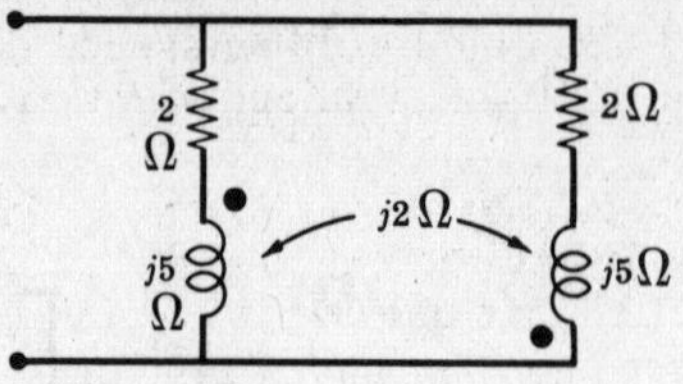

Fig. 13-46

13.46. Déterminer le circuit équivalent de Thévenin vu des extrémités *A* et *B* correspondant au circuit couplé de la Fig. 13-47. *Rép.* $\mathbf{Z}' = 2 + j6{,}5\ \Omega$, $\mathbf{V}' = 5 + j5$ V.

13.47. En se référant au circuit couplé de la Fig. 13-47 déterminer son circuit équivalent de Norton vu des bornes *A* et *B*. *Rép.* $\mathbf{Z}' = 2 + j6{,}5\ \Omega$, $\mathbf{I}' = 1{,}04\underline{/-27{,}9^\circ}$ A.

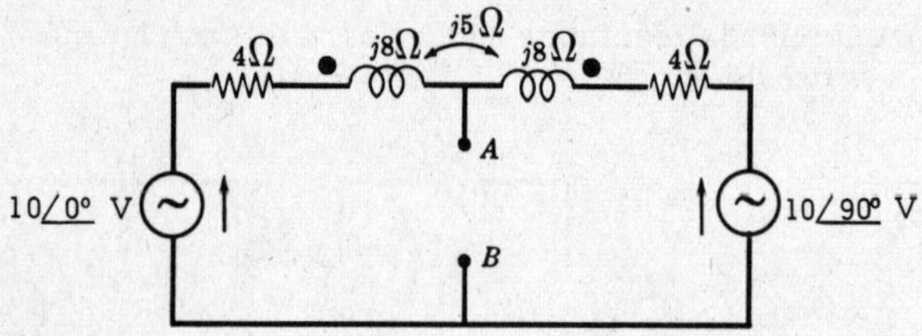

Fig. 13-47

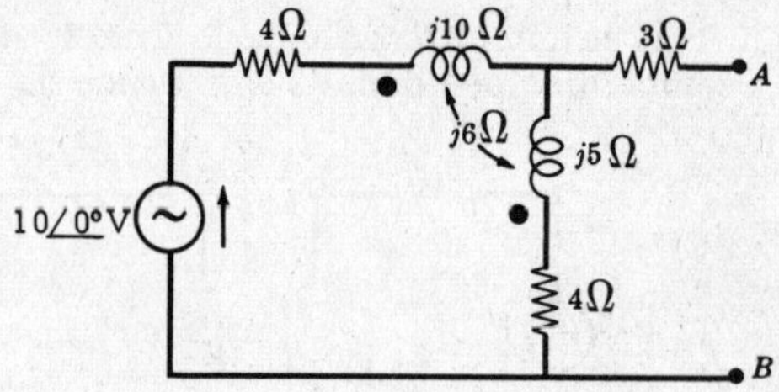

Fig. 13-48

13.48. Etablir le circuit équivalent de Thévenin vu des bornes *A* et *B* du circuit couplé de la Fig. 13-48.
Rép. $\mathbf{Z}' = 8{,}63\underline{/48{,}75^\circ}\ \Omega$, $\mathbf{V}' = 4{,}84\underline{/-34{,}7^\circ}$ V.

13.49. Calculer le circuit équivalent de Norton pour le circuit de la Fig. 13-48.
Rép. $\mathbf{Z}' = 8{,}63\underline{/48{,}75^\circ}\ \Omega$, $\mathbf{I}' = 0{,}560\underline{/-83{,}4^\circ}$ V.

13.50. Calculer l'impédance d'entrée vue par la source de tension **V** du circuit couplé de la Fig. 13-49.
Rép. $(7{,}06 + j3{,}22)\ \Omega$.

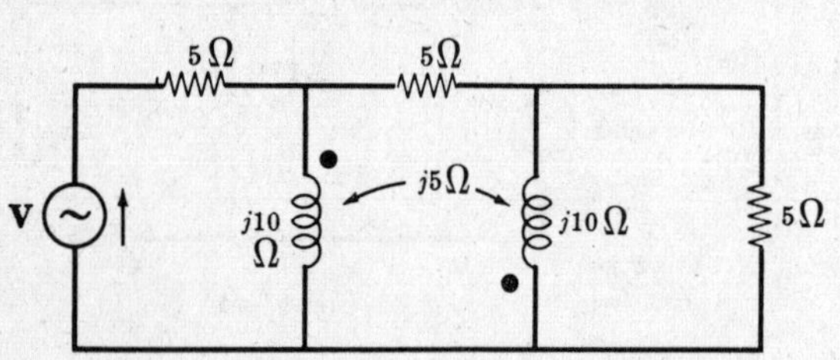

Fig. 13-49

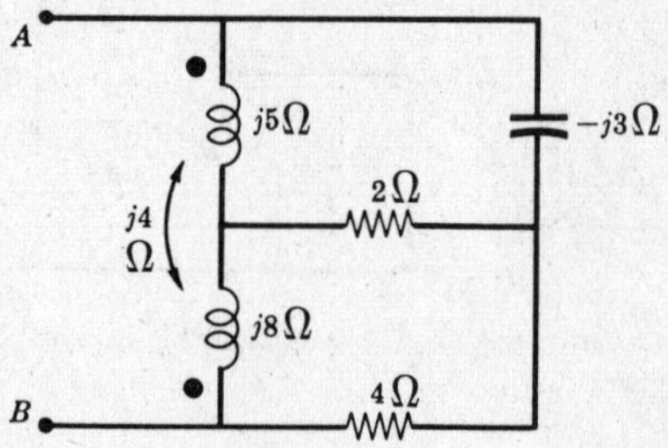

Fig. 13-50

13.51. Calculer l'impédance équivalente du circuit couplé de la Fig. 13-50 vue des extrémités *A* et *B*.
Rép. $(6{,}22 + j4{,}65)\ \Omega$.

Chapitre 14

Les systèmes polyphasés

INTRODUCTION

Un système polyphasé est constitué par deux ou plusieurs courants alternatifs sinusoïdaux de même fréquence et de même amplitude, mais déphasés les uns par rapport aux autres: pour le système diphasé ce déphasage est de 90° alors que pour le système triphasé il est de 120°. Des systèmes hexaphasés ou n-phasés sont quelques fois utilisés dans le redressement industriel pour obtenir des tensions continues avec un faible taux d'ondulation résiduelle, alors que le système triphasé est couramment utilisé pour la production ainsi que pour le transport de l'énergie électrique.

LE SYSTEME DIPHASE

La rotation dans un champ magnétique constant des deux bobines de la Fig. 14-1 (a), fixées sur un même axe et décalées l'une par rapport à l'autre de 90°, induit dans ces bobines des forces électromotrices alternatives déphasées l'une par rapport à l'autre de 90°. Ces forces électromotrices ainsi que les vecteurs tournants qui les représentent sont de même amplitude, si les deux bobines ont le même nombre de spires, comme le montrent les Fig. 14-1 (b) et (c).

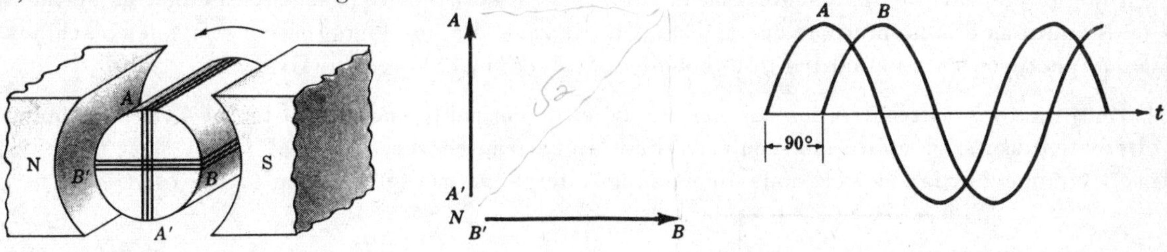

(a) (b) (c)

Fig. 14-1. Le système diphasé

Le diagramme vectoriel de la Fig. 14-1 (b) représente la tension de référence $\mathbf{V}_{BN} = V_{\text{bob}}\angle 0°$ ainsi que la tension $\mathbf{V}_{AN} = V_{\text{bob}}\angle 90°$. En reliant en N les extrémités A' et B' des deux bobines, nous obtenons un système à trois conducteurs, à savoir A, B et N. La différence de potentiel entre les conducteurs A et B dépasse la tension entre l'un quelconque des conducteurs A et B et le conducteur neutre N d'un facteur $\sqrt{2}$; ceci peut se calculer de la façon suivante:

$$\mathbf{V}_{AB} = \mathbf{V}_{AN} + \mathbf{V}_{NB} = V_{\text{bob}}\angle 90° + V_{\text{bob}}\angle 180° = \sqrt{2}\,V_{\text{bob}}\angle 135°$$

LE SYSTEME TRIPHASE

Les forces électromotrices induites dans les trois bobines identiques fixées sur le même arbre du dispositif de la Fig. 14-2 (a) et décalées les unes par rapport aux autres de 120°, sont déphasées l'une par rapport à l'autre de 120°. En faisant tourner l'arbre dans le sens indiqué sur la figure, c'est la f.e.m. dans la bobine A qui atteint une valeur maximale en premier lieu, suivie des maximas dans les bobines B et C; ceci est le cas pour une séquence ABC. Cette séquence peut se déduire du diagramme vectoriel de la Fig. 14-2 (b) (pour une rotation dans le sens inverse des aiguilles d'une montre) où chacun des vecteurs passe par un point fixe dans l'ordre suivant: A - B - C - A - B - C..., la représentation des tensions instantanées de la Fig. 14-2 (c) ci-dessous, où les maximas se produisent dans le même ordre, permet d'aboutir à la même conclusion.

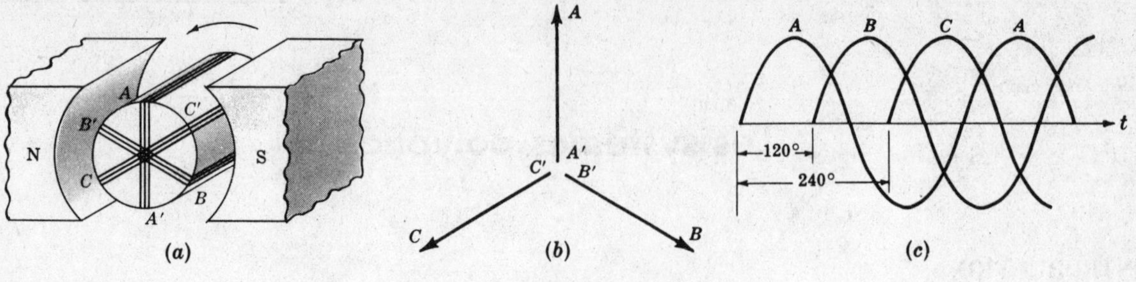

Fig. 14-2. Le système triphasé

La rotation des bobines dans la direction opposée entraîne une séquence CBA comme le montre la Fig. 14-3.

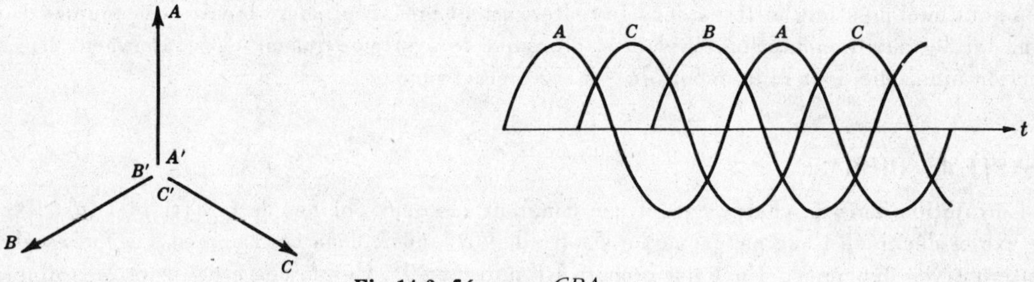

Fig. 14-3. Séquence CBA

Bien que la machine représentée sur la Fig. 14-2 (a) soit théoriquement réalisable, un certain nombre de limitations d'ordre pratique en empêche l'utilisation. De nos jours, on construit des machines où le champ magnétique tourne et où les trois bobines décalées de 120° restent fixes.

En reliant les extrémités des bobines A', B' et C' comme le montre la Fig. 14-4 (a) nous obtenons un alternateur monté en étoile alors qu'en reliant les extrémités A et B', B et C' et C et A' des bobines comme l'indique la Fig. 14-4 (b) nous obtenons un alternateur monté en triangle.

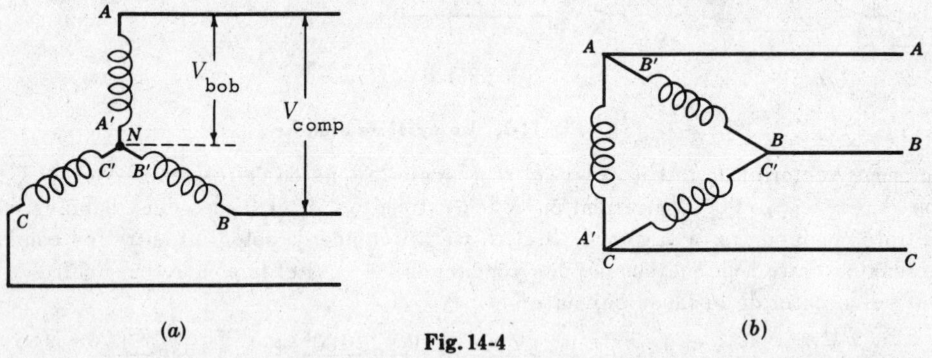

Fig. 14-4

Pour le montage en étoile les courants dans les trois conducteurs sont identiques aux courants dans les bobines alors que la différence de potentiel entre deux conducteurs est égale à $\sqrt{3}$ fois la force électromotrice induite dans les bobines. Dans le montage en triangle la différence de potentiel entre deux conducteurs est égale à la force électromotrice induite dans une bobine et le courant circulant dans une bobine est égal à $1/\sqrt{3}$ fois celui circulant dans un conducteur (voir problème 14.2).

Dans l'un et l'autre des montages les trois conducteurs A, B et C constituent un système triphasé. Le point neutre N du montage en étoile correspond au quatrième conducteur encore appelé conducteur neutre (ou «neutre» tout court) d'un système triphasé à quatre conducteurs.

LES TENSIONS DANS UN SYSTEME TRIPHASE

Dans un système triphasé, le choix d'une tension comme tension de référence avec un angle de phase égal à zéro degré, détermine la phase de toutes les autres tensions du système; dans ce chapitre nous avons choisi la tension V_{BC} comme tension de référence. Les représentations vectorielles des Fig. 14-5 (*a*) et (*b*) indiquent toutes les tensions du système pour des séquences *ABC* (*a*) et *CBA* (*b*).

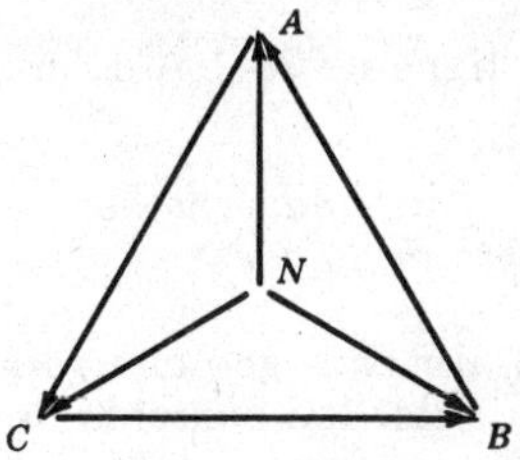

$\mathbf{V}_{AB} = V_L\angle 120°$
$\mathbf{V}_{BC} = V_L\angle 0°$
$\mathbf{V}_{CA} = V_L\angle 240°$
$\mathbf{V}_{AN} = (V_L/\sqrt{3})\angle 90°$
$\mathbf{V}_{BN} = (V_L/\sqrt{3})\angle -30°$
$\mathbf{V}_{CN} = (V_L/\sqrt{3})\angle -150°$

(*a*) Séquence *ABC*

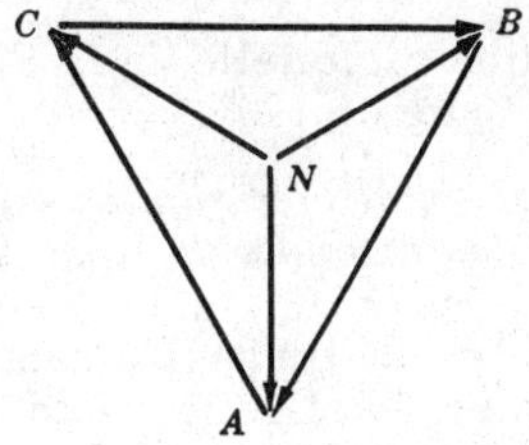

$\mathbf{V}_{AB} = V_L\angle 240°$
$\mathbf{V}_{BC} = V_L\angle 0°$
$\mathbf{V}_{CA} = V_L\angle 120°$
$\mathbf{V}_{AN} = (V_L/\sqrt{3})\angle -90°$
$\mathbf{V}_{BN} = (V_L/\sqrt{3})\angle 30°$
$\mathbf{V}_{CN} = (V_L/\sqrt{3})\angle 150°$

(*b*) Séquence *CBA*

Fig. 14-5

On appelle «*tension composée*» d'un système triphasé ou encore «*tension entre phases*» la différence de potentiel existant entre l'une quelconque des paires de conducteurs, *A* et *B*, *B* et *C* ou *C* et *A* du système. De même on appelle «tension simple» d'un système triphasé, la d.d.p. existant entre n'importe lequel des conducteurs *A*, *B* et *C* et le conducteur neutre (pour un montage en étoile cette «tension simple» correspond à la f.e.m. induite dans une bobine et est certaines fois appelée «tension entre phase et neutre»): la «tension simple» est égale à $1/\sqrt{3}$ fois la «tension composée». Un réseau de distribution triphasé à quatre conducteurs (selon la séquence *CBA*) de 208 V, a par définition une tension composée de 208 V et une tension simple de $208/\sqrt{3} = 120$ V. En se référant à la Fig. 14-5 (*b*), les angles de phase des différentes tensions peuvent être déterminées: on en déduit $\mathbf{V}_{BC} = 208\angle 0°$ V, $\mathbf{V}_{AB} = 208\angle 240°$ V, $\mathbf{V}_{CA} = 208\angle 120°$ V, $\mathbf{V}_{AN} = 120\angle -90°$ V, $\mathbf{V}_{BN} = 120\angle 30°$ V et $\mathbf{V}_{CN} = 120\angle 150°$ V.

CHARGES TRIPHASEES EQUILIBREES

Exemple 1. Un réseau triphasé à trois conducteurs de 110 V (*ABC*) alimente trois impédances identiques de $5\angle 45°$ Ω montées en triangle. Calculer les courants de ligne (courants dans les conducteurs) $\mathbf{I}_A$, $\mathbf{I}_B$ et $\mathbf{I}_C$ et faire une représentation vectorielle.

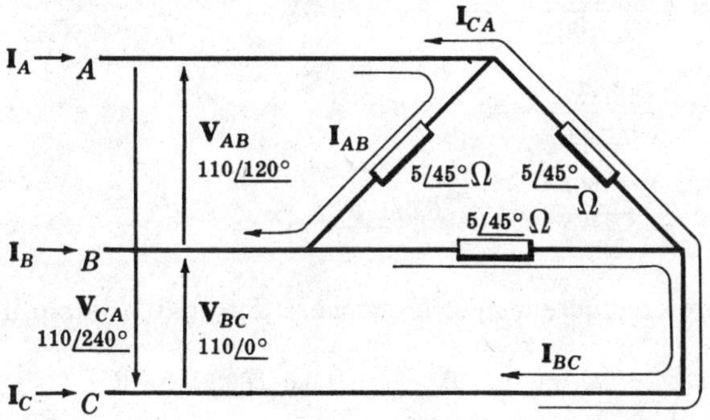

Fig. 14-6

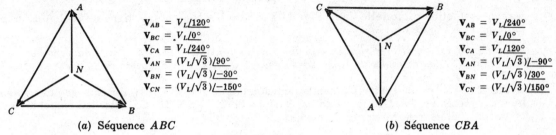

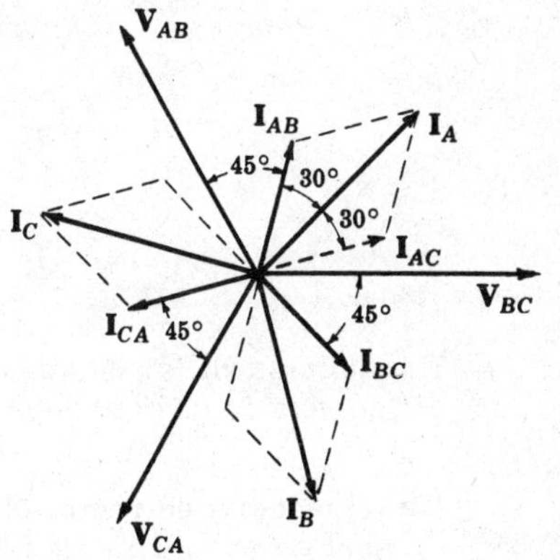

Fig. 14-7

Dessinez le circuit et appliquez-y les différentes tensions comme le montre la Fig. 14-6. Les sens positifs pour les courants de ligne et les courants de phase (courants dans les différentes impédances) seront choisis comme l'indique le diagramme du circuit. On peut alors écrire

$$\mathbf{I}_{AB} = \frac{\mathbf{V}_{AB}}{\mathbf{Z}} = \frac{110\angle 120°}{5\angle 45°} = 22\angle 75° = 5{,}7 + j21{,}2 \text{ A}$$

$$\mathbf{I}_{BC} = \frac{\mathbf{V}_{BC}}{\mathbf{Z}} = \frac{110\angle 0°}{5\angle 45°} = 22\angle -45° = 15{,}55 - j15{,}55 \text{ A}$$

$$\mathbf{I}_{CA} = \frac{\mathbf{V}_{CA}}{\mathbf{Z}} = \frac{110\angle 240°}{5\angle 45°} = 22\angle 195° = -21{,}2 - j5{,}7 \text{ A}$$

En appliquant la loi de Kirchhoff à chaque nœud de la charge, nous obtenons

$$\mathbf{I}_A = \mathbf{I}_{AB} + \mathbf{I}_{AC} = 22\underline{/75^\circ} - 22\underline{/195^\circ} = 38{,}1\underline{/45^\circ}\text{ A}$$

$$\mathbf{I}_B = \mathbf{I}_{BA} + \mathbf{I}_{BC} = -22\underline{/75^\circ} + 22\underline{/-45^\circ} = 38{,}1\underline{/-75^\circ}\text{ A}$$

$$\mathbf{I}_C = \mathbf{I}_{CA} + \mathbf{I}_{CB} = 22\underline{/195^\circ} - 22\underline{/-45^\circ} = 38{,}1\underline{/165^\circ}\text{ A}$$

La représentation vectorielle de la Fig. 14-7 montre les courants de ligne de 38,1 A déphasés l'un par rapport à l'autre de 120°.

Pour une charge équilibrée montée en triangle, les tensions simples et les tensions composées sont égales et les courants de ligne sont égaux à $\sqrt{3}$ fois les courants de phase.

Exemple 2. Un réseau triphasé à quatre conducteurs de 208 V (CBA) alimente une charge équilibrée montée en étoile et composée d'impédances de $20\underline{/-30^\circ}$ Ω. Calculer les courants de ligne et tracer le diagramme vectoriel du système.

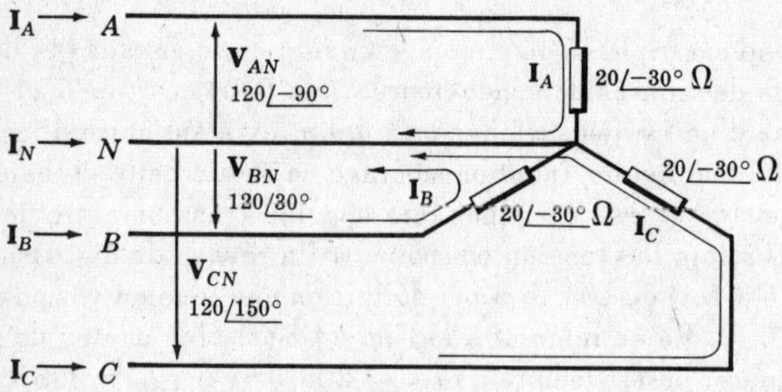

Fig. 14-8

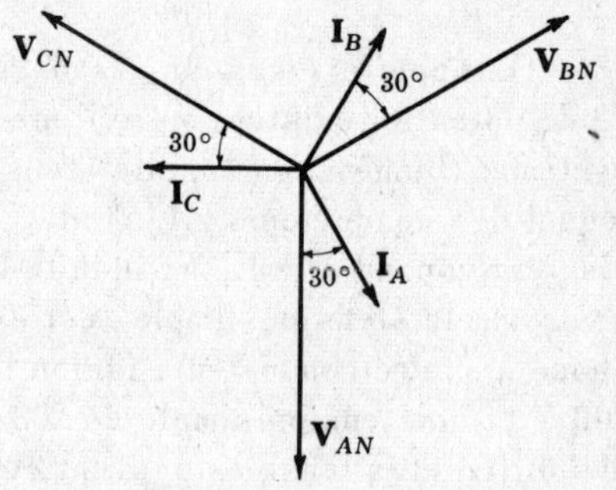

Fig. 14-9

Dessinez le circuit et appliquez-y les différentes tensions simples comme le montre la Fig,14-5 (b). Choisissez les courants de ligne comme l'indique la Fig. 14-8 où tous les courants retournent par le conducteur neutre. Nous avons alors

$$\mathbf{I}_A = \frac{\mathbf{V}_{AN}}{\mathbf{Z}} = \frac{120\underline{/-90^\circ}}{20\underline{/-30^\circ}} = 6{,}0\underline{/-60^\circ}\text{ A}$$

$$\mathbf{I}_B = \frac{\mathbf{V}_{BN}}{\mathbf{Z}} = \frac{120\underline{/30^\circ}}{20\underline{/-30^\circ}} = 6{,}0\underline{/60^\circ}\text{ A}$$

$$\mathbf{I}_C = \frac{\mathbf{V}_{CN}}{\mathbf{Z}} = \frac{120\underline{/150^\circ}}{20\underline{/-30^\circ}} = 6{,}0\underline{/180^\circ}\text{ A}$$

En choisissant le sens du courant dans le conducteur neutre comme étant positif lorsqu'il est dirigé vers la charge, nous obtenons

$$\mathbf{I}_N = -(\mathbf{I}_A + \mathbf{I}_B + \mathbf{I}_C) = -(6{,}0\underline{/-60^\circ} + 6{,}0\underline{/60^\circ} + 6{,}0\underline{/180^\circ}) = 0$$

La représentation vectorielle de la Fig. 14-9 montre les différents courants de ligne équilibrés: ils sont en avance sur les tensions simples correspondantes d'un angle de 30° (déphasage dû à l'impédance de charge).

Pour une charge équilibrée montée en étoile les courants de ligne sont égaux aux courants de phase, le courant dans le conducteur neutre est nul et la tension composée (tension entre les conducteurs autres que le neutre) est égale à $\sqrt{3}$ la tension simple (ou «tension par phase») c'est-à-dire $V_L = \sqrt{3}\,V_p$.

CIRCUIT EQUIVALENT A UN SEUL CONDUCTEUR POUR DES CHARGES EQUILIBREES

Conformément aux équivalences étoile-triangle et triangle-étoile traitées dans le chapitre 12 (théorème de Kennelly) un système de trois impédances Z_Δ identiques montées en triangle peut être transformé en un système équivalent composé de trois impédances identiques Z_Y montées en étoile où $\mathbf{Z}_Y = \mathbf{Z}_\Delta/3$. Cette transformation permet un calcul plus direct pour un circuit monté en étoile où les charges triphasées équilibrées sont montées en triangle ou en étoile.

Le circuit équivalent à conducteur unique, correspond à l'une des phases du circuit triphasé à quatre conducteurs, monté en étoile de la Fig. 14-10, à une modification près: la tension appliquée a la même amplitude que la tension entre phase et neutre et un angle de phase nul. Dans ce circuit équivalent le courant de ligne est déphasé par rapport à la tension appliquée d'un angle θ et par conséquent les courants de ligne effectifs $\mathbf{I}_A$, $\mathbf{I}_B$ et $\mathbf{I}_C$ seront en avance ou en retard sur les tensions simples respectives d'un même angle θ.

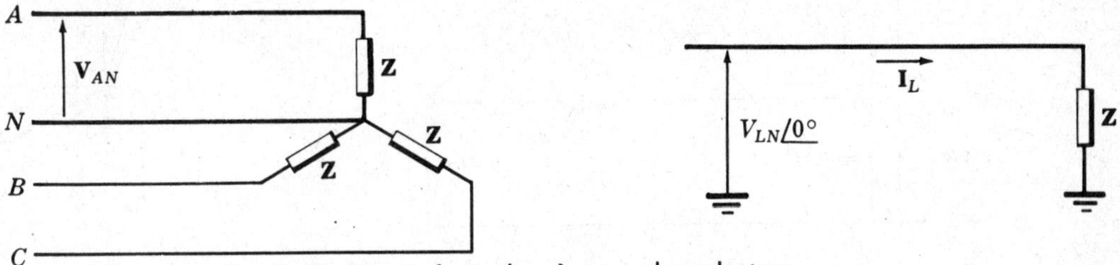

Fig. 14-10. Circuit équivalent à un seul conducteur

Exemple 3. Calculer les courants de ligne de l'exemple 1 en utilisant la méthode d'équivalence à un seul conducteur.

Dessinez le circuit équivalent à un seul conducteur, en marquant un Δ sur la charge pour montrer que les impédances effectives sont montées en triangle. L'impédance du circuit équivalent monté en étoile est

$$\mathbf{Z}_Y = \mathbf{Z}_\Delta/3 = (5/3)\underline{/45°}\ \Omega$$

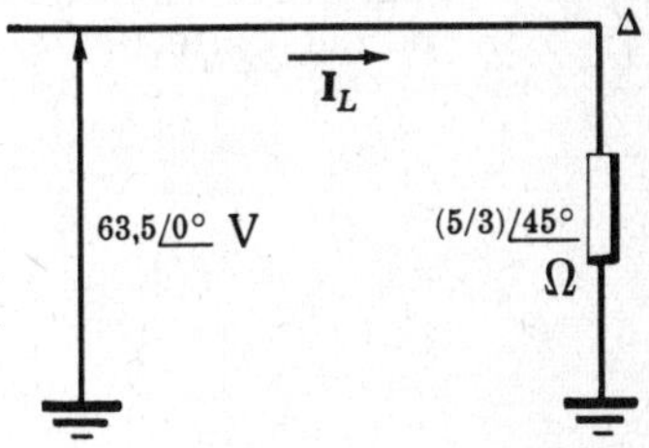

Fig. 14-11

et la tension simple est

$$V_{LN} = V_L/\sqrt{3} = 110/\sqrt{3} = 63{,}5\ \text{V}$$

Le courant de ligne est alors

$$\mathbf{I}_L = \frac{\mathbf{V}_{LN}}{\mathbf{Z}_Y} = \frac{63{,}5\underline{/0°}}{(5/3)\underline{/45°}} = 38{,}1\underline{/-45°}\ \text{A}$$

Comme ce courant est en retard de 45° sur la tension, les courants $\mathbf{I}_A$, $\mathbf{I}_B$ et $\mathbf{I}_C$ seront respectivement déphasé de 45° par rapport aux tensions $\mathbf{V}_{AN}$, $\mathbf{V}_{BN}$ et $\mathbf{V}_{CN}$. Les angles de phase de ces tensions peuvent être calculés en considérant la Fig. 14-5 (*a*). Les tensions simples ainsi que les courants de ligne sont donnés ci-dessous:

$$\mathbf{V}_{AN} = 63{,}5\underline{/90°} \qquad \mathbf{I}_A = 38{,}1\underline{/90° - 45°} = 38{,}1\underline{/45°}\ \text{V}$$

$$\mathbf{V}_{BN} = 63{,}5\underline{/-30°} \qquad \mathbf{I}_B = 38{,}1\underline{/-30° - 45°} = 38{,}1\underline{/-75°}\ \text{V}$$

$$\mathbf{V}_{CN} = 63{,}5\underline{/-150°} \qquad \mathbf{I}_C = 38{,}1\underline{/-150° - 45°} = 38{,}1\underline{/-195°}\ \text{V}$$

Ces courants sont identiques à ceux obtenus dans l'exemple 1. Si l'on désire connaître les courants de phase dans les impédances montées en triangle, il suffit d'appliquer la relation $I_P = I_L/\sqrt{3} = 38{,}1/\sqrt{3} = 22$ A. Les angles de phase de ces courants sont obtenus en fixant les phases des tensions composées et en déterminant les courants de telle sorte qu'ils soient en retard sur ces dernières de 45°. On en déduit

$$\mathbf{V}_{AB} = 110\underline{/120°} \qquad \mathbf{I}_{AB} = 22\underline{/120° - 45°} = 22\underline{/75°}\ \text{V}$$

$$\mathbf{V}_{BC} = 110\underline{/0°} \qquad \mathbf{I}_{BC} = 22\underline{/0° - 45°} = 22\underline{/-45°}\ \text{V}$$

$$\mathbf{V}_{CA} = 110\underline{/240°} \qquad \mathbf{I}_{CA} = 22\underline{/240° - 45°} = 22\underline{/195°}\ \text{V}$$

CHARGE DESEQUILIBREE MONTEE EN TRIANGLE

Pour résoudre le problème de la charge déséquilibrée montée en triangle, on commence par calculer les courants de phase et ensuite on applique la loi de Kirchhoff aux nœuds de la charge pour obtenir les trois courants de ligne. Ces derniers ne sont pas égaux et le déphasage de l'un par rapport à l'autre n'est pas de 120°, comme cela était le cas pour les charges équilibrées.

Exemple 4. Un réseau triphasé à trois conducteurs de 240 V (ABC) alimente une charge montée en triangle et comportant les impédances $\mathbf{Z}_{AB} = 10\underline{/0^\circ}\ \Omega$, $\mathbf{Z}_{BC} = 10\underline{/30^\circ}\ \Omega$ et $\mathbf{Z}_{CA} = 15\underline{/-30^\circ}\ \Omega$. Calculer les trois courants de ligne et tracer le diagramme vectoriel du système.

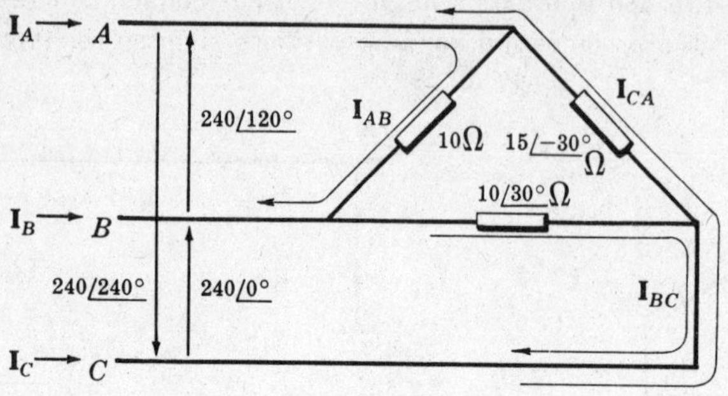

Fig. 14-12

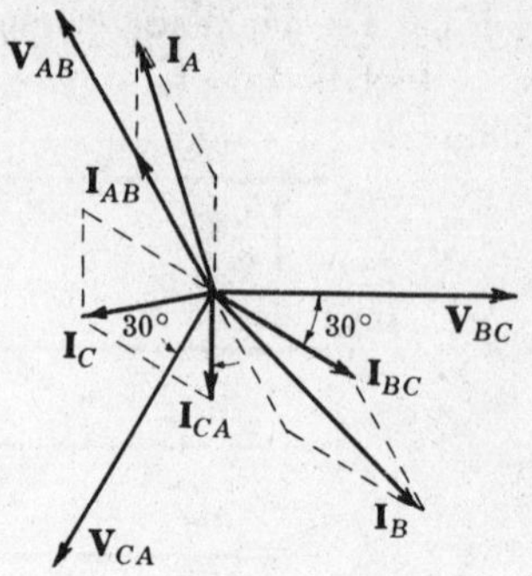

Fig. 14-13

Dessinez le circuit et appliquez les différentes tensions comme le montre la Fig. 14-12. Comme l'indique cette figure, les courants de phase sont indépendants et donnés par

$$\mathbf{I}_{AB} = \frac{\mathbf{V}_{AB}}{\mathbf{Z}_{AB}} = \frac{240\underline{/120^\circ}}{10\underline{/0^\circ}} = 24\underline{/120^\circ}\ \text{A},\quad \mathbf{I}_{BC} = \frac{\mathbf{V}_{BC}}{\mathbf{Z}_{BC}} = 24\underline{/-30^\circ}\ \text{A},\quad \mathbf{I}_{CA} = \frac{\mathbf{V}_{CA}}{\mathbf{Z}_{CA}} = 16\underline{/270^\circ}\ \text{A}$$

L'application de la loi de Kirchhoff aux nœuds de la charge permet d'écrire

$$\mathbf{I}_A = \mathbf{I}_{AB} + \mathbf{I}_{AC} = 24\underline{/120^\circ} - 16\underline{/270^\circ} = 38{,}7\underline{/108{,}1^\circ}\ \text{A}$$

$$\mathbf{I}_B = \mathbf{I}_{BA} + \mathbf{I}_{BC} = -24\underline{/120^\circ} + 24\underline{/-30^\circ} = 46{,}4\underline{/-45^\circ}\ \text{A}$$

$$\mathbf{I}_C = \mathbf{I}_{CA} + \mathbf{I}_{CB} = 16\underline{/270^\circ} - 24\underline{/-30^\circ} = 21{,}2\underline{/190{,}9^\circ}\ \text{A}$$

La représentation vectorielle du système est donnée par la Fig. 14-13.

CHARGE DESEQUILIBREE MONTEE EN ETOILE ET ALIMENTEE PAR UN RESEAU A QUATRE CONDUCTEURS

Dans un système à quatre conducteurs alimentant une charge déséquilibrée, un courant circule dans le conducteur neutre et les tensions aux bornes des impédances de charge ont la même amplitude que la tension simple avec un angle de phase fixe. Les courants de ligne sont différents et le déphasage de l'un par rapport à l'autre n'est plus de 120°.

Exemple 5. Un réseau triphasé à quatre conducteurs de 208 V (CBA) alimente une charge montée en étoile dont les impédances sont $\mathbf{Z}_A = 6\underline{/0^\circ}\ \Omega$, $\mathbf{Z}_B = 6\underline{/30^\circ}\ \Omega$ et $\mathbf{Z}_C = 5\underline{/45^\circ}\ \Omega$. Calculer les trois courants de phase ainsi que le courant dans le conducteur neutre. Dessiner le diagramme vectoriel du système.

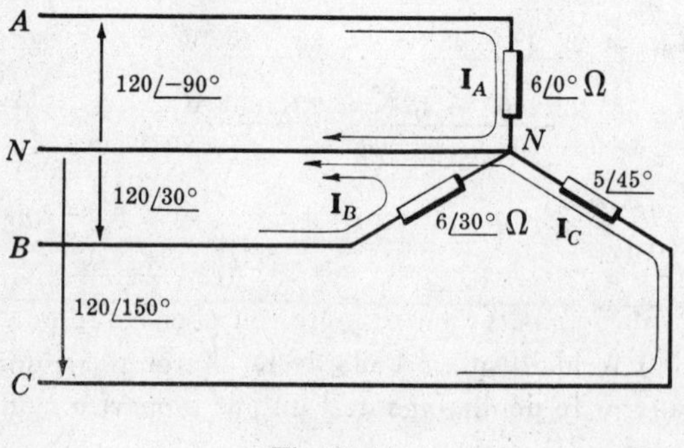

Fig. 14-14

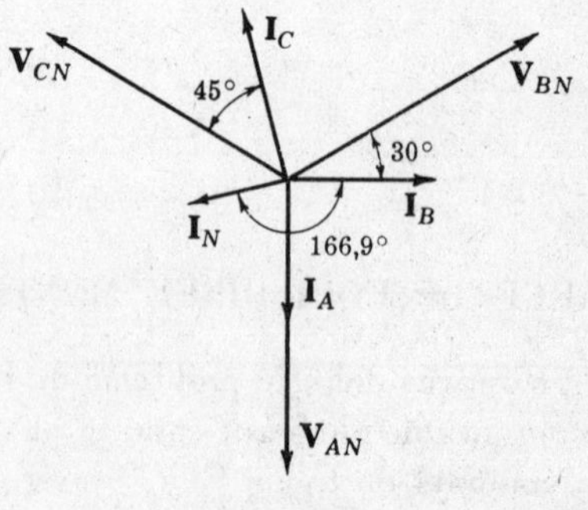

Fig. 14-15

Tracez le diagramme du circuit comme le montre la Fig. 14-14 ci-dessus; appliquez les tensions et choisissez les courants de ligne comme l'indique cette figure. Les courants sont indépendants et donnés par

$$\mathbf{I}_A = \frac{\mathbf{V}_{AN}}{\mathbf{Z}_A} = \frac{120\angle -90^\circ}{6\angle 0^\circ} = 20\angle -90^\circ \text{ A}, \quad \mathbf{I}_B = \frac{\mathbf{V}_{BN}}{\mathbf{Z}_B} = 20\angle 0^\circ \text{ A}, \quad \mathbf{I}_C = \frac{\mathbf{V}_{CN}}{\mathbf{Z}_C} = 24\angle 105^\circ \text{ A}$$

Le conducteur neutre est traversé par la somme des courants de phase $\mathbf{I}_A$, $\mathbf{I}_B$ et $\mathbf{I}_C$. Nous avons alors, en supposant que $\mathbf{I}_N$ est positif lorsqu'il est dirigé vers la charge,

$$\mathbf{I}_N = -(\mathbf{I}_A + \mathbf{I}_B + \mathbf{I}_C) = -(20\angle -90^\circ + 20\angle 0^\circ + 24\angle 105^\circ) = 14{,}1\angle -166{,}9^\circ \text{ A}$$

Le diagramme vectoriel est représenté sur la Fig. 14-15 ci-dessus.

CHARGE DESEQUILIBREE MONTEE EN ETOILE ET ALIMENTEE PAR UN RESEAU A TROIS CONDUCTEURS

Lorsque seules les trois phases A, B et C sont reliées à une charge déséquilibrée montée en étoile, le point commun aux trois impédances de charge ne se trouve pas au potentiel du conducteur neutre et pour cette raison ce point est marqué par «O» au lieu de N. Les tensions aux bornes des impédances peuvent varier considérablement par rapport aux tensions simples, comme le montre le diagramme vectoriel représentant toutes les tensions du circuit. Le vecteur reliant le point N au point O présente un intérêt particulier, il correspond à *la tension de déplacement du point neutre.*

Exemple 6. Un réseau triphasé à trois conducteurs de 208 V (CBA) alimente une charge montée en étoile et comportant les impédances $\mathbf{Z}_A = 6\angle 0^\circ\ \Omega$, $\mathbf{Z}_B = 6\angle 30^\circ\ \Omega$ et $\mathbf{Z}_C = 5\angle 45^\circ\ \Omega$. Calculer les courants de ligne ainsi que les tensions aux bornes des impédances. Construire le diagramme vectoriel du circuit et déterminer la *tension de déplacement du neutre,* $\mathbf{V}_{ON}$.

Tracez le diagramme du circuit et choisissez les courants $\mathbf{I}_1$ et $\mathbf{I}_2$ comme le montre la Fig. 14-16. Ecrivez ensuite la relation matriciel donnant $\mathbf{I}_1$ et $\mathbf{I}_2$.

$$\begin{bmatrix} 6\angle 0^\circ + 6\angle 30^\circ & -6\angle 30^\circ \\ -6\angle 30^\circ & 6\angle 30^\circ + 5\angle 45^\circ \end{bmatrix} \begin{bmatrix} \mathbf{I}_1 \\ \mathbf{I}_2 \end{bmatrix} = \begin{bmatrix} 208\angle 240^\circ \\ 208\angle 0^\circ \end{bmatrix}$$

On en déduit $\mathbf{I}_1 = 23{,}3\angle 261{,}1^\circ$ A et $\mathbf{I}_2 = 26{,}5\angle -63{,}4^\circ$ A

Les courants de ligne $\mathbf{I}_A$, $\mathbf{I}_B$ et $\mathbf{I}_C$ orientés comme l'indique la figure sont alors

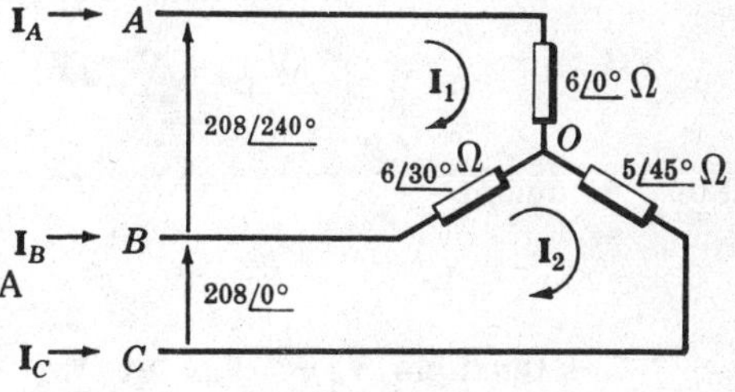

Fig. 14-16

$$\mathbf{I}_A = \mathbf{I}_1 = 23{,}3\angle 261{,}1^\circ \text{A}$$

$$\mathbf{I}_B = \mathbf{I}_2 - \mathbf{I}_1 = 26{,}5\angle -63{,}4^\circ - 23{,}3\angle 261{,}1^\circ = 15{,}45\angle -2{,}5^\circ \text{ A}$$

$$\mathbf{I}_C = -\mathbf{I}_2 = 26{,}5\angle 116{,}6^\circ \text{ A}$$

Les tensions aux bornes des impédances sont données par les produits des courants de ligne et des impédances correspondantes, c'est-à-dire

$$\mathbf{V}_{AO} = \mathbf{I}_A\mathbf{Z}_A = 23{,}3\angle 261{,}1^\circ\,(6\angle 0^\circ) = 139{,}8\angle 261{,}1^\circ \text{ V}$$

$$\mathbf{V}_{BO} = \mathbf{I}_B\mathbf{Z}_B = 15{,}45\angle -2{,}5^\circ\,(6\angle 30^\circ) = 92{,}7\angle 27{,}5^\circ \text{ V}$$

$$\mathbf{V}_{CO} = \mathbf{I}_C\mathbf{Z}_C = 26{,}5\angle 116{,}6^\circ\,(5\angle 45^\circ) = 132{,}5\angle 161{,}6^\circ \text{ V}$$

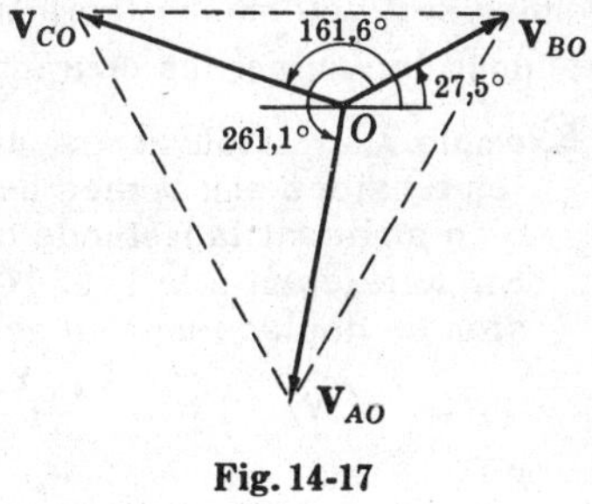

Fig. 14-17

La représentation vectorielle de ces trois tensions (Fig. 14-17) forme un triangle équilatéral. La Fig. 14-18 montre ce même triangle dans lequel on a ajouté le point neutre, mettant ainsi en évidence la tension de déplacement du neutre $\mathbf{V}_{ON}$. Cette tension peut se calculer comme suit :

$$\mathbf{V}_{ON} = \mathbf{V}_{OA} + \mathbf{V}_{AN} = -139{,}8\angle 261{,}1^\circ + 120\angle -90^\circ = 28{,}1\angle 39{,}8^\circ \text{ V}$$

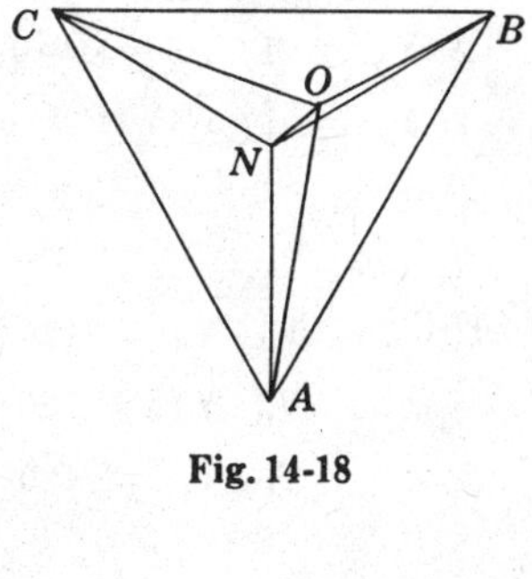

Fig. 14-18

METHODE DE DEPLACEMENT DU NEUTRE APPLIQUEE AU CAS D'UNE CHARGE DESEQUILIBREE MONTEE EN ETOILE ET ALIMENTEE PAR UN RESEAU A TROIS CONDUCTEURS

Dans l'exemple 6 la tension de déplacement du neutre V_{ON} était obtenue en fonction des tensions aux bornes de la charge. Si nous établissons une relation permettant de déterminer V_{ON} indépendamment de ces tensions alors les courants et les tensions de l'exemple 6 peuvent s'obtenir de façon plus simple comme le montre l'exemple 7.

Pour obtenir la tension de déplacement du neutre on peut écrire les courants de ligne en fonction des tensions aux bornes de la charge et des admittances de la charge.

$$\mathbf{I}_A = \mathbf{V}_{AO}\mathbf{Y}_A, \quad \mathbf{I}_B = \mathbf{V}_{BO}\mathbf{Y}_B, \quad \mathbf{I}_C = \mathbf{V}_{CO}\mathbf{Y}_C \qquad (1)$$

En appliquant la loi de Kirchhoff relative au courant au point O de la Fig. 14-19 on peut écrire

$$\mathbf{I}_A + \mathbf{I}_B + \mathbf{I}_C = 0 \qquad (2)$$

ou

$$\mathbf{V}_{AO}\mathbf{Y}_A + \mathbf{V}_{BO}\mathbf{Y}_B + \mathbf{V}_{CO}\mathbf{Y}_C = 0 \qquad (3)$$

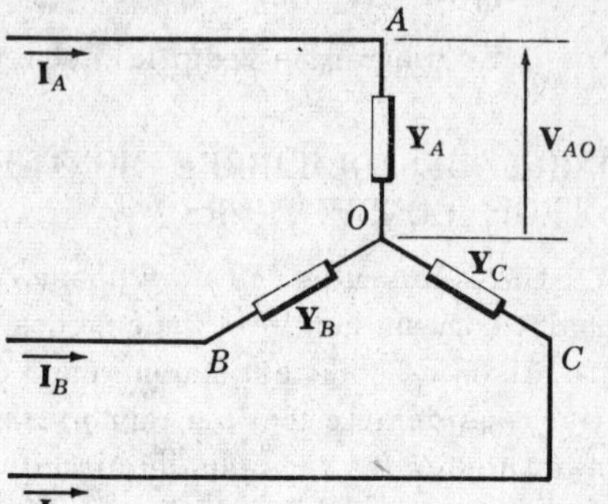

Fig. 14-19

En se référant au diagramme de la Fig. 14-18 on peut exprimer les tensions V_{AO}, V_{BO} et V_{CO} en fonction de leurs deux composantes, c'est-à-dire

$$\mathbf{V}_{AO} = \mathbf{V}_{AN} + \mathbf{V}_{NO} \qquad \mathbf{V}_{BO} = \mathbf{V}_{BN} + \mathbf{V}_{NO} \qquad \mathbf{V}_{CO} = \mathbf{V}_{CN} + \mathbf{V}_{NO} \qquad (4)$$

En substituant les expressions de la relation (4) dans la relation (3) on obtient

$$(\mathbf{V}_{AN} + \mathbf{V}_{NO})\mathbf{Y}_A + (\mathbf{V}_{BN} + \mathbf{V}_{NO})\mathbf{Y}_B + (\mathbf{V}_{CN} + \mathbf{V}_{NO})\mathbf{Y}_C = 0 \qquad (5)$$

d'où l'on déduit

$$\mathbf{V}_{ON} = \frac{\mathbf{V}_{AN}\mathbf{Y}_A + \mathbf{V}_{BN}\mathbf{Y}_B + \mathbf{V}_{CN}\mathbf{Y}_C}{\mathbf{Y}_A + \mathbf{Y}_B + \mathbf{Y}_C} \qquad (6)$$

Les tensions V_{AN}, V_{BN} et V_{CN} de l'équation (6) peuvent se déterminer à partir du triangle de la Fig. 14-5 pour la séquence indiquée dans le problème. Les admittances Y_A, Y_B et Y_C sont les valeurs réciproques des impédances de charge Z_A, Z_B et Z_C. De ce fait tous les termes de la relation (6) sont, soit donnés soit déterminés facilement et ainsi la tension de déplacement du neutre peut être calculée et utilisée pour déterminer les courants de ligne.

Exemple 7. Trouver les courants de ligne ainsi que les tensions aux bornes de la charge pour l'exemple 6 en utilisant la méthode de déplacement du neutre. En se référant à la Fig. 14-20, l'équation pour la tension de déplacement du neutre est

$$V_{ON} = \frac{V_{AN}Y_A + V_{BN}Y_B + V_{CN}Y_C}{Y_A + Y_B + Y_C}$$

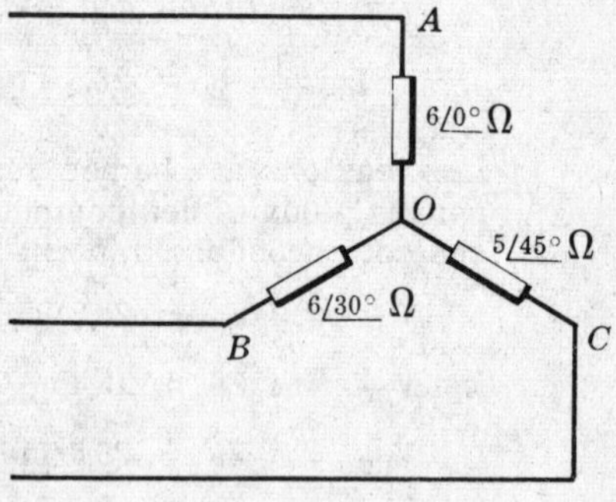

Fig. 14-20

où

$$Y_A = 1/(6\angle 0^\circ) = 0{,}1667\angle 0^\circ = 0{,}1667 \text{ mhos}$$
$$Y_B = 1/(6\angle 30^\circ) = 0{,}1667\angle -30^\circ = 0{,}1443 - j0{,}0833 \text{ mhos}$$
$$Y_C = 1/(5\angle 45^\circ) = 0{,}20\angle -45^\circ = 0{,}1414 - j0{,}1414 \text{ mhos}$$
$$Y_A + Y_B + Y_C = 0{,}4524 - j0{,}2247 = 0{,}504\angle -26{,}5^\circ \text{ mhos}$$

et

$$V_{AN}Y_A = 120\angle -90^\circ\,(0{,}1667\angle 0^\circ) = 20\angle -90^\circ = -j20$$
$$V_{BN}Y_B = 120\angle 30^\circ\,(0{,}1667\angle -30^\circ) = 20\angle 0^\circ = 20$$
$$V_{CN}Y_C = 120\angle 150^\circ\,(0{,}20\angle -45^\circ) = 24\angle 105^\circ = -6{,}2 + j23{,}2$$
$$V_{AN}Y_A + V_{BN}Y_B + V_{CN}Y_C = 13{,}8 + j3{,}2 = 14{,}1\angle 13{,}1^\circ$$

d'où l'on tire $\mathbf{V}_{ON} = 14{,}1\underline{/13{,}1^\circ}/(0{,}504\underline{/-26{,}5^\circ}) = 28{,}0\underline{/39{,}6^\circ}$ V.

Les tensions $\mathbf{V}_{AO}$, $\mathbf{V}_{BO}$ et $\mathbf{V}_{CO}$ sont obtenues en utilisant la tension $\mathbf{V}_{NO}$ et la tension phase-neutre appropriée

$$\mathbf{V}_{AO} = \mathbf{V}_{AN} + \mathbf{V}_{NO} = 120\underline{/-90^\circ} - 28{,}0\underline{/39{,}6^\circ} = 139{,}5\underline{/261{,}1^\circ} \text{ V}$$

$$\mathbf{V}_{BO} = \mathbf{V}_{BN} + \mathbf{V}_{NO} = 120\underline{/30^\circ} - 28{,}0\underline{/39{,}6^\circ} = 92{,}5\underline{/27{,}1^\circ} \text{ V}$$

$$\mathbf{V}_{CO} = \mathbf{V}_{CN} + \mathbf{V}_{NO} = 120\underline{/150^\circ} - 28{,}0\underline{/39{,}6^\circ} = 132{,}5\underline{/161{,}45^\circ} \text{ V}$$

Les courants de ligne peuvent facilement se calculer en utilisant les tensions et les admittances de la charge correspondante

$$\mathbf{I}_A = \mathbf{V}_{AO}\mathbf{Y}_A = 139{,}5\underline{/261{,}1^\circ}\ (0{,}1667\underline{/0^\circ}) = 23{,}2\underline{/261{,}1^\circ} \text{ A}$$

$$\mathbf{I}_B = \mathbf{V}_{BO}\mathbf{Y}_B = 92{,}5\underline{/27{,}1^\circ}\ (0{,}1667\underline{/-30^\circ}) = 15{,}4\underline{/-2{,}9^\circ} \text{ A}$$

$$\mathbf{I}_C = \mathbf{V}_{CO}\mathbf{Y}_C = 132{,}5\underline{/161{,}45^\circ}\ (0{,}20\underline{/-45^\circ}) = 26{,}5\underline{/116{,}45^\circ} \text{ A}$$

Les courants et les tensions ci-dessus correspondent bien à ceux obtenus dans l'exemple 6.

PUISSANCE DELIVREE A DES CHARGES TRIPHASEES EQUILIBREES

Du fait que le même courant circule dans chacune des impédances d'une charge équilibrée montée en étoile ou en triangle, la puissance par phase est égale au tiers de la puissance totale. La tension aux bornes de l'impédance Z_Δ de la Fig. 14-21 (*a*) correspond à la *tension composée* et le courant correspond au *courant de phase.* L'angle entre le vecteur représentant la tension et celui indiquant le courant correspond à l'angle de déphasage introduit par l'impédance. Par conséquent la puissance par phase est donnée par

$$\boxed{P_P = V_L I_P \cos\theta} \quad \text{pour } \Delta \qquad (7)$$

et la puissance totale par

$$\boxed{P_T = 3\,V_L I_P \cos\theta} \quad \text{pour } \Delta \qquad (8)$$

Comme $I_L = \sqrt{3}\,I_P$ pour des charges équilibrées connectées en triangle, on a

$$\boxed{P_T = \sqrt{3}\,V_L I_L \cos\theta} \quad \text{pour } \Delta \text{ et } Y \qquad (9)$$

Les impédances branchées en étoile de la Fig. 14-21 (*b*) sont traversées par *les courants de ligne* et la tension aux bornes de Z_Y est *la tension simple* (entre phase et neutre), le déphasage entre ces deux grandeurs correspond au déphasage de l'impédance et de ce fait la puissance par phase est

$$\boxed{P_P = V_P I_L \cos\theta} \quad \text{pour } Y \qquad (10)$$

et la puissance totale est

$$\boxed{P_T = 3\,V_P I_L \cos\theta} \quad \text{pour } Y \qquad (11)$$

Comme $V_L = \sqrt{3}\,V_p$ on a

$$\boxed{P_T = \sqrt{3}\,V_L I_L \cos\theta} \quad \text{pour } \Delta \text{ et } Y \qquad (12)$$

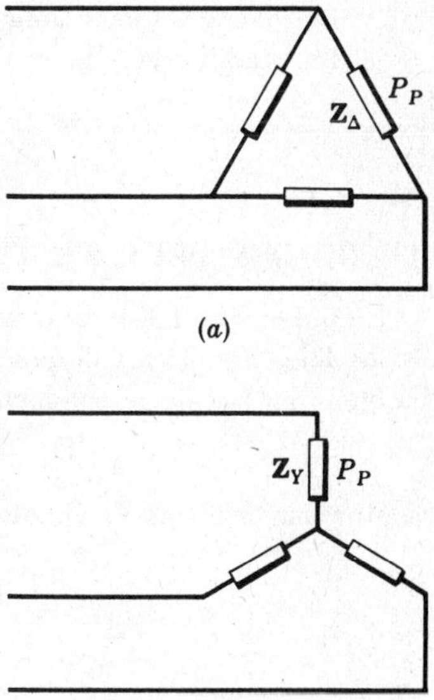

(*a*)
(*b*)
Fig. 14-21

Vu que les équations (*9*) et (*12*) sont identiques la puissance totale pour n'importe quel système triphasé équilibré est donnée par $\sqrt{3}\,V_L I_L \cos\theta$, où θ est l'angle de déphasage introduit par l'impédance de charge ou encore l'angle de déphasage d'une impédance équivalente, dans le cas où plusieurs charges équilibrées sont alimentées par le même réseau.

La puissance totale en volts-ampères et la puissance réactive totale Q_T sont reliées à la puissance active P_T comme on l'a vu dans le chapitre 7. Par conséquent dans un système triphasé équilibré la puissance active, la puissance apparente, et la puissance réactive sont respectivement données par

$$P_T = \sqrt{3}\,V_L I_L \cos\theta \qquad S_T = \sqrt{3}\,V_L I_L \qquad Q_T = \sqrt{3}\,V_L I_L \sin\theta \qquad (13)$$

WATTMETRES ET CHARGES CONNECTEES EN ETOILE DANS UN SYSTEME TRIPHASE A QUATRE CONDUCTEURS

Un wattmètre est un instrument constitué par une bobine de tension et par une bobine de courant disposées de telle sorte que son indication soit proportionnelle à $VI\cos\theta$, où θ est le déphasage entre la tension et le courant. Un système à quatre conducteurs avec une charge connectée en étoile exige trois wattmètres (un pour chaque phase) pour mesurer la puissance comme le montre la Fig. 14-22 (*a*).

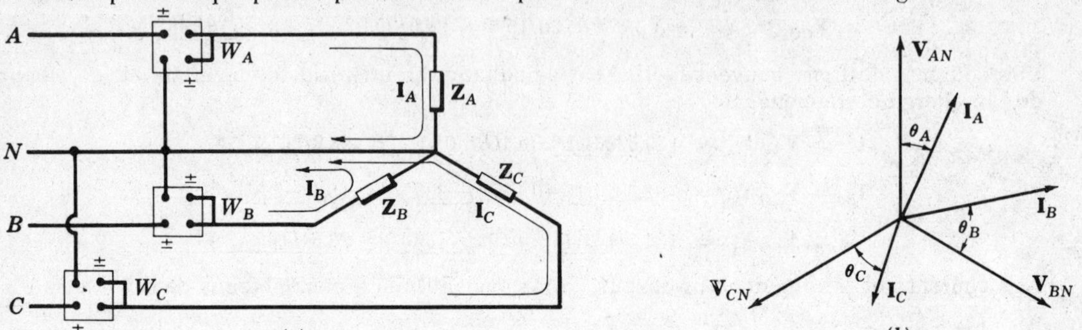

(*a*) (*b*)

Fig. 14-22

Le diagramme vectoriel de la Fig. 14-22 (*b*) suppose un courant déphasé en arrière pour la phase *A* et des courants déphasés en avant pour les phases *B* et *C*; les angles de déphasage étant respectivement θ_A, θ_B et θ_C. Les indications des wattmètres sont alors les suivantes

$$W_A = V_{AN} I_A \cos \measuredangle_A^{AN}, \qquad W_B = V_{BN} I_B \cos \measuredangle_B^{BN}, \qquad W_C = V_{CN} I_C \cos \measuredangle_C^{CN} \tag{14}$$

où $\measuredangle_A^{AN}$ représente le déphasage entre $\mathbf{V}_{AN}$ et $\mathbf{I}_A$. Le wattmètre W_A indique la puissance dans la phase *A* et les wattmètres W_B et W_C celles dans les phases *B* et *C* respectivement. La puissance totale est

$$P_T = W_A + W_B + W_C \tag{15}$$

METHODE DES DEUX WATTMETRES

La puissance totale d'un système triphasé à trois conducteurs est donnée par la somme des indications de deux wattmètres disposés dans n'importe lesquelles des phases avec les bobines de tension connectées au troisième conducteur comme le montre la Fig. 14-23. Les indications des wattmètres sont

$$W_A = V_{AB} I_A \cos \measuredangle_A^{AB} \qquad \text{et} \qquad W_C = V_{CB} I_C \cos \measuredangle_C^{CB} \tag{16}$$

en appliquant la loi de Kirchhoff aux noeuds *A* et *C* de la charge connectée en triangle on peut écrire

$$\mathbf{I}_A = \mathbf{I}_{AB} + \mathbf{I}_{AC} \qquad \text{et} \qquad \mathbf{I}_C = \mathbf{I}_{CA} + \mathbf{I}_{CB} \tag{17}$$

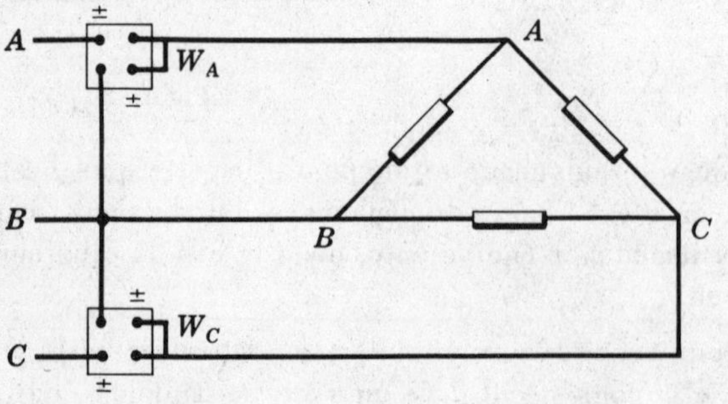

Fig. 14-23

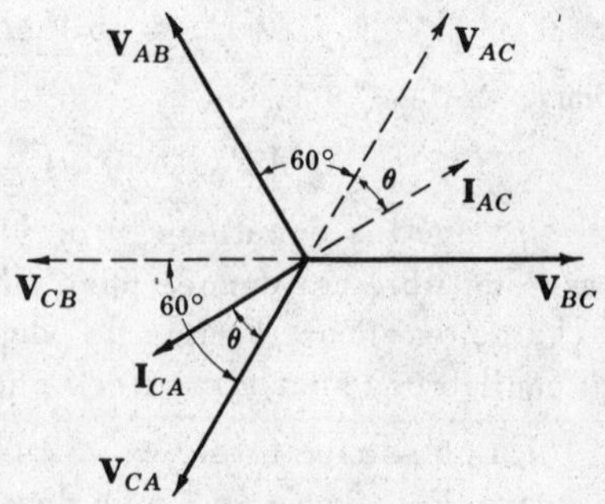

Fig. 14-24

En substituant les expressions de $\mathbf{I}_A$ et $\mathbf{I}_C$ données par la relation (*17*) dans les équations du wattmètre (*16*) on obtient

$$\begin{aligned} W_A &= V_{AB} I_{AB} \cos \measuredangle_{AB}^{AB} + V_{AB} I_{AC} \cos \measuredangle_{AC}^{AB} \\ W_C &= V_{CB} I_{CA} \cos \measuredangle_{CA}^{CB} + V_{CB} I_{CB} \cos \measuredangle_{CB}^{CB} \end{aligned} \tag{18}$$

Les termes $V_{AB} I_{AB} \cos \measuredangle_{AB}^{AB}$ et $V_{CB} I_{CB} \cos \measuredangle_{CB}^{CB}$ sont immédiatement identifiés comme étant les puissances respectives des phases AB et CB de la charge. Les deux termes restant contiennent $V_{AB} I_{AC}$ et $V_{CB} I_{CA}$ qui peuvent s'écrire sous la forme $V_L I_{AC}$ du fait que V_{AB} et V_{CB} correspondent aux tensions entre phases et que $I_{AC} = I_{CA}$. Pour déterminer ces deux termes il suffit de construire le diagramme vectoriel de la Fig. 14-24 ci-dessus où l'on suppose que le courant $\mathbf{I}_{AC}$ est en retard sur la tension $\mathbf{V}_{AC}$ d'un angle θ.

De ce diagramme on déduit

$$\measuredangle_{AC}^{AB} = 60° + \theta \qquad \text{et} \qquad \measuredangle_{CA}^{CB} = 60° - \theta \tag{19}$$

A présent on ajoute les deux termes restant de l'équation (*18*) et on substitue respectivement $(60° + \theta)$ et $(60° - \theta)$ pour les angles $\measuredangle_{AC}^{AB}$ et $\measuredangle_{CA}^{CB}$

$$V_L I_{AC} \cos(60° + \theta) + V_L I_{AC} \cos(60° - \theta) \tag{20}$$

Comme $\cos(x + y) = \cos x \cos y \mp \sin x \sin y$, on peut écrire

$$V_L I_{AC} (\cos 60° \cos\theta - \sin 60° \sin\theta + \cos 60° \cos\theta + \sin 60° \sin\theta) \tag{21}$$

ou encore

$$V_L I_{AC} \cos\theta \tag{22}$$

qui correspond à la puissance dans la troisième phase de la charge c'est-à-dire dans la phase AC, nous voyons ainsi que deux wattmètres suffisent à mesurer la puissance totale dans une charge connectée en triangle. La méthode des deux wattmètres appliquée à un système connecté en étoile est laissée comme exercice au lecteur.

METHODE DES DEUX WATTMETRES APPLIQUEE A DES CHARGES EQUILIBREES

Pour montrer l'application de la méthode des deux wattmètres à des charges équilibrées, considérons le circuit en étoile constitué des trois impédances identiques de la Fig. 14-25 (*a*). Le diagramme vectoriel correspondant est tracé sur la Fig. 14-25 (*b*) pour une séquence ABC en supposant que le courant est en retard sur la tension d'un angle θ.

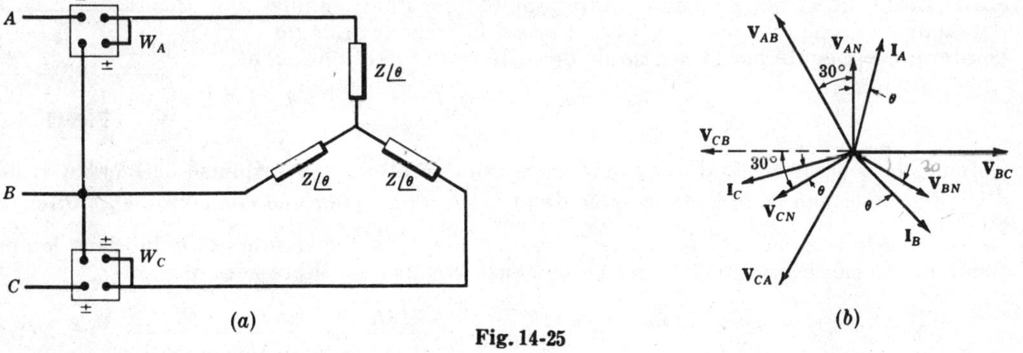

Fig. 14-25

De ces figures il résulte que les indications des wattmètres dans les phases A et C sont

$$W_A = V_{AB} I_A \cos \measuredangle_{A}^{AB} \qquad \text{et} \qquad W_C = V_{CB} I_C \cos \measuredangle_{C}^{CB} \tag{23}$$

avec (voir diagramme vectoriel)

$$\measuredangle_{A}^{AB} = 30° + \theta \qquad \text{et} \qquad \measuredangle_{C}^{CB} = 30° - \theta \tag{24}$$

En substituant les relations (*24*) dans les relations (*23*), on obtient

$$W_A = V_{AB} I_A \cos(30° + \theta) \qquad \text{et} \qquad W_C = V_{CB} I_C \cos(30° - \theta) \tag{25}$$

Lorsque la méthode des deux wattmètres est utilisée avec une charge équilibrée les indications des wattmètres sont $W_1 = V_L I_L \cos(30° + \theta)$ et $W_2 = V_L I_L \cos(30° - \theta)$ où θ est le déphasage dû à l'impédance. Les deux indications peuvent être utilisées pour déterminer ce déphasage θ.

En développant l'expression donnant W_1 on obtient

$$W_1 = V_L I_L (\cos 30° \cos\theta - \sin 30° \sin\theta) \tag{26}$$

de même

$$W_2 = V_L I_L (\cos 30° \cos\theta + \sin 30° \sin\theta) \tag{27}$$

Il en résulte que la somme $W_1 + W_2 = \sqrt{3}\, V_L I_L \cos\theta$ et que la différence $W_2 - W_1 = V_L I_L \sin\theta$,

d'où l'on tire

$$\text{tg}\,\theta = \sqrt{3}\left(\frac{W_2 - W_1}{W_1 + W_2}\right) \tag{28}$$

Ainsi la tangente de l'angle de déphasage dû à l'impédance de charge **Z** est égale à $\sqrt{3}$ fois le rapport de la différence entre les indications des deux wattmètres à leur somme. Si l'on ne connaît ni les phases où sont placés les wattmètres ni la séquence du système il n'est pas possible de déterminer le signe du déphasage. Cependant si aussi bien la séquence que l'emplacement des wattmètres sont connus le signe du déphasage peut être déterminé par les expressions suivantes:

– pour une séquence *ABC* on a

$$\text{tg}\,\theta = \sqrt{3}\,\frac{W_A - W_B}{W_A + W_B} = \sqrt{3}\,\frac{W_B - W_C}{W_B + W_C} = \sqrt{3}\,\frac{W_C - W_A}{W_C + W_A} \tag{29}$$

– pour une séquence *CBA* on a

$$\text{tg}\,\theta = \sqrt{3}\,\frac{W_B - W_A}{W_B + W_A} = \sqrt{3}\,\frac{W_C - W_B}{W_C + W_B} = \sqrt{3}\,\frac{W_A - W_C}{W_A + W_C} \tag{30}$$

Problèmes résolus

14.1. Montrer que la tension entre phases V_L dans un système triphasé est égale à $\sqrt{3}$ fois la tension entre phase et neutre V_p pour ce même système.

Sur la Fig. 14-26 les tensions du système triphasé sont représentées par un triangle équilatéral dans lequel la longueur d'un côté est proportionnelle à la tension entre phases V_L et dont le point neutre N est le centre.

La tension entre phase et neutre projetée sur l'horizontale est égale à $V_p \cos 30°$ ou $V_p \sqrt{3}/2$. Comme la base du triangle équilatéral est égale par la somme de deux de ces projections on a

$$V_L = 2(V_P\sqrt{3}/2) = \sqrt{3}\,V_P$$

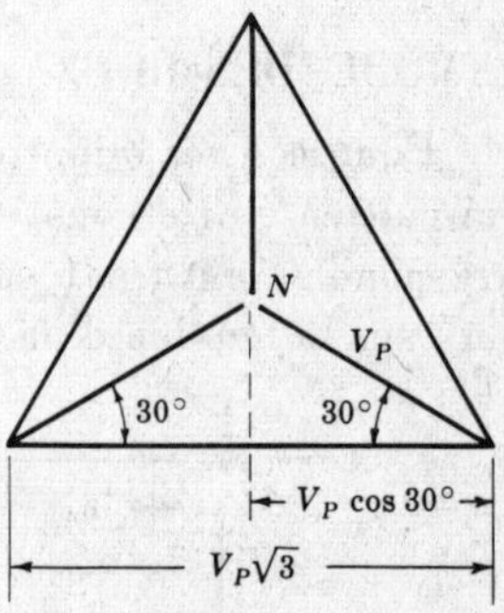

Fig. 14-26

14.2. Calculer le courant nominal par enroulement pour un alternateur triphasé de 25 kVA et de 480 V, d'une part pour une connexion en triangle et d'autre part pour une connexion en étoile.

Pour le branchement en étoile le courant dans les conducteurs et celui dans les enroulements ont la même amplitude. Pour un système triphasé équilibré ceci donne

$$\text{kVA} = \sqrt{3}\,V_L I_L \times 10^{-3} \qquad \text{et} \qquad I_L = \frac{\text{kVA}}{\sqrt{3}\,V_L \times 10^{-3}} = \frac{25}{\sqrt{3}\,(480 \times 10^{-3})} = 30{,}1 \text{ A}$$

Pour un alternateur branché en triangle et ayant la même puissance nominale, les courants nominaux par phase sont également de 30,1 A. Les courants par bobine sont égaux $I_L/\sqrt{3}$ ce qui correspond à:

$$I_{\text{bob}} = \frac{30{,}1}{\sqrt{3}} = 17{,}35 \text{ A.}$$

14.3. Un système diphasé avec une tension phase neutre de 150 V alimente une charge équilibrée branchée en triangle constituée d'impédances de $10\angle 53{,}1^\circ\ \Omega$. Trouver les courants de ligne ainsi que la puissance totale.

Dans un système diphasé les deux tensions entre phase et neutre sont déphasées de 90°. Il en résulte que si l'on prend la tension V_{BN} comme tension de référence, la tension V_{AN} est déphasée de 90°, comme le représente la Fig.14-27. La tension entre phases est égale à $\sqrt{2}$ fois la tension entre phase et neutre. Ainsi: $V_{AB} = \sqrt{2}(150) = 212$ V. Les courants de phase sont les suivants

$$\mathbf{I}_{AB} = \frac{\mathbf{V}_{AB}}{\mathbf{Z}} = \frac{212\angle 135^\circ}{10\angle 53{,}1^\circ} = 21{,}2\angle 81{,}9^\circ \text{ A}$$

$$\mathbf{I}_{AN} = \frac{\mathbf{V}_{AN}}{\mathbf{Z}} = \frac{150\angle 90^\circ}{10\angle 53{,}1^\circ} = 15{,}0\angle 36{,}9^\circ \text{ A}$$

$$\mathbf{I}_{BN} = \frac{\mathbf{V}_{BN}}{\mathbf{Z}} = \frac{150\angle 0^\circ}{10\angle 53{,}1^\circ} = 15{,}0\angle -53{,}1^\circ \text{ A}$$

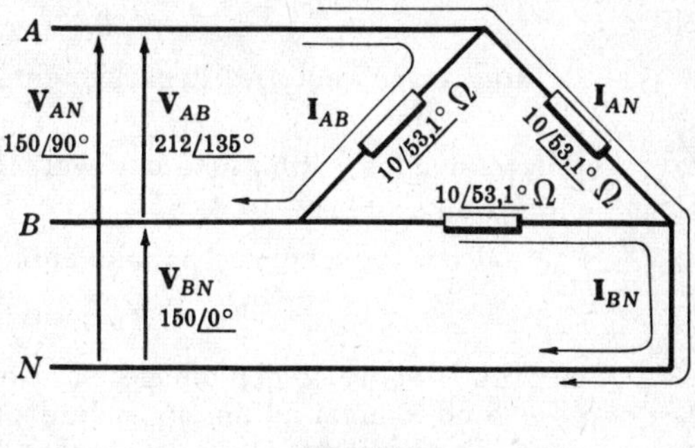

Fig. 14-27

Les courants de ligne peuvent s'exprimer en fonction du courant de phase en appliquant la loi de Kirchhoff aux noeuds de la charge connectée en triangle. Si nous supposons ces courants positifs lorsqu'ils sont orientés vers la charge, on a

$$\mathbf{I}_A = \mathbf{I}_{AN} + \mathbf{I}_{AB} = 15{,}0\angle 36{,}9^\circ + 21{,}2\angle 81{,}9^\circ = 33{,}5\angle 63{,}4^\circ \text{ A}$$

$$\mathbf{I}_B = \mathbf{I}_{BN} + \mathbf{I}_{BA} = 15{,}0\angle -53{,}1^\circ - 21{,}2\angle 81{,}9^\circ = 33{,}6\angle -79{,}7^\circ \text{ A}$$

$$\mathbf{I}_N = \mathbf{I}_{NA} + \mathbf{I}_{NB} = -15{,}0\angle 36{,}9^\circ - 15{,}0\angle -53{,}1^\circ = 21{,}2\angle 171{,}86^\circ \text{ A}$$

La puissance totale est obtenue en tenant compte des courants efficaces circulant dans les in pédances de charge; ainsi:

$$P_{AB} = I_{AB}^2 R = (21{,}2)^2 6 = 2700 \text{ W}$$

$$P_{AN} = I_{AN}^2 R = (15{,}0)^2 6 = 1350 \text{ W}$$

$$P_{BN} = I_{BN}^2 R = (15{,}0)^2 6 = 1350 \text{ W}$$

$$\text{Puissance totale} = 5400 \text{ W}$$

14.4. Un système triphasé à trois conducteurs ABC de 100 V alimente une charge équilibrée connectée en triangle dont les impédances sont égales à $20\angle 45^\circ\ \Omega$. Déterminer les courants de ligne et tracer le diagramme vectoriel correspondant.

Appliquez les tensions entre phases (séquence ABC) tel que le représente la Fig. 14-28. Les courants choisis sont alors donnés par

$$\mathbf{I}_{AB} = \frac{\mathbf{V}_{AB}}{\mathbf{Z}} = \frac{100\angle 120^\circ}{20\angle 45^\circ} = 5{,}0\angle 75^\circ \text{ A},\quad \mathbf{I}_{BC} = \frac{\mathbf{V}_{BC}}{\mathbf{Z}} = 5{,}0\angle -45^\circ \text{ A},\quad \mathbf{I}_{CA} = \frac{\mathbf{V}_{CA}}{\mathbf{Z}} = 5{,}0\angle 195^\circ \text{ A}$$

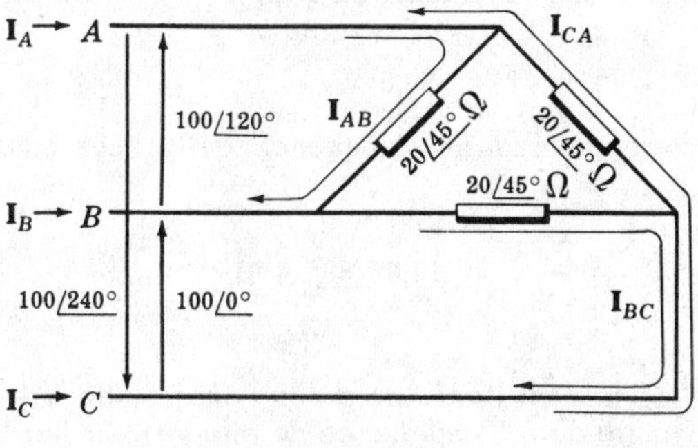

Fig. 14-28

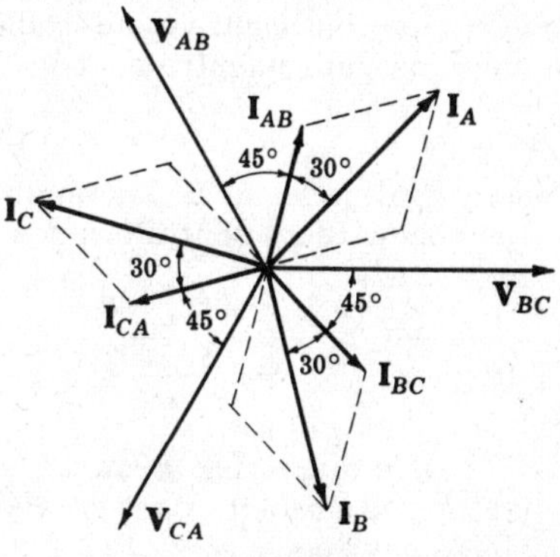

Fig. 14-29

Pour obtenir les courants de ligne comme le montre le diagramme du circuit, il suffit d'appliquer la loi de Kirchhoff à chaque noeud de la charge d'où :

$$\mathbf{I}_A = \mathbf{I}_{AB} + \mathbf{I}_{AC} = 5{,}0\underline{/75^\circ} - 5{,}0\underline{/195^\circ} = 8{,}66\underline{/45^\circ}\ \text{A}$$

$$\mathbf{I}_B = \mathbf{I}_{BA} + \mathbf{I}_{BC} = -5{,}0\underline{/75^\circ} + 5{,}0\underline{/-45^\circ} = 8{,}66\underline{/-75^\circ}\ \text{A}$$

$$\mathbf{I}_C = \mathbf{I}_{CA} + \mathbf{I}_{CB} = 5{,}0\underline{/195^\circ} - 5{,}0\underline{/-45^\circ} = 8{,}66\underline{/165^\circ}\ \text{A}$$

Le diagramme vectoriel des différents courants est représenté sur la Fig. 14-29 ci-dessus.

14.5. Déterminer les indications des wattmètres lorsqu'on applique la méthode des deux wattmètres au circuit du problème 14.4.

Pour un système triphasé équilibré à trois conducteurs les indications des wattmètres sont

$$W_1 = V_L I_L \cos(30^\circ + \theta) \quad \text{et} \quad W_2 = V_L I_L \cos(30^\circ - \theta) \qquad (1)$$

où θ est l'angle de déphasage dû à la charge. Du problème 14.4 nous pouvons tirer $V_L = 100$ V et $I_L = 8{,}66$ A ainsi qu'un angle de déphasage dû à la charge de 45°. En substituant ces valeurs dans les relations (*1*) nous obtenons

$$W_1 = 100(8{,}66)\cos(30^\circ + 45^\circ) = 866 \cos 75^\circ = 224\ \text{W}$$

$$W_2 = 100(8{,}66)\cos(30^\circ - 45^\circ) = 866 \cos(-15^\circ) = 836\ \text{W}$$

La puissance totale est alors donnée par $P_T = W_1 + W_2 = 1060$ W.

En guise de vérification nous pouvons calculer la puissance totale pour tout système triphasé équilibré à partir de la relation

$$P = \sqrt{3}\, V_L I_L \cos\theta = \sqrt{3}\, 100(8{,}66)\cos 45^\circ = 1060\ \text{W}$$

14.6. Trois impédances identiques $5\underline{/-30^\circ}\ \Omega$ branchées en étoile sont alimentées par un système triphasé à trois conducteurs (*CBA*) de 150 V. Calculer les courants dans chaque conducteur et tracer le diagramme vectoriel correspondant.

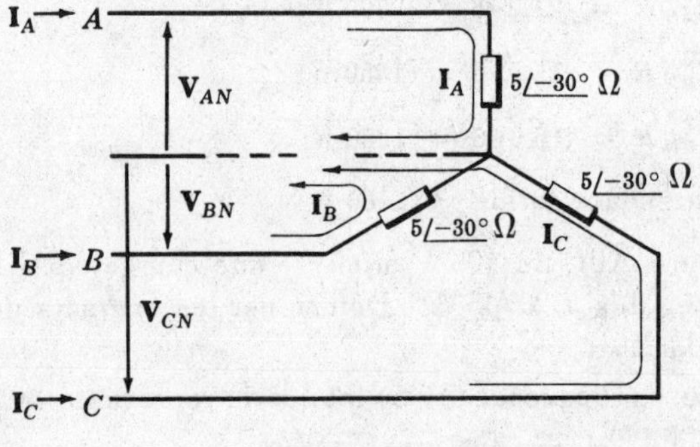

Fig. 14-30

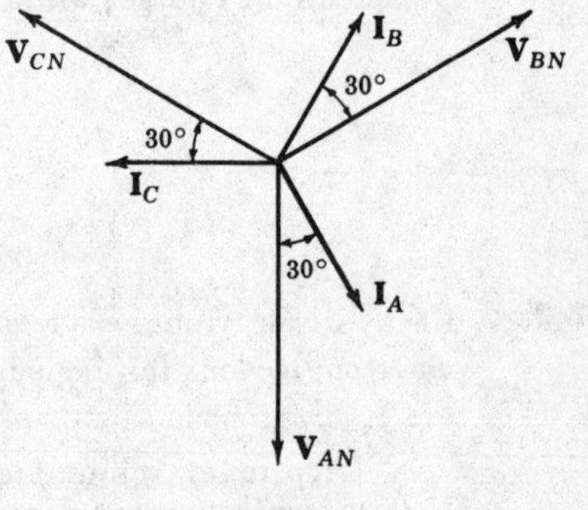

Fig. 14-31

Pour les systèmes équilibrés à trois conducteurs connectés en étoile nous pouvons ajouter le conducteur neutre sans modifier le système comme le montre la Fig. 14-30. Dans ce cas les tensions phase-neutre dont l'amplitude est déterminée par la relation

$$V_{LN} = V_L/\sqrt{3} = 150/\sqrt{3} = 86{,}6\ \text{V}$$

sont appliquées avec les angles de phase correspondant à la séquence *CBA*. Les courants dans les conducteurs sont alors donnés par

$$\mathbf{I}_A = \frac{\mathbf{V}_{AN}}{\mathbf{Z}} = \frac{86{,}6\underline{/-90^\circ}}{5\underline{/-30^\circ}} = 17{,}32\underline{/-60^\circ}\ \text{A},\ \mathbf{I}_B = \frac{\mathbf{V}_{BN}}{\mathbf{Z}} = 17{,}32\underline{/60^\circ}\ \text{A},\ \mathbf{I}_C = \frac{\mathbf{V}_{CN}}{\mathbf{Z}} = 17{,}32\underline{/180^\circ}\ \text{A}$$

Le diagramme vectoriel de la Fig. 14-31 montre l'ensemble des courants dans les conducteurs; ces courants sont en avance de 30° (angle dû à l'impédance de charge) sur les tensions phase-neutre.

14.7. Déterminer les indications des wattmètres, lorsqu'on applique la méthode des deux wattmètres au circuit du problème 14.6.

Pour une charge triphasée équilibrée on a

$$W_1 = V_L I_L \cos(30° + \theta) = 150(17{,}32)\cos(30° + 30°) = 1300 \text{ W}$$

$$W_2 = V_L I_L \cos(30° - \theta) = 150(17{,}32)\cos(30° - 30°) = 2600 \text{ W}$$

La puissance totale est $P_T = W_1 + W_2 = 3900 \text{ W}$.

Pour vérifier ce résultat nous pouvons également calculer la puissance par phase qui est

$$P_P = I_L^2 R = (17{,}32)^2 4{,}33 = 1300 \text{ W}$$

D'où l'on tire la puissance totale $P_T = 3P_P = 3(1300) = 3900 \text{ W}$

Les deux résultats trouvés précédemment correspondent bien à la puissance totale d'un circuit triphasé équilibré,c'est-à-dire dans ce cas

$$P = \sqrt{3}\, V_L I_L \cos\theta = \sqrt{3}\,(150)(17{,}32)\cos(-30°) = 3900 \text{ W}$$

14.8. Trois impédances identiques de $15\angle 30°$ Ω sont connectées en triangle et alimentées par un système triphasé (ABC) à trois conducteurs de 200 V. Calculer les courants dans chaque conducteur en utilisant la méthode d'équivalence à un conducteur.

Comme la charge est connectée en triangle nous devons d'abord calculer les impédances équivalentes de la charge connectée en étoile c'est-à-dire

$$\mathbf{Z}_Y = \mathbf{Z}_\Delta/3 = 15\angle 30°/3 = 5\angle 30° \ \Omega$$

L'amplitude de la tension entre phase et neutre est

$$V_{LN} = V_L/\sqrt{3} = 200/\sqrt{3} = 115{,}5 \text{ V}$$

Comme dans le circuit équivalent de la Fig. 14-32, la tension appliquée est de $115{,}5\angle 0°$ V, et le courant résultant est

$$\mathbf{I}_L = \frac{\mathbf{V}_{LN}}{\mathbf{Z}} = \frac{115{,}5\angle 0°}{5\angle 30°} = 23{,}1\angle -30° \ \Omega$$

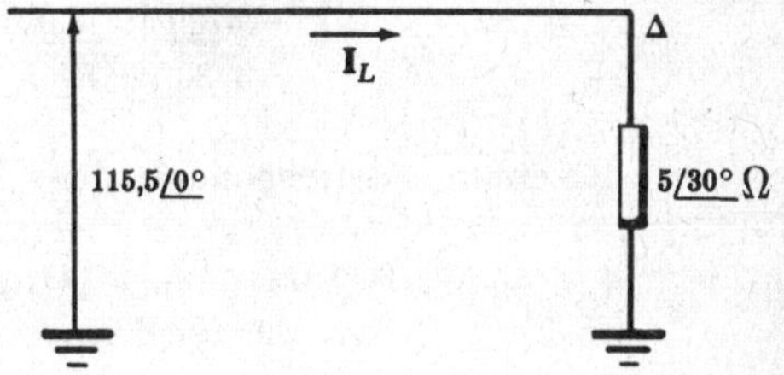

Fig. 14-32

Pour obtenir les courants dans chaque conducteur $\mathbf{I}_A$, $\mathbf{I}_B$ et $\mathbf{I}_C$ il faut d'abord déterminer le déphasage de ces courants par rapport aux tensions phase-neutre (séquence ABC). Du fait que $\mathbf{V}_{AN}$ a un déphasage de 90°, on a

$$\mathbf{I}_A = 23{,}1\angle 90° - 30° = 23{,}1\angle 60° \text{ A}$$

De même nous pouvons calculer $\mathbf{I}_B = 23{,}1\angle -60°$ A et $\mathbf{I}_C = 23{,}1\angle 180°$ A.

Les courants dans les impédances connectées en triangle sont reliées au courant dans les conducteurs par l'intermédiaire de $I_L = \sqrt{3}\, I_p$,d'où l'on tire $I_p = 23{,}1/\sqrt{3} = 13{,}3$ A.

Le déphasage par rapport à $\mathbf{V}_{AB}$ (séquence ABC) est de 120°, ainsi $\mathbf{I}_{AB} = 13{,}3\angle 120° - 30° = 13{,}3\angle 90°$A.De la même façon nous pouvons calculer $\mathbf{I}_{BC} = 13{,}3\angle -30°$ A et $\mathbf{I}_{CA} = 13{,}3\angle 210°$ A.

14.9. Trois impédances identiques de $10\angle 30°$ Ω connectées en étoile, ainsi que trois impédances identiques de $15\angle 0°$ Ω également connectées en étoile sont toutes deux alimentées par le même système triphasé de 250 V à trois conducteurs. Calculer la puissance totale.

Comme les deux charges sont branchées en étoile, leurs impédances par phase peuvent être représentées directement sur le circuit équivalent à un conducteur comme le représente la Fig. 14-33. La tension requise dans ce circuit équivalent est

$$V_{LN} = V_L/\sqrt{3} = 250/\sqrt{3} = 144{,}5 \text{ V}$$

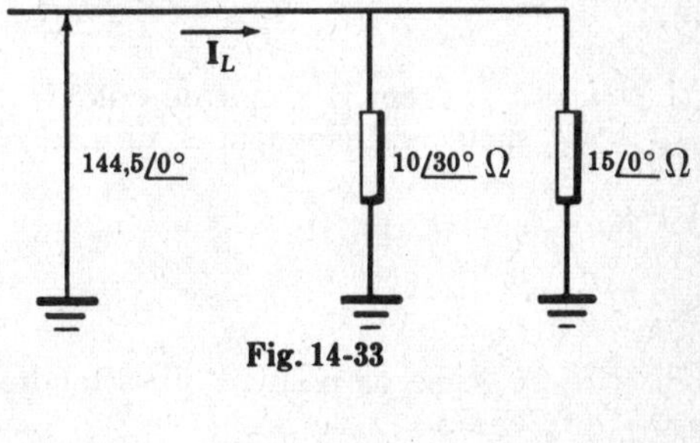

Fig. 14-33

Le courant est alors égal à $\mathbf{I}_L = \dfrac{144{,}5\underline{/0^\circ}}{10\underline{/30^\circ}} + \dfrac{144{,}5\underline{/0^\circ}}{15\underline{/0^\circ}} = 14{,}45\underline{/-30^\circ} + 9{,}62\underline{/0^\circ} = 23{,}2\underline{/-18{,}1^\circ}$ A

Dans la formule donnant la puissance $P = \sqrt{3}\,V_L I_L \cos\theta$, θ est l'angle de déphasage entraîné par l'impédance de charge lorsque cette charge est unique. Avec plusieurs charges alimentées par le même système, θ représente le déphasage apporté par l'impédance de charge équivalente. En calculant le courant $\mathbf{I}_L$, les deux charges étaient considérées et le courant calculé était en retard sur la tension de 18,1°. De ce fait nous pouvons reconnaître la nature inductive de l'impédance équivalente ainsi qu'un angle de déphasage de 18,1° dû à cette charge. La puissance peut alors se calculer par la relation

$$P = \sqrt{3}\,V_L I_L \cos\theta = \sqrt{3}\,250(23{,}2)\cos 18{,}1^\circ = 9530 \text{ W}$$

14.10. Trois impédances identiques de $12\underline{/30^\circ}$ Ω branchées en triangle et trois impédances identiques de $5\underline{/45^\circ}$ Ω branchées en étoile sont alimentées par le même système (ABC) triphasé à trois conducteurs de 208 V. Calculer les courants par conducteur ainsi que la puissance totale.

Le circuit équivalent en étoile correspondant au premier ensemble de charge connectée en triangle permet d'obtenir l'impédance équivalente

$$\mathbf{Z}_Y = \mathbf{Z}_\Delta/3 = 12\underline{/30^\circ}/3 = 4\underline{/30^\circ}\,\Omega$$

Avec une tension entre phases de 208 V la tension entre phase et neutre est égale à $208/\sqrt{3}$ ou 120 V.

Le circuit équivalent à un conducteur est représenté par la Fig. 14-34 avec les deux impédances de charge de de $4\underline{/30^\circ}$ et $5\underline{/45^\circ}$ Ω respectivement. Ces impédances peuvent être remplacées par une impédance équivalente égale à

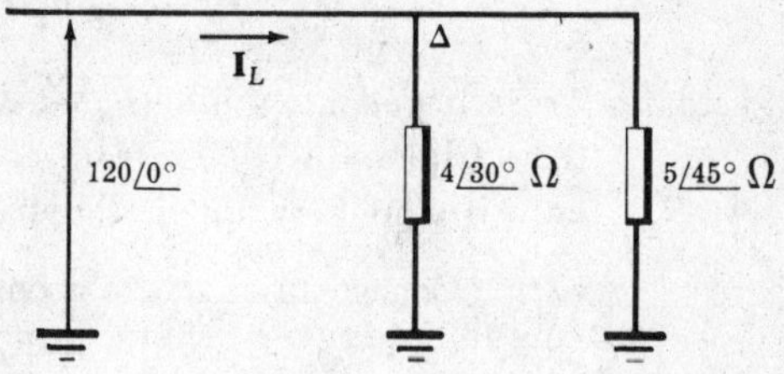

Fig. 14-34

$$\mathbf{Z}_{eq} = \frac{4\underline{/30^\circ}\,(5\underline{/45^\circ})}{4\underline{/30^\circ} + 5\underline{/45^\circ}} = 2{,}24\underline{/36{,}6^\circ}\,\Omega$$

Le courant correspondant dans le circuit est $\mathbf{I}_L = \dfrac{\mathbf{V}_{LN}}{\mathbf{Z}_{eq}} = \dfrac{120\underline{/0^\circ}}{2{,}24\underline{/36{,}6^\circ}} = 53{,}6\underline{/-36{,}6^\circ}$ A

La tension $\mathbf{V}_{AN}$ (séquence ABC) a un angle de phase de 90° et ainsi $\mathbf{I}_A = 53{,}6\underline{/(90^\circ - 36{,}6^\circ)} = 53{,}6\underline{/53{,}4^\circ}$ A. De même on peut calculer que $\mathbf{I}_B = 53{,}6\underline{/-66{,}6^\circ}$ A et $\mathbf{I}_C = 53{,}6\underline{/-186{,}6^\circ}$ A.

La puissance totale est de

$$P = \sqrt{3}\,V_L I_L \cos\theta = \sqrt{3}\,208(53{,}6)\cos 36{,}6^\circ = 15\,500 \text{ W}$$

14.11. Un système (CBA) triphasé à trois conducteurs de 240 V alimente une charge connectée en triangle pour laquelle on a $\mathbf{Z}_{AB} = 25\underline{/90^\circ}$, $\mathbf{Z}_{BC} = 15\underline{/30^\circ}$ et $\mathbf{Z}_{CA} = 20\underline{/0^\circ}$ Ω. Calculer les courants dans chaque conducteur ainsi que la puissance totale du système.

Appliquez la tension entre phases (séquence (CBA) à la charge connectée en triangle et choisissez les courants par phase comme le montre la Fig. 14-35. On en déduit

$$\mathbf{I}_{AB} = \frac{\mathbf{V}_{AB}}{\mathbf{Z}_{AB}} = \frac{240\underline{/240^\circ}}{25\underline{/90^\circ}} = 9{,}6\underline{/150^\circ}\text{ A}$$

$$\mathbf{I}_{BC} = \frac{\mathbf{V}_{BC}}{\mathbf{Z}_{BC}} = \frac{240\underline{/0^\circ}}{15\underline{/30^\circ}} = 16{,}0\underline{/-30^\circ}\text{ A}$$

$$\mathbf{I}_{CA} = \frac{\mathbf{V}_{CA}}{\mathbf{Z}_{CA}} = \frac{240\underline{/120^\circ}}{20\underline{/0^\circ}} = 12{,}0\underline{/120^\circ}\text{ A}$$

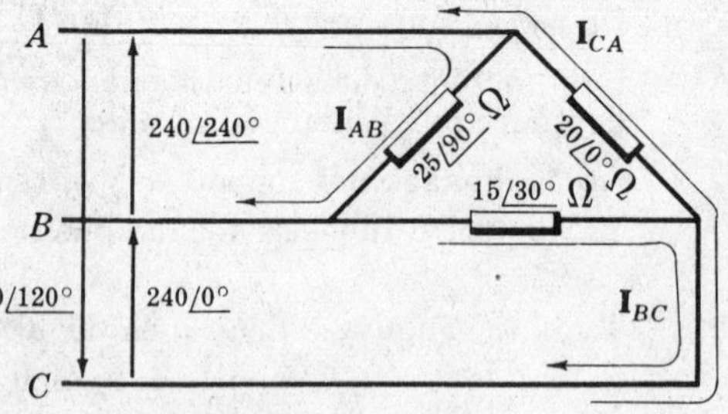

Fig. 14-35

A présent il s'agit de calculer les courants dans chaque conducteur en fonction des courants dans les impédances de charge

$$\mathbf{I}_A = \mathbf{I}_{AB} + \mathbf{I}_{AC} = 9{,}6\underline{/150^\circ} - 12\underline{/120^\circ} = 6{,}06\underline{/247{,}7^\circ}\text{ A}$$

$$\mathbf{I}_B = \mathbf{I}_{BA} + \mathbf{I}_{BC} = -9{,}6\underline{/150^\circ} + 16\underline{/-30^\circ} = 25{,}6\underline{/-30^\circ}\text{ A}$$

$$\mathbf{I}_C = \mathbf{I}_{CA} + \mathbf{I}_{CB} = 12\underline{/120^\circ} - 16\underline{/-30^\circ} = 27{,}1\underline{/137{,}2^\circ}\text{ A}$$

Comme on pouvait s'y attendre pour une charge déséquilibrée les courants par phase ne sont pas égaux.

La puissance dans chaque phase se calcule comme suit:

L'impédance $\mathbf{Z}_{AB} = 25\underline{/90°} = 0 + j25\ \Omega$, $R_{AB} = 0$ et $I_{AB} = 9{,}6$ A, d'où

$$P_{AB} = I^2_{AB} R_{AB} = (9{,}6)^2(0) = 0$$

L'impédance $\mathbf{Z}_{BC} = 15\underline{/30°} = 13 + j7{,}5\ \Omega$, $R_{BC} = 13\ \Omega$ et $I_{BC} = 16$ A, d'où

$$P_{BC} = I^2_{BC} R_{BC} = (16)^2(13) = 3330 \text{ W}$$

L'impédance $\mathbf{Z}_{CA} = 20\underline{/0°} = 20 + j0\ \Omega$, $R_{CA} = 20\ \Omega$ et $I_{CA} = 12$ A, d'où

$$P_{CA} = I^2_{CA} R_{CA} = (12)^2(20) = 2880 \text{ W}$$

On en déduit que la puissance totale est égale à la somme des puissances par phase,c'est-à-dire

$$P_T = P_{AB} + P_{BC} + P_{CA} = 0 + 3330 + 2880 = 6210 \text{ W}$$

14.12. Déterminer les indications des wattmètres lorsqu'on applique la méthode des deux wattmètres au circuit du problème 14.11.

a) Pour les wattmètres placés dans les phases A et B

b) Pour les wattmètres placés dans les phases A et C.

a) Lorsque les wattmètres sont placés dans les phases A et B,on a

$$(1)\quad W_A = V_{AC} I_A \cos \measuredangle^{AC}_{A} \qquad (2)\quad W_B = V_{BC} I_B \cos \measuredangle^{BC}_{B}$$

Du problème 14.11 on tire $\mathbf{V}_{AC} = 240\underline{/-60°}$ V et $\mathbf{I}_A = 6{,}06\underline{/247{,}7°}$ A. L'angle $\measuredangle^{AC}_{A}$ correspond à l'angle entre 247,7° et −60°, c'est-à-dire à 52,3°, en substituant dans la relation (*1*) on obtient

$$W_A = 240(6{,}06) \cos 52{,}3° = 890 \text{ W}$$

De même du problème 14.11 on tire $\mathbf{V}_{BC} = 240\underline{/0°}$ V et $\mathbf{I}_B = 25{,}6\underline{/-30°}$ A. Dans ce cas l'angle $\measuredangle^{BC}_{B} = 30°$ et par substitution dans la relation (*2*) on obtient

$$W_B = 240(25{,}6) \cos 30° = 5320 \text{ W}$$

La puissance totale est égale à: $P_T = W_A + W_B = 890 + 5320 = 6210$ W.

b) Avec les wattmètres branchés dans les phases A et C nous avons

$$(3)\quad W_A = V_{AB} I_A \cos \measuredangle^{AB}_{A} \qquad (4)\quad W_C = V_{CB} I_C \cos \measuredangle^{CB}_{C}$$

Du problème 14.11 nous tirons $\mathbf{V}_{AB} = 240\underline{/240°}$ V comme par ailleurs $\mathbf{I}_A = 6{,}06\underline{/247{,}7°}$, $\measuredangle^{AB}_{A} = 7{,}7°$ par substitution dans (*3*) nous obtenons

$$W_A = 240(6{,}06) \cos 7{,}7° = 1440 \text{ W}$$

De même comme $\mathbf{V}_{CB} = 240\underline{/180°}$ V et $\mathbf{I}_C = 27{,}1\underline{/137{,}2°}$ A,nous pouvons déterminer l'angle $\measuredangle^{CB}_{C} = 42{,}8°$. Par substitution dans (*4*) nous avons $W_C = 240(27{,}1) \cos 42{,}8° = 4770$ W

On en déduit que la puissance totale est $P_T = W_A + W_C = 1440 + 4770 = 6210$ W.

14.13. Un système triphasé (ABC) à quatre conducteurs de 208 V alimente une charge connectée en étoile pour laquelle on a $\mathbf{Z}_A = 10\underline{/0°}\ \Omega$, $\mathbf{Z}_B = 15\underline{/30°}\ \Omega$ et $\mathbf{Z}_C = 10\underline{/-30°}\ \Omega$. Calculer les courants dans les différents conducteurs ainsi que la puissance totale.

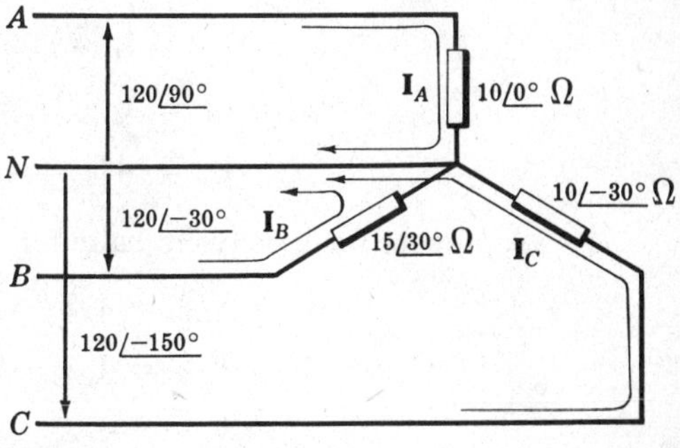

Fig. 14-36

Appliquez les tensions entre phase et neutre (séquence ABC) au circuit de la Fig. 14-36 et calculez les courants dans les conducteurs en supposant que ceux-ci sont positifs lorsqu'ils sont orientés vers la charge.

$$\mathbf{I}_A = \mathbf{V}_{AN}/\mathbf{Z}_A = (120\underline{/90°})/(10\underline{/0°}) = 12\underline{/90°} \text{ A}$$

$$\mathbf{I}_B = \mathbf{V}_{BN}/\mathbf{Z}_B = (120\underline{/-30°})/(15\underline{/30°}) = 8\underline{/-60°} \text{ A}$$

$$\mathbf{I}_C = \mathbf{V}_{CN}/\mathbf{Z}_C = (120\underline{/-150°})/(10\underline{/-30°}) = 12\underline{/-120°} \text{ A}$$

Dans le conducteur neutre circule un courant égal à la somme vectorielle des courants dans les trois autres conducteurs et comme la direction positive est orientée vers la charge on a

$$\mathbf{I}_N = -(\mathbf{I}_A + \mathbf{I}_B + \mathbf{I}_C) = -(12\underline{/90°} + 8\underline{/-60°} + 12\underline{/-120°}) = 5{,}69\underline{/69{,}4°} \text{ A}$$

L'impédance $\mathbf{Z}_A = (10 + j0)\,\Omega$ est traversée par un courant $\mathbf{I}_A = 12\underline{/90°}$ A et la puissance correspondant à cette phase est égale à $P_A = (12)^2\ 10 = 1440$ W. L'impédance $\mathbf{Z}_B = 15\underline{/30°}\ \Omega = (13 + j7{,}5)\,\Omega$ est traversée par le courant $\mathbf{I}_B = 8\underline{/-60°}$ A et la puissance correspondante est $P_B = (8)^2\ 13 = 832$ W, de même $\mathbf{Z}_C = 10\underline{/-30°}\ \Omega = (8{,}66 - j5)\,\Omega$ est traversée par un courant $\mathbf{I}_C = 12\underline{/-120°}$ A et la puissance résultante est $P_C = (12)^2\ 8{,}66 = 1247$ W.

On en déduit que la puissance totale est

$$P_T = P_A + P_B + P_C = 1440 + 832 + 1247 = 3519 \text{ W}.$$

14.14. Les impédances de charge du problème 14.13 sont alimentées par un système (ABC) triphasé à trois conducteurs de 208 V; calculer les courants dans les conducteurs ainsi que les tensions aux bornes des impédances de charge.

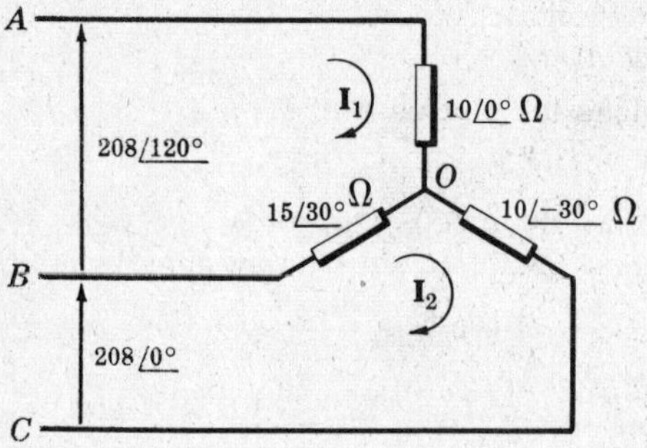

Fig. 14-37

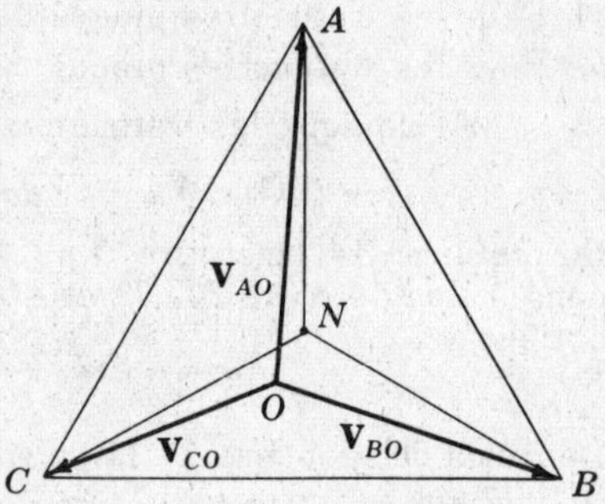

Fig. 14-38

Le circuit de la Fig. 14-37 représente les deux tensions entre phases $\mathbf{V}_{AB}$ et $\mathbf{V}_{BC}$. En choisissant les courants de maille $\mathbf{I}_1$ et $\mathbf{I}_2$ comme le montre cette même figure on peut écrire la relation matricielle suivante

$$\begin{bmatrix} 10\underline{/0°} + 15\underline{/30°} & -15\underline{/30°} \\ -15\underline{/30°} & 15\underline{/30°} + 10\underline{/-30°} \end{bmatrix} \begin{bmatrix} \mathbf{I}_1 \\ \mathbf{I}_2 \end{bmatrix} = \begin{bmatrix} 208\underline{/120°} \\ 208\underline{/0°} \end{bmatrix}$$

d'où l'on tire

$$\mathbf{I}_1 = \frac{5210\underline{/90°}}{367{,}5\underline{/3{,}9°}} = 14{,}15\underline{/86{,}1°} \text{ A}$$

$$\mathbf{I}_2 = \frac{3730\underline{/56{,}6°}}{367{,}5\underline{/3{,}9°}} = 10{,}15\underline{/52{,}7°} \text{ A}$$

Les courants par conducteur sont positifs lorsqu'ils sont orientés vers la charge et peuvent se calculer en fonction de $\mathbf{I}_1$ et $\mathbf{I}_2$ comme suit

$$\mathbf{I}_A = \mathbf{I}_1 = 14{,}15\underline{/86{,}1°} \text{ A}$$

$$\mathbf{I}_B = \mathbf{I}_2 - \mathbf{I}_1 = 10{,}15\underline{/52{,}7°} - 14{,}15\underline{/86{,}1°} = 8{,}0\underline{/-49{,}5°} \text{ A}$$

$$\mathbf{I}_C = -\mathbf{I}_2 = 10{,}15\underline{/(52{,}7° - 180°)} = 10{,}15\underline{/-127{,}3°} \text{ A}$$

A présent nous pouvons calculer les tensions aux bornes des impédances de charge:

$$\mathbf{V}_{AO} = \mathbf{I}_A\mathbf{Z}_A = 14{,}15\underline{/86{,}1°}\,(10\underline{/0°}) = 141{,}5\underline{/86{,}1°} \text{ V}$$

$$\mathbf{V}_{BO} = \mathbf{I}_B\mathbf{Z}_B = 8{,}0\underline{/-49{,}5°}\,(15\underline{/30°}) = 120\underline{/-19{,}5°} \text{ V}$$

$$\mathbf{V}_{CO} = \mathbf{I}_C\mathbf{Z}_C = 10{,}15\underline{/-127{,}3°}\,(10\underline{/-30°}) = 101{,}5\underline{/-157{,}3°} \text{ V}$$

La représentation vectorielle des trois tensions $\mathbf{V}_{AO}$, $\mathbf{V}_{BO}$ et $\mathbf{V}_{CO}$ met en évidence le triangle ABC lorsque les extrémités des vecteurs représentant les tensions sont reliées par des lignes droites. Le point N (neutre) peut alors être ajouté comme le montre la Fig. 14-38 ci-dessus.

14.15. Résoudre le problème 14.14 en utilisant la méthode de déplacement du neutre.

Dans la méthode de déplacement du neutre la tension V_{ON} se calcule à partir de la formule

$$\mathbf{V}_{ON} = \frac{\mathbf{V}_{AN}\mathbf{Y}_A + \mathbf{V}_{BN}\mathbf{Y}_B + \mathbf{V}_{CN}\mathbf{Y}_C}{\mathbf{Y}_A + \mathbf{Y}_B + \mathbf{Y}_C}$$

Du problème 14.14 nous tirons les valeurs suivantes : $\mathbf{Y}_A = 1/10 = 0{,}1$ mhos, $\mathbf{Y}_B = 1/(15\angle 30°) = 0{,}0577 - j0{,}033$ mhos et $\mathbf{Y}_C = 1/(10\angle -30°) = 0{,}0866 + j0{,}050$ mhos, d'où

$$\mathbf{Y}_A + \mathbf{Y}_B + \mathbf{Y}_C = 0{,}244 + j0{,}0167 = 0{,}244\angle 3{,}93° \text{ mhos}$$

et

$$\mathbf{V}_{AN}\mathbf{Y}_A = 120\angle 90° (0{,}1) = 12\angle 90° = j12$$

$$\mathbf{V}_{BN}\mathbf{Y}_B = 120\angle -30° (0{,}0667\angle -30°) = 8{,}0\angle -60° = 4{,}0 - j6{,}93$$

$$\mathbf{V}_{CN}\mathbf{Y}_C = 120\angle -150° (0{,}1\angle 30°) = 12\angle -120° = -6{,}0 - j10{,}4$$

$$\mathbf{V}_{AN}\mathbf{Y}_A + \mathbf{V}_{BN}\mathbf{Y}_B + \mathbf{V}_{CN}\mathbf{Y}_C = -2{,}0 - j5{,}33 = 5{,}69\angle 249{,}4°$$

on en déduit $\mathbf{V}_{ON} = (5{,}69\angle 249{,}4°)/(0{,}244\angle 3{,}93°) = 23{,}3\angle 245{,}5° = -9{,}66 - j21{,}2$ V

Les tensions aux bornes des impédances de charge peuvent s'exprimer en fonction des tensions phase-neutre correspondantes et de la tension de déplacement du neutre :

$$\mathbf{V}_{AO} = \mathbf{V}_{AN} + \mathbf{V}_{NO} = 120\angle 90° + (9{,}66 + j21{,}2) = 141{,}2\angle 86{,}08° \text{ V}$$

$$\mathbf{V}_{BO} = \mathbf{V}_{BN} + \mathbf{V}_{NO} = 120\angle -30° + (9{,}66 + j21{,}2) = 120\angle -18{,}9° \text{ V}$$

$$\mathbf{V}_{CO} = \mathbf{V}_{CN} + \mathbf{V}_{NO} = 120\angle -150° + (9{,}66 + j21{,}2) = 102\angle 202{,}4° \text{ V}$$

Pour obtenir les courants dans chaque phase, il suffit de faire le produit de ces tensions par les admittances correspondantes :

$$\mathbf{I}_A = \mathbf{V}_{AO}\mathbf{Y}_A = 141{,}2\angle 86{,}08° (0{,}1\angle 0°) = 14{,}12\angle 86{,}08° \text{ A}$$

$$\mathbf{I}_B = \mathbf{V}_{BO}\mathbf{Y}_B = 120\angle -18{,}9° (0{,}0667\angle -30°) = 8{,}0\angle -48{,}9° \text{ A}$$

$$\mathbf{I}_C = \mathbf{V}_{CO}\mathbf{Y}_C = 102\angle 202{,}4° (0{,}1\angle 30°) = 10{,}2\angle 232{,}4° \quad \text{ou} \quad 10{,}2\angle -127{,}6° \text{ A}$$

Les résultats ci-dessus sont identiques à ceux du problème 14.14 à la précision de la règle à calculer près.

14.16. On obtient des indications de 1154 et 577 W sur les wattmètres lorsque la méthode des deux wattmètres est utilisée avec une charge équilibrés. Calculer la valeur des impédances de charge connectées en triangle si la tension d'alimentation est de 100 V.

Pour des charges triphasées équilibrées on a

$$\text{tg}\,\theta = \sqrt{3}\,\frac{W_1 - W_2}{W_1 + W_2} = \pm\sqrt{3}\,\frac{1154 - 577}{1154 + 577} = \pm 0{,}577$$

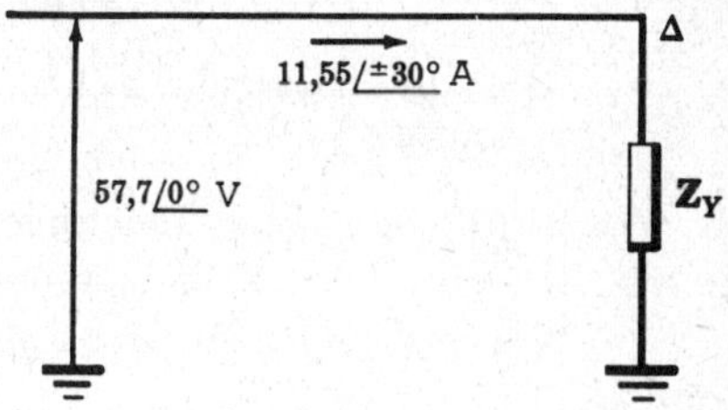

Fig. 14-39

d'où l'on tire $\theta = \pm 30°$ (le signe ± est utilisé étant donné que l'on ne connaît ni la séquence ni l'emplacement des wattmètres et de ce fait le signe ne peut pas être déterminé).

La puissance totale est $P = \sqrt{3}\,V_L I_L \cos\theta$ et le courant I_L est donné par

$$I_L = \frac{P}{\sqrt{3}\,V_L \cos\theta} = \frac{1731}{\sqrt{3}\,(100)(0{,}866)} = 11{,}55 \text{ A}$$

La Fig. 14-39 montre le circuit équivalent à un seul conducteur avec une tension appliquée de $(100/\sqrt{3})\angle 0° = 57{,}7\angle 0°$ V. On peut en déduire l'impédance équivalente du circuit branché en étoile

$$\mathbf{Z}_Y = \frac{\mathbf{V}}{\mathbf{I}} = \frac{57{,}7\angle 0°}{11{,}55\angle \pm 30°} = 5{,}0\angle \mp 30° \ \Omega$$

et

$$\mathbf{Z}_\Delta = 3\mathbf{Z}_Y = 15\angle \mp 30° \ \Omega$$

14.17. La méthode des deux wattmètres appliquée à un système (ABC) triphasé à trois conducteurs de 100 V, donne les indications suivantes $W_B = 836$ watts et $W_C = 224$ watts, lorsque les wattmètres sont disposés dans les phases B et C. Calculer l'impédance de la charge équilibrée branchée en triangle.

Comme la séquence et l'emplacement des wattmètres sont connus le signe de θ est défini ainsi :

$$\operatorname{tg}\theta = \sqrt{3}\,\frac{W_B - W_C}{W_B + W_C} = \sqrt{3}\,\frac{836-224}{836+224} = 1 \quad \text{ou} \quad \theta = 45°$$

Comme nous avons $P = \sqrt{3}\,V_L I_L \cos\theta$, $I_L = \dfrac{P}{\sqrt{3}\,V_L \cos\theta} = \dfrac{1060}{\sqrt{3}\,(100)(0{,}707)} = 8{,}66\,\text{A}$.

La tension correspondante du circuit équivalent à un seul conducteur est de $57{,}7\underline{/0°}$ V et l'impédance correspondante du circuit branché en étoile est

$$\mathbf{Z}_Y = \mathbf{V}/\mathbf{I} = (57{,}7\underline{/0°})/(8{,}66\underline{/-45°}) = 6{,}67\underline{/45°}\ \Omega$$

On en déduit l'impédance du circuit connecté en triangle $\mathbf{Z}_\Delta = 3\mathbf{Z}_Y = 20\underline{/45°}\ \Omega$.

14.18. Un système triphasé à trois conducteurs de 208 V alimente une unité de chauffage de 1500 W ayant un facteur de puissance égal à l'unité et un moteur à induction de 5 CV avec un rendement de 80 % à pleine charge et un facteur de puissance de 0,85. Trouver la valeur du courant dans les conducteurs pour la puissance de sortie nominale du moteur de 5 CV.

Comme 1 CV = 746 W la puissance de sortie du moteur est égale à (5 CV) $\left(746\ \dfrac{\text{W}}{\text{CV}}\right)$ = 3730 W. La puissance d'entrée correspondante du moteur est alors égale à $\dfrac{3730}{0{,}8} = 4662$ W.

Le moteur correspond à une charge triphasée équilibrée et il en résulte

$$P = \sqrt{3}\,V_L I_L \cos\theta, \quad 4662 = \sqrt{3}\,(208 I_L)(0{,}85), \; I_L = 15{,}25\ \text{A}$$

Sur le circuit équivalent à un conducteur le courant est en retard sur la tension d'un angle $\theta = \arccos 0{,}85 = 31{,}7°$. Par conséquent le courant par conducteur du moteur est égal à $\mathbf{I}_L = 15{,}25\underline{/-31{,}7°}$ A.

Par ailleurs nous avons pour la charge résistive $P = \sqrt{3}\ V_L I_L \cos\theta$ où $\theta = 0°$. Par substitution nous obtenons

$$1500 = \sqrt{3}\,(208) I_L, \; I_L = 4{,}16, \; \mathbf{I}_L = 4{,}16\underline{/0°}\ \text{A}$$

Le courant total est alors égal à la somme vectorielle du courant dans le moteur et du courant dans la charge résistive

$$\mathbf{I}_L = 15{,}25\underline{/-31{,}7°} + 4{,}17\underline{/0°} = 18{,}9\underline{/-25{,}1°}\ \text{A}$$

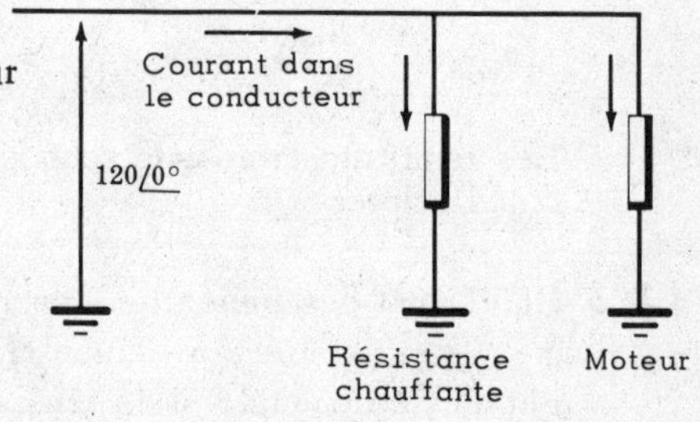

Fig. 14-40

Ainsi le courant dans chaque phase sera de 18,9 A pour une puissance de sortie nominale du moteur de 5 CV.

14.19. Trois impédances identiques de $30\underline{/30°}\ \Omega$ branchées en triangle sont alimentées par un système triphasé à trois conducteurs de 208 V. Sachant que chaque conducteur a une impédance de $(0{,}8 + j0{,}6)\,\Omega$, calculer l'amplitude de la tension aux bornes de la charge.

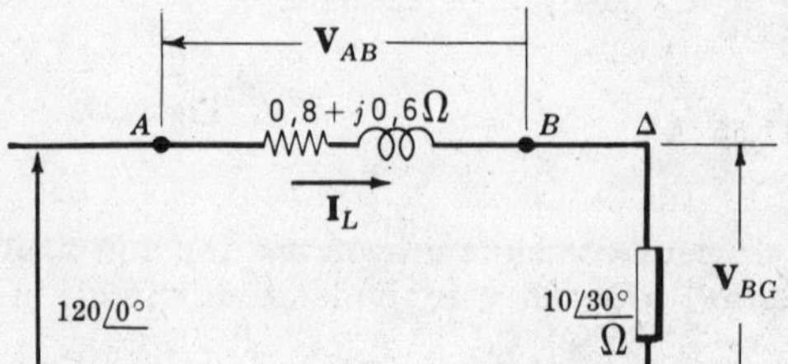

Fig. 14-41

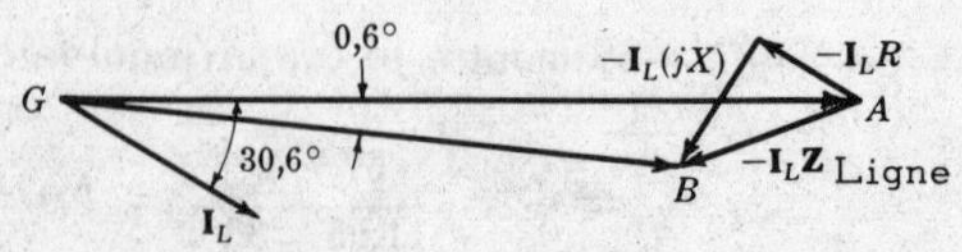

Fig. 14-42

La Fig. 14-41 représente le circuit équivalent en étoile avec l'impédance équivalente de $\frac{1}{3}\mathbf{Z}_\Delta$ ou $10\angle 30^\circ\ \Omega$. L'impédance du conducteur et celle de la charge sont branchées en série, d'où :

$$\mathbf{Z}_{eq} = \mathbf{Z}_{cond} + \mathbf{Z}_{charge} = 0{,}8 + j0{,}6 + 8{,}66 + j5{,}0 = 9{,}46 + j5{,}6 = 11{,}0\angle 30{,}6^\circ\ \Omega$$

on en déduit $\mathbf{I}_L = \dfrac{\mathbf{V}}{\mathbf{Z}_{eq}} = \dfrac{120\angle 0^\circ}{11{,}0\angle 30{,}6^\circ} = 10{,}9\angle -30{,}6^\circ$ A

la tension aux bornes de la charge est alors $\mathbf{V}_{BG} = \mathbf{I}_L\mathbf{Z}_{charge} = 10{,}9\angle -30{,}6^\circ\,(10\angle 30^\circ) = 109\angle -0{,}6^\circ$ V

La tension entre phases requise est $V_L = \sqrt{3}\,(109) = 189$ V

Ainsi l'impédance des conducteurs a fait chuter la tension aux bornes de la charge de 208 V à 189 V.

Le diagramme vectoriel de la Fig. 14-42 met en évidence la chute de tension dans la ligne :

$$\mathbf{V}_{AB} = \mathbf{I}_L\mathbf{Z}_{ligne} = (10{,}9\angle -30{,}6^\circ)(0{,}8 + j0{,}6) = 10{,}9\angle 6{,}3^\circ \text{ V et } \mathbf{V}_{AG} = \mathbf{V}_{AB} + \mathbf{V}_{BG}.$$

14.20. Pour le problème 14.19 calculer la tension aux bornes de la charge lorsqu'un ensemble de capacités de réactance $-j60\ \Omega$ est branché en parallèle sur la charge.

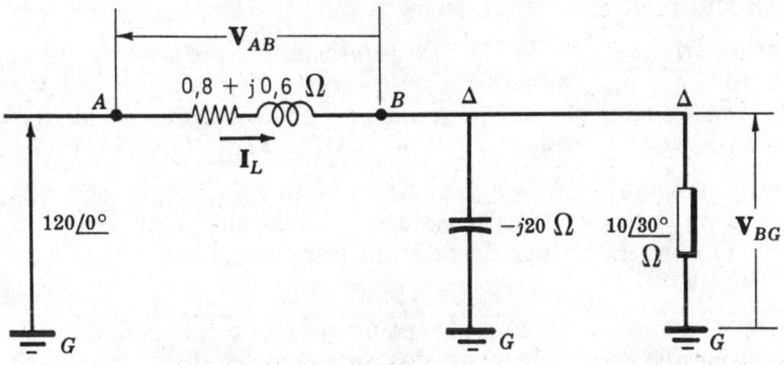

Fig. 14-43

Dans le circuit équivalent à un conducteur de la Fig. 14-43 la réactance $-j20\ \Omega$ et l'impédance $10\angle 30^\circ\ \Omega$ sont en parallèle ce qui entraîne une impédance de l'ensemble égale à :

$$\mathbf{Z}_P = \frac{10\angle 30^\circ\,(-j20)}{(8{,}66 + j5) - j20} = 11{,}55\angle 0^\circ\ \Omega$$

Par ailleurs cette impédance Z_p est en série avec l'impédance de la ligne ce qui entraîne une impédance équivalente.

$$\mathbf{Z}_{eq} = \mathbf{Z}_{ligne} + \mathbf{Z}_p = (0{,}8 + j0{,}6) + (11{,}55\angle 0^\circ) = 12{,}35\angle 2{,}78^\circ\ \Omega$$

Nous pouvons à présent déterminer le courant par conducteur qui est

$$\mathbf{I}_L = \frac{\mathbf{V}}{\mathbf{Z}_{eq}} = \frac{120\angle 0^\circ}{12{,}35\angle 2{,}78^\circ} = 9{,}73\angle -2{,}78^\circ \text{ A}$$

Ainsi que la tension aux bornes de la charge qui est

$$\mathbf{V}_{BG} = \mathbf{I}_L\mathbf{Z}_P = (9{,}73\angle -2{,}78^\circ)(11{,}55\angle 0^\circ) = 112\angle -2{,}78^\circ \text{ V}$$

La tension entre phases correspondante est égale à

$$V_L = \sqrt{3}\,(112) = 194 \text{ V}$$

Comme nous l'avons montré dans le chapitre 7, le facteur de puissance d'un système peut être amélioré par des capacités branchées en parallèle sur la charge. Ceci a pour conséquence une diminution de la chute de tension dans la ligne. Ainsi dans ce problème la tension entre phases initialement de 208 V n'est tombée qu'à 194 V au lieu de 189 V dans le problème précédent (14.19)

Problèmes supplémentaires

14.21. Trois impédances identiques de $10\angle 53{,}1^\circ$ Ω sont branchées en triangle et alimentées par un système triphasé *CBA* à trois conducteurs de 240 V. Trouver les courants dans les trois conducteurs.
Rép. $41{,}6\angle -143{,}1$ A , $41{,}6\angle -23{,}1^\circ$ A et $41{,}6\angle 96{,}9^\circ$ A

14.22. Trois impédances de $15{,}9\angle 70^\circ$ Ω sont connectées en triangle et alimentées par un réseau triphasé *CBA* à trois conducteurs de 100 V. Déterminer les courants dans chaque phase ainsi que la puissance totale. *Rép.* $10{,}9\angle -160^\circ$ A , $10{,}9\angle -40^\circ$ A , $10{,}9\angle 80^\circ$ A , 686 W

14.23. Trois impédances de $42\angle -35^\circ$ Ω sont branchées en triangle et alimentées par un système (*ABC*) triphasé à trois conducteurs de 350 V. Déterminer les courants par conducteur ainsi que la puissance totale. *Rép.* $14{,}4\angle 125^\circ$ A , $14{,}4\angle 5^\circ$ A , $14{,}4\angle -115^\circ$ A , 7130 W

14.24. Une charge équilibrée branchée en étoile composée d'impédances de $6\angle 45^\circ$ Ω est alimentée par un système triphasé (*CBA*) à quatre conducteurs de 208 V. Calculer les courants dans chaque conducteur ainsi que le courant dans la phase neutre.
Rép. $20\angle -135^\circ$ A , $20\angle -15^\circ$ A , $20\angle 105^\circ$ A et 0

14.25. Une charge équilibrée branchée en étoile et composée d'impédances de $65\angle -20^\circ$ Ω est alimentée par un système triphasé (*CBA*) à trois conducteurs de 480 V. Calculer les courants par conducteur ainsi que la puissance totale. *Rép.* $4{,}26\angle -70^\circ$ A , $4{,}26\angle 50^\circ$ A , $4{,}26\angle 170^\circ$ A , 3320 W.

14.26. Un moteur à induction de 50 CV avec un rendement de 85 % à pleine charge et un facteur de puissance de 0,8 est alimenté par un système triphasé de 480 V. Calculer l'impédance équivalente connectée en étoile qui peut remplacer ce moteur. *Rép.* $4{,}2\angle 36{,}9^\circ$ Ω

14.27. Un moteur à induction triphasé de 25 CV, de rendement à pleine charge égal à 82 % avec un facteur de puissance de 0,75, est connecté à un système triphasé de 208 V. Calculer l'impédance équivalente connectée en triangle qui peut remplacer ce moteur ainsi que les indications obtenues par la méthode de deux wattmètres. *Rép.* $4{,}28\angle 41{,}4^\circ$ Ω , 5,58 kW , 17,15 kW

14.28. Trois impédances identiques de $9\angle -30^\circ$ Ω branchées en triangle et trois impédances de $5\angle 45^\circ$ Ω également branchées en triangle sont alimentées par le même système triphasé (*ABC*) à trois conducteurs de 480 V. Trouver la valeur du courant par conducteur ainsi que la puissance totale.
Rép. 119,2 A , 99 kW

14.29. Une charge équilibrée branchée en triangle et comportant des impédances de $27\angle -25^\circ$ Ω et une charge équilibrée branchée en étoile avec des impédances de $10\angle -30^\circ$ Ω sont alimentées par un système triphasé (*ABC*) commun, à trois conducteurs de 208 V. Calculer les courants par conducteur et la puissance correspondant à chacune des charges.
Rép. $25{,}3\angle 117{,}4^\circ$ A , $25{,}3\angle -2{,}6^\circ$ A , $25{,}3\angle -122{,}6^\circ$ A , 4340 W et 3740 W

14.30. Un système triphasé de 100 V alimente une charge équilibrée branchée en triangle composée d'impédances de $10\angle -36{,}9^\circ$ Ω ainsi qu'une charge équilibrée branchée en étoile composée d'impédances de $5\angle 53{,}1^\circ$ Ω. Calculer la puissance correspondant à chaque charge ainsi que le courant total par phase. *Rép.* 2 400 W , 1 200 W , 20,8 A

14.31. Deux charges équilibrées connectées en triangle composées respectivement d'impédances de $20\angle -60^\circ$ Ω et d'impédances $18\angle 45^\circ$ Ω sont alimentées par un système triphasé de 150 V. Calculer la puissance correspondant à chaque charge. *Rép.* 1 690 W , 2 650 W

14.32. Un système triphasé (*CBA*) à trois conducteurs de 173,2 V alimente les trois charges équilibrées suivantes : une charge connectée en étoile avec des impédances de $10\angle 0^\circ$ Ω , une charge connectée en triangle avec des impédances de $24\angle 90^\circ$ Ω, et enfin une charge connectée en triangle avec des impédances inconnues. Calculer ces impédances si le courant dans le conducteur A positif lorsqu'il est orienté vers la charge, est de $32{,}7\angle -138{,}1^\circ$ A. *Rép.* $18\angle 45^\circ$ Ω

14.33. Les wattmètres dans les phases *A* et *B* d'un système triphasé (*CBA*) de 120 V donnent respectivement les indications 1 500 W et 500 W. Trouver les impédances de la charge équilibrée branchée en triangle. *Rép.* $16{,}3\angle -41^\circ$ Ω

14.34. Les wattmètres dans les phases *A* et *B* d'un système triphasé (*ABC*) de 173,2 V indiquent respectivement les valeurs de − 301 W et + 1 327 W. Trouver la valeur des impédances de la charge équilibrée branchée en étoile. *Rép.* $10\angle -70^\circ$ Ω

14.35. Calculer les indications des deux wattmètres utilisés dans un système à trois conducteurs de 240 V avec une charge équilibrée branchée en triangle et dont les impédances sont égales à $20\angle 80^\circ$ Ω . *Rép.* − 1710 , 3 210 W

14.36. Des wattmètres sont disposés dans les phases *B* et *C* d'un système (*CBA*) à trois conducteurs de 173,2 V alimentant une charge équilibrée. Calculer les indications des wattmètres sachant que le courant est $\mathbf{I}_A = 32{,}7\angle -41{,}9^\circ$ A. *Rép.* 1170 , 5 370 W

14.37. Un système (*CBA*) de 100 V alimente une charge équilibrée et comporte un wattmètre dans les phases *A* et *B* ; sachant que le courant dans la phase *B* est égal à $\mathbf{I}_B = 10{,}9\angle -40^\circ$ A, déterminer les indications des wattmètres. *Rép.* -189 , 835 W

14.38. Une charge connectée en triangle avec les impédances $\mathbf{Z}_{AB} = 10\angle 30^\circ\ \Omega$, $\mathbf{Z}_{BC} = 25\angle 0^\circ\ \Omega$ et $\mathbf{Z}_{CA} = 20\angle -30^\circ\ \Omega$ est alimentée par un système triphasé *ABC* à trois conducteurs de 500 V. Calculer les courants par conducteur ainsi que la puissance totale.
Rép. $75\angle 90^\circ$ A , $53{,}9\angle -68{,}2^\circ$ A , $32\angle 231{,}3^\circ$ A 42,4 kW

14.39. Un système triphasé *ABC* à trois conducteurs de 208 V alimente une charge connectée en triangle et comportant les impédances $\mathbf{Z}_{AB} = 5\angle 0^\circ\ \Omega$, $\mathbf{Z}_{BC} = 4\angle 30^\circ\ \Omega$ et $\mathbf{Z}_{CA} = 6\angle -15^\circ\ \Omega$. Calculer les courants par conducteur ainsi que les indications des wattmètres placés dans las phases *A* et *C*. *Rép.* $70{,}5\angle 99{,}65^\circ$ A , $90{,}5\angle -43{,}3^\circ$ A , $54{,}6\angle 187{,}9^\circ$ A , 13,7 kW 11,25 kW

14.40. Une charge connectée en étoile avec les impédances $\mathbf{Z}_A = 3 + j0\ \Omega$, $\mathbf{Z}_B = 2 + j3\ \Omega$ et $\mathbf{Z}_C = 2 - j1\ \Omega$ est alimentée par un système triphasé *CBA* à quatre conducteurs de 100 V. Calculer les courants dans chaque phase ainsi que le courant dans la phase neutre, en supposant que ces courants sont positifs lorsqu'ils sont orientés vers la charge.
Rép. $19{,}25\angle -90^\circ$ A , $16\angle -26{,}3^\circ$ A , $25{,}8\angle 176{,}6^\circ$ A , $27{,}3\angle 65{,}3^\circ$ A

14.41. Une charge connectée en étoile avec les impédances $\mathbf{Z}_A = 12\angle 45^\circ\ \Omega$ $\mathbf{Z}_B = 10\angle 30^\circ\ \Omega$ et $\mathbf{Z}_C = 8\angle 0^\circ\ \Omega$ est alimentée par un système à quatre conducteurs de 208 V. Calculer la puissance totale du système. *Rép.* 3898 W

14.42. Les courants par conducteur dans un système triphasé (*ABC*) à trois conducteurs de 220 V sont les suivants $\mathbf{I}_A = 43{,}5\angle 116{,}6^\circ$ A, $\mathbf{I}_B = 43{,}3\angle -48^\circ$ A et $\mathbf{I}_C = 11{,}39\angle 218^\circ$ A . Déterminer les indications des wattmètres placés *a)* dans les phases *A* et *B* ; *b)* dans les phases *B* et *C* *c)* dans les phases *A* et *C*. *Rép.* *(a)* 5270 W, 6370 W. *(b)* 9310 W , 2330 W *(c)* 9550 , 1980 W

14.43. Les courants dans les trois conducteurs d'un système triphasé *ABC* de 440 V sont $\mathbf{I}_A = 19{,}72\angle 90^\circ$ A, $\mathbf{I}_B = 57{,}3\angle -9{,}9^\circ$ A et $\mathbf{I}_C = 57{,}3\angle 189{,}9^\circ$ A . Déterminer les indications des wattmètres placés *a)* dans les phases *A* et *B* ; *b)* dans les phases *B* et *C*.
Rép. 7,52 kW , 24,8 kW. *b)* 16,15 kW , 16,15 kW

14.44. Le diagramme vectoriel de la Fig. 14-44 représente les courants par conducteur ainsi que les tensions entre phases d'un système triphasé *ABC* à trois conducteurs de 346 V. Sachant que le courant par phase est de 10 A,trouver l'impédance de la charge connectée en étoile.
Rép. $20\angle 90^\circ\ \Omega$

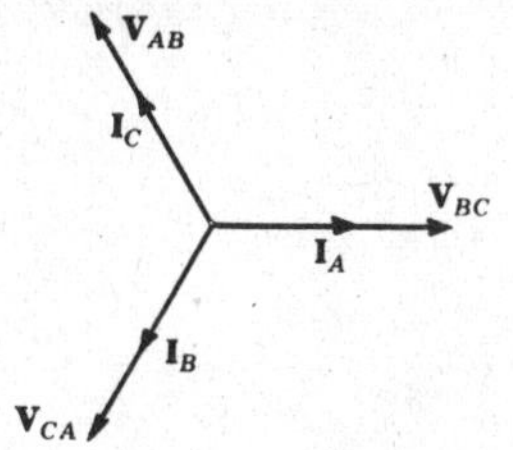

Fig. 14-44

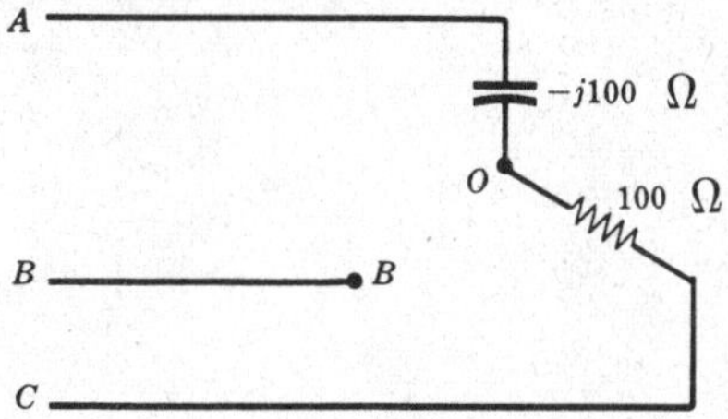

Fig. 14-45

14.45. Le circuit de la Fig. 14-45 comporte une impédance infinie (circuit ouvert) dans la phase *B* d'une charge connectée en étoile. Calculer la tension $\mathbf{V}_{OB}$ sachant que le système est alimenté à 208 V suivant la séquence *ABC* . *Rép.* $284\angle 150^\circ$ V

14.46. Un alternateur triphasé de 440 V connecté en étoile peut fournir un courant de 35 A par enroulement; *a)* quelle est la puissance nominale en kVA de la machine ? *b)* sachant que l'alternateur débite un courant de 20 A par phase avec un facteur de puissance de 0,65, calculer la puissance en kVA par phase de la machine. *Rép.* 26,6 kVA , 5,08 kVA

14.47. Les courants équilibrés du diagramme vectoriel de la Fig. 14-46 ont une valeur de 10 A et la tension entre phases est de 120 V. Calculer la puissance active totale ainsi que la puissance apparente totale. *Rép.* 1,47 kW, 2,08 kVA

14.48. Une charge avec les impédances suivantes $\mathbf{Z}_A = 10\angle 0^\circ\ \Omega$, $\mathbf{Z}_B = 10\angle 60^\circ\ \Omega$ et $\mathbf{Z}_C = 10\angle -60^\circ\ \Omega$ connectées en étoile est alimentée par un système triphasé *ABC* à trois conducteurs de 200 V. Calculer les tensions aux bornes des impédances de charge $\mathbf{V}_{AO}$ $\mathbf{V}_{BO}$ et $\mathbf{V}_{CO}$. *Rép.* $173\angle 90^\circ$ V, $100\angle 0^\circ$ V , $100\angle 180^\circ$ V

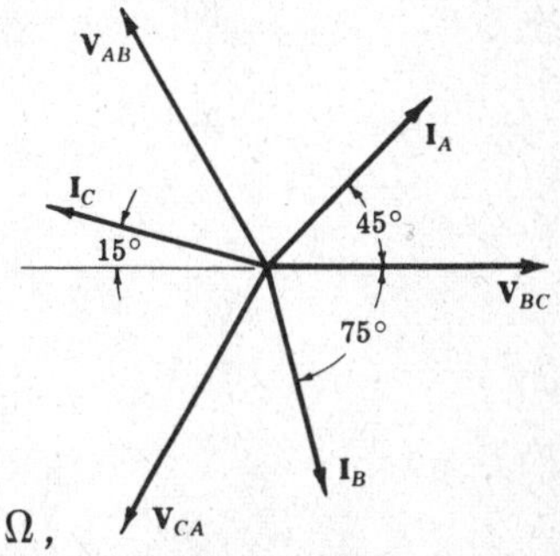

Fig. 14-46

14.49. Une charge branchée en étoile avec les impédances $\mathbf{Z}_A = 10\angle -60^\circ\ \Omega$, $\mathbf{Z}_B = 10\angle 0^\circ\ \Omega$ et $\mathbf{Z}_C = 10\angle 60^\circ\ \Omega$ est alimentée par un système triphasé *CBA* à trois conducteurs de 208 V. Calculer les tensions aux bornes des impédances de charge. *Rép.* $208\angle -120^\circ$ V , 0 , $208\angle 180^\circ$ V

14.50. Un système *ABC* à trois conducteurs de 480 V alimente une charge connectée en étoile pour laquelle $\mathbf{Z}_A = 10\angle 0^\circ\ \Omega$, $\mathbf{Z}_B = 5\angle -30^\circ\ \Omega$ et $\mathbf{Z}_C = 5\angle 30^\circ\ \Omega$. Déterminer les indications des wattmètres placés dans les phases *A* et *B*. *Rép.* 8,92 kW , 29,6 kW.

14.51. Un système *CBA* à trois conducteurs de 100 V alimente une charge connectée en étoile avec les impédances suivantes $\mathbf{Z}_A = 3 + j0\ \Omega$, $\mathbf{Z}_B = 2 + j3\ \Omega$ et $\mathbf{Z}_C = 2 - j1\ \Omega$. Calculer les tensions aux bornes des impédances de charge. *Rép.* $31{,}6\angle -67{,}9^\circ$ V, $84{,}3\angle 42{,}7^\circ$ V , $68{,}6\angle 123{,}8^\circ$ V

14.52. Trois impédances identiques de $15\angle 60^\circ\ \Omega$ connectées en étoile sont alimentées par un système triphasé à trois conducteurs de 240 V. Les conducteurs entre le générateur et la charge ont une impédance de $(2 + j1)\ \Omega$. Calculer l'amplitude de la tension entre phases au niveau de la charge. *Rép.* 213 V.

14.53. Reprendre le problème 14.52 pour trois impédances équivalentes de $15\angle -60^\circ\ \Omega$ branchées en étoile et comparer les résultats en traçant les diagrammes vectoriels des tensions pour chaque problème.
Rép. 235 V.

Chapitre 15

Analyse des signaux par la méthode de Fourier

INTRODUCTION

Dans les circuits que nous avons étudiés précédemment nous avons considéré la réponse permanente à des excitations qui étaient soit constantes soit sinusoïdales; dans ces cas une expression simple décrivait les fonctions forçantes pour toutes les valeurs du temps, par exemple v = constante pour un courant continu et $v = V_{max} \sin \omega t$ pour un courant alternatif (Fig. 15-1 (*a*) et (*b*)).

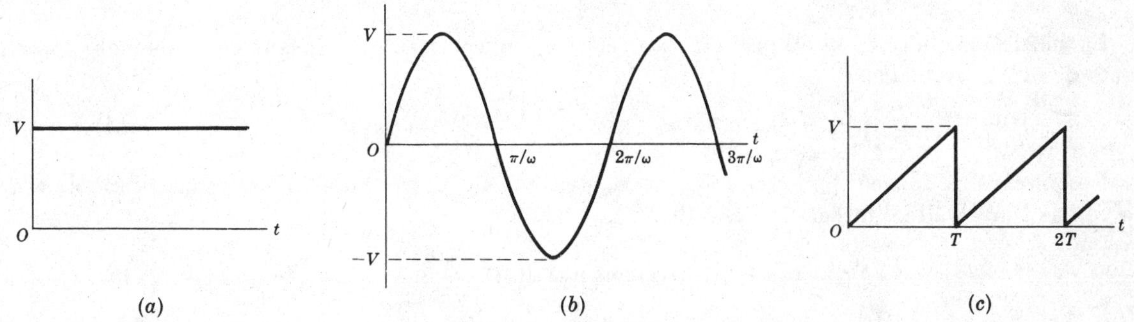

Fig. 15-1

Certaines fonctions périodiques du temps,dont la fonction en dent de scie de la Fig. 15-1(*c*),ne peuvent être décrites par une fonction simple qu'à l'intérieur d'un certain intervalle de temps. Ainsi la dent de scie est représentée par $f(t) = (V/T)t$ dans l'intervalle $0 < t < T$ et par $f(t) = (V/T)(t - T)$ dans l'intervalle $T < t < 2t$. Bien que ces expressions décrivent de façon satisfaisante les fonctions périodiques elles ne permettent pas de déterminer la réponse des circuits. Cependant, si une fonction périodique peut s'exprimer par la somme d'un nombre fini ou infini de fonctions sinusoïdales, la réponse des réseaux linéaires à des excitations non sinusoïdales peut être déterminée en appliquant le théorème de superposition. La méthode de Fourier permet de résoudre ce type de problème.

LES SERIES DE FOURIER TRIGONOMETRIQUES

Tout signal périodique, pour lequel $f(t) = f(t + T)$, peut être représenté par une série de Fourier à condition;

1) Qu'il y ait un nombre fini de discontinuités dans la période T dans le cas où le signal est discontinu;
2) Qu'il ait une valeur moyenne finie pour une période T;
3) Qu'il y ait un nombre fini de maxima positifs et négatifs.

Lorsque toutes ces conditions, appelées *conditions de Dirichlet*,sont satisfaites la série de Fourier existe et peut être écrite sous la forme trigonométrique :

$$f(t) = \tfrac{1}{2}a_0 + a_1 \cos \omega t + a_2 \cos 2\omega t + a_3 \cos 3\omega t + \cdots$$
$$+ b_1 \sin \omega t + b_2 \sin 2\omega t + b_3 \sin 3\omega t + \cdots \qquad (1)$$

Les coefficients de Fourier a et b sont déterminés pour une forme d'onde donnée par le calcul de deux intégrales. La première de ces intégrales correspondant au terme en cosinus s'obtient en multipliant les deux membres de la relation (*1*) par $\cos n\omega t$ et en intégrant sur une période entière. La période du terme fondamental $2\pi/\omega$, est la période de la série vu que chaque terme de la série a une fréquence égale à un multiple entier de la fréquence fondamentale.

$$\int_0^{2\pi/\omega} f(t)\cos n\omega t\,dt = \int_0^{2\pi/\omega} \tfrac{1}{2}a_0\cos n\omega t\,dt + \int_0^{2\pi/\omega} a_1\cos\omega t\cos n\omega t\,dt + \cdots$$
$$+ \int_0^{2\pi/\omega} a_n\cos^2 n\omega t\,dt + \cdots + \int_0^{2\pi/\omega} b_1\sin\omega t\cos n\omega t\,dt$$
$$+ \int_0^{2\pi/\omega} b_2\sin 2\omega t\cos n\omega t\,dt + \cdots \qquad (2)$$

Les intégrales définies du membre de droite de la relation (*2*) sont nulles à l'exception de $\int_0^{2\pi/\omega} a_n\cos^2 n\omega t\,dt$ qui a une valeur égale à $\dfrac{\pi}{\omega}a_n$. Nous avons alors

$$a_n = \frac{\omega}{\pi}\int_0^{2\pi/\omega} f(t)\cos n\omega t\,dt = \frac{2}{T}\int_0^T f(t)\cos n\omega t\,dt \qquad (3)$$

En multipliant la relation (*1*) par $\sin n\omega t$ et en intégrant comme ci-dessus nous obtenons les coefficients des termes en sinus:

$$b_n = \frac{\omega}{\pi}\int_0^{2\pi/\omega} f(t)\sin n\omega t\,dt = \frac{2}{T}\int_0^T f(t)\sin n\omega t\,dt \qquad (4)$$

Les intégrales donnant les termes a_n et b_n peuvent s'exprimer en utilisant comme variable ωt et dans ce cas l'intervalle d'intégration est $(0, 2\pi)$.

$$a_n = \frac{1}{\pi}\int_0^{2\pi} f(t)\cos n\omega t\,d(\omega t) \qquad (5)$$

$$b_n = \frac{1}{\pi}\int_0^{2\pi} f(t)\sin n\omega t\,d(\omega t) \qquad (6)$$

Les bornes d'intégration doivent comprendre une période entière, mais ne doivent pas nécessairement être prises de 0 à T ou de 0 à 2π. En effet, ces intégrations peuvent tout aussi bien se faire de $-T/2$ à $+T/2$, de $-\pi$ à $+\pi$ ou tout autre période entière qui simplifie l'intégration. La constante a_0 peut être calculée à partir des relations (*3*) ou (*5*) pour $n = 0$; cependant comme $a_0/2$ est égal à la valeur moyenne de la fonction, ce terme peut souvent être déterminé au simple vu de la forme du signal. La série obtenue par l'évaluation des différentes intégrales converge uniformément vers la valeur de la fonction en tout point où celle-ci est continue et vers la valeur moyenne en tout point où celle-ci est discontinue.

Exemple 1. Déterminer la série de Fourier correspondant au signal représenté sur la Fig. 15.2.

Le signal est continu pour $0 < \omega t < 2\pi$ et donné par $f(t) = (10/2\pi)\,\omega t$, avec des discontinuités en $\omega t = n2\pi$ où $n = 0, 1, 2 \ldots$ Les conditions de Dirichlet sont satisfaites et les coefficients de Fourier peuvent être calculés en utilisant les relations (*5*) et (*6*). La valeur moyenne de la fonction peut se déterminer au vu de la forme d'onde; ainsi nous avons $a_0/2 = 5$. A présent en utilisant l'équation (*5*), nous obtenons

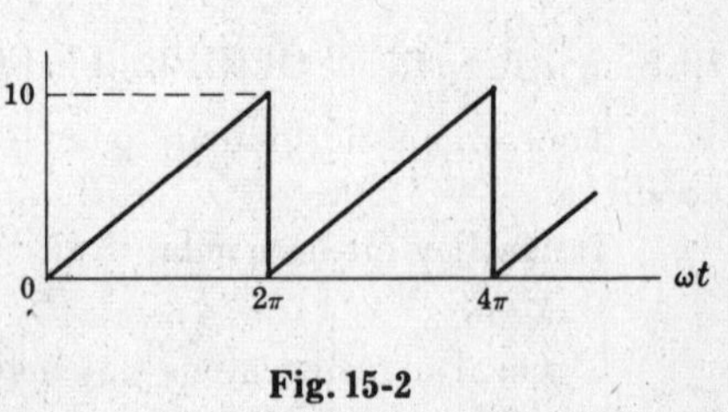

Fig. 15-2

$$a_n = \frac{1}{\pi}\int_0^{2\pi}\left(\frac{10}{2\pi}\right)\omega t\cos n\omega t\,d(\omega t) = \frac{10}{2\pi^2}\left[\frac{\omega t}{n}\sin n\omega t + \frac{1}{n^2}\cos n\omega t\right]_0^{2\pi} = \frac{10}{2\pi^2 n^2}(\cos n2\pi - \cos 0) = 0$$

pour toutes les valeurs entières de n.

Par conséquent la série ne contient pas de termes en cosinus. Pour l'équation (*6*) nous obtenons

$$b_n = \frac{1}{\pi}\int_0^{2\pi}\left(\frac{10}{2\pi}\right)\omega t\sin n\omega t\,d(\omega t) = \frac{10}{2\pi^2}\left[-\frac{\omega t}{n}\cos n\omega t + \frac{1}{n^2}\sin n\omega t\right]_0^{2\pi} = -\frac{10}{\pi n}$$

Ces dernières valeurs ainsi que le terme correspondant à la valeur moyenne nous donnent la série

$$f(t) = 5 - \frac{10}{\pi}\sin\omega t - \frac{10}{2\pi}\sin 2\omega t - \frac{10}{3\pi}\sin 3\omega t - \cdots = 5 - \frac{10}{\pi}\sum_{n=1}^{\infty}\frac{\sin n\omega t}{n}$$

Les termes en sinus et cosinus de même fréquence peuvent être combinés en un terme unique en sinus ou cosinus comportant un angle de déphasage, il en résulte les 2 formes suivantes pour la série de Fourier trigonométrique :

$$f(t) = \tfrac{1}{2}a_0 + \sum c_n \cos(n\omega t - \theta_n) \tag{7}$$

et

$$f(t) = \tfrac{1}{2}a_0 + \sum c_n \sin(n\omega t + \phi_n) \tag{8}$$

Où $c_n = \sqrt{a_n^2 + b_n^2}$, $\theta_n =$ arctg b_n / a_n et $\phi_n =$ arctg a_n / b_n. Dans les relations (7) et (8), le coefficient c_n correspond à l'amplitude d'une harmonique alors que θ_n et ϕ_n correspondent aux angles de phase de l'harmonique.

LES SERIES DE FOURIER EXPONENTIELLES

Si nous exprimons chaque terme en sinus et en cosinus de la série trigonométrique par leurs équivalences exponentielles, nous obtenons la série de termes exponentiels suivante :

$$\begin{aligned} f(t) = {} & \frac{a_0}{2} + a_1\left(\frac{e^{j\omega t} + e^{-j\omega t}}{2}\right) + a_2\left(\frac{e^{j2\omega t} + e^{-j2\omega t}}{2}\right) + \cdots \\ & + b_1\left(\frac{e^{j\omega t} - e^{-j\omega t}}{2j}\right) + b_2\left(\frac{e^{j2\omega t} - e^{-j2\omega t}}{2j}\right) + \cdots \end{aligned} \tag{9}$$

et en réarrangeant les termes

$$\begin{aligned} f(t) = {} & \cdots + \left(\frac{a_2}{2} - \frac{b_2}{2j}\right)e^{-j2\omega t} + \left(\frac{a_1}{2} - \frac{b_1}{2j}\right)e^{-j\omega t} \\ & + \frac{a_0}{2} + \left(\frac{a_1}{2} + \frac{b_1}{2j}\right)e^{j\omega t} + \left(\frac{a_2}{2} + \frac{b_2}{2j}\right)e^{j2\omega t} + \cdots \end{aligned} \tag{10}$$

Nous pouvons à présent définir une nouvelle constante complexe A telle que

$$A_0 = \tfrac{1}{2}a_0, \quad \mathbf{A}_n = \tfrac{1}{2}(a_n - jb_n), \quad \mathbf{A}_{-n} = \tfrac{1}{2}(a_n + jb_n) \tag{11}$$

la relatoin (10) peut alors se mettre sous la forme

$$f(t) = \{\cdots + \mathbf{A}_{-2}e^{-j2\omega t} + \mathbf{A}_{-1}e^{-j\omega t} + A_0 + \mathbf{A}_1 e^{j\omega t} + \mathbf{A}_2 e^{j2\omega t} + \cdots\} \tag{12}$$

Pour obtenir l'intégrale permettant de calculer les coefficients $\mathbf{A}_n$ nous multiplions les deux membres de la relation (12) par $e^{-jn\omega t}$ et nous intégrons sur une période entière :

$$\begin{aligned} \int_0^{2\pi} f(t)\,e^{-jn\omega t}\,d(\omega t) = {} & \cdots + \int_0^{2\pi}\mathbf{A}_{-2}\,e^{-j2\omega t}e^{-jn\omega t}\,d(\omega t) + \int_0^{2\pi}\mathbf{A}_{-1}\,e^{-j\omega t}e^{-jn\omega t}\,d(\omega t) \\ & + \int_0^{2\pi} A_0\,e^{-jn\omega t}\,d(\omega t) + \int_0^{2\pi}\mathbf{A}_1\,e^{j\omega t}e^{-jn\omega t}\,d(\omega t) + \cdots \\ & + \int_0^{2\pi}\mathbf{A}_n\,e^{jn\omega t}e^{-jn\omega t}\,d(\omega t) + \cdots \end{aligned} \tag{13}$$

Les intégrales définies du membre de droite de la relation (13) sont nulles à l'exception de

$\int_0^{2\pi}\mathbf{A}_n\,d(\omega t)$ qui prend la valeur de $2\pi\mathbf{A}_n$ Nous obtenons alors $\mathbf{A}_n = \dfrac{1}{2\pi}\displaystyle\int_0^{2\pi} f(t)\,e^{-jn\omega t}\,d(\omega t)$

ou en utilisant le temps comme variable : $\mathbf{A}_n = \dfrac{1}{T}\displaystyle\int_0^{T} f(t)\,e^{-jn\omega t}\,dt$ (14)

De même que pour les coefficients a_n et b_n, les limites d'intégration peuvent être choisies arbitrairement à condition qu'elles couvrent une période entière.

Les coefficients de la série trigonométrique peuvent se calculer à partir des coefficients de la série exponentielle: pour cela il faut d'abord ajouter et ensuite soustraire les expressions de $\mathbf{A}_n$ et de $\mathbf{A}_{-n}$ de la relation (*11*):

$$\mathbf{A}_n + \mathbf{A}_{-n} = \tfrac{1}{2}(a_n - jb_n + a_n + jb_n)$$

d'où l'on tire

$$a_n = \mathbf{A}_n + \mathbf{A}_{-n} \tag{15}$$

et

$$\mathbf{A}_n - \mathbf{A}_{-n} = \tfrac{1}{2}(a_n - jb_n - a_n - jb_n)$$

d'où l'on tire

$$b_n = j(\mathbf{A}_n - \mathbf{A}_{-n}) \tag{16}$$

Exemple 2. Déterminer la série de Fourier exponentielle pour le signal de la Fig. 15-3; en utilisant les coefficients de cette série, obtenir les coefficients a_n et b_n de la série trigonométrique et comparer à l'exemple 1.

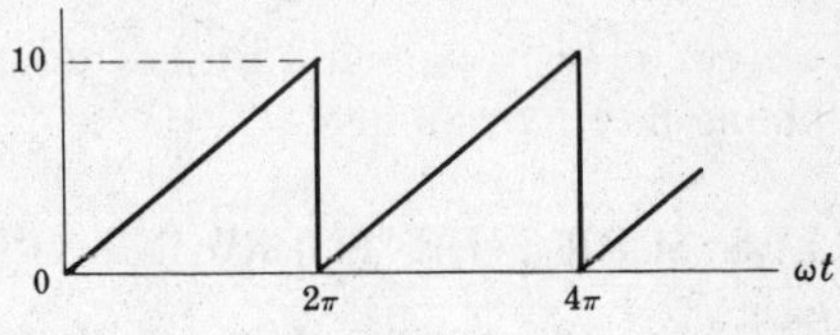

Fig. 15-3

Dans l'intervalle $0 < \omega t < 2\pi$, la fonction est définie par $f(t) = (10/2\pi)\omega t$. Au vu de la forme d'onde nous voyons que sa valeur moyenne est égale à 5. En substituant $f(t)$ dans la relation (*14*) nous obtenons les coefficients $\mathbf{A}_n$:

$$\mathbf{A}_n = \frac{1}{2\pi}\int_0^{2\pi}\left(\frac{10}{2\pi}\right)\omega t\, e^{-jn\omega t}\, d(\omega t) = \frac{10}{(2\pi)^2}\left[\frac{e^{-jn\omega t}}{(-jn)^2}(-jn\omega t - 1)\right]_0^{2\pi} = j\frac{10}{2\pi n}$$

En incluant ces coefficients dans la relation (*12*)' nous obtenons la série de Fourier exponentielle suivante:

$$f(t) = \cdots - j\frac{10}{4\pi}e^{-j2\omega t} - j\frac{10}{2\pi}e^{-j\omega t} + 5 + j\frac{10}{2\pi}e^{j\omega t} + j\frac{10}{4\pi}e^{j2\omega t} + \cdots \tag{17}$$

Les coefficients des termes en cosinus de la série trigonométrique sont:

$$a_n = \mathbf{A}_n + \mathbf{A}_{-n} = j\frac{10}{2\pi n} + j\frac{10}{2\pi(-n)} = 0$$

et les coefficients des termes en sinus sont:

$$b_n = j(\mathbf{A}_n - \mathbf{A}_{-n}) = j\left(j\frac{10}{2\pi n} - j\frac{10}{2\pi(-n)}\right) = -\frac{10}{\pi n}$$

Nous constatons que les coefficients des termes en cosinus (a_n) sont nuls pour tout n et que les coefficients des termes en sinus (b_n) sont égaux à $-10/(\pi n)$. Comme la valeur moyenne est égale à 5,nous obtenons la série trigonométrique

$$f(t) = 5 - \frac{10}{\pi}\sin\omega t - \frac{10}{2\pi}\sin 2\omega t - \frac{10}{3\pi}\sin 3\omega t - \cdots$$

qui est identique à celle trouvée dans l'exemple 1.

SYMETRIE DES SIGNAUX

La série obtenue dans l'exemple 1 ne comportait qu'un terme constant et des termes en sinus, d'autres signaux ne comportent que des termes en cosinus; certaines fois seules des harmoniques impaires sont présentes dans la série,que la série contienne des termes en sinus, des termes en cosinus ou les deux à la fois. Cet état de chose résulte de certains types de symétrie associés aux signaux. La connaissance de ces symétries permet de simplifier le calcul des séries, à cet effet les définitions suivantes sont importantes:

1. Une fonction $f(x)$ est paire lorsque $f(x) = f(-x)$. La fonction $f(x) = 2 + x^2 + x^4$ par exemple est une fonction paire vu qu'elle prend la même valeur pour x et $-x$. La fonction cosinus est paire étant donné qu'elle peut s'exprimer par la série suivante

$$\cos x = 1 - \frac{x^2}{2!} + \frac{x^4}{4!} - \frac{x^6}{6!} + \frac{x^8}{8!} - \cdots$$

La somme de deux ou plusieurs fonctions paires est une fonction paire; l'addition d'une constante lui conserve cette propriété.

Les Fig. 15-4 représentent des fonctions paires, elles sont symétriques par rapport à l'axe vertical

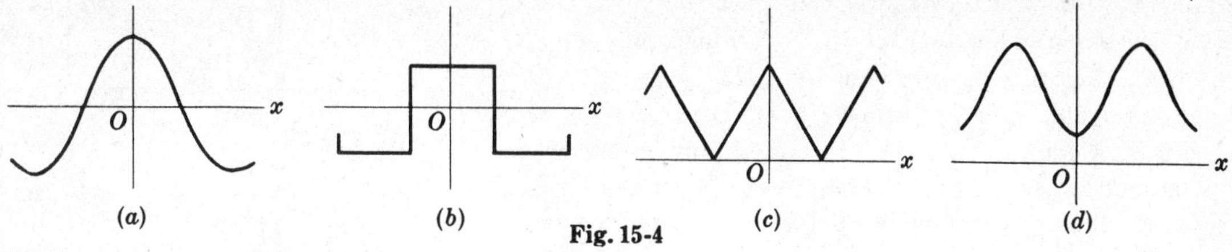

Fig. 15-4

2. Une fonction $f(x)$ est dite impaire lorsque $f(x) = -f(-x)$.

La fonction $f(x) = x + x^3 + x^5$ est impaire étant donné que ses valeurs pour x et $-x$ sont de signes opposés. La fonction sinus est impaire vu qu'elle peut s'exprimer de la façon suivante

$$\sin x \quad = \quad x - \frac{x^3}{3!} + \frac{x^5}{5!} - \frac{x^7}{7!} + \frac{x^9}{9!} - \cdots$$

La somme de deux ou plusieurs fonctions impaires est une fonction impaire, mais l'addition d'un terme constant ne lui conserve pas cette nature vu que dans ce cas $f(x)$ n'est plus égal à $-f(-x)$. Le produit de deux fonctions impaires est une fonction paire.

Les signaux des Fig. 15-5 correspondent à des fonctions impaires

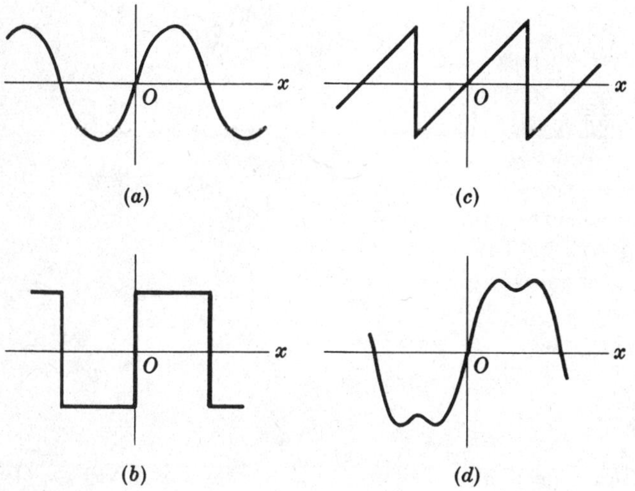

Fig. 15-5

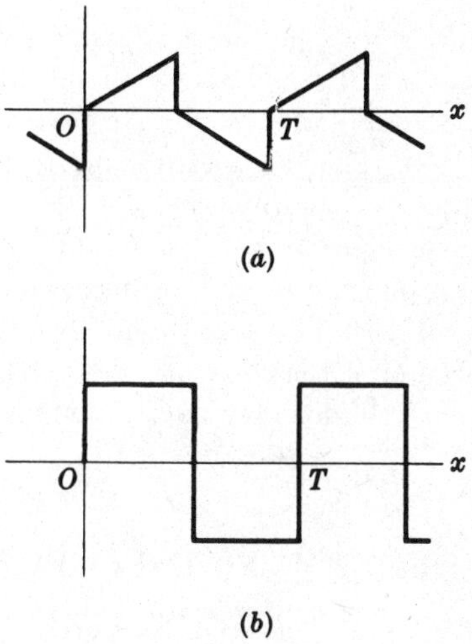

Fig. 15-6

3. Une fonction périodique, $f(x)$ est dite à symétrie demi-onde lorsque $f(x) = -f(x + T/2)$, où T représente la période. La Fig. 15-6 représente deux signaux à symétrie demi-onde.

Lorsque le type de symétrie d'un signal est déterminé, on peut en tirer les conclusions suivantes: si le signal est pair la série ne comporte que des termes en cosinus et éventuellement un terme constant lorsque le signal possède une valeur moyenne. De ce fait il n'est pas nécessaire de calculer les coefficients b_n vu qu'aucun terme en sinus n'est présent. Si le signal est impair la série ne comporte que des termes en sinus. Certains types d'ondes ne deviennent impairs qu'après leur avoir soustrait un terme constant; dans ce cas la série de Fourier correspondante ne contient que ce terme constant et des termes en sinus. Si le signal possède une symétrie demi-onde seules les harmoniques paires sont présentes dans la série; cette série contient à la fois des termes en sinus et des termes en cosinus à moins que le signal ne soit pair ou impair. Dans tous les cas, a_n et b_n sont nuls pour $n = 2, 4, 6$, pour tout signal à symétrie demi-onde.

La nature paire ou impaire de certains signaux dépend de l'emplacement de l'axe vertical, le signal carré de la Fig. 15-7 (*a*) correspond à une fonction paire, c'est-à-dire que l'on a $f(x) = f(-x)$. Un déplacement de l'axe vertical à la position représentée par la Fig. 15-7 (*b*) transforme cette fonction en une fonction impaire pour laquelle $f(x) = -f(-x)$ Pour un axe vertical placé à n'importe quel endroit autre que ceux représentés dans la Fig. 15-7, le signal carré n'est ni pair ni impair et la série correspondante contient à la fois des termes en sinus et des termes en cosinus. Nous voyons ainsi que l'analyse des fonctions périodiques exige un choix judicieux de l'emplacement de l'axe vertical, afin de leur conférer soit une nature paire soit une nature impaire, à condition toutefois que la forme du signal le permette.

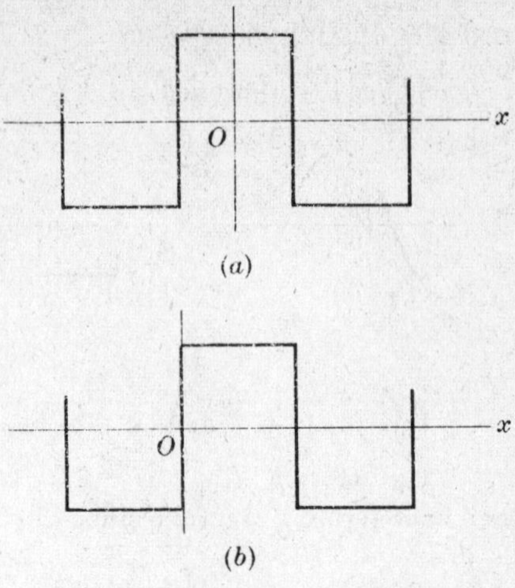

Fig. 15-7

Le déplacement de l'axe horizontal peut également simplifier la forme de la série représentative d'une fonction. Par exemple le signal de la Fig. 15-8 (*a*) ne possède pas les propriétés d'une fonction impaire à moins de lui soustraire sa valeur moyenne comme le montre la Fig. 15-8 (*b*). Par conséquent sa série représentative contiendra un terme constant et tous les termes en sinus.

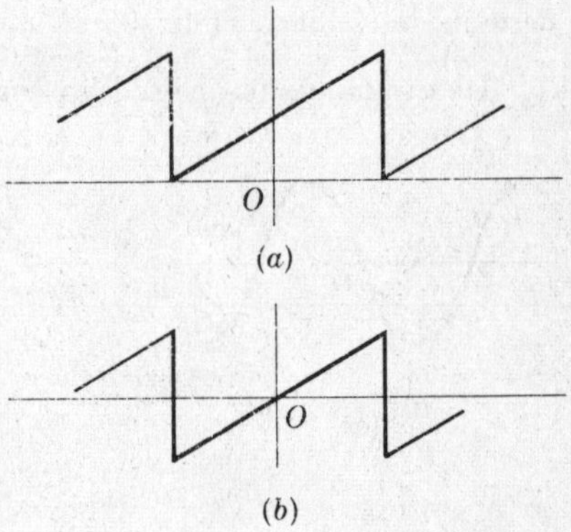

Fig. 15-8

Comme l'équivalent exponentiel d'un sinus est purement imaginaire et l'équivalent exponentiel du cosinus est purement réel les considérations de symétrie faites ci-dessus peuvent servir à vérifier les coefficients de la série exponentielle. Un signal pair ne contient que des termes en cosinus, dans sa série trigonométrique; il en résulte que les coefficients de la série exponentielle de Fourier doivent être des nombres purement réels. De même une fonction impaire dont la série trigonométrique ne comporte que des termes en sinus a une série exponentielle dont les coefficients sont purement imaginaires.

SPECTRE DE FREQUENCE D'UN SIGNAL

Une représentation comportant les amplitudes de toutes les harmoniques d'un signal est appelée *spectre de fréquence de ce signal.* L'amplitude des harmoniques décroît rapidement pour des séries à convergence rapide; des signaux qui présentent des discontinuités telles que les signaux en dents de scie et les signaux carrés ont des spectres dont les amplitudes décroissent lentement vu que leur série comporte un fort taux d'harmoniques élevées: leur dixième harmonique par exemple a souvent des amplitudes non négligeables par rapport à l'amplitude de la fondamentale. Par contre, les séries représentatives de signaux sans discontinuité et d'apparence générale monotone convergent rapidement vers la fonction et seuls quelques termes sont nécessaires pour représenter avec une bonne précision le signal. Des convergences aussi rapides se déduisent aisément du spectre en fréquence, où l'amplitude des harmoniques décroît rapidement de telle sorte que toute harmonique au-dessus de la cinquième ou de la sixième est insignifiante.

Le contenu en harmonique et le spectre en fréquence d'un signal déterminent la nature de ce signal et ne changent jamais quel que soit la méthode d'analyse utilisée. Le fait de déplacer l'axe vertical donne à la série trigonométrique ou à la série exponentielle une apparence tout à fait différente cependant les mêmes harmoniques apparaissent toujours dans la série et leur amplitude donnée par

$$c_n = \sqrt{a_n^2 + b_n^2} \quad \text{ou} \quad c_n = |\mathbf{A}_n| + |\mathbf{A}_{-n}|$$

reste toujours la même.

La Fig. 15-9 représente le signal en dents de scie de l'exemple 1 ainsi que son spectre de fréquence;comme seuls les termes en sinus étaient présents dans la série les amplitudes des harmoniques C_n sont donnés par b_n .

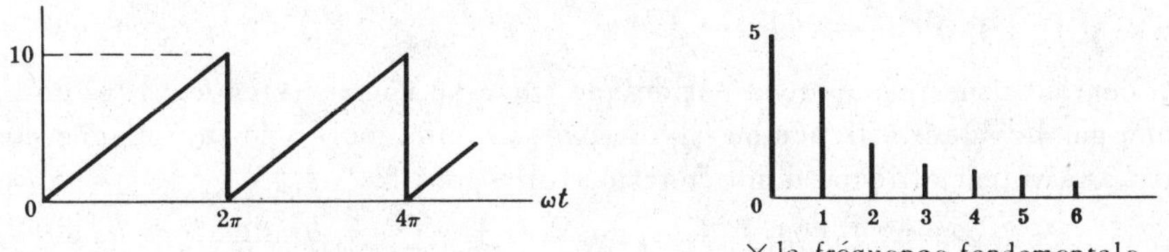

Fig. 15-9

La série exponentielle comporte des termes pour des fréquences $+n\omega$ et $-n\omega$ (voir équation (*17*)) et le spectre de fréquence est tracé comme le montre la Fig. 15-10. L'amplitude effective d'une harmonique donnée est la somme de deux amplitudes l'une correspondant à $+n\omega$ et l'autre à $-n\omega$. Dans le spectre de la Fig. 15-10 nous avons en $n = -2$ et en $n = +2$ des amplitudes de $10/4\pi$: en additionnant ces amplitudes nous obtenons la valeur de $10/2\pi$ qui correspond à l'amplitude effective de l'harmonique ce qui est en parfait accord avec le spectre de la Fig. 15-9.

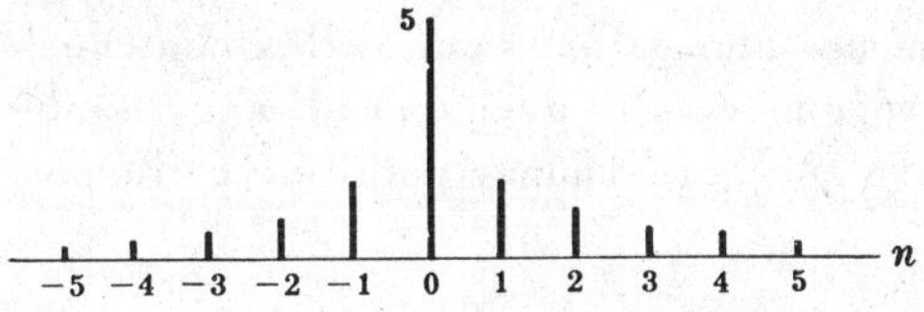

Fig. 15-10

LA SYNTHESE DES SIGNAUX

La synthèse correspond à l'association de parties de façon à former un ensemble. Dans l'analyse de Fourier la synthèse consiste à recombiner les termes de la série trigonométrique (généralement les 4 ou 5 premiers) de telle façon qu'on obtienne le signal original. Généralement ce n'est qu'après avoir synthétisé un tel signal que l'étudiant est convaincu que la série de Fourier représente effectivement le signal périodique pour lequel elle a été obtenue.

La série trigonométrique pour le signal en dents de scie de l'exemple 1 avec une amplitude maximale de 10 est donnée par

$$f(t) = 5 - \frac{10}{\pi}\sin\omega t - \frac{10}{2\pi}\sin 2\omega t - \frac{10}{3\pi}\sin 3\omega t - \cdots$$

Ces quatre termes ainsi que leur somme sont représentés sur la Fig. 15-11; bien que la somme ne représente pas une dent de scie parfaite on peut voir qu'avec un nombre de termes suffisant on pourra obtenir une dent de scie presque parfaite. Comme le signal présente des discontinuités,sa série ne converge pas rapidement et une synthèse n'utilisant que quatre termes ne peut pas aboutir à un très bon résultat. Le terme suivant correspondant à une fréquence de 4ω a une amplitude de $10/4\pi$ non négligeable par rapport à l'amplitude du

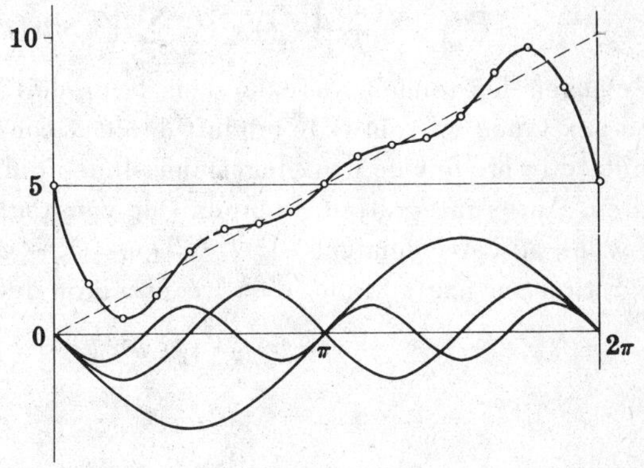

Fig. 15-11

terme fondamental de $10/\pi$. Comme chaque terme est additionné lors de la synthèse d'un signal les irrégularités résultantes sont diminuées et la forme du signal original est obtenue avec une meilleure approximation. C'est à cela que nous avons pensé lorsque précédemment nous avons dit que *la série converge vers la fonction en tout point où elle est continue et vers sa valeur moyenne en tout point où elle est discontinue.* Sur la Fig. 15-11 en 0 et 2π il est bien clair qu'il restera une valeur de 5, vu que tous les termes en sinus sont nuls en ces points. Ces points correspondent à des discontinuités et la valeur de la fonction lorsque l'on s'en approche par la gauche est de 10 et lorsque l'on s'en approche par la droite est de 0, avec une valeur moyenne de 5.

VALEUR EFFICACE ET PUISSANCE

Lorsqu'un courant non sinusoïdal et périodique traverse une résistance, il lui correspond une puissance déterminée par la valeur efficace ou encore par la racine carrée de la moyenne du carré du signal. Dans le chapitre2, la valeur efficace d'une fonction telle que:

$$f(t) = \tfrac{1}{2}a_0 + a_1 \cos \omega t + a_2 \cos 2\omega t + \cdots + b_1 \sin \omega t + b_2 \sin 2\omega t + \cdots$$

a été trouvée égale à

$$F_{\text{eff}} = \sqrt{(\tfrac{1}{2}a_0)^2 + \tfrac{1}{2}a_1^2 + \tfrac{1}{2}a_2^2 + \cdots + \tfrac{1}{2}b_1^2 + \tfrac{1}{2}b_2^2 + \cdots} \tag{18}$$

En exprimant l'amplitude d'une harmonique par $c_n = \sqrt{a_n^2 + b_n^2}$ et en prenant comme valeur moyenne c_0,l'équation (*18*) peut se mettre sous la forme

$$F_{\text{eff}} = \sqrt{c_0^2 + \tfrac{1}{2}c_1^2 + \tfrac{1}{2}c_2^2 + \tfrac{1}{2}c_3^2 + \cdots}$$

En considérant un réseau linéaire auquel on applique une tension périodique on s'attend à obtenir des courants comportant les mêmes harmoniques que celles contenues dans la tension mais avec des amplitudes différentes vu que l'impédance varie avec $n\omega$. Il est possible que certaines harmoniques n'apparaissent pas dans le courant, vu que la résonance parallèle correspond à une impédance infinie.
En général on peut écrire

$$v = V_0 + \sum V_n \sin(n\omega t + \phi_n) \quad \text{et} \quad i = I_0 + \sum I_n \sin(n\omega t + \psi_n) \tag{19}$$

avec des valeurs efficaces correspondantes de

$$V_{\text{eff}} = \sqrt{V_0^2 + \tfrac{1}{2}V_1^2 + \tfrac{1}{2}V_2^2 + \cdots} \quad \text{et} \quad I_{\text{eff}} = \sqrt{I_0^2 + \tfrac{1}{2}I_1^2 + \tfrac{1}{2}I_2^2 + \cdots} \tag{20}$$

La puissance moyenne P résulte de l'intégration de la puissance instantanée donnée par le produit de v et de i:

$$p = vi = [V_0 + \sum V_n \sin(n\omega t + \phi_n)][I_0 + \sum I_n \sin(n\omega t + \psi_n)] \tag{21}$$

Comme v et i ont la même période T leur produit doit contenir un nombre entier de périodes dans T (se souvenir que pour une tension sinusoïdale simple, le produit vi a une période égale à la moitié de celle de la tension sunusoïdale). La puissance moyenne est

$$P = \frac{1}{T}\int_0^T [V_0 + \sum V_n \sin(n\omega t + \phi_n)][I_0 + \sum I_n \sin(n\omega t + \psi_n)]\, dt \tag{22}$$

L'examen des termes contenus dans le produit des deux séries infinies montre qu'ils peuvent correspondre aux types suivants: le produit de deux constantes, le produit d'une constante et d'une fonction sinusoïdale,le produit de deux fonctions sinusoïdales de périodes différentes et le carré de fonctions sinusoïdales. Après intégration, le produit de constantes est toujours égal à $V_0 I_0$ et les fonctions sinusoïdales élevées au carré donnent $(V_n I_n/2)\cos(\phi_n - \psi_n)$, alors que tous les autres produits sont nuls après intégration sur une période, d'où l'expression définitive pour la puissance moyenne:

$$P = V_0 I_0 + \tfrac{1}{2}V_1 I_1 \cos\theta_1 + \tfrac{1}{2}V_2 I_2 \cos\theta_2 + \tfrac{1}{2}V_3 I_3 \cos\theta_3 + \cdots \tag{23}$$

où $\theta_n = (\phi_n - \psi_n)$ est l'angle de déphasage dû à l'impédance équivalente du réseau à une fréquence $n\omega$ rd/s, et V_n et I_n sont les valeurs maximales des fonctions sinusoïdales respectives. Dans le circuit alternatif à fréquence unique nous avons trouvé que la puissance moyenne $P = VI\cos\theta$: ce terme se retrouve dans l'expression (23) étant donné que V est une tension efficace, d'où $V = V_{max}/\sqrt{2}$ de même que $I = I_{max}/\sqrt{2}$ de telle sorte que $P = \frac{1}{2}V_{max}I_{max}\cos\theta$. Pour un circuit simple à courant continu la puissance est VI: ce terme est également représenté dans l'expression (23) par $V_0 I_0$. Il résulte de cela que l'équation (23) donnant la puissance est parfaitement générale et valable pour des signaux continus, pour des signaux alternatifs sinusoïdaux ainsi que pour des signaux non sinusoïdaux périodiques. Nous pouvons également noter que les tensions et les courants de fréquences différentes ne contribuent pas à la puissance moyenne. En ce qui concerne la puissance on peut dire que chaque harmonique agit indépendamment l'une de l'autre.

APPLICATION A L'ANALYSE DES CIRCUITS

Précédemment nous avons déjà suggéré d'appliquer les tensions correspondant aux termes d'une série en tension à un réseau linéaire et d'obtenir les termes harmoniques correspondant de la série en courant. Ce résultat peut s'obtenir par superposition; pour ce faire nous considérons chaque terme de la série de Fourier représentant la tension comme une source simple (voir la Fig. 15-12). Nous pouvons alors utiliser l'impédance équivalente du réseau pour chaque harmonique de fréquence $n\omega$ pour calculer le courant correspondant à cette harmonique: la somme de ces courants individuels représente le courant total dû à la tension appliquée.

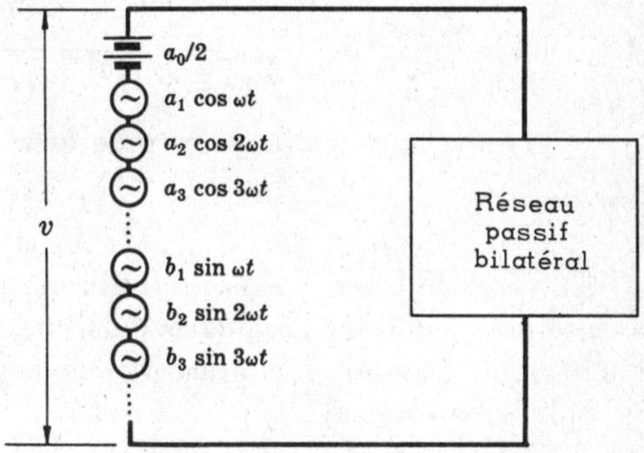

Fig. 15-12

Exemple 3. Un circuit RL série pour lequel $R = 5\,\Omega$ et $L = 0{,}02$ H est alimenté par une tension $v = 100 + 50\sin\omega t + 25\sin 3\omega t$ où $\omega = 500$ rd/s. Trouver le courant dans le circuit ainsi que la puissance moyenne.

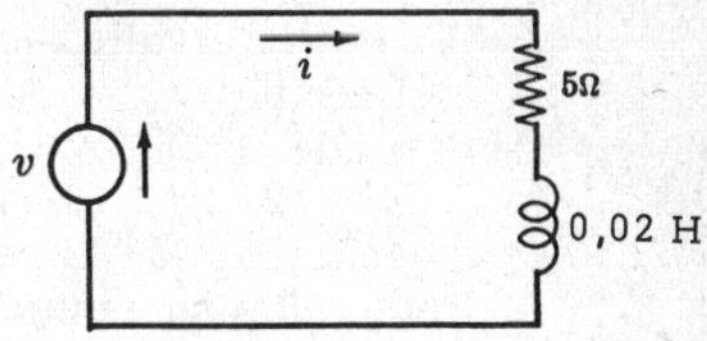

Fig. 15-13

Calculer l'impédance équivalente du circuit à chaque fréquence et en déduire les courants respectifs.

Pour $\omega = 0$, $\mathbf{Z} = 5\,\Omega$, on a $I_0 = V_0/R = 100/5 = 20$ A

Pour $\omega = 500$ rd/s, $\mathbf{Z}_1 = 5 + j(0{,}02)(500) = 5 + j10\,\Omega$, on a

$$i_1 = \frac{V_{1\,max}}{|\mathbf{Z}_1|}\sin(\omega t - \theta_1) = \frac{50}{11{,}15}\sin(\omega t - 63{,}4°) = 4{,}48\sin(\omega t - 63{,}4°)$$

Pour $3\omega = 1500$ rd/s, $\mathbf{Z}_3 = 5 + j30\,\Omega$, on a

$$i_3 = \frac{V_{3\,max}}{|\mathbf{Z}_3|}\sin(3\omega t - \theta_3) = \frac{25}{30{,}4}\sin(3\omega t - 80{,}54°) = 0{,}823\sin(3\omega t - 80{,}54°)$$

La somme des courants harmoniques correspond à la réponse en courant demandée

$$i = 20 + 4{,}48\sin(\omega t - 63{,}4°) + 0{,}823\sin(3\omega t - 80{,}54°)$$

La valeur efficace de ce courant est

$$I_{eff} = \sqrt{20^2 + 4{,}48^2/2 + 0{,}823^2/2} = \sqrt{410{,}6} = 20{,}25$$

ce qui nous donne une puissance correspondant à la résistance de 5 Ω de :

$$P = I_{eff}^2 R = (410{,}6)5 = 2053 \text{ W}$$

En guise de vérification nous pouvons calculer la puissance moyenne totale en calculant d'abord la puissance due à chaque harmonique et en additionnant les résultats

Pour $\omega = 0$, $$P = V_0 I_0 = 100(20) = 2000 \text{ W}$$

Pour $\omega = 500$ rd/s $$P = \tfrac{1}{2}V_1 I_1 \cos\theta_1 = \tfrac{1}{2}(50)(4,48)\cos 63,4° = 50,1 \text{ W}$$

Pour $3\omega = 1500$ rd/s $$P = \tfrac{1}{2}V_3 I_3 \cos\theta_3 = \tfrac{1}{2}(25)(0,823)\cos 80,54° = 1,69 \text{ W}$$

d'où $$P_T = 2000 + 50,1 + 1,69 = 2052 \text{ W}$$

Autre méthode :

L'expression pour la tension aux bornes de la résistance est

$$v_R = Ri = 100 + 22,4 \sin(\omega t - 63,4°) + 4,11 \sin(3\omega t - 80,54°)$$

et $$V_R = \sqrt{100^2 + \tfrac{1}{2}(22,4)^2 + \tfrac{1}{2}(4,11)^2} = \sqrt{10\,259} = 101,3 \text{ V}$$

il en résulte que la puissance fournie par la source est égale à

$$P = V_R^2/R = (101,3)^2/5 = 2052 \text{ W}$$

La série de Fourier exponentielle est utilisée de la même manière que précédemment à l'exception suivante près : souvent l'impédance du circuit peut être exprimée en fonction de $n\omega$ et les coefficients de la série de Fourier en courant $\mathbf{I}_n$ peuvent se calculer à partir du rapport $\mathbf{V}_n/\mathbf{Z}_n$ comme le montre l'exemple 4 ci-dessous.

Exemple 4. La tension triangulaire représentée par la Fig. 15-14 est appliquée à une capacité pure de C farads. Déterminer le courant résultant.

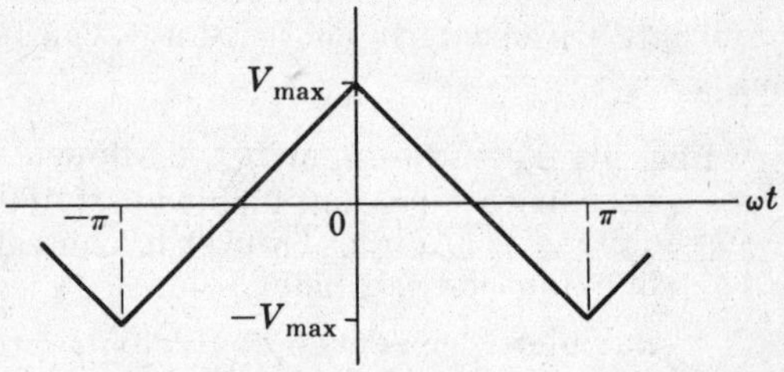

Fig. 15-14

Dans l'intervalle $-\pi < \omega t < 0$, la tension est définie par $v = V_{max} + (2\,V_{max}/\pi)\omega t$ et dans l'intervalle $0 < \omega t < \pi$, elle est définie par $v = V_{max} - (2\,V_{max}/\pi)\omega t$. On peut alors déterminer les coefficients de la série de Fourier en calculant les intégrales suivantes

$$\mathbf{A}_n = \frac{1}{2\pi}\int_{-\pi}^{0} [V_{max} + (2V_{max}/\pi)\omega t] e^{-jn\omega t}\, d(\omega t) + \frac{1}{2\pi}\int_{0}^{\pi} [V_{max} - (2V_{max}/\pi)\omega t] e^{-jn\omega t}\, d(\omega t)$$

d'où l'on tire $\mathbf{A}_n = \dfrac{4V_{max}}{\pi^2 n^2}$ pour des valeurs impaires de n et $\mathbf{A}_n = 0$ pour des valeurs paires de n.

L'impédance du circuit $\mathbf{Z} = 1/j\omega C$ peut être exprimée en fonction de n, c'est-à-dire $\mathbf{Z}_n = 1/j\omega n C$. Par ailleurs

$$\mathbf{I}_n = \frac{\mathbf{V}_n}{\mathbf{Z}_n} = \frac{4V_{max}}{\pi^2 n^2}(jn\omega C) = j\left(\frac{4V_{max}\,\omega C}{\pi^2 n}\right)$$

d'où l'on tire le courant

$$i = j\left(\frac{4V_{max}\,\omega C}{\pi^2}\right)\sum \frac{e^{jn\omega t}}{n}$$

pour des valeurs de n impair uniquement. Cette série pourrait être transformée en série trigonométrique et synthétisée ensuite pour mettre en évidence la forme du courant. Cette série est de la même forme que le résultat du problème 15.8, où le coefficient $\mathbf{A}_n = -j(2\,V/n\pi)$ est valable uniquement pour des valeurs impaires de n. Le signe négatif indique que le courant est l'opposé du signal du problème 15.8, avec une valeur maximale de $(2\,V_{max}\,\omega C)/\pi$.

Problèmes résolus

15.1. Déterminer la série de Fourier trigonométrique correspondant au signal carré de la Fig. 15-15 et tracer le spectre de fréquence correspondant.

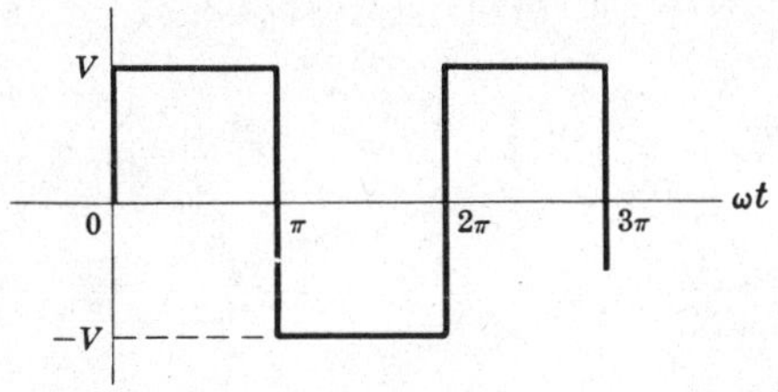

Fig. 15-15

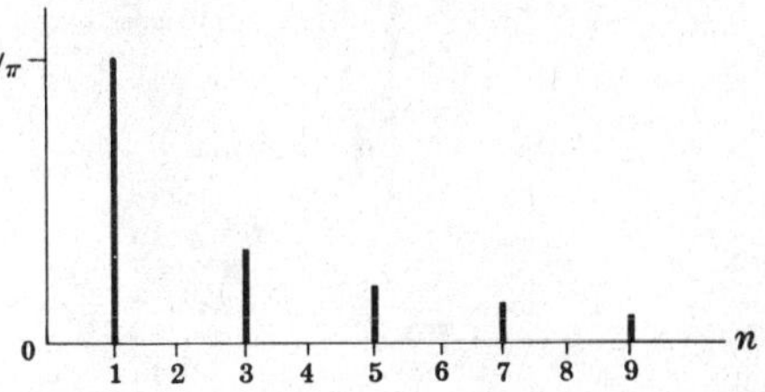

Fig. 15-16

Pendant l'intervalle $0 < \omega t < \pi$, $f(t) = V$; et pendant l'intervalle $\pi < \omega t < 2\pi$, $f(t) = -V$. La valeur moyenne du signal est nulle, d'où $a_0/2 = 0$. Les coefficients des termes en cosinus s'obtiennent en calculant les intégrales suivantes

$$a_n = \frac{1}{\pi}\left\{\int_0^{\pi} V\cos n\omega t\, d(\omega t) + \int_{\pi}^{2\pi}(-V)\cos n\omega t\, d(\omega t)\right\} = \frac{V}{\pi}\left\{\left[\frac{1}{n}\sin n\omega t\right]_0^{\pi} - \left[\frac{1}{n}\sin n\omega t\right]_{\pi}^{2\pi}\right\}$$

$$= 0 \text{ pour tout } n.$$

Nous constatons que la série ne contient pas de termes en cosinus; de même nous obtenons les coefficients des termes en sinus par les relations suivantes:

$$b_n = \frac{1}{\pi}\left\{\int_0^{\pi} V\sin n\omega t\, d(\omega t) + \int_{\pi}^{2\pi}(-V)\sin n\omega t\, d(\omega t)\right\}$$

$$= \frac{V}{\pi}\left\{\left[-\frac{1}{n}\cos n\omega t\right]_0^{\pi} + \left[\frac{1}{n}\cos n\omega t\right]_{\pi}^{2\pi}\right\}$$

$$= \frac{V}{\pi n}(-\cos n\pi + \cos 0 + \cos n2\pi - \cos n\pi) = \frac{2V}{\pi n}(1 - \cos n\pi)$$

d'où $b_n = 4V/\pi n$ pour $n = 1, 3, 5, \ldots$, et $b_n = 0$ pour $n = 2, 4, 6, \ldots$. On en déduit que la série de Fourier représentative du signal carré est

$$f(t) = \frac{4V}{\pi}\sin\omega t + \frac{4V}{3\pi}\sin 3\omega t + \frac{4V}{5\pi}\sin 5\omega t + \cdots$$

Le spectre de fréquence correspondant est représenté sur la Fig. 15-16 ci-dessus. La série ne contient que des harmoniques impaires, fait que l'on aurait pu déduire de l'étude de la symétrie du signal. Comme le signal de la Fig. 15-15 est impair, sa série représentative ne contient que des termes en sinus, et par ailleurs sa symétrie demi-onde explique que seules des harmoniques impaires sont présentes.

15.2. Déterminer la série de Fourier trigonométrique correspondant au signal de la Fig. 15-17 et représenter son spectre de fréquence.

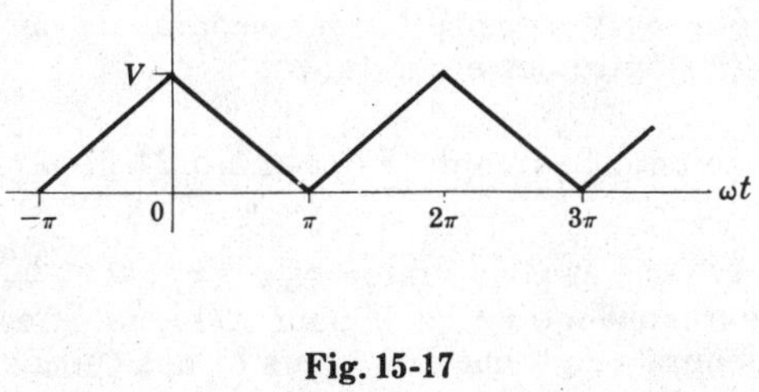

Fig. 15-17

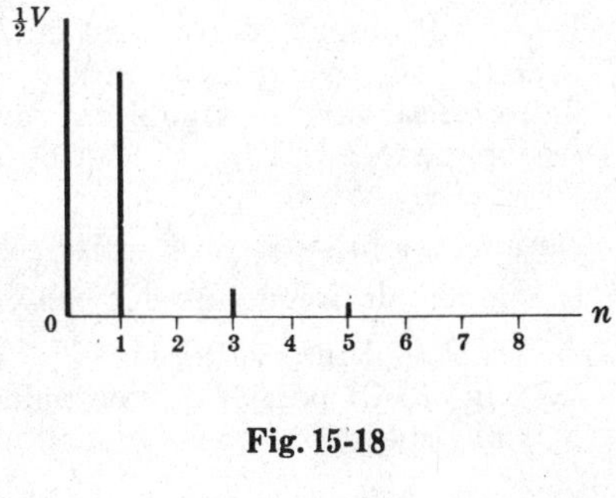

Fig. 15-18

Le signal correspond à une fonction paire étant donné que $f(t) = f(-t)$, et si on lui soustrait sa valeur moyenne $V/2$ il présente également une symétrie demi-onde, c'est-à-dire $f(t) = -f(t+T/2)$. Dans l'intervalle $-\pi < \omega t < 0$, $f(t) = V + (V/\pi)\omega t$; et dans l'intervalle $0 < \omega t < \pi$, $f(t) = V - (V/\pi)\omega t$. Comme les fonctions paires ne comportent pas de termes en cosinus $b_n = 0$ pour tout nombre entier :

$$\begin{aligned} a_n &= \frac{1}{\pi}\int_{-\pi}^{0}[V + (V/\pi)\omega t]\cos n\omega t\, d(\omega t) + \frac{1}{\pi}\int_{0}^{\pi}[V - (V/\pi)\omega t]\cos n\omega t\, d(\omega t) \\ &= \frac{V}{\pi}\left\{\int_{-\pi}^{\pi}\cos n\omega t\, d(\omega t) + \int_{-\pi}^{0}\frac{\omega t}{\pi}\cos n\omega t\, d(\omega t) - \int_{0}^{\pi}\frac{\omega t}{\pi}\cos n\omega t\, d(\omega t)\right\} \\ &= \frac{V}{\pi^2}\left\{\left[\frac{1}{n^2}\cos n\omega t + \frac{\omega t}{n}\sin n\omega t\right]_{-\pi}^{0} - \left[\frac{1}{n^2}\cos n\omega t + \frac{\omega t}{n}\sin n\omega t\right]_{0}^{\pi}\right\} \\ &= \frac{V}{\pi^2 n^2}\{\cos 0 - \cos(-n\pi) - \cos n\pi + \cos 0\} = \frac{2V}{\pi^2 n^2}(1 - \cos n\pi) \end{aligned}$$

Comme prévu à cause de la symétrie demi-onde, la série ne contient que des termes impairs vu que $a_n = 0$ pour $n = 2, 4, 6, \ldots$ Pour $n = 1, 3, 5, \ldots$, $a_n = 4V/\pi^2 n^2$. Il en résulte que la série de Fourier représentant le signal est

$$f(t) = \frac{V}{2} + \frac{4V}{\pi^2}\cos\omega t + \frac{4V}{(3\pi)^2}\cos 3\omega t + \frac{4V}{(5\pi)^2}\cos 5\omega t + \cdots$$

Les coefficients décroissent en $1/n^2$ et par conséquent la série converge plus rapidement que celle du problème 15.1; ceci est mis en évidence par le spectre de fréquence représenté sur la Fig. 15-18.

15.3. Déterminer la série de Fourier trigonométrique pour le signal en dent de scie de la Fig. 15-19 et représenter son spectre de fréquence.

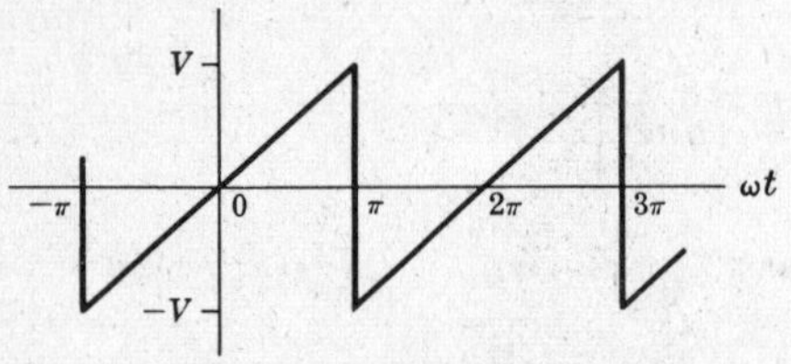

Fig. 15-19

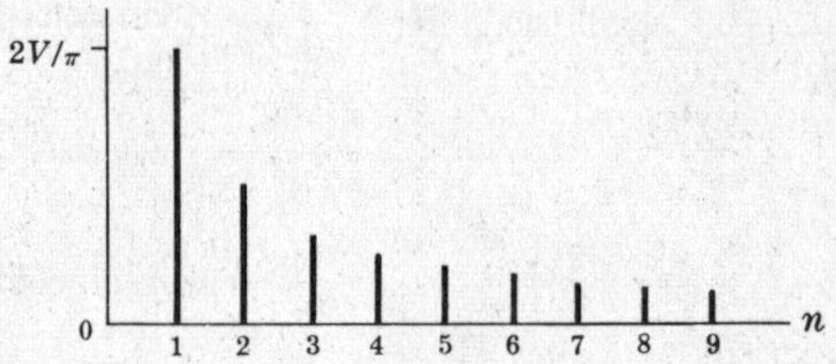

Fig. 15-20

La Fig. 15-19 nous montre que nous avons affaire à un signal impair de valeur moyenne nulle, par conséquent sa série représentative ne contiendra pas de termes en sinus. La fonction $f(t) = (V/\pi)\omega t$ définit la fonction sur la période de $-\pi$ à $+\pi$ et nous utiliserons ces bornes d'intégration pour le calcul de b_n.

$$b_n = \frac{1}{\pi}\int_{-\pi}^{\pi}(V/\pi)\omega t \sin n\omega t\, d(\omega t) = \frac{V}{\pi^2}\left[\frac{1}{n^2}\sin n\omega t - \frac{\omega t}{n}\cos n\omega t\right]_{-\pi}^{\pi} = -\frac{2V}{n\pi}(\cos n\pi)$$

comme $\cos n\pi$ est positif pour des valeurs paires de n et négatif pour des valeurs impaires les signes des coefficients sont alternés et la série recherchée est

$$f(t) = \frac{2V}{\pi}\{\sin\omega t - \tfrac{1}{2}\sin 2\omega t + \tfrac{1}{3}\sin 3\omega t - \tfrac{1}{4}\sin 4\omega t + \cdots\}$$

Les coefficients décroissent en $1/n$ et convergent lentement; ceci est mis en évidence par le spectre de fréquence de la Fig. 15-20 ci-dessus. A l'exception d'un décalage de l'axe zéro et du terme moyen, ce signal est identique à celui de l'exemple 1. La comparaison des spectres de fréquences de la Fig. 15-9 et de la Fig. 15-20 montre cette similarité.

15.4. Déterminer la série de Fourier trigonométrique pour le signal de la Fig. 15-21 ci-dessous et tracer le spectre de fréquence correspondant.

Pour l'intervalle $0 < \omega t < \pi$, $f(t) = (V/\pi)\omega t$ et pour l'intervalle $\pi < \omega t < 2\pi$, $f(t) = 0$. La Fig. 15-21 permet de déterminer une valeur moyenne de $V/4$ pour le signal. Ce dernier n'est ni pair ni impair, par conséquent la série contiendra des termes en sinus et des termes en cosinus.

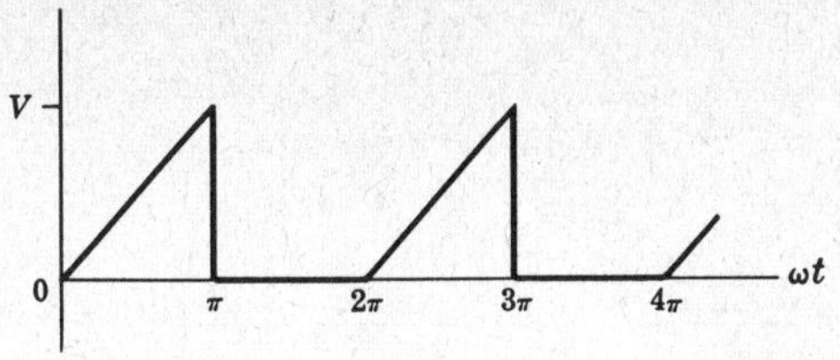

Fig. 15-21

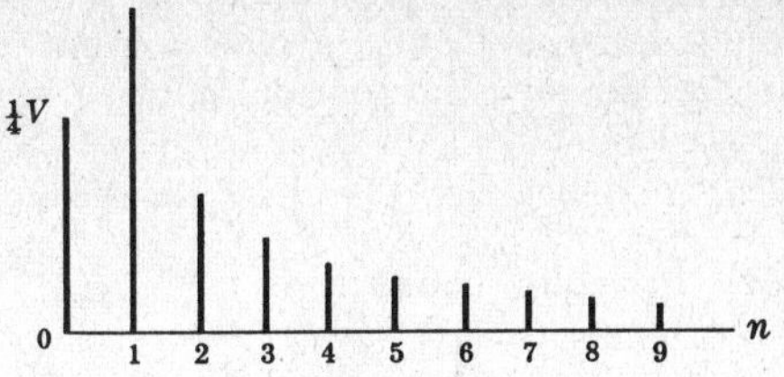

Fig. 15-22

Dans l'intervalle de 0 à π, nous avons

$$a_n = \frac{1}{\pi}\int_0^\pi (V/\pi)\omega t \cos n\omega t \, d(\omega t) = \frac{V}{\pi^2}\left[\frac{1}{n^2}\cos n\omega t + \frac{\omega t}{n}\sin n\omega t\right]_0^\pi = \frac{V}{\pi^2 n^2}(\cos n\pi - 1)$$

Lorsque n est pair $(\cos n\pi - 1) = 0$ et $a_n = 0$. Lorsque n est impair $a_n = -2V/(\pi^2 n^2)$. Les coefficients b_n sont

$$b_n = \frac{1}{\pi}\int_0^\pi (V/\pi)\omega t \sin n\omega t \, d(\omega t) = \frac{V}{\pi^2}\left[\frac{1}{n^2}\sin n\omega t - \frac{\omega t}{n}\cos n\omega t\right]_0^\pi = -\frac{V}{\pi n}(\cos n\pi)$$

Les signes sont alternés avec $b_n = -V/\pi n$ pour n pair et $b_n = +V/\pi n$ pour n impair. La série de Fourier recherchée est alors

$$f(t) = \frac{V}{4} - \frac{2V}{\pi^2}\cos\omega t - \frac{2V}{(3\pi)^2}\cos 3\omega t - \frac{2V}{(5\pi)^2}\cos 5\omega t - \cdots$$

$$+ \frac{V}{\pi}\sin\omega t - \frac{V}{2\pi}\sin 2\omega t + \frac{V}{3\pi}\sin 3\omega t - \cdots$$

Les amplitudes des harmoniques paires sont directement déterminées par les coefficients b_n vu qu'il n'y a pas de termes en cosinus pairs. L'amplitude des harmoniques impaires cependant doit se déterminer en utilisant la relation $c_n = \sqrt{a_n^2 + b_n^2}$. . Ainsi on a $c_1 = \sqrt{(2V/\pi^2)^2 + (V/\pi)^2} = V(0{,}377)$. et de même $c_3 = V(0{,}109)$ et $c_5 = V(0{,}064)$. La Fig. 15-22 représente le spectre de fréquence.

15.5. Déterminer la série de Fourier trigonométrique pour la sinusoïde redressée demi-onde de la Fig. 15-23 et tracer son spectre de fréquence

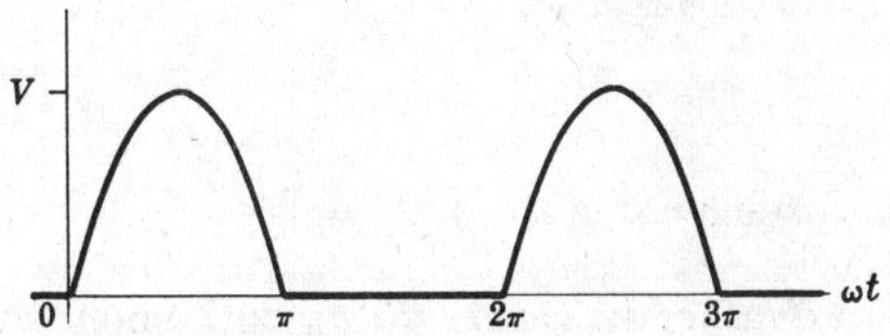

Fig. 15-23

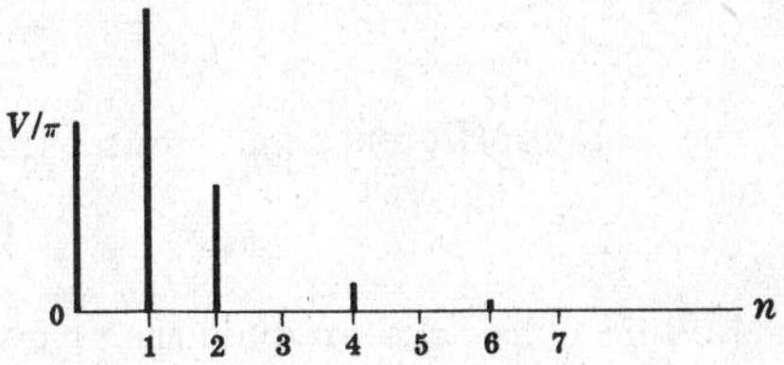

Fig. 15-24

Le signal ne présente aucune symétrie et de ce fait les termes en sinus aussi bien qu'en cosinus apparaîtront dans la série. La valeur moyenne doit se calculer vu qu'on ne peut pas la déterminer à la simple vue du signal:

$$a_0 = \frac{1}{\pi}\int_0^\pi V \sin\omega t \, d(\omega t) = \frac{V}{\pi}\Big[-\cos\omega t\Big]_0^\pi = \frac{2V}{\pi}$$

Ensuite nous déterminons a_n comme suit

$$a_n = \frac{1}{\pi}\int_0^\pi V \sin\omega t \cos n\omega t \, d(\omega t)$$

$$= \frac{V}{\pi}\left[\frac{-n\sin\omega t \sin n\omega t - \cos n\omega t \cos\omega t}{-n^2+1}\right]_0^\pi = \frac{V}{\pi(1-n^2)}(\cos n\pi + 1)$$

Pour des valeurs paires de n, $a_n = 2V/\pi(1-n^2)$ et pour des valeurs impaires de n, $a_n = 0$. Malheureusement cette expression est indéterminée pour $n = 1$ et par conséquent nous devons intégrer séparément pour calculer a_1 :

$$a_1 \quad = \quad \frac{1}{\pi}\int_0^{\pi} V \sin \omega t \cos \omega t \; d(\omega t) \quad = \quad \frac{V}{\pi}\int_0^{\pi} \tfrac{1}{2} \sin 2\omega t \; d(\omega t) \quad = \quad 0$$

Pour b_n nous avons:

$$b_n \quad = \quad \frac{1}{\pi}\int_0^{\pi} V \sin \omega t \sin n\omega t \; d(\omega t) \quad = \quad \frac{V}{\pi}\left[\frac{n \sin \omega t \cos n\omega t - \sin n\omega t \cos \omega t}{-n^2+1}\right]_0^{\pi} \quad = \quad 0$$

Cette expression aussi est indéterminée pour $n = 1$ et exige un calcul séparé de b_1 :

$$b_1 \quad = \quad \frac{1}{\pi}\int_0^{\pi} V \sin^2 \omega t \; d(\omega t) \quad = \quad \frac{V}{\pi}\left[\frac{\omega t}{2} - \frac{\sin 2\omega t}{4}\right]_0^{\pi} \quad = \quad \frac{V}{2}$$

La série de Fourier cherchée est :

$$f(t) \quad = \quad \frac{V}{\pi}\left\{1 + \frac{\pi}{2}\sin \omega t - \frac{2}{3}\cos 2\omega t - \frac{2}{15}\cos 4\omega t - \frac{2}{35}\cos 6\omega t - \cdots\right\}$$

Le spectre en fréquence ci-dessus montre la grande amplitude du terme fondamental ainsi que les amplitudes rapidement décroissantes des harmoniques élevées.

15.6. Déterminer la série de Fourier trigonométrique pour la sinusoïde redressée demi-onde de la Fig. 15-25 où l'axe vertical a été déplacé par rapport à sa position dans le problème 15.5.

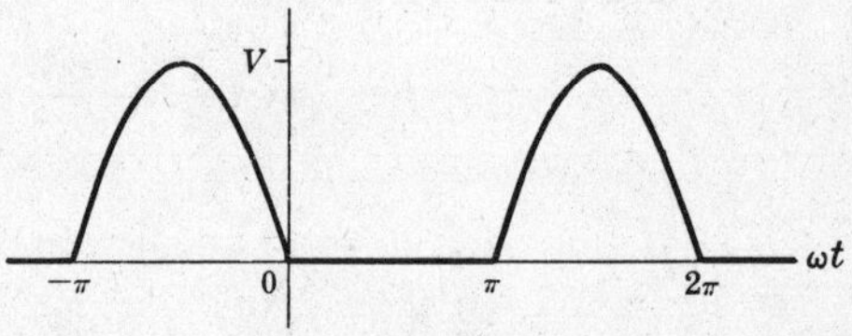

Fig. 15-25

Dans l'intervalle $-\pi < \omega t < 0$ la fonction est décrite par $f(t) = -V \sin \omega t$. La valeur moyenne est la même que celle calculée dans le problème 15.5, c'est-à-dire $a_0 = 2V/\pi$. Pour les coefficients a_n nous avons

$$a_n \quad = \quad \frac{1}{\pi}\int_{-\pi}^{0} (-V \sin \omega t) \cos n\omega t \; d(\omega t) \quad = \quad \frac{V}{\pi(1-n^2)}(1 + \cos n\pi)$$

Pour des valeurs paires de n, $a_n = 2V/\pi(1-n^2)$ et pour des valeurs impaires de n, $a_n = 0$ sauf pour le cas de $n = 1$ qui doit être examiné séparément:

$$a_1 \quad = \quad \frac{1}{\pi}\int_{-\pi}^{0} (-V \sin \omega t) \cos \omega t \; d(\omega t) \quad = \quad 0$$

Pour les coefficients b_n, nous obtenons

$$b_n \quad = \quad \frac{1}{\pi}\int_{-\pi}^{0} (-V \sin \omega t) \sin n\omega t \; d(\omega t) \quad = \quad 0$$

Mais de même que précédemment nous devons évaluer la valeur de b_1 correspondant à $n = 1$:

$$b_1 \quad = \quad \frac{1}{\pi}\int_{-\pi}^{0} (-V) \sin^2 \omega t \; d(\omega t) \quad = \quad -\frac{V}{2}$$

on en déduit la série

$$f(t) \quad = \quad \frac{V}{\pi}\left\{1 - \frac{\pi}{2}\sin \omega t - \frac{2}{3}\cos 2\omega t - \frac{2}{15}\cos 4\omega t - \frac{2}{35}\cos 6\omega t - \cdots\right\}$$

Cette série est identique à celle trouvée dans le problème 15.5, à l'exception du terme fondamental qui est négatif dans le cas présent. Il est évident que le spectre sera identique à celui de la Fig. 15-24.

15.7. Déterminer la série de Fourier trigonométrique pour le train d'impulsions rectangulaires de la Fig. 15-26 et tracer le spectre de fréquence.

Avec l'axe horizontal positionné comme le montre la figure, le signal est pair, la série ne contiendra que des termes en cosinus et un terme constant. Les coefficients se déterminent en utilisant comme période d'intégration l'intervalle de $-\pi$ à $+\pi$, et la fonction est nulle en dehors de l'intervalle $[-\frac{\pi}{6}$ à $+\frac{\pi}{6}]$

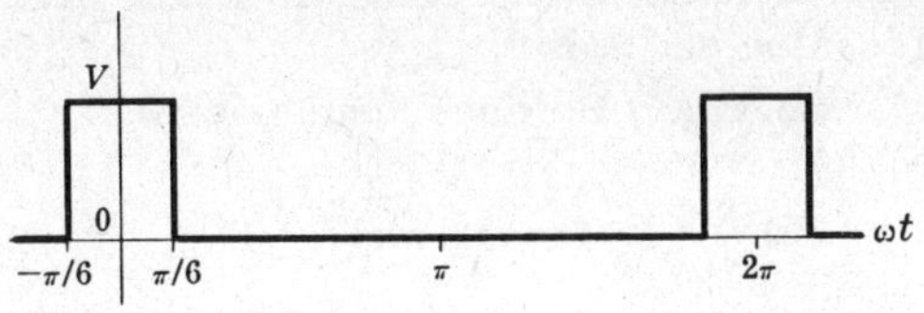

Fig. 15-26

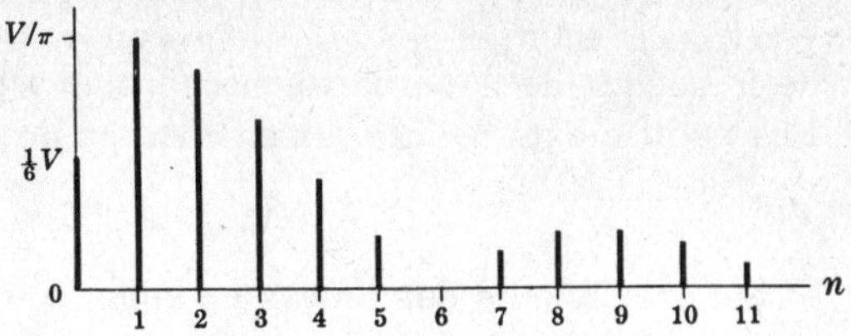

Fig. 15-27

$$a_0 = \frac{1}{\pi}\int_{-\pi/6}^{\pi/6} V\,d(\omega t) = \frac{V}{3}, \qquad a_n = \frac{1}{\pi}\int_{-\pi/6}^{\pi/6} V\cos n\omega t\,d(\omega t) = \frac{2V}{n\pi}\sin\frac{n\pi}{6}$$

Comme $\sin n\pi/6 = 1/2, \sqrt{3}/2, 1, \sqrt{3}/2, 1/2, 0, -1/2, \ldots$ pour $n = 1, 2, 3, 4, 5, 6, 7\ldots$ respectivement, la série est

$$f(t) = \frac{V}{6} + \frac{2V}{\pi}\left\{\frac{1}{2}\cos\omega t + \frac{\sqrt{3}}{2}\left(\frac{1}{2}\right)\cos 2\omega t + 1\left(\frac{1}{3}\right)\cos 3\omega t + \frac{\sqrt{3}}{2}\left(\frac{1}{4}\right)\cos 4\omega t\right.$$
$$\left. + \frac{1}{2}\left(\frac{1}{5}\right)\cos 5\omega t - \frac{1}{2}\left(\frac{1}{7}\right)\cos 7\omega t - \cdots\right\}$$

ou encore

$$f(t) = \frac{V}{6} + \frac{2V}{\pi}\sum_{n=1}^{\infty}\frac{1}{n}\sin(n\pi/6)\cos n\omega t$$

Le spectre tracé sur la Fig. 15-27 décroît très lentement pour ce type de signal;ceci est dû à la convergence lente de la série. Il faut remarquer que les amplitudes des harmoniques 8, 9 et 10 dépassent celles de l'harmonique 7. Avec les signaux considérés précédemment ceci n'était jamais le cas et l'amplitude des harmoniques diminuait progressivement.

15.8. Trouver la série de Fourier exponentielle pour l'onde carrée de la Fig. 15-28 et tracer son spectre de fréquence. En déduire les coefficients de la série trigonométrique et les comparer à ceux du problème 15.1.

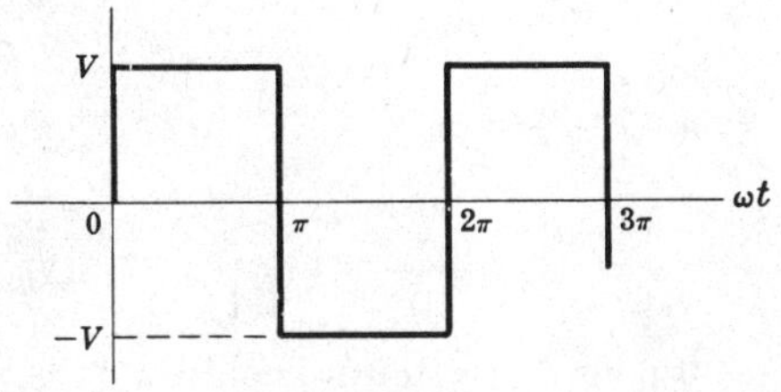

Fig. 15-28

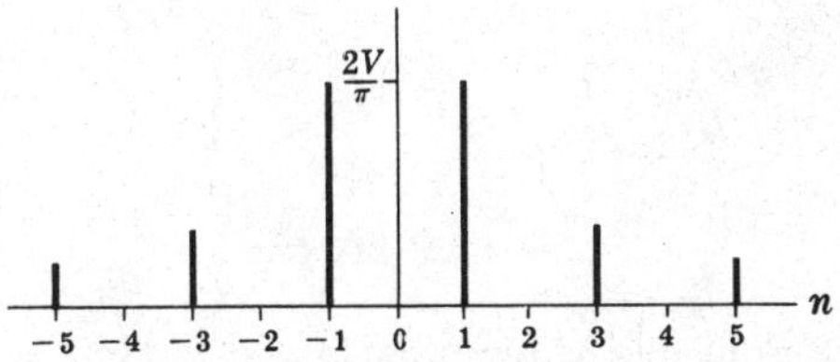

Fig. 15-29

Pour l'intervalle $-\pi < \omega t < 0$, $f(t) = -V$; et pour l'intervalle $0 < \omega t < \pi$, $f(t) = V$. La valeur moyenne du signal est nulle. Le signal est impair et par conséquent les coefficients $\mathbf{A}_n$ seront purement imaginaires.

$$\mathbf{A}_n = \frac{1}{2\pi}\left\{\int_{-\pi}^{0}(-V)e^{-jn\omega t}\,d(\omega t) + \int_{0}^{\pi} Ve^{-jn\omega t}\,d(\omega t)\right\}$$
$$= \frac{V}{2\pi}\left\{-\left[\frac{1}{(-jn)}e^{-jn\omega t}\right]_{-\pi}^{0} + \left[\frac{1}{(-jn)}e^{-jn\omega t}\right]_{0}^{\pi}\right\}$$
$$= \frac{V}{(-j2\pi n)}(-e^0 + e^{jn\pi} + e^{-jn\pi} - e^0) = j\frac{V}{n\pi}(e^{jn\pi} - 1)$$

Pour n pair $e^{jn\pi} = +1$ et $\mathbf{A}_n = 0$; pour n impair $e^{jn\pi} = -1$ et $\mathbf{A}_n = -j(2V/n\pi)$. La série de Fourier cherchée est

$$f(t) = \cdots + j\frac{2V}{3\pi}e^{-j3\omega t} + j\frac{2V}{\pi}e^{-j\omega t} - j\frac{2V}{\pi}e^{j\omega t} - j\frac{2V}{3\pi}e^{j3\omega t} - \cdots$$

Le spectre de la Fig. 15-29 ci-dessus montre les amplitudes pour les fréquences positives et négatives. L'addition des amplitudes en $+n$ et $-n$ donne l'amplitude de l'harmonique n du spectre de fréquence de la série trigonométrique représentée sur la Fig. 15-16.
Les coefficients des termes en cosinus de la série trigonométrique sont

$$a_n = \mathbf{A}_n + \mathbf{A}_{-n} = -j\frac{2V}{n\pi} + \left(-j\frac{2V}{(-n\pi)}\right) = 0$$

et les coefficients des termes en sinus sont

$$b_n = j[\mathbf{A}_n - \mathbf{A}_{-n}] = j\left[-j\frac{2V}{n\pi} + j\frac{2V}{(-n\pi)}\right] = \frac{4V}{n\pi}$$

pour des valeurs impaires de n uniquement; ces résultats sont en accord avec ceux trouvés au problème 15.1.

15.9. Déterminer la série de Fourier exponentielle pour le signal triangulaire de la Fig. 15-30 et tracer le spectre de fréquence.

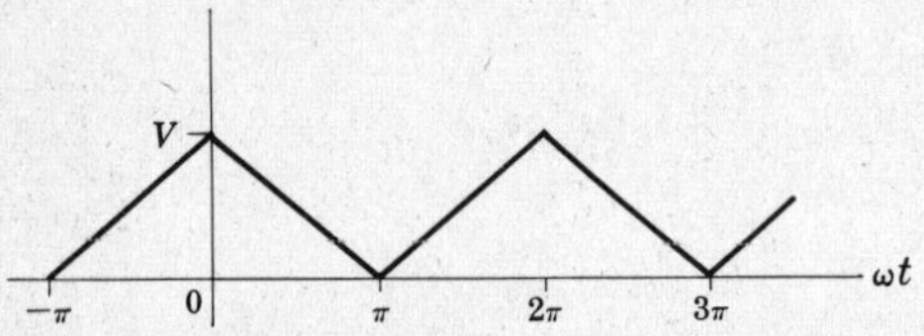

Fig. 15-30

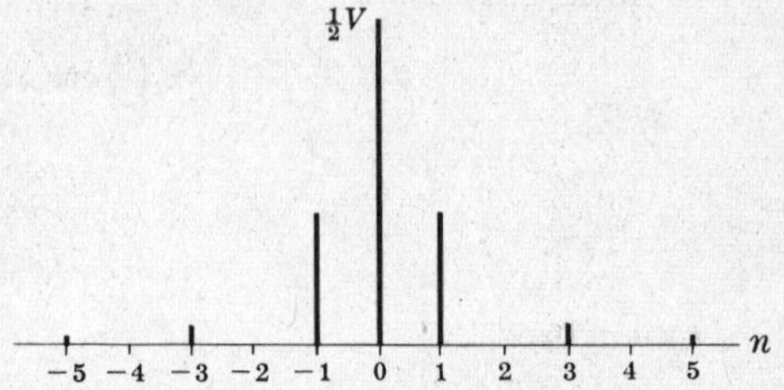

Fig. 15-31

Pour l'intervalle $-\pi < \omega t < 0$, $f(t) = V + (V/\pi)\omega t$, et pour l'intervalle $0 < \omega t < \pi$, $f(t) = V - (V/\pi)\omega t$; le signal est pair et de ce fait les coefficients $\mathbf{A}_n$ seront purement réels, la valeur moyenne qui peut se déterminer d'après la figure est égale à $V/2$; les coefficients $\mathbf{A}_n$ sont alors donnés par

$$\mathbf{A}_n = \frac{1}{2\pi}\left\{\int_{-\pi}^{0}[V + (V/\pi)\omega t]e^{-jn\omega t}\,d(\omega t) + \int_0^{\pi}[V - (V/\pi)\omega t]e^{-jn\omega t}\,d(\omega t)\right\}$$

$$= \frac{V}{2\pi^2}\left\{\int_{-\pi}^{0}\omega t\,e^{-jn\omega t}\,d(\omega t) + \int_0^{\pi}(-\omega t)e^{-jn\omega t}\,d(\omega t) + \int_{-\pi}^{\pi}\pi\,e^{-jn\omega t}\,d(\omega t)\right\}$$

$$= \frac{V}{2\pi^2}\left\{\left[\frac{e^{-jn\omega t}}{(-jn)^2}(-jn\omega t - 1)\right]_{-\pi}^{0} - \left[\frac{e^{-jn\omega t}}{(-jn)^2}(-jn\omega t - 1)\right]_0^{\pi}\right\} = \frac{V}{\pi^2 n^2}[1 - e^{jn\pi}]$$

Pour des valeurs paires de n, $e^{jn\pi} = +1$ et $\mathbf{A}_n = 0$ pour des valeurs impaires de n, $\mathbf{A}_n = 2V/\pi^2 n^2$.
Il en résulte que la série cherchée est

$$f(t) = \cdots + \frac{2V}{(-3\pi)^2}e^{-j3\omega t} + \frac{2V}{(-\pi)^2}e^{-j\omega t} + \frac{V}{2} + \frac{2V}{(\pi)^2}e^{j\omega t} + \frac{2V}{(3\pi)^2}e^{j3\omega t} + \cdots$$

Le spectre de fréquence est représenté sur la Fig. 15-31, et lorsque l'on ajoute les amplitudes en $-n$ et $+n$ on obtient le même spectre que celui de la Fig. 15-18. Les coefficients de la série trigonométrique sont

$$a_n = \mathbf{A}_n + \mathbf{A}_{-n} = \frac{2V}{\pi^2 n^2} + \frac{2V}{\pi^2(-n)^2} = \frac{4V}{\pi^2 n^2}$$

pour des valeurs impaires de n uniquement et

$$b_n = j[\mathbf{A}_n - \mathbf{A}_{-n}] = j\left[\frac{2V}{\pi^2 n^2} - \frac{2V}{\pi^2(-n)^2}\right] = 0$$

ces coefficients sont identiques à ceux du problème 15.2.

15.10. Déterminer la série de Fourier exponentielle pour la sinusoïde redressée demi-onde représentée sur la Fig. 15-32 ci-dessous.

Pour l'intervalle $0 < \omega t < \pi$, $f(t) = V\ \sin\omega t$; et pour l'intervalle $\pi < \omega t < 2\pi$, $f(t) = 0$.

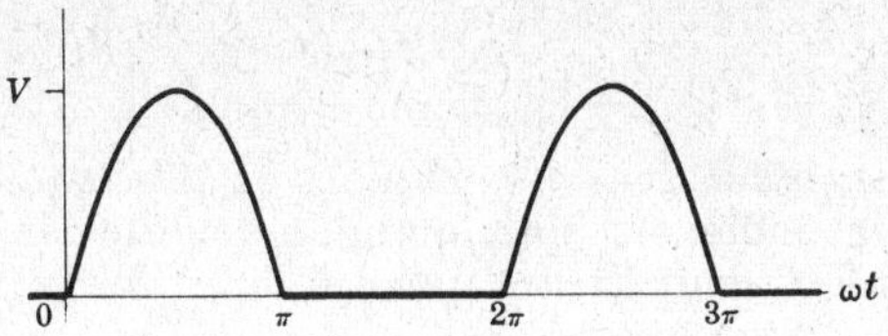

Fig. 15-32

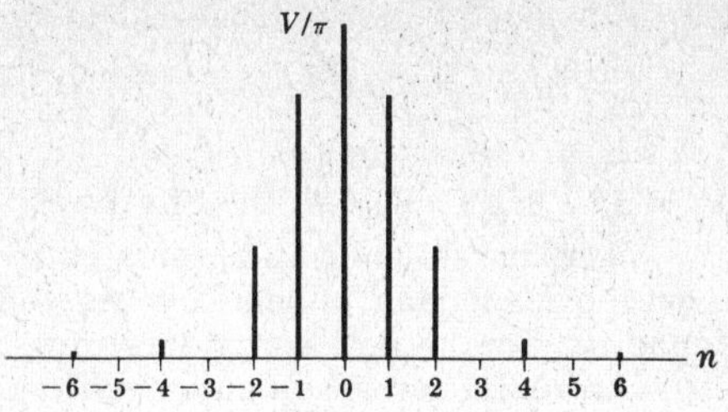

Fig. 15-33

Nous avons alors

$$\mathbf{A}_n = \frac{1}{2\pi}\int_0^{\pi} V \sin \omega t\, e^{-jn\omega t}\, d(\omega t)$$

$$= \frac{V}{2\pi}\left[\frac{e^{-jn\omega t}}{(1-n^2)}(-jn \sin \omega t - \cos \omega t)\right]_0^{\pi} = \frac{V}{2\pi(1-n^2)}(e^{-jn\pi}+1)$$

Pour des valeurs paires de n, $\mathbf{A}_n = V/\pi\,(1-n^2)$; et pour des valeurs impaires de n, $e^{-jn\pi} = -1$ et $\mathbf{A}_n = 0$. Cependant pour $n = \pm 1$ l'expression donnant $\mathbf{A}_n$ est indéterminée. En appliquant la règle de l'Hospital, c'est-à-dire en différenciant séparément le numérateur et le dénominateur de l'expression.

$$\frac{V}{2\pi(1-n^2)}(e^{-jn\pi}+1)$$

par rapport à n, et en faisant tendre n vers 1,on obtient $\mathbf{A}_1 = -j(V/4)$ et $\mathbf{A}_{-1} = j(V/4)$.

La valeur moyenne est égale à

$$A_0 = \frac{1}{2\pi}\int_0^{\pi} V \sin \omega t\, d(\omega t) = \frac{V}{2\pi}\Big[-\cos \omega t\Big]_0^{\pi} = \frac{V}{\pi}$$

L'expression pour la série de Fourier exponentielle est alors

$$f(t) = \cdots - \frac{V}{15\pi}e^{-j4\omega t} - \frac{V}{3\pi}e^{-j2\omega t} + j\frac{V}{4}e^{-j\omega t} + \frac{V}{\pi} - j\frac{V}{4}e^{j\omega t} - \frac{V}{3\pi}e^{j2\omega t} - \frac{V}{15\pi}e^{j4\omega t} - \cdots$$

Il est intéressant de noter qu'il n'y a que deux coefficients imaginaires pour $n = \pm 1$ dans la série et que l'unique terme en sinus dans la série trigonométrique du problème 15.6 a pour coefficient

$$b_1 = j[\mathbf{A}_1 - \mathbf{A}_{-1}] = j[-j(V/4) - j(V/4)] = \tfrac{1}{2}V.$$

Le spectre de la fréquence de la Fig. 15.33 ci-dessus qui montre l'amplitude des harmoniques du signal peut se comparer à celui de la Fig. 15-24.

15.11. Calculer la puissance moyenne dissipée dans une résistance de 10 Ω traversée par un courant de la forme $i = 10 \sin \omega t + 5 \sin 3\omega t + 2 \sin 5\omega t$.

Le courant a une valeur efficace de $I = \sqrt{\tfrac{1}{2}(10)^2 + \tfrac{1}{2}(5)^2 + \tfrac{1}{2}(2)^2} = \sqrt{64{,}5} = 8{,}03$ et la puissance moyenne correspondante dans la résistance est $P = I^2R = (64{,}5)10 = 645$ W.

Autre méthode

La puissance totale correspond à la somme des puissances de chaque harmonique, puissances déterminées par $\tfrac{1}{2}V_{max} I_{max} \cos \theta$.

La tension aux bornes de la résistance et le courant dans cette résistance sont en phase pour toutes les harmoniques et par conséquent $\theta_n = 0$. On en déduit

$$v_R = Ri = 100 \sin \omega t + 50 \sin 3\omega t + 20 \sin 5\omega t$$

et $$P = \tfrac{1}{2}(10)(100) + \tfrac{1}{2}(5)(50) + \tfrac{1}{2}(2)(20) = 645 \text{ W}$$

15.12. Calculer la puissance moyenne correspondant à un réseau sachant que la tension appliquée et le courant résultant sont respectivement

$$v = 50 + 50 \sin 5\times 10^3 t + 30 \sin 10^4 t + 20 \sin 2\times 10^4 t$$

$$i = 11{,}2 \sin(5\times 10^3 t + 63{,}4°) + 10{,}6 \sin(10^4 t + 45°) + 8{,}97 \sin(2\times 10^4 t + 26{,}6°)$$

La puissance moyenne totale est la somme des puissances par harmonique, c'est-à-dire

$$P \;=\; \tfrac{1}{2}(50)(11{,}2)\cos 63{,}4° \;+\; \tfrac{1}{2}(30)(10{,}6)\cos 45° \;+\; \tfrac{1}{2}(20)(8{,}97)\cos 26{,}6° \;=\; 317{,}7 \text{ W}.$$

15.13. Trouver les paramètres du circuit série à deux éléments correspondant au problème 15.12.

L'expression de la tension comporte un terme constant de 50 alors qu'il n'existe pas de terme correspondant dans l'expression du courant indiquant ainsi que l'un des éléments est une capacité. Comme de l'énergie est dissipée dans le circuit l'autre élément doit nécessairement être une résistance. Le courant efficace est

$$I \;=\; \sqrt{\tfrac{1}{2}(11{,}2)^2 + \tfrac{1}{2}(10{,}6)^2 + \tfrac{1}{2}(8{,}97)^2} \;=\; 12{,}6$$

et la puissance moyenne est $P = I^2R$, d'où l'on tire $R = P/I^2 = 317{,}7/159{,}2 = 2\ \Omega$

pour $\omega = 5 \times 10^3$, $|\mathbf{Z}| = V_{max}/I_{max} = 50/11{,}2 = 4{,}47$, d'où $|\mathbf{Z}| = \sqrt{R^2 + X_C^2}$, $X_C = \sqrt{(4{,}47)^2 - 4} = 4$. On en déduit que $X_C = 1/(\omega C)$ et par conséquent $C = 1/(\omega X_C) = 1/(4 \times 5 \times 10^3) = 50\ \mu$F. Il en résulte que le circuit est constitué par une capacité de 50 μF et par une résistance de 2 Ω en série.

15.14. La tension représentée sur la Fig. 15-34 est appliquée à un circuit série composé d'une résistance de de 2000 Ω et d'une inductance L de 10 H. En utilisant la série de Fourier trigonométrique calculer la tension aux bornes de la résistance. Tracer le spectre de fréquence de la tension appliquée ainsi que celui de la tension V_R aux bornes de la résistance pour montrer l'effet de l'inductance sur l'amplitude des harmoniques (ω = 377 rd/s).

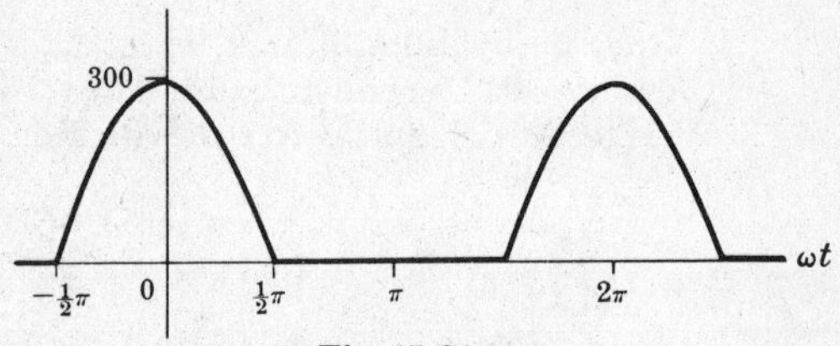

Fig. 15-34

La tension appliquée au circuit à une valeur moyenne de V_{max}/π identique à celle du problème 15.5. Le signal est pair et par conséquent la série ne contient que des termes en cosinus dont les coefficients se déterminent par la relation

$$a_n \;=\; \frac{1}{\pi}\int_{-\pi/2}^{\pi/2} 300\cos\omega t \cos n\omega t \; d(\omega t) \;=\; \frac{600}{\pi(1-n^2)}\cos n\pi/2$$

$\cos n\pi/2$ est égal à -1 pour n = 2, 6, 10..., à + 1 pour n = 4, 8, 12 ... et à 0 pour n impair. Cependant pour n =1 l'expression est indéterminée et doit être calculée séparément.

$$a_1 \;=\; \frac{1}{\pi}\int_{-\pi/2}^{\pi/2} 300\cos^2\omega t \; d(\omega t) \;=\; \frac{300}{\pi}\left[\frac{\omega t}{2} + \frac{\sin 2\omega t}{4}\right]_{-\pi/2}^{\pi/2} \;=\; \frac{300}{2}$$

La tension peut alors être représentée par la série suivante

$$v \;=\; \frac{300}{\pi}\left\{1 + \frac{\pi}{2}\cos\omega t + \frac{2}{3}\cos 2\omega t - \frac{2}{15}\cos 4\omega t + \frac{2}{35}\cos 6\omega t - \cdots\right\}$$

L'impédance totale $\mathbf{Z} = R + jn\omega L$ du circuit série doit être calculée pour chaque harmonique. Les résultats de ce calcul sont reportés dans le tableau ci-contre. Le courant peut également s'exprimer sous forme d'une série dont les coefficients sont ceux de la série en tension divisés par $\mathbf{Z}$ et déphasés en arrière d'un angle θ

n	$n\omega$	R (Ω)	$n\omega L$ (Ω)	$\lvert Z\rvert$ (Ω)	θ
0	0	2 k	0	2 k	0°
1	377	2 k	3,77 k	4,26 k	62°
2	754	2 k	7,54 k	7,78 k	75,1°
4	1508	2 k	15,08 k	15,2 k	82,45°
6	2262	2 k	22,62 k	22,6 k	84,92°

$$n = 0, \quad I_0 \;=\; \frac{300/\pi}{2\text{ k}};$$

$$n = 1, \quad i_1 \;=\; \frac{300/2}{4{,}26\text{ k}}\cos(\omega t - 62°);$$

$$n = 2, \quad i_2 \;=\; \frac{600/3\pi}{7{,}78\text{ k}}\cos(2\omega t - 75{,}1°); \quad \text{etc.}$$

Pour le courant nous obtenons alors la série suivante :

$$i = \frac{300}{2\,\text{k}\,\pi} + \frac{300}{(2)4{,}26\,\text{k}}\cos(\omega t - 62°) + \frac{600}{3\pi(7{,}78\,\text{k})}\cos(2\omega t - 75{,}1°)$$

$$- \frac{600}{15\pi(15{,}2\,\text{k})}\cos(4\omega t - 82{,}45°) + \frac{600}{35\pi(22{,}6\,\text{k})}\cos(6\omega t - 84{,}92°) - \cdots$$

La tension aux bornes de la résistance de $2k\ \Omega$ est égale à $i\ (2k)$ ou encore

$$v_R = 95{,}5 + 70{,}4\cos(\omega t - 62°) + 16{,}4\cos(2\omega t - 75{,}1°)$$

$$- 1{,}67\cos(4\omega t - 82{,}45°) + 0{,}483\cos(6\omega t - 84{,}92°) - \cdots$$

La Fig. 15-35 représente en (a) le spectre de fréquence de la tension appliquée, en (b) celui de la tension V_R aux bornes de la résistance R ; elle montre également que l'amplitude des harmoniques de la figure (b) a été réduite par l'adjonction de l'inductance de 10 H.

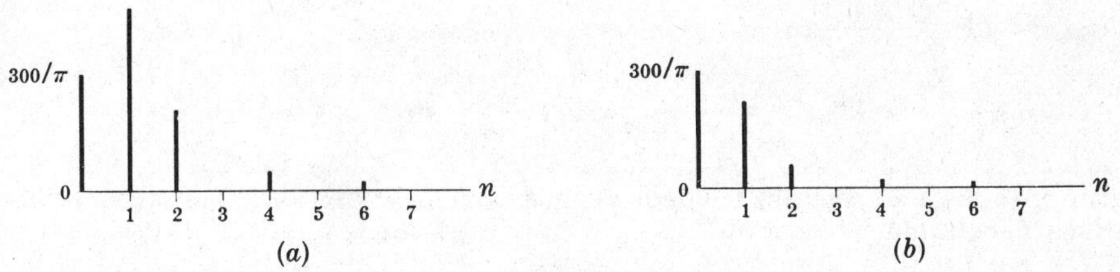

Fig. 15-35

15.15. Le courant dans une inductance L de 0,01 H est représenté sur la Fig. 15-36. Déterminer la série trigonométrique donnant la tension V_L aux bornes de l'inductance pour ω = 500 rd/s.

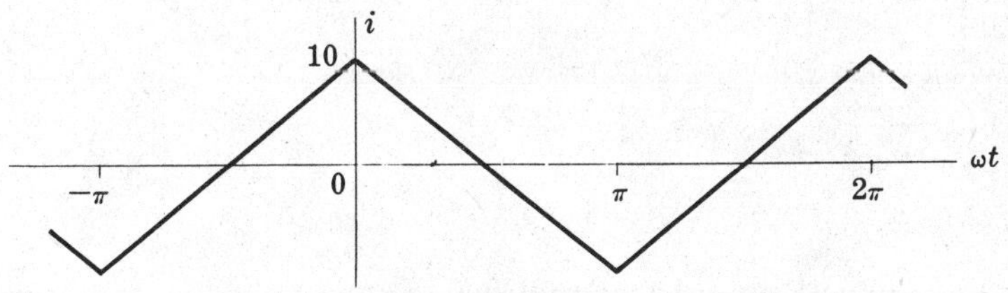

Fig. 15-36

La valeur moyenne du courant est nulle et le signal est pair, par conséquent la série ne contiendra que des termes en cosinus. Pour l'intervalle $-\pi < \omega t < 0$, $i = 10 + (20/\pi)\omega t$; et pour l'intervalle $0 < \omega t < \pi$, $i = 10 - (20/\pi)\omega t$.

D'où

$$a_n = \frac{1}{\pi}\left\{\int_{-\pi}^{0}[10 + (20/\pi)\omega t]\cos n\omega t\, d(\omega t) + \int_{0}^{\pi}[10 - (20/\pi)\omega t]\cos n\omega t\, d(\omega t)\right\}$$

$$= \frac{40}{\pi^2 n^2}(1 - \cos n\pi) = \frac{80}{\pi^2 n^2} \quad \text{pour } n \text{ impair seulement.}$$

On en tire la série correspondant au courant

$$i = \frac{80}{\pi^2}\left\{\cos\omega t + \frac{1}{9}\cos 3\omega t + \frac{1}{25}\cos 5\omega t + \frac{1}{49}\cos 7\omega t + \cdots\right\}$$

La tension aux bornes de l'inductance est alors

$$v_L = L\frac{di}{dt} = 0{,}01\left(\frac{80}{\pi^2}\right)\frac{d}{dt}\{\cos\omega t + \tfrac{1}{9}\cos 3\omega t + \tfrac{1}{25}\cos 5\omega t + \cdots\}$$

$$= \frac{400}{\pi^2}\{-\sin\omega t - \tfrac{1}{3}\sin 3\omega t - \tfrac{1}{5}\sin 5\omega t - \tfrac{1}{7}\sin 7\omega t - \cdots\}$$

La forme du signal peut s'obtenir par synthèse, mais la série diffère de celle du problème 15.1. Ainsi V_L est un signal carré opposé à celui de la Fig. 15-15.

Problèmes supplémentaires

15.16. Faire la synthèse du signal dont la série de Fourier trigonométrique est donné par

$$f(t) = \frac{8V}{\pi^2}\{\sin \omega t - \tfrac{1}{9}\sin 3\omega t + \tfrac{1}{25}\sin 5\omega t - \tfrac{1}{49}\sin 7\omega t + \cdots\}$$

15.17. Faire la synthèse du signal qui a pour série de Fourier

$$f(t) = 5 - \frac{40}{\pi^2}(\cos \omega t + \tfrac{1}{9}\cos 3\omega t + \tfrac{1}{25}\cos 5\omega t + \cdots)$$
$$+ \frac{20}{\pi}(\sin \omega t - \tfrac{1}{2}\sin 2\omega t + \tfrac{1}{3}\sin 3\omega t - \tfrac{1}{4}\sin 4\omega t + \cdots)$$

15.18. Faire la synthèse du signal définie par la série de Fourier suivante

$$f(t) = V\left\{\frac{1}{2\pi} - \frac{1}{\pi}\cos \omega t - \frac{1}{3\pi}\cos 2\omega t + \frac{1}{2\pi}\cos 3\omega t - \frac{1}{15\pi}\cos 4\omega t - \frac{1}{6\pi}\cos 6\omega t \right.$$
$$\left. + \cdots + \frac{1}{4}\sin \omega t - \frac{2}{3\pi}\sin 2\omega t + \frac{4}{15\pi}\sin 4\omega t - \cdots\right\}$$

15.19. Déterminer la série de Fourier trigonométrique pour le signal en dents de scie de la Fig. 15-37 et tracer son spectre de fréquence. Comparer le résultat avec celui de l'exemple 1.

Rép. $f(t) = \frac{V}{2} + \frac{V}{\pi}\{\sin \omega t + \tfrac{1}{2}\sin 2\omega t + \tfrac{1}{3}\sin 3\omega t + \cdots\}$

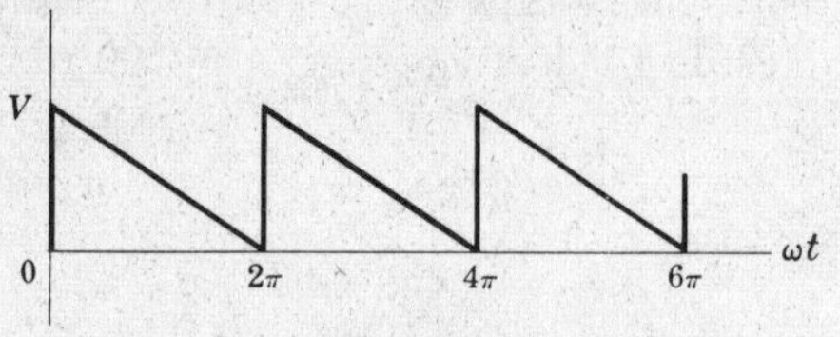

Fig. 15-37

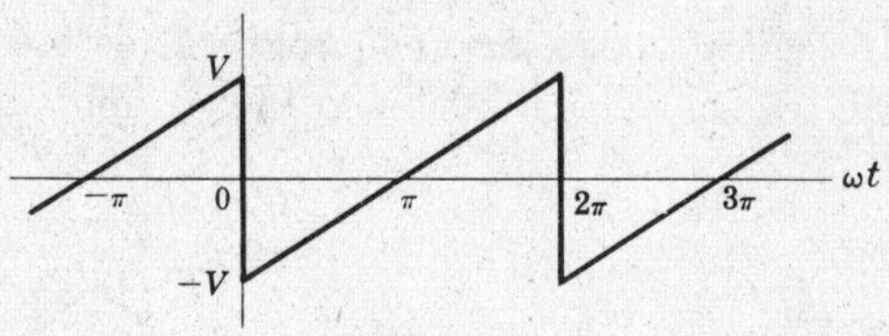

Fig. 15-38

15.20. Déterminer la série de Fourier trigonométrique correspondant au signal en dents de scie de la Fig. 15-38 et représenter son spectre de fréquence. Comparer les résultats avec ceux du problème 15.3.

Rép. $f(t) = \frac{-2V}{\pi}\{\sin \omega t + \tfrac{1}{2}\sin 2\omega t + \tfrac{1}{3}\sin 3\omega t + \tfrac{1}{4}\sin 4\omega t + \cdots\}$

15.21. Déterminer la série de Fourier trigonométrique pour le signal de la Fig. 15-39 et tracer son spectre de fréquence.

Rép. $f(t) = \frac{4V}{\pi^2}\{\cos \omega t + \tfrac{1}{9}\cos 3\omega t + \tfrac{1}{25}\cos 5\omega t + \cdots\}$
$- \frac{2V}{\pi}\{\sin \omega t + \tfrac{1}{3}\sin 3\omega t + \tfrac{1}{5}\sin 5\omega t + \cdots\}$

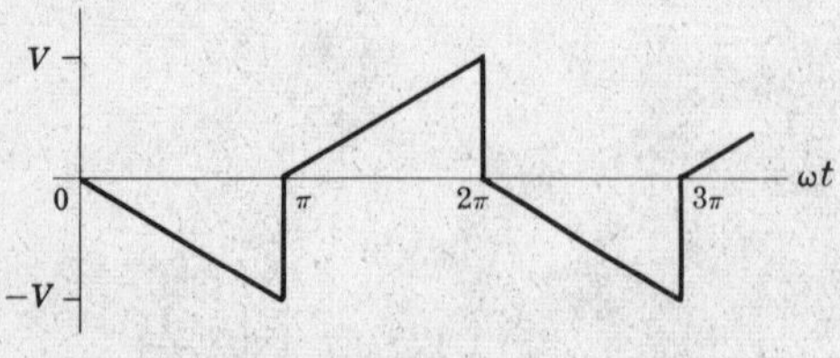

Fig. 15-39

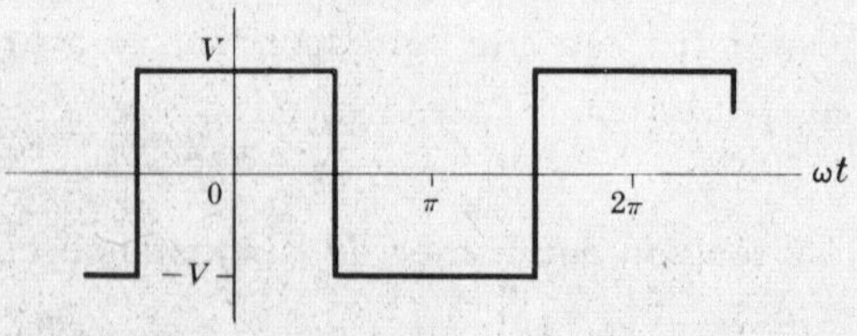

Fig. 15-40

15.22. Déterminer la série de Fourier trigonométrique représentative du signal carré de la Fig. 15-40 et tracer le spectre de fréquence. Comparer les résultats à ceux du problème 15.1.

Rép. $f(t) = \frac{4V}{\pi}\{\cos \omega t - \tfrac{1}{3}\cos 3\omega t + \tfrac{1}{5}\cos 5\omega t - \tfrac{1}{7}\cos 7\omega t + \cdots\}$

15.23. Déterminer la série de Fourier trigonométrique pour les signaux des Fig. 15-41 (*a*) et (*b*). Tracer les spectres de fréquence et les comparer.

Rép.
$$f_1(t) = \frac{5}{12} + \sum_{n=1}^{\infty} \left\{ \frac{10}{n\pi}\left(\sin\frac{n\pi}{12}\right)\cos n\omega t + \frac{10}{n\pi}\left(1 - \cos\frac{n\pi}{12}\right)\sin n\omega t \right\}$$
$$f_2(t) = \frac{50}{6} + \sum_{n=1}^{\infty} \left\{ \frac{10}{n\pi}\left(\sin\frac{n5\pi}{3}\right)\cos n\omega t + \frac{10}{n\pi}\left(1 - \cos\frac{n5\pi}{3}\right)\sin n\omega t \right\}$$

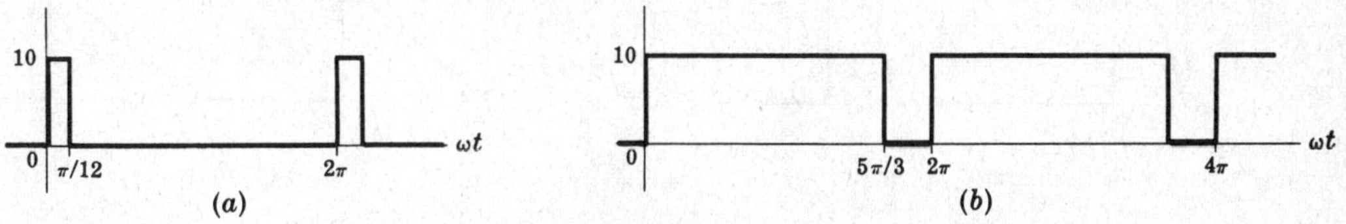

Fig. 15-41

15.24. Déterminer la série de Fourier trigonométrique pour la sinusoïde redressée demi-alternance de la Fig. 15-42 et tracer le spectre de fréquence. Comparer le résultat à ceux des problèmes 15.5 et 15.6.

Rép.
$$f(t) = \frac{V}{\pi}\left\{1 + \frac{\pi}{2}\cos\omega t + \frac{2}{3}\cos 2\omega t - \frac{2}{15}\cos 4\omega t + \frac{2}{35}\cos 6\omega t - \cdots\right\}$$

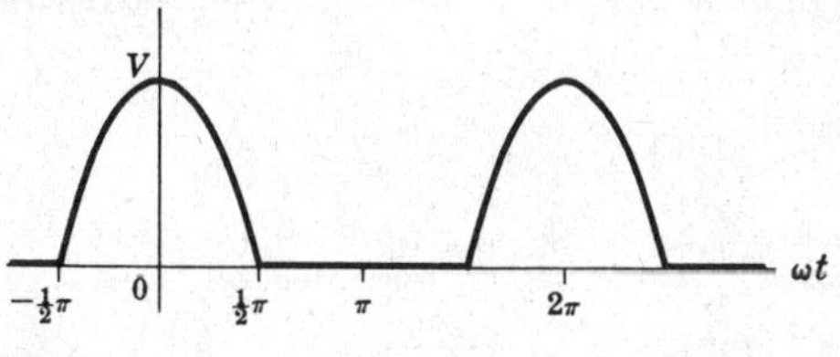

Fig. 15-42

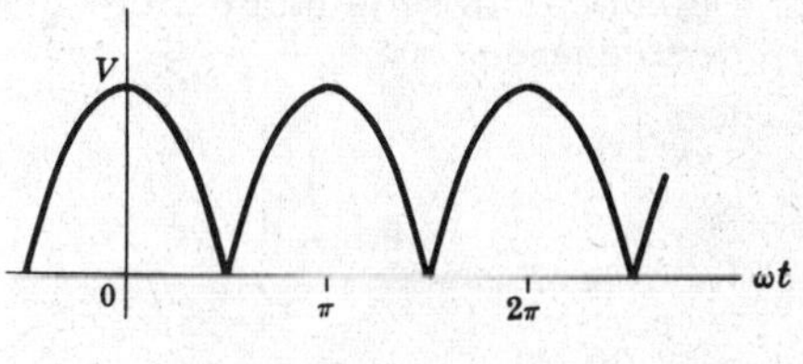

Fig. 15-43

15.25. Déterminer la série de Fourier trigonométrique correspondant à la sinusoïde redressée double alternance de la Fig. 15-43 et tracer le spectre de fréquence.

Rép.
$$f(t) = \frac{2V}{\pi}\{1 + \tfrac{2}{3}\cos 2\omega t - \tfrac{2}{15}\cos 4\omega t + \tfrac{2}{35}\cos 6\omega t - \cdots\}$$

15.26. Le signal de la Fig. 15-44 est semblable à celui du problème 15-25 ci-dessus à l'exception de la position de l'axe vertical. Déterminer sa série de Fourier et comparer les deux résultats.

Rép.
$$f(t) = \frac{2V}{\pi}\{1 - \tfrac{2}{3}\cos 2\omega t - \tfrac{2}{15}\cos 4\omega t - \tfrac{2}{35}\cos 6\omega t - \cdots\}$$

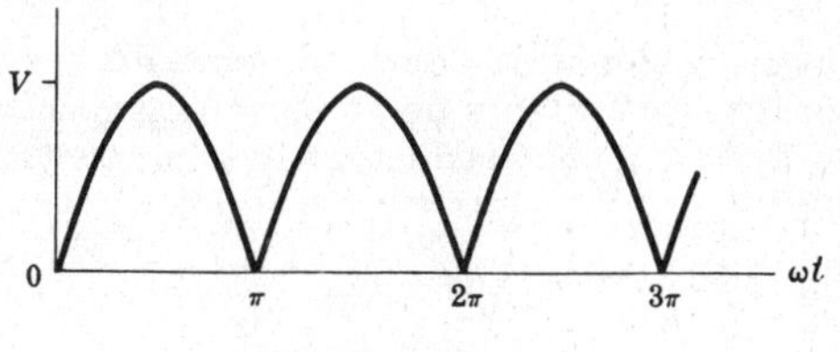

Fig. 15-44

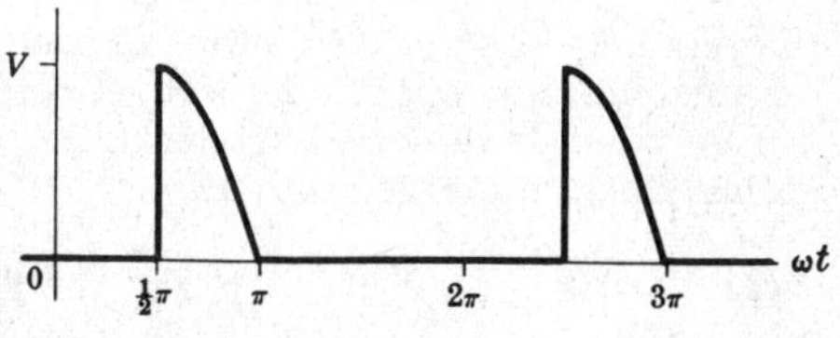

Fig. 15-45

15.27. Déterminer la série de Fourier trigonométrique pour le signal de la Fig. 15-45.

Rép.
$$f(t) = \frac{V}{2\pi} - \frac{V}{2\pi}\cos\omega t + \sum_{n=2}^{\infty}\frac{V}{\pi(1-n^2)}(\cos n\pi + n\sin n\pi/2)\cos n\omega t$$
$$+ \frac{V}{4}\sin\omega t + \sum_{n=2}^{\infty}\left[\frac{-nV\cos n\pi/2}{\pi(1-n^2)}\right]\sin n\omega t$$

15.28. Déterminer la série de Fourier trigonométrique pour le signal de la Fig. 15-46. Ajouter cette série à celle du problème 15.27 et comparer la somme des deux séries à la série obtenue dans le problème 15.5.

Rép.
$$f(t) = \frac{V}{2\pi} + \frac{V}{2\pi}\cos\omega t + \sum_{n=2}^{\infty}\frac{V[n\sin n\pi/2 - 1]}{\pi(n^2-1)}\cos n\omega t + \frac{V}{4}\sin\omega t + \sum_{n=2}^{\infty}\frac{Vn\cos n\pi/2}{\pi(1-n^2)}\sin n\omega t$$

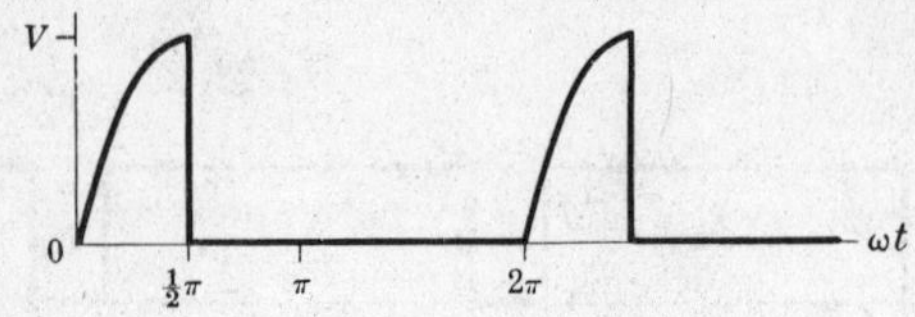

Fig. 15-46

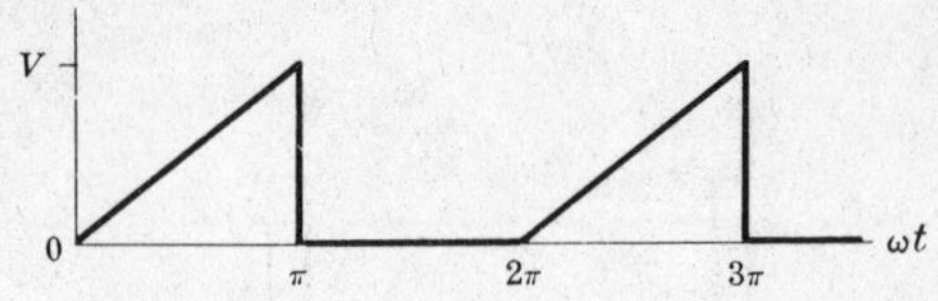

Fig. 15-47

15.29. Déterminer la série de Fourier exponentielle pour le signal de la Fig. 15-47 et représenter son spectre de fréquence. Utiliser les coefficients de cette série pour obtenir ceux de la série trigonométrique; écrire la série trigonométrique et la comparer à celle du problème 15.4.

Rép.
$$f(t) = V\left\{\cdots - \left(\frac{1}{9\pi^2} - j\frac{1}{6\pi}\right)e^{-j3\omega t} - j\frac{1}{4\pi}e^{-j2\omega t} - \left(\frac{1}{\pi^2} - j\frac{1}{2\pi}\right)e^{-j\omega t} + \frac{1}{4} - \left(\frac{1}{\pi^2} + j\frac{1}{2\pi}\right)e^{j\omega t} + j\frac{1}{4\pi}e^{j2\omega t} - \left(\frac{1}{9\pi^2} + j\frac{1}{6\pi}\right)e^{j3\omega t} - \cdots\right\}$$

15.30. Déterminer la série de Fourier exponentielle pour le signal de la Fig. 15-40 et tracer le spectre de fréquence.

Rép.
$$f(t) = V\left\{\cdots + \left(\frac{1}{9\pi^2} + j\frac{1}{6\pi}\right)e^{-j3\omega t} + j\frac{1}{4\pi}e^{-j2\omega t} + \left(\frac{1}{\pi^2} + j\frac{1}{2\pi}\right)e^{-j\omega t} + \frac{1}{4} + \left(\frac{1}{\pi^2} - j\frac{1}{2\pi}\right)e^{j\omega t} - j\frac{1}{4\pi}e^{j2\omega t} + \left(\frac{1}{9\pi^2} - j\frac{1}{6\pi}\right)e^{j3\omega t} + \cdots\right\}$$

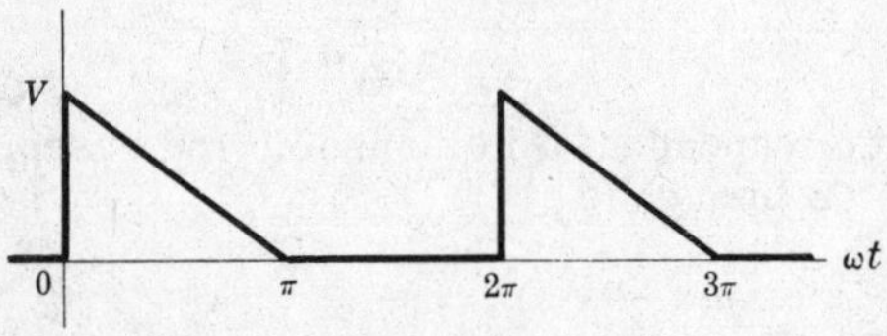

Fig. 15-48

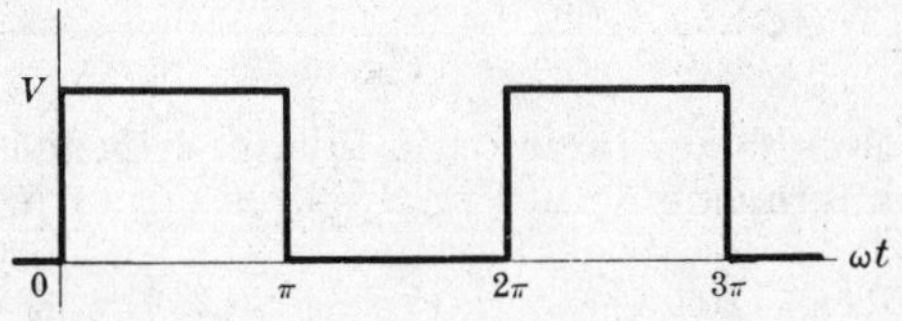

Fig. 15-49

15.31. Déterminer la série de Fourier exponentielle correspondant au signal carré de la Fig. 15-49 et tracer son spectre de fréquence. Ajouter les séries exponentielles des problèmes 15.29 et 15.30, et comparer leur somme à la série obtenue dans le présent problème.

Rép.
$$f(t) = V\left\{\cdots + j\frac{1}{3\pi}e^{-j3\omega t} + j\frac{1}{\pi}e^{-j\omega t} + \frac{1}{2} - j\frac{1}{\pi}e^{j\omega t} - j\frac{1}{3\pi}e^{j3\omega t} - \cdots\right\}$$

15.32. Déterminer la série de Fourier exponentielle pour le signal en dents de scie de la Fig. 15-50 et représenter son spectre de fréquence. Calculer les coefficients de la série trigonométrique à partir de ceux de la série exponentielle; écrire la série trigonométrique et la comparer avec celle obtenue dans le problème 15.19.

Rép.
$$f(t) = V\left\{\cdots + j\frac{1}{4\pi}e^{-j2\omega t} + j\frac{1}{2\pi}e^{-j\omega t} + \frac{1}{2} - j\frac{1}{2\pi}e^{j\omega t} - j\frac{1}{4\pi}e^{j2\omega t} - \cdots\right\}$$

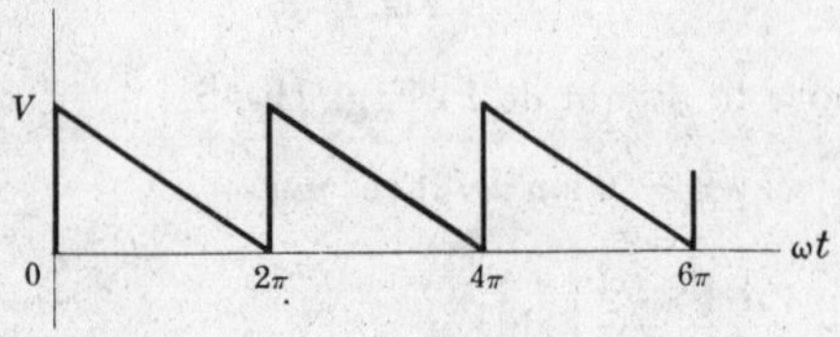

Fig. 15-50

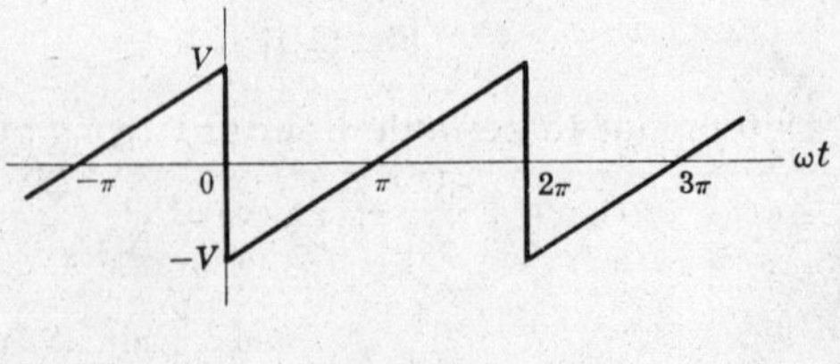

Fig. 15-51

15.33. Déterminer la série de Fourier exponentielle pour le signal de la Fig. 15-51 ci-dessus et représenter son spectre de fréquence. Calculer les coefficients de la série exponentielle en fonction des coefficients de la série trigonométrique trouvée dans le problème 15.20 et les comparer aux coefficients obtenus dans la présente série.

Rép.
$$f(t) = V\left\{\cdots - j\frac{1}{2\pi}e^{-j2\omega t} - j\frac{1}{\pi}e^{-j\omega t} + j\frac{1}{\pi}e^{j\omega t} + j\frac{1}{2\pi}e^{j2\omega t} + \cdots\right\}$$

15.34. Déterminer la série de Fourier exponentielle pour le signal de la Fig. 15-52 et représenter son spectre de fréquence. Calculer les coefficients de la série trigonométrique en fonction de ceux de la série exponentielle. Ecrire la série trigonométrique et la comparer à celle du problème 15.21.

Rép.
$$f(t) = V\left\{\cdots + \left(\frac{2}{9\pi^2} - j\frac{1}{3\pi}\right)e^{-j3\omega t} + \left(\frac{2}{\pi^2} - j\frac{1}{\pi}\right)e^{-j\omega t} + \left(\frac{2}{\pi^2} + j\frac{1}{\pi}\right)e^{j\omega t} + \left(\frac{2}{9\pi^2} + j\frac{1}{3\pi}\right)e^{j3\omega t} + \cdots\right\}$$

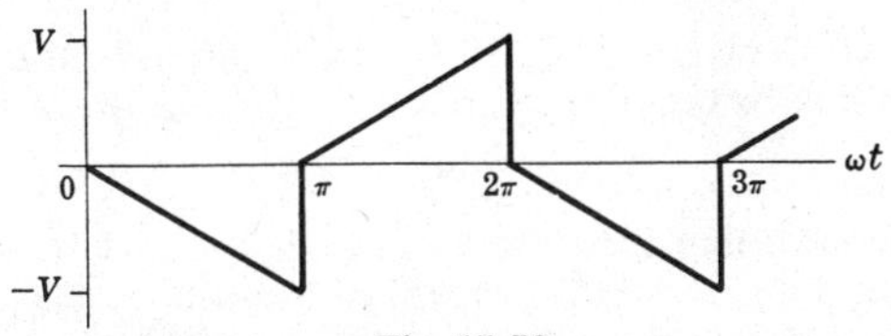

Fig. 15-52

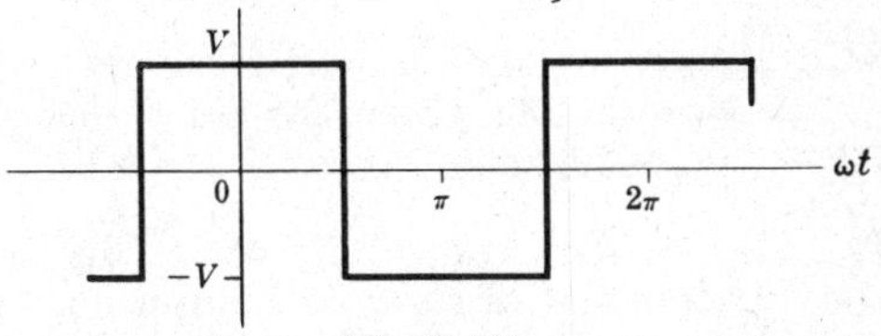

Fig. 15-53

15.35. Déterminer la série de Fourier exponentielle pour le signal carré de la Fig. 15.53 et représenter son spectre de fréquence. Calculer les coefficients de la série exponentielle à partir des coefficients de la série trigonométrique du problème 15.22, comparer ces coefficients à ceux obtenus dans ce problème.

Rép.
$$f(t) = \frac{2V}{\pi}\{\cdots + \tfrac{1}{5}e^{-j5\omega t} - \tfrac{1}{3}e^{-j3\omega t} + e^{-j\omega t} + e^{j\omega t} - \tfrac{1}{3}e^{j3\omega t} + \tfrac{1}{5}e^{j5\omega t} - \cdots\}$$

15.36. Déterminer la série de Fourier exponentielle pour le signal de la Fig. 15-54 et tracer son spectre de fréquence.

Rép.
$$f(t) = \cdots - \frac{V}{2\pi}\sin\left(\frac{-2\pi}{6}\right)e^{-j2\omega t} - \frac{V}{\pi}\sin\left(\frac{-\pi}{6}\right)e^{-j\omega t} + \frac{V}{6} + \frac{V}{\pi}\sin\left(\frac{\pi}{6}\right)e^{j\omega t} + \frac{V}{2\pi}\sin\left(\frac{2\pi}{6}\right)e^{j2\omega t} + \cdots$$

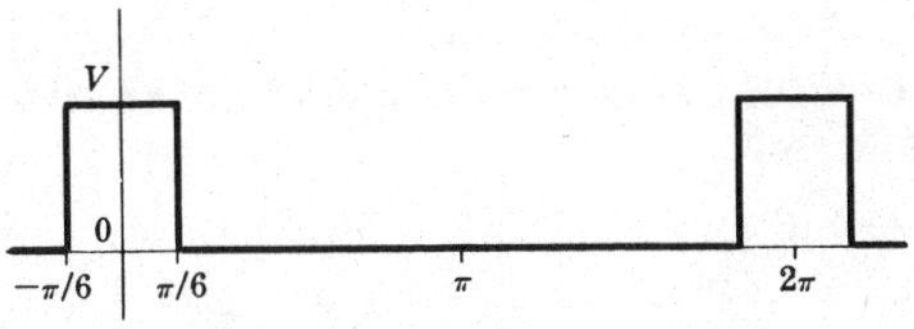

Fig. 15-54

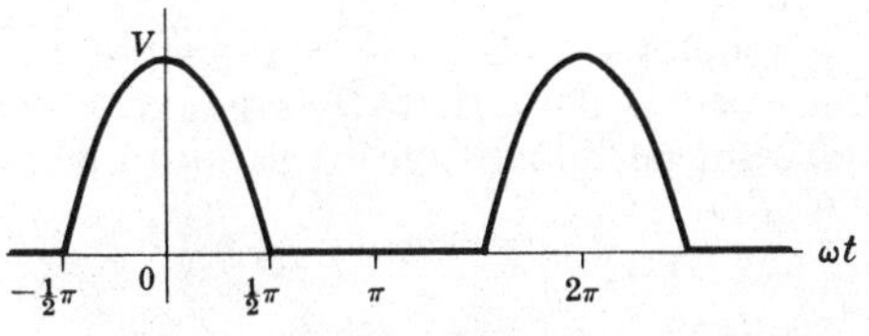

Fig. 15-55

15.37. Déterminer la série de Fourier exponentielle pour la sinusoïde redressée demi-alternance de la Fig. 15-55. Obtenir à partir des coefficients de cette série ceux de la série trigonométrique. Ecrire la série trigonométrique et la comparer à celle du problème 15.24.

Rép.
$$f(t) = \cdots - \frac{V}{15\pi}e^{-j4\omega t} + \frac{V}{3\pi}e^{-j2\omega t} + \frac{V}{4}e^{-j\omega t} + \frac{V}{\pi} + \frac{V}{4}e^{j\omega t} + \frac{V}{3\pi}e^{j2\omega t} - \frac{V}{15\pi}e^{j4\omega t} + \cdots$$

15.38. Déterminer la série de Fourier exponentielle pour la sinusoïde redressée double alternance de la Fig. 15-56 et tracer son spectre de fréquence.

Rép.
$$f(t) = \cdots - \frac{2V}{15\pi}e^{-j4\omega t} + \frac{2V}{3\pi}e^{-j2\omega t} + \frac{2V}{\pi} + \frac{2V}{3\pi}e^{j2\omega t} - \frac{2V}{15\pi}e^{j4\omega t} + \cdots$$

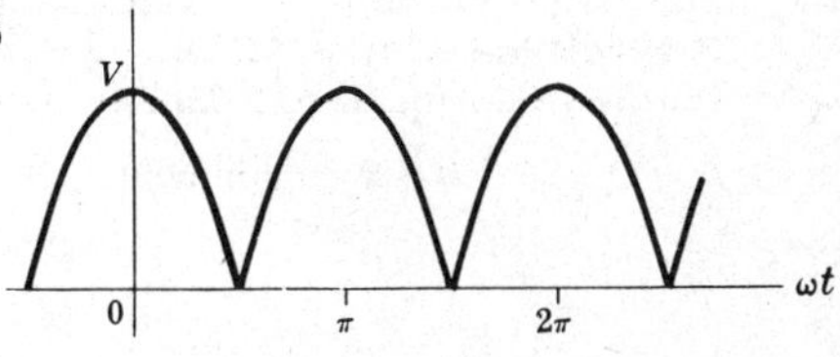

Fig. 15-56

15.39. Calculer la tension efficace, le courant efficace ainsi que la puissance efficace pour un réseau passif auquel on applique une tension $v = 200 + 100 \cos(500t + 30°) + 75 \cos(1500 + 60°)$ et dans lequel circule un courant $i = 3{,}53 \cos(500t + 75°) + 3{,}55 \cos(1500 + 78{,}45°)$.
Rép. 218,5 V, 3,54 A, 250,8 W

15.40. Une tension $v = 50 + 25 \sin 500t + 10 \sin 1500t + 5 \sin 2500t$ est appliquée à un réseau passif et il en résulte un courant

$$i = 5 + 2{,}23 \sin(500t - 26{,}6°) + 0{,}556 \sin(1500t - 56{,}3°) + 0{,}186 \sin(2500t - 68{,}2°)$$

Trouver la valeur efficace, le courant efficace ainsi que la puissance moyenne.
Rép. 53,6 V, 5,25 A, 276,5 W

15.41. Un circuit série à trois éléments : une résistance de 5 Ω, une inductance de 0,005 H et une capacité de 50 μF est alimenté par une tension $v = 150 \sin 1000t + 100 \sin 2000t + 75 \sin 3000t$. Calculer le courant efficace et la puissance moyenne pour le circuit. Tracer le spectre de fréquence pour la tension ainsi que pour le courant et mettre en évidence l'effet de la résonance série.
Rép. 16,58 A, 1374 W.

15.42. Un circuit série à deux éléments avec $R = 10\ \Omega$ et $L = 0{,}02$ H est traversé par un courant $i = 5 \sin 100t + 3 \sin 300t + 2 \sin 500t$. Déterminer la tension efficace appliquée ainsi que la puissance moyenne. *Rép.* 48 V, 190 W.

15.43. Le courant triangulaire de la Fig. 15-57 traverse une inductance pure L de 0,01 H ($\omega = 500$ rd/s). Déterminer la série de Fourier exponentielle pour ce courant ainsi que celle correspondant à la tension V_L aux bornes de l'inductance. Comparer le résultat à celui du problème 15.8.

Rép. $v_L = \dfrac{200}{\pi^2}\{\cdots - j\tfrac{1}{3}e^{-j3\omega t} - je^{-j\omega t} + je^{j\omega t} + j\tfrac{1}{3}e^{j3\omega t} + \cdots\}$

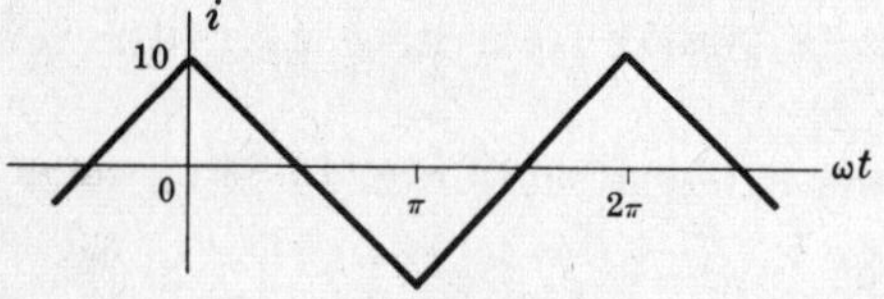

Fig. 15-57

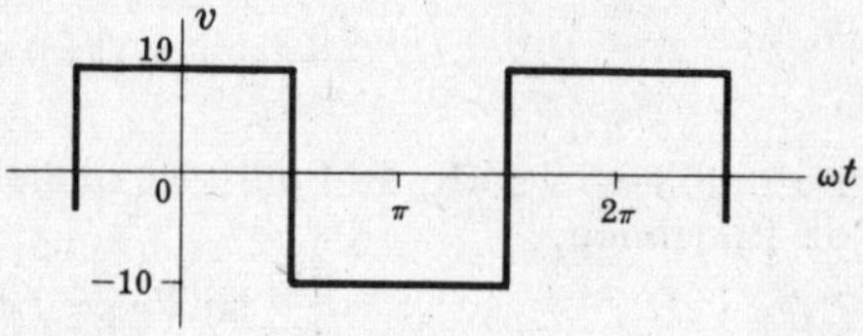

Fig. 15-58

15.44. On applique la tension représentée sur la Fig. 15-58 pour laquelle $\omega = 200$ rd/s à une inductance pure L de 0,01 H. Déterminer la série de Fourier trigonométrique correspondant au courant, obtenir par identification la forme de ce courant.

Rép. $i = \dfrac{20}{\pi}\{\sin \omega t - \tfrac{1}{9}\sin 3\omega t + \tfrac{1}{25}\sin 5\omega t - \tfrac{1}{49}\sin 7\omega t + \cdots\}$

15.45. La Fig. 15-59 représente une sinusoïde redressée double alternance et correspond à la tension appliquée à un circuit LC. La valeur maximale de la tension est de 70 V et $\omega = 377$ rd/s. En utilisant la série de Fourier trigonométrique calculer la tension aux bornes de l'inductance et celle aux bornes de la capacité. Tracer le spectre de fréquence pour chacune de ces tensions.

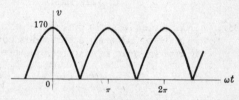

Fig. 15-59

15.46. Un circuit à trois éléments comporte une résistance de 5 Ω branchée en série avec une combinaison en parallèle d'une inductance L et d'une capacité C. Pour $\omega = 500$ rd/s, les réactances respectives sont $j2\Omega$ et $-j8\ \Omega$. Déterminer le courant total dans le circuit sachant que la tension appliquée est donnée par $v = 50 + 20 \sin 500t + 10 \sin 1000t$.
Rép. $i = 10 + 3{,}53 \sin(500t - 28{,}1°)$

Chapitre 16

Les transitoires dans les circuits

INTRODUCTION

Lorsque l'on commute un circuit d'un état dans un autre, soit en changeant la tension appliquée, soit en changeant la valeur d'un élément du circuit, il s'ensuit une période transitoire durant laquelle les courants dans les mailles ainsi que les tensions passent de leur valeur initiale à leur nouvelle valeur. Lorsque cette transition, appelée *période transitoire,* est révolue, le circuit se trouve dans son état d'équilibre.

L'application de la loi de Kirchhoff relative aux tensions à un circuit contenant des éléments pouvant emmagasiner de l'énergie se traduit par une équation différentielle qui peut être résolue par différentes méthodes. La solution est composée de deux parties, une *intégrale générale* et une *intégrale particulière.* Pour les équations obtenues dans l'analyse des circuits, l'intégrale générale tend vers zéro après un temps relativement court et correspond à la partie transitoire de la solution. La solution particulière correspond à la réponse permanente qui était l'objet de notre attention dans les chapitres précédents. Les méthodes de ce chapitre qui permettent d'obtenir les solutions particulières sont généralement longues et compliquées et ne sont jamais aussi directes que les méthodes utilisées précédemment. Cependant grâce à l'application de ces méthodes nous pouvons mettre en évidence la signification physique de la réponse permanente en tant que partie de la réponse complète.

Les transitoires dans les circuits à courant continu

LES TRANSITOIRES DANS LES CIRCUITS *RL*

Le circuit RL série de la Fig. 16-1 est alimenté par une tension constante V. Lorsque l'interrupteur est fermé, l'application de la loi de Kirchhoff relative à la tension nous donne l'équation différentielle suivante

$$Ri + L\frac{di}{dt} = V \qquad (1)$$

En réarrangeant les termes et en utilisant l'opérateur $D = d/dt$ nous obtenons

$$\left(D + \frac{R}{L}\right)i = \frac{V}{L} \qquad (2)$$

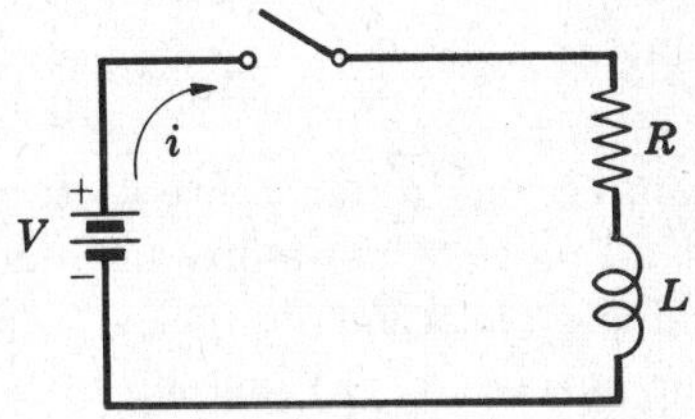

Fig. 16-1

L'équation (2) est une équation différentielle du premier ordre du type

$$\frac{dy}{dx} - ay = \mathcal{R} \quad \text{ou} \quad (D-a)y = \mathcal{R} \qquad (3)$$

où $D = d/dx$, a est une constante et R peut être une fonction de x mais non de y. La solution complète de l'équation (3) comportant une intégrale générale et une intégrale particulière est

$$y = y_c + y_p = ce^{ax} + e^{ax}\int e^{-ax}\mathcal{R}\,dx \qquad (4)$$

où c représente une constante arbitraire à déterminer par les conditions initiales. En utilisant l'expression (4) nous pouvons déterminer la solution de l'équation (2) qui est

$$i = ce^{-(R/L)t} + e^{-(R/L)t}\int e^{(R/L)t}\left(\frac{V}{L}\right)dt = ce^{-(R/L)t} + \frac{V}{R} \qquad (5)$$

Pour déterminer la constante c nous posons $t = 0$ dans la relation (5) et nous remplaçons le courant i par le courant initial i_0 . Ce dernier est le courant circulant dans le circuit immédiatement après la fermeture de l'interrupteur. Dans une inductance les relations entre la tension et le courant sont les suivantes

$$v = L\frac{di}{dt} \quad \text{et} \quad i = \frac{1}{L}\int v\,dt.$$

La dernière relation nous montre que quelle que soit la tension appliquée le courant dans une inductance est toujours une fonction continue. Par conséquent comme le courant était nul à l'instant $t = 0-$,il devra être nul également à l'instant $t = 0+$. Par substitution dans la relation (5) nous obtenons

$$i_0 = 0 = c(1) + V/R \quad \text{ou} \quad c = -V/R \qquad (6)$$

En portant cette valeur de c dans la relation (5) on a;

$$i = -\frac{V}{R}e^{-(R/L)t} + \frac{V}{R} = \frac{V}{R}(1 - e^{-(R/L)t}) \qquad (7)$$

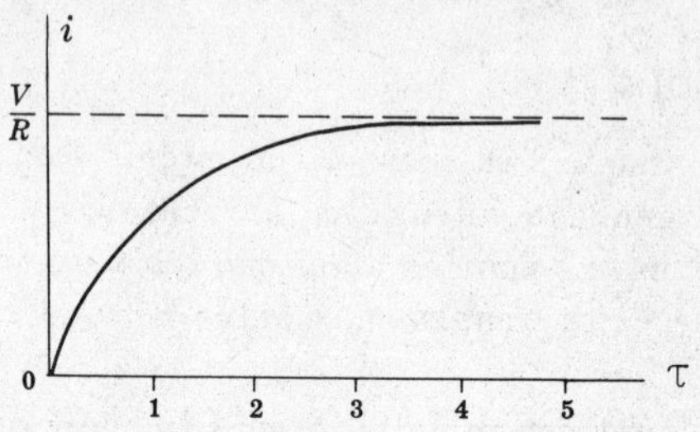

Fig. 16-2

ce type d'équation caractérise une fonction à montée exponentielle comme le montre la Fig. 16-2. La représentation montre la période transitoire pendant laquelle le courant s'ajuste de sa valeur initiale nulle à sa valeur finale V/R correspondant au régime permanent.

La constante de temps τ d'une fonction telle que celle définie par la relation (7) est le temps au bout duquel l'exposant de e atteint une valeur absolue égale à l'unité. Ainsi pour les transitoires dans un circuit RL la constante de temps $\tau = L/R$[s]. Au bout d'une constante de temps τ la quantité entre parenthèses de la relation (7) a la valeur de $(1 - e^{-1}) = (1 - 0{,}368) = 0{,}632$; à cet instant le courant est égal à 63,2 % du courant final. De même au bout de deux constantes de temps τ , nous avons

$$(1 - e^{-2}) = (1 - 0{,}135) = 0{,}865$$

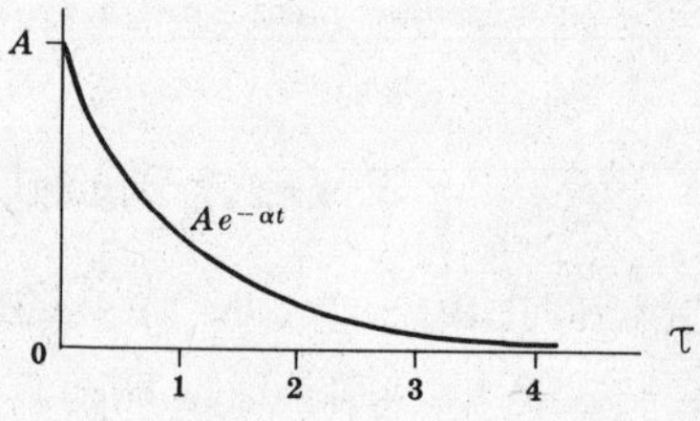

Fig. 16-3

et le courant est égal à 86,5 % du courant final. Après cinq constantes de temps τ on peut considérer que la période transitoire est révolue. Dans un but de simplification nous avons choisi la constante de temps τ comme unité pour représenter le courant de l'équation (7).

Nous pouvons citer comme autre exemple la décroissance exponentielle représentée par la Fig. 16-3, qui a pour équation

$$f(t) = Ae^{-\alpha t} \qquad (8)$$

Dans ce cas la constante de temps correspond de nouveau au temps au bout duquel l'exposant de e est égal à l'unité, c'est-à-dire que dans ce cas la constante de temps $\tau = 1/\alpha$. La valeur de la fonction au bout d'une constante de temps τ est de $e^{-1} = 0{,}368$ et la valeur de la fonction est tombée à 36,8 % de sa valeur initiale A. A l'instant $t = 2\tau$ nous avons $e^{-2} = 0{,}135$ et la valeur de la fonction n'est plus que 13,5 % de sa valeur initiale. Après cinq constantes de temps τ on considère que le régime transitoire est terminé.

Les tensions transitoires aux bornes du circuit RL peuvent se calculer en fonction du courant dans le circuit. Pour la tension aux bornes de la résistance nous avons

$$v_R = Ri = V(1 - e^{-(R/L)t}) \qquad (9)$$

et pour la tension aux bornes de l'inductance

$$v_L = L\frac{di}{dt} = L\frac{d}{dt}\left\{\frac{V}{R}(1 - e^{-(R/L)t})\right\} = Ve^{-(R/L)t} \qquad (10)$$

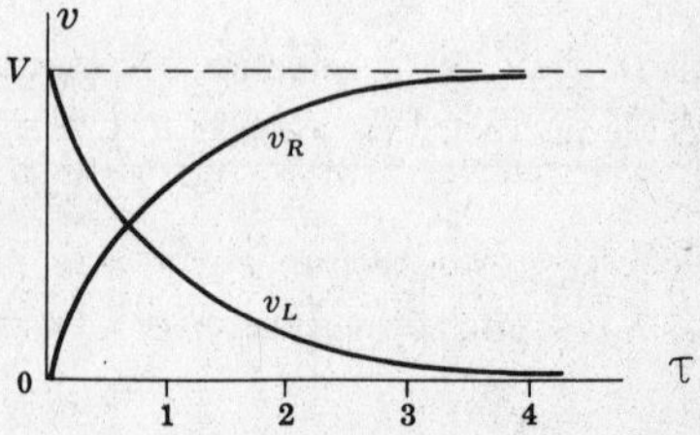

Fig. 16-4

La tension transitoire aux bornes de la résistance a une montée exponentielle de même constante de temps que celle du courant, alors que la tension aux bornes de l'inductance est une exponentielle décroissante de constante de temps identique. La somme de v_R et de v_L satisfait à la loi de Kirchhoff pendant toute la période transitoire (voir Fig. 16-4) :

$$v_R + v_L = V(1-e^{-(R/L)t}) + Ve^{-(R/L)t} = V \qquad (11)$$

La puissance instantanée pour chaque élément du circuit est donnée par le produit de la tension et du courant. Ainsi la puissance correspondant à la résistance est

$$p_R = v_R i = V(1-e^{-(R/L)t})\frac{V}{R}(1-e^{-(R/L)t}) = \frac{V^2}{R}(1-2e^{-(R/L)t}+e^{-2(R/L)t}) \qquad (12)$$

et celle correspondant à l'inductance

$$p_L = v_L i = Ve^{-(R/L)t}\frac{V}{R}(1-e^{-(R/L)t}) = \frac{V^2}{R}(e^{-(R/L)t}-e^{-2(R/L)t}) \qquad (13)$$

On en déduit la puissance totale

$$p_T = p_R + p_L = \frac{V^2}{R}(1-e^{-(R/L)t}) \qquad (14)$$

Ces trois puissances sont représentées en fonction du temps par la Fig. 16-5 où p_R et p_T ont des valeurs maximales (à l'état d'équilibre) de V^2/R ou I^2R (I correspond au courant en régime). La puissance transitoire dans l'inductance a une valeur initiale et une valeur finale nulles; l'intégrale de 0 à ∞ de cette puissance correspond à l'énergie emmagasinée dans le champ magnétique de la bobine

$$W = \int_0^\infty \frac{V^2}{R}(e^{-(R/L)t}-e^{-2(R/L)t})\,dt = \frac{V^2}{R}\left[-\frac{L}{R}e^{-(R/L)t}+\frac{L}{2R}e^{-2(R/L)t}\right]_0^\infty$$

$$= \frac{1}{2}\frac{V^2}{R}\left(\frac{L}{R}\right) = \frac{1}{2}LI^2 \text{ J} \qquad (15)$$

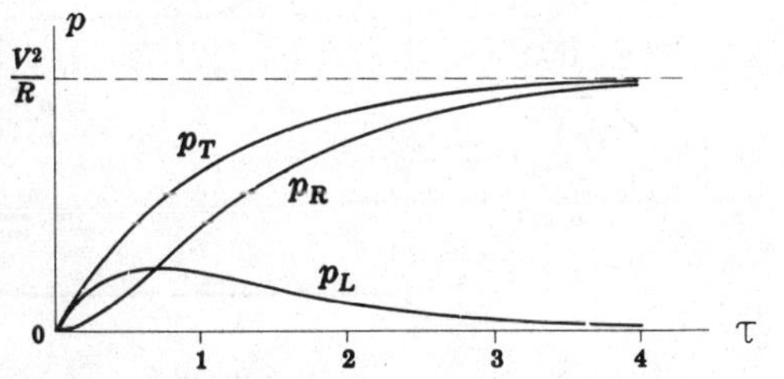

Fig. 16-5

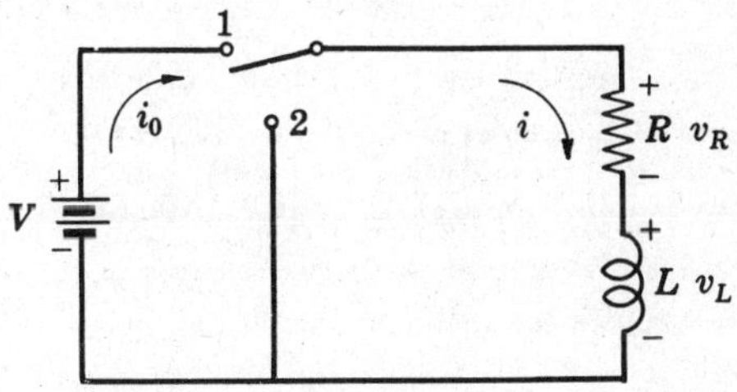

Fig. 16-6

Dans le circuit RL de la Fig. 16-6 circule un courant initial $i_0 = V/R$. A l'instant $t = 0$, l'interrupteur est mis en position 2, ce qui a pour effet de déconnecter la source et en même temps de placer un court-circuit aux bornes de la branche RL série. L'application de la loi de Kirchhoff à la maille ne comportant pas de source donne

$$L\frac{di}{dt} + Ri = 0 \quad \text{ou} \quad \left(D+\frac{R}{L}\right)i = 0 \qquad (16)$$

dont la solution est

$$i = ce^{-(R/L)t} \qquad (17)$$

A l'instant $t = 0$, le courant initial est $i_0 = V/R$. En substituant cette valeur du courant dans la relation (*17*), on obtient $c = V/R$ et l'équation du courant devient alors

$$i = \frac{V}{R}e^{-(R/L)t} \qquad (18)$$

Ce courant à décroissance exponentielle est représenté par la Fig. 16-7 (*a*) ci-dessous. Les tensions correspondantes aux bornes de la résistance et de l'inductance sont respectivement

$$v_R = Ri = Ve^{-(R/L)t} \quad \text{et} \quad v_L = L\frac{di}{dt} = -Ve^{-(R/L)t} \qquad (19)$$

comme le montre la Fig. 16-7 (*b*) ci-dessous. La somme des tensions $v_R + v_L$ satisfait à la loi de Kirchhoff étant donné que la tension appliquée au circuit est nulle lorsque l'interrupteur se trouve dans la position 2. Les puissances instantanées $p_R = \frac{V^2}{R}e^{-2(R/L)t}$ et $p_L = -\frac{V^2}{R}e^{-2(R/L)t}$ sont représentées par la Fig. 16-7 ci-dessous.

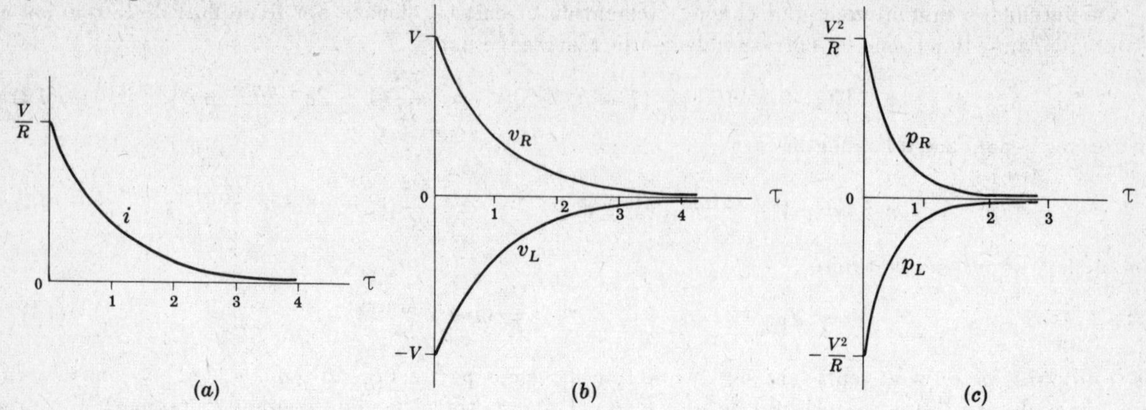

Fig. 16-7

Si on intègre p_L de 0 à l'infini, nous pouvons constater que l'énergie libérée correspond rigoureusement à celle emmagasinée dans le champ magnétique durant la période transitoire précédente, c'est-à-dire $\frac{1}{2}LI^2$. Pendant la décroissance exponentielle, cette énergie est transférée dans la résistance où elle est dissipée.

LES TRANSITOIRES DANS LES CIRCUITS *RC*

L'application de la loi de Kirchhoff au circuit *RC* de la Fig. 16-8 nous permet d'établir l'équation différentielle suivante:

$$\frac{1}{C}\int i\,dt + Ri = V \qquad (20)$$

qui après différentiation donne

$$\frac{i}{C} + R\frac{di}{dt} = 0 \quad \text{ou} \quad \left(D + \frac{1}{RC}\right)i = 0 \qquad (21)$$

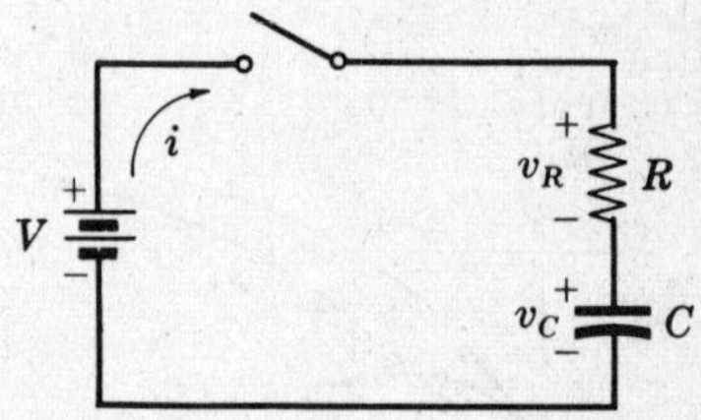

Fig. 16-8

La solution de cette équation homogène ne comporte que l'intégrale générale étant donné que la solution particulière est nulle; par conséquent on a

$$i = ce^{-t/RC} \qquad (22)$$

Pour déterminer la constante c nous pouvons noter que l'équation (*20*) correspond à $Ri_0 = V$ ou encore $i_0 = V/R$ à l'instant $t = 0$. Par substitution de la valeur de i_0 dans la relation (*22*), nous obtenons $c = V/R$ à l'instant $t = 0$; nous en déduisons

$$i = \frac{V}{R}e^{-t/RC} \qquad (23)$$

L'équation (*23*) définit une fonction à décroissance exponentielle, comme le montre la Fig. 16-9 (*a*). Les tensions transitoires correspondantes

$$v_R = Ri = Ve^{-t/RC} \quad \text{et} \quad v_C = \frac{1}{C}\int i\,dt = V(1 - e^{-t/RC}) \qquad (24)$$

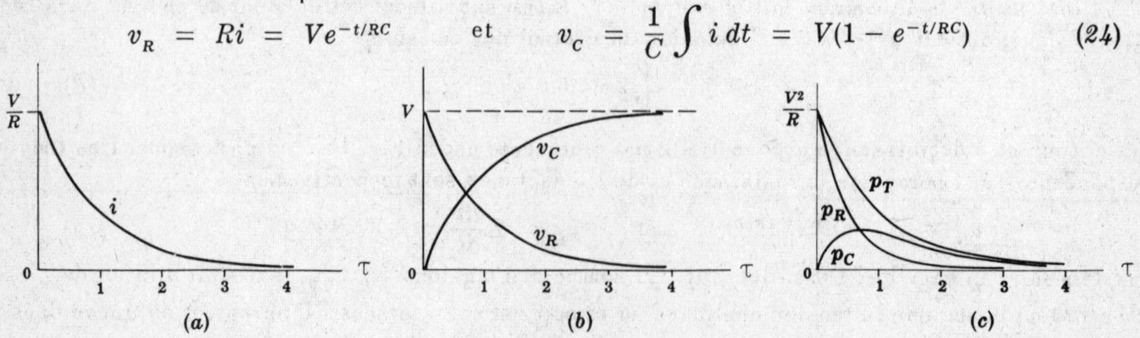

Fig. 16-9

sont représentées par la Fig. 16-9 (*b*) ci-dessus. Les puissances instantanées

$$p_R = v_R i = \frac{V^2}{R} e^{-2t/RC} \qquad \text{et} \qquad p_C = v_C i = \frac{V^2}{R}(e^{-t/RC} - e^{-2t/RC}) \tag{25}$$

sont représentées par la Fig. 16-9 (*c*).

La puissance transitoire p_c, de valeur initiale et finale nulle, est la puissance nécessaire pour établir la tension V aux bornes de la capacité. Ceci peut aisément se vérifier en intégrant p_c de zéro à l'infini :

$$\mathcal{E} = \int_0^\infty \frac{V^2}{R}(e^{-t/RC} - e^{-2t/RC})\,dt = \frac{1}{2}CV^2 \tag{26}$$

Dans le circuit série RC de la Fig. 16-10, l'interrupteur a été mis dans la position 1 pendant un temps suffisamment long pour établir le régime permanent et à l'instant $t = 0$ il est commuté en position 2. Dans ce dernier cas l'équation différentielle du circuit devient

$$\frac{1}{C}\int i\,dt + Ri = 0 \qquad \text{ou} \qquad \left(D + \frac{1}{RC}\right)i = 0 \tag{27}$$

la solution de cette équation est $i = ce^{-t/RC}$ (28)

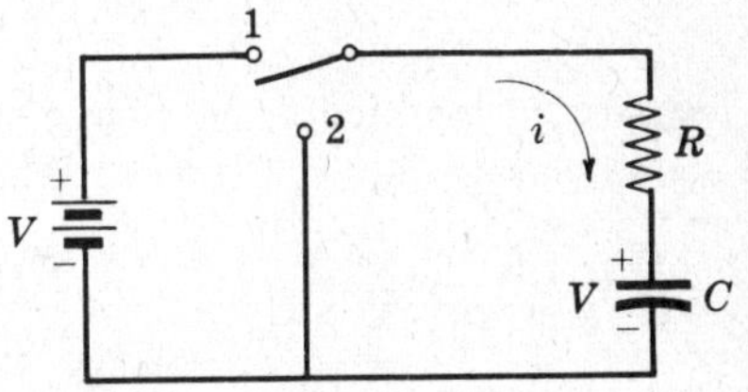

Fig. 16-10

Pour déterminer la constante c nous posons $t = 0$ dans la relation (28) et nous substituons le courant initial i_0 au courant i. Comme la capacité est chargée à une tension V avec la polarité indiquée sur le diagramme, le courant initial est opposé au courant i; et par conséquent $i_0 = -V/R$. Nous obtenons alors $c = -V/R$ et le courant est

$$i = -\frac{V}{R}e^{-t/RC} \tag{29}$$

Cette décroissance est représentée par la Fig. 16-11 (*a*). Les tensions correspondantes aux bornes des éléments du circuit

$$v_R = Ri = -Ve^{-t/RC} \qquad \text{et} \qquad v_C = \frac{1}{C}\int i\,dt = V e^{-t/RC} \tag{30}$$

sont représentées par la Fig. 16-11 (*b*). Nous pouvons noter que $v_R + v_C = 0$, satisfaisant ainsi la loi de Kirchhoff, étant donné que le circuit ne comporte pas de source lorsque l'interrupteur est en position 2. Les puissances transitoires

$$p_R = v_R i = \frac{V^2}{R}e^{-2t/RC} \qquad \text{et} \qquad p_C = v_C i = -\frac{V^2}{R}e^{-2t/RC} \tag{31}$$

sont représentées par la Fig. 16-11 (*c*). Comme il n'y a pas de source pour fournir la puissance p_R, il est évident que l'énergie emmagasinée dans la capacité est transférée dans la résistance durant la période transitoire. En guise d'exercice le lecteur pourra intégrer p_c de zéro à l'infini ce qui lui donnera une énergie de $-1/2\ CV^2$.

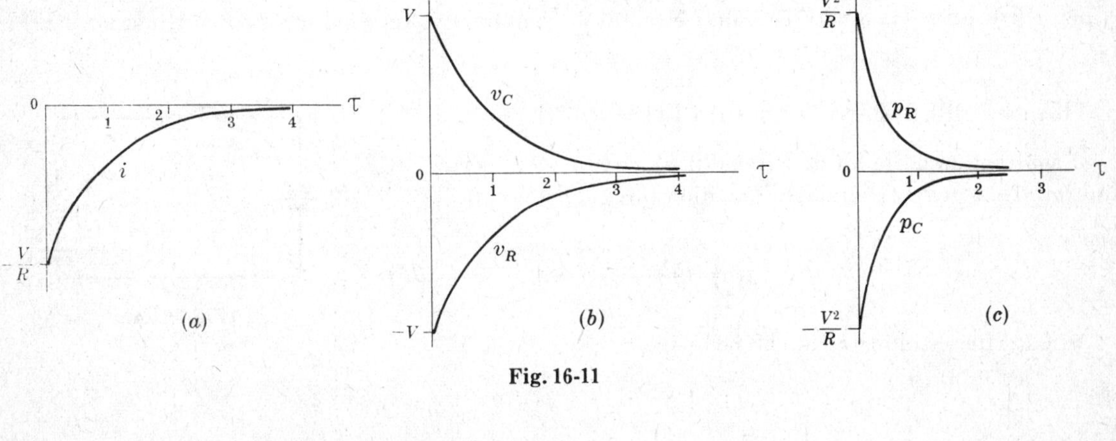

Fig. 16-11

LES TRANSITOIRES DANS LES CIRCUITS *RC* EN UTILISANT LA CHARGE COMME VARIABLE

Dans un circuit RC série il peut être intéressant de connaître l'équation donnant la charge transitoire q. Le courant peut alors être obtenu par différentiation, vu que courant et charge sont reliés par $i = dq/dt$.

Sur la Fig. 16-12 la capacité est chargée avec la polarité indiquée étant donné que la charge a la même direction que celle du courant dans la Fig. 16-8. L'équation du circuit basée sur le courant

$$\frac{1}{C}\int i\,dt + Ri = V \qquad (32)$$

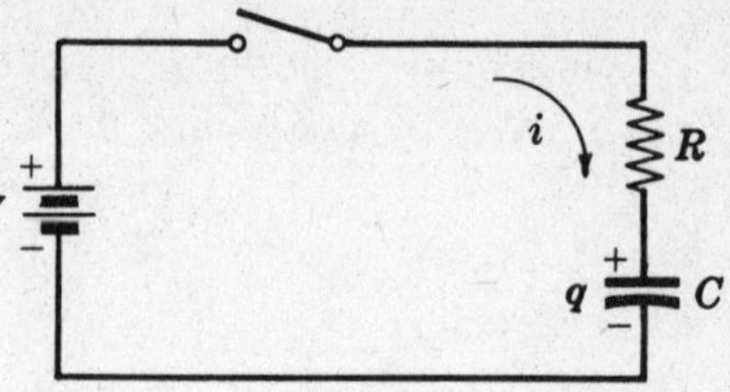

Fig. 16-12

peut s'écrire en fonction de la charge en y substituant dq/dt à i. Ceci nous donne

$$\frac{q}{C} + R\frac{dq}{dt} = V \quad \text{ou} \quad \left(D + \frac{1}{RC}\right)q = \frac{V}{R} \qquad (33)$$

En utilisant la même méthode que celle utilisée pour établir l'équation (5), nous obtenons comme solution

$$q = ce^{-t/RC} + CV \qquad (34)$$

A l'instant $t = 0$, la charge initiale q_0 est nulle, d'où

$$q_0 = 0 = c(1) + CV \quad \text{ou} \quad c = -CV \qquad (35)$$

En substituant cette valeur de c dans l'équation (34), nous obtenons

$$q = CV(1 - e^{-t/RC}) \qquad (36)$$

La charge transitoire correspond à un signal à montée exponentielle de valeur finale CV. Lorsqu'on analyse un circuit tel que celui de la Fig. 16-10 avec comme variable la charge, on obtient comme résultat la charge décroissante de valeur maximale CV représentée par l'équation

$$q = CVe^{-t/RC} \qquad (37)$$

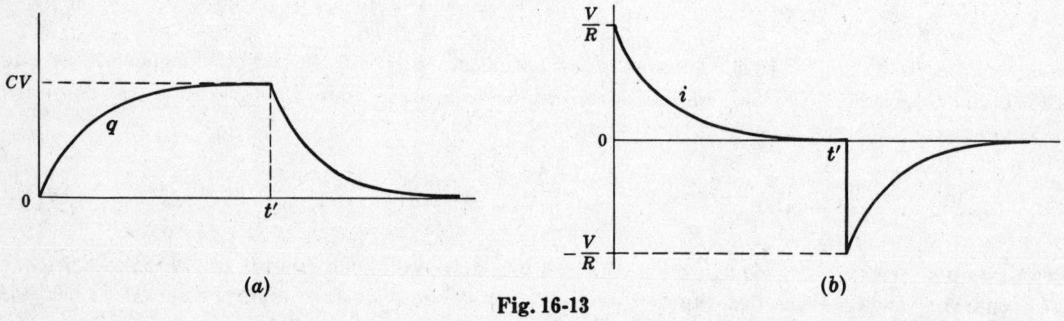

Fig. 16-13

Les fonctions pour la charge et la décharge sont représentées par la Fig. 16-13 (*a*) et les courants correspondants par la Fig. 16-13 (*b*). La charge doit être une fonction continue, par conséquent $q = CV$ à l'instant $t'(-)$ et $t'(+)$ alors que i doit être nul à l'instant $t'(-)$ et égal à $-V/R$ à l'instant $t'(+)$.

LES TRANSITOIRES DANS LES CIRCUITS *RLC*

L'application de la loi de Kirchhoff au circuit RLC série de la Fig. 16-14 permet d'établir l'équation intégro-différentielle

$$Ri + L\frac{di}{dt} + \frac{1}{C}\int i\,dt = V \qquad (38)$$

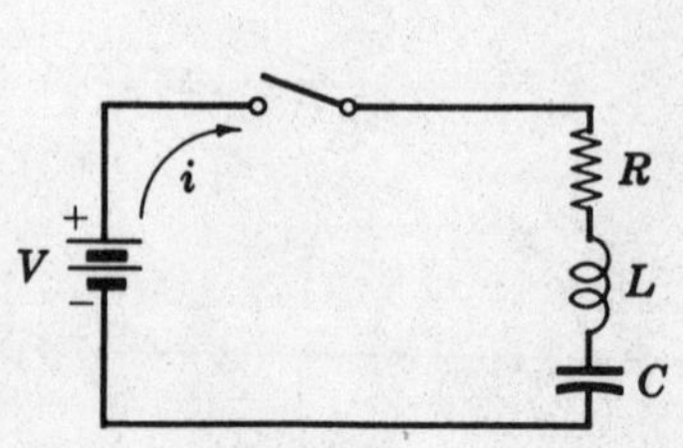

Fig. 16-14

Après différentiation nous obtenons

$$L\frac{d^2i}{dt^2} + R\frac{di}{dt} + \frac{i}{C} = 0 \quad \text{ou} \quad \left(D^2 + \frac{R}{L}D + \frac{1}{LC}\right)i = 0 \tag{39}$$

Cette équation différentielle linéaire du second ordre est homogène avec, comme solution particulière, zéro. L'intégrale générale peut être de trois types différents selon les grandeurs relatives de R, L et C. Les coefficients de l'équation caractéristique $D^2 + (R/L)D + 1/LC = 0$ sont constants et les racines de l'équation sont

$$D_1 = \frac{-R/L + \sqrt{(R/L)^2 - 4/LC}}{2} \quad \text{et} \quad D_2 = \frac{-R/L - \sqrt{(R/L)^2 - 4/LC}}{2} \tag{40}$$

En posant $\alpha = -R/2L$ et $\beta = \sqrt{(R/2L)^2 - 1/LC}$,

on obtient

$$D_1 = \alpha + \beta \quad \text{et} \quad D_2 = \alpha - \beta \tag{41}$$

L'expression sous le radical de β peut être positive, nulle ou négative et les solutions correspondantes sont respectivement suramorties, amorties de façon critique ou sous-amorties (oscillatoires).

Cas 1 : $(R/2L)^2 > 1/LC$. Les racines D_1 et D_2 sont réelles et différentes, ce qui entraîne une solution suramortie. L'équation différentielle (39) peut dans ce cas se mettre sous la forme

$$[D - (\alpha+\beta)][D - (\alpha-\beta)]i = 0 \tag{42}$$

et le courant résultant est

$$i = c_1e^{(\alpha+\beta)t} + c_2e^{(\alpha-\beta)t} \quad \text{ou} \quad i = e^{\alpha t}(c_1e^{\beta t} + c_2e^{-\beta t}) \tag{43}$$

Cas 2 : $(R/2L)^2 = 1/LC$. Les racines D_1 et D_2 sont égales, entraînant un amortissement critique pour le courant. Dans ce cas l'équation différentielle (39) peut se mettre sous la forme

$$(D-\alpha)(D-\alpha)i = 0 \tag{44}$$

La solution de cette équation est

$$i = e^{\alpha t}(c_1 + c_2t) \tag{45}$$

Cas 3 : $(R/2L)^2 < 1/LC$. Les racines D_1 et D_2 sont complexes conjuguées, ce qui entraîne une solution sous-amortie ou oscillatoire. En posant $\beta = \sqrt{1/LC - (R/2L)^2}$ et $\alpha = R/2L$ l'équation différentielle peut se mettre sous la forme

$$[D - (\alpha+j\beta)][D - (\alpha-j\beta)]i = 0 \tag{46}$$

et a pour solution

$$i = e^{\alpha t}(c_1\cos\beta t + c_2\sin\beta t) \tag{47}$$

Dans les trois cas, l'expression du courant contient en facteur le terme $e^{\alpha t}$ et comme $\alpha = R/2L$, la valeur finale du courant est nulle, entraînant ainsi une décroissance relativement rapide de l'intégrale générale. Les trois cas sont représentés par la Fig. 16-15 pour une valeur initiale du courant nulle et pour une pente initiale positive.

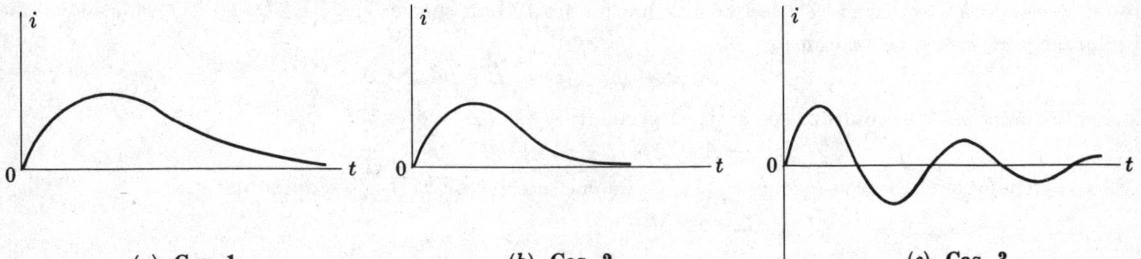

(a) **Cas 1** (b) **Cas 2** (c) **Cas 3**

Fig. 16-15

Les transitoires dans les circuits à courant alternatif

LES TRANSITOIRES EN REGIME SINUSOIDAL DANS LES CIRCUITS *RL*

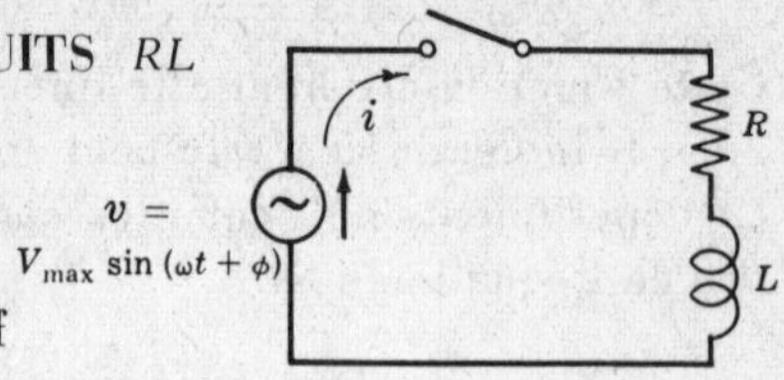

Fig. 16-16

Lorsque, dans la Fig. 16-16, l'interrupteur est fermé, une tension sinusoïdale est appliquée au circuit *RLC* série. Cette tension sinusoïdale peut avoir n'importe quelle phase ϕ comprise entre 0 et 2π au moment où l'on ferme l'interrupteur. L'application de la loi de Kirchhoff au réseau nous donne

$$Ri + L\frac{di}{dt} = V_{max}\sin(\omega t+\phi) \qquad \text{ou} \qquad \left(D+\frac{R}{L}\right)i = \frac{V_{max}}{L}\sin(\omega t+\phi) \tag{48}$$

L'intégrale générale est $i_c = ce^{-(R/L)t}$ et l'intégrale particulière est

$$i_p = e^{-(R/L)t}\int e^{(R/L)t}\frac{V_{max}}{L}\sin(\omega t+\phi)\,dt = \frac{V_{max}}{\sqrt{R^2+\omega^2L^2}}\sin(\omega t+\phi-\text{tg}^{-1}\ \omega L/R)$$

Il en résulte que la solution complète est

$$i = i_c + i_p = ce^{-(R/L)t} + \frac{V_{max}}{\sqrt{R^2+\omega^2L^2}}\sin(\omega t+\phi-\text{tg}^{-1}\ \omega L/R) \tag{49}$$

L'inductance empêche toute variation rapide du courant, et comme le courant était nul avant la fermeture de l'interrupteur, il en découle que $i_0 = 0$. A l'instant $t = 0$, nous avons alors

$$i_0 = 0 = c(1) + \frac{V_{max}}{\sqrt{R^2+\omega^2L^2}}\sin(\phi-\text{tg}^{-1}\ \omega L/R) \qquad \text{et} \qquad c = \frac{-V_{max}}{\sqrt{R^2+\omega^2L^2}}\sin(\phi-\text{tg}^{-1}\ \omega L/R)$$

En substituant dans la relation (49) nous obtenons le courant

$$i = e^{-(R/L)t}\left[\frac{-V_{max}}{\sqrt{R^2+\omega^2L^2}}\sin(\phi-\text{tg}^{-1}\ \omega L/R)\right] + \frac{V_{max}}{\sqrt{R^2+\omega^2L^2}}\sin(\omega t+\phi-\text{tg}^{-1}\ \omega L/R) \tag{50}$$

La première partie de l'équation (50) contient le facteur $e^{-(R/L)t}$ qui tend vers zéro après un temps relativement court. L'expression entre crochets correspond à une constante relativement compliquée. La valeur de cette constante dépend de l'instant ϕ du cycle où l'interrupteur a été fermé. Si $(\phi - \text{tg}^{-1} L\omega/R) = n\pi$ où $n = 0, 1, 2, 3, \ldots$, la constante est nulle et le courant prend directement la valeur correspondant au régime permanent. Si par contre $(\phi - \text{tg}^{-1}\,\omega L/R) = (1+2n)\pi/2$, le terme transitoire aura une amplitude maximale.

La seconde partie de l'expression (50) correspond au courant en régime permanent qui est en retard sur la tension appliquée d'un angle $\text{tg}^{-1}\,\omega L/R$. Cette intégrale particulière obtenue ci-dessus par intégration peut également être calculée par la méthode des coefficients indéterminés. Cette méthode peut s'utiliser lorsque les tensions appliquées sont des fonctions sinusoïdales ou exponentielles, étant donné que que pour ces fonctions les différentiations successives conservent la nature de la fonction. Pour appliquer la méthode à l'équation (48), où le membre de droite est égal à $V_{max}\sin(\omega t+\phi)$, nous supposons un courant particulier de la forme

$$i_p = A\cos(\omega t+\phi) + B\sin(\omega t+\phi) \tag{51}$$

où A et B sont des constantes. La dérivée première de cette expression est

$$i_p' = -A\omega\sin(\omega t+\phi) + B\omega\cos(\omega t+\phi) \tag{52}$$

et en substituant ces expressions à i_p et i'_p dans la relation (48) nous obtenons

$$\{-A\omega\sin(\omega t+\phi) + B\omega\cos(\omega t+\phi)\} + \frac{R}{L}\{A\cos(\omega t+\phi) + B\sin(\omega t+\phi)\} = \frac{V_{max}}{L}\sin(\omega t+\phi) \tag{53}$$

Après mise en facteur ceci donne

$$(-A\omega + BR/L)\sin(\omega t+\phi) + (B\omega + AR/L)\cos(\omega t+\phi) = \frac{V_{max}}{L}\sin(\omega t+\phi) \tag{54}$$

A présent nous pouvons obtenir par identification

$$-A\omega + BR/L = V_{max}/L \quad \text{et} \quad B\omega + AR/L = 0 \tag{55}$$

d'où l'on tire
$$A = \frac{-\omega L V_{max}}{R^2 + \omega^2 L^2} \quad \text{et} \quad B = \frac{R V_{max}}{R^2 + \omega^2 L^2} \tag{56}$$

Lorsque ces valeurs de A et B sont portées dans l'équation (51), nous obtenons le courant particulier

$$i_p = \frac{-\omega L V_{max}}{R^2 + \omega^2 L^2} \cos(\omega t + \phi) + \frac{R V_{max}}{R^2 + \omega^2 L^2} \sin(\omega t + \phi) \tag{57}$$

ou
$$i_p = \frac{V_{max}}{\sqrt{R^2 + \omega^2 L^2}} \sin(\omega t + \phi - \text{tg}^{-1}\ \omega L/R) \tag{58}$$

qui est identique à l'intégrale particulière obtenue précédemment.

LES TRANSITOIRES EN REGIME SINUSOIDAL DANS LES CIRCUITS *RC*

Lorsque l'interrupteur du circuit RC série de la Fig. 16-17 est fermé, une tension sinusoïdale est appliquée au réseau. En utilisant la loi de Kirchhoff pour ce réseau, nous aboutissons à l'équation différentielle suivante:

$$Ri + \frac{1}{C}\int i\,dt = V_{max} \sin(\omega t + \phi) \tag{59}$$

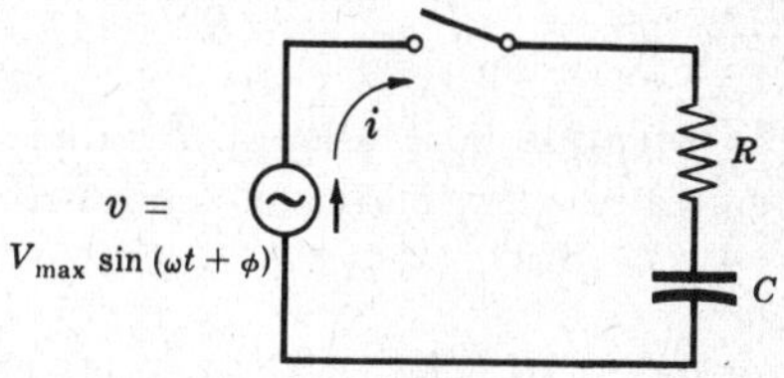

Fig. 16-17

En différentiant, nous obtenons en notation opérationnelle

$$\left(D + \frac{1}{RC}\right) i = \frac{\omega V_{max}}{R} \cos(\omega t + \phi) \tag{60}$$

dont l'intégrale générale est $i_c = ce^{-t/RC}$ (61)
et dont une intégrale particulière obtenue, soit par intégration, soit par la méthode des coefficients indéterminés, est

$$i_p = \frac{V_{max}}{\sqrt{R^2 + (1/\omega C)^2}} \sin(\omega t + \phi + \text{tg}^{-1}\ 1/\omega CR) \tag{62}$$

Nous avons alors la solution complète suivante:

$$i = ce^{-t/RC} + \frac{V_{max}}{\sqrt{R^2 + (1/\omega C)^2}} \sin(\omega t + \phi + \text{tg}^{-1}\ 1/\omega CR) \tag{63}$$

Pour déterminer la constante c, nous posons $t = 0$ dans l'équation (59); le courant initial est alors $i_0 = \dfrac{V_{max}}{R} \sin\phi$. Après substitution de cette expression dans la relation (63) pour $t = 0$, nous obtenons

$$\frac{V_{max}}{R} \sin\phi = c(1) + \frac{V_{max}}{\sqrt{R^2 + (1/\omega C)^2}} \sin(\phi + \text{tg}^{-1}\ 1/\omega CR) \tag{64}$$

d'où nous tirons
$$c = \frac{V_{max}}{R} \sin\phi - \frac{V_{max}}{\sqrt{R^2 + (1/\omega C)^2}} \sin(\phi + \text{tg}^{-1}\ 1/\omega CR) \tag{65}$$

En substituant la valeur de c donnée par la relation (65) dans la relation (63), il en résulte un courant total

$$i = e^{-t/RC}\left[\frac{V_{max}}{R} \sin\phi - \frac{V_{max}}{\sqrt{R^2 + (1/\omega C)^2}} \sin(\phi + \text{tg}^{-1}\ 1/\omega CR)\right] + \frac{V_{max}}{\sqrt{R^2 + (1/\omega C)^2}} \sin(\omega t + \phi + \text{tg}^{-1}\ 1/\omega CR) \tag{66}$$

Le premier terme correspond au courant transitoire avec le facteur de décroissance $e^{-t/RC}$. La quantité entre crochets est une constante. Le second terme correspond au courant en régime permanent qui est en avance sur la tension appliquée d'un angle $\text{tg}^{-1}\ 1/\omega CR$.

LES TRANSITOIRES EN REGIME SINUSOIDAL DANS UN CIRCUIT *RLC*

Le circuit série RLC de la Fig. 16-18 est alimenté par une tension sinusoïdale lorsque l'interrupteur est fermé. Le comportement du circuit est déterminé par l'équation différentielle

$$Ri + L\frac{di}{dt} + \frac{1}{C}\int i\,dt \;=\; V_{max}\sin(\omega t + \phi) \qquad (67)$$

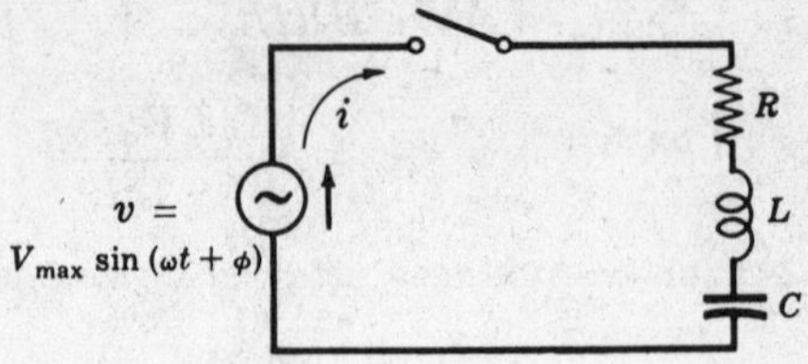

Fig. 16-18

En différentiant cette expression et en utilisant la notation opérationnelle, nous obtenons

$$\left(D^2 + \frac{R}{L}D + \frac{1}{LC}\right)i \;=\; \frac{\omega V_{max}}{L}\cos(\omega t + \phi) \qquad (68)$$

L'intégrale particulière est obtenue par la méthode des coefficients indéterminés comme suit: En premier lieu nous posons $i_p = A\cos(\omega t + \phi) + B\sin(\omega t + \phi)$; ensuite nous calculons i'_p et i''_p et nous portons ces valeurs dans l'équation (67). Les valeurs de A et B sont obtenues par identification comme précédemment pour le cas du circuit RL. En exprimant le résultat sous forme d'une fonction sinusoïdale simple, l'intégrale particulière devient

$$i_p \;=\; \frac{V_{max}}{\sqrt{R^2 + (1/\omega C - \omega L)^2}}\sin\left(\omega t + \phi + \text{tg}^{-1}\frac{(1/\omega C - \omega L)}{R}\right) \qquad (69)$$

L'intégrale générale est identique à celle du circuit série RLC en courant continu étudié précédemment, où le résultat était soit suramorti, soit critique, soit oscillatoire selon les valeurs de R, L et C.

Premier cas $(R/2L)^2 > 1/LC$. Les racines sont réelles et différentes l'une de l'autre, donnant lieu à une solution suramortie. Nous posons $D_1 = \alpha + \beta$ et $D_2 = \alpha - \beta$, où $\alpha = -R/2L$ et $\beta = \sqrt{(R/2L)^2 - 1/LC}$. La solution complète est alors

$$i \;=\; e^{\alpha t}(c_1 e^{\beta t} + c_2 e^{-\beta t}) + \frac{V_{max}}{\sqrt{R^2 + (1/\omega C - \omega L)^2}}\sin\left(\omega t + \phi + \text{tg}^{-1}\frac{(1/\omega C - \omega L)}{R}\right) \qquad (70)$$

Deuxième cas $(R/2L)^2 = 1/LC$. Les racines sont réelles et identiques, ce qui se traduit par une solution critique; le courant total est dans ce cas

$$i \;=\; e^{\alpha t}(c_1 + c_2 t) + \frac{V_{max}}{\sqrt{R^2 + (1/\omega C - \omega L)^2}}\sin\left(\omega t + \phi + \text{tg}^{-1}\frac{(1/\omega C - \omega L)}{R}\right) \qquad (71)$$

Troisième cas $(R/2L)^2 < 1/LC$. Les racines sont complexes conjuguées et la solution est oscillatoire; le courant correspondant est

$$i \;=\; e^{\alpha t}(c_1\cos\beta t + c_2\sin\beta t) + \frac{V_{max}}{\sqrt{R^2 + (1/\omega C - \omega L)^2}}\sin\left(\omega t + \phi + \text{tg}^{-1}\frac{(1/\omega C - \omega L)}{R}\right) \qquad (72)$$

où $\beta = \sqrt{1/LC - (R/2L)^2}$.

Les solutions particulières des équations (70) (71) et (72) sont identiques alors que les courants transitoires donnés par les intégrales générales diffèrent dans chaque cas. Par exemple, dans le troisième cas les transitoires sont constituées par un ensemble de fonctions sinusoïdales de fréquence $\beta/2\pi$ rd/s, fréquence qui est généralement différente de la fréquence de la solution particulière. Par conséquent il est impossible de prévoir la forme du courant pendant la période transitoire; cette forme est souvent très irrégulière. Une fois que le terme transitoire est nul, le courant en régime permanent est soit en avance, soit en retard sur la tension appliquée, selon les valeurs respectives des réactances $1/\omega C$ et ωL dans $\text{tg}^{-1}(1/\omega C - \omega L)/R$.

Les transitoires dans les réseaux à deux mailles

En appliquant la loi de Kirchhoff au réseau à deux mailles de la Fig. 16-19, nous obtenons le système d'équations différentielles suivant:

$$R_1 i_1 + L_1 \frac{di_1}{dt} + R_1 i_2 = V$$

$$R_1 i_1 + (R_1+R_2) i_2 + L_2 \frac{di_2}{dt} = V \qquad (73)$$

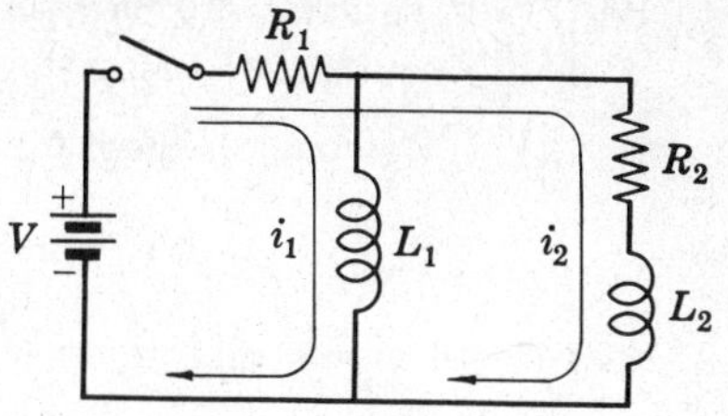

Fig. 16-19

En utilisant la notation opérationnelle et en réarrangeant les termes nous avons

$$(D + R_1/L_1) i_1 + (R_1/L_1) i_2 = V/L_1$$

$$(R_1/L_2) i_1 + \left(D + \frac{R_1+R_2}{L_2}\right) i_2 = V/L_2$$

ou

$$\begin{bmatrix} D + R_1/L_1 & R_1/L_1 \\ R_1/L_2 & D + \dfrac{R_1+R_2}{L_2} \end{bmatrix} \begin{bmatrix} i_1 \\ i_2 \end{bmatrix} = \begin{bmatrix} V/L_1 \\ V/L_2 \end{bmatrix} \qquad (74)$$

Pour obtenir une équation pour i_1 indépendante de i_2, nous utilisons les déterminants et écrivons

$$\begin{vmatrix} D + R_1/L_1 & R_1/L_1 \\ R_1/L_2 & D + \dfrac{R_1+R_2}{L_2} \end{vmatrix} i_1 = \begin{vmatrix} V/L_1 & R_1/L_1 \\ V/L_2 & D + \dfrac{R_1+R_2}{L_2} \end{vmatrix} \qquad (75)$$

Le déterminant de gauche est développé et réarrangé selon les puissances décroissantes de D. Dans le développement du déterminant de droite il apparaît un terme $D\,(V/L_1)$ qui est nul, vu que $D = d/dt$ et que V/L_1 est une constante:

$$\left[D^2 + \left(\frac{R_1L_1 + R_2L_1 + R_1L_2}{L_1L_2}\right) D + \frac{R_1R_2}{L_1L_2}\right] i_1 = VR_2/L_1L_2 \qquad (76)$$

L'équation caractéristique est de la forme $D^2 + AD + B = 0$, mais dans ce cas $A^2 - 4B > 0$ pour toutes les valeurs des éléments du circuit à l'exception de $L_1 = 0$ ou $L_2 = 0$; l'intégrale générale a la forme donnée par l'équation (*43*). Comme par ailleurs la tension appliquée est une constante, l'intégrale particulière est une constante qui satisfait l'équation suivante:

$$\left(\frac{R_1R_2}{L_1L_2}\right) i_{1p} = VR_2/L_1L_2$$

c'est-à-dire

$$i_{1p} = V/R_1 \qquad (77)$$

Par ailleurs en utilisant les mêmes méthodes pour i_2, nous obtenons

$$\begin{vmatrix} D + R_1/L_1 & R_1/L_1 \\ R_1/L_2 & D + \dfrac{R_1+R_2}{L_2} \end{vmatrix} i_2 = \begin{vmatrix} D + R_1/L_1 & V/L_1 \\ R_1/L_2 & V/L_2 \end{vmatrix} \qquad (78)$$

Après le développement des deux déterminants ceci donne

$$\left[D^2 + \left(\frac{R_1L_1 + R_2L_1 + R_1L_2}{L_1L_2}\right) D + \frac{R_1R_2}{L_1L_2}\right] i_2 = 0$$

L'équation caractéristique est la même que celle de l'équation (76) et par conséquent les intégrales générales sont identiques. Cependant l'intégrale particulière i_2 est nulle, vu que l'équation est homogène.

L'examen du réseau montre que ces conclusions sont parfaitement cohérentes étant donné qu'en régime permanent L_1 représente un court-circuit en parallèle avec la branche R_2L_2, rendant ainsi le courant dans cette branche nul. R_1 est alors la seule impédance qui limite le courant en régime et par conséquent $i_1 = V/R_1$, comme le montre l'équation (77) ci-dessus.

Problèmes résolus

16.1. Un circuit RL série avec $R = 50\ \Omega$ et $L = 10$ H, est alimenté par une tension constante $V = 100$ V à l'instant $t = 0$ où l'interrupteur est fermé. Calculer (*a*) les équations donnant i, v_R et v_L; (*b*) le courant à l'instant $t = 0{,}5$ s et (*c*) le temps au bout duquel $v_R = v_L$.

(*a*) Le comportement du circuit est décrit par l'équation différentielle suivante

$$50i + 10\frac{di}{dt} = 100 \quad \text{ou} \quad (D+5)i = 10 \tag{1}$$

dont la solution complète est

$$i = i_c + i_p = ce^{-5t} + 2 \tag{2}$$

A l'instant $t = 0$, $i_0 = 0$ et $0 = c(1) + 2$ ou $c = -2$; il en résulte

$$i = 2(1 - e^{-5t}) \tag{3}$$

La forme du courant est représentée par la Fig. 16-20 (*a*).
Les tensions correspondantes aux bornes des éléments du circuit sont

$$v_R = Ri = 100(1 - e^{-5t}) \quad \text{et} \quad v_L = L\frac{di}{dt} = 100e^{-5t} \tag{4}$$

et sont représentées par la Fig. 16-20 (*b*)

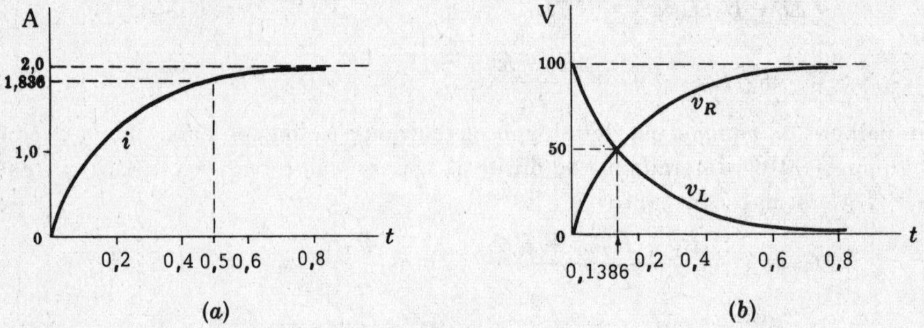

Fig. 16-20

(*b*) En posant $t = 0{,}5$ s dans la relation (3), on obtient le courant à cet instant: $i = 2(1 - e^{-5(0,5)}) = 2(1 - 0{,}082) = 1{,}836$ A.

(*c*) Pour $v_R = v_L$ chacune des tensions doit être égale à 50 V; comme la tension appliquée est de 100 V nous posons soit v_R, soit v_L, égale à 50 et nous résolvons pour déterminer t. La relation (4) nous donne $v_L = 50 = 100e^{-5t}$. Comme $e^{-5t} = 0{,}5$ ou encore $5t = 0{,}693$, nous en déduisons que $t = 0{,}1386$ s.

16.2. En se référant au problème 16.1, déterminer les équations donnant p_R et p_L; montrer que l'intégrale de la puissance p_L calculée de 0 à ∞ correspond à l'énergie emmagasinée dans le champ magnétique de l'inductance, une fois que la période transitoire est révolue.

L'utilisation des relations donnant le courant et les tensions du Problème 16.1, permet de déterminer les puissances instantanées suivantes:

$$p_R = v_R i = 100(1 - e^{-5t})\,2(1 - e^{-5t}) = 200(1 - 2e^{-5t} + e^{-10t})$$

$$p_L = v_L i = 100e^{-5t}\,2(1 - e^{-5t}) = 200(e^{-5t} - e^{-10t})$$

$$p_T = p_R + p_L = 200(1 - e^{-5t})$$

L'énergie emmagasinée dans le champ magnétique en régime permanent est

$$W = \tfrac{1}{2}LI^2 = \tfrac{1}{2}(10)(2)^2 = 20 \text{ J}.$$

L'intégrale de p_L calculée entre $t = 0$ et $t = \infty$ donne $W = \int_0^\infty 200(e^{-5t} - e^{-10t})\,dt = 20$ J.

16.3. Dans le circuit série de la Fig. 16-21, l'interrupteur est fermé en position 1 à l'instant $t = 0$, appliquant ainsi une tension de 100 V à la branche RL; à l'instant $t = 500\ \mu$s, l'interrupteur est mis en position 2. Calculer les expressions du courant pendant ces deux intervalles et représenter le courant transitoire en fonction du temps.

Avec l'interrupteur dans la position 1, l'équation différentielle du circuit est

$$100i + 0{,}2\frac{di}{dt} = 100 \quad \text{ou} \quad (D+500)i = 500 \qquad (1)$$

dont la solution complète est $\quad i = c_1 e^{-500t} + 1{,}0 \qquad (2)$

à l'instant $t = 0$, $i = 0$. En portant ces conditions initiales dans la relation (2), nous obtenons $0 = c_1(1) + 1{,}0$ ou $c_1 = -1{,}0$.

Le courant est alors donné par $\quad i = 1{,}0(1 - e^{-500t}) \qquad (3)$

A l'instant $t = 500\ \mu$s ce courant transitoire est interrompu; la valeur du courant à cet instant est

$$i = 1{,}0(1 - e^{-500(500\times 10^{-6})}) = 1{,}0(1 - 0{,}779) = 0{,}221 \text{ A} \qquad (4)$$

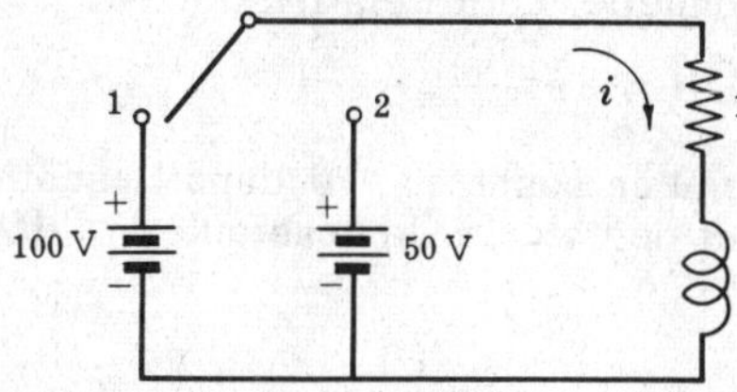

Fig. 16-21

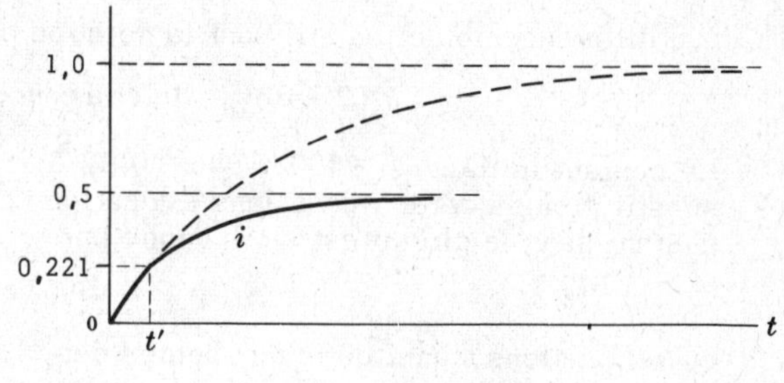

Fig. 16-22

Avec l'interrupteur en position 2, la tension appliquée au circuit est de 50 V; cette tension a la même polarité que la source précédente de 100 V. L'équation différentielle correspondante pour le circuit est

$$100i + 0{,}2\frac{di}{dt} = 50 \quad \text{ou} \quad (D+500)i = 250 \qquad (5)$$

la solution de cette équation est $\quad i = c_2 e^{-500(t-t')} + 0{,}5 \qquad (6)$

où $t' = 500\ \mu$s. Par ailleurs, lorsque $t = t'$ dans l'équation (6), le courant est de 0,221 A comme nous l'avons trouvé dans l'équation (4). Ceci nous permet de déterminer la constante c_2 .:

$$i = 0{,}221 = c_2(1) + 0{,}5 \quad \text{et} \quad c_2 = 0{,}279$$

Nous avons alors pour $t > t'$

$$i = -0{,}279\, e^{-500(t-t')} + 0{,}5 \qquad (7)$$

L'équation (3) est valable pour $0 < t < t'$ et le courant transitoire représenté par le pointillé sur la Fig. 16-22 tend vers une valeur en régime de 1,0 A. A l'instant t' où le courant est égal à 0,221 A, l'interrupteur est placé en position 2 et l'équation (7) est valable pour $t > t'$; elle nous donne une valeur finale du courant de 0,5 A comme le montre la Fig. 16-22.

16.4. Reprendre le Problème 16.3 pour une polarité opposée de la source de 50 V.

La première partie de la solution trouvée pour le courant transitoire avec l'interrupteur dans la position 1 est la même que celle du Problème 16,3 c'est-à-dire $i = 1{,}0\,(1 - e^{-500\,t})$ avec $i = 0{,}221$ A à l'instant $t = 500\ \mu$s.

La polarité opposée de la source de 50 V entraîne l'équation différentielle suivante pour le circuit :

$$100i + 0{,}2\frac{di}{dt} = -50 \quad \text{ou} \quad (D+500)i = -250 \qquad (1)$$

sa solution est $\quad i = c\, e^{-500(t-t')} - 0{,}5 \qquad (2)$

En portant la valeur du courant de 0,221 A à l'instant t' dans l'équation (*2*), nous obtenons $0{,}221 = c(1) - 0{,}5$ ou $c = 0{,}721$. L'équation donnant le courant pour $t > t'$ est alors

$$i = 0{,}721\, e^{-500(t-t')} - 0{,}5$$

Le courant transitoire est représenté par la Fig.16-23 et sa valeur finale est égale à $-0{,}5$ A, étant donné que la polarité de la source de 50 V appliquée est opposée à la direction positive choisie pour le courant i.

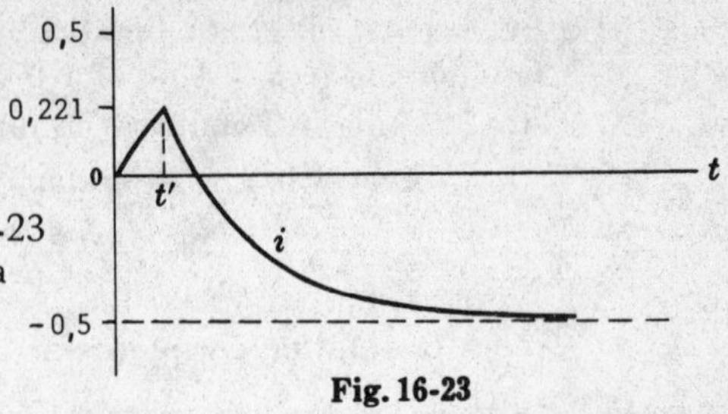

Fig. 16-23

16.5. Un circuit RC série avec $R = 5000\ \Omega$ et $C = 20\ \mu$F est alimenté par une tension constante $V = 100$ V à l'instant $t = 0$ et la capacité est initialement déchargée. Calculer les expressions donnant i, v_R et v_C.

Lorsque l'interrupteur est fermé, l'équation différentielle pour le circuit est

$$5000i + \frac{1}{20 \times 10^{-6}} \int i\, dt = 100 \qquad (1)$$

Par différentiation et en utilisant la notation opérationnelle, cette relation devient

$$(D + 10)i = 0 \text{ et a pour solution } i = c\, e^{-10t} \qquad (2)$$

Le courant initial $i_0 = 100/5\,000 = 0{,}02$ A est obtenu en posant $t = 0$ dans l'équation (*1*). La substitution de cette valeur dans l'équation (*2*) permet de calculer la constante $c = 0{,}02$. Le courant dans le circuit est alors donné par

$$i = 0{,}02\, e^{-10t} \qquad (3)$$

et les tensions transitoires aux bornes des éléments du circuit sont

$$v_R = Ri = 5000(0{,}02e^{-10t}) = 100\, e^{-10t}$$

$$v_C = \frac{1}{C}\int i\, dt = \frac{1}{20 \times 10^{-6}} \int 0{,}02e^{-10t}\, dt = 100(1 - e^{-10t})$$

Ces transitoires sont représentées par la Fig. 16-24. Lorsque le régime permanent est établi, nous avons $v_R = 0$ et $v_C = 100$ V.

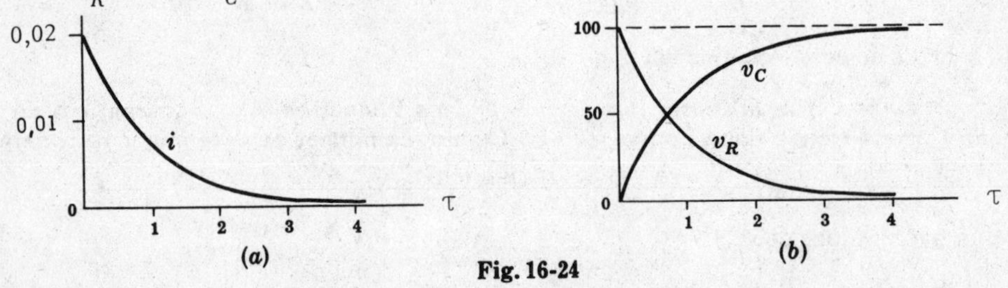

Fig. 16-24

16.6. La capacité de 20 μF du circuit RC de la Fig. 16-25 porte une charge initiale $q_0 = 500\ \mu$C avec la polarité indiquée sur la figure. A l'instant $t = 0$, l'interrupteur est fermé, appliquant ainsi une tension constante $V = 50$ V au circuit. Déterminer le courant transitoire dans le circuit.

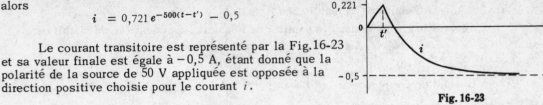

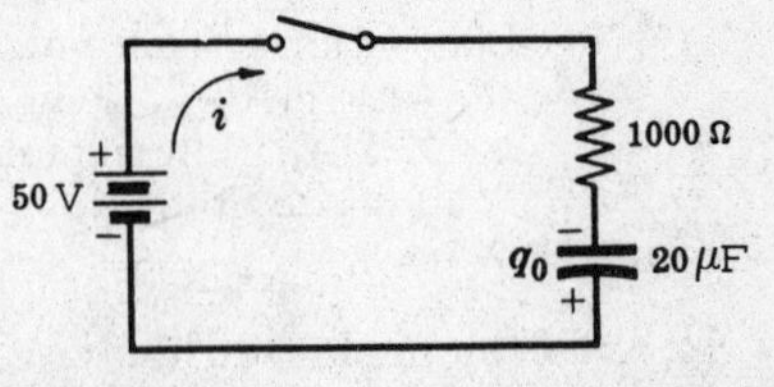

Fig. 16-25

Lorsque l'interrupteur est fermé l'équation différentielle du circuit est

$$1000i + \frac{1}{20 \times 10^{-6}} \int i\, dt = 50 \qquad \text{ou} \qquad (D + 50)i = 0 \qquad (1)$$

et a pour solution

$$i = c\, e^{-50t} \qquad (2)$$

La source de 50 V fait circuler un courant dans la direction indiquée sur le diagramme, apportant ainsi une charge positive sur l' armature supérieure de la capacité. A la charge initiale q_0 de la capacité correspond une tension aux bornes de celle-ci de $V_0 = q_0/C = (500 \times 10^{-6})/(20 \times 10^{-6}) = 25$ V qui fait également circuler un courant dans la même direction que i.

Le courant initial (à l'instant $t = 0$) est alors $i_0 = (V + q_0/C)/R = (50 + 25)/1000 =$ 0,075 A. En substituant dans la relation (*2*), nous obtenons $c = 0{,}075$ et par conséquent $i = 0{,}075\, e^{-50t}$ A.

16.7. Reprendre le Problème 16.6 en utilisant comme variable la charge.

L'équation différentielle donnant la charge dans le circuit est

$$1000\frac{dq}{dt} + \frac{q}{20 \times 10^{-6}} = 50 \qquad \text{ou} \qquad (D + 50)q = 0{,}05 \tag{1}$$

et a pour solution

$$q = c\,e^{-50t} + 10^{-3} \tag{2}$$

A l'instant $t = 0$, la capacité porte une charge positive de $0{,}5 \times 10^{-3}$ C sur l'armature supérieure. Le signe de la charge déposée pendant la période transitoire sur l'armature supérieure est positif, par conséquent il suffit de poser $q_0 = -0{,}5 \times 10^{-3}$ C à l'instant $t = 0$ dans l'équation (*2*) pour trouver $c = -1{,}5 \times 10^{-3}$C. L'équation pour le courant est alors $q = -1{,}5 \times 10^{-3}\, e^{-50t} + 10^{-3}$ et le courant transitoire est $i = dq/dt = 0{,}075e^{-50t}$.

La figure 16.26 (*a*) montre que la capacité avait initialement une charge de $0{,}5 \times 10^{-3}$ C positive sur l'armature inférieure et qu'elle a une charge finale de $1{,}0 \times 10^{-3}$ C positive sur l'armature supérieure. L'allure du courant transitoire $i = dq/dt$ est représentée par la Fig. 16-26 (*b*).

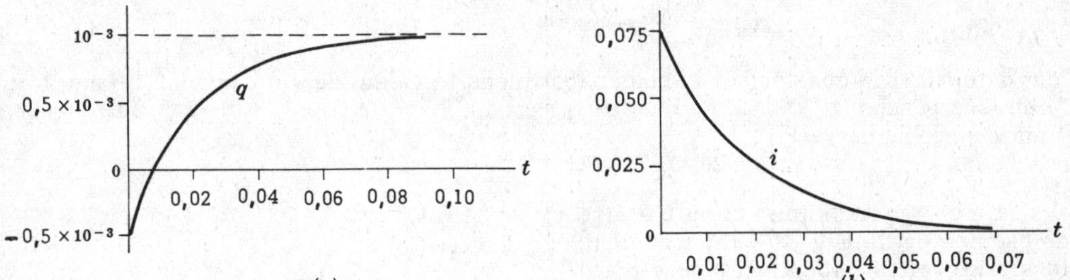

(*a*) (*b*)

Fig. 16-26

16.8. Dans le circuit *RC* de la Fig. 16-27, l'interrupteur est fermé en position 1 à l'instant $t = 0$ et en position 2 après une constante de temps τ. Calculer le courant transitoire complet.

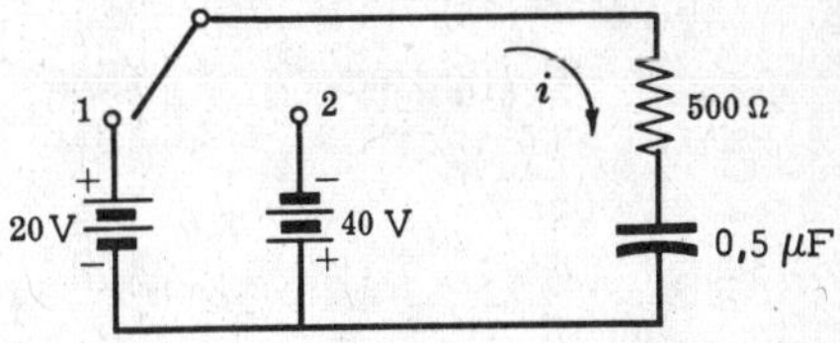

Fig. 16-27

Avec l'interrupteur dans la position 1, la solution de l'équation différentielle obtenue en appliquant la loi de Kirchhoff au circuit est

$$i = c_1 e^{-t/RC} = c_1 e^{-4000t} \tag{1}$$

A l'instant $t = 0$, on a $i_0 = V/R = 20/500 = 0{,}04$ A. En substituant cette valeur dans la relation (*1*), nous obtenons $C_1 = 0{,}04$ et le courant dans l'intervalle $0 < t < \tau$ est

$$i = 0{,}04e^{-4000t} \tag{2}$$

Ce courant transitoire continue jusqu'à l'instant $t = 1\,\tau = RC = 500(0{,}5 \times 10^{-6}) = 250\ \mu$s où le courant a une valeur $i = 0{,}04\, e^{-1} = 0{,}0147$ A.

Lorsque l'interrupteur est mis en position 2, la capacité porte une charge et la tension correspondante à ses bornes est $v_C = 20(1 - e^{-1}) = 12{,}65$ Cette tension et la tension de 40 V de la source font circuler un courant opposé à celui dû à la source de 20 V. En posant $t' = \tau$, l'équation du courant est pour $t > t'$

$$i = c_2 e^{-4000(t-t')} \tag{3}$$

A l'instant $t = t'$, on a $i = -(40 + 12{,}65)/500 = -0{,}1053$ A, et en substituant dans la relation (*3*) nous obtenons $c_2 = -0{,}1053$ et le courant résultant est

$$i = -0{,}1053e^{-4000(t-t')} \tag{4}$$

Le courant transitoire est représenté par la Fig. 16-28. Au bout d'une constante de temps τ le courant atteint une valeur de crête de $-0{,}1053$ A.

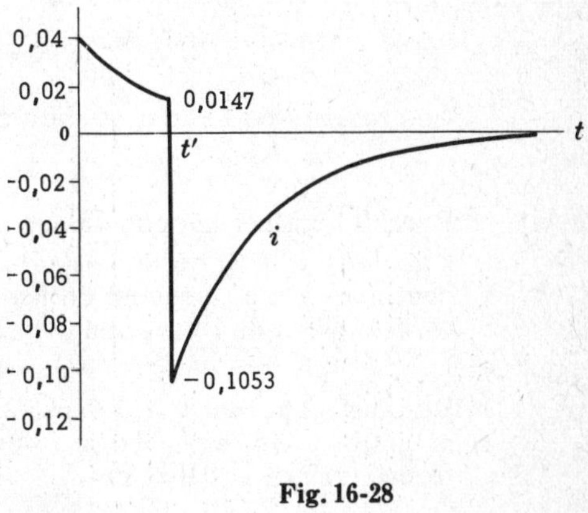

Fig. 16-28

16,9. Déterminer la charge transitoire pour le problème 16.8 et obtenir la valeur du courant par différentiation.

L'équation différentielle représentant la charge dans le circuit, pour la position 1, est

$$500\frac{dq}{dt}+\frac{q}{0{,}5\times 10^{-6}} = 20 \quad \text{ou} \quad (D+4000)q = 0{,}04 \qquad (1)$$

et sa solution est
$$q = c_1 e^{-4000t} + 10\times 10^{-6} \qquad (2)$$

A l'instant $t = 0$, $q_0 = 0$. En reportant cette condition initiale dans la relation (2), nous pouvons déterminer la constante $c_1 = -10\times 10^{-6}$ et par conséquent la charge est

$$q = 10\times 10^{-6}(1-e^{-4000t}) \qquad (3)$$

Cette équation est valable pour l'intervalle $0 < t < t'$, où $t' = \tau$. A l'instant τ la charge de la capacité est $q = 10\times 10^{-6}(1-e^{-1}) = 6{,}32\times 10^{-6}$ C.

Pour l'interrupteur dans la position 2, l'équation différentielle du circuit est

$$500\frac{dq}{dt}+\frac{q}{0{,}5\times 10^{-6}} = -40 \quad \text{ou} \quad (D+4000)q = -0{,}08 \qquad (4)$$

et sa solution est
$$q = c_2 e^{-4000(t-t')} - 20\times 10^{-6} \qquad (5)$$

Pour déterminer la constante c_2, nous substituons la valeur de q à l'instant τ dans la relation (5) et nous posons $t = \tau$; il en résulte $6{,}32\times 10^{-6} = c_2(1) - 20\times 10^{-6}$ ou $c_2 = 26{,}32\times 10^{-6}$. et par conséquent

$$q = 26{,}32\times 10^{-6} e^{-4000(t-t')} - 20\times 10^{-6} \qquad (6)$$

La charge transitoire complète est représentée par la Fig. 16-29. Le courant transitoire correspondant est obtenu par différentiation des relations (3) et (6). Ainsi pendant l'intervalle $0 < t < t'$, le courant est

$$i = \frac{d}{dt}\{10\times 10^{-6}(1-e^{-4000t})\} = 0{,}04e^{-4000t}$$

et pour $t > t'$, il est

$$i = \frac{d}{dt}\{26{,}32\times 10^{-6}e^{-4000(t-t')} - 20\times 10^{-6}\}$$
$$= -0{,}1053e^{-4000(t-t')}$$

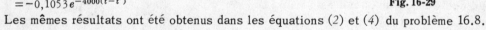

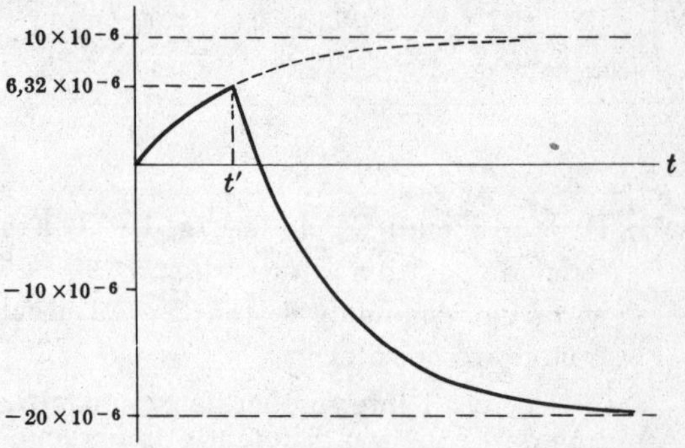

Fig. 16-29

Les mêmes résultats ont été obtenus dans les équations (2) et (4) du problème 16.8.

16.10. Une tension constante $V = 50$ V est appliquée à l'instant $t = 0$ à un circuit RLC série composé des éléments suivants: $R = 3000\ \Omega$, $L = 10$ H et $C = 200\ \mu$F. Calculer le courant transitoire dans le circuit ainsi que sa valeur maximale, sachant que la capacité est initialement déchargée.

Après fermeture de l'interrupteur l'équation différentielle du circuit est

$$3000i + 10\frac{di}{dt} + \frac{1}{200\times 10^{-6}}\int i\,dt = 50 \quad \text{ou} \quad (D^2+300D+500)i = 0 \qquad (1)$$

Les racines de l'équation caractéristique sont $D_1 = -298{,}3$, $D_2 = -1{,}67$, d'où l'on déduit

$$i = c_1 e^{-1{,}67t} + c_2 e^{-298{,}3t} \qquad (2)$$

Pour déterminer les constantes c_1 et c_2 nous utilisons deux conditions initiales différentes. Comme le circuit série comporte une inductance, la fonction représentant le courant doit être continue; par conséquent comme $i = 0$ à l'instant $t = 0^-$, i est également nul à l'instant $t = 0^+$. On tire alors de l'équation (1), $10\ di/dt = 50$ et $di/dt = 5$. En écrivant l'équation (2) à l'instant $t = 0$, on a $0 = c_1(1) + c_2(1)$ ou $c_1 + c_2 = 0$.

De plus en posant $t = 0$ dans la première dérivée de la relation (2) et en y substituant $di/dt = 5$, nous obtenons $5 = -1{,}67c_1 - 298{,}3c_2$; en résolvant le système de deux équations ainsi obtenu, nous trouvons $c_1 = 0{,}0168$ et $c_2 = -0{,}0168$, d'où

$$i = 0{,}0168e^{-1{,}67t} - 0{,}0168e^{-298{,}3t} \qquad (3)$$

Pour déterminer le courant maximal, nous annulons di/dt et nous calculons la valeur correspondante de t:

$$di/dt = (0{,}0168)(-1{,}67)e^{-1{,}67t} - (0{,}0168)(-298{,}3)e^{-298{,}3t} = 0 \quad \text{ou} \quad t = 0{,}0175 \text{ s}$$

En substituant cette valeur de t dans l'équation (3), nous obtenons un courant maximal de 0,0161 A.

16.11. Un circuit RLC série comportant les éléments $R = 50\ \Omega$, $L = 0{,}1$ H et $C = 50\ \mu$F, est alimenté par une tension constante $V = 100$ V à l'instant $t = 0$. Déterminer le courant transitoire, en supposant une charge initiale nulle de la capacité.

Lorsque l'interrupteur est fermé le courant dans le réseau est déterminé par l'équation différentielle

$$50i + 0{,}1\frac{di}{dt} + \frac{1}{50 \times 10^{-6}}\int i\,dt = 100 \quad \text{ou} \quad (D^2 + 500D + 2 \times 10^5)i = 0 \qquad (1)$$

Les racines de l'équation caractéristique sont $D_1 = -250 + j371$ et $D_2 = -250 - j371$. On en tire l'expression du courant

$$i = e^{-250t}(c_1 \cos 371t + c_2 \sin 371t) \qquad (2)$$

Le courant est nul à l'instant $t = 0$, ce qui nous permet d'écrire en utilisant la relation (2) $i_0 = 0 = (1)(c_1 \cos 0 + c_2 \sin 0)$ et $c_1 = 0$. L'équation (2) devient alors

$$i = e^{-250t} c_2 \sin 371t \qquad (3)$$

En différentiant l'expression (3), on obtient

$$di/dt = c_2\{e^{-250t}(371) \cos 371t + e^{-250t}(-250) \sin 371t\} \qquad (4)$$

De la relation (1), on tire à l'instant $t = 0$, $0{,}1\,(di/dt) = 100$ ou $di/dt = 1000$. En portant ces valeurs dans la relation (4), à l'instant $t = 0$, nous obtenons $di/dt = 1000 = c_2 \cdot 371 \cdot \cos 0$ et $c_2 = 2{,}7$. Le courant cherché prend alors la forme

$$i = e^{-250t}(2{,}7 \sin 371t).$$

16.12. Un circuit RL série comportant les éléments $R = 50\ \Omega$ et $L = 0{,}2$ H est alimenté par une tension sinusoïdale $v = 150 \sin(500t + \phi)$ à un instant où $\phi = 0$. Déterminer le courant dans le circuit.

Lorsque l'interrupteur est fermé le courant dans le circuit est déterminé par l'équation différentielle

$$50i + 0{,}2\frac{di}{dt} = 150 \sin 500t \quad \text{ou} \quad (D + 250)i = 750 \sin 500t \qquad (1)$$

L'intégrale générale est $i_c = c\,e^{-250t}$.

Pour trouver l'intégrale particulière, nous utilisons la méthode des coefficients indéterminés et nous supposons un courant particulier de la forme

$$i_p = A \cos 500t + B \sin 500t \qquad (2)$$

dont la dérivée est

$$i_p' = -500A \sin 500t + 500B \cos 500t \qquad (3)$$

En substituant ces expressions à i et i' dans l'équation (1), nous obtenons

$$(-500A \sin 500t + 500B \cos 500t) + 250(A \cos 500t + B \sin 500t) = 750 \sin 500t$$

et par identification

$$-500A + 250B = 750 \quad \text{et} \quad 500B + 250A = 0 \qquad (4)$$

En résolvant ce système d'équations, nous trouvons $A = -1{,}2$ et $B = 0{,}6$, d'où

$$i_p = -1{,}2 \cos 500t + 0{,}6 \sin 500t = 1{,}34 \sin(500t - 63{,}4°) \qquad (5)$$

Le courant dans le circuit est

$$i = c\,e^{-250t} + 1{,}34 \sin(500t - 63{,}4°) \qquad (6)$$

A l'instant $t = 0$, nous avons

$$i = 0 = c(1) + 1{,}34 \sin(-63{,}4°) \quad \text{et} \quad c = 1{,}2.$$

On en déduit

$$i = 1{,}2\,e^{-250t} + 1{,}34 \sin(500t - 63{,}4°) \qquad (7)$$

La Fig. 16-30 représente les courants i_p et i_c ainsi que leur somme i. Une fois la période transitoire terminée (approximativement à l'instant $t = 5\tau$) le courant est sinusoïdal et en retard sur la tension d'un angle $\theta = \text{tg}^{-1}\omega L/R = 63{,}4^\circ$.

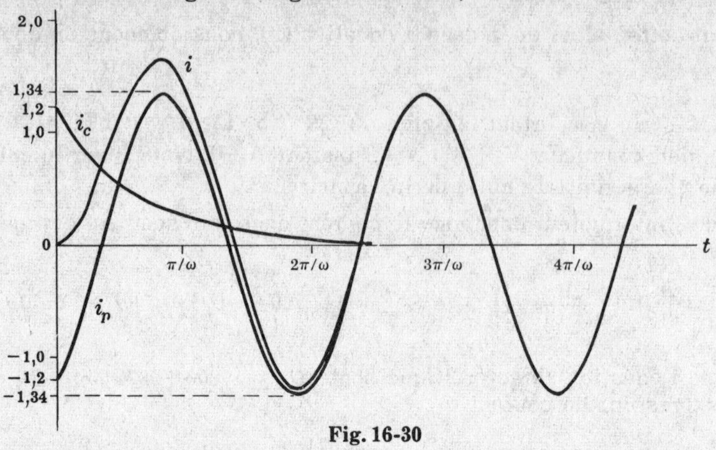

Fig. 16-30

16.13. En se référant au circuit décrit dans le Problème 16.12 à quel angle ϕ l'interrupteur doit-il être fermé pour que le courant corresponde directement au courant en régime permanent sans période transitoire ?

Si $\phi = 0$, l'équation (6) du Problème 16.12 nous donne

$$i = c\,e^{-250t} + 1{,}34 \sin(500t + \phi - 63{,}4^\circ)$$

A l'instant $t = 0$, nous avons $0 = c(1) + 1{,}34 \sin(\phi - 63{,}4^\circ)$. On en déduit que le terme transitoire est nul, si c est nul; ceci est le cas pour $\phi = (63{,}4^\circ + n\,180^\circ)$, où $n = 0, 1, 2, \ldots$

16.14. Un circuit RC série, composé des éléments $R = 100\ \Omega$ et $C = 25\ \mu$F, est alimenté par une tension sinusoïdale $v = 250 \sin(500t + \phi)$ appliquée à un instant où $\phi = 0^\circ$. Calculer le courant dans le circuit, en supposant que la capacité est initialement déchargée.

Lorsque l'interrupteur est fermé, l'équation différentielle décrivant le comportement du circuit est

$$100i + \frac{1}{25 \times 10^{-6}} \int i\,dt = 250 \sin 500t \quad \text{ou} \quad (D + 400)i = 1250 \cos 500t \tag{1}$$

L'intégrale générale est $i_c = c\,e^{-400t}$.

Pour trouver une solution particulière pour le courant, nous supposons que le membre de droite de l'équation opérationnelle est la partie réelle de 1250 e^{j500t} et que le courant particulier est donné par

$$i_p = \mathbf{K}\,e^{j500t} \tag{2}$$

La dérivée de ce courant est $$i'_p = j500\,\mathbf{K}\,e^{j500t} \tag{3}$$

En substituant ces valeurs à i et i' dans l'équation (1), nous obtenons

$$j500\,\mathbf{K}\,e^{j500t} + 400(\mathbf{K}\,e^{j500t}) = 1250\,e^{j500t} \tag{4}$$

d'où l'on tire $\mathbf{K} = 1{,}955\underline{/-51{,}3^\circ}$. Cette valeur de K est portée dans l'équation (2), mais comme la tension appliquée correspondait à la partie réelle de 1 250 e^{j500t}, le courant effectif est la partie réelle de la relation (2) et $i_p = 1{,}955 \cos(500t - 51{,}3^\circ)$.

L'expression définitive pour le courant est alors

$$i = c\,e^{-400t} + 1{,}955 \cos(500t - 51{,}3^\circ) \tag{5}$$

A l'instant $t = 0$, l'équation (1) devient $100i = 250 \sin 0$ ou $i = 0$.

En portant $t = 0$ dans l'équation (5), nous obtenons $c = 1{,}22$ et par conséquent

$$i = -1{,}22\,e^{-400t} + 1{,}955 \cos(500t - 51{,}3^\circ) = -1{,}22\,e^{-400t} + 1{,}955 \sin(500t + 38{,}7^\circ)$$

16.15. Le circuit RC de la Fig. 16-31 est alimenté par une tension sinusoïdale $v = 250 \sin(500t + \phi)$ à l'instant où $\phi = 45°$. La charge initiale de la capacité est $q_0 = 5000 \times 10^{-6}$C, avec la polarité indiquée sur la figure. Déterminer le courant dans le circuit.

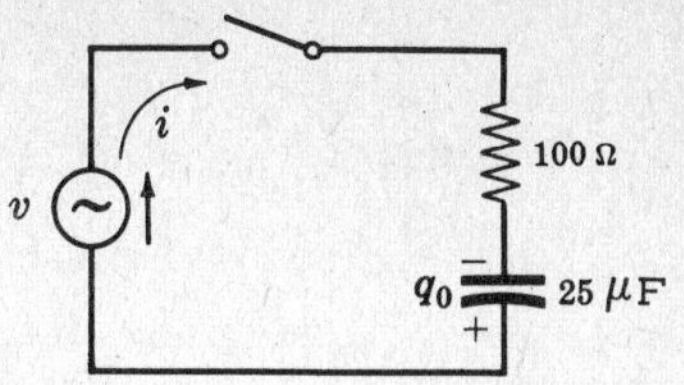

Fig. 16-31

Le circuit ainsi que la tension sinusoïdale appliquée sont les mêmes que ceux du Problème 16.14, à l'exception du fait que la tension est appliquée à l'instant où $\phi = 45°$. La forme opérationnelle de l'équation différentielle du circuit est

$$(D + 400)i = 1250 \cos(500t + 45°) \qquad (1)$$

L'intégrale générale est également la même que celle du Problème 16.14 et la solution particulière pour le courant est déphasée de 45°, c'est-à-dire $i_p = 1{,}955 \sin(500t + 83{,}7°)$. Le courant dans le circuit est alors donné par

$$i = c\,e^{-400t} + 1{,}955 \sin(500t + 83{,}7°) \qquad (2)$$

A l'instant $t = 0$, deux tensions sont à l'origine du courant dans le circuit : à la capacité chargée correspond une tension $V = q_0/C = (5000 \times 10^{-6})/(25 \times 10^{-6}) = 200$ V et la tension instantanée de la source est $v = 250 \sin 45° = 176{,}7$ V. Un examen du circuit permet de voir que ces deux tensions ont la même polarité et par conséquent le courant initial est

$$i_0 = (200 + 176{,}7)/100 = 3{,}77 \text{ A}$$

En portant $i = 3{,}77$ A dans la relation (2) à l'instant $t = 0$, nous obtenons $c = 1{,}83$ et par conséquent

$$i = 1{,}83\,e^{-400t} + 1{,}955 \sin(500t + 83{,}7°)$$

16.16. Le circuit RLC série de la Fig. 16-32 est alimenté par une tension sinusoïdale $v = 100 \sin(1000t + \phi)$. Déterminer le courant dans le circuit, sachant que l'interrupteur est fermé à l'instant $\phi = 90°$ et que la capacité est initialement déchargée.

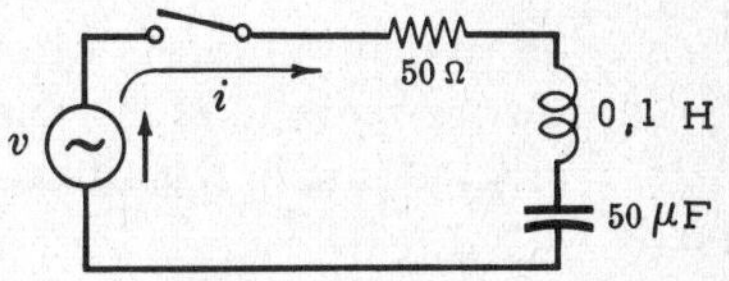

Fig. 16-32

Après fermeture de l'interrupteur, le courant dans le circuit est déterminé par l'équation différentielle

$$50i + 0{,}1\frac{di}{dt} + \frac{1}{50 \times 10^{-6}}\int i\,dt = 100 \sin(1000t + 90°)$$

qui peut encore s'écrire sous forme opérationnelle

$$(D^2 + 500D + 2 \times 10^5)i = 10^6 \cos(1000t + 90°) \qquad (1)$$

Les racines de l'équation caractéristique sont $D_1 = -250 + j371$ et $D_2 = -250 - j371$.

L'intégrale générale donnant le courant est $i_c = e^{-250t}(c_1 \cos 371t + c_2 \sin 371t)$ et l'intégrale particulière déterminée par la même méthode que celle utilisée dans le Problème 16.14 est $i_p = 1{,}06 \sin(1000t + 32°)$. Le courant total dans le circuit est alors donné par

$$i = e^{-250t}(c_1 \cos 371t + c_2 \sin 371t) + 1{,}06 \sin(1000t + 32°) \qquad (2)$$

De l'équation (1), nous tirons à l'instant $t = 0$, $i_0 = 0$ et $di/dt = 1000$. En portant ces valeurs dans la relation (2), nous trouvons $c_1 = -0{,}562$. Par différentiation de l'équation (2), nous obtenons

$$\frac{di}{dt} = e^{-250t}(-371c_1 \sin 371t + 371c_2 \cos 371t)$$
$$+ (c_1 \cos 371t + c_2 \sin 371t)(-250\,e^{-250t}) + 1{,}06(1000) \cos(1000t + 32°) \qquad (3)$$

En posant $t = 0$, $c_1 = -0{,}562$ et $di/dt = 1000$ dans la relation (3), nous obtenons $c_2 = -0{,}104$. Ce qui nous amène à l'équation définitive du courant dans le circuit

$$i = e^{-250t}(-0{,}562 \cos 371t - 0{,}104 \sin 371t) + 1{,}06 \sin(1000t + 32°)$$

16.17. Une tension sinusoïdale $v = 100 \sin(1000t + \phi)$ est appliquée à un circuit RLC série, comportant les éléments $R = 100\ \Omega$, $L = 0{,}1$ H et $C = 50\ \mu$F. Sachant que l'interrupteur est fermé à l'instant où $\phi = 90°$, déterminer le courant dans le circuit pour une charge initiale nulle de la capacité.

L'équation différentielle du circuit une fois l'interrupteur fermé est

$$100i + 0{,}1\frac{di}{dt} + \frac{1}{50\times 10^{-6}}\int i\,dt = 100\sin(1000t + 90°)$$

ou encore $$(D^2 + 1000D + 2\times 10^5)i = 10^6\cos(1000t + 90°) \qquad (1)$$

Les racines de l'équation caractéristique sont $D_1 = -276{,}5$ et $D_2 = -723{,}5$.

L'intégrale générale est $i_c = c_1 e^{-276{,}5t} + c_2 e^{-723{,}5t}$ et la solution particulière obtenue par la méthode du Problème 16. 14 est $i_p = 0{,}781\sin(1000t + 51{,}4°)$. Il en résulte que le courant dans le circuit est

$$i = c_1 e^{-276{,}5t} + c_2 e^{-723{,}5t} + 0{,}781\sin(1000t + 51{,}4°) \qquad (2)$$

Pour déterminer les constantes c_1 et c_2, nous calculons i et di/dt à l'instant $t = 0$ au moyen de l'équation (*1*). En portant le résultat $i_0 = 0$ et $di/dt = 1\,000$ dans l'équation (*2*), nous obtenons

$$i_0 = 0 = c_1(1) + c_2(1) + 0{,}781\sin 51{,}4° \quad \text{ou} \quad c_1 + c_2 = -0{,}610 \qquad (3)$$

En différentiant la relation (*2*) et en y posant $t = 0$ et $di/dt = 1\,000$, nous avons

$$di/dt = 1000 = -276{,}5c_1 - 723{,}5c_2 + 781\cos 51{,}4° \quad \text{ou} \quad 276{,}5c_1 + 723{,}5c_2 = -513 \qquad (4)$$

La solution simultanée des relations (*3*) et (*4*) nous donne $c_1 = 0{,}161$ et $c_2 = -0{,}771$. Nous en déduisons :

$$i = 0{,}161\,e^{-276{,}5t} - 0{,}771\,e^{-723{,}5t} + 0{,}781\sin(1000t + 51{,}4°)$$

16.18. Dans le réseau à deux mailles de la Fig. 16-33, l'interrupteur est fermé à l'instant $t = 0-$. Déterminer les courants i_1 et i_2 dans chacune des mailles ainsi que la tension transitoire v_C aux bornes de la capacité.

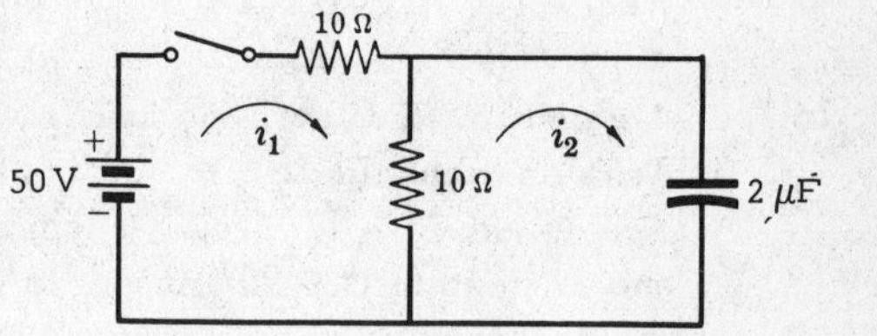

Fig. 16-33

En appliquant la loi de Kirchhoff aux deux mailles, nous obtenons les équations

$$20i_1 - 10i_2 = 50 \quad \text{ou} \quad 2Di_1 = Di_2 \qquad (1)$$

et $$-10i_1 + 10i_2 + \frac{1}{2\times 10^{-6}}\int i_2\,dt = 0 \quad \text{ou} \quad -Di_1 + (D + 5\times 10^4)i_2 = 0 \qquad (2)$$

De l'équation (*1*) on tire $Di_1 = 1/2\ Di_2$, qui par substitution dans l'équation (*2*) nous donne

$$-(\tfrac{1}{2}Di_2) + (D + 5\times 10^4)i_2 = 0 \quad \text{ou} \quad (D + 10^5)i_2 = 0 \qquad (3)$$

La solution de l'équation (*3*) ne comporte qu'une intégrale générale, étant donné que cette équation est homogène ; on en déduit

$$i_2 = c\,e^{-10^5 t} \qquad (4)$$

En posant $t = 0$ dans l'équation (*2*), nous obtenons $-10i_1 + 10i_2 = 0$ ou $i_1 = i_2$. L'équation (*1*) à l'instant $t = 0$ devient $20i_1 - 10i_1 = 50$ ou $i_1 = i_2 = 5$ A. En substituant cette valeur de i_2 dans l'équation (*4*), nous obtenons $c = 5$ et par conséquent

$$i_2 = 5\,e^{-10^5 t} \qquad (5)$$

Le courant transitoire i_1 peut à présent s'obtenir en portant la relation (*5*) dans l'équation (*1*). Ainsi,

$$20i_1 - 10(5\,e^{-10^5 t}) = 50 \quad \text{et} \quad i_1 = 2{,}5 + 2{,}5\,e^{-10^5 t}$$

La tension transitoire aux bornes de la capacité v_C peut se calculer par intégration du courant de maille i_2, c'est-à-dire

$$v_C = \frac{1}{C}\int i_2\,dt = \frac{1}{2\times 10^{-6}}\int 5\,e^{-10^5 t}\,dt = 25(1 - e^{-10^5 t})$$

16.19. Dans le réseau à deux mailles représenté par la Fig. 16-34 l'interrupteur est fermé à l'instant $t = 0$ et la tension appliquée au réseau est $v = 150\sin 1000t$. Trouver les courants i_1 et i_2 dans chacune des mailles figurant sur le diagramme.

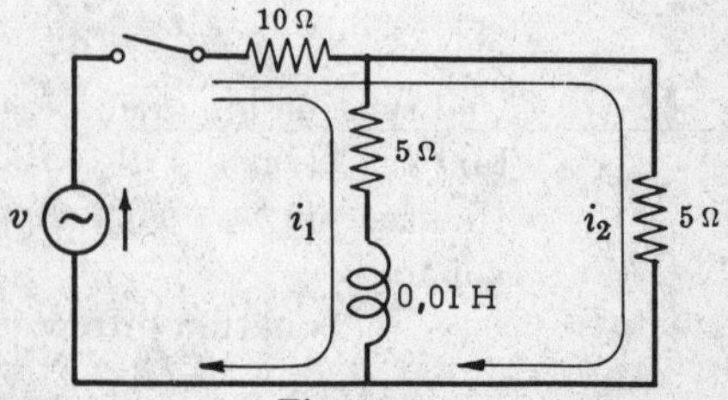

Fig. 16-34

L'application de la loi de Kirchhoff aux deux mailles du réseau nous donne les deux équations différentielles suivantes $10i_2 + 15i_1 + 0{,}01\frac{di_1}{dt} = 150 \sin 1000t$

ou encore $(D + 1500)i_1 + 1000i_2 = 15\,000 \sin 1000t$ (*1*)

et $15i_2 + 10i_1 = 150 \sin 1000t$ (*2*)

De l'équation (*2*) nous tirons $i_2 = 10 \sin 1000t - \frac{2}{3}i_1$ (*3*)

qui donne, par substitution dans l'équation (*1*), l'équation différentielle

$$(D + 833)i_1 = 5000 \sin 1000t \qquad (4)$$

La solution de cette équation déterminée par la même méthode que celle du problème 16.14, est

$$i_1 = c\,e^{-833t} + 3{,}84 \sin(1000t - 50{,}2°) \qquad (5)$$

En portant l'expression donnant i_1 dans l'équation (*3*), nous obtenons

$$i_2 = -\tfrac{2}{3}c\,e^{-833t} - 2{,}56 \sin(1000t - 50{,}2) + 10 \sin 1000t$$

$$= -\tfrac{2}{3}c\,e^{-833t} + 8{,}58 \sin(1000t + 13{,}25°) \qquad (6)$$

Comme le courant i_1 traverse une inductance, il doit être nul à l'instant $t = 0$. En portant cette valeur du courant dans l'équation (*5*), nous obtenons $0 = c(1) + 3{,}84 \sin(-50{,}2°)$ et $c = 2{,}95$. Les courants dans les deux mailles sont alors

$$i_1 = 2{,}95\,e^{-833t} + 3{,}84 \sin(1000t - 50{,}2°) \quad \text{et} \quad i_2 = -1{,}97\,e^{-833t} + 8{,}58 \sin(1000t + 13{,}25°)$$

Problèmes supplémentaires

16.20. L'interrupteur S_1 du circuit *RL* série de la Fig. 16-35 est fermé à l'instant $t = 0$. Après un temps de 4 ms, l'interrupteur S_2 est ouvert. Calculer les courants dans les intervalles $0 < t < t'$ et $t' < t$, où $t' = 4$ ms.
Rép. $i = 2(1 - e^{-500t})$, $i = 1{,}06\,e^{-1500(t-t')} + 0{,}667$

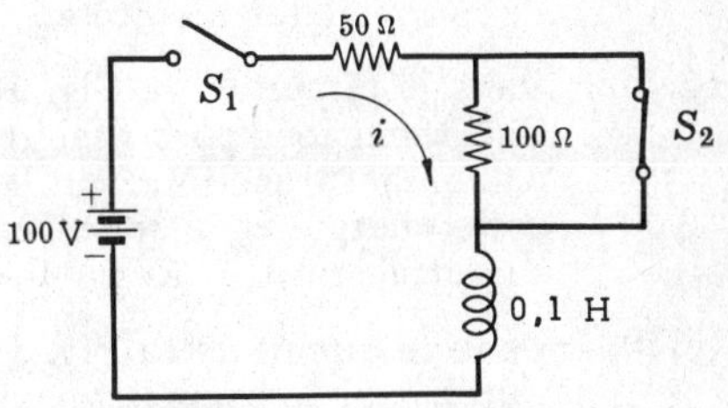

Fig. 16-35

16.21. Une tension constante est appliquée à un circuit *RL* série par fermeture d'un interrupteur. La tension aux bornes de l'inductance *L* est de 25 V à l'instant $t = 0$ et tombe à 5 V au bout de 0,025 s. Quelle est la valeur de la résistance du circuit, sachant que $L = 2$ H ?
Rép. 128,8 Ω.

16.22. Dans le circuit de la Fig. 16-36, l'interrupteur S_1 est fermé à l'instant $t = 0$ et l'interrupteur S_2 est ouvert à l'instant $t = 0{,}2$ s. Trouver les expressions donnant le courant transitoire pour ces deux intervalles.
Rép. $i = 10(1 - e^{-10t})$, $i = 6{,}97e^{-60(t-t')} + 1{,}67$

16.23. Dans le circuit représenté par la Fig. 16-37 l'interrupteur est mis en position 1 à l'instant $t = 0$ et en position 2 après un temps de 1 ms. Trouver le temps au bout duquel le courant est nul et change de direction.
Rép. 1,261 ms.

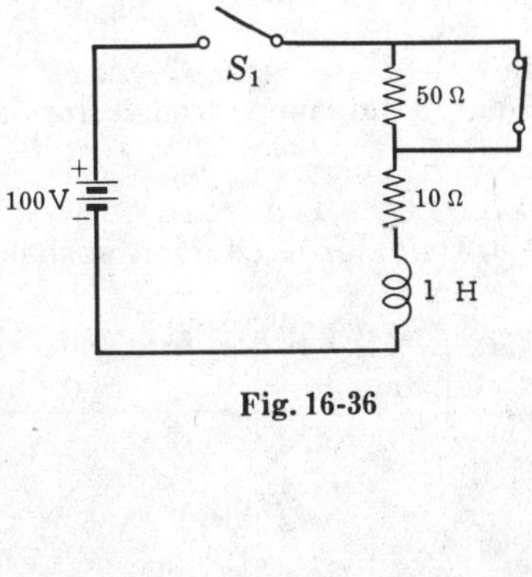

Fig. 16-36

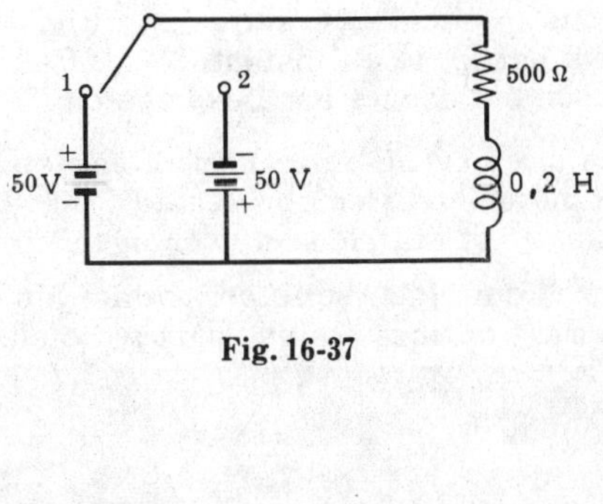

Fig. 16-37

16.24. Dans le circuit de la Fig. 16-38, l'interrupteur a été fermé en position 1 pendant un temps suffisamment long pour permettre au courant d'atteindre sa valeur de régime. Lorsque l'interrupteur est mis en position 2, il circule un courant transitoire dans le circuit. Déterminer l'énergie dissipée dans les deux résistances pendant la période transitoire. *Rép.* 8 J.

16.25. Le circuit RC de la Fig. 16-39 comporte une capacité initialement chargée à la valeur $q_0 = 800 \times 10^{-6}$ C avec la polarité indiquée sur la figure. Déterminer le courant et la charge transitoire résultant de la fermeture de l'interrupteur.
Rép. $i = -10\, e^{-2,5\times 10^4 t}$, $q = 400(1 + e^{-2,5\times 10^4 t}) \times 10^{-6}$ C.

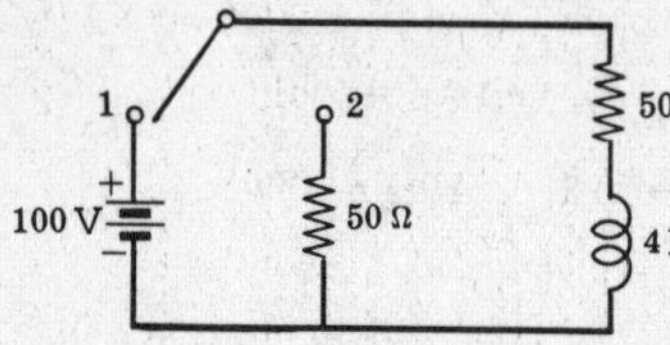

Fig. 16-38

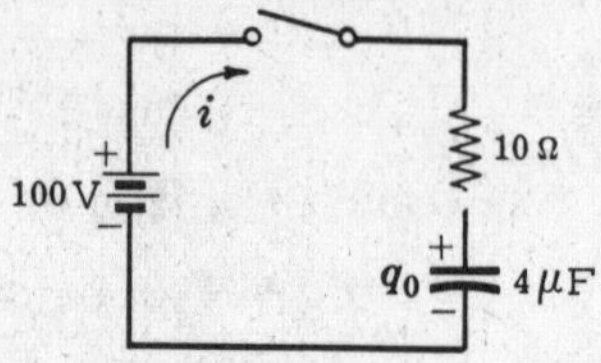

Fig. 16-39

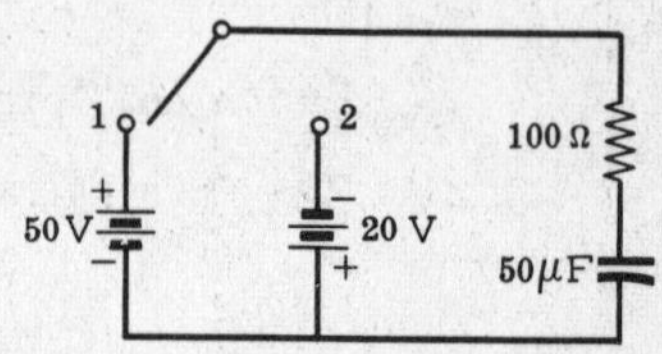

Fig. 16-40

16.26. Une capacité de 2 μF qui porte une charge initiale $q_0 = 100 \times 10^{-6}$ C est branchée aux bornes d'une résistance de 100 Ω à l'instant $t = 0$. Calculer le temps requis pour que la tension transitoire aux bornes de la capacité tombe de 40 à 10 V. *Rép.* 277,4 μs.

16.27. Dans le circuit de la Fig. 16-40, l'interrupteur est mis en position 1 à l'instant $t = 0$ et en position 2 après une constante de temps τ. Calculer les expressions donnant le courant transitoire pour les deux intervalles $0 < t < t'$ et $t' < t$. $(t' = \tau)$.
Rép. $i = 0,5\, e^{-200t}$, $i = -0,516 e^{-200(t-t')}$

16.28. En se référant au Problème 16.27., résoudre l'équation différentielle en utilisant comme variable la charge. A partir des fonctions donnant la charge transitoire, obtenir les expressions du courant et comparer les résultats.

16.29. Dans le circuit de la Fig. 16-41, l'interrupteur se trouve dans la position 1 pendant un temps suffisamment long pour établir le régime permanent et il est mis ensuite en position 2. Il en résulte un courant transitoire qui entraîne une dissipati on d'énergie dans les deux résistances. Calculer cette énergie et la comparer à l'énergie emmagasinée dans la capacité avant la commutation de l'interrupteur. *Rép.* 0,20 J.

16.30. Dans le circuit de la Fig. 16-42, la capacité C_1 porte une charge initiale $q = 300 \times 10^{-6}$ C. Déterminer le courant transitoire, la charge transitoire ainsi que la tension finale aux bornes de la capacité C_1, sachant que l'interrupteur est fermé à l'instant $t = 0$.
Rép. $i = 2,5\, e^{-2,5\times 10^4 t}$, $q = 200(1 + 0,5 e^{-2,5\times 10^4 t}) \times 10^{-6}$ C, 33,3 V

16.31. En se référant au Problème 16.30, déterminer les tensions transitoires v_{C_1}, v_{C_2} et v_R et montrer que leur somme est nulle.
Rép. $v_{C_1} = 33,3 + 16,7\, e^{-2,5\times 10^4 t}$, $v_{C_2} = -33,3(1 - e^{-2,5\times 10^4 t})$, $v_R = -50\, e^{-2,5\times 10^4 t}$

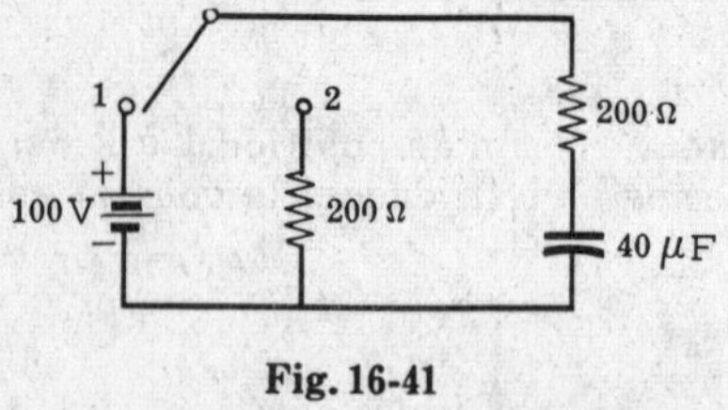

Fig. 16-41

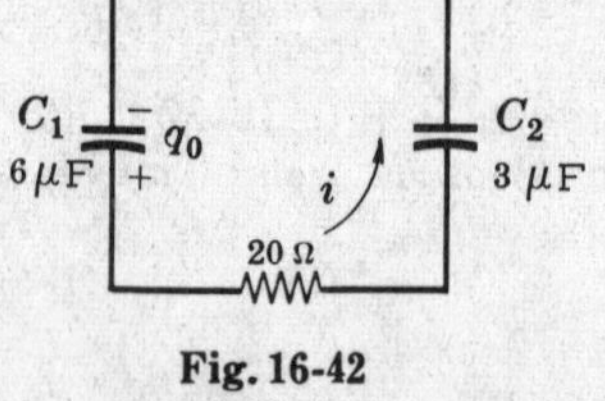

Fig. 16-42

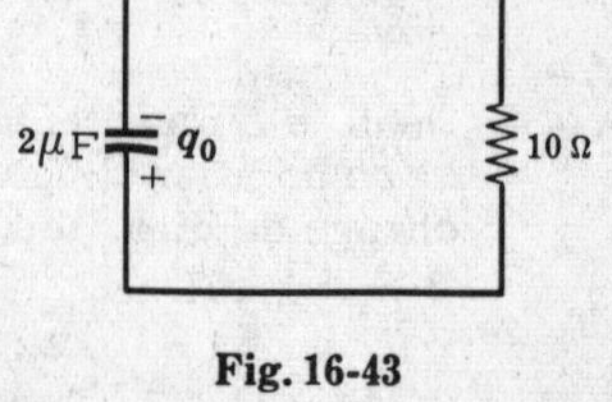

Fig. 16-43

16.32. Dans le circuit RC série de la Fig. 16-43, la charge initiale de la capacité est q_0 et l'interrupteur est fermé à l'instant $t = 0$. Calculer q_0, sachant que la puissance transitoire dans la résistance est donnée par l'expression $p_R = 360 e^{-10^5 t}$. *Rép.* 120×10^{-6} C.

16.33. Un circuit RLC série comportant les éléments $R = 200$ Ω, $L = 0,1$ H et $C = 100$ μF est alimenté par une tension constante $V = 200$ V à l'instant $t = 0$. Calculer le courant, sachant que la capacité est initialement déchargée. *Rép.* $i = 1,055 e^{-52t} - 1,055 e^{-1948t}$

16.34. Un circuit RLC série comportant les éléments $R = 200$ Ω, $L = 0,1$ H doit être amené à l'amortissement critique par un choix judicieux de la capacité. Déterminer la valeur de cette capacité.
Rép. 10 μF.

16.35. Déterminer la fréquence propre d'un circuit RLC série dans lequel $R = 200\ \Omega$, $L = 0{,}1$ H et $C = 5\ \mu$F. *Rép.* 1 000 rd/ s,

16.36. Un circuit RLC série comporte les éléments $R = 5\ \Omega$, $L = 0{,}1$ H et $C = 500\ \mu$F; on lui applique une tension constante $V = 10$ V à l'instant $t = 0$. Calculer le courant transitoire résultant. *Rép.* $i = 0{,}72\,e^{-25t}\sin 139t$

16.37. Un circuit RL série avec $R = 300\ \Omega$ et $L = 1{,}0$ H est alimenté par une tension sinusoïdale $v = 100\cos(100t + \phi)$. Calculer le courant résultant dans le circuit, sachant que l'interrupteur est fermé lorsque $\phi = 45°$. *Rép.* $i = -0{,}282e^{-300t} + 0{,}316\cos(100t + 26{,}6°)$

16.38. Le circuit RL de la Fig. 16-44 fonctionne en régime sinusoïdal permanent avec l'interrupteur en position 1. L'interrupteur est mis en position 2 lorsque la tension d'alimentation est $v = 100\cos(100t + 45°)$. Déterminer le courant transitoire et représenter graphiquement le dernier demi-cycle du régime permanent, en même temps que la période transitoire, afin de mettre en évidence la transition. *Rép.* $i = 0{,}282\,e^{-300t}$.

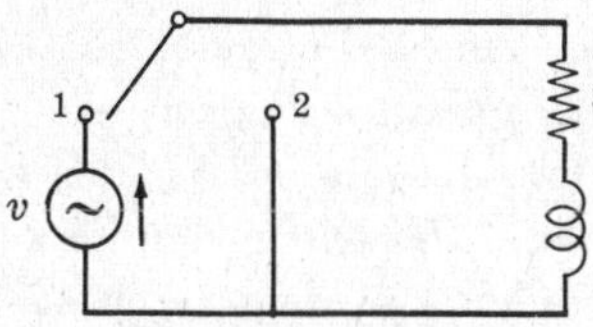

Fig. 16-44

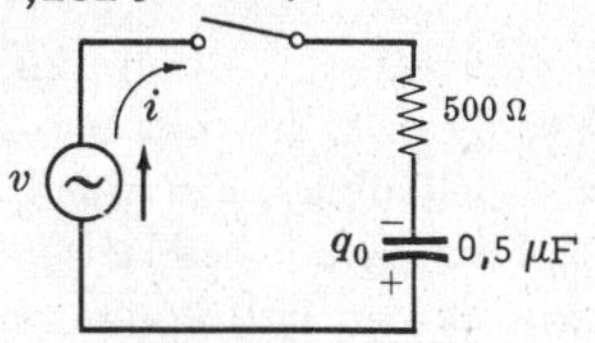

Fig. 16-45

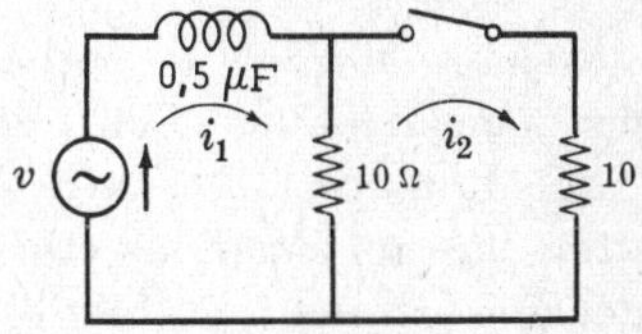

Fig. 16-46

16.39. La capacité du circuit RC de la Fig. 16-45 porte la charge initiale $q_0 = 25 \times 10^{-6}$ C avec la polarité indiquée. Une tension sinusoïdale $v = 100\sin(1000t + \phi)$ est appliquée au circuit à un instant où $\phi = 30°$. Déterminer le courant transitoire.
Rép. $i = 0{,}1535\,e^{-4\times 10^3 t} + 0{,}0484\sin(1000t + 106°)$

16.40. En se référant au Problème 16.39, quelle est la charge initiale de la capacité qui permettrait au courant de s'établir directement en régime permanent à la fermeture de l'interrupteur?
Rép. $13{,}37 \times 10^{-6}$ C avec une charge positive sur l'armature supérieure.

16.41. Montrer que l'équation différentielle d'un circuit RLC alimenté par une tension $v = V_{max}\sin(\omega t + \phi)$ a une solution particulière donnée par

$$i_p = \frac{V_{max}}{\sqrt{R^2 + (1/\omega C - \omega L)^2}}\sin\left(\omega t + \phi + \mathrm{tg}^{-1}\frac{(1/\omega C - \omega L)}{R}\right)$$

16.42. Un circuit RLC série comporte les éléments $R = 5\ \Omega$, $L = 0{,}1$ H et $C = 500\ \mu$F; on lui applique une tension sinusoïdale $v = 100\sin(250t + \phi)$ à un instant où $\phi = 0°$. Calculer le courant résultant dans le circuit. *Rép.* $i = e^{-25t}(5{,}42\cos 139t - 1{,}89\sin 139t) + 5{,}65\sin(250t - 73{,}6°)$

16.43. Un circuit RLC série avec les éléments $R = 200\ \Omega$, $L = 0{,}5$ H et $C = 100\ \mu$F est alimenté par une tension $v = 300\sin(500t + \phi)$. Sachant que l'interrupteur est fermé à l'instant où $\phi = 30°$, calculer le courant circulant dans le circuit.
Rép. $i = 0{,}517\,e^{-341{,}4t} - 0{,}197\,e^{-58{,}6t} + 0{,}983\sin(500t - 19°)$

16.44. Un circuit RLC avec les éléments $R = 50\ \Omega$, $L = 0{,}1$ H et $C = 50\ \mu$F comporte une source de tension $v = 100\sin(500t + \phi)$. Calculer le courant résultant dans le circuit, sachant que celui-ci est fermé à un instant où $\phi = 45°$.
Rép. $i = e^{-250t}(-1{,}09\cos 371t - 1{,}025\sin 371t) + 1{,}96\sin(500t + 33{,}7°)$

16.45. Dans le réseau à deux mailles de la Fig. 16-46, la source de tension dans la maille 1 est $v = 100\sin(200t + \phi)$. Calculer les courants de mailles i_1 et i_2, sachant que l'interrupteur est fermé à un instant où $\phi = 0$.
Rép. $i_1 = 3{,}01e^{-100t} + 8{,}96\sin(200t - 63{,}4°)$, $i_2 = 1{,}505e^{-100t} + 4{,}48\sin(200t - 63{,}4°)$

16.46. Dans le réseau à deux mailles de la Fig. 16-47, calculer les courants de mailles i_1 et i_2, sachant que l'interrupteur est fermé à l'instant $t = 0$.
Rép. $i_1 = 0{,}101e^{-100t} + 9{,}899e^{-9950t}$, $i_2 = -5{,}05e^{-100t} + 5 + 0{,}05e^{-9950t}$

16.47. Dans le réseau à deux mailles de la Fig. 16-48, l'interrupteur est fermé à l'instant $t = 0$. Déterminer les courants résultants i_1 et i_2. *Rép.* $i_1 = 1{,}67e^{-6{,}67t} + 5$, $i_2 = -0{,}555e^{-6{,}67t} + 5$

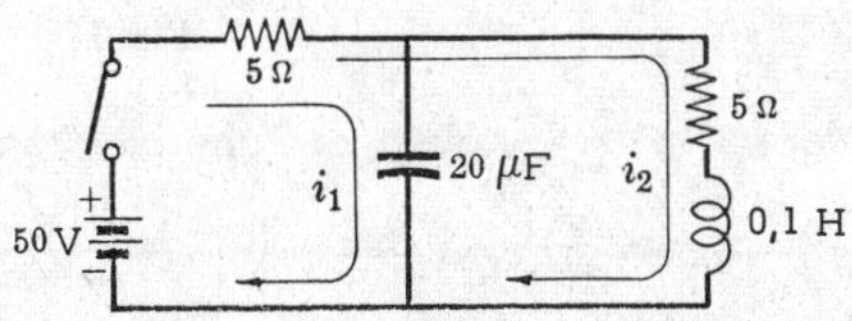

Fig. 16-47

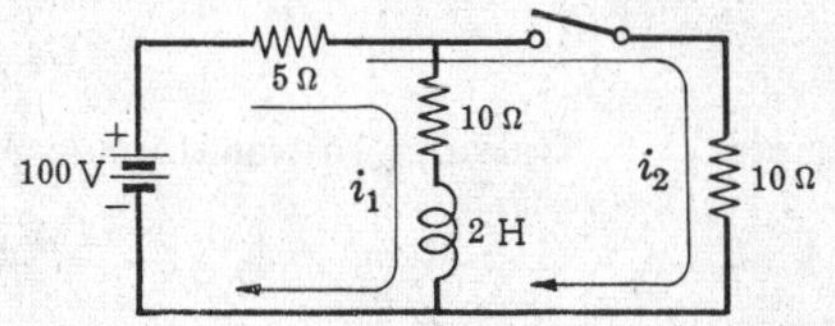

Fig. 16-48

Chapitre 17

L'analyse des transitoires par la méthode des transformées de Laplace

INTRODUCTION

Dans le chapitre 16 nous avons analysé les courants transitoires dans les circuits contenant des éléments capables de stocker de l'énergie. L'application des lois de Kirchhoff à ces circuits donnait, selon la configuration du circuit, une ou plusieurs équations différentielles dans le domaine du temps. Les solutions de ces équations étaient obtenues par des méthodes classiques. Dans beaucoup de cas cependant, ces méthodes sont fastidieuses et pour cette raison nous en introduisons, dans le présent chapitre, une nouvelle appelée «méthode des transformées de Laplace» . Elle permet d'obtenir très rapidement les solutions des équations différentielles. De plus, pour certaines fonctions particulières, les méthodes de résolution classiques étaient très compliquées alors que la méthode de Laplace apporte une solution simple à ces types de problèmes.

Dans ce chapitre, seules les applications fondamentales des transformées de Laplace sont développées. Les principes mathématiques de base ainsi que les applications plus complexes doivent être étudiés dans des livres essentiellement consacrés à l'analyse des transitoires.

LA TRANSFORMEE DE LAPLACE

Si $f(t)$ est une fonction de t définie pour toutes les valeurs de $t > 0$, la transformée de Laplace de $f(t)$ représentée par le symbole $\mathcal{L}[f(t)]$ est donnée par

$$\mathcal{L}[f(t)] \quad = \quad \mathbf{F}(\mathrm{s}) \quad = \quad \int_0^\infty f(t)\, e^{-\mathrm{s}t}\, dt \qquad (1)$$

où le paramètre s peut être réel ou complexe. Dans l'analyse des circuits, nous posons $\mathrm{s} = \sigma + j\omega$. L'opération $\mathcal{L}[f(t)]$ transforme une fonction $f(t)$ du *domaine du temps* en une fonction F(s) du *domaine complexe* ou plus simplement *du domaine* s . Les deux fonctions $f(t)$ et F(s) forment une *paire de transformées.* De telles paires de transformées peuvent être trouvées dans des tables. Les transformées données dans la table 17-1 de la page 268 suffisent aux besoins de ce chapitre.

Les conditions d'existence suffisantes pour la transformée de Laplace sont (a) $f(t)$ doit être une fonction continue dans un intervalle donné; (b) $f(t)$ doit être d'ordre exponentiel: La fonction $f(t)$ est d'ordre exponentiel si $|f(t)| < Ae^{\alpha t}$ pour tout $t > t_0$, où A et t_0 sont des constantes positives. Lorsque ces conditions sont réunies l'intégrale donnant la transformation directe pour tout $\sigma > \alpha$ est convergente et F(s) existe. Dans l'analyse des circuits, toutes les fonctions satisfont généralement aux conditions (a) et (b).

Exemple 1. La fonction de la Fig. 17-1 est appelée un *échelon* et se définit par $f(t) = A$ pour $t > 0$. Calculer sa transformée de Laplace.

En appliquant l'équation (*1*) à la fonction $f(t) = A$, nous obtenons

$$\mathcal{L}[A] \quad = \quad \int_0^\infty Ae^{-\mathrm{s}t}\, dt \quad = \quad \left[-\frac{A}{\mathrm{s}}e^{-\mathrm{s}t}\right]_0^\infty \quad = \quad \frac{A}{\mathrm{s}}$$

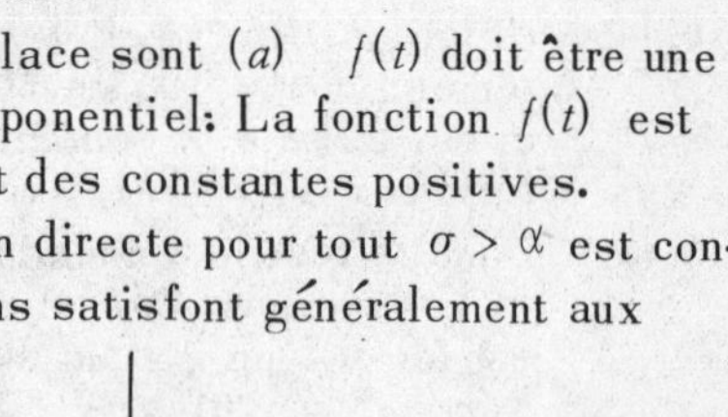

Fig. 17-1

Exemple 2. Calculer la transformée de Laplace de $f(t) = e^{-at}$, où a est une constante.

$$\mathcal{L}[e^{-at}] \quad = \quad \int_0^\infty e^{-at}e^{-\mathrm{s}t}\, dt \quad = \quad \int_0^\infty e^{-(a+\mathrm{s})t}\, dt \quad = \quad \left[-\frac{1}{(a+\mathrm{s})}e^{-(a+\mathrm{s})t}\right]_0^\infty \quad = \quad \frac{1}{\mathrm{s}+a}$$

Exemple 3. Déterminer la transformée de Laplace de $f(t) = \sin \omega t$.

$$\mathcal{L}[\sin \omega t] = \int_0^\infty \sin \omega t \, e^{-st}\, dt = \left[\frac{-s(\sin \omega t)e^{-st} - e^{-st}\omega \cos \omega t}{s^2 + \omega^2}\right]_0^\infty = \frac{\omega}{s^2+\omega^2}$$

Exemple 4. Calculer la transformée de Laplace de la dérivée df/dt.

$$\mathcal{L}[df/dt] = \int_0^\infty (df/dt)e^{-st}\, dt$$

On intègre par partie en utilisant la relation $\int u\, dv = uv - \int v\, du$
où $u = e^{-st},\ dv = df,\ v = f$. On obtient alors

$$\mathcal{L}[df/dt] = \Big[e^{-st} f\Big]_0^\infty - \int_0^\infty f(-se^{-st})\, dt = -f(0+) + s\int_0^\infty fe^{-st}\, dt = -f(0+) + s\mathbf{F}(s)$$

où $f(0+)$ est la valeur de la fonction à l'instant $t = 0+$.

Exemple 5. Calculer la transformée de Laplace de l'intégrale $\int f(t)\, dt$.

$$\mathcal{L}\left[\int f(t)\, dt\right] = \int_0^\infty \int f(t)\, dt\, e^{-st}\, dt$$

On intègre par partie en posant $u = \int f(t)\, dt$ et $dv = e^{-st}\, dt$. On en déduit

$$\mathcal{L}\left[\int f(t)\, dt\right] = \left[\int f(t)\, dt \left(-\frac{1}{s}e^{-st}\right)\right]_0^\infty - \int_0^\infty \left(-\frac{1}{s}e^{-st}\right) f(t)\, dt$$

$$= \frac{1}{s}\int f(t)\, dt\Big|_{0+} + \frac{1}{s}\mathbf{F}(s)$$

où $\int f(t)\, dt\Big|_{0+}$ est la valeur de l'intégrale à l'instant $0+$, qui peut également s'écrire $f^{-1}(0+)$. Il en résulte que la transformée de Laplace de l'intégrale d'une fonction est

$$\mathcal{L}\left[\int f(t)\, dt\right] = \frac{1}{s}\mathbf{F}(s) + \frac{1}{s} f^{-1}(0+)$$

Les paires de transformées obtenues dans ces exemples sont reportées dans le tableau 17-1 de la page 268.

APPLICATIONS A L'ANALYSE DES CIRCUITS

Le circuit RC série de la Fig. 17-2 comporte une capacité chargée à la valeur q_0 avec la polarité indiquée sur la figure. Lorsqu'on ferme l'interrupteur, une tension constante V est appliquée au circuit, dont le comportement est alors décrit par l'équation différentielle

$$Ri + \frac{1}{C}\int i\, dt = V \qquad (2)$$

En prenant $I(s)$ comme courant dans le domaine s, nous pouvons calculer la transformée de Laplace de chaque terme de l'équation (2).

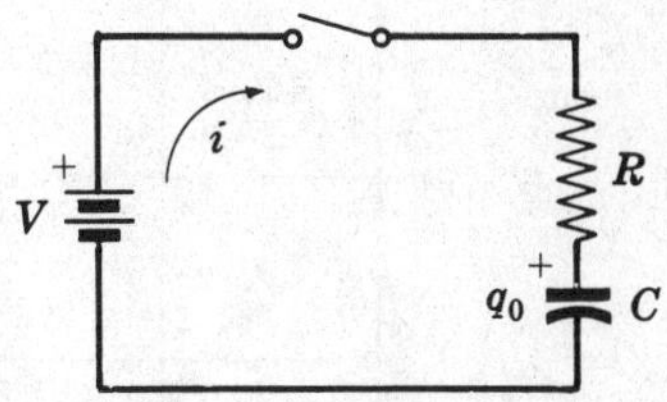

Fig. 17-2

$$\mathcal{L}[Ri] + \mathcal{L}\left[\frac{1}{C}\int i\, dt\right] = \mathcal{L}[V] \qquad (3)$$

$$RI(s) + \frac{I(s)}{Cs} + \frac{f^{-1}(0+)}{Cs} = \frac{V}{s} \qquad (4)$$

Nous avons également $f^{-1}(0+) = \int i\, dt\Big|_{0+} = q(0+)$. La charge initiale de la capacité q_0 positive sur l'armature supérieure, a la même polarité que la charge déposée par la source V. Par conséquent son signe est positif et en substituant q_0 dans l'équation (4), nous obtenons

$$RI(s) + \frac{I(s)}{Cs} + \frac{q_0}{Cs} = \frac{V}{s} \qquad (5)$$

TABLEAU 17-1

LES TRANSFORMEES DE LAPLACE DE CERTAINES FONCTIONS

	$f(t)$	$\mathbf{F}(s)$
1.	$A \qquad t \geqq 0$	$\dfrac{A}{s}$
2.	$At \qquad t \geqq 0$	$\dfrac{A}{s^2}$
3.	e^{-at}	$\dfrac{1}{s+a}$
4.	te^{-at}	$\dfrac{1}{(s+a)^2}$
5.	$\sin \omega t$	$\dfrac{\omega}{s^2+\omega^2}$
6.	$\cos \omega t$	$\dfrac{s}{s^2+\omega^2}$
7.	$\sin(\omega t+\theta)$	$\dfrac{s \sin\theta + \omega\cos\theta}{s^2+\omega^2}$
8.	$\cos(\omega t+\theta)$	$\dfrac{s\cos\theta - \omega\sin\theta}{s^2+\omega^2}$
9.	$e^{-at}\sin \omega t$	$\dfrac{\omega}{(s+a)^2+\omega^2}$
10.	$e^{-at}\cos \omega t$	$\dfrac{(s+a)}{(s+a)^2+\omega^2}$
11.	$\mathrm{sh}\ \omega t$	$\dfrac{\omega}{s^2-\omega^2}$
12.	$\mathrm{ch}\ \omega t$	$\dfrac{s}{s^2-\omega^2}$
13.	df/dt	$s\mathbf{F}(s) - f(0+)$
14.	$\int f(t)\,dt$	$\dfrac{\mathbf{F}(s)}{s} + \dfrac{f^{-1}(0+)}{s}$
15.	$f(t-t_1)$	$e^{-t_1 s}\mathbf{F}(s)$
16.	$f_1(t) + f_2(t)$	$\mathbf{F}_1(s) + \mathbf{F}_2(s)$

Après réarrangement des termes et mise en facteur de $I(s)$, nous avons

$$I(\mathbf{s})\left(R + \frac{1}{C\mathbf{s}}\right) = \frac{V}{\mathbf{s}} - \frac{q_0}{C\mathbf{s}} \qquad (6)$$

d'où l'on tire $$I(\mathbf{s}) = \frac{1}{\mathbf{s}}(V - q_0/C)\frac{1}{(R + 1/\mathbf{s}C)} = \frac{V - q_0/C}{R}\,\frac{1}{(\mathbf{s} + 1/RC)} \qquad (7)$$

A l'équation (7) dans le domaine complexe s correspond une équation dans le domaine du temps. L'opération par laquelle F(s) est transformée en $f(t)$ est appelée la *transformation inverse de Laplace,* et est symbolisée par $\mathcal{L}^{-1}[\mathbf{F}(\mathbf{s})] = f(t)$. En se référant au tableau 17-1, nous voyons que la fonction F(s) de la paire de transformée 3 est équivalente au terme $1/(s + 1/RC)$ de l'équation (7). En utilisant alors la définition de la transformée inverse, ainsi que les résultats du tableau, nous obtenons

$$\mathcal{L}^{-1}[I(\mathbf{s})] = i = \left(\frac{V - q_0/C}{R}\right)\mathcal{L}^{-1}\left[\frac{1}{\mathbf{s} + 1/RC}\right] = \frac{V - q_0/C}{R}\,e^{-t/RC} \qquad (8)$$

L'équation (8) représente le courant transitoire (dans le domaine du temps) qui circule dans le circuit comportant une capacité chargée à la valeur q_0, après la fermeture de l'interrupteur. Les conditions initiales ont été portées dans l'équation (5) formulée dans le domaine complexe et par conséquent on n'a plus à en tenir compte après avoir effectué l'opération d'inversion.

Il faut remarquer que des opérations algébriques sur les expressions (6) et (7) nous ont permis de mettre la fonction $I(s)$ sous une forme donnée dans le tableau 17-1, nous permettant ainsi d'obtenir la transformée inverse.

La Fig. 17-3 représente le courant i en fonction du temps; la valeur initiale de ce courant est égale à $(V - q_0/C)/R$. Si $q_0/C = V$, il n'y a pas de courant transitoire, étant donné que la tension aux bornes de la capacité due à la charge qu'elle porte est égale à la tension appliquée V. Si q_0 était de polarité opposée, le signe de q_0/C changerait et il en résulterait un courant initial très important comparé à celui du cas précédent.

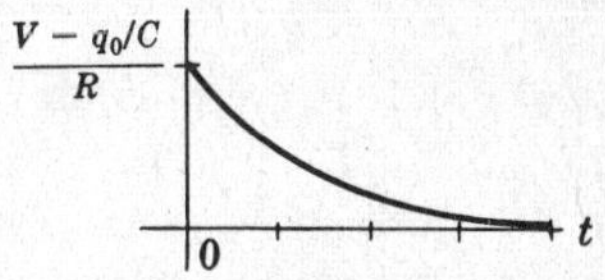

Fig. 17-3

Le circuit RL de la Fig. 17-4 est alimenté par une tension constante V, une fois que l'interrupteur est fermé. L'application de la loi de Kirchhoff donne dans ce cas l'équation différentielle suivante :

$$Ri + L\frac{di}{dt} = V \qquad (9)$$

En appliquant la transformée de Laplace directe à chacun des membres de cette équation, nous obtenons

$$\mathcal{L}[Ri] + \mathcal{L}\left[L\frac{di}{dt}\right] = \mathcal{L}[V] \qquad (10)$$

$$R\,I(\mathbf{s}) + \mathbf{s}L\,I(\mathbf{s}) - L\,i(0+) = V/\mathbf{s} \qquad (11)$$

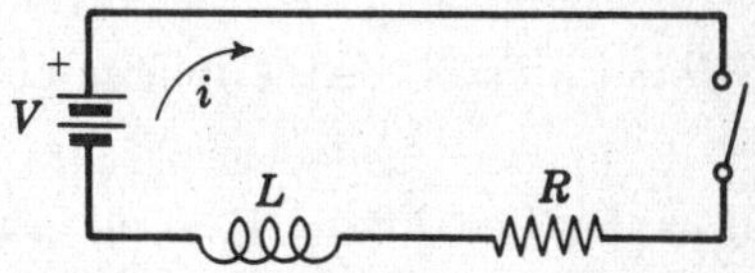

Fig. 17-4

Dans un circuit RL série, le courant est nul immédiatement après la fermeture du circuit, s'il était nul avant. En portant $i(0+) = 0$ dans l'équation (11), nous obtenons

$$I(\mathbf{s})\,(R + \mathbf{s}L) = V/\mathbf{s} \qquad (12)$$

On en déduit $$I(\mathbf{s}) = \frac{V}{\mathbf{s}}\,\frac{1}{(R + \mathbf{s}L)} = \frac{V}{L}\left(\frac{1}{\mathbf{s}}\right)\frac{1}{(\mathbf{s} + R/L)} \qquad (13)$$

Nous constatons que la fonction de l'équation (13) ne figure pas dans le tableau 17-1; cependant s'il nous est possible de mettre cette fonction sous la forme $A/\mathbf{s} + B/(\mathbf{s} + R/L)$, les paires de transformées 1 et 3 peuvent être utilisées pour chacune des deux parties et la paire 16 nous montre que la fonction inverse est donnée par la somme des deux fonctions inverses, c'est-à-dire $\mathcal{L}^{-1}[\mathbf{F}_1(\mathbf{s}) + \mathbf{F}_2(\mathbf{s})] = f_1(t) + f_2(t)$. Pour obtenir l'expression désirée, nous égalons le membre de droite de l'équation (13), abstention faite de la constante V/L, à la somme des deux fonctions comme suit

$$\frac{1}{s(s+R/L)} = \frac{A}{s} + \frac{B}{(s+R/L)} = \frac{A(s+R/L)+Bs}{s(s+R/L)} \tag{14}$$

Après réduction au même dénominateur du membre de droite, nous obtenons pour les numérateurs l'égalité suivante en s :

$$1 = (A+B)s + AR/L \tag{15}$$

En identifiant les coefficients de même puissance de s, nous obtenons

$$A+B = 0, \quad A = L/R, \quad B = -L/R \tag{16}$$

Les deux fractions partielles deviennent, après substitution des valeurs A et B déterminées ci-dessus,

$$I(s) = \frac{V}{L}\left(\frac{L/R}{s} + \frac{-L/R}{s+R/L}\right) = \frac{V}{R}\left(\frac{1}{s} - \frac{1}{s+R/L}\right) \tag{17}$$

Les transformées 1 et 3 du tableau 17-1 nous donnent l'expression de la transformée inverse du courant, c'est-à-dire

$$\mathcal{L}^{-1}[I(s)] = i = \frac{V}{R}\left\{\mathcal{L}^{-1}\left[\frac{1}{s}\right] - \mathcal{L}^{-1}\left[\frac{1}{s+R/L}\right]\right\} \tag{18}$$

ou encore

$$i = \frac{V}{R}(1 - e^{-(R/L)t}) \tag{19}$$

L'équation (*19*) caractérise la fonction à croissance exponentielle à présent bien connue, ayant un courant en régime établi de V/R.

LES METHODES DE DECOMPOSITION DES FRACTIONS RATIONNELLES

Dans l'analyse des circuits, la transformation des quotients en somme de plusieurs fractions est souvent indispensable pour obtenir la transformée de Laplace inverse, vu que le courant dans le domaine s est généralement donné par le rapport de deux polynômes en s,

$$I(s) = P(s)/Q(s) \tag{20}$$

où $Q(s)$ est de degré plus élevé que $P(s)$. Un exemple pour ùn tel développement était donné par l'équation (*14*).

Nous allons à présent étudier *la méthode de développement des fractions en éléments simples* pour différents cas qui peuvent se présenter pour les quotients de polynômes. Une autre méthode appelée *méthode de développement de Heaviside* est également introduite ici. Son utilisation mène à un calcul différent des transformées inverses des quotients de polynômes.

1. Méthode de décomposition en éléments simples des fractions rationnelles

L'équation (*20*) peut s'écrire sous forme d'une somme de fractions ayant chacune comme dénominateur un des facteurs de $Q(s)$ et comme numérateur une constante. En développant le quotient $P(s)/Q(s)$, nous devons considérer les racines de $Q(s)$. Ces dernières peuvent être réelles ou complexes, menant ainsi à trois cas différents.

Cas 1. Les racines de $Q(s)$ sont réelles et différentes.

Considérons l'expression suivante pour le courant dans le domaine s:

$$I(s) = \frac{P(s)}{Q(s)} = \frac{s-1}{s^2+3s+2} \tag{21}$$

En mettant $Q(s)$ sous forme d'un produit de deux facteurs, l'équation (21) peut se mettre sous la forme

$$I(s) = \frac{s-1}{(s+2)(s+1)} = \frac{A}{s+2} + \frac{B}{s+1} \tag{22}$$

Pour $s = -2$ et $s = -1$, cette expression devient infinie et par conséquent la fonction $I(s)$ a des *pôles simples* pour ces valeurs de s. Le coefficient pour un pôle simple $s = s_0$ est donné par $I(s)(s-s_0)\big|_{s=s_0}$. Le coefficient A peut ainsi se déterminer en multipliant les deux membres de la relation (*22*) par $(s+2)$:

$$\frac{s-1}{(s+2)(s+1)}(s+2) = A + \frac{B}{(s+1)}(s+2) \tag{23}$$

En y portant s = − 2 nous obtenons $A = \left.\frac{s-1}{s+1}\right|_{s=-2} = 3$

Nous pouvons procéder de la même façon pour B et nous obtenons alors

$$B = \left.\frac{s-1}{s+2}\right|_{s=-1} = -2$$

En portant ces valeurs dans l'équation (22), le courant dans le domaine s devient

$$I(s) = \frac{3}{s+2} + \frac{-2}{s+1} \qquad (24)$$

La transformée inverse de $I(s)$ se déduit alors du tableau 17-1 et est donnée par $i = 3e^{-2t} - 2e^{-t}$.

Autre méthode : En multipliant les deux membres de l'équation (22) par $(s+2).(s+1)$ il vient

$$s - 1 = A(s+1) + B(s+2) = (A+B)s + A + 2B$$

En égalant les coefficients de puissance égale de s, nous avons $A+B = 1$ et $A+2B = -1$. Nous en déduisons $A = 3$ et $B = -2$. Ces valeurs sont identiques à celles obtenues par l'autre méthode. Cette deuxième méthode exige toujours la résolution d'un système d'équations, alors que la première méthode permet de calculer indépendamment chacun des coefficients.

Cas 2. Les racines de $Q(s)$ sont réelles et égales.

Considérons l'expression suivante pour le courant dans le domaine complexe s

$$I(s) = \frac{P(s)}{Q(s)} = \frac{1}{s(s^2+6s+9)} = \frac{1}{s(s+3)^2} \qquad (25)$$

Nous pouvons écrire ce courant de la façon suivante :

$$\frac{1}{s(s+3)^2} = \frac{A}{s} + \frac{B}{s+3} + \frac{C}{(s+3)^2} \qquad (26)$$

En multipliant les deux membres de la relation (26) par s et en posant s = 0, nous obtenons

$$A = \left.\frac{1}{(s+3)^2}\right|_{s=0} = \frac{1}{9}$$

Pour le cas des racines doubles, le coefficient du terme quadratique est donné par $I(s)\,(s-s_0)^2\big|_{s=s_0}$.

d'où $$C = \left.\frac{1}{s}\right|_{s=-3} = -\frac{1}{3}$$

Le coefficient du terme linéaire est donné par $\left.\frac{d}{ds}\,[I(s)\,(s-s_0)^2]\right|_{s=s_0}$ .et par conséquent

$$B = \left.\frac{d}{ds}\left(\frac{1}{s}\right)\right|_{s=-3} = \left.-\frac{1}{s^2}\right|_{s=-3} = -\frac{1}{9}$$

En portant ces valeurs dans l'équation (26), nous obtenons le courant dans le domaine s :

$$I(s) = \frac{\frac{1}{9}}{s} - \frac{\frac{1}{9}}{s+3} - \frac{\frac{1}{3}}{(s+3)^2} \qquad (27)$$

La transformée de Laplace inverse est $i = \frac{1}{9} - \frac{1}{9}e^{-3t} - \frac{1}{3}te^{-3t}$.

Autre méthode : En multipliant les deux membres de l'équation (26) par $s(s+3)^2$, nous obtenons la relation $1 = A(s+3)^2 + Bs(s+3) + Cs = (A+B)s^2 + (6A+3B+C)s + 9A$

En égalant les coefficients des termes de puissance égale de s des deux membres, nous obtenons le système d'équations $A+B = 0$, $6A+3B+C = 0$ et $9A = 1$; dont la solution est $A = \frac{1}{9}$, $B = -\frac{1}{9}$ et $C = -\frac{1}{3}$, . Les coefficients obtenus par cette méthode sont identiques à ceux obtenus par la méthode précédente.

Cas 3. Les racines de $Q(s)$ sont complexes.

Considérons l'expression suivante pour le courant dans le domaine s :

$$I(s) = \frac{P(s)}{Q(s)} = \frac{1}{s^2+4s+5} = \frac{1}{(s+2+j)(s+2-j)} \qquad (28)$$

Comme $Q(s)$ a des racines complexes conjuguées, les constantes du numérateur des fractions partielles sont également complexes conjuguées ce qui nous permet d'écrire

$$\frac{1}{(s+2+j)(s+2-j)} = \frac{A}{s+2+j} + \frac{A^*}{s+2-j} \qquad (29)$$

En multipliant les deux membres de l'expression (29) par $(s+2+j)$ et en posant $s = -2-j$, nous obtenons

$$A = \left.\frac{1}{s+2-j}\right|_{s=-2-j} = j\tfrac{1}{2} \qquad \text{et} \qquad A^* = -j\tfrac{1}{2}$$

Ces valeurs reportées dans l'équation (29) nous donnent le courant dans le domaine s :

$$I(s) = \frac{j\frac{1}{2}}{s+2+j} + \frac{-j\frac{1}{2}}{s+2-j} \qquad (30)$$

dont la transformée de Laplace inverse est $i = e^{-2t}\sin t$.

Autre méthode: En multipliant les deux membres de la relation (29) par $(s+2+j)(s+2-j)$, nous obtenons $1 = A(s+2-j) + A^*(s+2+j)$ et en égalant les coefficients des termes de même puissance de s nous arrivons au système suivant: $A + A^* = 0$ et $A(2-j) + A^*(2+j) = 1$; dont la solution est $A = j\frac{1}{2}$ et $A^* = -j\frac{1}{2}$.

2. **Formule de développement de Heaviside**

La formule de développement de Heaviside, qui permet de calculer la transformée inverse de Laplace du quotient $I(s) = P(s)/Q(s)$ est

$$\mathcal{L}^{-1}\left[\frac{P(s)}{Q(s)}\right] = \sum_{k=1}^{n} \frac{P(a_k)}{Q'(a_k)} e^{a_k t} \qquad (31)$$

où a_k sont les n racines distinctes de $Q(s)$. En appliquant cette formule de développement au premier cas traité ci-dessus,

$$I(s) = \frac{P(s)}{Q(s)} = \frac{s-1}{s^2+3s+2} = \frac{s-1}{(s+2)(s+1)} \qquad (32)$$

nous avons $P(s) = s-1$, $Q(s) = s^2+3s+2$ et $Q'(s) = 2s+3$ Les racines sont $a_1 = -2$ et $a_2 = -1$. On en déduit en utilisant la relation (31)

$$i = \mathcal{L}^{-1}\left[\frac{P(s)}{Q(s)}\right] = \frac{P(-2)}{Q'(-2)}e^{-2t} + \frac{P(-1)}{Q'(-1)}e^{-t} = \frac{-3}{-1}e^{-2t} + \frac{-2}{1}e^{-t} = 3e^{-2t} - 2e^{-t}$$

LE THEOREME DE LA VALEUR INITIALE

L'exemple 4 nous donne

$$\mathcal{L}[df/dt] = \int_0^\infty (df/dt)e^{-st}\,dt = s\mathbf{F}(s) - f(0+ \qquad (33)$$

En prenant la limite de la relation (33) pour $s \to \infty$, nous obtenons

$$\lim_{s\to\infty}\int_0^\infty (df/dt)e^{-st}\,dt = \lim_{s\to\infty}\{s\mathbf{F}(s) - f(0+)\} \qquad (34)$$

Le terme à intégrer contient en facteur e^{-st} qui tend vers zéro lorsque $s \to \infty$ et par conséquent

$$\lim_{s\to\infty}\{s\mathbf{F}(s) - f(0+)\} = 0 \qquad (35)$$

Comme $f(0+)$ est une constante, nous pouvons écrire la relation (35) sous la forme

$$f(0+) = \lim_{s\to\infty}\{s\mathbf{F}(s)\} \qquad (36)$$

L'équation (*36*) est le théorème de la valeur initiale qui nous permet de calculer la valeur initiale d'une fonction du temps $f(t)$ en multipliant sa fonction image $\mathbf{F}(\mathbf{s})$ dans le domaine complexe par $\mathbf{s}$ et en prenant la limite de l'expression obtenue pour $\mathbf{s} \to \infty$.

Exemple 6. Pour le circuit RC de la Fig. 17-2, le courant dans le domaine $\mathbf{s}$ est $I(\mathbf{s}) = \dfrac{V - q_0/C}{R}\left(\dfrac{1}{(\mathbf{s} + 1/RC)}\right)$ (voir équation (7)). Déterminer le courant initial $i\,(0+)$ en utilisant le théorème de la valeur initiale. La relation (*36*) appliquée à cet exemple nous donne

$$i(0+) \quad = \quad \lim_{\mathbf{s}\to\infty}\left\{\frac{V - q_0/C}{R}\left(\frac{\mathbf{s}}{(\mathbf{s}+1/RC)}\right)\right\} \quad = \quad \frac{V - q_0/C}{R}$$

Ce résultat est conforme à celui tiré de la Fig. 17-3.

LE THEOREME DE LA VALEUR FINALE

De l'exemple 4, nous tirons

$$\mathcal{L}\,[df/dt] \quad = \quad \int_0^\infty (df/dt)e^{-\mathbf{s}t}\,dt \quad = \quad \mathbf{s}\,\mathbf{F}(\mathbf{s}) \; - \; f(0+) \tag{37}$$

En prenant la limite de la relation (*37*) pour $\mathbf{s} \to 0$, nous obtenons

$$\lim_{\mathbf{s}\to 0}\int_0^\infty (df/dt)e^{-\mathbf{s}t}\,dt \quad = \quad \lim_{\mathbf{s}\to 0}\,\{\mathbf{s}\,\mathbf{F}(\mathbf{s}) \; - \; f(0+)\} \tag{38}$$

Comme par ailleurs $\displaystyle\lim_{\mathbf{s}\to 0}\int_0^\infty (df/dt)e^{-\mathbf{s}t}\,dt = \int_0^\infty df = f(\infty) - f(0)$ et $\displaystyle\lim_{\mathbf{s}\to 0} f(0+) = f(0+)$,

l'équation (*38*) devient

$$f(\infty) \; - \; f(0) \quad = \quad -f(0+) \; + \; \lim_{\mathbf{s}\to 0}\,\{\mathbf{s}\,\mathbf{F}(\mathbf{s})\} \tag{39}$$

ou encore

$$f(\infty) \quad = \quad \lim_{\mathbf{s}\to 0}\,\{\mathbf{s}\,\mathbf{F}(\mathbf{s})\} \tag{40}$$

L'équation (*40*) est le théorème de la valeur finale, qui par analogie au théorème de la valeur initiale permet de calculer la valeur finale d'une fonction du temps $f(t)$, en multipliant sa fonction image $\mathbf{F}(\mathbf{s})$ par $\mathbf{s}$ et en prenant la limite pour $\mathbf{s} \to 0$. Cependant l'équation (*40*) n'est utilisable que lorsque toutes les racines du dénominateur de $\mathbf{s}\,\mathbf{F}(\mathbf{s})$ ont des parties réelles négatives. Ceci exclut les fonctions sinusoïdales, étant donné que ces dernières sont indéterminées lorsque $t \to \infty$.

Exemple 7. Le courant dans le domaine $\mathbf{s}$ pour le circuit RL de la Fig. 17-4 est $I(\mathbf{s}) = \dfrac{V}{R}\left\{\dfrac{1}{\mathbf{s}} - \dfrac{1}{\mathbf{s} + R/L}\right\}$ (voir équation (*17*)). Déterminer la valeur finale du courant dans le domaine du temps.

L'application de l'équation (*40*) à cet exemple nous donne $\displaystyle i(\infty) \quad = \quad \lim_{\mathbf{s}\to 0}\frac{V}{R}\left\{\frac{\mathbf{s}}{\mathbf{s}} - \frac{\mathbf{s}}{\mathbf{s} + R/L}\right\} \quad = \quad V/R$

LES CIRCUITS DANS LE DOMAINE COMPLEXE s

L'équation différentielle du circuit RLC de la Fig. 17-5 ci-dessous est

$$Ri \; + \; L\frac{di}{dt} \; + \; \frac{1}{C}\int i\,dt \quad = \quad v \tag{41}$$

Cette équation intégro-différentielle a été résolue par des méthodes classiques dans le chapitre 16.

En régime sinusoïdal, les trois éléments du circuit R, L et C ont des impédances complexes fonction de ω et qui sont respectivement R, $j\omega L$ et $1/j\omega C$. L'équation du circuit est alors transformée du domaine du temps dans le domaine des fréquences, et cette transformation entraîne des tensions et des courants complexes. L'équation du circuit RLC de la Fig. 17-6 ci-dessous devient

$$R\mathbf{I} \; + \; j\omega L\mathbf{I} \; + \; (1/j\omega C)\mathbf{I} \quad = \quad \mathbf{V} \tag{42}$$

Les avantages obtenus par cette transformation résident dans le fait que l'équation transformée peut être traitée algébriquement pour obtenir le courant **I**. Les différentes chutes de tension sont simplement égales aux produits du courant (complexe) par l'impédance (complexe) de l'élément du circuit.

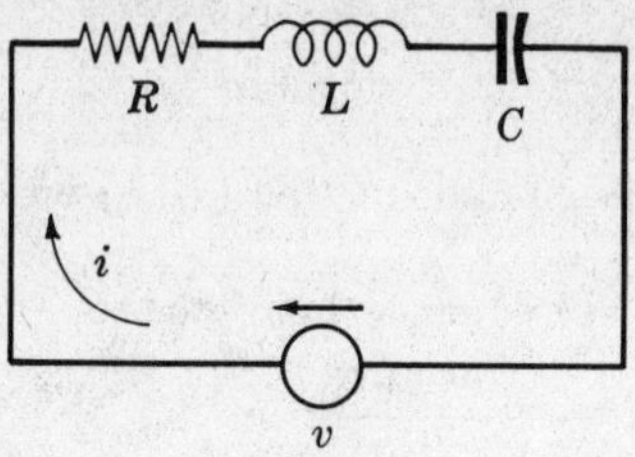

Fig. 17-5

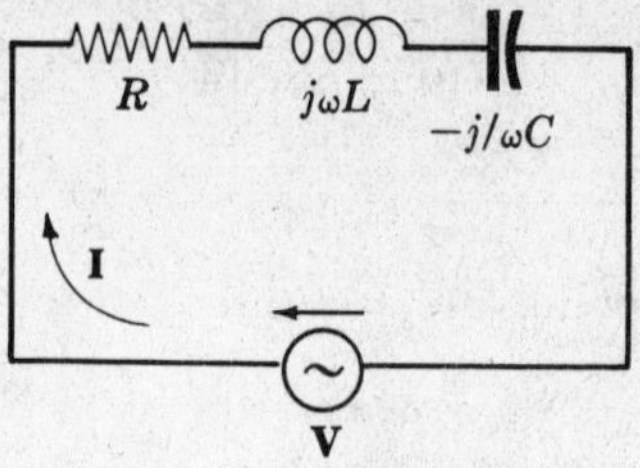

Fig. 17-6

La méthode de Laplace permet de transformer une chute de tension Ri dans le domaine du temps, en une chute de tension $RI(s)$ dans le domaine s. De même la tension aux bornes d'une inductance $L(di/dt)$ devient $sL\,I(s) - L\,i(0+)$ et la tension aux bornes d'une capacité $1/C\int i\,dt$ devient $\frac{1}{sC}I(s) + \frac{q_0}{sC}$.

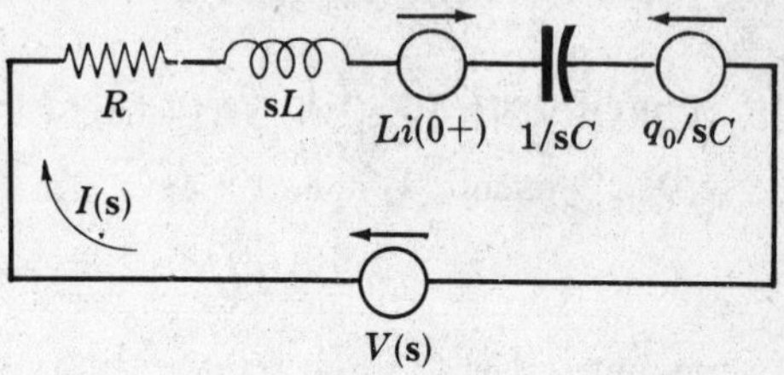

Fig. 17-7

L'équation pour le circuit série de la Fig. 17-7 est alors

$$R\,I(s) + sL\,I(s) - L\,i(0+) + \frac{1}{sC}I(s) + \frac{q_0}{sC} = V(s) \qquad (43)$$

ou encore

$$I(s)\{R + sL + 1/sC\} = V(s) - q_0/sC + L\,i(0+) \qquad (44)$$

Dans l'équation (*44*), $R + sL + 1/sC$ est l'impédance $Z(s)$ dans le domaine complexe et correspond au rapport des tensions délivrées par la source au courant dans le circuit. $Z(s)$ a la même forme que l'impédance complexe correspondant au régime sinusoïdal $R + j\omega L + 1/j\omega C$. Les méthodes d'analyse des mailles et des noeuds peuvent aisément être appliquées au circuit dans le domaine complexe s, à condition que des signes corrects soient affectés aux termes de condition initiale $Li(0+)$ et q_0/sC.

Considérons le circuit de la Fig. 17-8 (*a*) dans lequel circule un courant initial i_0, après la fermeture de l'interrupteur en position 1. A l'instant $t = 0$, l'interrupteur est mis en position 2, introduisant ainsi dans le circuit une source de tension constante V et une capacité chargée à la valeur q_0.
On suppose que la direction positive du courant est celle des aiguilles d'une montre, comme le montre le diagramme.

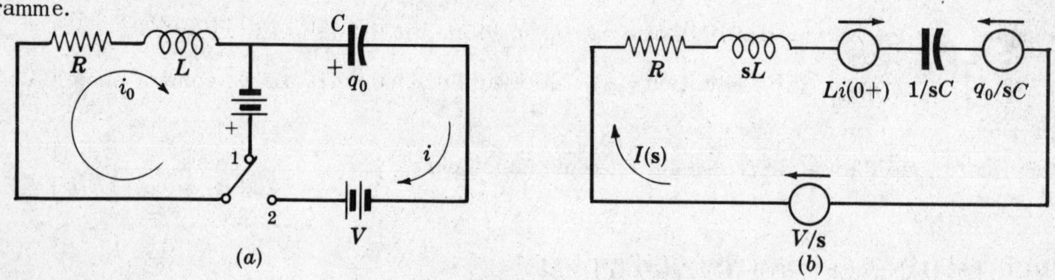

Fig. 17-8

La tension constante de la source est transformée en une tension V/s et le courant résultant en $I(s)$, comme le montre la Fig. 17-8 (*b*). Les termes de condition initiale correspondent à présent à des sources orientées comme l'indique la figure, et l'équation correspondante est la même que l'équation (*44*) ci-dessus. Pour tout courant initial i_0 dans la direction opposée ou pour toute charge q_0 de signe opposé les termes $Li(0+)$ et q_0/sC devraient avoir un signe opposé. Les exemples suivants montrent l'analogie entre les équations traitées dans les chapitres précédents et celles traitées dans le présent chapitre. Tous les théorèmes relatifs aux réseaux développés et appliqués en régime sinusoïdal ont leur contrepartie dans le domaine s.

Exemple 8. Dans le réseau à deux mailles de la Fig. 17-9 ci-dessous, on choisit les courants de maille dans le domaine s comme l'indique le diagramme. Sachant que l'interrupteur est fermé à l'instant $t = 0$, déterminer les équations donnant $I_1(s)$ et $I_2(s)$.

Lorsque l'interrupteur est fermé, la tension V/s est appliquée au réseau et les équations pour les deux mailles sont $R_1 I_1(s) - R_1 I_2(s) = V/s$

$$(R_1 + R_2 + sL)\, I_2(s) - R_1 I_1(s) = L\, i(0+)$$

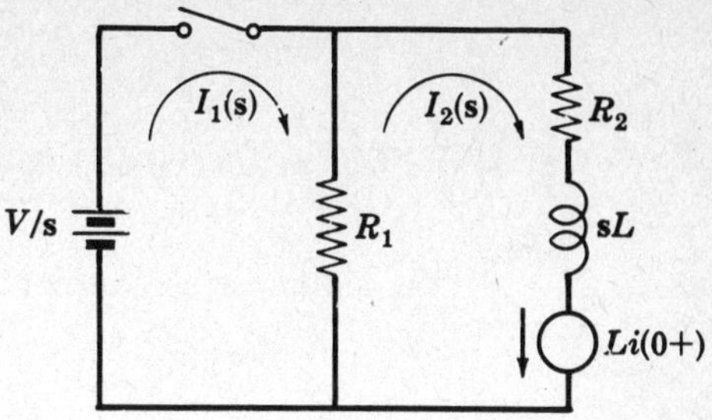

Fig. 17-9

Comme le courant initial dans l'inductance est nul, nous pouvons représenter ces deux équations sous forme matricielle :

$$\begin{bmatrix} R_1 & -R_1 \\ -R_1 & R_1 + R_2 + sL \end{bmatrix} \begin{bmatrix} I_1(s) \\ I_2(s) \end{bmatrix} = \begin{bmatrix} V/s \\ 0 \end{bmatrix}$$

Des équations indépendantes pour $I_1(s)$ et $I_2(s)$ peuvent être obtenues en utilisant, soit la méthode de substitution, soit la méthode des déterminants, ce qui nous donne les résultats suivants :

$$I_1(s) = \frac{V}{s}\left[\frac{R_1 + R_2 + sL}{R_1(R_2 + sL)}\right] \qquad \text{et} \qquad I_2(s) = \frac{V}{s}\,\frac{1}{(R_2 + sL)}$$

Exemple 9. Ecrire l'équation pour la tension du noeud 1, dans le domaine s pour le réseau de la Fig. 17-10.

Le noeud 1 et le point de référence sont choisis comme le montre le diagramme et lorsque l'interrupteur est fermé nous pouvons écrire l'équation suivante :

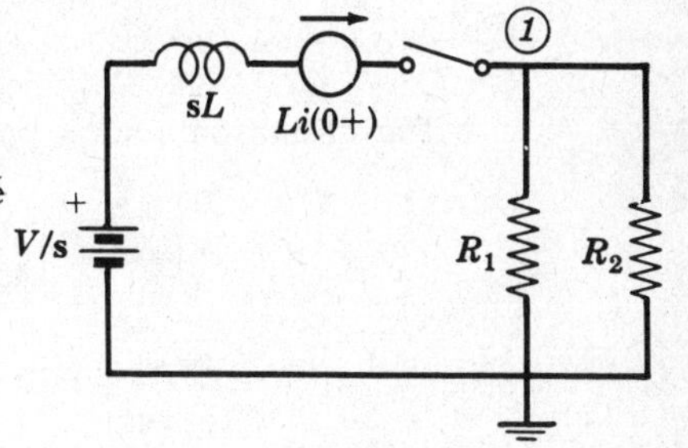

Fig. 17-10

$$\frac{V_1(s) - V/s - L\, i(0+)}{sL} + \frac{V_1(s)}{R_1} + \frac{V_1(s)}{R_2} = 0$$

ou encore $$(1/sL + 1/R_1 + 1/R_2)\, V_1(s) = \frac{V/s + L\, i(0+)}{sL}$$

Le courant initial dans l'inductance est nul et par conséquent la tension au noeud 1, $V_1(s)$, est

$$V_1(s) = \frac{V}{s}\left(\frac{R_1 R_2}{R_1 R_2 + sLR_2 + sLR_1}\right)$$

Exemple 10. Ecrire les équations pour les courants dans le domaine s pour le réseau de la Fig. 17-11, sachant que la capacité a une charge initiale q_0 à l'instant où l'interrupteur est fermé.

Les courants dans les mailles sont choisis comme le montre le diagramme. En appliquant la loi de Kirchhoff aux deux mailles, nous obtenons

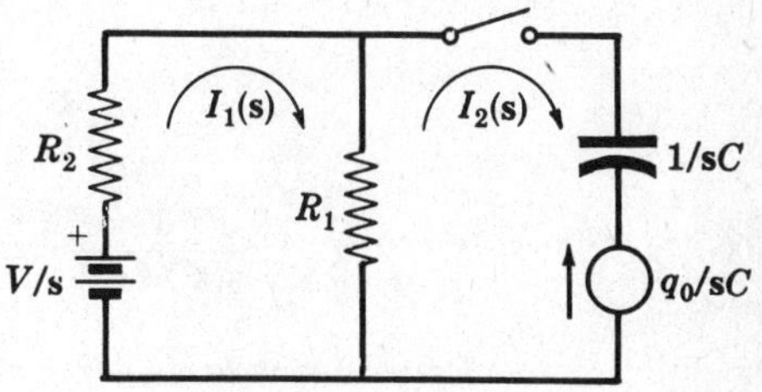

Fig. 17-11

$$(R_1 + R_2)\, I_1(s) - R_1 I_2(s) = V/s$$

et $$(R_1 + 1/sC)\, I_2(s) - R_1 I_1(s) = -q_0/sC$$

Sous forme matricielle ceci donne

$$\begin{bmatrix} R_1 + R_2 & -R_1 \\ -R_1 & R_1 + 1/sC \end{bmatrix} \begin{bmatrix} I_1(s) \\ I_2(s) \end{bmatrix} = \begin{bmatrix} V/s \\ -q_0/sC \end{bmatrix}$$

Problèmes résolus

17.1. Calculer la transformée de Laplace de $e^{-at}\cos \omega t$, où a est une constante.

En appliquant l'équation de définition $\mathcal{L}[f(t)] = \int_0^\infty f(t)e^{-st}\,dt$ à cette fonction, nous obtenons

$$\mathcal{L}[e^{-at}\cos\omega t] = \int_0^\infty \cos\omega t\, e^{-(s+a)t}\,dt$$
$$= \left[\frac{-(s+a)\cos\omega t\, e^{-(s+a)t} + e^{-(s+a)t}\,\omega\sin\omega t}{(s+a)^2+\omega^2}\right]_0^\infty$$
$$= \frac{s+a}{(s+a)^2+\omega^2}$$

17.2. Sachant que $\mathcal{L}[f(t)] = \mathbf{F}(s)$, montrer que $\mathcal{L}[e^{-at}f(t)] = \mathbf{F}(s+a)$. Appliquer ce résultat au Problème 17.1.

Par définition nous avons $\mathcal{L}[f(t)] = \int_0^\infty f(t)e^{-st}\,dt = \mathbf{F}(s)$. et par conséquent

$$\mathcal{L}[e^{-at}f(t)] = \int_0^\infty e^{-at}[f(t)e^{-st}]\,dt = \int_0^\infty f(t)e^{-(s+a)t}\,dt = \mathbf{F}(s+a) \qquad (1)$$

Comme $\mathcal{L}[\cos\omega t] = \dfrac{s}{s^2+\omega^2}$ (voir tableau 17-1), nous déduisons de la relation (*1*), que

$$\mathcal{L}[e^{-at}\cos\omega t] = \frac{s+a}{(s+a)^2+\omega^2},$$ résultat identique à celui du Problème 17.1.

17.3. Calculer la transformée de Laplace de $f(t) = 1 - e^{-at}$, où a est une constante.

Nous avons

$$\mathcal{L}[1-e^{-at}] = \int_0^\infty (1-e^{-at})e^{-st}\,dt = \int_0^\infty e^{-st}\,dt - \int_0^\infty e^{-(s+a)t}\,dt$$
$$= \left[-\frac{1}{s}e^{-st} + \frac{1}{s+a}e^{-(s+a)t}\right]_0^\infty = \frac{1}{s} - \frac{1}{s+a} = \frac{a}{s(s+a)}$$

17.4. Calculer $\mathcal{L}^{-1}\left[\dfrac{1}{s(s^2-a^2)}\right]$.

En utilisant la décomposition en éléments simples nous pouvons écrire

$$\frac{1}{s(s^2-a^2)} = \frac{A}{s} + \frac{B}{s+a} + \frac{C}{s-a}$$

les coefficients des fonctions partielles sont

$$A = \left.\frac{1}{s^2-a^2}\right|_{s=0} = -\frac{1}{a^2} \qquad B = \left.\frac{1}{s(s-a)}\right|_{s=-a} = \frac{1}{2a^2} \qquad C = \left.\frac{1}{s(s+a)}\right|_{s=a} = \frac{1}{2a^2}$$

Par ailleurs nous avons $\mathcal{L}^{-1}\left[\dfrac{1}{s(s^2-a^2)}\right] = \mathcal{L}^{-1}\left[\dfrac{-1/a^2}{s}\right] + \mathcal{L}^{-1}\left[\dfrac{1/2a^2}{s+a}\right] + \mathcal{L}^{-1}\left[\dfrac{1/2a^2}{s-a}\right]$

On en déduit, après consultation du tableau 17-1,

$$\mathcal{L}^{-1}\left[\frac{1}{s(s^2-a^2)}\right] = -\frac{1}{a^2} + \frac{1}{2a^2}e^{-at} + \frac{1}{2a^2}e^{at}$$
$$= -\frac{1}{a^2} + \frac{1}{a^2}\left(\frac{e^{at}+e^{-at}}{2}\right) = \frac{1}{a^2}(\text{ch } at - 1)$$

17.5. Calculer $\mathcal{L}^{-1}\left[\dfrac{s+1}{s(s^2+4s+4)}\right]$.

En utilisant la méthode de décomposition en éléments simples nous pouvons écrire

$$\frac{s+1}{s(s+2)^2} = \frac{A}{s} + \frac{B}{s+2} + \frac{C}{(s+2)^2}$$

Dans cette expression $A = \left.\dfrac{s+1}{(s+2)^2}\right|_{s=0} = \dfrac{1}{4}$ et $C = \left.\dfrac{s+1}{s}\right|_{s=-2} = \dfrac{1}{2}$

Le coefficient du terme quadratique est

$$B = \frac{d}{ds}\left[\frac{s+1}{s}\right]\Bigg|_{s=-2} = -\frac{1}{s^2}\Bigg|_{s=-2} = -\frac{1}{4}$$

Nous pouvons écrire également

$$\mathcal{L}^{-1}\left[\frac{s+1}{s(s^2+4s+4)}\right] = \mathcal{L}^{-1}\left[\frac{\frac{1}{4}}{s}\right] + \mathcal{L}^{-1}\left[\frac{-\frac{1}{4}}{s+2}\right] + \mathcal{L}^{-1}\left[\frac{\frac{1}{2}}{(s+2)^2}\right]$$

La fonction correspondante dans le domaine du temps donnée par le tableau 17-1 est

$$\mathcal{L}^{-1}\left[\frac{s+1}{s(s^2+4s+4)}\right] = \frac{1}{4} - \frac{1}{4}e^{-2t} + \frac{1}{2}te^{-2t}$$

17.6. La capacité du circuit RC de la Fig. 17-2 porte une charge initiale $q_0 = 2500 \times 10^{-6}$ C. A l'instant $t = 0$ où l'interrupteur est fermé, une tension constante $V = 100$ V est appliquée au circuit. En utilisant la méthode des transformées de Laplace, déterminer le courant dans le circuit.

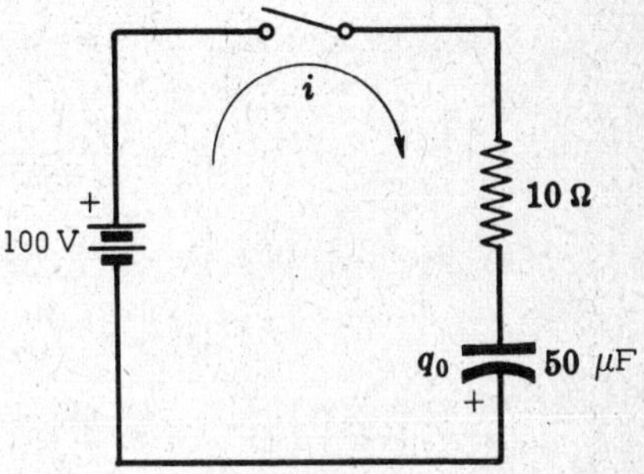

Fig. 17-12

Après fermeture de l'interrupteur l'équation différentielle du circuit est

$$Ri + \frac{1}{C}\int i\,dt = V$$

ou encore

$$10i + \frac{1}{50\times 10^{-6}}\int i\,dt = 100 \qquad (1)$$

En prenant la transformée de Laplace des deux membres de l'équation (*1*), nous obtenons l'équation dans le domaine complexe s suivante :

$$10\,I(s) + \frac{I(s)}{50\times 10^{-6}\,s} + \frac{q_0}{50\times 10^{-6}\,s} = \frac{100}{s} \qquad (2)$$

La polarité de q_0 indiquée sur le diagramme est opposée à celle des charges déposées par la source et par conséquent l'équation dans le domaine s est

$$10\,I(s) + \frac{I(s)}{50\times 10^{-6}\,s} - \frac{2500\times 10^{-6}}{50\times 10^{-6}\,s} = \frac{100}{s} \qquad (3)$$

ce qui donne, en réarrangeant les termes,

$$I(s)\left\{\frac{10s + 2\times 10^4}{s}\right\} = \frac{150}{s} \qquad (4)$$

ou encore

$$I(s) = \frac{15}{s + 2\times 10^3} \qquad (5)$$

Le courant s'obtient alors en prenant la transformée inverse de la relation (*5*), c'est-à-dire

$$\mathcal{L}^{-1}[I(s)] = i = \mathcal{L}^{-1}\left[\frac{15}{s + 2\times 10^3}\right] = 15e^{-2\times 10^3 t}$$

Si la charge initiale q_0 sur l'armature supérieure de la capacité est positive, le signe de q_0/sC dans l'équation (*3*) est positif et par conséquent le membre de droite de l'équation (*4*) devient $50/s$, donnant lieu à un courant $i = 5e^{-2\times 10^3 t}$.

17.7. Dans le circuit RL représenté par la Fig. 17-13 ci-dessous, l'interrupteur est en position 1 pendan un temps suffisamment long pour que le régime permanent puisse s'établir; à l'instant $t = 0$, il est mis en position 2. Calculer le courant résultant dans le circuit.

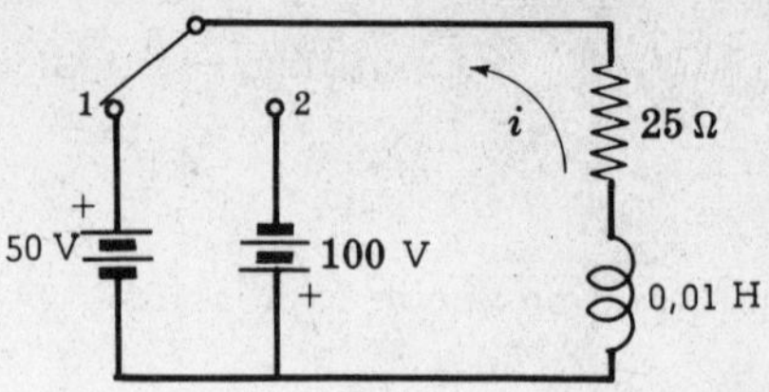

Fig. 17-13

Supposons que la direction du courant soit celle indiquée sur la figure. Le courant initial est dans ce cas donné par $i_0 = -50/25 = -2$ A.

L'équation différentielle du circuit est

$$25i + 0{,}01(di/dt) = 100 \qquad (1)$$

La transformée de Laplace de (1) est

$$25\,I(s) + 0{,}01\,s\,I(s) - 0{,}01\,i(0+) = 100/s \qquad (2)$$

En portant la valeur de $i(0+)$ dans cette relation on obtient

$$25\,I(s) + 0{,}01\,I(s) + 0{,}01(2) = 100/s \qquad (3)$$

et

$$I(s) = \frac{100}{s(0{,}01s+25)} - \frac{0{,}02}{0{,}01\,s+25} = \frac{10^4}{s(s+2500)} - \frac{2}{s+2500} \qquad (4)$$

La décomposition de $\dfrac{10^4}{s(s+2500)}$ en éléments simples donne

$$\frac{10^4}{s(s+2500)} = \frac{A}{s} + \frac{B}{s+2500} \qquad (5)$$

où les coefficients A et B sont donnés par

$$A = \left.\frac{10^4}{s+2500}\right|_{s=0} = 4 \qquad \text{et} \qquad B = \left.\frac{10^4}{s}\right|_{s=-2500} = -4$$

Par substitution de ces valeurs dans l'équation (4),il vient

$$I(s) = \frac{4}{s} - \frac{4}{s+2500} - \frac{2}{s+2500} = \frac{4}{s} - \frac{6}{s+2500} \qquad (6)$$

La transformée de Laplace inverse de la relation (6) donne $i = 4 - 6e^{-2500t}$.

17.8. Le circuit RL série de la Fig. 17-14 est alimenté par la tension exponentielle $v = 50e^{-100t}$, après la fermeture de l'interrupteur à l'instant $t = 0$. Calculer le courant circulant dans le circuit.

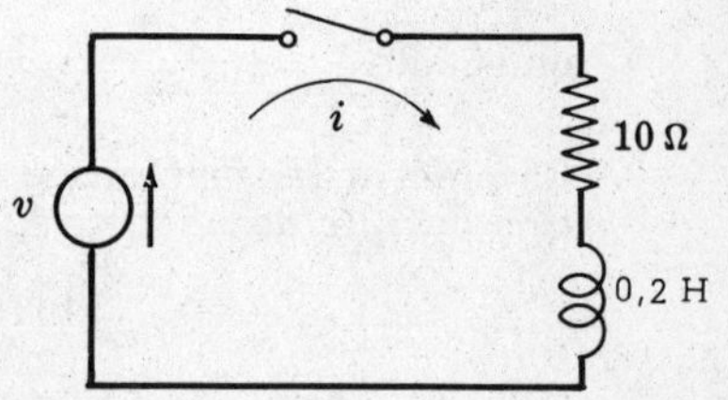

Fig. 17-14

L'équation différentielle du circuit est

$$Ri + L(di/dt) = v \qquad (1)$$

et sa transformée dans le domaine complexe s

$$R\,I(s) + sL\,I(s) - L\,i(0+) = V(s) \qquad (2)$$

En portant dans cette relation les constantes du circuit ainsi que la transformée de la tension appliquée $V(s) = 50/(s+100)$ de la relation (2), nous obtenons

$$10\,I(s) + s(0{,}2)I(s) = \frac{50}{s+100} \qquad \text{ou} \qquad I(s) = \frac{250}{(s+100)(s+50)} \qquad (3)$$

Pour calculer le courant; nous pouvons alors utiliser la formule d'Heaviside

$$\mathcal{L}^{-1}[I(s)] = \mathcal{L}^{-1}\left[\frac{P(s)}{Q(s)}\right] = \sum_{n=1,2} \frac{P(a_n)}{Q'(a_n)} e^{a_n t},$$ où $P(s) = 250$, $Q(s) = s^2 + 150s + 5000$, $Q'(s) = 2s + 150$, $a_1 = -100$ et $a_2 = -50$. qui donne

$$i = \mathcal{L}^{-1}[I(s)] = \frac{250}{-50}e^{-100t} + \frac{250}{50}e^{-50t} = -5e^{-100t} + 5e^{-50t}$$

17.9. Le circuit RC série de la Fig. 17-15 comporte une source de tension sinusoïdale $v = 180 \sin(2000t + \phi)$; la capacité polarisée comme l'indique la figure porte une charge initiale $q_0 = 1\,250 \times 10^{-6}$ C. Calculer le courant circulant dans le circuit après la fermeture de l'interrupteur à l'instant où $\phi = 90°$.

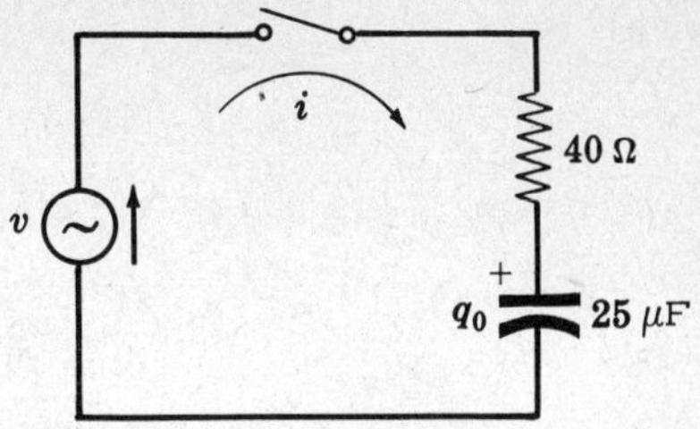

Fig. 17-15

L'équation différentielle du circuit est

$$40i + \frac{1}{25\times 10^{-6}}\int i\,dt = 180\sin(2000t+90°) \quad (1)$$

La transformée de Laplace de cette équation donne dans le domaine complexe s l'équation suivante :

$$40\,I(s) + \frac{1}{25\times10^{-6}\,s}I(s) + \frac{q_0}{25\times10^{-6}\,s}$$

$$= 180\left\{\frac{s\sin 90° + 2000\cos 90°}{s^2+4\times10^6}\right\} \quad (2)$$

En portant dans cette relation la valeur de la charge q_0, on obtient

$$40\,I(s) + \frac{4\times10^4}{s}I(s) + \frac{1250\times10^{-6}}{25\times10^{-6}\,s} = \frac{180\,s}{s^2+4\times10^6}$$

ou encore
$$I(s) = \frac{4{,}5\,s^2}{(s^2+4\times10^6)(s+10^3)} - \frac{1{,}25}{s+10^3} \quad (3)$$

Le terme $\dfrac{4{,}5\,s^2}{(s^2+4\times10^6)(s+10^3)}$ peut être inversé en appliquant la formule d'Heaviside; on a alors

$P(s) = 4{,}5\,s^2$, $Q(s) = s^3 + 10^3 s^2 + 4\times10^6 s + 4\times10^9$, $Q'(s) = 3s^2 + 2\times10^3 s + 4\times10^6$, $a_1 = -j2\times10^3$, $a_2 = j2\times10^3$ et $a_3 = -10^3$. On en déduit

$$i = \frac{P(-j2\times10^3)}{Q'(-j2\times10^3)}e^{-j2\times10^3t} + \frac{P(j2\times10^3)}{Q'(j2\times10^3)}e^{j2\times10^3t} + \frac{P(-10^3)}{Q'(-10^3)}e^{-10^3t} - 1{,}25e^{-10^3t}$$

$$= (1{,}8-j0{,}9)e^{-j2\times10^3t} + (1{,}8+j0{,}9)e^{j2\times10^3t} - 0{,}35e^{-10^3t} \quad (4)$$

$$= -1{,}8\sin 2000t + 3{,}6\cos 2000t - 0{,}35e^{-10^3t}$$

$$= 4{,}02\sin(2000t+116{,}6°) - 0{,}35e^{-10^3t}$$

A l'instant $t = 0$, le courant est donné par le rapport de la somme de la tension délivrée par la source et de celle existant aux bornes de la capacité, à la résistance, c'est-à-dire

$$i_0 = \left(180\sin 90° - \frac{1250\times10^{-6}}{25\times10^{-6}}\right)\Big/40 = 3{,}25\text{ A}$$

Le même résultat pouvait s'obtenir en posant $t = 0$ dans la relation (4).

17.10. Le circuit RL série de la Fig. 17-16 comporte une source de tension sinusoïdale $v = 100\sin(500t+\phi)$. Calculer le courant circulant dans le circuit, sachant que l'interrupteur est fermé à un instant où $\phi = 0$.

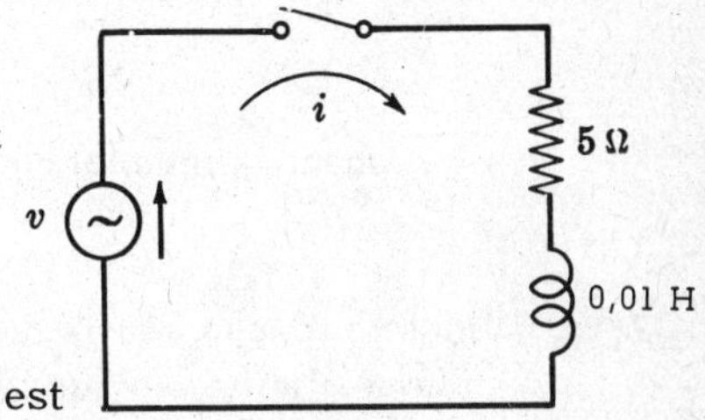

Fig. 17-16

L'équation d'un circuit RL série dans le domaine s est

$$R\,I(s) + sL\,I(s) - L\,i(0+) = V(s) \quad (1)$$

La transformée de la tension délivrée par la source pour $\phi = 0$ est

$$V(s) = \frac{500(100)}{s^2+(500)^2}.$$

Comme le courant initial dans l'inductance est nul, $Li(0+) = 0$. En portant la valeur des constantes du circuit dans la relation (1), on obtient

$$5\,I(s) + 0{,}01s\,I(s) = \frac{5\times10^4}{s^2+25\times10^4} \quad \text{et} \quad I(s) = \frac{5\times10^6}{(s^2+25\times10^4)(s+500)} \quad (2)$$

Après décomposition en éléments simples, la relation (2) devient

$$I(s) = 5\left(\frac{-1+j}{s+j500}\right) + 5\left(\frac{-1-j}{s-j500}\right) + \frac{10}{s+500} \quad (3)$$

La transformée inverse de cette relation est

$$i = 10\sin 500t - 10\cos 500t + 10e^{-500t} = 10e^{-500t} + 14{,}14\sin(500t-\pi/4)$$

17.11. Lorsque, dans le Problème 17.10 la tension appliquée est

$$v = 100e^{j500t} \quad (1)$$

un terme supplémentaire en cosinus est ajouté à la source de tension. Calculer dans ce cas le courant circulant dans le circuit de la Fig. 17-16.

Pour $v = 100e^{j500t}$, $V(s) = 100/(s - j500)$ l'équation du circuit dans le domaine s devient

$$5\,I(s) + 0{,}01s\,I(s) = 100/(s - j500) \qquad \text{et} \qquad I(s) = 10^4/(s - j500)(s + 500) \qquad (2)$$

En décomposant la relation (2) en éléments simples, on obtient $I(s) = \dfrac{10 - j10}{s - j500} + \dfrac{-10 + j10}{s + 500}$ (3)

La transformée inverse de (3) donne le courant en fonction du temps

$$\begin{aligned} i &= (10 - j10)e^{j500t} + (-10 + j10)e^{-500t} \\ &= 14{,}14e^{j(500t - \pi/4)} + (-10 + j10)e^{-500t} \\ &= 14{,}14\{\cos(500t - \pi/4) + j\sin(500t - \pi/4)\} + (-10 + j10)e^{-500t} \qquad (4) \end{aligned}$$

Comme la tension délivrée par la source du Problème 17.10 ne comportait que la partie imaginaire de (1), le courant résultant est la partie imaginaire de la relation (4):

$$i = 14{,}14\sin(500t - \pi/4) + 10e^{-500t}$$

17.12. La capacité du circuit RLC série de la Fig. 17-17 est initialement déchargée. Calculer le courant circulant dans le circuit après fermeture de l'interrupteur à l'instant $t = 0$.

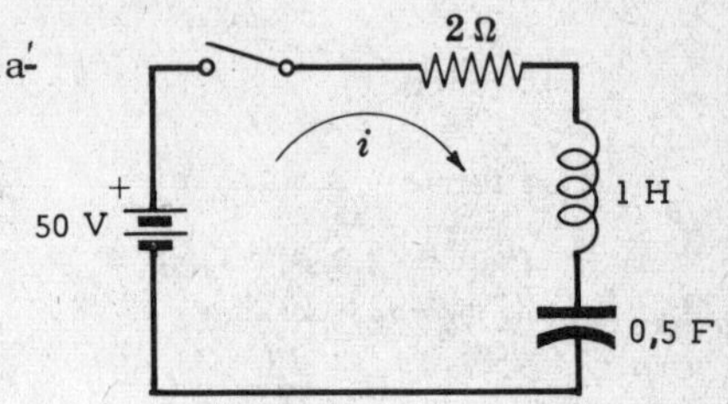

Fig. 17-17

L'équation différentielle du circuit est

$$Ri + L\frac{di}{dt} + \frac{1}{C}\int i\,dt = V \qquad (1)$$

La transformée de Laplace des termes de (1) donne l'équation en s suivante:

$$R\,I(s) + sL\,I(s) - L\,i(0+) + \frac{1}{sC}I(s) + \frac{q_0}{sC} = \frac{V}{s} \qquad (2)$$

Les conditions initiales sont telles que $L\,i(0+) = 0$ et $q_0/sC = 0$. En portant les constantes du circuit dans la relation (2), on obtient

$$2\,I(s) + 1s\,I(s) + \frac{1}{0{,}5\,s}I(s) = \frac{50}{s} \qquad (3)$$

$$\text{ou} \qquad I(s) = \frac{50}{s^2 + 2s + 2} = \frac{50}{(s + 1 + j)(s + 1 - j)} \qquad (4)$$

Après décomposition en éléments simples, cette dernière relation devient

$$I(s) = \frac{j25}{(s + 1 + j)} - \frac{j25}{(s + 1 - j)} \qquad (5)$$

En prenant la transformée inverse de Laplace de (5), on a le courant dans le domaine du temps:

$$i = j25\{e^{(-1-j)t} - e^{(-1+j)t}\} = 50e^{-t}\sin t$$

17.13. Dans le réseau à deux mailles de la Fig. 17-18, on choisit les courants comme l'indique le diagramme. Ecrire les équations dans le domaine s sous forme matricielle et construire le diagramme (dans le domaine s) correspondant du circuit.

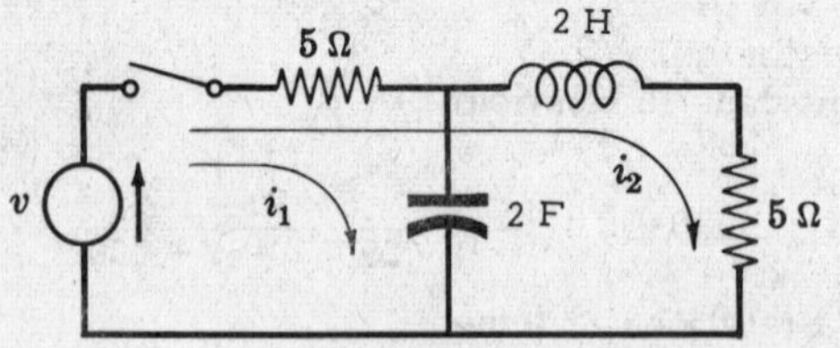

Fig. 17-18

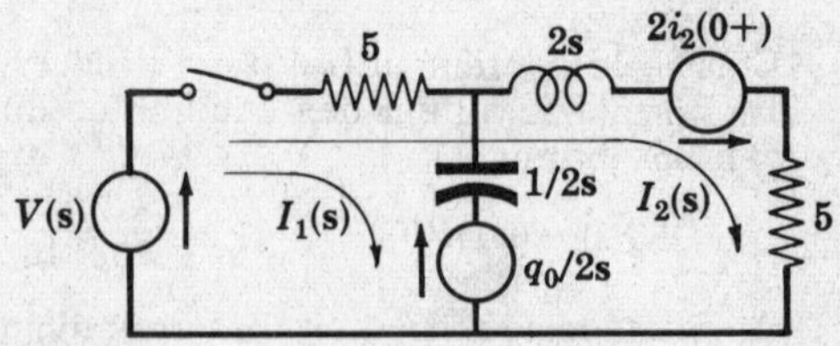

Fig. 17-19

Les équations différentielles du réseau sont

$$5i_1 + \frac{1}{2}\int i_1\,dt + 5i_2 = v \qquad \text{et} \qquad 10i_2 + 2(di_2/dt) + 5i_1 = v \qquad (1)$$

En prenant les transformées des relations (1), on obtient les équations correspondantes dans le plan s

$$5\,I_1(s) + \frac{1}{2s}I_1(s) + \frac{q_0}{2s} + 5\,I_2(s) = V(s) \quad , \quad 10\,I_2(s) + 2s\,I_2(s) - 2\,i_2(0+) + 5\,I_1(s) = V(s) \qquad (2)$$

Après avoir mis ces équations sous forme matricielle, le diagramme du circuit peut être tracé, en considérant les matrices $[Z(s)]$, $[I(s)]$ et $[V(s)]$ (voir Fig. 17-19).

$$\begin{bmatrix} 5+1/2s & 5 \\ 5 & 10+2s \end{bmatrix} \begin{bmatrix} I_1(s) \\ I_2(s) \end{bmatrix} = \begin{bmatrix} V(s) - q_0/2s \\ V(s) + 2i_2(0+) \end{bmatrix}$$

17.14. Calculer les courants circulant dans le réseau à deux mailles de la Fig. 17-20 après la fermeture de l'interrupteur.

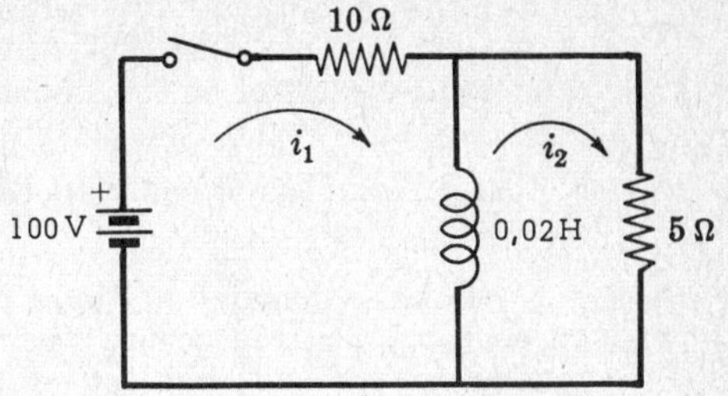

Fig. 17-20

Les équations différentielles du réseau sont

$$\begin{aligned} 10i_1 + 0{,}02\frac{di_1}{dt} - 0{,}02\frac{di_2}{dt} &= 100 \\ 0{,}02\frac{di_2}{dt} + 5i_2 - 0{,}02\frac{di_1}{dt} &= 0 \end{aligned} \qquad (1)$$

La transformée de Laplace du système (1) est

$$(10 + 0{,}02\,s)\,I_1(s) - 0{,}02s\,I_2(s) = 100/s \qquad (5 + 0{,}02\,s)\,I_2(s) - 0{,}02s\,I_1(s) = 0 \qquad (2)$$

La deuxième équation de (2) permet de calculer le courant $I_2(s)$

$$I_2(s) = I_1(s)\left(\frac{s}{s+250}\right) \qquad (3)$$

En portant cette valeur de $I_2(s)$ dans la première équation, on obtient

$$(10 + 0{,}02s)\,I_1(s) - 0{,}02s\left\{I_1(s)\left(\frac{s}{s+250}\right)\right\} = \frac{100}{s} \qquad (4)$$

ou encore

$$I_1(s) = 6{,}67\left\{\frac{s+250}{s(s+166{,}7)}\right\} \qquad (5)$$

Cette dernière relation permet de calculer $i_1(t)$, après décomposition et inversion

$$I_1(s) = \frac{10}{s} - \frac{3{,}33}{s+166{,}7} \quad \text{et} \quad i_1 = 10 - 3{,}33e^{-166{,}7t} \qquad (6)$$

Finalement, en portant (5) dans (3) on peut calculer $I_2(s)$ et $i_2(t)$

$$I_2(s) = 6{,}67\left\{\frac{s+250}{s(s+166{,}7)}\right\}\frac{s}{s+250} = 6{,}67\left(\frac{1}{s+166{,}7}\right) \quad \text{et} \quad i_2 = 6{,}67e^{-166{,}7t} \qquad (7)$$

17.15. Appliquer les théorèmes de la valeur initiale et de la valeur finale aux équations $I_1(s)$ et $I_2(s)$ du Problème 17-14.

Les deux équations du domaine s sont

$$I_1(s) = 6{,}67\left\{\frac{s+250}{s(s+166{,}7)}\right\} \quad \text{et} \quad I_2(s) = 6{,}67\left(\frac{1}{s+166{,}7}\right)$$

La valeur initiale de i_1 est donnée par

$$i_1(0) = \lim_{s\to\infty}[s\,I_1(s)] = \lim_{s\to\infty}\left[6{,}67\left(\frac{s+250}{s+166{,}7}\right)\right] = 6{,}67 \text{ A}$$

et sa valeur finale par

$$i_1(\infty) = \lim_{s\to 0}[s\,I_1(s)] = \lim_{s\to 0}\left[6{,}67\left(\frac{s+250}{s+166{,}7}\right)\right] = 6{,}67(250/166{,}7) = 10 \text{ A}$$

De même la valeur initiale de i_2 est donnée par

$$i_2(0) = \lim_{s\to\infty}[s\,I_2(s)] = \lim_{s\to\infty}\left[6{,}67\left(\frac{s}{s+166{,}7}\right)\right] = 6{,}67 \text{ A}$$

et la valeur finale par

$$i_2(\infty) \quad = \quad \lim_{s \to 0} [s\, I_2(s)] \quad = \quad \lim_{s \to 0} \left[6{,}67 \left(\frac{s}{s + 166{,}7} \right) \right] \quad = \quad 0$$

L'examen de la Fig. 17-20, permet de vérifier chacune des valeurs initiales et finales. Au moment de la fermeture de l'interrupteur, l'inductance présente une impédance infinie et on a $i_1 = i_2 = 100/(10+5) = 6{,}67$ A. Une fois la période transitoire terminée, l'inductance correspond à un court-circuit et par conséquent $i_1 = 10$ A et $i_2 = 0$.

17.16. Calculer l'impédance équivalente du réseau de la Fig. 17-20 et construire le diagramme du circuit en utilisant cette impédance.

Dans le domaine s l'inductance de 0,02 H a une impédance $Z(s) = 0{,}02\,s$; cette impédance peut être utilisée comme l'impédance $j\omega L$ en régime sinusoïdal. L'impédance équivalente du réseau vue par la source est par conséquent :

$$Z(s) \quad = \quad 10 + \frac{0{,}02s(5)}{0{,}02s + 5} \quad = \quad \frac{0{,}3s + 50}{0{,}02s + 5} \quad = \quad 15 \left(\frac{s + 166{,}7}{s + 250} \right) \tag{1}$$

La Fig. 17-21 représente le circuit comportant une impédance équivalente. Le courant dans ce circuit est

$$I_1(s) \quad = \quad \frac{V(s)}{Z(s)} \quad = \quad \frac{100}{s} \left\{ \frac{s + 250}{15(s + 166{,}7)} \right\}$$
$$= \quad 6{,}67 \left\{ \frac{s + 250}{s(s + 166{,}7)} \right\} \tag{2}$$

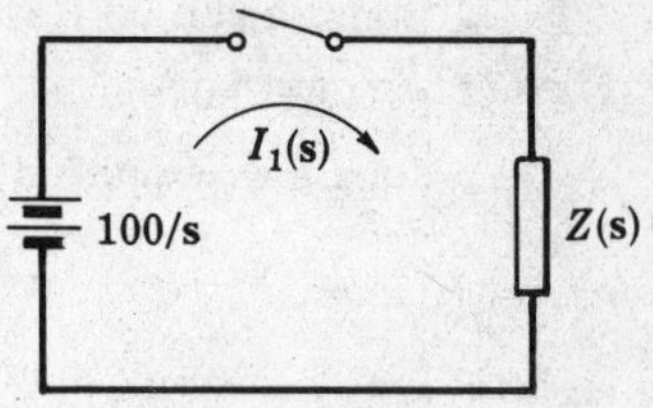

Fig. 17-21

Cette expression est identique à l'équation (5) du Problème 17.14 et le courant est par conséquent $i_1 = 10 - 3{,}33e^{-166{,}7t}$.

17.17. La capacité du réseau à deux mailles de la Fig. 17-22 est initialement déchargée. Calculer les courants i_1 et i_2 circulant dans le réseau après la fermeture de l'interrupteur à l'instant $t = 0$.

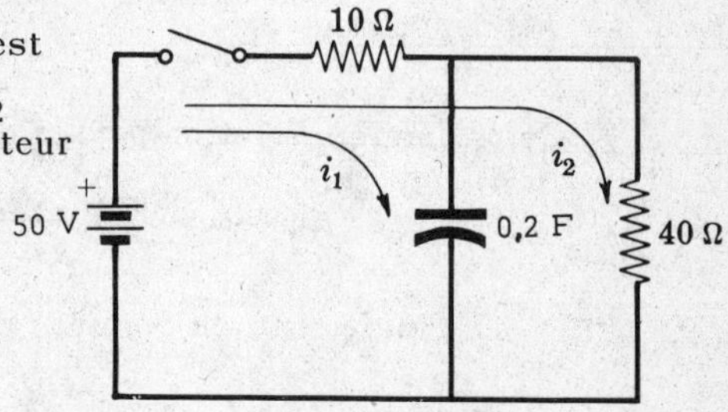

Fig. 17-22

Les équations différentielles du réseau sont

$$10i_1 + \frac{1}{0{,}2} \int i_1\, dt + 10i_2 \quad = \quad 50$$
$$50i_2 + 10i_1 \quad = \quad 50 \tag{1}$$

et les équations correspondantes dans le domaine s

$$10\, I_1(s) + \frac{1}{0{,}2\,s} I_1(s) + 10\, I_2(s) \quad = \quad 50/s \quad , \quad 50\, I_2(s) + 10\, I_1(s) \quad = \quad 50/s \tag{2}$$

qui peuvent s'écrire sous la forme matricielle suivante :

$$\begin{bmatrix} 10 + 1/0{,}2\,s & 10 \\ 10 & 50 \end{bmatrix} \begin{bmatrix} I_1(s) \\ I_2(s) \end{bmatrix} \quad = \quad \begin{bmatrix} 50/s \\ 50/s \end{bmatrix}$$

On en déduit $I_1(s) = 5/(s + 0{,}625)$ et $i_1 = 5e^{-0{,}625\,t}$

Pour calculer i_2, on substitue la valeur de i_1 dans la seconde équation de (1) :

$$50i_2 + 10(5e^{-0{,}625\,t}) = 50 \qquad \text{et} \qquad i_2 \; = \; 1 - e^{-0{,}625t}$$

17.18. En se référant au Problème 17.17, calculer l'impédance équivalente en s du réseau, ainsi que le courant total et les courants dans les deux branches.

L'impédance équivalente dans le domaine s est

$$Z(s) \quad = \quad 10 \; + \; \frac{40(1/\,0{,}2\,s)}{40 + 1/0{,}2\,s} \; = \; \frac{80s + 50}{8s + 1} \quad = \quad 10 \left(\frac{s + 5/8}{s + 1/8} \right) \tag{1}$$

La Fig. 17-23 ci-dessous représente le circuit équivalent. Le courant résultant est

$$I(\mathrm{s}) \;=\; \frac{V(\mathrm{s})}{Z(\mathrm{s})} \;=\; \frac{50}{\mathrm{s}}\left\{\frac{\mathrm{s}+1/8}{10(\mathrm{s}+5/8)}\right\} \;=\; 5\frac{\mathrm{s}+1/8}{\mathrm{s}(\mathrm{s}+5/8)} \qquad (2)$$

La décomposition de la relation précédente en éléments simples donne

$$I(\mathrm{s}) \;=\; \frac{1}{\mathrm{s}} + \frac{4}{\mathrm{s}+5/8} \quad \text{on en tire} \quad i \;=\; 1 + 4e^{-5t/8} \qquad (3)$$

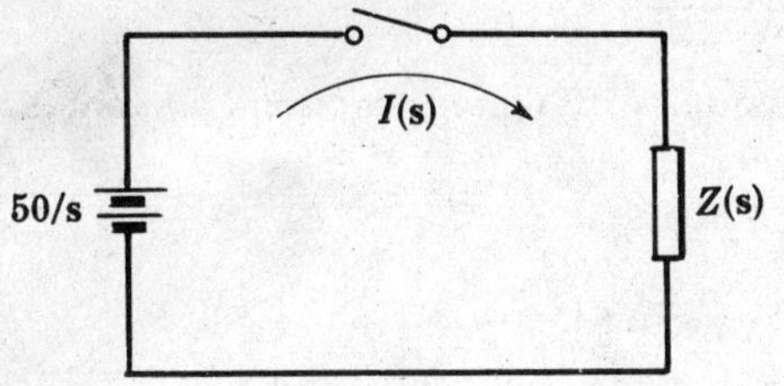

Fig. 17-23

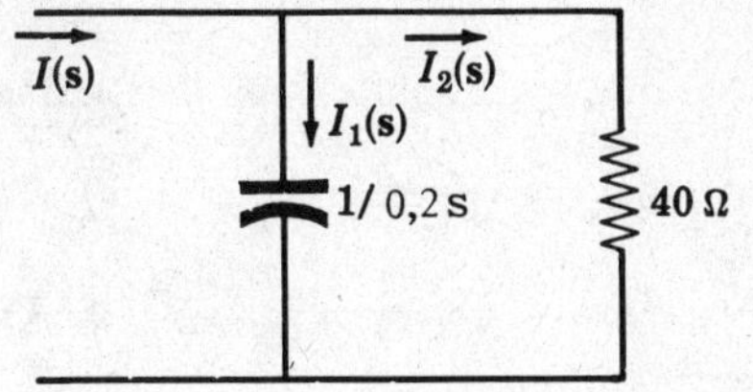

Fig. 17-24

Les courants I_1 (s) et I_2 (s) se calculent comme suit, en se référant à la Fig. 17-24

$$I_1(\mathrm{s}) \;=\; I(\mathrm{s})\left(\frac{40}{40+1/0{,}2\mathrm{s}}\right) \;=\; \frac{5}{\mathrm{s}+5/8} \quad \text{et} \quad i_1 \;=\; 5e^{-0{,}625t}$$

$$I_2(\mathrm{s}) \;=\; I(\mathrm{s})\left(\frac{1/0{,}2\mathrm{s}}{40+1/0{,}2\mathrm{s}}\right) \;=\; \frac{1}{\mathrm{s}} - \frac{1}{\mathrm{s}+5/8} \quad \text{et} \quad i_2 \;=\; 1 - e^{-0{,}625t}$$

17.19: L'interrupteur du réseau de la Fig. 17-25 est fermé à l'instant $t = 0$ et la capacité est initialement déchargée. Calculer le courant i représenté sur le diagramme.

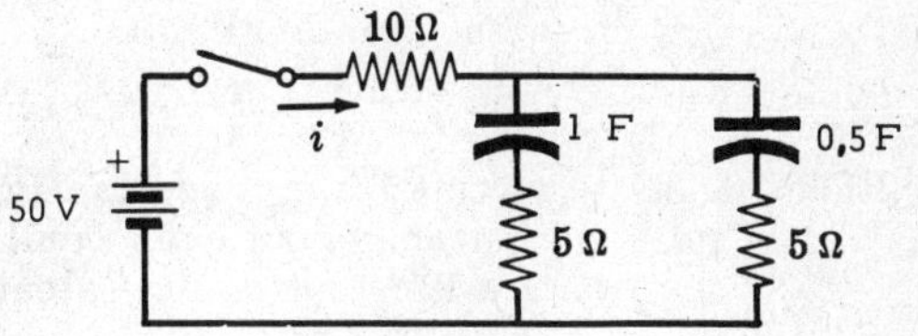

Fig. 17-25

L'impédance équivalente du réseau dans le domaine s est

$$Z(\mathrm{s}) \;=\; 10 + \frac{(5+1/\mathrm{s})(5+1/0{,}5\,\mathrm{s})}{(10+1/\mathrm{s}+1/0{,}5\,\mathrm{s})} \;=\; \frac{125\mathrm{s}^2+45\mathrm{s}+2}{\mathrm{s}(10\mathrm{s}+3)} \qquad (1)$$

et le courant

$$I(\mathrm{s}) \;=\; \frac{V(\mathrm{s})}{Z(\mathrm{s})} \;=\; \frac{50}{\mathrm{s}}\,\frac{\mathrm{s}(10\mathrm{s}+3)}{(125\mathrm{s}^2+45\mathrm{s}+2)} \;=\; \frac{4(\mathrm{s}+0{,}3)}{(\mathrm{s}+0{,}308)(\mathrm{s}+0{,}052)} \qquad (2)$$

Après décomposition en éléments simples, on obtient

$$I(\mathrm{s}) \;=\; \frac{1/8}{\mathrm{s}+0{,}308} + \frac{31/8}{\mathrm{s}+0{,}052} \quad \text{et} \quad i \;=\; \frac{1}{8}e^{-0{,}308t} + \frac{31}{8}e^{-0{,}052t}$$

17.20. Appliquer les théorèmes de la valeur initiale et de la valeur finale au courant I(s) du Problème 17.19.

Comme $I(\mathrm{s}) = \dfrac{1/8}{\mathrm{s}+0{,}308} + \dfrac{31/8}{\mathrm{s}+0{,}052}$ la valeur initiale du courant est

$$i(0) \;=\; \lim_{\mathrm{s}\to\infty}\,[\mathrm{s}\,I(\mathrm{s})] \;=\; \lim_{\mathrm{s}\to\infty}\left[\frac{1}{8}\left(\frac{\mathrm{s}}{\mathrm{s}+0{,}308}\right) + \frac{31}{8}\left(\frac{\mathrm{s}}{\mathrm{s}+0{,}052}\right)\right] \;=\; 4 \text{ A}$$

et sa valeur finale

$$i(\infty) \;=\; \lim_{\mathrm{s}\to 0}\,[\mathrm{s}\,I(\mathrm{s})] \;=\; \lim_{\mathrm{s}\to 0}\left[\frac{1}{8}\left(\frac{\mathrm{s}}{\mathrm{s}+0{,}308}\right) + \frac{31}{8}\left(\frac{\mathrm{s}}{\mathrm{s}+0{,}052}\right)\right] \;=\; 0$$

En se reportant au circuit de la Fig. 17-25, on peut constater que la résistance totale du circuit est initialement $R = 10 + 5(5)/10 = 12{,}5$ et que le courant correspondant est $i(0) = 50/12{,}5 = 4$ A. Une fois le régime transitoire terminé les capacités sont chargées à 50 V et le courant est nul.

Problèmes supplémentaires

17.21. Calculer la transformée de Laplace de chacune des fonctions suivantes :

(*a*) $f(t) = At$ (*c*) $f(t) = e^{-at}\sin\omega t$ (*e*) $f(t) = \text{ch}\ \omega t$

(*b*) $f(t) = te^{-at}$ (*d*) $f(t) = \text{sh}\ \omega t$ (*f*) $f(t) = e^{-at}\,\text{sh}\ \omega t$

Rép. (*a*)-(*e*) Voir le tableau 17-1, (*f*) $\dfrac{\omega}{(s+a)^2-\omega^2}$

17.22. Calculer les transformées de Laplace inverses des différentes fonctions suivantes:

(*a*) $\mathbf{F}(s) = \dfrac{s}{(s+2)(s+1)}$ (*d*) $\mathbf{F}(s) = \dfrac{3}{s(s^2+6s+9)}$ (*g*) $\mathbf{F}(s) = \dfrac{2s}{(s^2+4)(s+5)}$

(*b*) $\mathbf{F}(s) = \dfrac{1}{s^2+7s+12}$ (*e*) $\mathbf{F}(s) = \dfrac{s+5}{s^2+2s+5}$

(*c*) $\mathbf{F}(s) = \dfrac{5s}{s^2+3s+2}$ (*f*) $\mathbf{F}(s) = \dfrac{2s+4}{s^2+4s+13}$

Rép. (*a*) $2e^{-2t} - e^{-t}$ (*d*) $\frac{1}{3} - \frac{1}{3}e^{-3t} - te^{-3t}$ (*g*) $\frac{10}{29}\cos 2t + \frac{4}{29}\sin 2t - \frac{10}{29}e^{-5t}$

(*b*) $e^{-3t} - e^{-4t}$ (*e*) $e^{-t}(\cos 2t + 2\sin 2t)$

(*c*) $10e^{-2t} - 5e^{-t}$ (*f*) $2e^{-2t}\cos 3t$

17.23. On applique à l'instant $t = 0$ une tension constante $V = 50$ V à un circuit RL série comportant les éléments $R = 10\ \Omega$ et $L = 0{,}2$ H. Calculer au moyen de la transformation de Laplace le courant circulant dans le circuit.

Rép. $i = 5 - 5e^{-50t}$ [A]

17.24. Dans le circuit RL série de la Fig. 17-26, l'interrupteur reste en position 1 pendant un temps suffisamment long pour que l'équilibre électrique puisse s'établir; l'interrupteur est mis en position 2 à l'instant $t = 0$. Calculer le courant circulant dans le circuit.

Rép. $i = 5\,e^{-50t}$[A]

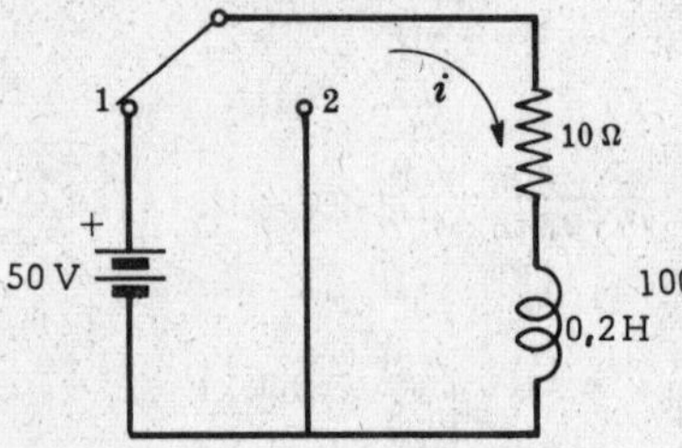

Fig. 17-26

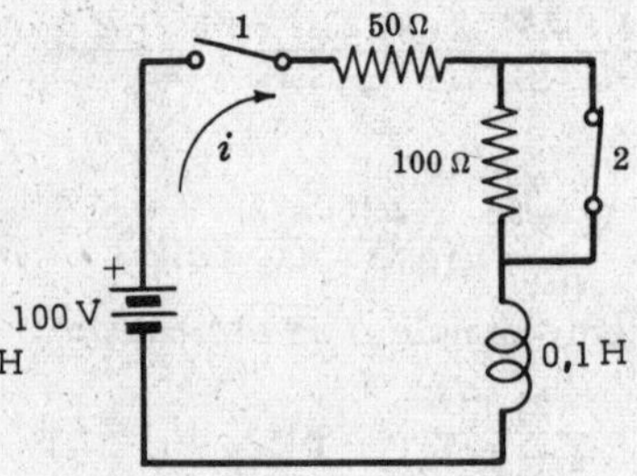

Fig. 17-27

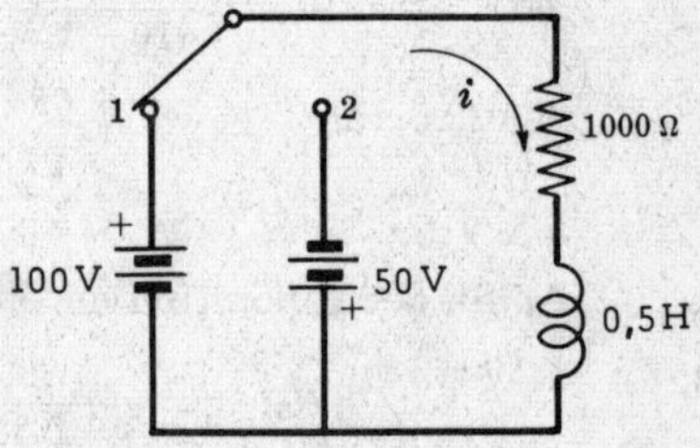

Fig. 17-28

17.25. L'interrupteur 1 du circuit de la Fig. 17-27 est fermé à l'instant $t = 0$, il est ensuite ouvert à l'instant $t = t' = 4$ ms. Calculer le courant transitoire dans les intervalles $0 < t < t'$ et $t' < t$.

Rép. $i = 2(1 - e^{-500t})$, $i = 1{,}06\,e^{-1500(t-t')} + 0{,}667$

17.26. Dans le circuit RL série de la Fig. 17-28 l'interrupteur est mis en position 1 à l'instant $t = 0$ et en position 2 à l'instant $t = t' = 50\ \mu$s. Calculer le courant transitoire pendant les intervalles $0 < t < t'$ et $t > t'$.

Rép. $i = 0{,}1(1 - e^{-2000t})$, $i = 0{,}6\,e^{-2000(t-t')} - 0{,}05$

17.27. Un circuit RC série, comportant une résistance $R = 10\ \Omega$ et une capacité $C = 4\ \mu$F initialement chargée à 800×10^{-6} C, est alimenté par une source de tension constante $V = 100$ V, au moment où l'interrupteur est fermé. Calculer le courant circulant dans le circuit: (*a*) si la polarité de la charge est la même que celle déposée par la source; (*b*) si la polarité est opposée.

Rép. (*a*) $i = -10e^{-25\times 10^3 t}$, (*b*) $i = 30e^{-25\times 10^3 t}$

17.28. Une tension constante $V = 50$ V est appliquée après fermeture d'un interrupteur à un circuit RC série comportant une résistance $R = 1000\Omega$ et une capacité $C = 20\mu$F initialement chargée à la valeur q_0 .

Sachant que le courant circulant dans le circuit est $i = 0{,}075\,e^{-50t}$, déterminer la charge q_0 ainsi que sa polarité.

Rép. 500×10^{-6}C, polarité opposée aux charges déposées par la source.

17.29. Dans le circuit de la Fig. 17-29, l'interrupteur est mis en position 1 à l'instant $t = 0$ et en position 2 à l'instant $t = t' = \tau$. Calculer le courant transitoire pendant les intervalles $0 < t < t'$ et $t > t'$.

Rép. $i = 0{,}5\,e^{-200t}$, $i = -0{,}516\,e^{-200(t-t')}$

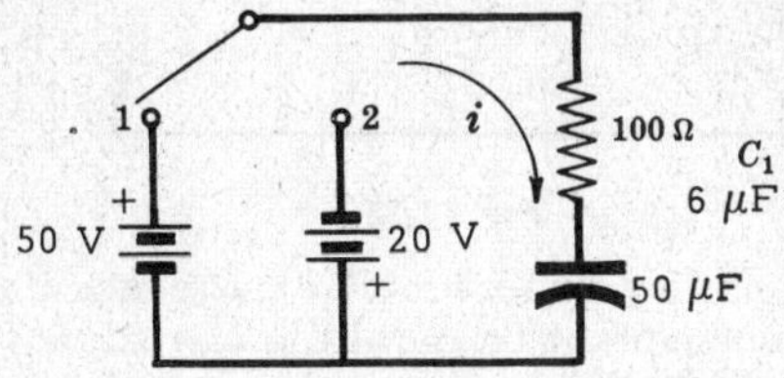

Fig. 17-29

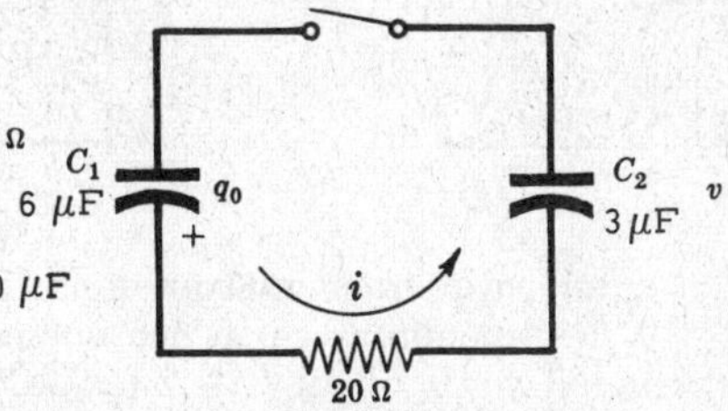

Fig. 17-30

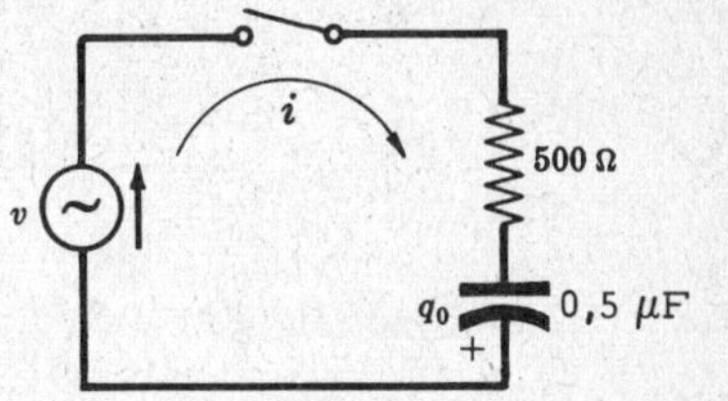

Fig. 17-31

17.30. La capacité C_1 du circuit de la Fig. 17-30 porte une charge initiale $q_0 = 300 \times 10^{-6}$C, à l'instant où l'interrupteur est fermé. Calculer le courant transitoire résultant.

Rép. $i = 2{,}5e^{-2{,}5 \times 10^4 t}$

17.31. Dans le circuit *RC* série de la Fig. 17-31, la capacité porte une charge initiale $q_0 = 25 \times 10^{-6}$C; ce circuit est alimenté par une tension sinusoïdale $v = 100 \sin(1000t + \phi)$. Calculer le courant circulant dans le circuit lorsque l'interrupteur est fermé à un instant où $\phi = 30°$.

Rép. $i = 0{,}1535\,e^{-4000t} + 0{,}0484 \sin(1000t + 106°)$

17.32. On applique une tension constante $V = 10$ V à un circuit *RC* série comportant une résistance $R = 5\,\Omega$, $L = 0{,}1$ H et $C = 500\,\mu$F. Calculer le courant circulant dans le circuit.

Rép. $i = 0{,}72\,e^{-25t} \sin 139t$.

17.33. La capacité du circuit *RLC* de la Fig. 17-32 porte une charge initiale $q_0 = 10^{-3}$ C; l'interrupteur est en position 1 jusqu'à ce que l'équilibre électrique soit atteint. Calculer le courant transitoire résultant de la commutation de l'interrupteur de la position 1 à la position 2 à l'instant $t = 0$,

Rép. $i = e^{-25t}(2 \cos 222\,t - 0{,}45 \sin 222\,t)$.

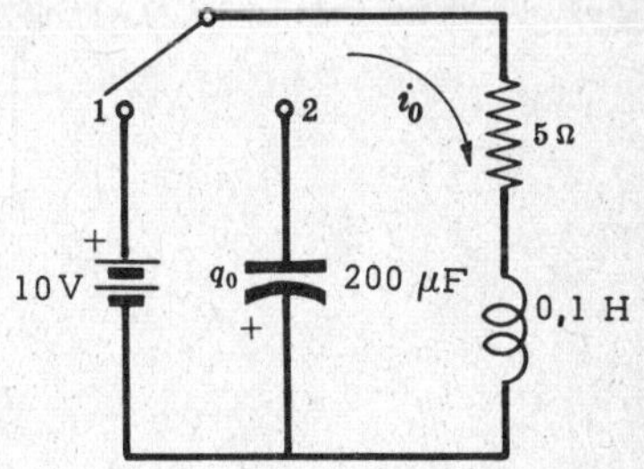

Fig. 17-32

17.34. Un circuit *RLC* série comportant les éléments $R = 5\,\Omega$, $L = 0{,}2$ H et $C = 1\,\mu$F est alimenté par une tension $v = 10e^{-100t}$ à l'instant $t = 0$. Calculer le courant dans ce circuit.

Rép. $i = -0{,}666\,e^{-100t} + 0{,}670\,e^{-24{,}8t} - 0{,}004\,e^{-0{,}2t}$

17.35. Un circuit *RLC* comportant les éléments $R = 200\,\Omega$, $L = 0{,}5$ H et $C = 100\,\mu$F est alimenté par une tension sinusoïdale $v = 300 \sin(500t + \phi)$. Calculer le courant transitoire circulant dans le circuit si l'interrupteur est fermé à l'instant où $\phi = 30°$.

Rép. $i = 0{,}517e^{-341{,}4t} - 0{,}197\,e^{-58{,}6t} + 0{,}983 \sin(500\,t - 19°)$

17.36. Une tension sinusoïdale $v = 100 \sin(250t + \phi)$. est appliquée à un circuit *RLC* comportant les éléments $R = 5\,\Omega$, $L = 0{,}1$ H et $C = 500\,\mu$F. Calculer le courant circulant dans le circuit si l'interrupteur est fermé lorsque $\phi = 0°$.

Rép. $i = e^{-25t}(5{,}42 \cos 139\,t + 1{,}89 \sin 139\,t) + 5{,}65 \sin(250\,t - 73{,}6°)$

17.37. Dans le réseau à deux mailles de la Fig. 17-33, on choisit les courants comme l'indique le diagramme. Ecrire les équations différentielles du circuit, les transformer dans le domaine s et calculer les courants transitoires, i_1 et i_2.

Rép. $i_1 = 2{,}5(1 + e^{-10^5 t})$, $i_2 = 5\,e^{-10^5 t}$

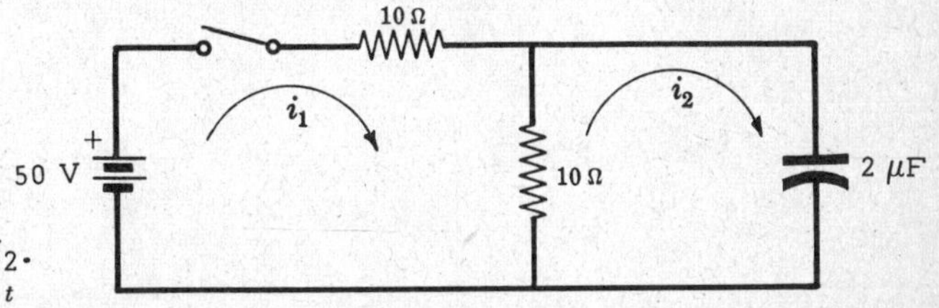

Fig. 17-33

17.38. Calculer les courants i_1 et i_2 circulant dans le circuit à deux mailles de la Fig. 17-34, après la fermeture de l'interrupteur à l'instant $t = 0$.

Rép. $i_1 = 0{,}101\,e^{-100t} + 9{,}899\,e^{-9950t}$, $i_2 = -5{,}05\,e^{-100t} + 5 + 0{,}05\,e^{-9950t}$

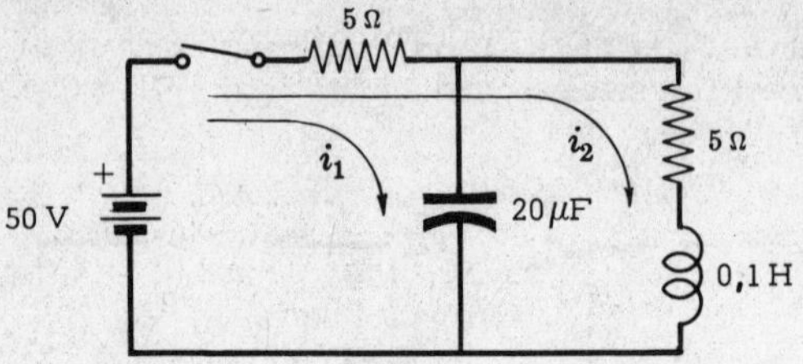

Fig. 17-34

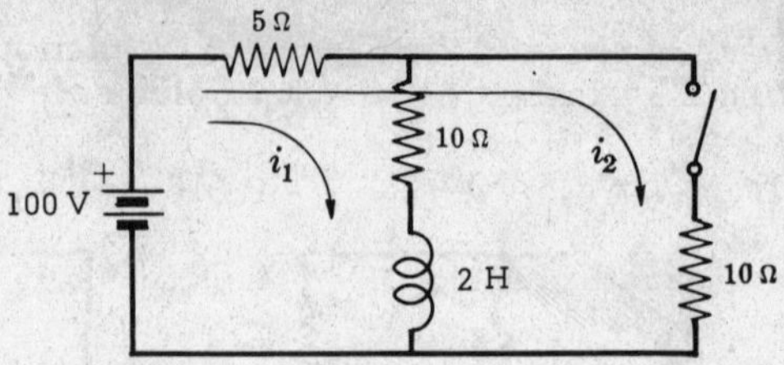

Fig. 17-35

17.39. La source de 100 V fait circuler un courant continu dans la première maille du réseau de la Fig. 17-35; à l'instant $t = 0$, l'interrupteur est fermé connectant en parallèle la résistance de 10 Ω et la branche centrale de $R = 10$ Ω et $L = 2$ H. Calculer les courants résultants.

Rép. $i_1 = 1{,}67\,e^{-6{,}67t} + 5$, $i_2 = 0{,}555\,e^{-6{,}67t} + 5$

17.40. Le réseau à deux mailles de la Fig. 17-36 est alimenté par une source délivrant une tension sinusoïdale $v = 100 \sin(200t + \phi)$. A l'instant $t = 0$ où l'angle $\phi = 0$, l'interrupteur est fermé, connectant en parallèle les deux résistances de 10 Ω. Calculer les courants résultants, en choisissant le sens des courants comme l'indique le diagramme.

Rép. $i_1 = 3{,}01\,e^{-100t} + 8{,}96 \sin(200t - 63{,}4°)$, $i_2 = 1{,}505\,e^{-100t} + 4{,}48 \sin(200t - 63{,}4°)$

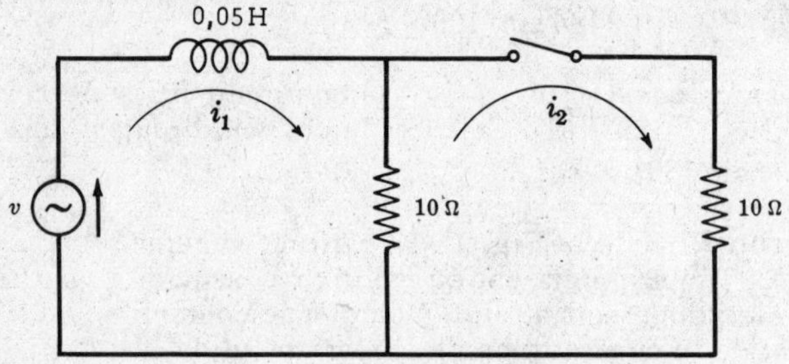

Fig. 17-36

Index